张琪玉文集(下)

张琪玉　著

國家圖書館出版社
National Library of China Publishing House

目　录

第四部分　自然语言在情报检索中的应用

第五部分　网络信息检索工具

第六部分　索引学

第七部分 其他

第八部分 学术生涯

第九部分 著作编年目录

第四部分　自然语言在情报检索中的应用

自然语言在情报检索中的应用

一、在情报检索中应用自然语言的优点

过去，在手工检索条件下，在情报检索中应用自然语言是很困难的，情报检索语言正是为了克服这个困难而创制的。可是现在，在情报检索中应用自然语言却成为一个重要的研究方向和一种重要的发展趋势，这是由于情报检索计算机化的发展使自然语言的应用成为可能。

在情报检索中应用自然语言，其实质就是使用文献作者原来所用的语词，或文摘编写者原来所用的语词，或标引人员自拟的而不是取自词表的语词来作为文献检索标识。

在情报检索中应用自然语言的优点在于：可以取消费时、费力的标引工作，或至少可以降低标引工作的难度和成本，同时也可以避免由于文献分析标引的误差和情报检索语言的粗化所造成的标识表达文献主题的失真。

二、自然语言在情报检索中应用的各种方式

自然语言在情报检索中应用的方式是多种多样的，主要有：

(1)关键词法。这是国外自然语言应用于情报检索最为成熟、最为普遍的一种方式。关键词法可以用于编制印刷本的关键词索引，其形式很多，有题内关键词索引、题外关键词索引、双重关键词索引、单纯关键词索引、词对式关键词索引、简单关键词索引、关键词与著者索引等，都是用计算机自动抽词编制的。关键词法也可以编成数据库的倒排档，用于联机检索，这是目前关键词法的主要用途。

(2)文本检索。这是不对文献进行标引，而是以自然语言表达检索课题，借助于计算机的自动匹配功能，直接在篇名、文摘、正文中查找。如果是在正文中查找，也称为全文检索。文本检索法也可以与情报检索语言结合使用，即先用情报检索语言进行粗略检索，以缩小检索范围，再在检出的文献中用文本检索法进行精细检索。

(3)单汉字检索。单汉字检索实质也是文本检索，其不同点在于，它将文本中全部汉字(也可排除无用字)由计算机自动做成单汉字倒排档，检索时用单汉字组配法查找，从而加快查检速度。

(4)以自然语言作为自由词进行补充标引，与情报检索语言结合使用。即用情报检索语言与自由词进行双重标引。自由词主要是一些专有名词和新出现的词，也称特征词。情报检索语言起族性检索的作用，自由词则起特性检索的作用。

(5)以自然语言作为入口词(接口)，利用计算机的换词功能，辅助情报检索语言。收有大量入口词的词表，即使在手工检索条件下，也可大大方便标引和检索，减轻标引和检索人员的智力负担，提高标引一致性和检索效率。

(6)自动赋检索词和自动赋分类号。这是用计算机自动从文献题名、文摘中抽取关键词，通过自然语言与词表或分类表的对应表，利用计算机的自动换词功能，赋予文献检索词或分类号。利用此方法也可进行情报检索语言和自然语言的双重标引。

(7)自动分类(自动聚类法)。自动分类的所谓类,实质是语义上属于表达、描述同一类事物的一组词的语词类集。通过计算机对文献原文中的关键词进行词频统计分析,判别出若干最能表达文献内容的词,然后用语词共现频率统计方法将其与语词类集进行相似性比较,确定一篇文献属于代表某个语词类集的类,从而达到使相关文献聚集在一起成为一类。此法还处于试验阶段,还不成熟。

(8)自由标引。所谓自由标引,是不依据词表的一种人工主题标引法,标引人员在对文献情报内容进行主题分析之后,按一定规则自拟标引用词来表达文献主题。就其实质而言,这也是在情报检索中应用自然语言的一种方法。这种方法有标引速度快(相对于人工标引而言),标识专指度高,在标引人员水平较高时其准确性可高于自动抽词等的优点。

三、自动分词是汉语在情报检索中应用的特殊问题

在情报检索中应用自然语言,有一些方式(关键词法、自动赋检索词或分类号、自动分类)是要以自动抽词为前提的。即首先要从文献原文中抽出关键词,然后再对所抽出的词进行其他处理。可是,汉语不像英、德、法、俄等语种,在其句子中没有词的分隔标志,一个汉字可以同其他许多汉字进行组合构成不同含义的词和词组,因此计算机难于识别一个句子中哪个汉字或哪几个汉字的组合是词或词组而自动把它们准确分离出来,也不易准确区别有用词或无用词。所以,首先必须解决把汉语句子用计算机自动切分成词的技术问题,这称为汉语分词技术。

十几年来,我国进行了大量的汉语分词技术研究,提出了许多分词方案。总的说来,在这方面已取得了很大进展,其中有些切分方案已达到基本可满足实用要求的程度而已在某些系统实际使用,但大多数方案则尚处于实验阶段。其中,以部件词典抽词法较为成熟。利用这种分词法需要编制成百种各种专业的抽词词典(因抽词词典的专业范围越窄越有针对性,抽词准确率越高),但这样的抽词词典目前几乎还没有一种以电子版或印刷版的形式公开出版。正是由于自动抽词的困难,在我国几乎看不到在欧美很流行的计算机自动编制的关键词索引,基于自动分词技术的检索系统也很少。但是,可以预料,现在距离解决汉语自动分词的问题已不会太远了。

解决汉语分词问题另外还有几种办法,如:①利用人工辅助切分(用人工在句子中安插切分标志),再由计算机进行处理的人机结合方法;②利用单汉字索引法;③利用文本检索法;④利用自由标引法。后三种方法都是回避了对汉语句子的分词问题。

四、使用后控制词表是弥补自然语言缺陷的主要措施

自然语言虽然在计算机化条件下可以应用于情报检索,但它所固有的缺陷依然存在,即不规范(存在大量同义现象、多义现象和含义模糊现象)以及未显示语词(概念)之间的关系,因而它不但检全率低,在检准方面也不是没有问题。它虽然易于标引,但把负担转嫁给了检索者。当检索者只需找到部分切题的文献即满足时,检索是比较容易的;当检索者既要求检准也要求检全文献时,检索却相当困难。

所以,对于表达概念自由度很大的自然语言,如果要求达到较高的检索效率,仍然需要采取某些控制措施。纯自然语言检索系统(指(1)(2)(3)(8)四种使用方式)配备后控制词表是弥补其缺陷的主要措施。

后控制词表可以说是人工语言与自然语言的结合体。其框架——分类体系和控制词——是人工语言,自然语言被置于类目和控制词下。例如:

AA　大类
AAaa　小类
AAaa01　控制词
AAaa01.01　Y　自然语言
AAaa01.02　F　自然语言
AAaa01.03　C　自然语言
AAaa03　控制词
AAaa03.01　Y　自然语言
AAaa03.02　F　自然语言
AAaa03.03　Y　自然语言
AAac　小类
AAac01　控制词
AAac01.01　Y　自然语言
AAac03　控制词
AAac03.01　Y　自然语言
AAaz　小类(其他)
AAaz.0001　自然语言
AAaz.0002　自然语言
AAac.0003　自然语言
ZZ　大类(新词,未处理)
ZZ.0001　自然语言
ZZ.0002　自然语言

后控制词表的性质类似于入口词表,它是一种转换工具,是一种扩检工具,是一种罗列自然语言检索标识供选择的工具。

后控制词表中的控制词(也可以是分类号)并非直接用于标引,而是对作为文献检索标识的自然语言词进行控制(建立等同、等级、相关关系)。因此,在后控制词表中,标引—检索用词是自然语言,非标引—检索用词却是人工语言,这与一般词表中的情形正好相反。

后控制词表有多种编制方法,其控制程度有很大差异。在检索系统中实有的自然语言检索标识的基础上编制的(即以作为检索标识的自然语言原词为基础的)后控制词表,其控制功能最强。

使用后控制词表在检索时可以有两种专指度,即自然语言词的专指度和类目与控制词的专指度,这可大大提高自然语言检索系统的检索效率。

关于后控制词表的编制法要点,请参看我的《论后控制词表》一文。

参考文献

[1] 张琪玉. 情报语言学基础. 武汉大学出版社,1987
[2] 张琪玉. 论后控制词表. 图书情报工作,1994(1)

[3] 张琪玉. 论自由标引. 图书馆学刊,1995(5)
[4] 张琪玉. 分类法主题法一体化自动标引系统的基本原理和方法. 图书馆论坛,1995(6)
[5] 张琪玉. 自然语言与人工语言对应转换——情报检索语言走向自动化之路. 中国图书馆学报,1996(1)
[6] 王永成. 中文信息处理技术及其基础. 上海交通大学出版社,1991
[7] 陈光祚. 论单汉字检索系统. 情报学报,1992,11(1)

写完于 1995 年 12 月 25 日,上海

载于《情报理论与实践》1996 年第 3 期

关于自然语言检索问题

图书情报界议论自然语言检索的文章很多，主流的论点是：自然语言检索是发展方向，信息检索要走自然语言道路；人工语言（情报检索语言）不适应网络环境，自然语言不亚于人工语言；目前自然语言虽有缺点，但人工智能可使其达到完善，满足一切检索要求。

但是，如果仔细去看，可发现：发表这些乐观论点者几乎都不是自然语言检索的专门研究者，而专门研究自然语言检索的学者中多数虽然也认同以上某些观点，他们所发表的文章却比较平和，不下如此断言。

1　自然语言在文献（或曰信息、情报、知识）检索中应用的几个主要方面

计算机用于文献检索是自然语言检索的前提。可以说，没有计算机对原文的处理，就没有自然语言检索。所有各种自然语言检索方法，都是在计算机上实现的（只有人工自由标引是个例外）。计算机检索与自然语言检索的关系是母与子的关系，但自然语言检索领域并不是计算机检索的独生子，计算机检索技术还应用于人工语言检索领域。

自然语言检索大体可归纳为下列几个方面：①关键词索引及以关键词为检索标识的文献题录数据库（数据库中的关键词检索标识来自人工自由标引，或略加人工辅助的计算机抽词，或借助于词典的自动抽词）；②全文数据库；③搜索引擎及由搜索引擎自动建立的网络资源数据库；④自动标引（自动抽取主题概念词标引）；⑤自动分类。

以上五个主要方面，只有关键词索引及数据库、全文检索、搜索引擎已经实现。其实，这三个方面的实质都是关键词检索。所以可以说，自然语言检索目前仅在关键词检索的层次上已经实现（但还不是非常成熟，不是无可指摘）。至于自动标引和自动分类，严格地说都还没有走出实验室。

2　关键词检索

关键词检索方法在上世纪50年代即已应用，至今已有半个世纪，在发展过程中不断变化。

关键词的提取方法有：①根据词与词之间的空格分词，利用非关键词表排除非关键词（中文没有空格，采用借助词典的自动分词技术，或人工辅助计算机抽词）；②利用词形（整词及词组、词根、词的片断）自动匹配（即整体匹配和前方一致、后方一致、中间一致、前后一致做模糊匹配）；③人工自由标引。

关键词的来源有文献题名、数据库某些字段的文本、全文本。

关键词的使用方式包括轮排索引、数据库的各种可检字段检索、全文本检索。

起初，关键词索引用做检索刊物的临时性索引（期索引）。数据库的关键词检索是后来才被重视起来，代替人工标引。再后来，关键词则应用于自动主题标引和自动分类研究的前期处理。

关键词目前已很少用于机编的书本式检索工具而主要用于两种数据库：①题录数据库；②全文数据库（文本数据库），使用任意字词匹配检索；③自动抽取关键词，可用于全文

数据库索引库的建库，以方便检索。

关键词有极大的优点，即可以利用计算机抽取，速度极快，索引深度相当大，对标引人员要求最低。

关键词也有极大缺点，即不规范、检索效率不高（不仅是词不规范影响检索效率，而且还有大量词组不规范，对检索效率的影响更大）。

关键词检索在某些情况下但不是在所有情况下可取得很好检索效果，其检索性能请参阅3.2。

自由标引的关键词检索效果较好，但不能自动抽取，故也有缺点。

自由标引的关键词与自动抽取（包括自动匹配）的关键词在质量上有很大差别，题名中的关键词与正文中的关键词在质量上也有很大差别，关键词与规范词在质量上更有很大差别。

关键词的缺陷并不因计算机检索技术的发展而消失了。关于提高关键词检索功能的五花八门的措施其作用都不是根本性的。关键词作为一种文献检索用语言虽很流行，但质量不是很高的。

3　全文检索

3.1　全文检索的性质

全文检索是文本检索的一种，采用任意字词匹配检索技术，是关键词检索的一种应用。全文检索是目前关键词检索技术的主要用途。

全文检索是自然语言检索的一个很大的进步：①全文检索把文献检索与原文获取合而为一了；②全文检索可直接检索文献中的相关内容，深入到了文献的细部，犹如图书的内容索引。

不少人认为全文检索可满足一切检索要求，可替代其他所有各种检索方法，其实远非如此。

3.2　全文检索系统检索性能分析

全文检索系统的检索性能大致可归纳如下：

1. 单纯的全文检索系统，其检索性能可概括表示为“关键词检索＋计算机辅助文本浏览”。

2. 全文检索系统适应的检索要求是：

（1）允许使用任意词乃至词的片断，从文本中进行匹配查找，查出文本中全部与检索用词形式相同之处，这可以说是“计算机辅助文本浏览”的方式，是全文检索系统的特长。

（2）对于用专有名词表示的检索对象，以及检索对象名称在数据库中出现的频率很低者（如很少被研究的事物，还未被广泛注意的新事物等），检索效果相当好。

（3）题名（包括子题名）的关键词检索。可用关键词匹配查找法检索，检索结果可形成一个关键词题录。这种检索方式具有某种程度的主题检索性质。

（4）著者检索。检索结果可形成一个著者题录。

（5）对于诗词等全文数据库，全文检索法是非常适用的检索方法。

3. 全文检索系统不适应的检索要求是：

（1）学科或专业的分类检索要求，是全文检索系统最不能适应的检索要求。

(2)一族事物的族性检索要求,如果不能用词根检索而必须用许多关键词进行逻辑和检索,或较大范围的专题检索,必须用许多关键词进行逻辑和检索,构造检索式都相当困难。

(3)越是被论述得多的事物,越难在全文检索系统中得到满意的检索结果。因为,这类事物的名称在全文检索系统中出现频率太高了,结果:①其中不少是虽被述及但无关宏旨或已是常识,检索出来没有意义;②被论述得越多,内容必定越广越细,若只需要其中某一方面的论述,虽然理论上可用组配法缩小检索范围,但由于事物的“方面词”多而分散,很难构成完整的检索式,有时则无法用恰当的词构造组配检索式;③无法直接查到对某一事物的总论性论述;

(4)有较多同义词、准同义词的检索对象,检索对象的用词不定型,以及遇“一词多义”“词义含糊”、不普遍使用的缩略词、词的嵌套等情况,都会或多或少影响其检索效率。

全文检索与文献数据库规模有关:数据库越小,全文检索的缺陷显得越小;数据库越大,全文检索的缺陷显得越大。

3.3　关于全文检索的评论

可以对全文检索作这样的归纳:

(1)全文检索系统既有特殊的优点(如“全文检索系统适应的检索要求”所述),也有许多弱点(如“全文检索系统不适应的检索要求”所述)。

(2)全文检索系统是建立在文献信息资源数字化基础上的,对文献不做标引,故没有标引用词,无法系统显示标引词,它是一个黑箱,毫无“透明度”,既可以说使用“极方便”,也可以说使用“极不方便”。

(3)单纯的全文检索系统既没有分类检索功能,也不及正规的主题检索功能,所以它并不能取代主要的传统检索方法,它只是增加了一种检索功能——计算机辅助文本浏览功能,可以用关键词从文献原文中直接进行匹配并即时浏览阅读(即检即阅)。

(4)有些检索系统设计人员主张用单纯的全文检索系统取代传统意义的检索功能,以便取消人工标引和分类表词表编制维护工作,从而大大降低系统运行成本。这当然亦无不可,但这样一来,文献信息服务质量也必然会大大降低。因为客观检索要求是多样性的,任何一种功能单纯的检索工具都不能满足多样性的检索要求。也就是说,世上并无万能的检索方法,只有集成多种检索方法的检索系统(即目录体系、索引体系、具有多种功能的计算机检索系统),才能较好地满足多样性的检索要求。一个好的全文检索系统也必须是一个集成系统,是全文数据库和文献目录数据库的有机结合体。这种集成系统虽然一般仍称为全文检索系统,实际上已与单纯的全文检索系统有很大区别了。

(5)对小型文本库而言,单纯的全文检索系统已可基本满足需要,是不一定需要再加传统检索功能的。因这类检索系统数据量不大,检索效率低些也无妨。

4　搜索引擎

搜索引擎的检索实际上并不是直接在因特网上进行搜索,而是在预先用搜索软件建立的网络信息资源数据库中进行检索。搜索引擎建立的数据库属于全文数据库性质,所以,搜索引擎的检索实际上就是全文关键词匹配检索。

因此,搜索引擎检索的性能基本上也就是全文关键词检索的性能。搜索引擎与分类浏览检索并存的事实说明了关键词检索的弱点。

国外网站的关键词检索,采取了许多增强关键词检索功能的措施,但可以说仍然收效甚微,这是图书情报界学者们所公认的。中国学者最初对搜索引擎是一片毫无保留的赞扬声,现在则普遍承认搜索引擎检准率特别低的缺陷,这可以说是认识上的一个进步。

网络信息资源的检索不可能没有主题检索途径。面对浩如烟海的网络信息资源,不可能完全采用人工标引(如分类浏览检索),自动搜索建立网络信息资源数据库和对数据库进行关键词检索是目前必然的选择。然而关键词全文检索又那样的不能令人满意,实在是一种无可奈何。

检索网站如 Yahoo!、Google 等都拥有巨大的资本,它们完全买得起最先进的技术。检索网站是情报检索用语言最新研究成果的展示台。但是,在其上还未出现自然语言检索方面人们期待的突破性进展(这只要到网上去普查一下,对那些宣传得如何如何先进的检索技术实际用一用,效果到底怎样,也就可以明白了)。

5 自动标引和自动分类

自动标引和自动分类都已研究了将近半个世纪,但可以说都还没有称得上突破性的进展,都还没有真正走出实验室而付诸实用。

自动标引严格地说是指自动抽取主题概念词标引。早期曾把自动抽取关键词也算做自动标引,但现今已不算自动标引了。汉语自动分词相当于自动抽取关键词,所以不能算是自动标引。

自动抽取主题概念词标引至今未能实现的关键,是计算机还不能识别文献的主题。计算机要把文献中的关键词抽出来,这能够做到。但要从所抽出的全部关键词中挑选出代表文献主题内容的词来,至今还做不好。

自动分类是在关键词中被确认为表达文献主题概念的词的基础上进一步将其归类,故与自动标引的困难实质相同。

半个世纪已经过去,到底什么时候在这方面能够突破,还无法预料。

许多人对自动标引和自动分类太乐观了,好像很快就能实现,而对其他有效方法(如人机结合的方法)不屑一顾,这是很可怕的,也是很可悲的。

6 自然语言检索是检索语言发展的最高阶段吗

有不止一位作者说,自然语言检索是情报检索用语言发展的最高阶段。他们说:从自然语言,到人工语言,再回到自然语言,或者说,从不控制,到控制,再到不控制,这是“否定之否定”,是情报检索用语言的“发展规律”。

这种理解是似是而非的。没有任何控制的检索用语言是不可思议的。至今还没有找到在计算机环境下不加控制地利用自然语言的十分有效的方法。如果有,一定会被检索网站立即用高价收买而付诸应用。但至今在网络上没有发现那样的方法,说明那样的方法现在还不存在。

7 自然语言检索走向何方

自然语言检索必然要继续向前发展。网络检索不能唯一地使用自然语言。自然语言的前途仍然要走向控制、规范，当然，控制的方法会与过去人工语言所采用的方法有所不同。

人工语言和自然语言都起着不可取代的作用，因而对两者的研究不可偏废。目前，亟待从情报语言学的角度来深入研究自然语言检索中存在的问题（这是自然语言检索研究中的薄弱环节），把情报语言学的原理和方法引进自然语言检索的研究，并要重视利用情报检索语言已往所积累的成果（例如分类表和词表对概念和术语的整理成果）。也要积极研究情报检索语言在网络环境下应用所遇到的新问题，寻找改进方法，特别是吸取自然语言的优点来弥补情报检索语言的不足之处。这两方面的研究，应朝着并且必然会朝着从两者的初步结合到完全融合，即情报检索语言的自然语言化、自然语言的情报检索语言化的目标前进。

说明：本文基本上是下列参考文献中列出的关于自然语言检索的文章的简要归纳、综述。

参考文献

[1] 张琪玉. 情报语言学基础（增订二版）. 武汉大学出版社，1997
[2] 张琪玉. 汉语自然语言检索研究的三个角度. 图书馆理论与实践，2003（3）
[3] 张琪玉. 自然语言检索中各种因素对检索效率的影响. 情报理论与实践，1997（5）
[4] 张琪玉. 自然语言检索研究进展//知识信息管理研究进展. 武汉大学出版社，1998
[5] 张琪玉. 网络信息检索工具增强关键词检索功能的措施. 图书馆杂志，2001（1）
[6] 张琪玉. 关于提高网络信息关键词检索效率的思考. 图书馆理论与实践，2002（6）
[7] 张琪玉. 全文检索系统的检索性能，发表中
[8] 张琪玉. 全文数据库、全文检索与全文标引. 图书馆理论与实践，2002（6）
[9] 张琪玉. 全文数据库检索的三种深度. 图书馆理论与实践，2003（4）
[10] 张琪玉. 全文检索系统较好的模式. 图书馆理论与实践，2002（5）
[11] 张琪玉. 搜索引擎关键词检索的误检从何而来. 图书馆理论与实践，2002（6）
[12] 张琪玉. 在因特网上任何信息资源都能检得吗. 图书馆理论与实践，2002（6）
[13] 张琪玉. 自动抽词与自动分词. 图书馆杂志，2002（3）
[14] 张琪玉. 文献标引中人与计算机的分工协作. 发表中
[15] 张琪玉. 情报检索语言的发展趋势（与吴建中的对话）. 图书馆杂志，1996（4）
[16] 张琪玉. 网络信息检索用语言的发展趋势. 图书馆杂志，2001（3）
[17] 张琪玉. 走向自然语言与情报检索语言结合之路. 图书馆理论与实践，2001（2）

写完于2004年9月8日，上海

载于《图书馆论坛》2004年第6期

自然语言检索研究进展

自然语言检索是当今情报检索领域的一种重要发展趋势。我国在80年代自然语言检索即得到广泛关注,对各种方法的研究和实验基本上已全面展开,并取得了不少的成果,至90年代,更有了进一步的发展。现将90年代的进展情况分别简述如下。

1　自然语言检索总论

《图书馆杂志》1996年第4期发表吴建中与张琪玉、侯汉清关于图书馆未来的对话《情报检索语言的发展趋势》[1]和《从人工语言到自然语言》[2],两文均认为自然语言检索是情报检索领域的重要发展趋势,应重视对自然语言检索的研究;但自然语言既有突出优点,也有严重缺点,故它不可能全面取代情报检索语言。就目前来说,在情报检索中处于主流地位的仍然是情报检索语言。两人都认为在情报检索中"控制"是绝对必要的,目前自然语言检索还在其发展的初级阶段,从检索效率角度看,水平还不是很高的,有许多问题尚待解决,自然语言检索应吸取情报检索语言的某些原理和方法,以求改进。

张琪玉在《自然语言与人工语言对应转换——情报检索语言走向自动化之路》[3]一文中说明了自然语言词、控制词、分类号三者采用对应转换措施的优点,并列举和分析了在计算机检索系统条件下对文献标可能采用的19种模式,主张情报检索语言与自然语言的结合。

宋明亮在《情报语言学研究的新领域——自然语言检索系统及其研究》[4]一文中指出,通过控制提高检索效率是情报语言学研究的根本目的。在计算机化的"自然语言检索系统"中,控制的手段、方法和技术发生了变化,这些变化开辟了情报语言学研究的新领域,如主题词词典(关键词词典)、类主题词典、后控词表和术语等的研究。

邓汉成在《受控语言与自然语言检索效果的实验研究》[5]一文中叙述,通过光盘数据库测示了受控语言与自然语言的检索效果,发现受控语言与自然语言对检索系统的查全能力都起着重要的作用,只有使两者结合才能使系统具有最大的查全能力。

邵品洪在《自然语言处理在情报检索中的应用》[6]一文介绍了日本学者围绕提高情报检索系统的性能,开展自然语言信息处理研究的一些成果,包括以英语科技文摘为对象所进行的自动索引研究和动词的用法分析,以及从混合使用汉字和假名的日语文本中自动抽出日语名词的研究等。

2　汉语自动分词与自动标引

自然语言检索绝大多数是利用计算机,以文本(题名、文中标题、文摘、正文)中的词为处理对象的。西文以两个空格之间的字符定义为一个词,故计算机极易识别而将其自动分离出来。汉语则不成,因为汉语句子中词与词之间无空格作为分隔标志,而且,一个汉字可以同其他许多汉字进行组合构成不同含义的词和词组,并无形式化的规律,因此计算机难以识别一个句子中哪个汉字或哪几个汉字的组合是词而自动把它们分离出来,也难以准确识别对检索有用词与无用词。所以,把句子用计算机自动切分成词就成为汉语自然语言检索的一个前提条件,而且在其他方面也有广泛的用途。

汉语分词技术于1963年由刘涌泉[7]开始研究,当时是为了解决机器翻译问题,而80年代的广泛开展研究则主要是为了解决自动抽词问题。80年代提出的汉语分词方案很多,大致可分为基于算法的分词方法(强调形式匹配)和基于知识的分词方法(强调知识对分词过程的指导)两大类,而大多数方案属于形式匹配分词法。

汉语分词技术的研究可以说是自然语言检索的"开路先锋",在汉语自然语言检索的研究中起步最早。如陈培久的词典切分组词法(1983发表)[8]、王永成的部件词典法(1984发表)[9]、梁南元的OM自动分词法(1985发表)[10]、北京大学图书馆学系的主题词表法(1987发表)[11]、邓钦和与毛玉姣的关键词表法(1987,1989发表)[12-13]、江孝感的汉语词素自动分词法(1989发表)[14]等,都是属于形式匹配分词法,并且在80年代都已出现。到90年代,属于形式匹配分词法的新方案已较少提出,如赵宗仁的语词结构类比法(1991发表)[15]、陈豫和曾民族的CWSAIS法(1991发表)[16]等。但80年代的上述方案有些在90年代有继续改进和深入探讨,如王永成等的《论中文词切分中的歧义切分问题》[17]、毛玉蛟等的《汉文自动分词与自动标引的新尝试》[18]、苏新宁的《汉语词切分算法的改进》[19]、龚建伟的《中文自动标引中并行缩略词串的处理》[20]等。形式匹配分词法比较简单可行,都有一定实用价值。例如王永成的部件词典法抽词正确率已达到90%左右,在改进部件词典的情况下正确率还有可能提高,已基本达到实用的水平。

此外,还有:①切分标记法,如姚天顺的前后位切割标志表法(1986发表)[21]、吴蔚天等的非用词后缀表法(1987发表)[22]、周依欣和吴蔚天的链接表法(1990发表)[23]等;②统计分词法,如龙泽云的统计分析分词法(1987发表)[24]、夏海的上下文比较标引法(1990发表)[25],北京大学图书馆学系的主题词表法也运用统计分析[11];③语法语义分析分词法,如黄祥喜的语境相关自动分词法(1989发表)[26]、生成—测试自动分词法(1990发表)[27]、人机接口HJR自动分词法(1990发表)[28]、分词与理解并行处理法(1990发表)[29]等;④李粟和陈永明、贺前华和李粟的神经网络分词法(1990,1992发表)[30-31]。

王玮在《汉语文献自动分词存在的问题与趋向》[32]一文中认为,以上方法都存在优劣两面,至今没有一种方法完全解决汉语自动分词存在的词法的复杂性、切分的模糊性和语法分析问题。他认为有待于在切分词典设计、汉语自动分析研究和神经网络分词方法方面发展。

汉语自动分词与汉语文献自动标引既有区别又有紧密联系,许多文献作者把两者看做同一回事。但是,以自动标引作为题名的一些文献,往往只谈如何自动抽词(即自动分词)的方法,而对于自动抽出的词是否符合文献标引要求(即是否能准确、充分地表达文献内容,是否能与检索课题有效匹配)的问题,却很少见深入探讨,更鲜见专文发表。

汉语自动分词不能脱离分词词典(关键词词典、停用词词典、部件词典、切分标记词典等),目前在分词软件方面许多方法已达到或接近实用水平,其普及的障碍主要是缺少分词词典。在这方面几乎没有研究专文发表,也未见词典公开出版。

3　关键词索引

关键词索引法是国外在自然语言检索方面最早出现的事物,是最为成熟的技术,对我国近期尚有较大的实用价值。但是,研究文献并不多见。

张琪玉发表过《汉语关键词法探讨》[33]和《人—机结合的题内关键词索引可回避汉语分词难题》[34]两篇文章,并于1994年指导研究生研制了"汉语题内关键词索引与后控制词表系统",其研制报告有张正强、宋明亮、周全明、曹东东、王海岚和金巍写的6篇系列文章,载于《文献工作研究》1994年第3－4期。

4 文本检索与全文检索

文本关键字词匹配检索是自然语言检索中使用最普遍的方法。这种方法不需进行任何标引,检索时则可用检索者认为合适的关键性字词(字、词、词的片段或若干词的组配),在文本中进行匹配查找,十分简单。文本检索包括字符串匹配、截词检索、位置逻辑检索等。这些方法已普遍为人所熟知,故不再有研究专文。

所谓文本,可以是文献题名,或文摘,或文献正文。对贮存文献正文的数据库的检索,称为全文检索。

全文检索可以说是90年代自然语言检索的热点,研究文献甚多。

顾耀芳的《综述全文检索系统》[35]一文对到1991年上半年为止的国内全文检索研究成果做了综述,包括国外发展概况、全文检索系统涵义、全文数据库研制、全文本的前处理、文本检索技术等。

尹汉军的《全文检索与其它检索方法的比较》[36]一文对全文检索、文献检索、标题检索和受控词表检索四种检索方法做了比较,并分析了产生优劣的原因。

杨学仑的《全文检索技术及其在图书馆中的应用》[37]一文介绍了全文数据库建设的前处理和检索技术,讨论了图书馆发展全文检索系统问题,并对北京图书馆发展全文检索系统提出了几点建议。

1991年10月18日通过鉴定的《湖北省地方志全文检索系统》一般认为是我国第一个以一部专著为对象的全文检索系统,陈睿、陈光祚和谢新洲的《湖北省地方志全文检索系统》[38]一文对该系统软件做了详细介绍。

庄燕民的《BDSIRS的全文检索技术及其实现》[39]一文对北京文献服务处的全文检索系统采用的技术做了介绍。

毛楚祥的《通用全文本汉字信息存贮和检索软件H-CGRS》[40]介绍了该软件的设计思想、系统结构和一些实现问题。

胡燕的《全文文本检索及其汉字软件实现研究》[41]一文对汉字全文文本检索系统的软件实现技术做了介绍。

陈光祚和王军的《利用全文检索技术制作电子出版物》[42]一文叙述了利用激光照排和轻印刷的中间产品转换为全文数据库的机读数据,经格式化、标引、建立索引等处理过程成为电子出版物的方法,并对电子出版物做了一般论述。

赵捧未的《用于全文检索的一个提问文法的导出及形式描述》[43]一文提出了一种直观、简洁、便于理解,并具有较普遍适应性的提问文法。

赵捧未等的《一个用于全文信息系统的检索算法》[44]一文提出了一种以集合论为指导的,既考虑了按可检词检索,也考虑了按诸外部特征项检索的全文检索算法。

窦竹梅和何新贵等的《人工智能技术在中文全文情报检索中的应用研究》[45]一文提出了一种基于知识的中文全文概念检索方法。

张子枫和方正的《超文本全文检索系统的研究》[46]一文提出了一个超文本全文检索系统的模型,对超文本技术与全文检索技术的结合做了探讨。

方正和张子枫等的《基于超文本的全文检索系统的研究》[47]一文提出一种超文本全文检索系统模型,该系统采用基于关系的全文检索方法。

李莹的《文本检索软件的革新》[48]一文介绍了国外一些全文检索软件的新功能。

李明明编译的《CD-ROM 上的全文文献》[49]对国外 CD-ROM 全文文献的发展情况和发展方向以及正确采购决策的重要性做了介绍。

李培编译的《基于语法相似的全文检索》[50]一文介绍了一种通过比较正文的语法迹来检索正文的算法。

苏丽珍编译的《一个全文检索专家系统》[51]一文介绍了一种旨在帮助终端用户能在大型全文数据库中找出有关章节的专家系统。

曾民族在《迎接新信息检索技术的挑战》[52]一文中指出:"全文文本检索具有传统检索不可比拟的优点,但也有查准率差的致命缺点"。关于如何克服这个缺点,未见文献做深入研究。

5　单汉字检索

汉语的词是由汉字组成的,汉字具有意义,组成某个词或词组的若干汉字中必定有一个或两个具有关键性,它们是关键字,表达一个词或词组的核心意义,而且它们还具有字面成族的作用,因为它们往往是许多词的共同关键字。有的字虽不是关键字,但很少在词中出现,因而在特定的文本集合中具有很强的标识性。所以,单个汉字用于检索也是可以的。

单汉字检索与文本检索性质基本相同,不同点仅在于对文本中的每个汉字以字为单位全部做倒排索引,所以,也称"全标引"。因单个汉字绝大多数不能独立表达文献主题概念或作为索引项,等于不标引,故也属"无标引系统"。

1987~1990 年间,李志清、黎小林和吴骏盛、苏新宁、刘晓清和邵品洪、夏海等多人的文章[53-57]对单汉字检索法进行过研讨。陈光祚的《论单汉字检索系统》[58]一文对单汉字检索法的性能和问题有比较深入的分析。1991 年后,又有许多文献做进一步研究。例如:

夏景峰和李必旺的《面向自然语言查询的单汉字检索系统》[59]一文把单汉字检索系统的发展划分为三代,并对第三代单汉字系统提出改进的方法。

杜锋和王永成的《按字索引系统词组配算法讨论》[60]一文给出了一个抽象的按字索引结构,在此基础上给出并分析了四种组配算法。

赵捧未和王欣的《关于全文倒排系统设计的研究》[61]一文运用软件工程方法对一般性全文倒排检索系统进行了功能分析和软件初步设计,最后指出系统实现所需考虑的因素。

陈光祚和刘继昌的《全标引情报检索系统 IRS/FP》[62]一文介绍了该系统情况和系统模块结构图,并着重对光盘数据库套录、格式转换、单汉字标引、情报检索功能等进行了讨论。

刘春科的《一种无标引实现汉字全文索引与全文检索的新方法》[63]一文介绍了中情所的一个单汉字检索系统,该系统经过两年十几万篇汉字文献的验证,说明可在支持汉字操作系统的其他计算机上实现。

刘继昌的《全标引汉字情报检索系统》[64]一文分析了汉字的性质和特点,说明建立单汉字检索系统的可能性和多方面的优越性。

夏海的《中文题录单汉字与关键词混合检索系统》[65]一文说明此种混合系统能在一定程度上弥补某些单汉字系统没有词检索功能及某些单汉字系统索引空间较大的缺陷。

汪红秋的《单汉字检索系统查全率查准率的保障》[66]一文提出利用现有主题词表编制后控制词表等方法。

6 自由标引与自由词标引

自由标引与自由词标引虽都属在检索中利用自然语言,但两者是不能混同的。

自由标引是不依据词表的一种主题标引法,标引人员在对文献的情报内容进行分析之后,按一定规则自拟标引用词来表达文献主题。这种标引方法的优点在于:由于不使用词表控制,标引速度要比使用词表的主题标引快许多倍,这还意味着标引成本的降低;可用与文献主题专指度一致的词进行标引,保证较高的检准率;标引过程是通过标引人员主题分析的,如果标引人员具有一定的业务水平,则其标引质量可大大高于自动抽词标引。自由标引主要适用于报纸文献、期刊文献的大型篇名数据库的标引,因为这类文献内容庞杂,新概念多,数量大,很难编制适用的词表,而且使用词表标引用工多,速度慢,建库单位实际条件往往不许可。自由标引方法在一些单位常有所见,但讨论的专文不多见。

张琪玉的《论自由标引》[67]一文,对自由标引概念、自由标引的优点和适用范围、自由标引种类、自由标引基本方法、自由标引要点、自由标引系统配备后控制词表的必要性等问题做了阐述。

宋明亮的《报纸文献机助自由标引研究及对汉语后控制词表动态维护的思考》[68]一文对报纸的机助自由标引作了较深入的研究,并提出了一种利用计算机维护后控制词表的方法。

高文生的《自由标引和只供检索的规范词表相结合建立档案检索系统的模式》[69]一文探讨了自由标引方法在档案工作中应用的方法。

关于自由词补充标引的研究文献有:

李群的《叙词标引和自由词标引》[70]一文,论述了自由词标引的优点以及叙词标引与自由词标引结合使用的可行性。

刘南杰的《对规范主题词与自由词相结合进行相关检索的探讨》[71]一文对两者结合使用提高检索效率做了较详细的分析。

7 后控制词表

后控制词表是提高自然语言检索效率的有效措施。在 80 年代,仅有臧国全的《后控制词表检索系统研究》,该文是在硕士论文的基础上改写的。90 年代后,研究者多起来。

张琪玉的《论后控制词表》[72]一文论述了后控制词表的控制机理、控制程度、编制特点、各种编制方法及其在控制上的差别,提出了一种“分类词表 + 字顺/轮排表”的结构模式,并说明利用后控制词表检索文献的各种方法。

赖茂生、谭晓东的《基于超文本结构的后控词表管理系统》[73]一文对超文本技术应用于后控制词表系统的设计与开发进行了详细探讨。

陈道泉的《情报检索系统与后控制词表》[74]一文论述了采用全文检索加后控制词表模

式的优点，认为这是改革情报检索系统现有模式的明智之举。

陈源蒸的《中文图书机读目录主题标引采用后控规范的设想》[75]一文说明了机读目录采用这种标引模式的优点和具体实施办法。

陆长旭的《后控词表的编制方法》[76]一文叙述了词表系统类型的区分、后控制词表的产生和定义及后控制词表的三种实现方法，即相似性匹配法、聚类控制法和人工智能法。

龙泽云的《后控词表在文献检索系统中的应用》[77]一文叙述了中文食品工业文献检索系统采用自动抽词标引 + 后控制词表的系统构造方法、使用方法及效果。

王源等的《后控规范的计算机处理》[78]一文提出了一种以后控规范为基础的标引体系。为使后控规范能方便地由计算机实现，研究了利用相似性匹配技术找出语义上有一定联系的术语，并由计算机自动地建立用、代、属、分、参等语义关系的方法。

宋明亮的《汉语词汇字面相似性原理与后控制词表动态维护研究》[79]一文论述了利用汉语字面相似性原理进行后控制词表动态维护的可行性和实施步骤。其结论是汉语词汇之间的字面相似度有八种可能性，根据不同的相似度可将待归类词与被匹配词之间的聚类关系分成三级，以人机结合的方法分别处理。

周全明的硕士论文《全文检索系统后控制技术研究》[80]对全文检索系统后控制问题（为全文检索系统配备后控制词表的一些关键技术）做了比较深入的探讨，并介绍了他设计的一个全文后控制检索系统——《军队政工全文后控制检索系统》。后来在此基础上写了《全文检索系统后控制技术初探》[81]、《关于全文检索系统后控制技术研究的基本观点和结论》[82]、《全文检索系统后控关键词采集政策研究》[83]、《全文检索系统后控制词表范畴体系确立方法初探》[84]、《一个具体的全文后控检索系统的设计》[85]等多篇文章。

8　自动分类

我国对自动分类的研究起步较晚，从 80 年代至今仅有 4 次试验。

第一次试验是朱兰娟在王永成的指导下进行的，可参看朱兰娟的《中文文献自动分类的理论与实践》[86]一文。

第二次试验是金巍在张琪玉和王永成的合作指导下进行的，可参看金巍的硕士论文《中文文献自动分类系统——以肿瘤学专业文献为例》[87]。

第三次试验是苏新宁、徐进鸿、史九林合作进行的，可参看《档案自动分类算法研究》[88]一文。该项试验中编制的自动分类程序已被嵌入“企事业档案管理系统”中。

第四次试验是叶新明进行的，可参看《基于〈中图法〉的中文文献自动分类》[89]一文。

张琪玉的《分类法主题法一体化自动标引系统的基本原理和方法》[90]一文主要是讨论自动分类，该文提出用分面技术来构造自动分类用的分类表（体系分类法则改造为分面分类法），根据体系分类法的类目内容范围划分规则来构造自动分类规则，使自动分类的过程大大简化，据金巍用此法试验的结果，分类准确率反而有所提高。

李洪青的《一个自动汉语正文分类系统的模型设计》[91]一文，提出用模糊—神经方法设计自动分类模型。

邓要武、王连俊的《图书自动分类专家系统可行性研究》[92]一文讨论了专家系统技术用于自动分类的可行性。

叶新明、徐进鸿的《中文文献自动分类研究》[93]一文提出了中文自动分类的一般模式，同时分析了实现中文文献自动分类目前所面临的一些问题。

卢香霄、叶新明的《自动分类与手工分类的比较》[94]一文对两种标引方式做了一般的比较。

9 自动编文摘

关于自动编文摘的文献极少。上海交通大学的王永成等一直在进行此项研究,取得了较大成果,但未见有详细报道的文献。

郭俊文的《中文科技文献自动文摘系统的研究》[95]一文叙述了一个中文科技文献自动文摘系统,详细地描述了总体结构,各环节的内部表示和算法,最后给出了进一步的讨论。

李明的《从字频统计出发的中文文摘自动编写》[96]一文针对汉字文本的特点,提出一种在单汉字字频统计分析基础上实现自动编写中文文摘的新设想。

10 词频统计

研究词频统计的文献仅有很少几篇。

孙清兰的《高频词与低频词的界分与词频估算法》[97];

崔雷的《专题文献高频主题词的共词聚类分析》[98];

李有梅的《用聚类分析法研究词频数据》[99]。

参考文献

[1] 吴建中,张琪玉. 情报检索语言的发展趋势——关于图书馆未来的对话之九. 图书馆杂志,1996(4)

[2] 吴建中,侯汉清. 从人工语言到自然语言——关于图书馆未来的对话之十. 图书馆杂志,1996(4)

[3] 张琪玉. 自然语言与人工语言对应转换——情报检索语言走向自动化之路. 中国图书馆学报,1996(1)

[4] 宋明亮. 情报语言学研究的新领域——自然语言检索系统及其研究. 图书情报工作,1994(5)

[5] 邓汉成. 受控语言与自然语言检索效果的实验研究. 情报理论与实践,1995(2)

[6] 邵品洪. 自然语言处理在情报检索中的应用. 现代图书情报技术,1994(3)

[7] 刘涌泉. 机器翻译和文字改革. 文字改革,1963(3)

[8] 陈培久. 汉语科技文献标题的自动标引试验. 情报学报,1983,2(2)

[9] 王永成. 自动编制中文标题的主题词轮排索引及自动抽词. 南京大学学报·自然科学版,1984,20(1)

[10] 梁南元. OM 自动分词方法. 中文信息,1985(2)

[11] 北京大学图书馆学系. 汉语科技文献自动标引系统. 情报学报,1987,6(4)

[12] 邓钦和,龙泽云. 实现自动标引的微机中文情报检索系统. 情报学报,1987,6(6)

[13] 毛玉姣. WD-ZBJ 中文文献自动标引检索系统. 现代图书情报技术,1989(1)

[14] 江孝感,徐罗丁,李长林. 汉语词素自动分词的一个理想方法. 现代图书情报技术,1989(2)

[15] 赵宗仁. 语词结构类比自动标引系统. 情报学报,1991,10(5)

[16] 陈豫,曾民族. 汉语自动切词标引系统 CWSAIS 的研制及其应用. 情报学报,1991,10(5)

[17] 王永成等. 论中文词切分中的歧义切分问题. 情报学报,1991,10(2)

[18] 毛玉蛟,陈远,贺银云. 汉文自动分词与自动标引的新尝试. 情报探索,1993(3)

[19] 苏新宁. 汉语词切分算法的改进. 情报学报,1996,15(6)

[20] 龚建伟. 中文自动标引中并行缩略词串的处理. 情报学报,1992,11(4)

[21] 姚天顺等. 计算机汉字信息处理. 辽宁科技出版社,1986

[22] 吴蔚天,天鹤卿．实现汉字科技文献自动标引的字典法．情报学报,1988,7(2)
[23] 周依欣,吴蔚天．一种实用的汉语切分方法——链接表法．情报学报,1990,9(4)
[24] 龙泽云,邓钦和．一种汉语自动分词标引方法——统计分析法．现代图书情报技术,1987(3)
[25] 夏海.汉语科技文献上下文比较自动标引试验．情报学报,1990,9(2)
[26] 黄祥喜．"语境相关"自动分词方法．情报学报,1989,8(4)
[27] 黄祥喜．书面汉语自动分词的"生成—测试"方法．情报学报,1990,9(3)
[28] 黄祥喜．汉语人机接口 HJR 自动分词技术．中文信息,1990(2)
[29] 黄祥喜．基于"分词和理解并行处理"理论的汉语语言理解系统 PTCUS．中文信息,1990(3)
[30] 李粟,陈永明．汉语句法分析的交互激活竞争模型．中文信息学报,1992,6(4)
[31] 贺前华,徐秉铮．汉语分词神经网络方法的模型实现．中文信息,1992(3)
[32] 王玮,刘丹．汉语文献自动分词存在的问题与趋向．情报理论与实践,1994(6)
[33] 张琪玉．汉语关键词法探讨．图书馆论坛,1993(1)
[34] 张琪玉．人—机结合的题内关键词索引可回避汉语分词难题．图书馆杂志,1993(4)
[35] 顾耀芳．综述全文检索系统．现代图书情报技术,1992(1)
[36] 尹汉军．全文检索与其它检索方法的比较．情报科学技术,1991(5)
[37] 杨学仑．全文检索技术及其在图书馆中的应用．北京图书馆馆刊,1996(1)
[38] 陈睿,陈光祚,谢新洲．湖北省地方志全文检索系统．情报理论与实践,1991(2)
[39] 庄燕民．BDSIRS 的全文检索技术及其实现方法．情报科学技术,1992(5)
[40] 毛楚祥．通用全文本汉字信息存贮和检索软件 II-CGRS．情报科学技术,1991(3)
[41] 胡燕．全文文本检索及其汉字软件实现研究．情报科学技术,1990(5)
[42] 陈光祚,王军．利用全文检索技术制作电子出版物．情报学报,1993,12(1)
[43] 赵捧未．用于全文检索的一个提问文法的导出及形式描述．情报学报,1992,11(3)
[44] 赵捧未,王欣,吕建平．一个用于全文信息系统的检索算法．情报理论与实践,1993(5)
[45] 窦竹梅,何新贵,彭甫阳．人工智能技术在中文全文情报检索中的应用研究．情报科学技术,1994(6)
[46] 张子枫,方正．超文本全文检索系统的研究．现代图书情报技术,1996(1)
[47] 方正,张子枫,王海东等．基于超文本的全文检索系统的研究．情报学报,1996,15(6)
[48] 李莹．文本检索软件的革新．文献工作研究,1994(6)
[49] 李明明编译．CD-ROM 上的全文文献．图书馆理论与实践,1994(1)
[50] 李培编译．基于语法相似的全文检索．国外情报科学,1991(1)
[51] 苏丽珍编译．一个全文检索专家系统．情报科学技术,1992(1)
[52] 曾民族．迎接新信息检索技术的挑战．情报科学技术,1994(1)
[53] 李志清．中文信息无标引检索技术．情报学报,1987,6(2)
[54] 黎小林,吴骏盛．单汉字机助标引与检索．情报学报,1988,7(1)
[55] 苏新宁,刘晓清,邵品洪．论中文标题的单汉字标引与位置检索.南京大学学报·自然科学版,1990,26(2)
[56] 苏新宁．单字标引算法的改进设想．现代图书情报技术,1989(1)
[57] 夏海．汉语科技文献标题的"无标引"检索．现代图书情报技术,1990(4)
[58] 陈光祚．论单汉字检索系统．情报学报,1992,11(1)
[59] 夏景峰,李必旺．面向自然语言查询的单汉字检索系统．情报学报,1995,14(6)
[60] 杜锋,王永成．按字索引系统词组配算法讨论．现代图书情报技术,1993(3)
[61] 赵捧未,王欣．关于全文倒排系统设计的研究．情报学报,1992,11(5)

[62] 陈光祚,刘继昌. 全标引情报检索系统 IRS/FP. 情报理论与实践,1992(1)
[63] 刘春科. 一种无标引实现汉字全文索引与全文检索的新方法. 情报学报,1991,10(2)
[64] 刘继昌. 全标引汉字情报检索系统研究. 情报学报,1992,13(1)
[65] 夏海. 中文题录单汉字与关键词混合检索系统. 现代图书情报技术,1993(1)
[66] 汪红秋. 单汉字检索系统查全率查准率的保障. 情报学报,1993,14(6)
[67] 张琪玉. 论自由标引. 图书馆学刊,1995(5)
[68] 宋明亮. 报纸文献机助自由标引研究及对汉语后控制词表动态维护的思考. 空军政治学院,1994. 10
[69] 高文生. 自由标引和只供检索的规范词表相结合建立档案检索系统的模式. 空军政治学院,1991. 4
[70] 李群. 叙词标引和自由词标引. 图书情报论坛,1993(3)
[71] 刘南杰. 对规范主题词与自由词相结合进行相关检索的探讨. 情报科学,1988,9(5)
[72] 张琪玉. 论后控制词表. 图书情报工作,1994(1)
[73] 赖茂生,谭晓东. 基于超文本结构的后控词表管理系统. 情报学报,1995,14(5)
[74] 陈道泉. 情报检索系统与后控制词表. 现代图书情报技术,1994(4)
[75] 陈源蒸. 中文图书机读目录主题标引采用后控规范的设想. 中国图书馆学报,1991(4)
[76] 陆长旭. 后控词表的编制方法. 中国图书馆学报,1994(6)
[77] 龙泽云. 后控词表在文献检索系统中的应用. 现代图书情报技术,1996(2)
[78] 王源等. 后控规范的计算机处理. 现代图书情报技术,1993(2)
[79] 宋明亮. 汉语词汇字面相似性原理与后控制词表动态维护研究. 情报学报,1996,15(4)
[80] 周全明. 全文检索系统后控制技术研究. 空军政治学院,1995. 6
[81] 周全明. 全文检索系统后控制技术初探. 北京图书馆馆刊,1996(3)
[82] 周全明. 关于全文检索系统后控制技术研究的基本观点和结论. 图书馆杂志,1996(4)
[83] 周全明. 全文检索系统后控关键词采集政策研究. 情报理论与实践,1996(4)
[84] 周全明. 全文检索系统后控制词表范畴体系确立方法初探. 情报理论与实践,1996(6)
[85] 周全明. 一个具体的全文后控检索系统的设计. 现代图书情报技术,1996(3)
[86] 朱兰娟. 中文文献自动分类的理论与实践. 情报学报,1987,6(6)
[87] 金巍. 中文文献自动分类系统——以肿瘤学专业文献为例. 空军政治学院,1995. 4
[88] 苏新宁,徐进鸿,史九林. 档案自动分类算法研究,1995,14(3)
[89] 叶新明. 基于《中图法》的中文文献自动分类. 情报学报,1995,14(6)
[90] 张琪玉. 分类法主题法一体化自动标引系统的基本原理和方法. 图书馆论坛,1995(6)
[91] 李洪青. 一个自动汉语正文分类系统的模型设计. 情报科学技术,1994(6)
[92] 邓要武,王连俊. 图书自动分类专家系统可行性研究. 图书情报工作,1996(5)
[93] 叶新明,徐进鸿. 中文文献自动分类研究. 情报科学,1992,13(5)
[94] 卢香霄,叶新明. 自动分类与手工分类的比较. 图书馆杂志,1995(3)
[95] 郭俊文. 中文科技文献自动文摘系统的研究. 情报探索,1995(4)
[96] 李明. 从字频统计出发的中文文摘自动编写. 现代图书情报技术,1996(3)
[97] 孙清兰. 高频词与低频词的界分与词频估算法. 中国图书馆学报,1992(2)
[98] 崔雷. 专题文献高频主题词的共词聚类分析. 情报理论与实践,1996(4)
[99] 李有梅. 用聚类分析法研究词频数据. 情报理论与实践,1994(2)

写完于 1997 年 6 月 18 日,上海
载于武汉大学图书情报学院图书馆学情报学研究所编
《知识信息管理研究进展》,武汉大学出版社 1998 年 7 月出版

汉语自然语言检索研究的三个角度

汉语自然语言检索的研究，大致可从下列三个角度来划分：

● 从汉语结构的角度来研究自然语言检索

这是指从汉语的字、词素、词(包括词组)和句子等层次来研究，寻找各种可应用于自然语言检索系统的方法。如单汉字检索、词素轮排索引、截词检索和位置逻辑检索、汉语自动分词、汉语关键词索引、模糊检索、全文检索和词频统计，等等。

● 从自动化模式的角度来研究自然语言检索

自然语言检索基本上属于计算机自动处理的范畴。从处理模式看，可划分为自动化程度很高和较高的、人机结合的、基本上是人工标引的以及自然语言与人工语言原理结合的几种模式。

自动化程度很高和较高的模式如自动抽词标引、自动赋词标引、自动分类(自动赋号分类、自动聚类)等。

人机结合的模式指人工切分(安插词、词素的切分符号)+计算机处理；或计算机处理+人工审核、纠正。

基本上是人工标引的模式指自由标引和自由词标引。

自然语言与人工语言原理结合的模式如后控制词表、自然语言接口等。

● 从情报语言学与汉语语言学交叉结合的角度来研究自然语言检索

例如，在自然语言检索中对汉语不规范现象的控制、对汉语构词造句规律、缩略规律的应用、对汉语题名的剖析及其研究成果的应用、汉语检索词措词规则的应用、对汉语文献篇章节段及正文与自然语言检索效率关系的研究及其成果的应用、汉语词字面成族和字面相似聚类的研究及其成果的应用、汉字检字法、汉语检索词及词串的排序等的研究及其成果的应用等。

任何一种角度的研究，都不能脱离从自然语言检索的检索效率进行分析，因为这是自然语言检索研究的核心问题。

写完于2002年4月13日，上海

载于《图书馆理论与实践》2003年第3期

自然语言检索·自然语言词表·后控制词表

ziran yuyan jiansuo

自然语言检索(natural language searching) 指在情报检索中不使用任何人工语言——情报检索语言,也即直接利用文献原文中的字词进行标引或检索,因而彻底取消人工标引工序。计算机用于情报检索是自然语言检索的前提。可以说,没有计算机对原文的处理。就不会有自然语言检索。所有各种自然语言检索方法,都是借助于计算机实现的。自然语言检索大体可归纳为下列五个方面:①关键词索引及以关键词为检索标识的文献题录数据库(数据库中的关键词检索标识一般来自人工自由标引,或略加人工辅助的计算机抽词,或借助于词典的自动抽词,但都不是人工语言);②全文数据库;③搜索引擎及由搜索引擎自动建立的网络资源数据库;④自动标引(自动抽取主题概念词标引);⑤自动分类。目前,关键词索引及以关键词为检索标识的数据库、全文检索、搜索引擎三项已经普及。这三项都没有超过直接利用关键词的水平,是低层次的自然语言检索。关键词有极大的优点,即:可以利用计算机抽取,抽词速度极快,索引深度相当大,对标引人员要求最低。关键词检索在某些情况下(但不是在所有情况下)可取得很好检索效果。关键词也有极大缺点,即:不规范,检索效率不高(不仅是词不规范影响检索效率,而且还有大量词组不规范,对检索效率的影响更大);特别是全文检索,往往会检出大量似是而非的东西,有时达到使人不能接受的程度。关键词的缺陷并不因计算机检索技术的发展而消失了。关于提高关键词检索功能的五花八门的措施其作用都不是根本性的。自由标引的关键词检索效果较好,但不能自动抽取,故适用范围有限。

属于主题处理层次的自动标引和自动分类(高层次的自然语言检索)的研究已有半个世纪的历史,但进展缓慢,基本上还停留在实验阶段,主要有两个难题尚未克服:①如何从自然语言文本中自动(不加人工辅助、干预)抽出最能准确、充分地表达文献有价值内容的词(是主题概念词而不只是关键词),以及这些词与检索课题有效匹配的问题;②克服自然语言由于不规范和缺乏语义关联性而对检索不利的问题。看来,对自然语言采取控制措施仍属必要,但控制的方式方法与人工语言不同。

自然语言检索必定还要向前发展。情报检索语言与自然语言在情报检索中是优缺点互补而不能互相取代的。其发展的总趋势是两者的融合,即情报检索语言的自然语言化和自然语言的情报检索语言化。在寻找到两者融合的有效途径以前,应采用两者结合从而达到互补的各种模式。

ziran yuyan cibiao

自然语言词表(natural language thesaurus) 指含有自然语言成分的各种词表,或者说自然语言应用于情报检索所需的各种词表。其实质是在自然语言与人工语言之间起对应转换作用。

文献检索的计算机化,为自然语言在情报检索中的应用创造了条件。但自然语言的缺点并没有因此而消失,对自然语言采取控制措施仍然需要。所谓对自然语言采取控制措施,就是使自然语言与人工语言结合乃至融合,其道路就是建立自然语言与人工语言的对应转换关系，其主要措施就是利用各种各样的自然语言词表。

自然语言词表有许多模式，自然语言接口用的对应表、自动抽词词典、自动赋词赋号用的对应表、自动分类用的对应表（分类号—词和词—分类号双向对应表）、后控制词表、词素词表、事物概念—术语体系等。各种自然语言词表其功能有相似性，因而可以灵活使用，可以互相取代，可以“组装”和“拆卸”。例如，自然语言接口用的对应表主要用于检索但也可用于半自动赋词赋号标引（机助标引），一部分自动赋词赋号标引用的对应表具有自然语言接口功能，自动抽词词典与自然语言接口用的对应表联接可取代自动赋词赋号用的对应表，把自动赋词赋号用的对应表款目倒过来，可改造成后控制词表的框架，后控制词表也可与自动抽词词典联接，等等。

任何正规的分类表和词表检索系统，都可以增加自然语言接口，而不会影响原有的标引工具和标引数据，只会增益，有利无弊。任何自然语言检索系统一旦使用某种自然语言词表，都可得到某种程度的控制，可提高检索效率，提高易用性。

houkongzhi cibiao

后控制词表（aftercontrol thesaurus）　自然语言词表的一种，亦称只供检索的词表。用于“标引不控制 + 检索控制”模式的计算机检索系统。后控制词表的性质类似于入口词表，它是一种转换工具，是一种扩检工具，是一种罗列自然语言检索标识供选择的工具。后控制词表中的控制词（也可以是分类号）并非直接用于标引，而是对作为文献检索标识的自然语言词进行控制（建立等同、等级、相关关系）。因此，在后控制词表中，标引—检索用词是自然语言，非标引—检索用词却是人工语言，这与在一般词表中的情形正好相反。后控制词表必须在检索系统中实有的自然语言检索标识的基础上进行编制（即必须以作为检索标识的自然语言原词为基础），否则将会大大降低其控制功能。这一点，是后控制词表的关键所在。

任何自然语言检索系统都存在着检索者构造检索策略困难和检全率较低的问题。但若采取后控制措施，那些问题大多数或在很大程度上可以解决。后控制词表的控制程度是其功能强弱的主要因素。这由两方面来决定：①对检索系统中自然语言标识的覆盖率。如果后控制词表只包括检索系统中全部自然语言标识的 60%，那么，它的控制能力（或有效性）一般不会超过 60%。也即有 40% 的自然语言标识所标引的文献在它的控制范围以外。如果后控制词表完全是在检索系统现有自然语言标识的基础上编成的，则可有 100% 的覆盖率。故后控制词表的通用性是不大的。②显示自然语言标识间概念关系的深入程度和显示的系统性（即分类体系或参照系统的质量）。各种后控制词表显示概念关系的范围和方法不同，其控制效果是不同的。不断增长（不断补充）、随着词量的增长逐步细化、因不用于文献标引而分类体系改变灵活、可多种显示方式并用、可增加入口词等，是后控制词表编制上的特点。后控制词表的编制可以采取多种方式：①在被抽出的词的基础上编制。②将自然语言检索标识与某种词表或分类表对应，把自然语言检索标识作为参照系统的“用”项纳入其中。③利用计算机自动收集检索表达式中的用词加以积累，然后由人工判别整理成词表。这种方式要积累很长时间才能达到较高的覆盖率。④借用其他检索系统的后控制词表，但效果不会很好。

写完于 2005 年 12 月 24 日，上海

载于《中国情报学百科全书》

缺乏抽词词典是自动抽词标引难以普及的主要原因

一、自动抽词标引的必备条件

全文检索目前还难以做到无遗漏的抽词标引。

从检索过程及其效果看，抽词标引系统比无标引系统（包括仅提供任意字词匹配检索即模糊检索功能的系统和单汉字系统）好。

汉语的自动抽词系统，不用抽词词典的方案固然也有，但绝大多数方案都是使用抽词词典的。抽词词典不但是抽词标引系统实际投入使用（而不是仅供演示和鉴定）所不可缺少的条件，而且对抽词质量还具有重大影响。

二、目前缺乏抽词词典已成为限制抽词标引技术推广应用的瓶颈

近二十年来，我国学者对汉语分词（从文本中自动抽出关键词）技术做了许多研究，提出了不少分词方案，但见于实际使用者不多。曾见报刊报导某某方案研究成功了，达到了什么水平，但往往在此后再也见不到实际使用的消息了。并不是这些方案都经不起实践考验，而主要是因为半途而废。因为只有抽词软件而无抽词词典，是不能建立自动抽词标引系统的。编制了抽词软件而不编制抽词词典，事情只能说做完了一半，甚至只是很少的一部分，编制抽词词典比编制抽词软件可能要花许多倍的精力。目前缺乏抽词词典已成为抽词标引技术推广应用的瓶颈。自动抽词标引技术难以普及，也使研究者减少了进一步研究和改进的热情。

三、编制抽词词典是适合图书情报工作者的研制课题

目前缺乏抽词词典的症结在于：

（1）我国从事汉语分词研究的，大多为计算机专业工作者。因为要进行汉语自动分词，首先必须有抽词软件。但计算机工作者往往认为软件编出，通过鉴定，就已大功告成了，至于编制抽词词典并非自己分内的事，也非自己所专长。

（2）由于这类研制项目图书情报工作者深入参与合作者不多，他们即使将是抽词软件的用户，对抽词原理和对抽词词典的要求因缺少研究，因而很少想到自己可以来做编制抽词词典的工作。

（3）我国编制抽词软件可作为一项科研成果给予鉴定和奖励，但未见有编制抽词词典作为一项科研成果进行鉴定的报导。

（4）推广自动抽词标引，一个抽词软件不是配备一部抽词词典就能解决问题。综合性的抽词词典非但难以编成，使用它也难以获得满意的抽词效果。抽词词典应是与所处理的专业文本相匹配的，所以就需要很多的专业抽词词典。抽词词典的专业范围愈小，愈容易编制，使用效果也愈好。也就是说，实际需要的是上百部的专业抽词词典。

我们图书情报工作者有编制和使用主题词表的经验，主题词表与抽词词典虽然有很大不同，但是关于词表的知识对于编制抽词词典却非常有用。所以，编制抽词词典是适合图

书情报工作者的研制课题，我们图书情报工作者应当积极地来承担这项任务。

四、编制抽词词典可与建立数据库相结合

据个人的经验，编制抽词词典可与建立实际需要的数据库相结合。我设计了一个文献题名自动抽词—分类标引系统。初始时，利用《情报语言学文献库》的9285篇文献的题名做语料，用WPS进行人工切分，具体方法是对题名在应切分处打回车键，即形成“词”（包括关键词和非关键词，有些甚至在语法上不能认为是词的片断），套入数据库中进行去重后，加上词长数据，即可作为抽词词典的初稿。然后在自动抽词系统使用中不断增补和修改。该抽词词典约有一万词，分为关键词、准关键词和非关键词，关键词和准关键词附有简略分类号，因而该系统还具有进行分类检索功能。

最后应当指出，自动抽词标引抽出的词因为脱离了它在题名中的上下文，无论是词还是分类号，其对文献主题的相符率不及人工分类标引和主题标引，这是毋庸讳言的。而在某些特定场合，自动抽词标引却是较好的选择，这也是不能否定的。在信息时代，自动抽词标引技术有其发展的前景。

写于1998年5月14日，上海

载于《图书与情报》1998年第2期

自然语言检索中各种因素对检索效率的影响

随着计算机在图书馆、情报、档案、新闻、出版以及其他行业应用的日益普及,自然语言检索正在我国流行起来。可以说,自然语言检索目前还只是处于它发展的初级阶段。当前亟待我们从情报语言学角度对自然语言检索效率的各种影响因素做深入一步的研究,以便正确认识自然语言检索存在的问题,并探寻有效的改进方法。

1 作为检索依据的文本的类型对检索效率的影响

自然语言检索的基本方法,是对文献本身即文本的用词直接进行处理。所以,检索所依据的文本的类型,对检索效率有较大影响。

作为检索依据的文本,大体可分为文献题名、文献中的小标题和章节名、文献的摘要和正文几种类型。

如果从针对文献整体的检准率的角度看,文献题名中的词最为有效,依次为文献中的小标题和章节名、文献摘要、文献正文中的词。

如果从针对文献整体的检全率的角度看,则正好相反。

文献题名一般是对文献整体内容的高度概括,故题名中的词针对性比较强,用其进行检索时可获得较高的检准率。但文献题名要求比较精练,文献中有检索意义的内容不可能在文献题名中都揭示出来,故局限于用题名中的词,检全率就较低。

文献中的小标题和章节名是对文献部分内容的概括或提示,对文献整体而言,检准率低于文献题名,检全率则高于文献题名。

文献摘要对文献整体而言,检索效率大致与文献中的小标题和章节名相当。文献摘要可以认为是对文献题名的扩充,故其中的词检准率可能稍好一些。

文献正文中的词对文献整体而言,检全率最高,但检准率最低。这是因为,作为一篇文献,其主题内容总是要使用许多词来阐述的,但其中只有少数词可独立表达文献主题,而大多数词只能起辅助作用,不能独立表达文献主题。

以上分析也可用另一种方式表述,即从文本中抽出的关键词越少,那些词的检准率越高,检全率越低;从文本中抽出的关键词越多,那些词的检全率越高,检准率越低。当然,这只是一种笼统的说法。

2 检索用语的专指度对检索效率的影响

自然语言检索大致可分为以下两种方式:

一种方式是在无标引检索系统中,以关键字、词、词组作为检索用语,在文本中直接进行匹配查找。如果检索用语是一个汉字,将会显示出含有该汉字的所有的词供甄别,检全率虽高,但检准率有时会低到不能容忍的地步。如果检索用语是一个汉语词,检出的文献将减少,但检准率可以提高。如果检索用语是一个专指度较高的词,则检出的文献将会更少,检准率可进一步提高。由于用专指词检索字面成族的可能性减少,检全率会降低。

例如,在《情报语言学文献库》中检索关于“分类标引”的文献,用“分”字直接在题录文本中进行匹配查找，检索结果为4647篇，用泛指词“分类”进行匹配查找，检索结果为3680篇，用专指词“分类标引”进行匹配查找，检索结果仅为54篇；而用人工语言（分面分类法的分类号，相等于检索词）进行查找，检索结果为1394篇，这是很说明问题的（注：用自然语言匹配查找的结果中包含一篇文献的不同版本数和仅在来源文献题名中出现相符字词的篇数，用人工语言查找的结果中不包含以上重复）。

另一种方式是先从文本中自动或用人工抽出自然语言标引词，或用自由标引法人工赋予文献以自然语言标引词，在检索时直接用自然语言词进行匹配查找。如果抽出的或自由标引的词是单词，用单个词检索时会有较高的检全率和较低的检准率，用几个单词进行组配检索时将会有较高的检准率，但检全率会下降。如果抽出的或自由标引的词专指度相当高，则可保证检准率，但检全率会受到或多或少的损失。

3　在句、段、节、篇不同范围内进行组配检索对检索效率的影响

在文本的不同范围内进行组配检索，产生误组配（即词间假联系）的可能性是不同的。误组配影响检准率。

组配检索如果限定在同一句的范围内时，产生误组配的可能性极小；如果限定在同一自然段的范围内时，产生误组配的可能性稍有增加；如果限定在同一章节的范围内时，产生误组配的可能性会更大一些；而如果限定在整篇著作的范围内时，则产生误组配的可能性相对最人。

4　文本用词的不规范性对检索效率的影响

文本用词的不规范性，可能是对自然语言检索最不利的因素。

自然语言中大量存在着同义和近义的词，除一般同义词外，有学名与俗称、新称与旧称、全称与简称、同一产品的命名、绰号与型号、不同译名、不同书写形式的词、词素可倒转的词、一般近义词、实指同一问题的反义词和否定词以及两种语言的等价词，等等。这些词在文献中的存在，造成检索内容的严重分散，对检全率的影响相当大。所以这类词在检索中不但没有必要区分，而且必须视为等同的词，才能保证检全率。这虽然可以采取在检索表达式中列举一个概念的所有等同关系词来防止漏检，但检索者往往难以做到无遗漏地列举这类词，特别是当这类词彼此间或与别的词构成同义、近义词组时，情况更为复杂。何况，有许多检索者并不明白这其中的道理。

自然语言中还存在着大量多义词和同形异义词，会影响检准率。但由于多义词在一个专业范围内往往并不是多义的，而且绝大多数数据库都是专业数据库，故其影响不会很大；即使在内容综合性的数据库中，其所造成的误检量也是可以忍受的。

5　不同标引方法对检索效率的影响

所谓不同标引方法，是指无标引（不标引）、自动抽词标引、人机结合抽词标引、自动赋词标引和自由标引。基于这些标引方法构成的自然语言系统，其检索效率是有较大差别的。

无标引系统包括对文本不做标引的系统和对文本每个汉字都做索引的单汉字系统（因单个汉字绝大多数不能表达文献主题概念或索引项，故等于不标引）。目前大多数纯自然

语言检索系统都是无标引系统。在这种系统中只能进行任意字词的匹配查找,具有上述各点所述特征。

自动抽词标引系统使用汉语自动分词技术,是我国十多年来在自然语言检索方面研究得最多的,目前在抽词正确性方面已达到较高的水平,但抽出的词作为标引词哪些有检索意义,哪些缺乏检索意义,哪些检索意义大,哪些检索意义小,在自动分辨、确认方面还做不到很准确。此外,这种系统也具有上述一、三、四各点所述特征。

人机结合抽词标引系统由于人工辅助,抽词质量可比自动抽词标引系统高。同时,人工辅助的程度,对抽词质量的高低也有影响。但一般而言,投入人工辅助的人力不能太多,否则就失去抽词标引的意义了。

自动赋词标引系统由于利用了自动换词功能,可大大提高标引词的规范性,改善标引词的质量。但它是以自动抽词为前提的,故仍带有上述一、二、三点所述特征。

自由标引的标引用词是标引员独立给出的,不受词表控制,故也属于自然语言检索的范畴。由于对文本进行了主题分析,如果标引人员的水平能满足要求,标引的专指度可相当高,超过人工语言标引的专指度,标引速度可高于人工语言标引几倍,但不能与自动抽词速度相比。自由标引的标引词规范性可好于各种抽词标引,但仍是不够规范的,影响检全率。

6　对自然语言进行词表控制的程度对检索效率的影响

不做词汇规范和词间关系显示是自然语言检索系统的最大优点,也是它的最大缺点。一方面,自然语言检索降低了文献处理成本,加速了文献处理速度,减轻了乃至消除了文献处理难度,似乎也增加了检索系统的易用性;另一方面,却降低了检索效率,增加了获得较高检索效果的难度。这说明,为了要克服它的缺点,仍然需要词汇控制措施(词表控制)。当然,对自然语言检索系统的词汇控制,不能完全搬用人工语言检索系统所采用的词表和分类表,而要采用后控制词表的方式。

后控制词表是专用于自然语言检索系统,在检索阶段进行控制的词表,也称只供检索的词表。后控制词表的性质类似于入口词表,它是一种转换工具,是一种扩检工具,是一种罗列自然语言检索标识供选择的工具。

后控制词表中的控制词(也可以是分类号)并非直接用于标引,而是对作为文献检索标识的自然语言词进行控制(建立等同、等级、相关关系)。因此,在后控制词表中,标引—检索用词是自然语言,非标引—检索用词却是人工语言,这与在一般词表中的情形正好相反。

后控制词表对提高自然语言检索系统的检索效率有很好的作用,特别是对提高检全率的作用十分明显。

后控制词表的控制程度对检索效率的影响在于:

(1)后控制词表必须在检索系统中实有的自然语言检索标识的基础上进行编制(即必须以作为检索标识的自然语言原词为基础),否则将会大大降低其控制功能。也就是说,后控制词表对检索系统中自然语言标识的覆盖率是其关键所在。如果后控制词表只包括检索系统中全部自然语言标识的60%,那么,它的控制能力(或有效性)一般不会超过60%。也就是说,有40%的自然语言标识所标引的文献在它的控制范围以外。如果后控制词表完全是在检索系统现有自然语言标识的基础上编成的，则可有100%的覆盖率。所以，后控制词表的通用性是不大的。

(2)显示自然语言标识间概念关系的深入程度和显示的系统性(即分类体系或参照系统的质量)。各种后控制词表，有的只显示等同关系，有的显示等同关系和等级关系，有的显示等同、等级和相关关系，有的只有字顺显示，有的只有分类显示，有的则用多种方式(包括词素轮排)显示，显然，它们的控制效果是不同的。

7　几点粗浅的认识

自然语言检索降低了文献处理成本，加速了文献处理速度，减轻了乃至消除了文献处理难度，从某种角度看也增加了检索系统的易用性。

自然语言检索对于新出现的事物和很少文献论述但其名称可以确定的事物，检索效果相当好。但它也还存在着许多问题，甚至很严重的问题。这正是它的出现并不能完全取代人工语言，也未能在要求高质量的文献检索领域取得主要地位的原因。

从本文分析，可以得出如下几点粗浅的认识：

(1)在自然语言系统中，对文本的题名、小标题和章节名、摘要、正文应分别标注，以便在抽词或检索时有所选择。

(2)如果对文本进行抽词，应尽量抽取专指词，但在检索时可对抽出的专指词进行截词浏览选择，这在提高检准率的同时对检全率的影响仍可得到一定的补救。

(3)检索用语优先使用专指词，需要扩检时再使用较泛指的词。频率特高的词，一般不能单独用于检索。非不得已，一般不使用单个汉字进行检索，除非单个汉字的关键性十分明显。

(4)在进行组配检索时，最好在句、段范围内检索，尽量不在篇的范围内检索。

(5)构造检索表达式时，尽量要把同义词、近义词、反义词、否定词等用“逻辑和”连接起来包括进去。

(6)配备后控制词表是提高自然语言系统检索效率的重要措施。后控制词表最好在自然语言系统的实有词的基础上编制，但现有的各种词表也有一定的参考价值。

(7)对多义词和同形异义词造成的误检目前还没有好的办法排除，但这种情况的危害性不大，可不予考虑。

(8)完全的自动标引并不能得到高质量的标引词，故只有在要求不高的情况下采用。当要求较高标引质量时，应采用人工自由标引，以采用自由标引＋文本字词匹配检索做补充最为理想。

(9)如果自然语言系统的数据库很小，即使误检率较高，问题也不大。

参考文献

张琪玉. 论后控制词表. 图书情报工作，1994(1)

写完于1996年12月31日，武汉－上海

载于《情报理论与实践》1997年第5期

汉语关键词法探讨

关键词法的一般原理及优缺点

关键词法就其实质而言是一种自然语言检索法,但在实践中一般要对关键词进行极少量的规范化处理,所以可认为是一种“准情报检索语言”。

关键词法是适应目录索引编制过程自动化的需要而产生的。其原理是:文献标题可以在相当程度上反映文献内容,因此,可以把文献标题中著者所用的具有实质意义的原词即关键词作为标引—检索用词;在编制索引时,对关键词进行轮排,所以,文献标题中的每一个具有实质意义的词都可以作为检索的入口,可以从多条途径入手对该文献进行检索。

国外的关键词索引都是使用电子计算机自动抽词编制的,种类繁多。关键词法也可用于联机检索。用于联机检索时,不但从文献标题中抽取关键词,也从文摘中抽取关键词。

关键词法的优点是:①由于关键词是文献著者所用的原词,对文献内容的专指度较高,特别是在保留上下文的各种关键词索引中,其专指度更高,所以检准率比较高;②由于对每个关键词进行轮排,所以检索途径比较多;③由于关键词是由计算机自动抽取的,不用人工标引,所以不但节省人力,而且可以降低对人员水平的要求;④处理过程极快,可大大缩短时差;⑤没有标引过程中的失真现象,除非文献标题本身未确切反映文献内容。

关键词法的缺点是:①由于关键词法直接采用自然语言做标引—检索用词,不做规范或只做极少量的规范化处理,自然语言中大量存在的多词一义现象造成文献分散,且不显示等同关系,严重影响检全率;②由于关键词法不显示概念之间的等级关系和相关关系,也影响检全率;③有一部分文献标题不能充分揭示文献内容,或不切合文献内容,对检全率和检准率都有一定影响;④利用关键词法检索,检索者要具备一定的检索能力并做出较大努力才能获得满意的检全率;⑤关键词索引因对每个关键词都进行轮排,篇幅大,印制成本高;⑥关键词索引因质量较低,如果日后有高质量的主题索引问世,即被取代而失去使用价值。

总之,关键词法的检准率较高而检全率较低,但由于检索工具的编制实现了计算机化,速度极快,而且对人员水平的要求不高,同时,以文献标题中的词作为标引—检索用词,其质量在一定程度上还是可以被接受的,所以,它在标引人员不足、时间要求紧迫等具体条件下具有优越性。

关键词法在我国的实用价值

我国近十余年来大力推广叙词法,编制了六七十种叙词表,进行了不少宣传和培训工作,但普及的速度并不很快,原因固然是多方面的,其中,叙词法较复杂和标引人员不足恐怕是主要的。所以,比较简单的关键词法在我国近期尚有较大的实用价值。

例如,关键词法用于外文文献的标引就很合适。由于外文文献的标引比中文文献的标引对标引人员的要求更高,标引的速度更慢,如果要进行叙词标引,需要人力很多,故绝大多数单位都不做标引,等待国外检索刊物的到来,这期间有相当长的时差,影响了这些外文文献中新信息的传递和利用;而采用关键词法来处理外文文献,人员问题较易解决,又可大大缩短时差,可以说在我国特别适用。

关键词法用于中文报刊文献的标引也是可行的。从信息就是财富,时间就是金钱,让报刊中的大量信息更及时、有效地为经济建设服务、为科技进步服务这个角度看,关键词法不失为一种好的选择。例如,中国科学技术情报研究所重庆分所的中文科技期刊数据库提供的主题检索途径,就是采用关键词法。

我国各类型档案馆的收藏已达 1.5 亿卷之巨,如果全部用叙词法标引,在现有人力条件下,恐怕连每年新进馆的档案都标引不完,而过去进馆的档案则永远也标引不完,部分地使用关键词法标引档案已势在必行。

现在,在国外,自然语言检索法已经有了很大发展。自然语言检索法目前仍以关键词法的联机检索为主,我国的发展看来也是这种趋势。

对汉文文献题名进行自动抽词的进展与问题

外语关键词法对文献题名的抽词都是采用非关键词表(停用词表)排除非关键词(停用词)的方法。因为拉丁语系和斯拉夫语系各种文字的句子中,词与词之间都有空格,对于那些没有检索意义的虚词能十分容易地分辨出来,预先将为数不多的虚词编成机读型非关键词表后,计算机只要将所输入的题名(或文摘)中的每个词与该表核对,就可自动将非关键词排除,剩下的词就都算是关键词了。

在汉文句子中,词与词之间没有分隔标志,而且一个汉字可与许多汉字进行不同的组合,构成不同的词类。一个汉字既可作为虚词,又可作为实词的成分(例如,“地”是一个虚词,而在“地质”“地理”“地中海”等词中,“地”字又不是虚词了),所以不可能仅凭非关键词表用排除法抽词,而必须用能辨识实词和虚词的抽词词典(其中包括用词和非用词,即关键词和非关键词,或者只包括关键词)来从题名(或文摘)中抽取关键词。由于关键词是大量的,而且汉语构词很灵活,很难将各种构词情况都包罗无遗,所以这种词典编制起来就要困难得多,抽词的难度就很大。

由计算机自动从汉文句子中抽词称为中文自动切分或自动分词。这方面的研究已有多年并取得了很大进展。切分方法很多,其中以王永成的“部件词典”法最为成熟。由他主持编制的多种自动分词软件已通过鉴定并交付使用。其他的切分方法研究也都有成果,有的也已投入使用。但正像王永成所指出的:“自动标引的基础——中文自动分词是不可能彻底解决的。这是由中文文字的特点决定的。因为语言文字本身是不断发展的,再由于其错综复杂性,不可能静止地对其规律得到一个完备的总结”。目前达到的水平虽已相当高,但分词结果仍有一小部分不够理想。尽管如此,自动分词软件和供试验的抽词词典已基本达到了实用要求。据比较发现,电脑标引的质量不差于手工的占 77.85%,差于手工的占 22.15%。

目前的问题在于,抽词词典数量很少,其编制工作还跟不上需要。由于一部抽词词典的专业范围不能太宽,太宽了会导致编制和使用的复杂化。所以,需要编制许多部抽词词典,即要“化整为零”,分别解决,才容易编得好。而恰恰在编制抽词词典这方面,还没有引起图书情报界的广泛重视。据悉,上海图书馆《全国报刊索引》虽已配备了自动分词软件,但由于缺少抽词词典而暂时无法实行自动抽词。

人机结合路线目前仍有现实意义

由于上述原因，关键词法采用自动抽词技术路线虽已试验成功，但一时尚难以普及。因此，人机结合进行抽词的技术路线目前尚有现实意义。

所谓人机结合抽词的技术路线，是指人工抽词后由计算机整理的方式，以及由计算机抽词并辅以人工干预（判别）的方式。这两种方式与自动抽词方式三者是互相衔接的。事实上，即使编成了抽词词典，也不可能完全达到自动抽词，有少量仍要辅以人工判别，只是需要人工判别的程度不同而已。

人工抽词—计算机整理方式十分简单，因为中国人辨识汉文文献标题中哪些词具有检索意义，哪些词没有检索意义，这并不困难，而且辨认速度较快，正确性较高。除了辨识（等于抽取）关键词，其他的工作都可由计算机自动完成。关键词法以这种方式可很快上马，投入实用，不存在什么障碍。

计算机抽词—人工干预方式必须要先有抽词词典。抽词词典的编制可以采取两种办法解决：①先将相当数量的文献标题（比如说5000或10000条）经人工切分（即在标题中安插切分符号作为分隔标志），然后由计算机结合人工整理成抽词词典；②先采用人工抽词法，经过一段时间，待关键词积累到一定数量后将其整理成抽词词典。抽词词典还须在使用过程中，对其中没有的词经人工判别后不断补充积累。积累到后来词典足够丰富时，需要人工判别的词数量就会很少，那就是自动抽词了。

由此看来，希望先有一部编制得足够完善的抽词词典，然后开始使用关键词法，那是一种不现实的想法。人机结合路线是一种合理的过渡办法，既可达到提早实用的目的，又可为接近完全的自动抽词创造条件。

人工抽词—计算机整理方式的具体问题

所谓人工抽词，是指标引人员对文献标题中的词进行判别，插入供计算机识别用的切分符号，并可根据文献内容，增补某些关键词。例如：

（1）a化学化工文献a标引模式c的c探讨；

（2）a中国科技情报所c文献c合理a馆藏结构c研究；

（3）a中文科技文献d文摘的自动编写b文摘自动编写；

（4）a中国专利c空间分布c及c最活跃c小类；

（5）a CD-ROMc的c技术特性c和c应用；

（6）c个别c结论c与c理论基础c不能c混淆b列宁b图书馆学理论；

（7）a两段归类法c简介b分类标引b分类排架；

（8）a阮冈纳赞c的d“五项原则”b图书馆学五原则。

计算机对上面带有切分符号的文献标题做如下处理：

“a”后面的词做关键词。

“b”后面的词做关键词。因这个词是增补的，抽词后应在标题中删除。

“c”后面的词做非关键词。

“d”后面的词不抽。

在抽词之后，把插入的符号全部删除。

计算机处理结果如下：

	文献标题	关键词	非关键词
1	化学化工文献标引模式的探讨	化学化工文献，标引模式	的，探讨
2	中国科技情报所文献合理馆藏结构研究	中国科技情报所，馆藏结构	文献，合理，研究
3	中文科技文献文摘的自动编写	中文科技文献，文摘自动编写	
4	中国专利空间分布及最活跃小类	中国专利	空间分布，及，最，活跃，小类
5	CD-ROM 的技术特性和应用	CD-ROM	的，技术特性，和，应用
6	个别结论与理论基础不能混淆	列宁，图书馆学理论	个别，结论，与，理论基础，不能，混淆
7	两段归类法简介	两段归类法，分类标引，分类排架	简介
8	阮冈纳赞的“五项原则”	阮冈纳赞，图书馆学五原则	的

从上面的实例可以看出，人工抽词不完全是从文献标题中原封不动地抽词，而且还具有对文献标题中的概念词做适度修饰和增补的性质。例如，对“文献合理馆藏结构”只抽“馆藏结构”，这样更符合关键词的要求；但保留“文献”做非关键词，待将来编词典时再做处理，因为“文献”一词实际应是“准关键词”，在自动抽词时是需要人工判别的词；原文“文摘的自动编写”通过上述办法变成更规范的“文摘自动编写”；“个别结论与理论基础不能混淆”这个标题中无关键词，故另外增补两个关键词“列宁”和“图书馆学理论”；“两段归类法”是一个不易使人了解的新概念，其实是指分类目录细分、分类排架粗分的分类标引方法，故增补“分类标引”和“分类排架”两个关键词；“五项原则”不明确，故不抽，另外增补一个“图书馆学五原则”，这是很著名的一种图书馆学思想。

计算机抽词—人工干预方式的具体问题

上面已说明，计算机抽词必须借助于抽词词典。但对于汉文文献来说，抽词词典是不可能编制得完备无缺的，这从上面所举的一些例子就可以看出其难度，人工干预可以补救词典的缺陷。

抽词词典可以包括关键词（用词）和非关键词（非用词），也可以只包括关键词。凡词典中查不到的词，可由人工干预即由标引人员判别，判别之后就补充到词典中去。编入词典的有些词（如前面举例中的“文献”一词）在某些情况下是关键词，在另一些情况下是非关键词，若辅以人工干预，就可以提高抽词质量。这样的词可称为“准关键词”。少数标题全部由非关键词构成，一个关键词也出抽不出来，即关键词数为0，那就必须人工干预了。

抽词词典使用初期，人工干预的量可能很大，随着把经过标引人员判别的词不断补充到词典中去，词典就会不断完善，人工干预的量就会越来越少。

人工干预可随时进行，即遇到抽词词典中没有的词时计算机就停下来，由标引人员判别后再继续运行；也可积累起来，由标引人员成批处理。所以，文献数据的输入工作和判别工作可由非标引人员和标引人员分担。

人工抽词和人工干预与自动抽词的比较

人工抽词、人工干预和自动抽词三种方式各有优缺点，具体情况如下表：

人工抽词—计算机整理方式	计算机抽词—人工干预方式	自动抽词方式
质量第一，因为人工抽词可对文献标题中不合检索要求的词进行规范性修饰，对虽是实词但就该文献来说无检索意义的词进行排除，对表达不明确和不充足的标题适当增补关键词，等等	质量第二，因为通过人工干预也可排除一些无检索意义实词，修饰一些不合检索要求的词，但一般不增补关键词或者说很少增补	质量第三，因为它是机械地按照词典的规定抽词，缺少有助于进一步提高质量的人工辅助
自动化程度第三，所费人力最多，速度最慢（但还是比叙词标引快很多倍）	自动化程度第二，即所费人力和速度中等	自动化程度第一，即所费人力最少，速度最快
对人员水平的要求较高（但还是比叙词标引要求低）	可由不同水平的人员分别担任工作	对人员水平的要求不高
可在没有抽词词典的条件下抽词，并可为日后编制抽词词典积累素材	须先有抽词词典，但可以是不很完善的抽词词典，抽词词典可经不断积累而完善	需要有相当完善的抽词词典
计算机程序比较简单	计算机程序比较复杂	计算机程序比较复杂
较易外加提高质量的其他人工措施	较易外加提高质量的其他人工措施	一般来说，不采用人工措施，但并不是不能采用

应当指出，汉文文献自动抽词方式“完全自动”如果说不是不可能，也是很难保证高质量的，所以它也必须进行少量人工辅助。由此可见，计算机抽词—人工干预方式和自动抽词方式实际上都是自动抽词，又都要人工干预，其区别仅在于前者是“初级阶段”，人工干预多，而后者是“成熟阶段”，人工干预少。

抽词词典、规范词典和后控词表的编纂对发展汉语关键词法的重要意义

关键词法只有与计算机结合即自动化，才能显示其优点。目前，汉语关键词法在软件方面已达到可以实用的水平，其普及的障碍主要是缺少抽词词典。因为要编制一部适用于一切学科、专业的抽词词典，不仅词量巨大而且各学科用词情况复杂而难以做到，所以，只有采取“化整为零”的办法，编制许多专业性的抽词词典，才能解决。而且词典的专业范围越小越易编得好。此外，还可以编制一部通用的非用词词典（非关键词词典），这种词典不是供实际抽词使用，而是供编制专业性抽词词典时收集非用词词汇做参考。编制学科、专业齐全的抽词词典系列，也需要像编制专业叙词表那样，由众多的单位来参与、承担，才能

完成。

关键词法的主要缺点是检全率低,以及要求检全文献时检索比较困难。其实,关键词法完全可以引进词汇控制原理,对关键词进行适当规范,即编制规范词典用以使一部分关键词转换成规范词,并保留关键词原形用参照引向规范词。这种规范词典可以在关键词积累到一定数量时编制,并应不断补充。规范词典主要是对同义词和准同义词进行规范,一般不应将大量专指词规范成泛指词,以免使关键词的专指度受到损失。

克服关键词法缺点的另一措施是编制后控词表。后控词表的主要作用是显示各种词间关系,以方便扩检和缩检,它不必对关键词做严格的规范和严密的关系显示。后控词表也应是不断积累和不断完善的。

参考文献

王永成等. 中文文献的自动标引. 情报科学技术,1990(3)

写完于 1992 年 10 月 16 日,上海

载于《图书馆论坛》1993 年第 1 期

人—机结合的题内关键词索引可回避汉语分词难题

关键词索引法用于汉文文献时，除题内关键词索引以外，其他各种关键词索引都必须把关键词抽出。人工抽词，相对而言是简单容易的，但仍会遇到一些题名既可这样抽词，也可那样抽词，到底怎样抽法更为合理的问题。

题内关键词索引则不然。由于它不须把关键词完整地从题名中分离出来，是一种“含糊抽词”的办法，这就比其他各种关键词索引的人工抽词更加容易。其具体做法是：在题名中插入一个表示该处要轮排的符号，计算机就复制一个条目并按符号排入相应位置。插入多少个轮排符号，就复制多少个条目，轮排多少次。轮排的规则与外文题内关键词索引相同。

所谓“含糊抽词”，是指只要能分辨出题名中哪个词或词素具有检索意义，也就是可以作为检索入口和能字面成族的，就把它作为关键词排到检索入口位置，而不须再考虑一个词抽到何处结束的问题。

例如，《熹平石经在中国书史上的地位》《论军队院校图书馆事业发展战略》和《离退休老读者服务工作浅析》（题名中“老”字指“老年”）三个题名可轮排如图所示：

（检索入口，按音序排）
↓

作浅析　　　　=	陈翠玲=离退休老读者服务工	27AH40
=陈翠玲=离退休老	读者服务工作浅析	27AH40
论军队院校图书馆事业	发展战略　　　=马炳厚=	24CB12
上的地位　　　=	胡小梅=喜平石经在中国书史	15EC58
=马炳厚=论	军队院校图书馆事业发展战略	24CB12
=陈翠玲=离退休	老读者服务工作浅析	27AH40
=陈翠玲=	离退休老读者服务工作浅析	27AH40
业发展战略　　　=	马炳厚=论军队院校图书馆事	24CB12
=胡小梅=喜平	石经在中国书史上的地位	15EC58
小梅=喜平石经在中国	书史上的地位　　　=胡	15EC58
=马炳厚=论军队院校	图书馆事业发展战略	24CB12
=陈翠玲=离	退休老读者服务工作浅析	27AH40
=胡小梅=	喜平石经在中国书史上的地位	15EC58
=马炳厚=论军队	院校图书馆事业发展战略	24CB12
=胡小梅=喜平石经在	中国书史上的地位	15EC58

上例中，不须考虑“熹平石经”和“中国书史”是做两个词抽合适还是做四个词抽合适，“军队院校图书馆事业”是做一个词抽合适还是做两个词或三个词抽合适，“离退休老读者服务工作”又怎样抽词才合适的问题，这样不仅回避了分词疑难，而且轮排非常充分。

这种“含糊抽词”方法，实际上是“最长抽词”与“词素轮排”的结合。由于题内关键词索引保留了上下文，虽然“含糊抽词”，关键词含义的明确性却是很好的，并适于浏览。

题内关键词索引还有可能加以改进：

(1)在索引条目中增加著者项(限第一著者,著者也可轮排一次,如上图),将一般题内关键词索引的题录部分简化为地址码与来源文献对照表,这就几乎取消了题录部分,可节省很多篇幅。而且著者移至索引条目中,也便于对文献进行甄别。著者也参与轮排,更增加了著者索引的功能。地址码与来源文献对照表如下:

15EC	图书与情报	1988,No. 1
24CB	图书与情报	1988,No. 4
27AH	图书馆学刊	1989,No. 2

(2)书本式题内关键词索引印在16开幅面上,若用6号字排成双栏,每栏7公分可容纳28字,每页65×2行,就可再压缩索引篇幅至少二分之一。

(3)采用“多级轮排法”,排除一部分重复冗余的轮排条目,则还可以节省一些篇幅(关于“多级轮排法”请看《图书与情报》1992年第4期上我的《汉语检索词词素轮排索引编制法探索》一文)。

(4)在索引中采用一些方便查检的措施:①在一个关键词首字与另一个关键词首字之间设空行;②采用多种关键词首字检字表;等等。

(5)当同一关键词条目特别多时,可对该部分条目用双重关键词形式编制。

(6)当题名中无明确关键词或缺少必要关键词时,可采用增补关键词的办法。

(7)编制后控制词表,以改善关键词法的检索性能。

(8)题内关键词法用于联机检索,也是可能的,而且在一个条目中可以更充分地容纳题名信息。

写于1993年3月16~18日,上海

载于《图书馆杂志》1993年第4期

基于含糊抽词的汉语题内关键词索引与数据库分析

1　关键词索引与数据库一般原理、结构与功能

文献题名是文献著者经过深思熟虑后拟定的，用以表达文献主题内容的名称。除文艺作品外，文献题名一般都能较好地表达文献的主题内容。但实际上，在手工编制检索工具的条件下，文献题名并不能直接作为一种内容检索途径（它只能作为一种文献外表特征，用于已知题名的检索）。

本来就是用以表达文献主题内容的文献题名，之所以不能直接作为内容检索途径，其原因是多方面的，它在字顺序列中不能很好地提供准确有效的文献内容检索入口，是其不能直接作为文献内容检索途径的诸多原因之一。

检索工具编制过程的计算机化，使文献题名直接提供文献内容检索途径成为可能，这就是关键词索引与数据库，特别是题内关键词索引与数据库。

题内关键词索引与数据库是利用文献题名中对表征文献主题内容具有实质意义的语词，亦即对揭示和描述文献主题内容来说是重要的、带关键性的（可以作为检索“入口”的）那些语词，作为检索词，连同题名中其余的语词并保持原有词序进行轮排，从而提供多个检索入口的那类索引与数据库。按其实质，这是在情报检索中直接使用自然语言的一种方法，是索引编制过程计算机化的产物。

对于词与词之间以空格作为分隔标志的语言（如英语、俄语等），在编制关键词索引和数据库时，可以利用空格以及非用词表（非关键词表）作为自动识别关键词的手段而实现自动标引。但是对于汉语而言，尚不可能利用各种汉语自动分词法来实现汉语关键词的自动识别。为了使关键词索引与数据库保持较高的质量，需要采取人工辅助的办法来识别题名中的关键词。这里所说的“人工辅助”，是指对题名中的关键词由标引人员来进行识别。但是，仍有一些题名识别其关键词会遇到困难（既可这样认为某几个汉字的组合是一个关键词，也可那样认为某几个汉字的组合是一个关键词）。所以，“含糊抽词”（也可称为“模糊抽词”）就成为提高汉语题内关键词索引与数据库标引质量和检索效率的重要方法。

所谓“含糊抽词”[1]，是指题名中凡是具有检索意义，可以作为检索入口和能字面成族的词组、词或词素，都把它作为关键词排到检索入口位置，而不须再考虑到底哪几个汉字的组合才算一个词，一个词抽到何处结束的问题。用这种方法来确定题名中的关键词更加容易，而且明显可提高检全率，但不会影响检准率。

下面是基于含糊抽词的汉语题内关键词索引的四种样式，其中 B-2 式是 B-1 式稍加改变而成的，B-2 式和 C 式在输出成为印刷型时要稍加人工整理，因而与数据库的样式略有不同。

这些题内关键词索引与数据库，都是关键词与著者混合的索引与数据库，具有双重检索功能。

这些题内关键词索引与数据库的编制方法及计算机程序，请参看参考文献[2][3][4]。

A 式关键词索引的样式（检索入口在第二栏左端）如下：

关于编辑全国报纸版名目录索引的思考｜王桂银‖　　中国索引,2003,
(1),17－20　　PRQ17
关于编辑全国报纸版名目录索引的思考｜王桂银‖　　中国索引,2003,
(1),17－20　　PRQ17
台湾中图法》电子版的比较｜陈锦屏等‖《中图法》《资料法》《　　中国索引,2003,
(2),24－26,53　　PRT24
》《资料法》《台湾中图法》电子版的比较｜陈锦屏等‖《中图法　　中国索引,2003,
(2),24－26,53　　PRT24
光盘电子黄页的设计与实现｜倪俊峰‖　　中国索引,2003,
(2),15－17　　PRT15
光盘电子黄页的设计与实现｜倪俊峰‖　　中国索引,2003,
(2),15－17　　PRT15
光盘电子黄页的设计与实现｜倪俊峰‖　　中国索引,2003,
(2),15－17　　PRT15
关于编辑全国报纸版名目录索引的思考｜王桂银‖　　中国索引,2003,
(1),17－20　　PRQ17
光盘电子黄页的设计与实现｜倪俊峰‖　　中国索引,2003,
(2),15－17　　PRT15
现代的索引就是数据库｜张琪玉‖　　中国索引,2003,
(1)4－6　　PRQ4
关于编辑全国报纸版名目录索引的思考｜王桂银‖　　中国索引,2003,
(1),17－20　　PRQ17
现代的索引就是数据库　　中国索引,2003,
(1)4－6　　PRQ4
‖《中图法》《资料法》《台湾中图法》电子版的比较｜陈锦屏等　　中国索引,2003,
(2),24－26,53　　PRT24
国报纸版名目录索引的思考｜王桂银‖关于编辑全　　中国索引,2003,
(1),17－20　　PRQ17
现代的索引就是数据库｜张琪玉‖　　中国索引,2003,
(1)4－6　　PRQ4
子版的比较｜陈锦屏等《中图法》《资料法》《台湾中图法》电　　中国索引,2003,
(2),24－26,53　　PRT24
《中图法》《资料法》《台湾中图法》电子版的比较｜陈锦屏等‖　　中国索引,2003,
(2),24－26,53　　PRT24
｜陈锦屏等‖《中图法》《资料法》《台湾中图法》电子版的比较　　中国索引,2003,
(2),24－26,53　　PRT24

B－1式关键词索引的样式(检索入口在左端)如下:

·版名目录索引的思考‖王桂银≡关于编辑全国报纸　　中国索引,2003,(1),17－20　　PRQ17

·报纸版名目录索引的思考‖王桂银≡关于编辑全国　　中国索引,2003,(1),17－20　　PRQ17

·陈锦屏等≡《中图法》《资料法》《台湾中图法》电子版的比较‖　　中国索引,2003,(2),24－26,53　　PRT24

·电子版的比较‖陈锦屏等≡《中图法》《资料法》《台湾中图法》　　中国索引,2003,(2),24－26,53　　PRT24

·电子黄页的设计与实现‖倪俊峰≡光盘　　中国索引,2003,(2),15－17　　PRT15

·光盘电子黄页的设计与实现‖倪俊峰≡　　中国索引,2003,(2),15－17　　PRT15

·黄页的设计与实现‖倪俊峰≡光盘电子　　中国索引,2003,(2),15－17　　PRT15

·目录索引的思考‖王桂银≡关于编辑全国报纸版名　　中国索引,2003,(1),17－20　　PRQ17

·倪俊峰≡光盘电子黄页的设计与实现‖　　中国索引,2003,(2),15－17　　PRT15

·数据库‖张琪玉≡现代的索引就是　　中国索引,2003,(1),4－6　　PRQ4

·索引的思考‖王桂银≡关于编辑全国报纸版名目录　　中国索引,2003,(1),17－20　　PRQ17

·索引就是数据库‖张琪玉≡现代的　　中国索引,2003,(1),4－6　　PRQ4

·台湾中图法》电子版的比较‖陈锦屏等≡《中图法》《资料法》《　　中国索引,2003,(2),24－26,53　　PRT24

·王桂银≡关于编辑全国报纸版名目录索引的思考‖　　中国索引,2003,(1),17－20　　PRQ17

·张琪玉≡现代的索引就是数据库‖　　中国索引,2003,(1),4－6　　PRQ4

·中图法》电子版的比较‖陈锦屏等≡《中图法》《资料法》《台湾　　中国索引,2003,(2),24－26,53　　PRT24

·中图法》《资料法》《台湾中图法》电子版的比较‖陈锦屏等≡　　中国索引,2003,(2),24－26,53　　PRT24

·资料法》《台湾中图法》电子版的比较‖陈锦屏等≡《中图法》　　中国索引,2003,(2),24－26,53　　PRT24

B－2 式关键词索引的样式（检索入口在左端）如下：

· 版名目录索引的思考‖王桂银≡关于编辑全国报纸
　中国索引,2003,(1),17－20　　PRQ17
· 报纸版名目录索引的思考‖王桂银≡关于编辑全国
　中国索引,2003,(1),17－20　　PRQ17
· 陈锦屏等≡《中图法》《资料法》《台湾中图法》电子版的比较‖
　中国索引,2003,(2),24－26,53　　PRT24
· 电子版的比较‖陈锦屏等≡《中图法》《资料法》《台湾中图法》
　中国索引,2003,(2),24－26,53　　PRT24
· 电子黄页的设计与实现‖倪俊峰≡光盘
　中国索引,2003,(2),15－17　　PRT15
· 光盘电子黄页的设计与实现‖倪俊峰≡
　中国索引,2003,(2),15－17　　PRT15
· 黄页的设计与实现‖倪俊峰≡光盘电子
　中国索引,2003,(2),15－17　　PRT15
· 目录索引的思考‖王桂银≡关于编辑全国报纸版名
　中国索引,2003,(1),17－20　　PRQ17
· 倪俊峰≡光盘电子黄页的设计与实现‖
　中国索引,2003,(2),15－17　　PRT15
· 数据库‖张琪玉≡现代的索引就是
　中国索引,2003,(1),4－6　　PRQ4
· 索引的思考‖王桂银≡关于编辑全国报纸版名目录
　中国索引,2003,(1),17－20　　PRQ17
· 索引就是数据库‖张琪玉≡现代的
　中国索引,2003,(1),4－6　　PRQ4
· 台湾中图法》电子版的比较‖陈锦屏等≡《中图法》《资料法》《
　中国索引,2003,(2),24－26,53　　PRT24
· 王桂银≡关于编辑全国报纸版名目录索引的思考‖
　中国索引,2003,(1),17－20　　PRQ17
· 张琪玉≡现代的索引就是数据库‖
　中国索引,2003,(1),4－6　　PRQ4
· 中图法》电子版的比较‖陈锦屏等≡《中图法》《资料法》《台湾
　中国索引,2003,(2),24－26,53　　PRT24
· 中图法》《资料法》《台湾中图法》电子版的比较‖陈锦屏等≡《
　中国索引,2003,(2),24－26,53　　PRT24
· 资料法》《台湾中图法》电子版的比较‖陈锦屏等≡《中图法》《
　中国索引,2003,(2),24－26,53　　PRT24

C 式关键词索引的样式(检索入口在第二行左端)如下:

关于编辑全国报纸 PRQ17
• 版名目录索引的思考
王桂银 中国索引,2003,(1),17-20
关于编辑全国 PRQ17
• 报纸版名目录索引的思考
王桂银 中国索引,2003,(1),17-20
《中图法》《资料法》《台湾中图法》 QRT24
• 电子版的比较
陈锦屏等 中国索引,2003,(1),24-26,53
光盘 PRT15
• 电子黄页的设计与实现
倪俊峰 中国索引,2003,(2),15-17 PRT15
• 光盘电子黄页的设计与实现
倪俊峰 中国索引,2003,(2),15-17
光盘电子 PRT15
• 黄页的设计与实现
倪俊峰 中国索引,2003,(2),15-17
关于编辑全国报纸版名 PRQ17
• 目录索引的思考
王桂银 中国索引,2003,(1),17-20
现代的索引就是 PRQ4
• 数据库
张琪玉 中国索引,2003,(1),4-6
关于编辑全国报纸版名目录 PRQ17
• 索引的思考
王桂银 中国索引,2003,(1),17-20
现代的 PRQ4
• 索引就是数据库
张琪玉 中国索引,2003,(1),4-6
《中图法》《资料法》《 PRT24
• 台湾中图法》电子版的比较
陈锦屏等 中国索引,2003,(1),24-26,53
《 PRT24
• 中图法》《资料法》《台湾中图法》电子版的比较
陈锦屏等 中国索引,2003,(1),24-26,53
《中图法》《资料法》《台湾 PRT24
• 中图法》电子版的比较
陈锦屏等 中国索引,2003,(1),24-26,53
《中图法》《 PRT24

- 资料法》《台湾中图法》电子版的比较
  陈锦屏等　　　　　　　　中国索引,2003,(1),24－26,53

2　从检全率和检准率看题内关键词索引与数据库

关键词索引与数据库标引—检索所用的语言是自然语言,缺乏规范性,这必然会影响检全率。但这只是一个方面,另一个方面是:关键词索引与数据库,特别是基于含糊抽词的关键词索引与数据库,其标引深度比较大,标引频率一般可达到4左右(不包括著者),每个关键词都可以聚类,这可以提高检全率。所以,它与其他标引深度较浅的标引—检索用语言相比,检全率还是较高的。

题内关键词索引与数据库由于保留了题名的全部用词和原有词序,故其中的任何一个关键词,都在上下文语言环境中,其专指度和区别能力都比较高,检准率也就比较高。题名的长短和用词准确性,则是影响其检准率的主要因素。

3　从检索方便性看题内关键词索引与数据库

上述四种样式的关键词索引中,A式的检索入口在右栏左端,C式的检索入口在第二行,B－1式和B－2式的检索入口虽然都在左端,但除个别条目外,题名都被截为两段并倒置,这对未用过轮排索引的读者可能会感到不大习惯,不过,这种不习惯是很快会消除的。

题内关键词索引的检索入口多,每个作为检索入口的关键词都可与相同关键词字面成族,便于浏览,检索者可从任意角度进行检索,只要检索者明确自己的检索重点,都能较快地直接地获得所需文献。

所以,题内关键词索引与数据库的检索方便性还是相当好的。

4　从编制难度和成本看题内关键词索引与数据库

以上四种汉语题内关键词索引与数据库样式中,除A式编制工序较多外,其他三种样式的编制工序都很简单,只要按规则输入著录数据就成了,特别是关键词索引与数据库不需要人工分类或主题标引,而人工含糊识别关键词是比较容易的,所以可以说反而比一般题录索引与数据库更容易编制。

从这些索引与数据库标引深度较大和检索效率较高的情况看,相对于所花费的编制人力而言,其编制成本是较低的。

5　基于含糊抽词的汉语题内关键词索引与数据库的进一步完善

这类索引与数据库尚有一些需要进一步研究、完善之处:

(1)文献题名本身的质量是这类索引与数据库质量的制约因素。故如何提高题名本身的质量(如对原题名作必要的修改、增补等)是值得研究的方法。

(2)关键词不规范是影响这类索引与数据库检全率的主要原因。故有必要在同义词、近义词之间插入一些“参见”参照或超链接(采用后控制词表也是一种办法),以及对于一些重复较多的轮排点进行归并(在一处用“见”参照或超链接引向被保留的一处)。

(3)印刷型索引的格式整理(输出排版格式)能否实现自动化。

(4)含糊抽词能否部分实现自动化。

(5)在数据库中采用快速定位技术。

(6)关键词索引难以更新(每次插入新条目要重新做格式整理)的问题(第三个问题如能解决则此问题便不存在)。

(7)目前的索引样式是用 WPS 做成的,转到 WINDOWS 环境时每行长度会变得参差不齐,极不美观,需要解决。

参考文献

[1] 张琪玉. 人—机结合的题内关键词索引可回避汉语分词难题. 图书馆杂志,1993(4)

[2] 张琪玉. 汉语题内关键词索引的一种编制方法. 图书馆理论与实践,1998(1)

[3] 张琪玉. 汉语题内关键词索引的另一种编制方法. 图书馆理论与实践,1998(6)

[4] 张琪玉. 汉语题内关键词索引的第三种编制方法. 图书馆理论与实践,1999(11)

写完于 2004 年 5 月 4 日,上海

载于《中国索引》2004 年第 2 期

题名关键词与正文关键词检索性能的差别

有两类索引与数据库是用关键词检索的。

一类是提供情报源信息（检索对象是文献的线索）的索引与数据库，包括各种题录索引与数据库。它们的检索用词是题名关键词。

另一类是直接提供事实情报（检索对象是文献中关于某一事实的记载）的索引与数据库，包括全文数据库、图书索引（专书索引和群书索引）与数据库以及由搜索引擎建立的网页数据库。它们的检索用词是正文关键词。图书索引虽有部分用词是标引人员自拟的，但绝大部分取自文献正文。

题名关键词与正文关键词虽然都是文献著者在其著作中使用的一些关键性的语词，但两者的检索性能有很大差别。

题名关键词取自文献题名。文献题名是文献著者经过深思熟虑后拟定的，用以表达文献整体主题的名称。除文艺作品外，文献题名一般都能较好地表达文献的整体内容。所以，题名关键词比较适用于提供情报源信息（文献线索）的一类索引与数据库。或者说，题名关键词适用于检索文献。

正文关键词取自文献正文。少数正文关键词能较好地表达局部主题和主题因素（指文献中所涉及的地区、人物、机构、事件、生物、矿物、产品、设备、方法、工艺、公式、数据、著作等各种事项的名称，这些名称所指的事物在文献中并未被具体论述，不能表示某一可独立被参考的主题内容，但可以牵引出一些相关的知识和信息，从而具有一定的检索意义）。绝大部分正文关键词都只与文献的某一段落或若干连续的段落有关，故比较适用于直接检索文献中的具体内容（即事实情报）的一类索引与数据库，但不大适用于题录索引与数据库。多数正文关键词其实在检索中不具备关键性，但要让计算机自动排除这些不具备关键性的“关键词”却难度极大。

因特网搜索引擎的关键词检索所用的关键词属于正文关键词，因此，不适于检索对象是情报源信息（文献线索）的检索要求。对于检索对象是事实信息的检索要求，由于它无法有效地自动排除大量不具备关键性的“关键词”，故误检率就极高。关键词缺乏规范性，同义词、近义词以及更多的同义与近义词组的存在，也会大大增加漏检率。

认识题名关键词与正文关键词检索性能的区别对关键词法的研究是至关重要的。

写完于2004年5月21日，上海

载于《中国索引》2004年第4期

孤立关键词与上下文中的关键词

• 脱离文献题名的孤立关键词与在上下文中的关键词,相对于文献主题而言,其专指度是不同的。

(1)带上下文的关键词轮排索引中的关键词,因为总是与其上下文一起来理解的,其专指度与文献主题基本一致,失真的可能性较小。

(2)不带上下文的关键词轮排索引中的关键词,也总是与参与轮排的其他关键词(相当于上下文)一起来理解的,其专指度与文献主题也基本一致,失真的可能性也较小。

(3)简单关键词索引中的关键词是孤立的,由于它脱离了上下文的限定,相对于文献主题而言,其涵义就被放大,专指度降低,从而失真,导致误检增加。

(4)提供关键词检索的文献目录数据库,当组配检索时,一般可降低误检,但当用单个关键词检索时,一方面可提高族性检索的检全率,但另一方面造成总论性检索的困难(因为无法排除专论事物某一方面或某一部分的大量文献)。

• 从上述事实可知,以自动抽词为基础的体系分类法的自动赋号标引,其标引结果必然有大量关键词涵义被放大(从方面概念和部分概念被放大到全面概念和整体概念),因而专指度不可能很高。要提高标引专指度,必须将关键词与分类号的对应表作成关键词串和专指词组与分类号的对应形式。换句话说,赋号式自动分类应是对整个题名的自动分类,而不是对题名中个别关键词的自动分类。了解这一点,对赋号式自动分类至关重要。

• 从以上事实也可知,使用单个关键词(即不使用关键词组配)进行主题性的全文检索,要付出多少代价来对检索结果进行甄别了。

写完于2002年2月24日,上海

载于《图书馆理论与实践》2003年第2期

改造题名的汉语题内关键词索引数据库

本文提出汉语题内关键词索引的第四种编制方法的构想(其他三种见参考文献)。

关于改造题名的汉语题内关键词索引数据库的基本思路

文献题名的质量是影响关键词索引的质量的主要因素。自然的文献题名虽然可以使用于关键词索引,但还有不少欠缺,例如用词不规范、题名句子不完善、存在一些累赘无用的词等,会影响检索效率。故从改造题名入手,采用一些情报检索语言的原理和方法加以控制,必然会提高关键词索引数据库的质量,这就是关于改造题名的汉语题内关键词索引数据库的基本思路。

题名改造的内容

可以归纳为下列两个方面:

一是对题名文句的修饰、增补和删减。包括:①遗漏重要关键词的增补;②在自动换词过程中会产生错误的词组(如两词合并连写型词组等)的复原、改正;③同形异义词和词义含糊的词的处理;④表达不清楚的题名的改写;⑤长题名的分拆;⑥检索无用的词的删除。

二是对题名用词的规范,包括:①将各种情况的同义词(包括缩略词)转换成优选词,以集中排列索引条目,便于浏览;②将没有必要区分的近义词转换成优选词,以集中排列索引条目,便于浏览。

改造题名的汉语题内关键词索引数据库的编制法要点

对题名的改造(修饰、增补、删减、规范)仅用于题内关键词索引款目字段,另设一字段储存未改造的原题名,输出时可还原成原题名。

对题名文句的修饰、增补和删减都用人工完成,一般不做大的变动(不重拟),保持题名基本叙述形式。

对题名用词的规范,是将经修饰、增补的文献题名使用一种同义词、近义词与优选词的对应表把同义词和近义词自动对应转换成优选词(即规范词),然后套入关键词轮排软件(可参照参考文献[1][2])进行轮排。

对应表则留做自然语言入口。

对应表可增补。用增补后的对应表对已有数据重新对应转换和重新排序,可使数据库得到进一步的规范。也就是说,数据库的规范程度将随对应表的改进逐步提高。

改造题名的汉语题内关键词索引数据库的检索性能

这种汉语题内关键词索引数据库中的关键词已得到一定程度的规范,故在性能上比较接近于情报检索语言。

文献题名经过修饰、删简和规范处理,基本上成为比较简洁和比较规范(因而可以将含有同义关键词和近义关键词的题名集中排列在一起)的轮排款目了,因此,更适合于在检索中进行浏览，但仍缺乏借助于参照系统进行扩检、缩检的功能。

它有自然语言入口的功能。

这实际上是将情报检索语言的原理和方法应用于自然语言。因为对题名的改造一般不采取重拟措施（多数文献题名不需修饰、删减），故花费人工不会太多，但检索效率却会有较大提高。

参考文献

[1] 张琪玉. 汉语题内关键词索引的一种编制方法. 图书馆理论与实践,1998(1)
[2] 张琪玉. 汉语题内关键词索引的另一种编制方法. 图书馆理论与实践,1998(4)
[3] 张琪玉. 汉语题内关键词索引的第三种编制方法. 图书馆杂志,1999(11)
[4] 张琪玉. 概念或标识自动转换技术的应用. 图书馆杂志,1998(6)

写完于2002年5月27日，上海

载于《图书馆理论与实践》2003年第3期

汉语题内关键词索引的一种编制方法

WPS 和 dBASE 结合使用,可编制汉语题内关键词索引,其方法具体如下:

1.1　准备著者、题名和文献号数据条目文本文件 AAA,例:

HAA28　□毛玉姣等‖计算机辅助编制分类主题一体化词表的实践与研究
HAB65　□朴英哲‖微机环境下情报检索系统的实现
HAC48　□王益民‖Internet 及其对图书情报业的影响
HAD37　□陶辅文‖专利引文索引数据库

注:①“HAA”是文献号,其中“HAA”是顺序号,代表一期期刊,“28”是该文在期刊中的起始页码。

②题名(包括著者及符号)不得超过 60 个字节,超长者应缩减到 60 个字节以内。如果文献有副题名,正、副题名都有检索意义而无法缩减到 60 个字节以内时,可把正、副题名拆开分成两个条目,著者和文献号相同。

③著者有两个以上时,应改为第一著者加“等”字,译文可只著录译者。

1.2　编制“文献号与来源文献对照表”(即 GJCD. PRG 程序),以便通过它自动填入来源文献字段(s 字段),具体格式见文末示例。

1.3　将 AAA 数据用 WPS 进行格式转换成为 AAA. TXT。

2.1　将 AAA. TXT 套入 GJC11. DBF(重复套 5 次,即将每个数据条目复制成 5 条)。

注:GJC11 数据库字段为:c = 8,t = 60。

2.2　将 GJC11. DBF 按“t”排序成为 GJC12. DBF,使相同条目集中。

2.3　将 GJC12. DBF 转换成文本文件 BBB(把 SDFRS. TXT 拷贝成 BBB,即可用 WPS 处理),例:

HAA28　□毛玉姣等‖计算机辅助编制分类主题一体化词表的实践与研究
HAA28　□毛玉姣等‖计算机辅助编制分类主题一体化词表的实践与研究
HAA28　□毛玉姣等‖计算机辅助编制分类主题一体化词表的实践与研究
HAA28　□毛玉姣等‖计算机辅助编制分类主题一体化词表的实践与研究
HAA28　□毛玉姣等‖计算机辅助编制分类主题一体化词表的实践与研究
HAB65　□朴英哲‖微机环境下情报检索系统的实现
HAB65　□朴英哲‖微机环境下情报检索系统的实现
HAB65　□朴英哲‖微机环境下情报检索系统的实现
HAB65　□朴英哲‖微机环境下情报检索系统的实现
HAB65　□朴英哲‖微机环境下情报检索系统的实现

2.4　对 BBB 中的著者和题名进行轮排处理，例：

检索入口位置↓

c --------- t -- jsrk --

HAA28　　□毛玉姣等‖计算机辅助编制分类主题一体化词表的实践与研究

HAA28　　□毛玉姣等‖计算机辅助编制分类主题一体化词表的实践与研究

HAA28　　□毛玉姣等‖计算机辅助编制分类主题一体化词表的实践与研究

HAA28　　□毛玉姣等‖计算机辅助编制分类主题一体化词表的实践与研究

HAA28　　□毛玉姣等‖计算机辅助编制分类主题一体化词表的实践与研究

HAB65　　□朴英哲‖微机环境下情报检索系统的实现

HAB65　　□朴英哲‖微机环境下情报检索系统的实现

HAB65　　□朴英哲‖微机环境下情报检索系统的实现

HAB65　　□朴英哲‖微机环境下情报检索系统的实现

HAB65　　o□朴英哲‖微机机环境下情报检索系统的实现

注：①题名右栏从第 67 字节开始（可设置位置标志）。

②轮排时汉字位置必须对齐，不能错位。

③对轮排多余的条目在前面加“o”，以便排序后集中删除。如需轮排 5 次以上，可用复制法添加条目。

2.5　将 BBB 轮排好的条目数据用 WPS 进行格式转换成为 BBB. TXT.

3.1　将 BBB. TXT 套入 GJC2. DBF。

注：GJC2 数据库字段为：c = 8，a2 = 30，b = 28，a = 32，b2 = 28。

3.2　将 GJC2. DBF 转换成 GJC31. DBF。

注：GJC31 的数据库字段为：b2 = 28，b = 28，w = 1，a = 32，a2 = 30，x = 1，c = 8，y = 1，s = 40。

3.3　将 GJC31. DBF 按“a”排序成为 GJC32. DBF。

3.4　将 GJC32. DBF 转换成文本文件 CCC，进行整理（把 SDFRS. TXT 拷贝成文本文件 CCC，使用“←”和“del”键，所有数据都向左移到规定位置。移动时应慢一点，以免不慎字符被删去，见图示）。

注：①删除带有“o”的条目；

②整理时可设置如下位置标志：

左栏	右栏	文献号	来源文献
bbbbbbbbbbbbbbbbbbbbbbbbbbbb	aaaaaaaaaaaaaaaaaaaaaaaaaaaaaaaa	cccccccc	ssssssss
□王益民‖	Internet 及其对图书情报业的影响	HAC48	
计算机辅助编制分类主题一体化	词表的实践与研究　□毛玉姣等‖	HAA28	
□毛玉姣等‖计算机辅助编制	分类主题一体化词表的实践与研究	HAA28	
的实践与研究　□毛玉姣等‖	计算机辅助编制分类主题一体化词表	HAA28	
□朴英哲‖微机环境下情报	检索系统的实现	HAB65	
一体化词表的实践与研究　□	毛玉姣等‖计算机辅助编制分类主题	HAA28	
实现　□	朴英哲‖微机环境下情报检索系统的	HAB65	
□朴英哲‖微机环境下	情报检索系统的实现	HAB65	
□王益民‖Internet 及其对图书	情报业的影响	HAC48	
□陶辅文‖专利引文索引	数据库	HAD37	
□陶辅文‖专利引文	索引数据库	HAD37	
□	陶辅文‖专利引文索引数据库	HAD37	
□王益民‖Internet 及其对	图书情报业的影响	HAC48	
的影响　□	王益民‖Internet 及其对图书情报业	HAC48	
□朴英哲‖	微机环境下情报检索系统的实现	HAB65	
姣等‖计算机辅助编制分类主题	一体化词表的实践与研究　□毛玉	HAA28	
□陶辅文‖专利	引文索引数据库	HAD37	
□陶辅文‖	专利引文索引数据库	HAD37	

3.5　将 CCC 整理后的数据用 WPS 进行格式转换成为 CCC. TXT。

4.1　将 CCC. TXT 套入 GJC4. DBF。

注:GJC4 的数据库字段为:b=28,m=1,a=32,n=1,c=8,o=1,s=40。

4.2　利用 GJCD 对 GJC4 自动填充来源文献字段。

4.3　将 GJC4. DBF 转换成 GJCSY. DBF,供计算机检索(用 BROWSE 命令检索较方便,被隐蔽的 s 字段(来源文献)可用 ctrl+→组合键查看)。

注:GJCSY 的数据库字段为:p=4,b=28,a=32,c=8,s=40。

4.4　将 GJC4. DBF 转换成文本格式文件 GJCSY,供手工检索(把 SDFRS. TXT 拷贝成 GJCSY,即可用 WPS 查检或打印输出,格式见下图所示)。

```
---------------------------------------------------------------------------------------------------------------
bbbbbbbbbbbbbbbbbbbbbbbbbbbb      aaaaaaaaaaaaaaaaaaaaaaaaaaaaaaaa      cccccccc      sss
                  □王益民‖      Internet 及其对图书情报业的影响      HAC48      图书
情报论丛,1994(4)
  计算机辅助编制分类主题一体化      词表的实践与研究 □毛玉姣等‖      HAA28      图书
情报学报 1997(3)
   □毛玉姣等‖计算机辅助编制      分类主题一体化词表的实践与研究      HAA28      图书
```

情报学报 1997(3)
　　的实践与研究　　□毛玉姣等‖　　计算机辅助编制分类主题一体化词表　HAA28　　图书
情报学报 1997(3)
　　　　□朴英哲‖微机环境下情报　　检索系统的实现　HAB65　　图书
馆通讯,1996(5)
　　一体化词表的实践与研究　□　　毛玉姣等‖计算机辅助编制分类主题　HAA28　　图书
情报学报 1997(3)
　　实现　□　　朴英哲‖微机环境下情报检索系统的　HAB65　　图书
馆通讯,1996(5)
　　　　□朴英哲‖微机环境下　　情报检索系统的实现　HAB65　　图书
馆通讯,1996(5)
　　　　□王益民‖Internet 及其对图书　　情报业的影响　HAC48　　图书
情报论丛,1994(4)
　　　　□陶辅文‖专利引文索引　　数据库　HAD37　　情报
学论坛,1996(6)
　　　　□陶辅文‖专利引文　　索引数据库　HAD37　　情报
学论坛,1996(6)
　　　　□　　陶辅文‖专利引文索引数据库　HAD37　　情报
学论坛,1996(6)
　　　　□王益民‖Internet 及其对　　图书情报业的影响　HAC48　　图书
情报论丛,1994(4)
　　的影响　□　　王益民‖Internet 及其对图书情报业　HAC48　　图书
情报论丛,1994(4)
　　　　□朴英哲‖　　微机环境下情报检索系统的实现　HAB65　　图书
馆通讯,1996(5)
　　姣等‖计算机辅助编制分类主题　　一体化词表的实践与研究 □毛玉　HAA28　　图书
情报学报 1997(3)
　　　　□陶辅文‖专利　　引文索引数据库　HAD37　　情报
学论坛,1996(6)
　　　　□陶辅文‖　　专利引文索引数据库　HAD37　　情报
学论坛,1996(6)

下面提供用 dBASE-Ⅲ编制的四段小程序,其中 GJCA. PRG 执行 2. 1—2. 3 前半步的操作,GJCB. PRG 执行 3. 1—3. 4 前半步的操作,GJCC. PRG 执行 4. 1—4. 4 前半步的操作,GJCD. PRG 要打开填写,但不用单独运行。数据库文件和程序假定都放在 D 盘上(如果放在其他盘上,则需对程序中的盘符进行修改)。为节省篇幅,程序语句连写不分行,语句间用分号隔开,实际使用时应分行写,删去分号。

GJCA. PRG 程序:set talk off; clear; use d:gjc11; append from d:aaa. txt sdf; append from d:aaa. txt sdf; append from d:aaa. txt sdf; append from d:aaa. txt sdf; append from d:aaa. txt sdf; sort to d:gjc12 on t; use d:gjc12; copy to d:sdfrs sdf; use; quit

GJCB. PRG 程序：set talk off；clear；use d：gjc2；append from d：bbb. txt sdf；use d：gjc31；append from d：gjc2；sort to d：gjc32 on a；use d：gjc32；copy to d：sdfrs sdf；use；quit

GJCC. PRG 程序：set talk off；clear；use d：gjc4；append from d：ccc. txt sdf；do d：gjcth；use d：gjcsy；append from d：gjc4；use d：gjc4；copy to d：sdfrs sdf；use；quit

GJCD. PRG 程序：

```
use d:gjc4. dbf
repl all s with "图书情报学报,1997(3)" for "HAA"  $ c
repl all s with "图书馆通讯,1996(5)" for "HAB"  $ c
repl all s with "图书情报论丛,1994(4)" for "HAC"  $ c
repl all s with "情报学论坛,1996(6)" for "HAD"  $ c
repl all s with ",199()" for ""  $ c
use
```

这种索引方法，使用熟练后每天可处理文献 150～200 篇（包括据原始文献进行著录）。

参考文献

张琪玉. 人—机结合的题内关键词索引可回避汉语分词难题. 图书馆杂志，1993(4)

写完于 1997 年 11 月 3 日，上海

载于《图书馆理论与实践》1998 年第 1 期

汉语题内关键词索引的另一种编制方法

我曾在《图书馆理论与实践》1998 年第 1 期发表《汉语题内关键词索引的一种编制方法》一文，介绍 WPS 和 dBASE 结合，编制题内关键词索引的一种简易方法。本文介绍编制题内关键词索引的另一种方法，也可 WPS 和 dBASE 结合使用，或单独用 dBASE 编制。

本文所介绍的方法与第一种方法相比，差异在于第一种题内关键词索引，其检索入口位置在中部；而本文所介绍的题内关键词索引，其检索入口位置在左方（如图）。本文所介绍的题内关键词索引，编制方法更为简易和灵活，并节省篇幅，但也有不足之处，即索引的可读性比第一种方法稍差。下面说明该索引的具体编制方法。

HOM13	¦张琪玉‖汉语题内关键词索引的一种编制方法	图书馆理论与实践，1998(1)
GMA14	¦张琪玉‖人—机结合的题内关键词索引可回避汉语分词难题	图书馆杂志，1993(4)
GHU3	¦张琪玉‖汉语关键词法探讨	图书馆论坛，1993(1)
GMA14	分词难题¦张琪玉‖人—机结合的题内关键词索引可回避汉语	图书馆杂志，1993(4)
GMA14	关键词索引可回避汉语分词难题¦张琪玉‖人—机结合的题内	图书馆杂志，1993(4)
HOM13	关键词索引的一种编制方法¦张琪玉‖汉语题内	图书馆理论与实践，1998(1)
GHU3	关键词法探讨¦张琪玉‖汉语	图书馆论坛，1993(1)
GMA14	汉语分词难题¦张琪玉‖人—机结合的题内关键词索引可回避	图书馆杂志，1993(4)
GHU3	汉语关键词法探讨¦张琪玉‖	图书馆论坛，1993(1)
HOM13	汉语题内关键词索引的一种编制方法¦张琪玉‖	图书馆理论与实践，1998(1)
GMA14	人—机结合的题内关键词索引可回避汉语分词难题¦张琪玉‖	图书馆杂志，1993(4)
HOM13	索引的一种编制方法¦张琪玉‖汉语题内关键词	图书馆理论与实践，1998(1)
GMA14	索引可回避汉语分词难题¦张琪玉‖人—机结合的题内关键词	图书馆杂志，1993(4)
HOM13	题内关键词索引的一种编制方法¦张琪玉‖汉语	图书馆理论与实践，1998(1)
GMA14	题内关键词索引可回避汉语分词难题¦张琪玉‖人—机结合的	图书馆杂志，1993(4)

1 文档设置

1.1 索引原始文档

nn. dbf 字段名 w o a b c d e f g

长度 10 30 30 30 30 30 30 30 30

（注：w 为文献号字段，其他均为关键词字段。）

1.2 过渡文档

以下文档的字段名与 nn. dbf 相同，但字段次序不同：

aa. dbf w a b c d e f g o

bb. dbf w b c d e f g o a

cc. dbf w c d e f g o a b

dd. dbf w d e f g o a b c

ee. dbf w e f g o a b c d

ff. dbf w f g o a b c d e

gg. dbf w g o a b c d e f

aaa. dbf 与 aa. dbf 相同

gjc_34. prg （来源文献文档）

1.3 索引主文档

bbb. dbf w2 a2 c2

10 62 50

（注：w2 为文献号字段，a2 为题内关键词字段，c2 为文献出处字段。）

2 索引原始文档数据输入

2.1 三种输入方式

（1）在 dBASE 下直接输入原始文档（用 use nn 和 append 两条命令添加，输入完后连按数次回车键即可退出）。

（2）在 WPS 下输入后转换成原始文档。在 WPS 下，设文件名为 gjc，用 N 格式（即“编辑非文书文件”格式，注意不能用 D 格式）按输入规则录入，录入时应绝对与 nn. dbf 规定的字段长度保持一致（即 w 字段的起始位置为第 1 列，其他字段的起始位置为第 11、41、71、101、131、161、191、221 列）。输入完后存盘返回，用 F-1 将 gjc 转换成 gjc. txt。

（3）为现有数据库补编关键词索引。利用 dBASE 将所需数据（不带文献出处字段）复制成 WPS 文件，文件名为 gjc，在“N 编辑非文书文件”格式下用空格键进行整理（仿（2）），再用 F-1 将 gjc 转换成 gjc. txt。

2.2 输入规则

（1）在每条题名之前加“‖”做题名起始符，填入 o 字段。

（2）题名起始部分若为非关键词（如“试论”“关于”等），与“‖”一起填入 o 字段；若为关键词，填入 a ~ g 字段。

（3）关键词后的非关键词，随关键词填入同一字段（如“索引的一种编制方法”），以保证 a ~ g 各字段都从关键词开始，或者说，不让非关键词成为一个独立字段。

（4）如果一个词组分割成几段可以增加检索入口和字面成族机会，则可把每段作为一个关键词分别填入多个字段（例如“汉语题内关键词索引”可分割成“汉语”“题内”“关键词”“索引”四段分别填入）。

（5）在著者（置于题名后，也作为关键词）之前加“|”，符号与著者名填入同一字段。

3 数据处理

3.1 程序说明

若采用第一种输入方式，则运行 gjc_31a. prg 程序，运行结果在 a 字段前面一些条目是空白的，要将其删除（步骤是先查明需删条数，按 esc 键，再逐步用 use aaa、go 1、dele next 需删条数、pack 四条命令删除）。以后再运行 gjc_32. prg 程序。关键词索引正文可在 dBASE

下用 browse 命令查看 bbb. dbf,也可在 WPS 下查看 sdfrs. txt(若将 sdfrs. txt 复制为 WPS 文件,则可长期保存)。

若采用第二种和第三种输入方式,则运行 gjc_31b. prg 程序,运行结果在 a 字段前面一些条目是空白的,要将其删除(步骤是先查明需删条数,按 esc 键,再用 useaaa、go 1、dele next 需删条数、pack 四条命令删除)。以后再运行 gjc_32. prg 程序。关键词索引正文可在 dBASE 下用 browse 命令查看 bbb. dbf,也可在 WPS 下查看 sdfrs. txt(若将 sdfrs. txt 复制为 WPS 文件,则可长期保存)。

gjc_33. prg 程序的功能是将文件逐个删空。如果要保留以前的原始数据,则不要把 nn. dbf 删空(但为防止该文件数据被不慎删去,程序中在被删前还做了另存 mm. dbf 的处理)。

gjc_34. prg 是接到 GJC_32. prg 尾部自动填充 c2 来源文献字段的,不需要单独运行。此程序实际上是一个文件,可在 WPS 的 N 格式下输入数据,格式如:

repl all c2 with "中国图书馆学报,1998(1)" for "SSS" $ w2

(注:文献号由来源文献编号和文献起始页码两部分组成,SSS 为文献号中表示来源文献的顺序编号部分,期刊每期编一号。)

3.2 程序全文

3.2.1 GJC_31A. prg 程序:

```
use aa|append from nn|use bb|append from nn|use cc|append from nn|
use dd|append from nn|use ee|append from nn|use ff|append from nn|
use gg|append from nn|use bb|copy to sdfrs sdf|use aa|
append from sdfrs sdf|use cc|copy to sdfrs sdf|use aa|
append from sdfrs sdf|use dd|copy to sdfrs sdf|use aa|
append from sdfrs sdf|use ee|copy to sdfrs sdf|use aa|
append from sdfrs sdf|use ff|copy to sdfrs sdf|use aa|
append from sdfrs sdf|use gg|copy to sdfrs sdf|use aa|
append from sdfrs sdf|sort to aaa on a|use aaa|browse|use|return
```

3.2.2 GJC_31B. prg 程序:|

```
use nn|append from gjc. txt sdf|use aa|append from nn|use bb|
append from nn|use cc|append from nn|use dd|append from nn|use ee|
append from nn|use ff|append from nn|use gg|append from nn|use bb|
copy to sdfrs sdf|use aa|append from sdfrs sdf|use cc|
copy to sdfrs sdf|use aa|append from sdfrs sdf|use dd|
copy to sdfrs sdf|use aa|append from sdfrs sdf|use ee|
copy to sdfrs sdf|use aa|append from sdfrs sdf|use ff|
copy to sdfrs sdf|use aa|append from sdfrs sdf|use gg|
copy to sdfrs sdf|use aa|append from sdfrs sdf|sort to aaa on a|
use aaa|browse|use|return
```

3.2.3 GJC_32. prg 程序:

```
set talk off|sele 1|use aaa|sele 2|use bbb|sele aaa|go 1|
```

```
do while . not. eof( ) | store w to ww | store trim( a) to aa |
store trim( b) to bb | store trim( c) to cc | store trim( d) to dd |
store trim( e) to ee | store trim( f) to ff | store trim( g) to gg |
store trim( o) to oo | aa = aa + bb + cc + dd + ee + ff + gg + oo | sele bbb | appe blank |
repl a2 with aa | repl w2 with ww | sele 1 | skip | enddo | sele bbb |
do gjc_34 | sele 3 | use bbb | copy to sdfrs sdf | browse | use | return
```

3. 2. 4　GJC_33. prg 程序：

```
use nn | copy to mm | zap | use aa | zap | use bb | zap | use cc | zap |
use dd | zap | use ee | zap | use ff | zap | use gg | zap | use aaa | zap |
use bbb | zap | use
```

3. 2. 5　GJC_34. prg 程序：

```
repl all c2 with “ , ( ) ” for “ ”  $  w2 | repl all c2 with “ , ( ) ” for “ ”  $  w2 |
repl all c2 with “ , ( ) ” for “ ”  $  w2 | repl all c2 with “ , ( ) ” for “ ”  $  w2 |
use
```

写完于 1998 年 7 月 3 日，上海

载于《图书馆理论与实践》1998 年第 4 期

汉语题内关键词索引的第三种编制方法

我曾在《图书馆理论与实践》1998 年第 1 期上发表《汉语题内关键词索引的一种编制方法》一文和在 1998 年第 4 期上发表《汉语题内关键词索引的另一种编制方法》一文,介绍过两种汉语题内关键词索引的编制方法。本文再介绍一种汉语题内关键词索引的编制方法,也是使用 dBASE 编制的。

这种方法是对第二种方法的程序加以修改而成的。其特点是每条索引款目分为上、中、下三行,检索入口位置在第二行的左方,第一行是题名的前段,第三行为著者和出处。这种题内关键词索引的形式比前两种可读性好。它的轮排形式类似于 PRECIS 索引的形式,但比 PRECIS 读起来更自然。它是自然语言,检索入口位置在第二行左方,两行全部顺读;PRECIS 是规范语言,检索入口位置在第一行左方,第一行必须倒读,这是两者的不同处。

这种索引主要适合于联机检索(按输入的关键词检索或浏览检索)。虽然也可转换成文本格式输出(印成书本式),但转换后需要用人工进行格式整理,这是它的局限。

下面是索引的样式和具体编制方法。

1　面向信息时代的外文原版图书　　　　GAS34
　采访工作
　　　侯汝秋　　　图书馆工作与研究,1999(4),34－36

2　资源共享网络环境下的　　　　GAS37
　馆藏文献资源建设
　　　秦兆菊　　　图书馆工作与研究,1999(4),37－38

3　面向信息时代的外文原版　　　　GAS34
　图书采访工作
　　　侯汝秋　　　图书馆工作与研究,1999(4),34－36

4　　　　GAS57
　图书馆信息服务面对知识经济冲击下的问题与对策研究
　　　王宝霞　　　图书馆工作与研究,1999(4),57－59

5　面向信息时代的　　　　GAS34
　外文原版图书采访工作
　　　侯汝秋　　　图书馆工作与研究,1999(4),34－36

6　资源共享　　　　GAS37
　网络环境下的馆藏文献资源建设
　　　秦兆菊　　　图书馆工作与研究,1999(4),37－38

7　资源共享网络环境下的馆藏　　　　GAS37
　文献资源建设
　　　秦兆菊　　　图书馆工作与研究,1999(4),37－38

8　图书馆　　　　GAS57
　信息服务面对知识经济冲击下的问题与对策研究
　　　王宝霞　　　图书馆工作与研究,1999(4),57－59

9　面向　GAS34
信息时代的外文原版图书采访工作
侯汝秋　图书馆工作与研究,1999(4),34-36

10　面向信息时代的外文　GAS34
原版图书采访工作
侯汝秋　图书馆工作与研究,1999(4),34-36

11　图书馆信息服务面对　GAS57
知识经济冲击下的问题与对策研究
王宝霞　图书馆工作与研究,1999(4),57-59

12　GAS37
资源共享网络环境下的馆藏文献资源建设
秦兆菊　图书馆工作与研究,1999(4),37-38

1　文档设置

1.1　索引原始文档

nn. dbf 字段名	wxh	o	a	b	c	d	e	f	g	zz	xx
长度	8	30	30	30	30	30	30	30	30	16	41

(注:wxh 为文献号字段,zz 为著者字段,xx 为出处字段,其余为题名关键词字段。)

1.2　过渡文档

bbb_1. dbf 字段名	a2	w2	o1	b2	o2	zz	xx
长度	61	8	8	70	20	16	41

(注:a2 为第一行题名关键词字段,b2 为第二行题名关键词字段,wxh 为文献号字段,zz 为著者字段,xx 为出处字段,o1 和 o2 为空字段。)

bbb_2. dbf 同上

bbb_3. dbf 同上

bbb_4. dbf 同上

bbb_5. dbf 同上

bbb_6. dbf 同上

bbb_7. dbf 同上

bbb. dbf 字段名	oo	a2	w2	o1	b2	o2	zz	xx
长度	1	59	8	8	70	20	16	41

(注:a2 为第一行题名关键词字段,b2 为第二行题名关键词字段,wxh 为文献号字段,zz 为著者字段,xx 为出处字段,oo,o1 和 o2 为空字段。)

1.3　索引主文档

bbbb. dbf 同 bbb. dbf(自动生成)

2　索引原始文档数据输入

2.1　输入方式

在 dBASE 下直接输入索引原始文档,即用 use nn 和 append 两条命令添加,输入完后连按数次回车键退出。

若要在 WPS 下输入后转换成索引原始文档，可参看《图书馆理论与实践》1998 年第 4 期《汉语题内关键词索引的另一种编制方法》一文 2. 1(2)部分。

2. 2　输入规则

(1)题名起始部分若为非关键词(如“试论”、“关于”等)，填入 o 字段；若为关键词，填入 a ~ g 字段。

(2)关键词后的非关键词，随关键词填入同一字段(如“索引的一种编制方法”)，以保证 a ~ g 各字段都从关键词开始，或者说，不让非关键词成为一个独立字段或处于检索入口位置。

(3)如果一个词组分割成几段可以增加检索入口和字面成族机会，则可把每段作为一个关键词分别填入多个字段(例如“汉语题内关键词索引”可分割成“汉语”“题内”“关键词”“索引”四段分别填入)。

(4)著者、出处填入相应字段。

3　数据处理

3. 1　程序说明

(1)原始数据文档输入完毕后，运行 gjc_41. prg 程序，屏幕上两次出现“输入数据库名”，均键入“bbbb”，然后出现“bbbb. dbf 已经存在，是否将它覆盖”，应应键入“y”。

(2)运行 gjc_41. prg 程序的结果存入 bbbb. dbf(该库已被最后一条命令 browse 打开)，让 b2 字段显示在屏幕上时，可发现 b2 字段从第一条起有一段空白，要将其删除(步骤是先查明需删条数，按 esc 键，再逐步用 go 1、dele next 和需删条数以及 pack 三条命令删除)。这样，索引主文档就可正式使用了。

(3)若是在原始数据文档后部添加数据，则必须先运行 gjc_42. prg 程序(nn. dbf 文档不可删)，才可运行 gjc_41. prg 程序。

(4)若要按关键词检索，可用“set heading off”和“disp all for b2 = ‘关键词’”两个命令句进行检索。

(5)若要浏览检索，可用上述(4)的命令句，但只输入一个或两个汉字，定位到字顺序列中以该汉字起始的检索入口位置，再往下浏览；也可用 BROWSE 命令和翻页键进行浏览，但因屏幕上只能容纳第二行，要使用 Ctrl + ←或 Ctrl + →键才能看第一行和第三行。

(6)若要按著者名或刊名检索，可用“disp all for zz = ‘著者名’”命令句或“disp all for xx = ‘刊名’”命令句进行检索。

(7)运行 gjc_41 后，除 bbbb. dbf 这个索引主文档外，还可发现一个 zzzz. dbf 文档，那是 bbbb. dbf 的自动备份。

(8)gjc_42. prg 程序的功能是将文件逐个删空。如果要保留以前的原始数据，则不要把 nn. dbf 删空(但为防止该文件数据被不慎删去，程序中在被删前还做了另存 mm. dbf 的处理)。

3. 2　程序全文

为节省篇幅，程序语句连写不分行，语句间用|号隔开，实际使用时应分行写，删去|号。

3.2.1　GJC_41.prg 程序

```
do gjc_411|use|do gjc_412|use|
do gjc_413|use|do gjc_414|use|
do gjc_415|use|do gjc_416|use|
do gjc_417|use bbb|
appe from bbb_1|appe from bbb_2|
appe from bbb_3|appe from bbb_4|
appe from bbb_5|appe from bbb_6|
appe from bbb_7|sort to bbbb on b2|
use bbbb|copy to zzzz|brow|
```

3.2.2　GJC_411.PRG 程序

```
set talk off|sele 1|use nn|
sele 2|use bbb_1|sele 1|go 1|
do while .not. eof()|
store wxh to ww|store trim(a) to aa|
store trim(b) to bb|
store trim(c) to cc|
store trim(d) to dd|
store trim(c) to ee|
store trim(f) to ff|
store trim(g) to gg|
store trim(o) to oo|
store trim(zz) to zzz|
store trim(xx) to xxx|
  ss = oo|
  tt = aa + bb + cc + dd + ee + ff + gg|
sele 2|appe blank|
repl a2 with ss|repl b2 with tt|
repl w2 with ww|repl zz with zzz|
repl xx with xxx|sele 1|skip|
enddo|use|return
```

3.2.3　GJC_412 程序

同 GJC_411.PRG 程序,唯 bbb_1 要改为 bbb_2,并有两句要改为:

```
ss = oo + aa|
tt = bb + cc + dd + ee + ff + gg|
```

3.2.4　GJC_413.prg 程序

同 GJC_411.PRG 程序,唯 bbb_1 要改为 bbb_3,并有两句要改为:

```
ss = oo + aa + bb|
tt = cc + dd + ee + ff + gg|
```

3.2.5 GJC_414. prg 程序

同 GJC_411. PRG 程序,唯 bbb_1 要改为 bbb_4,并有两句要改为:

ss = oo + aa + bb + cc|

tt = dd + ee + ff + gg|

3.2.6 GJC_415. prg 程序

同 GJC_411. PRG 程序,唯 bbb_1 要改为 bbb_5,并有两句要改为:

ss = oo + aa + bb + cc + dd|

tt = ee + ff + gg|

3.2.7 GJC_416. prg 程序

同 GJC_411. PRG 程序,唯 bbb_1 要改为 bbb_6,并有两句要改为:

ss = oo + aa + bb + cc + dd + ee|

tt = ff + gg|

3.2.8 GJC_417. prg 程序

同 GJC_411. PRG 程序,唯 bbb_1 要改为 bbb_7,并有两句要改为:

ss = oo + aa + bb + cc + dd + ee + ff|

tt = gg|

3.2.9 GJC_42. PRG 程序

use nn|copy to mm|zap|

use bbb_1|zap|use bbb_2|zap|

use bbb_3|zap|use bbb_4|zap|

use bbb_5|zap|use bbb_6|zap|

use bbb_7|zap|use bbb|zap|

use bbbb|zap|use

写完于 1999 年 8 月 21 日,上海

载于《图书馆杂志》1999 年第 11 期

全文数据库、全文检索与全文标引

全文数据库、全文检索与全文标引三者的联系与差别

全文数据库、全文检索与全文标引这三者虽有密切联系，但不能混淆。

全文数据库是指存储有文献全文(包括经过压缩提炼的文献片断或全部原始记录)的数据库，本文仅指存储有文献全文的数据库。全文数据库的突出优点是检索时能直接看到文献内容，使用方便，故发展迅速。

全文检索特指对全文数据库中的文本型数据进行关键字词匹配检索。所以，全文检索必须利用全文数据库，但全文数据库不一定能进行全文检索。因为，全文数据库中的文献全文数据有的是文本型数据，对这种数据可以进行关键字词匹配检索(或者说模糊检索)；有的是图像型数据(书页的扫描图像)，对这种数据不可进行关键字词匹配检索。

全文标引是为实现全文检索而进行的文献预处理过程，但全文检索不一定需要进行全文标引。全文标引可以是人工的(或人机结合的)，也可以是自动的。自动的全文标引又可分为两种：一种是为每一个汉字做索引(一般可排除虚字)，称为全标引，用于单汉字检索方式；另一种是为每个实词做索引(即利用自动分词技术并通过非关键词词典排除非关键词，留下关键词，对关键词不再选择)。

全文数据库和全文检索的合理应用

- 文本型全文数据库与图像型全文数据库之间的选择

此问题可参看《全文检索系统较好的模式》一文。

- 全文检索方式对各种检索要求的适应性

全文检索并不是万能的，从检索效率角度看，它适用(能获得满意或较满意的检索结果)的范围并不十分宽阔。

相当于主题检索的检索要求(为获取某主题的切题参考文献)，一般不宜使用全文检索，但专对文献题名(可看作文献全文的特定部分，包括章节题名)的关键词匹配检索尚可使用。

相当于文献中专有名词的检索和对新事物的检索，使用全文检索比使用主题检索和分类检索更为有效。

造成以上两种情况的原因在于，全文检索的依据是检索提问用词与文献原文用词的相符性比较(匹配)。上述第一种情况之所以不宜使用全文检索，是由于文献原文用词绝大部分不能代表文献主题，许多词只是在文献中提到而已，信息量微不足道。但文献题名(包括章节题名)中的用词一般比较切近文献主题，题名句的整体则可较好地表达文献主题。上述第二种情况之所以适宜使用全文检索，是由于专有名词和新事物名称的全文检索造成误检的可能性相对较少。

此外，全文检索效果与文献类型也有关系，工具书的全文检索效果好，新闻资料的全文检索效果差。

● 全文检索还有下列诸多影响检全率和检准率的情况：

文献原文用词是自然语言，自然语言存在严重不规范性（如多词一义、一词多义、词义含糊、比喻用法等），造成漏检和误检。

关键字词匹配检索（相当于截词检索）会造成极大误检。凡有与某词或词的片断匹配的词（包括词的嵌套、字与字的误组等现象）的文献都会被检出，其中大部分甚至绝大部分检出的文献信息量极小，甚至答非所问，无参考价值。

全文检索表达式构造的困难性。

在检索中使用布尔算符对检索效率具有双面效应。

全文检索没有检索词表可供浏览和选择。

全文检索对于总论性检索（仅需要有关主题的总论性信息）特别困难，对于族性检索也不容易。

全文检索与文献数据库规模有关：数据库越小，全文检索的缺陷显得越小；数据库越大，全文检索的缺陷显得越大。

全文标引及后控制措施在提高全文检索效率中的作用

全文标引对提高全文检索效率最为有效，当然建库成本也高。

这里所说的全文标引仅指人工标引或人机结合标引。

文本型全文数据库和图像型全文数据库都可使用全文标引。而图像型全文数据库则必须与全文标引相结合。电子出版物特别需要做全文标引，犹如纸型出版物特别需要书后索引一样。

有了全文标引，一般不再需要关键字词匹配检索功能，因而也不存在关键字词匹配检索所特有的各种缺陷。

全文标引的方法和规则与作书后索引的方法和规则基本相同。

如果在全文标引的基础上整理成后控制词表，则全文标引的功能将得到充分的发挥。

参考文献

[1] 张琪玉. 全文检索系统较好的模式(情报语言漫笔). 发表中

[2] 张琪玉. 自动抽词与自动分词. 发表中

[3] 张琪玉. 论自由标引. 图书情报工作,1994(1)

[4] 张琪玉. 标引深度(情报语言漫笔). 发表中

[5] 张琪玉. 论后控制词表. 图书馆学刊,1995(5)

写完于 2002 年 2 月 2 日，上海

载于《图书馆理论与实践》2002 年第 6 期

全文检索与索引

许多检索系统的设计者主张用单纯的全文检索取代各种索引，以便取消标引环节以及分类表词表的编制维护工作，从而大大降低系统的设计运行成本。他们以为。全文检索是多功能的，可以满足各种各样的检索要求。有了全文检索功能再去编制各种索引，纯属多余，这种主张值得商榷。

1　全文检索的实质

全文检索是当前自然语言检索的主流，是关键词检索技术的主要用途，它相当普及，几乎成了自然语言检索的同义词。它是对文本数据库进行任意字词的遍历式匹配检索，依次找出文本中全部与检索者所输入的关键词或词的片断完全一致的地方。简单地说，它的实质是“关键词检索 + 计算机辅助文本浏览”。

全文检索虽有类似索引的功能，但它不是一种索引。全文检索与索引的根本区别在于：索引有标目，标目是对文献整体主题或局部主题或有信息价值的主题因素的确切表达，指出出处，并按某种可检顺序排列的明确指示。全文检索则没有标目，或者说，文本的每一个字词都可以充当标目，没有从检索价值对文献内容进行分析标引的过程。

2　全文检索的检索性能

从总体上说，全文检索有较大的局限性：

(1)全文检索仅仅能用于电子文献的检索。目前仍然占主要地位的传统文献无法采用全文检索(除非将其转化为文本型全文数据库而非图像型全文数据库，但这样成本就很高)。而索引(包括索引数据库)却可用于对一切文献(包括电子文献)的检索，

(2)索引分为检索情报源的索引(文献篇目索引)和直接检索事实情报的索引(图书内容索引)两大基本类型。全文检索的功能仅仅相似于后一索引类型。

2.1　全文检索适应的检索范围

(1)全文检索是自然语言检索的一个很大的进步：①它把文献检索与原文获取两个检索步骤合而为一了，可以用关键词直接从文献原文中进行匹配检索并即时浏览阅读文献内容，达到“即检即阅”的极大方便性；②它没有标引环节，从而极大地降低了处理成本和加快处理速度，这正是全文检索的最大优点。

(2)文献内容的叙述离不开关键词。全文检索用关键词直接查找文本中的相关内容，深入到了文献的细部，比图书内容索引还要深入。

关键词检索与主题检索性质类似，但检索方法却十分简单，可以说，“想查什么就查什么”。

(3)全文检索对于用专有名词表示的检索对象，以及检索对象名称在数据库中出现频率很低者(如很少被研究的事物、还未被广泛注意的新事物等)，检索效果相当好。

(4)题名(包括子题名)的关键词检索。如果全文库对题名和子题名设有专门字段，用关键词在该字段检索时，可获得相当于从关键词题录中检索的结果。这种检索方式的性质

更接近于主题检索。

(5)著者检索。如果全文库对著者设有专门字段,用关键词在该字段检索时,可获得相当于从著者题录中检索的结果。

(6)对于古代诗词等的全文数据库,全文检索法是非常适用的检索方法。

2.2　全文检索不适应的检索范围

(1)学科或专业的分类检索要求,是全文检索最不能适应的检索要求。

(2)一族事物的族性检索要求,如果不能用词根检索而必须用许多关键词进行“逻辑和”组配检索,或较大范围的专题检索,必须用许多关键词进行“逻辑和”组配检索,构造检索式都相当困难。

(3)越是被论述得多的事物,越难在全文检索中得到满意的结果。因为,这类事物的名称在全文库中出现的频率太高了,结果:①检得之中不少是虽被涉及但无关宏旨或已是常识,检索出来没有意义;②被论述得越多,内容必定越广越细,若只需要其中某一方面的论述,虽然理论上可以用组配法缩小检索范围,但由于事物的“方面词”多而分散,很难构成完整的检索式,有时则无法用恰当的词构造组配检索式;③无法直接查到对某一事物的总论性论述。

(4)有较多同义词、准同义词的检索对象,以及检索对象用词不定型,或遇一词多义、词义含糊、不普遍适用的缩略词、词的嵌套、前后字的误组等情况,都会或多或少影响其检索效率。

(5)无法在全文库中“只”找出信息密度大的文献。

(6)全文检索不是正规的主题检索。

全文检索与文献数据库规模有关:数据库越小,全文检索的缺陷显得越小;数据库越大,全文检索的缺陷显得越大。像搜索引擎那样规模的全文库,检准率十分差,检全率也是一个大问题。

全文数据库像一个“黑箱”,毫无“透明度”,既可以说使用它“极方便”,也可以说使用它“极不方便”。

3　索引原理和功能分析

3.1　索引的原理

索引是对某一文献集合(如期刊)中所包含的各篇文章,或某种文献(如专著)中所讨论的各个局部主题和所述及的具有信息价值的各个事项(如人物、机构、地区、事件、生物、矿物、产品、设备、工艺、方法、公式、数据、著作等)以简明的方式分别著录标引,即确定其检索标识和指出其所在位置,并将款目按一定的可检顺序排列和组织,以方便检索的检索工具。

“索引”一词可以是指:

(1)某种或某些期刊、文集中所包含的文章的简明目录,如各种检索刊物、专题论文索引等。检索情报源的索引主要就是这类索引。

(2)某种图书的一个组成部分(不管它是否作为一种独立的著作出现),以简明的方式著录书中的论述内容或事项为条目,标明出处,并按一定次序编排,以方便检索该书内容的附属性资料,如各种专书索引;或若干种图书内容的混合索引,如各种群书索引。直接检索事实情报的索引主要就是这类索引。全文检索的性能,与这类索引的性能相当近似。

(3)某种检索工具或某个检索系统的一个组成部分,以简明的方式提供与该检索工具的正文部分或检索系统的主文档部分不同的检索途径,如美国《化学文摘》的各种索引提供了与该文摘正文部分不同的许多种检索途径。

(4)文献数据库的某些类型或组成部分。文献数据库一般都融合了目录、索引、文摘乃至全文,是多功能的,索引功能是其核心。

3.2　索引的功能

索引从功用上看,有检索情报源的索引和直接检索事实情报的索引两大类型。

(1)检索情报源的索引的功能是:a. 可使检索者从大量文献中迅速找到所需文献的线索;b. 报道文献的功能;c. 特殊功能,如用于文献计量、情报研究、学术史研究、引文追踪等。

单纯的全文检索系统没有这类索引的功能。

(2)直接检索事实情报的索引的功能是:a. 可大大加快查检文献中某一特定内容所在位置的速度,并减少查检中的遗漏,从而成百倍地节约时间(全文检索与这类索引的查检速度不能一概而论)。b. 浏览这类索引时,不但可知道文献中论述了哪些大大小小的问题,而且常常可发现检索者所未想到的有用资料,具有"知识挖掘"的作用(全文检索则是一个捉摸不透的"黑箱")。c. 某些书虽非工具书,配备了这类索引,在一定程度上也可起到工具书的作用,其使用价值就可大大提高(全文检索也有此功能)。d. 这类索引具有将文献中散于多处涉及同一事物的信息集中(甚至系统地)显示在一起,方便研究的功能(全文检索也有此功能,但系统性差)。e. 群书索引更能将见于多种著作的涉及同一事物的信息集中显示在一起,方便系统、全面的专题研究或考证。(全文检索也有此功能,但系统性差。) f. 古籍索引是古籍整理的有效工具(全文检索不能满足这种需要)。

(3)索引可提供字顺、分类、按时间顺序、按地区顺序、按分子式顺序、按固有编号顺序、轮排……多种途径进行检索,全文检索只能提供关键词的遍历顺序进行检索。

4　几点认识

(1)单纯的全文检索固然有成本低、处理速度快、一学就会、即检即阅、对某些检索对象的检索效果好等优点,但总体说来,它的检索功能单调,适应范围有限,不能满足多样性的检索要求,关键词检索的检准率和检全率不高,它是不可能取代各种索引的功能的。

(2)最理想的检索系统模式是"文本型全文数据库 + 需要的索引(包括全文检索功能)"或"图像型全文数据库 + 各种需要的索引(包括深度较大的文献内容索引或全文标引)"。读者如果只有全文检索唯一途径来使用文献,必将付出许多不值得花的代价。

(3)现行的网络资源搜索引擎检索模式,实在是目前技术水平下的无奈。这种全文检索的检准率往往低到无法容忍的地步(有时检准率还不到1%),检全率也很成问题。虽供免费使用,但从检索者所花费的大量宝贵时间看,不过是把成本转嫁给上网者而已。目录式网络检索工具指向的是网站,检索效率也很差。网络检索服务缺乏以人为本的理念,忽视检索要求的多样性和检索效率的重要性。网络检索工具亟待创新。

(4)当前大家正在热心研制的本体语言(研究对象的全息分面词表)是直接控制文本语义的一种人工语言,它可能就是人们正在寻找的自然语言与人工语言融为一体的新颖情报检索语言的一种。它用途广泛,改善全文检索是其一个重要方面。它的应用估计能克服目前全文检索的许多缺陷,大大提高全文检索的水平,但估计不会解决全文检索的一切问题,更不会使全文检索取代一切索引技术。我们不应该把它视为解决知识和信息检索问题的唯一道路。

参考文献

[1] 张琪玉. 关于自然语言检索问题. 图书馆论坛,2004(6)
[2] 张琪玉. 全文数据库、全文检索与全文标引(情报语言漫笔). 图书馆理论与实践,2002(6)
[3] 张琪玉. 全文数据库检索的三种深度(情报语言漫笔). 图书馆理论与实践,2003(4)
[4] 张琪玉. 全文检索系统较好的模式(情报语言漫笔). 图书馆理论与实践,2002(5)
[5] 张琪玉. 全文检索系统的检索性能. 江西图书馆学刊,2004(3)
[6] 张琪玉. 网络信息检索工具增强关键词检索功能的措施. 图书馆杂志,2001(1)
[7] Taylor A. G. 著;张素芳等译. 信息组织. 机械工业出版社,2006

写完于2007年6月15日,上海

载于《图书馆杂志》2007年第11期

全文检索系统的检索性能

单纯的全文检索系统，其检索性能可概括为“关键词检索＋计算机辅助文本浏览”。

- 全文检索系统适应的检索要求

—允许使用任意词（关键词）乃至词的片断，从文本中进行匹配查找，查出文本中全部与检索用词相同之处，这可以说是“计算机辅助文本浏览”的方式，是全文检索系统的特长。

—对于用专有名词表示的检索对象，以及检索对象名称在数据库中出现的频率很低者（如很少被研究的事物，还未被广泛注意的新事物等），检索效果相当好，比标引深度很大的传统检索系统检索效果还要好得多。

—题名（包括子题名）的关键词检索。文本中必然包含文献题名，全文数据库都设有专门字段，可用关键词匹配法检索，检索结果可形成一个关键词题录（但此法不能保证检全，因为检索所用关键词不一定出现在符合检索要求的文献的题名中）。这种检索方式具有主题检索的性质。

—著者检索。文本中必然包含著者姓名，全文数据库都设有专门字段，可用著者姓名匹配检索，检索结果可形成一个著者题录（但若著者多名，有时会漏检）。

—对于诗词全文数据库，全文检索法是非常适用的检索方法。

- 全文检索系统不适应的检索要求

—学科或专业的分类检索要求，是全文检索系统最不能适应的检索要求。因为单纯的全文检索系统不存在文献分类机制。

——族事物的族性检索要求，也很难适应，因为这类检索须用许多关键词进行匹配，构造检索式相当困难。

—较大范围的专题检索，因为要用许多关键词构造检索式，检索也很困难。

—越是被论述得多的事物，越难在全文检索系统中得到满意的检索结果。因为，这类事物的名称在全文检索系统中出现频率太高了，结果：①其中不少是虽被述及但无关宏旨或已是常识，检索出来没有意义。②被论述得越多，内容必定越广越细，若只需要其中某一方面的论述，虽然理论上可用组配法缩小检索范围，但在全文检索系统中使用组配法，由于事物的“方面词”多而分散，很难构成完整的检索式，故往往会造成漏检；而有时则无法用恰当的词构造组配检索式（如全文检索系统中确实有关于某人生平活动的不少论述，不组配检索很难找，若用“传记”“回忆”之类概括性的词组配检索，可能检索结果为“0”）。③无法直接查到对某一事物整体的论述（总论性的论述）。

—要检出某一问题的一些主要文献（既不是仅仅涉及的文献，又不需全部有关文献），虽可用关键词与题名匹配的方法检索，但不如传统检索方法方便，而且有的主要文献不一定能用题名关键词匹配法检出。

—有较多同义词、准同义词（指应视作同义词的近义词和某些反义词、否定词等）的事物概念的内容，往往会产生漏检。因为构造这类检索式常常会遗漏同义词和准同义词。

—“一词多义”“词义含糊”不普遍使用的缩略词、词的嵌套（如“图书”“图书馆”“图书馆学”“图书馆学系”）等情况，也会或多或少影响全文检索系统的检索效率。

—若表达一概念的词不定型，所构造的检索式检索失败率会提高。

- 全文检索系统到底怎么样

全文检索系统既有特殊的优点（如“全文检索系统适应的检索要求”所述），也有许多弱点（如“全文检索系统不适应的检索要求”所述）。

全文检索系统对文献不做标引，故没有标引用词，无法系统显示标引词，它是一个黑箱，毫无“透明度”，既可以说使用“极方便”，也可以说使用“极不方便”。

全文检索系统虽是新一代检索系统，但单纯的全文检索系统既没有分类检索功能，也不及正规的主题检索功能，所以它并不能取代主要的传统检索方法，它只是增加了一种检索功能——计算机辅助文本浏览功能，可以用关键词从文献原文中直接进行匹配并即时浏览阅读（即检即阅）。这种新功能是建立在文献信息资源数字化基础上的。

有些在信息管理部门工作的系统设计人员主张用单纯的全文检索系统取代传统意义的检索功能，也即取消人工标引和分类表词表编制维护工作，从而大大降低系统运行成本。这当然亦无不可，但这样一来，文献信息服务质量也要大大降低了，怎样抉择好呢？

回顾历史经验，为什么需要目录体系、索引体系、多种功能的检索系统，因为客观检索要求是多样性的，任何一种功能单纯的检索工具都不能满足多样性的检索要求。也就是说，世上并无万能的检索方法，只有集成多种检索方法的检索系统（即目录体系、索引体系、具有多种功能的计算机检索系统），才能较好地满足多样性的检索要求。

一个好的全文检索系统也必然是一个集成系统，是全文数据库和文献目录数据库的有机结合体。这种集成系统可增加许多检索功能，可以满足多种检索要求，并且可分两步检索，即先在文献目录数据库中进行检索，以缩小检索范围，把信息密集的文献先行检出，然后在文献目录数据库检索结果的基础上再转入全文检索，这样可大大提高检索效率，特别是提高检准率。这种集成系统虽然一般仍称为全文检索系统，实际上已与单纯的全文检索系统有很大区别了。

至于对小型文本库而言，单纯的全文检索系统已可基本满足需要，是不一定需要再加传统检索功能的。因这类检索系统数据量不大，检准效率低些也无妨。

写完于 2003 年 12 月 31 日，上海
载于《江西图书馆学刊》2004 年第 3 期

全文检索系统较好的模式

全文检索系统的类型

全文检索系统五花八门,可从下列角度区分其主要类型:

- 按内容性质分,可区分为电子图书型全文检索系统和文献库型全文检索系统。电子图书型全文检索系统就是一部书的电子版。文献库型全文检索系统的内容则是许多论文或许多专著的集合。
- 按数据形式分,可区分为文本型全文检索系统和书页图像型全文检索系统。文本型全文检索系统的数据是用键盘录入或对书页文字扫描后经过加工整理的,可对其进行模糊匹配检索。书页图像型全文检索系统的数据是把书页作为一幅图像扫描输入的,故不能对其进行模糊匹配检索。另外,有些全文检索系统兼备两种数据形式,则既可看到原始文献的原貌,又可对其进行模糊匹配检索。
- 按结构分,可区分为单纯全文库型全文检索系统和复合数据库型全文检索系统。单纯全文库型全文检索系统只有文本数据,而复合数据库型全文检索系统则除文本数据外,还有书目索引数据,是单纯全文数据库和书目索引数据库的结合。

单纯全文库型全文检索系统的缺点

这种全文检索系统只能进行模糊匹配检索,在检索中虽可引进布尔检索方法,但因模糊匹配实际上只是在全文中进行语词搜索,而并非是按主题检索,故检索结果过多,夹杂着大量无用的信息,检准率很低,需要用大量时间对检索结果进行甄别,检索者甚至不可能有那么多时间把检索结果甄别完。同时,模糊匹配检索的漏检也不少,因为自然语言中多词一义现象是相当普遍的。所以,单纯全文库型全文检索系统模式,一般来说是不可取的。

全文检索系统较好的模式

- 小型的全文检索系统

不管是电子图书型的还是文献库型的,只要采用单纯全文库型全文检索系统模式,提供模糊匹配检索功能,已基本可满足需要。因这类检索系统数据量不大,检准率低些是可以容忍的。

- 大型的电子图书型全文检索系统

无论是文本型的还是书页图像型的,都应配备各种内容索引。内容索引最好用人工标引。文本型的还应提供模糊检索功能。《中国大百科全书》光盘版配备有八种索引,查阅十分方便,检索效率很高,是一个范例。

- 大型文献库型全文检索系统

无论是文本型的还是书页图像型的,都应配备人工标引的索引(如果是论文的全文库,配备一个论文题名的题内关键词索引也可)或书目数据库。文本型的,还应提供模糊匹配检索功能。配备书目数据库可增加许多检索功能，并且可分两步检索，即先在书目数据库中进行检索，以缩小检索范围，把信息密集的文献先行检出，然后在书目数据库检索结果的基础上再转入全文检索，这样可大大提高检索效率，特别是提高检准率。

写于2001年7月29日，上海

载于《图书馆理论与实践》2002年第5期

全文数据库检索的三种深度

对全文数据库的检索，可以归纳为三种深度：

文献整体主题的检索

这是为了在数据库中找出几篇信息密度大的主要文献，即专论某个问题的专著或论文，以便节约阅读时间，而并不要求掌握全部信息。

实现这种深度的检索有两种模式：①限定只在文献题名字段进行关键词匹配检索，由于关键词作为检索标识的局限，可能会漏检一些文献；②全文数据库做成文献文本数据库与文献目录数据库的结合系统，先通过目录数据库查出上述主要文献线索，然后从文献文本数据库中提取全文。由于文献目录数据库检索功能强，检索效果会更好些，但制作文献目录数据库花费人工也较多。一般来说，这种模式较为可取。至于图像型全文数据库，因为不可能对文献题名进行关键词匹配检索，故只能采取这种模式。

文献局部主题的检索

这是较深入的主题检索，可获得较全面的信息，但忽略信息密度很小的文献，所花检索时间虽比文献整体主题的检索多，但比概念词遍历式检索所花时间要少得多，检准率要高得多，是全文检索比较适宜的深度。

实现这种深度的检索也有两种模式：①限定只在文献章节题名字段进行关键词匹配检索，由于关键词作为检索标识的局限，可能会漏检一些文献；②对文献有检索意义的局部主题进行全面标引，建立索引，先通过索引进行检索，根据检索结果阅读文本相应部分。这种模式也比从章节题名字段进行关键词匹配检索的效果好，但制作索引花费的人工则更多些。至于图像型全文数据库，因为不可能对文献章节题名进行关键词匹配检索，故只能采取这种模式。

关键词遍历检索

这是以关键词表达检索提问，对全文数据库进行普查式的最深入的检索。这种检索，实际上是按照输入的关键词（也可以是若干关键词的组配）在文本中机械地进行匹配，找出含有相应关键词的段落。由于同一个词在文献中各处所处的位置和作用不同，该词有时很重要，很关键，有时则无关紧要，检到它是累赘，属误检。但对于只有很少文献论述的事物，用其名称做关键词进行遍历式检索却十分有效。对于人名、地名、事件名等专有名称，也需要进行这种检索。而对于主题检索而言，这种检索效果极差。

实现这种深度的检索有下列模式：①使用模糊检索法直接在文献文本中进行关键词匹配查找；或者，先进行文献整体主题的检索，找出主要文献，在主要文献的范围内，再进行关键词匹配查找。②建立单汉字索引进行查找。以上两种模式若配备后控制词表，则可提高检全率。③对文献文本进行细致的全文标引，通过全文索引链接文献文本数据库进行查找。由于全文标引是有鉴别的，故此模式检全率和检准率都较高，但花费人工也最多。至于图像型全文数据库,因为不可能对文本进行遍历检索,故只能采取这种模式,或者放弃这种深度的检索。

一个较好的全文数据库,应能适应这三种深度的检索。

利用全文数据库,应针对具体需要,善于区别运用这三种深度的检索。

写完于2002年5月27日,上海

载于《图书馆理论与实践》2003年第4期

论自由标引

1　自由标引概念

自由标引是不依据词表的一种主题标引法，标引人员在对文献的情报内容进行分析之后，按一定规则自拟标引用词来表达文献主题。就其实质而言，这是一种在文献检索中利用自然语言的方法。

2　自由标引的优点及适用范围

自由标引的优点在于：①虽然它仍然是人工标引方式，但由于不使用词表控制，由标引人员自拟标引用词，所以标引速度要比使用词表的主题标引快许多倍，这还意味着标引成本的降低；②词表有限制检索词专指度的性质，而自由标引由于不使用词表，所以可用与文献主题专指度一致的词进行标引，可保证较高的检准率；③因为自由标引是通过标引人员主题分析的，如果标引人员具有一定的业务水平，则其标引质量可大大高于基于文献题名的自动抽词标引。

自由标引主要适用于报纸文献、期刊文献的大型篇名数据库等的标引，因为这类文献内容庞杂，新概念多，数量大，很难编制适用的词表，而且使用词表标引用工多，速度慢，建库单位实际条件往往不许可。

3　自由标引种类

许多文章称自由标引为关键词标引，这是不确切的。自由标引与自由词补充标引也是两个不同的概念。自由标引实际上是仿照某种主题法进行标引，虽然不使用词表，但仍然要依据某种主题法规则来“造词”（标引用词的措词）。所以，自由标引的用词可以是标题词型的，或叙词型的，或单元词型的，或关键词型的，标引结果构成标题词系统、叙词系统、单元词系统或关键词系统。

为了保持系统用词的规律性，它不可能是绝对自由，不能将各种类型的标引词形式混用的。各种自由标引的措词方法，其检索性能有差异。就检准率而言，以采用标题词加子标题或说明语形式的自由标引检准率最高。尤其是说明语，表达主题概念最清晰，但不能进行组配检索。叙词形式的自由标引检准率也较高。单元词形式的自由标引和关键词形式的自由标引检准率都不如标题词加子标题或说明语形式。至于检全率，则所有的自由标引都要依靠各种后控制措施，主要是后控制词表来做弥补，否则都不会高。

4　自由标引基本方法

自由标引的方法与使用词表的标引方法基本相同，其区别仅在于：在对文献内容进行分析找出文献主题后，使用词表的传统标引方法要将析出的主题概念转换成词表中的检索词，而自由标引则是由标引人员凭自己的术语知识和对标引规则的理解，自主地用确切的措词来直接表达所分析出的主题概念。

这里必须指出：

(1)自由标引绝不是简单地将文献题名改造成标引用词。文献题名虽然在很大程度上反映着文献的主题,并且题名中有许多词是可用于标引的。但除此之外,如果文献中含有在题名中未反映出来的有价值内容,可单独作为主题析出的话,完全可以而且必须将其作为独立主题进行标引;文献中的隐含主题也应标引。文献中的若干并列主题是用概括标引还是使用并列标引,则可视具体情况而定。

一篇文献的主题可以是一个,也可以是一个以上。即要周详分析该文献对读者有什么用处,有多少用处。文献的某部分内容,只要能确认其对读者为某种需要而检出该文献是值得一读的,就可作为一个主题把它标引出来。

(2)标引措词应由标引人员根据标引规则独立做出,不必拘泥于文献作者的原有用词。但是,如果文献作者使用了一个关键性的新词,这个新词可能在以后有人据以进行检索的,则可采用该新词直接标引或用该新词与学术界或社会流行用词做双重标引。

(3)标引人员在标引措词时,不必过多去考虑标引用词的一致性,而应重点考虑标引用词的确切性。在偶有疑惑时,参考一下词表或权威性辞典等,也是需要的。

(4)除标引文献主题中的主体因素(研究对象)外,还应标引其方面因素(该文献述论研究对象的哪一方面),以达到与文献主题相应的专指度。

(5)自由标引虽然是自由的,但如能注意适当规范,对日后的检索仍是非常有益的。特别是一些相当于子标题的词,在机检情况下更需规范化。可以编制一些小型易记的子标题表作为参考。

(6)一般来说,自由标引不适于手工检索系统。因为手工检索系统难于采用后控制措施弥补其检全率低的缺点。

在计算机检索系统中,不仅可配备后控制词表,帮助检索者构造较为周全的检索策略,也可设置同义、近义词参照和自动换词功能,消除标引词不规范而造成的标引分散。

(7)制定自由标引规则是保证标引质量的重要措施。标引规则应包括主题分析、标引要求、措词禁忌等,但不要太繁琐。标引人员应熟习标引规则。

5　自由标引要点

自由标引也同其他主题标引一样,要求确切、明了、简洁、符合读者检索思路,须注意下列各点：

(1)用直接性好的词表达文献主题,不用靠词标引法,少用上位标引法。使用叙词型标引用词者可使用组配标引法,但应是概念组配,尽量少用太泛指的词进行组配标引。

(2)某些文献题名用词直接用做标引用词含义不清者,应弄清其实际含义,另外用适当的词标引。例如,《人口与城市化》,用“人口”和“城市化”两词标引含义不清,该文献是讲人口向城市迁移、集中的趋势,以“人口迁移学”标引较为确切;又如,翦伯赞著《史料与史学》一书,用“史料”和“史学”标引不够确切,用“史料学”和“史学”两词标引才确切。

(3)为了尽可能反映新学科、新事物、新概念,文献作者所用新名词术语应尽量直接采用,或做双重标引。例如,“跨学科学”“会议技术”“安乐死”等可直接采用,“西方丑学”可用“丑学—西方国家”和“美学流派—西方国家”做双重标引。

(4)尽量少用读者想不到的措词形式。例如,《野游避险手册》不要用“野游”“避险”

“手册”标引，应当用“旅游”“安全”“手册”标引。又如，不要用“小型潜艇”而应当用“潜艇”，必要时可用“潜艇，小型”的形式标引。

(5)尽量少用“戴帽”性质的词。例如，主题是“佛经”，就不要加标“佛教”一词；又如，在研究汽车的专业图书馆，各种汽车的零部件等没有必要加标“汽车”一词。

(6)尽量避免用不起作用的词堆砌。例如，《新产品开发的策略与技术》一书，只要标引“产品更新”或“新产品开发”就足够，再标引“策略”和“技术”就多余了。

(7)有些文献在标引时应舍去次要的主题概念。例如，《宇宙、地球、人类起源》一书标引“人类—起源”或“人类起源”就可以了，因为“宇宙”“地球”在该书中是说明人类起源的，没有必要标出。

(8)词的简称形式一般应换成全称形式。例如，《北大同学录》应当用“北京大学”和“同学录”两词标引。

(9)对于地域，标引时不要再冠以上级地域名称，如标引“巴黎”就不要冠“法国”一词；但对于很小的而且是不知名的地域，最好冠以上级地名，如“××县××村”。

(10)时间概念如必须标引，应使用含义清晰的形式。例如，“十五年来”这一概念因素，如有必要标引时，可标引为“80～90年代”，否则可略去。

(11)对表示文献类型的概念，只选择对读者检索确属需要知道的特殊类型才予以标出。若一个检索系统中的文献属于同一特殊类型(如专利文献目录)，就失去了标引文献类型的意义，可不标。

6　自由标引系统配备后控制词表的必要性

自由标引检索系统虽有检准率较高、标引速度较快、标引成本低的优点，但因标引用词未经词表控制，它并不要求标引用词的唯一性和一致性，这样，必然使同一主题的文献分散在许多同义词、近义词以及不同的措词形式和不同专指度的词下(即标引一致性很差，不规范)，造成严重分散，检索者要想出某个主题的一切表达形式是很困难的，故其检全率要受很大影响。

将全部自由标引用词整理成后控制词表，对自由标引系统在检索阶段进行控制，即参考后控制词表构造检索策略，是消除这一缺点的有效方法。

关于后控制词表的控制机理、控制程度、编制特点、各种编制方式及其在控制上的差别、词表结构模式和使用方法等，可参看我的《论后控制词表》一文，该文载于《图书情报工作》1994年第1期。

写完于1995年6月1日，上海
载于《图书馆学刊》1995年5期

基于自由标引的索引体系和分类体系

1 在自由标引基础上建立某些数据库的索引体系和分类体系的可行性

自由标引是不依据词表的一种主题标引法，标引人员在对文献的情报内容进行分析之后，按一定规则自拟标引用词来表达文献主题。就其实质而言，这是一种在文献检索中利用自然语言的方法。对于不要求使用指定词表的数据库，自由标引是一种较好的选择。自由标引尤其适用于报纸文献、期刊文献等数据库的标引，因为这类文献内容庞杂，新概念多，数量大，很难编制适用的词表，而且使用词表标引用工多，速度慢，建库单位实际条件往往不许可。

自由标引的优点在于：①虽然它仍然是人工标引方式，但由于不使用词表控制，由标引人员自拟标引用词，所以标引速度要比使用词表的主题标引快许多倍，这还意味着标引成本的降低；②词表有限制检索词专指度的性质，而自由标引由于不使用词表，所以可用与文献主题专指度一致或基本一致的词进行标引，可保证较高的检准率；③因为自由标引是通过标引人员主题分析的，如果标引人员具有一定的业务水平，则其标引质量可大大高于基于文献题名的自动抽词标引。

本文介绍一种在自由标引的基础上建立“自由标引词索引＋分类索引＋类名索引（相当于某种规范词索引）”的索引体系和分类体系的方法。这里所说的索引体系，仅指针对文献内容特征的多种索引，当然还可增加各种文献外表特征的索引，如著者索引等。这里所说的分类体系，是在自由标引词的基础上根据实际内容归纳而成的，而不是事先拟定的，这种分类表也具有后控制词表的性质。本模式除具有自由标引的各种优点外，还有文献内容检索功能较完备的优点。若从数据库生成印刷本索引时，一般以分类索引为正文，自由标引词索引和类目索引（也可省略）为辅助索引。

2 数据库中文献的自由标引过程

（1）对尚未标引的文献题录库增加下列字段：自由标引词字段、分类号字段、类名字段、调整分类体系用的临时字段。

（2）将题录数据复制4份（连同原有数据共5份）。

（3）将数据按出处排序，使每条题录的五个复份集中排在一起，再复制，要求自由标引词字段和题名字段居前。

（4）自由标引。每条记录的自由标引词字段只填入一个标引词。若自由标引词多于五个，则可再复制题录予以补足。

自由标引的要点是：①对文献内容进行分析找出主题概念后，由标引人员凭自己的术语知识，自主地用确切的措词来直接表达所分析出的主题概念。②仿照分面分类法进行离散式（后组式）标引。③一篇文献的主题可以是一个，也可以是一个以上，故要周详分析该文献有什么用处，有多少用处。文献的某部分内容，只要能确认其对读者为某种需要而检出该文献是值得一读的，就可作为一个主题把它标引出来。④标引措词不必拘泥于文献作者的原有用词，但若文献作者使用了一个关键性的新词，这个新词可能在以后有人据以进行检索的，则可采用该新词直接标引或用该新词与学术界或社会流行用词做双重标引。⑤在标引措词时，不必过多去考虑标引用词的一致性，而应重点考虑标引用词的确切性和专指性，不用靠词标引法，少用上位标引法。

（5）将题录数据按自由标引词字段排序，并删去该字段为空白的题录。

3　对自由标引词的分类处理和分类体系的构成

（1）拟定分类大纲。即仿分面分类法设立各个分面。如图书馆学期刊论文数据库可设立下列分面（用字母作分类号）：

A　图书馆学

B　图书馆事业

C　图书馆管理

D　藏书建设、藏书管理

E　文献编目和标引、文献检索

F　图书馆服务

G　文献学、目录学、出版事业

H　图书馆建筑、设备和用品

I　图书馆自动化

J　信息网络化、图书馆数字化

K　其他主题

U　机构

V　文献

W　人物

X　地区

（2）对自由标引词进行分类，并逐步细分。①把大纲录入数据库的分类号字段和类名字段（每个分面的分类号和类名只录入一次）；②按大纲将各分面的分类号赋给全部自由标引词（不必赋予类名）；③按分类号排序（分类号字段为正序，类名字段为逆序）；④对各个分面的自由标引词按实际情况设立二级类目、三级类目等，做进一步细分（仿照①～③各步内容，分类层次不要太少）。

（3）对所赋给自动标引词的分类号是否正确进行审核，并对分类体系进行最后审定和调整（可利用调整分类体系用临时字段做分类号修改的“草稿”，待数据库“定稿”后将该临时字段删去）。

4　索引体系的构成和文献的检索过程

（1）从数据库复制“自由标引词字段＋分类号字段＋类名字段”构成自由标引词索引。

（2）从数据库复制“类名字段＋分类号字段”构成类名索引。

（3）从数据库复制“分类号字段＋类名字段”构成分类索引，然后将该索引改成由大类至细类层层展开的等级隶属形式。

（4）对自由标引词索引增添同义词（即增加更多的入口词，所添加的词后面要加一*

号)。

(5)编制检索程序,其检索过程如下(各个索引全部采用列表、鼠标点选方式,但从文献题名中进行语词匹配检索时需从键盘输入检索式):①从分类索引入手检索。用鼠标从分类体系列表中点击大类→二级类→细类(用分类号的前方一致匹配方式扩检)→显示文献题录。②从类目索引入手检索。用鼠标从类名列表中点击选定的类名→分类体系中的相应类目(用分类号的前方一致匹配方式扩检)→显示文献题录。③从自由标引词索引入手检索:a. 转换成分类检索。用鼠标从自由标引词列表中点击选定的自由标引词(相当于自然语言入口)→分类体系中的相应类目(用分类号的前方一致匹配方式扩检)→显示文献题录。b. 直接检索方式。用鼠标从自由标引词列表中点击选定的自由标引词(不可选带有 * 号的词)→显示文献题录(即用自由标引词直接从数据库中检索)。

(6)索引体系中还可增加"著者→文献题录""从文献题名中进行语词匹配检索""从刊名(列表)年期查所载文献"等检索功能。

(7)最好提供组配检索功能。

(8)此索引体系也可作为全文数据库的构成部分。

参考文献

张琪玉. 论自由标引. 图书馆学刊,1995(5)

写完于2001年2月16日,上海

载于《图书馆学刊》2001年第6期

自由标引中标引副标题概念词的问题

1　本文用词说明

本文所用“自由标引”一词是指不依据词表的人工标引，属于自然语言标引的范畴。期刊论文的在版标引一般都是自由标引。自由词补充标引是受控标引与自由标引的结合，不包括在本文讨论的范围内。

本文所用“副标题概念”一词是指在后组式标引的情况下，相当于一切非主标题的概念，也就是说，所标引用词不能独立进行检索者。“副标题概念词”包括细分主标题用的方面组配词和提高主标题专指度用的限定组配词。

2　自由标引中标引副标题概念词的副作用

一般来说，在自由标引中，标引副标题概念词利少弊多，因为：相当于副标题概念的词表达的内容很多，在标引中用词的自由度又很大（可以用这个自然语言词表达，也可以用那个自然语言词表达，可以标引副标题概念，也可以不标引副标题概念），故标引结果的分散性（或者说多样性）要比主题事物的同义词造成的分散性大得多，在检索时如果用这类词进行组配检索，以缩小检索范围，提高检索提问的专指度，似乎可以提高检准率，但因检索者难以全面列举其同义概念词而造成极大漏检，有时甚至不知道怎样表达副标题概念而造成检索结果为“零”。在自由标引中使用副标题概念词所造成的漏检远比其所造成的误检对检索效率的危害大，是很得不偿失的。

3　标引副标题概念词的条件

（1）在不可能对副标题概念词进行标引控制的情况下，以一律不标引副标题概念词为好。

（2）自由标引系统配置带大量入口词的副标题概念词表，标引时副标题概念一律依据该词表标引，检索时用该词表将表达副标题概念的词自动规范。

（3）在自由标引中，方面词与主题词联结在一起成为先组散组式标识（如“图书馆—发展趋势”），不用限定组配标识而用直接专指词（如不用“网络—信息资源”而直接用“网络信息资源”或“信息资源，网络”）。

4　对期刊论文在版标引的建议

从期刊论文在版标引缺乏像图书在版标引那样的有效控制（不仅依据词表而且经过版本图书馆对CIP数据进行核查）看，建议取消对副标题概念进行标引，或采取3（3）的方法进行标引。

写完于2005年8月3日，上海

载于《中国索引》2006年第1期

半控制半自由标引

使用情报检索语言与使用自然语言自由标引法各有优点。所以,将两种语言并用可以互补(具有两种专指度,族性检索与特性检索可调节)。情报检索语言与自然语言并用的方式有多种。

一种方式是用两种语言做双重标引(其中情报检索语言是粗泛的,自由标引用词则是专指的)。在检索时一般先用情报检索语言检索,必要时可在检索结果中再用自然语言做二次检索(浏览自由标引词列表或输入自由标引词匹配检索)。

另一种方式是创造一种混合型检索标识,其合理的结构,是前半部为情报检索语言,后半部为自然语言(用自由标引法)。情报检索语言部分一般较为粗略,但用于大型检索系统时也可以较为详细。说明语型标题法是这种混合型检索标识的典型,可以称为半控制半自由标引。

其实,半控制半自由标引的混合检索标识还可以有更多的形式,如"分类号 + 自由标引词""叙词 + 自由标引词""标题词 + 范畴代码(或分面号) + 自由标引词",等等。

从上面列举的半控制半自由标引的多种混合型检索标识形式可以看出,其自由标引部分都是用语词表示的,这是因为自由标引只能采用语词形式,不可能采用号码或其他符号。

自由标引词可以分为检索词形式的自由标引词和说明语形式的自由标引词两种。

对检索词形式的自由标引词的要求是它应是一个独立概念词,不带虚词,所以在排列上字面成族的可能性较大,在字顺序列中查找比较方便。检索词形式的自由标引词在标引时完全不考虑在其前面的情报检索语言部分,完全独立地使用与主题概念相同的专指词,属于双重标引的性质。

对说明语形式的自由标引词的要求是它应对其前面的情报检索语言部分起限定作用(使其更专指),标引时不能重复其前面的情报检索语言部分的意义。它可以是一个词,也可以是带有虚词的一个短语,因此在排列时没有检索词形式的自由标引词那样有明显的字顺,查找不如检索词形式的自由标引词方便。

在数据库中,两种混合型检索标识都可以为情报检索语言部分专设一个字段,为自由标引词部分另设一个字段。排序时,一般先排情报检索语言字段,再排自由标引词字段。但对于检索词形式的,也可以先排自由标引词字段,再排情报检索语言字段(这样检索词形式的自由标引词就可以独立使用,相当于关键词系统)。

"分类号 + 检索词形式的自由标引词"当对分类号部分进行前方一致检索,再按自由标引词字段排列检索结果时,可在任何等级范围内排列自由标引词;当先按自由标引词排列再按分类号排列时,则可将有关某个词的资料集中并按系统细分。这不仅是半控制半自由标引的形式,而且也是分类法主题法一体化的一种形式。

写完于 2002 年 5 月 7 日,上海

载于《图书馆理论与实践》2003 年第 3 期

充分利用入口词原理

入口词是“非标引—检索用词”

入口词是词表收录，但只能作为查词入口以引向正式词，而不能直接用于标引和检索的词。所以，入口词称为非标引—检索用词。入口词与正式词是等同的或可以认为是等同的，因此，它们之间以用代关系处理，即“入口词　用　正式词”“正式词　代　入口词”。在标题词系统，入口词称为非标题词或非正式标题词；在单元词系统，入口词称为非单元词或非正式单元词；在叙词系统，入口词称为非叙词或非正式叙词。

入口词的范围很广，大致可分为两个来源：①编表过程中落选的词（指未被选为标引—检索用词即正式词的词），包括同义词、准同义词（含某些反义词和否定词）、太专指的词、被组代的词、某些相关词以及不同书面形式的词（不同写法、不同标题形式）等；②标引过程中记录下来的词，除增补上述各种情况的词以外，还有一些新事物、新学科和新概念的词。新词中一部分词作为入口词具有“暂时寄存”的性质。

入口词可以是单词也可以是词组，而且在必要时允许带说明语、限定词或注释。一个正式词往往有一个以上的入口词，一个入口词也允许对应一个以上的正式词。例如：

聚能战斗部
　代　空心装药战斗部
　　　破甲战斗部
　　　锥形战斗部

大本营
　用　统帅部
　或　登山营地

入口词的必要性

入口词虽然不能直接用于标引和检索，但却是情报检索语言不可缺少的组成部分。这是由于：

（1）自然语言中同义现象和近义现象普遍存在，而情报检索语言必须对其进行规范化处理，但规范化处理之后却增加了标引和检索的难度，即某个词在词表中究竟使用哪个同义词或近义词来表达，标引和检索人员是不一定知道的。

（2）情报检索语言不可能也不应将一切专指词都纳入词表，而对词的专指度有所控制，这也增加了标引和检索过程中查词的难度，即某个专指词该用词表中哪个泛指词或哪几个泛指词的组配来表达，标引和检索人员也是不一定知道的。

（3）表达新事物、新学科、新概念的各种新词随时出现，往往来不及补充做正式词，或者某些新词不宜做正式词，它们必须用现有的正式词来标引。至于它们在实际标引中使用了哪个或哪几个正式词来表达，不但标引人员的用词检索人员不一定知道，标引人员甲的用词标引人员乙不一定知道，甚至是同一个标引人员标引同一主题的文献，第一次标引时用过的词在第二次标引时却想不起来了，这又会给标引和检索造成困难。

对于以上各种使标引人员和检索人员难以捉摸的情况，只有入口词才能做出肯定的、明确的指引。

入口词的作用

入口词的具体作用，可以归纳为以下几点：

(1)使标引和检索人员容易找到正式词，避免因不知道该使用何词而过量查找，从而节省查检时间，加快标引和检索的速度。

(2)使标引和检索人员容易找准所需的词，从而保证前后标引一致和多人标引一致，以及标引人员与检索人员用词一致。

(3)可以减轻标引和检索人员的智力性努力，降低对他们的要求。

(4)以上结果也必然会降低标引和检索的费用。

(5)以上结果也无疑会提高检全率和检准率。

总之，使用入口词就是以增加编表成本(因为增加了词表篇幅和不断积累的工作量)为代价，取得提高检索效率的结果，这是非常值得的。这正是为什么它在国外词表中所占比重越来越大，甚至有的词表(如《情报学术语叙词表》《国际焊接叙词表》等)的入口词多于正式词的原因。

入口词原理应用的发展

入口词原理的应用已有很长历史。在标题法中，等同参照早已使用。单元词法中不但有一般的等同参照，而且还开始使用组代参照。而在叙词法中，一般等同参照和组代参照的使用更为普遍。叙词表体系中还出现了专门的入口词表。同时，双语种对照索引就其实质而言，也是一种入口词表。词素轮排索引从某种意义上说，是一种准入口词表，因为它提供了一个词更多的查词入口。美国《化学文摘》编有"索引指南"，可以认为是一种编制得极好的入口词表。

入口词原理也广泛使用于分类法系统，分类表和分类目录的索引就是一部入口词表。因为从一条索引款目指引到分类体系中的某个类目，与从一个入口词指向一个正式词没有本质的区别。交替类目也具有入口词的性质。在组配分类法的索引中，则有大量的组代参照关系。

入口词原理是否还有更多的用处呢？这是有待于我们继续探索的。

入口词的收录原则

收录入口词，大致有下列原则和应注意之点：

(1)入口词多收一些好，这是无疑的。但入口词是不可能收罗无遗的，也无必要把一切从概念关系上看可以作为入口词的词都予以收录。收录入口词的原则是：

a)如果一个词与正式词是同义关系已属于常识因而容易联想，可不予收录，否则应尽量收录。例如，不一定要把"脚踏车"作为"自行车"的入口词，但有必要把"塑料枪弹"作为"教练枪弹"的入口词。

b)如果一个词与正式词的隶属、包含关系(专指词与泛指词的关系)从字面上可一望而知时，可不予收录，否则应尽量收录。例如，词表只收“代数学”一词做正式词，就没有必要把“线性代数”做入口词；词表只收“喷气发动机”这个泛指词做正式词，有必要把“火箭发动机”这个专指词做入口词；

c）近义词中选了一个比较概括、通用的做正式词，其他是否要做入口词，可视具体情况而定：即如果一个近义词很容易联想和确认所选用的正式词，则不必做入口词；如果不容易联想和确认，则必须做入口词。例如，没有必要把“编纂”作为“编辑”的入口词，但有必要把“平直机翼”作为“矩形机翼”的入口词。

d）反义词、否定词如果只选其一做正式词，另一词必须做入口词。

e）词组与其缩略词之间选任何一个做正式词时，尽可能以另一个做入口词。

f）被组代词是否做入口词，要看根据标引规则是否容易明确用哪些词组配表达而定：如果很容易确定，不会产生分歧，则没有必要做入口词；否则，应作为入口词。例如，“高山水生植物”一词没有必要做入口词，因为它应当用“高山植物”和“水生植物”两词组配表达是很清楚的；但有必要把“响尾蛇导弹”做入口词，因为在词表范围内应当用“红外引导”和“导弹”两词组配表达，这是要费一番工夫去查表和思考的。

g）对于较常用的入口词应当多收，不常用的入口词可少收；主表收入口词应较严，入口词表收入口词可较宽；同义词、近义词、反义词、否定词的入口词应尽量收入主表，专指词作为入口词在主表中可少收，在入口词表中可多收。

（2）入口词与正式词的对应关系务求正确。

（3）入口词如果编入轮排索引，则使用将更为方便。

（4）入口词须不断积累。

（5）某些工具书（如《辞海》）可以部分地起入口词表的作用，应注意利用。

积累入口词卡和自编入口词表

建立入口词卡，在标引中凡遇到词表未收的、符合入口词条件的词，特别是一些新概念和较难标引的概念用了什么词标引，随时记录在入口词卡上，作为词表的补充。这种入口词卡对提高标引速度、保证标引一致以及方便检索，都可起很明显的作用。

当入口词卡积累到相当数量时，可整理成自编的入口词表。入口词表应定期地进行更新（增补新积累的入口词）。入口词表如果积累得比较丰富，也可用复本进行交流，供别单位参考。

在分类标引中，也可以积累“入口词卡”和自编“入口词表”，即编制补充性的类目索引。

写完于 1992 年 8 月 25 日，上海
载于《图书馆论丛》1992 年试刊号

论后控制词表

“后控制”和“后控制词表”两个概念

在文献检索过程中,如果要求达到较高的检索效率,则控制是永远需要的。

所谓控制,大致可概括为两点:①对语词的规范化处理(包括专指度控制);②显示概念之间的关系。

文献检索过程中的控制,可分为在文献标引阶段的控制和在文献检索(查检)阶段的控制。

在实践中,文献检索系统有下列四种模式:

(1)“标引控制+检索控制”模式。这种模式使用情报检索语言标引和检索。

(2)“标引控制+检索不控制”模式。这种模式标引使用情报检索语言,检索则既可使用情报检索语言,也可使用自然语言。在机内存有一部自然语言→情报检索语言转换词典(对应表)。

(3)“标引不控制+检索控制”模式。这种模式标引使用自然语言,检索则既可使用自然语言,也可使用存放在机内的只供检索的词表。

(4)“标引不控制+检索不控制”模式。这种模式标引和检索都使用自然语言,不使用任何词表。

上述第三种模式称为“后控制”,属于自然语言检索法。所使用的词表称为“后控制词表”。后控制词表只用于检索而不用于标引,所以也称只供检索的词表。后控制词表有一种编制方式,是利用检索表达式中的用词由计算机自动积累而成,采用这种方式编制的词表也称为不断增长的词表。其实,不断增长是所有后控制词表的特点。

配备后控制词表是提高自然语言检索效率的有效措施

任何以语词做文献检索标识的自然语言检索法,都存在着检索者构造检索策略困难和检全率较低的问题。这是因为自然语言表达概念的自由度很大,不仅存在着许多同义词和近义词,而且还存在着大量同义和近义的词组表达形式。加之,自然语言标引不用词表,因而也无从对有属分关系和相关关系的概念进行显示,这就要求检索者在检索时必须想出某个事物概念在自然语言中的一切表达形式及其与有关事物的各种联系,这是一件十分困难的事情,因而漏检率就很大。

同时,自然语言检索法也存在着一些影响检准的因素,因为某些文献作者和某些检索者的用词也可能没有确切反映文献的实际内容和检索的真正需求。

自然语言检索法虽然存在上述问题,但若采取后控制措施,那些问题大多数或在很大程度上可以解决。在检索阶段实行控制,也可达到控制的目的。把“前控制”变为“后控制”,同样是可行的。

后控制的方法有截词检索和配备后控制词表两种,其中,后控制词表比较有效,可以说对于一切自然语言检索法都是必要的(自动分类除外)。

后控制词表的控制机理

自然语言检索法的特点,是检索标识使用不加规范的自然语言。检索标识或者从文献的题名、文摘、正文中自动抽出,或者由标引人员自行决定(即自由标引)。

后控制词表的性质类似于入口词表,它是一种转换工具,是一种扩检工具,是一种罗列自然语言检索标识供选择的工具。

后控制词表中的控制词(也可以是分类号)并非直接用于标引,而是对作为文献检索标识的自然语言词进行控制(建立等同、等级、相关关系)。因此,在后控制词表中,标引—检索用词是自然语言,非标引—检索用词却是人工语言,这与在一般词表中的情形正好相反。

后控制词表必须在检索系统中实有的自然语言检索标识的基础上进行编制(即必须以作为检索标识的自然语言原词为基础),否则将会大大降低其控制功能。这一点,是后控制词表的关键所在。

后控制词表的控制程度

后控制词表的控制程度是其功能强弱的主要因素。

后控制词表的控制程度由两方面来决定:

(1)对检索系统中自然语言标识的覆盖率。如果后控制词表只包括检索系统中全部自然语言标识的60%,那么,它的控制能力(或有效性)一般不会超过60%。也就是说,有40%的自然语言标识所标引的文献在它的控制范围以外。如果后控制词表完全是在检索系统现有自然语言标识的基础上编成的,则可有100%的覆盖率。从这种意义上说,后控制词表的通用性是不大的。

(2)显示自然语言标识间概念关系的深入程度和显示的系统性(即分类体系或参照系统的质量)。各种后控制词表,有的只显示等同关系,有的显示等同关系和等级关系,有的显示等同、等级和相关关系;有的只有字顺显示,有的只有分类显示,有的则用多种方式(包括词素轮排)显示,显然,它们的控制效果是不同的。

后控制词表编制上的特点

(1)后控制词表是不断增长的。因为自然语言中的新词和对同一概念的不同表达形式是在不断增长的,如果词表不随之增长,就不能对新增的自然语言标识进行控制。虽然这种“不断增长”的速度将随着词积累量的增加而减缓,但永远不会饱和。

后控制词表中的词虽然是不断增长的,但它一般不采用随时增补的办法,而是待新词积累到一定数量,成批地或定期地进行增补。未增补到后控制词表中去的新词暂时可另外集中一处,供从字顺浏览之用。

(2)后控制词表的分类体系是逐步细化的。编制后控制词表不可能一步到位。起初,由于所控制的词量有限,不可能把概念范畴分得很细。随着词量的增加,就有必要逐步细化。

(3)后控制词表由于不用于文献标引,故其分类体系改变灵活,可进行较大的调整,对检索系统不会引起重行标引的问题。

(4)后控制词表可以多种显示方式(也就是控制方式)并用。多种显示方式不一定要一步到位,可逐步增加。

(5)后控制词表也有必要增加入口词。一部分入口词后来可能改为被控制的正式检索标识。

(6)在后控制词表中,标引词与非标引词应有所区别(可用不同符号)。如果两者相同,应并存。

(7)后控制词表的词间关系,应由人工判别确定。但可由计算机辅助,即利用字顺排列和词素轮排中的字面成族原理,寻找出可能的词族。

后控制词表的几种编制方式

后控制词表的编制可以采取多种方式,现简略说明如下:

(1)在被抽出的词的基础上编制。这种编表方式是首先用自动抽词方法或自由标引方法标引一批文献(5000~10000篇),然后将标引所用的自然语言检索标识整理成词表。其编表程序和方法大致与一般叙词表的编制相同。

(2)将自然语言检索标识与某种词表或分类表对应。即利用某种现成的词表或分类表做框架,把自然语言检索标识作为参照系统的"用"项纳入其中。

(3)利用计算机自动收集检索表达式中的用词加以积累,然后由人工判别整理成词表。用这种方式编的后控制词表,其覆盖率是很低的。要积累很长时间,才能达到较高的覆盖率。

(4)方式(1)与方式(3)的结合,或方式(2)与方式(3)的结合。

(5)在检索过程中,利用现成的、词量较多的一般词表作为后控制词表的代用品,或借用其他检索系统的后控制词表。这种代用方式的覆盖率是不会很高的。

后控制词表的一种模式

后控制词表可以有多种结构模式,现提供一种"分类词表+字顺/轮排表"模式,供参考:

(1)分类词表部分:

AA　大类
AAaa　小类
AAaa01　控制词
AAaa01.01　Y　自然语言
AAaa01.02　F　自然语言
AAaa01.03　C　自然语言
AAaa03　控制词
AAaa03.01　Y　自然语言
AAaa03.02　F　自然语言
AAaa03.03　Y　自然语言
AAac　小类
AAac01　控制词

AAac01.01　Y　自然语言
AAac03　控制词
AAac03.01　Y　自然语言
AAaz　小类(其他)
AAaz.0001　自然语言
AAaz.0002　自然语言
AAaz.0003　自然语言
ZZ　大类(新词,未处理)

说明:①分类词表设类目和控制词。类目相当于范畴,用两位大写字母和两位小写字母标记;控制词相当于族首词,用两位数字标记。类目和控制词均为等级制,标记时可适当留空号。②自然语言标识一律置于控制词下,用两位序数标记,其前置一小圆点。③一个自然语言标识可以重复置于一个以上控制词下,具有一个以上的标记。④每个自然语言标识之前都有一个关系符号,以说明与控制词的关系。自然语言标识之间不直接显示相互关系。⑤每个小类的最后一类为"其他"类,不设控制词,暂时不能处理的自然语言标识可直接置于该类下,待以后再处理。⑥"ZZ"类专为未增补进词表的新词而设,提供按字顺浏览,并待积累到一定程度后再处理。⑦当一个小类或控制词下的自然语言标识过多时,可将其细分,并对自然语言标识重新编号。

(2)字顺/轮排表部分:①这部分采用词素轮排索引原理编制。②自然语言标识与控制词混合排列。③每个自然语言标识和控制词均在右方列出编号。若一个词既是自然语言标识又是控制词,则应有两种编号。若一个自然语言标识被置于多个控制词下,则应列出全部编号。④当分类词表中某词的编号变动时,字顺/轮排表也应做相应的更改(这可以由计算机自动处理)。

利用后控制词表的文献检索方法

1. 直接用自然语言检索标识进行检索
①自然语言标识→文献记录
2. 利用分类词表进行检索
②类目→控制词→自然语言标识1→文献记录
→自然语言标识2→文献记录
→自然语言标识3→文献记录
(指将控制词下的全部自然语言标识进行检索)
③类目→控制词→自然语言标识1→文献记录
→自然语言标识2→文献记录
→自然语言标识3
(指从控制词下的自然语言标识中选择若干个进行检索)
④类目→控制词→自然语言标识1
→自然语言标识2
→自然语言标识3→文献记录
(指从控制词下的自然语言标识中选定一个进行检索)

⑤类目→自然语言标识→文献记录

（指将类目下的全部自然语言标识进行大范围的检索）

3. 利用字顺/轮排表进行检索

⑥词素→自然语言标识→文献记录

⑦词素→自然语言标识或控制词→依据分类标记进入分类词表，然后同②或③或④或⑤

（这可从一个已知的词素或词入手查出很多的自然语言标识进行扩检）

一般来说，后控制词表用于机检，但也可用于手检（如关键词索引）。

写完于1993年7月19日，修改于1993年12月7日，上海

载于《图书情报工作》1994年第1期

自然语言接口的对应词表

对应词表是自然语言接口的核心

自然语言接口又称自然语言入口，它是检索系统的一种前置部分，能将自然语言通过对应词表转换成人工语言（情报检索语言），用户只要用自然语言提问即可，这是使检索系统所用的人工语言易用化的一种有效措施。自然语言与人工语言的对应词表，是自然语言接口的核心，它决定着自然语言接口的质量。

对应词表的收词范围

在自然语言接口的对应词表中，人工语言是主体，是对应目标。对应词表收录自然语言词的范围，包括：①人工语言的同义关系词，如一般同义词、俗称与学名、旧称与新称、简称与全称、同一产品的缔号、型号与正式命名、原名与译名、不同译名、不同拼写形式和不同词序的词等。②人工语言的准同义关系词，如在人工语言中作合并处理的近义词、反义词、否定词等。③人工语言的等级关系词，如专指词（自然语言词）与泛指词（人工语言词）、单独概念词（自然语言词）与集合概念词（人工语言词）、部分概念词（自然语言词）与整体概念词（人工语言词）等。总之，凡包含在相应人工语言专业范围中的自然语言词，应尽可能收入对应词表。人工语言词也应作为自然语言收入对应词表（即人工语言→人工语言）。

对应词表收词的特殊性

自然语言接口所用的对应词表，还应重复收入一些概念的不同表达形式（如“文献标引”与“标引”“体系—组配分类法”与“体系组配分类法”），以及一些尚未定型的词（特别是缩略词）等。

对应词表的对应规则与对应关系符

对应词表的对应规则，应随对应主体即人工语言的类型差异和收词列类具体情况不同而有所不同。总之，从自然语言对应到人工语言的规则，与将文献主题概念转换成某种人工语言的规则（即标引规则）是完全一致的。

从自然语言对应到叙词语言的规则是：

①当自然语言词与叙词是同义关系（如一般同义词、俗称与学名、旧称与新称、简称与全称、同一产品的缔号、型号与正式命名、原名与译名、不同译名、不同拼写形式和不同词序的词等）时，可直接对应，用对应关系符“T”。

②当自然语言词与叙词是准同义关系（如近义词、反义词、否定词等）时，因该词在叙词系统中已做合并处理，故可直接对应于相应叙词下，用对应关系符“T”；若未做明确合并处理，应仔细推敲，然后再做对应（确定的对应关系，应作为该叙词的注释），用对应关系符“Z”；如实在没有可对应的叙词，则暂不对应，留待以后修改叙词表做参考。

③当自然语言词（在分类表或词表中未单独列出的）与叙词是等级关系（如专指词与

泛指词、单独概念词与集合概念词、部分概念词与整体概念词等)时,均可直接对应,用对应关系符“D”。

④自然语言词与叙词为相关关系的,不做对应;若做对应(如可做靠词标引的),则用对应关系符“X”(确定的对应关系,应作为该叙词的注释)。

⑤全部叙词作为自然语言词收入对应词表进行直接对应,用对应关系符“R”。

从自然语言对应到体系分类法类目的规则,与分类表索引的编制规则相同。实际上,如《中图法》的第二版索引和第四版索引以及第四版的光盘版,都是一种自然语言接口的对应词表,但所收自然语言词还不够丰富,需大大扩充。

对应词表的应用,利用模糊匹配方式比完全一致匹配方式可能效果更好,虽然这种方式要多一道选择确认过程。

对应词表的增补与调整

不完整的对应词表也是可以实际使用的。但任何对应词表都必须不断增补,一般采取定期增补的方法较好。

由于人工语言的修改,对应词表也需随之调整,以始终保持准确的对应关系。

写完于2002年1月22日,上海
载于《图书馆理论与实践》2003年第2期

字面成族原理与应用

1　字面成族定义

字面成族是指概念之间有某种联系的若干语词标识在字顺序列中聚集在一起或附近，说明那些词是有语义关联的。这是语词标识字顺排列所产生的一种自然现象。

2　字面成族原理

字面成族现象是构词法所派生的。形成字面成族的条件是几个词或词组，它们必须有相同的词素或单词。如果几个词中的相同词素同时处于查检入口位置，或几个词组中的相同单词同时处于查检入口位置，它们在字顺序列中便可排在一起或附近。如果相同的词素或单词不同时处于查检入口位置，则可通过轮排使其移到查检入口位置而形成字面成族。

3　字面成族在情报检索中的作用

字面成族现象在情报检索中的作用，按其实质来说，相当于一种显示概念之间关系的方法。这种显示是直接的，有关的语词标识（也即有关的文献主题）可以聚集在一起或附近，而且几乎各种概念关系都有一部分可以通过语词标识字面成族显示出来，在查词或检索时可"瞻前顾后"或"鸟瞰全貌""触类旁通"，有利于准确、全面地选取所需语词标识，提高标引或检索质量。

4　字面成族与概念成族的联系和区别

在情报检索中，字面成族现象是作为一种显示概念之间关系的方法来利用的。所以，字面成族必须具有概念成族的性质。只有概念相关的语词标识的聚集，才是真正的字面成族。这就是字面成族与概念成族两者的联系。

但是，字面成族与概念成族相比，有以下两点不足：①显示概念关系不充分，因为有概念联系的语词并不总能字面成族，而且事实上只有一小部分能字面成族。如"图书馆"与"资料室"，"图书馆工作"与"情报工作"，都不能字面成族。②成族的词的概念关系类型不明确，而且排列缺乏系统性。这就是字面成族与概念成族的区别。

正是字面成族与概念成族有联系，所以它在情报检索中才有实用价值，才值得注意。正是两者之间在显示概念关系上有质量的区别，所以不能把字面成族作为一种主要的概念关系显示方法，但应当充分利用这种方法。

5　显见的字面成族和隐含的字面成族

可以把字面成族现象分为显见的字面成族和隐含的字面成族两种情况。

显见的字面成族如：儿童福利、儿童歌曲、儿童教育、儿童图书馆；飞机、军用飞机、航天飞机、超低空飞机、超轻型飞机、超音速飞机。这种情况较易辨识，通过一般的字顺排列或轮排就可成族。

隐含的字面成族如：飞机、单翼机、双翼机、教练机、高空飞机。这些词虽都属“飞机”一族，但通过一般的字顺排列和轮排都不可能全部成族，须做补字处理才能全部成族。这种情况是由于自然语言中大量存在着缩略词和简化用法而造成的。

6 多义字词及不正确的字顺排列法等对字面成族的不利影响

自然语言中某些种字词及不正确的字顺排列法等对字面成族会产生不利影响，或者说会起破坏作用。具体是：

（1）多义字构成的词。如由“校”字构成的词：校舍、校办工厂、校长负责制等可以成族，校场、校官、校尉等可以成族，校本、校对、校雠学等可以成族，但校长、校官、校本这几个词则不能成族。如果把“校”字开头的全部词按汉语拼音排列，就会破坏字面成族。

（2）多义词及由多义词构成的词组。如冰川运动、地壳运动、汽车运动、水上运动、田径运动、五四运动、学生运动、岩浆运动、自行车运动，这些词应按其词义分别成族，如果这样混在一起按汉语拼音排列，就会破坏字面成族。

（3）同义词构成的词组。如部队管理教育、部队生产、部队体育、军队纪律教育、军队卫生、军队医疗机构等，这些词按其词义本是一族，但在字顺排列中却不能成为一族，字面成族被破坏。

（4）多音字构成的词。如藏传佛教、藏剧、藏书建设、藏书楼、藏品、藏语，这些词如果这样按汉语拼音排列，字面成族就会被破坏。

（5）借喻性的词和词组。如龙门、龙门刨、龙门吊、龙门石窟、龙门铣床、龙门桩。这些词如果就这样按汉语拼音排列，字面成族也会被破坏。

（6）不正确的汉语拼音排列法。字面成族现象须借助于正确的排列法而产生较好的效果。如果采用纯按汉语拼音逐个字母排比次序、纯按汉语拼音逐个音节排比次序、纯按汉语拼音若干个首字母排比次序等这些不正确的字顺排列法，都会导致无关联的词穿插于有关联的词之间，破坏字面成族（详见张琪玉《情报语言学基础问题选讲》237～240页）。

对字面成族可产生不利影响的，并不止以上所述的几种情况。

7 字面成族原理的应用

字面成族原理在情报检索中有多种应用：

（1）词表排列的优化。词表中款目词的排列如果能充分利用字面成族原理，将会使它优化，更易查检。

（2）轮排索引的编制。轮排索引就是建立在字面成族原理基础上的，可大大增加查词入口，形成词的多向成族（也即概念的多向成族）。

（3）词的倒置法。在标题法中，倒置标题是加强字面成族的一种重要方法。

（4）编制词表、分类表时寻找同词族的词或寻找相关概念。上面已说明，形成字面成族的条件是几个词或词组中必须有相同的词素或单词。所以，利用计算机自动寻找具有相同词素或单词的词和词组，就可作为一种机助方法，较方便、较快地编制词族和建立分类体系。

（5）自动聚类中的应用。原理和方法与（4）相同，只是用于自动分类中。

（6）截词检索。原理和方法也与（4）相同，只是直接用于检索中。

（7）在叙词型主题目录中词串的轮排，某种程度上也可以说是利用字面成族原理，作用同（2）。

8　加强字面成族的方法

(1)编制词表进行词的优选,或自由标引进行措词时,尽可能照顾字面成族需要。

(2)编制词素轮排索引,在标题法系统中当采用倒置法较好时尽量采用倒置法。

(3)当多义字构成的词、多义词及由多义词构成的词组、多音字构成的词数量很多,严重破坏字面成族时,采用分组标头,使不同族的词分开排列。例如:

[学校]　校办工厂　校办农场　校队挂钩　校舍　校外辅导员
校外活动　校外教育　校务　校友会　校长　校长负责制

[军事]　校　校场　校官　校官军衔　校尉

[订正]　校本　校对　校雠学

(4)在词素轮排索引中,对某些词进行补字,使其成族(所补的字不作为词的成分)。例如:

飞机
超低空　飞机
超轻型　飞机
超音速　飞机
单翼　[飞]机
高空　飞机
教练　[飞]机

(5)在词素轮排索引中,如果正式词不能成族而非正式词可以成族,可让非正式词参加轮排,使之成族,并用参照指出正式词。

(6)同义词构成的词组破坏字面成族,本应成为一族的词被分为两族,在必要时可用参照相互指引。例如:

部队	军队
参看　军队××	参看　部队××
部队管理教育	军队纪律教育
部队生产	军队卫生
部队体育	军队医疗机构

(7)在词素轮排索引中采用双向轮排法可使字面成族更完善(具体请参看《汉语检索词词素轮排索引编制法探索》一文)。

(8)采用正确的字顺排列法。

应当指出,不必企图使字面成族替代其他显示概念的方法,硬把不成族的词使其成族,会弄得很烦琐。

参考文献

[1] 张琪玉. 情报检索语言中语词标识的功能与局限——关于主题法性能的几点分析. 载于湖北高校图书馆,1985(1)

[2] 张琪玉. 汉语检索词词素轮排索引编制法探索. 图书与情报,1992(4)

写完于1997年1月3日,武汉－上海

载于《高校图书情报学刊》1997年第3期

词素轮排索引法在构词词典编排中的应用

构词词典是一种汉字轮排词典,可从任何一个汉字出发,查出包含该汉字的全部词组、成语、熟语,对文章修辞、语文教学、诗词写作、翻译工作等都有参考作用。

构词词典正文的编排形式如:

【平】

①平安　平白　平板　平版　平辈
　平常　平川　平淡　平等　平地
　平定　平凡　平方　平分　……
②扁平　不平　持平　公平　和平
　拉平　扫平　生平　太平　……
①②平平
③素昧平生　一马平川　夷为平地
①③平起平坐
④打抱不平　粉刷太平　歌舞升平

或:

【平】

①~安　~白　~板　~版　~辈
　~常　~川　~谈　~等　~地
　~定　~凡　~方　~分　……
　~~
　~起~坐
②扁~　不~　持~　公~　和~
　拉~　扫~　生~　太~　……
③素昧~生　一马~川　夷为~地
④打抱不~　粉刷太~　歌舞升~

用数据库技术来编排这种词典的正文可大大节省时间,减少差错,办法是为每一汉字设一字段,共设A、B、C、D四个字段,每一字段占两个字节;再设一2字节字段安放有重复汉字的条目的标志。每一条词组、成语、熟语为一个记录。当全部数据输入完后,按下列方法进行整理:

按A、B、C、D排序,形成AA文件(按第一个汉字排序的文件);

按B、A、C、D排序,形成BB文件(按第二个汉字排序的文件);

按C、A、B、D排序,形成CC文件(按第三个汉字排序的文件);

按D、A、B、C排序,形成DD文件(按第四个汉字排序的文件)。

将四个文件中含有同一特定汉字(如上例中的"平"字)的条目依次归并(需编一个小程序,否则要用人工归并),再对具有重复汉字标志的条目作适当处理。

这种方法,除用于编制构词词典外,也可用于编制古籍的逐字索引。

写完于2004年4月20日,上海

载于《中国索引》2004年第3期

汉语检索词词素轮排索引编制法探索

查《叙词表指南》,219 部英语词表中 39 部有轮排索引,占 18%。但在汉语词表中,却未见有轮排索引的。究其原因可能是:①认为轮排索引的价值不大;②会增加词表印刷成本;③编制过程还没有计算机化,手工编制比较麻烦。但是应该看到,轮排索引在使主题检索语言易用化方面有重要作用,而是否易用又最终会影响标引与检索的质量和速度,因此值得我们重视。轮排索引不仅适用于叙词表,而且也适用于标题表。本文主要探讨如何为现有词表补编轮排索引的问题。

轮排索引的功用

轮排索引的功用,是使词表易于使用,这可以从以下几点来理解。

(1)检索词在词表中是按字顺排列的,每个检索词在一般字顺表中只有一条查词途径,即必须从检索词的第一个汉字入手查词。而实际上,查词者往往不能肯定一个概念在词表中是采用哪种书面形式表达的,而较容易肯定表达该概念的检索词中有某个词素。但由于这个词素不一定位于检索词的开头部分,所以在一般的检索词字顺表中往往是缺乏查词途径的。轮排索引则不同,它允许从一个检索词的任何词素入手查词,因此就能很容易地查到含有某个词素的词。

例如,一位不懂医学的图书馆工作人员,他代某位读者在使用《军用主题词表》的系统中查关于"氰中毒"的资料,他从"氰中毒""中毒"这两个查词途径入手查,都查不到,假如有轮排索引,可以从"氰"这个词素入手查,即可发现有"氯化氰"和"氢氰酸"两个词,继而从这两个词的参照系统可查明两者都是全身中毒性毒剂,所以,应为"全身中毒性毒剂中毒"(词表中有这个上位概念词)。

(2)轮排索引能使检索词最充分地多向字面成族,既有利于在标引选词和检索选词过程中进行比较,也有利于"触类旁通"(查某个检索词引出别的相关检索词)和族性检索(虽然通过字面成族的族性检索有局限性)。

例如,在轮排索引中查"雷"字,可发现有"扫雷具""灭雷具""破雷卫"以及"扫雷钩""扫雷滚""扫雷犁"等许多词,这些词所表达的事物有一定联系,对于一个非专业人员来说更难以分类。这些词无论在字顺表中或范畴索引中,还是在参照系统中,都未能集中在一起,而在轮排索引中,却可以集中在一起,产生代替联想的作用。

(3)从以上两点看,轮排索引对标引和检索都有帮助。当然,在计算机标引和检索系统中,可以对检索词进行截词浏览,取代轮排索引的功能;但是,在手工标引和检索系统中,轮排索引的功能是不能用其他方法取代的。

(4)如果是为现有词表补编轮排索引,则可通过轮排索引补救其某些缺陷。例如,补救字顺表排序和设计的缺陷,增补大量入口词,等等。

轮排索引的编制原则

轮排索引的编制,应符合下列原则或要求:

(1)尽可能全面轮排,使检索词能充分地多向字面成族,这是发挥轮排索引功能的关键。例如,前面举例的“雷”字,是指地雷和水雷,但如果只在“地”和“水”字两处使检索词字面成族是不够的,还应在“雷”字处使检索词字面成族,因“雷”字作为查词途径和成族依据,是有意义的。

(2)在尽可能全面轮排的前提下,设法尽可能节约篇幅,因为轮排索引篇幅大是其主要缺点。

(3)从轮排索引转查主表或词族索引等比较方便。

(4)轮排索引形式的可读性好。

(5)索引字顺排列规则比较合理。

(6)采用多种检字法。

(7)即使词表中普通检索词和专有检索词是分开排列的,在轮排索引中也应尽可能混合排列,并应包括非正式检索词,使检索词有更多成族机会,查词也较方便。

(8)力求扩大轮排索引的功能,例如与入口词表结合。

轮排索引的轮排方式

汉语检索词词素轮排索引的轮排方式,可以有下列三种:

(1)题外关键词式。即检索词中每个词素相当于一个“关键词”,轮流置于左侧,按其字顺排列;含有该词素的检索词,则保持原形,按某种规则排列。

(2)题内关键词式。即检索词保持原形,将所要轮排的每个词素轮流排在查词入口位置(在中间),检索词则随着位移。

(3)倒置标题式。即将检索词中所要轮排的词素之前的那一部分移到后面,中间用“/”或“,”号隔开。这样,每个所要轮排的词素就都轮流排到在左边的查词入口位置。移到后面的部分,可以再切分,也可不再切分。

以上三种轮排方式的图示,可参看《情报检索语言》一书第 191 页,或《情报语言学基础》一书第 229 页。

以上三种轮排方式,其索引形式以第二种查词较方便,可读性较好,但占词表篇幅稍大;第三种可与主表结合,但可读性较差;第一种词素十分醒目,但系统性较差。

轮排索引的编制方法

编制轮排索引的一般方法,将在下一部分说明,这里仅探讨贯彻某些编制原则可采用的特殊方法。

(1)节约轮排索引篇幅,可采用“多级轮排法”(暂名)。轮排索引中冗余成分是很多的,轮排越是全面,其冗余量就越大。因此,在尽可能全面轮排的前提下,设法压缩轮排索引篇幅,是一个重要的问题,“多级轮排法”在压缩轮排索引篇幅上,可起较大的作用。

所谓“多级轮排法”,是在索引中设置带符号的指示词,以取代大量冗余的词。打个比喻,一个词素可集中许多词构成一个“词族”,则那个带符号的指示词就相当于其中的一个“二级族首词”,它可以引向一个“分词族”。例如:

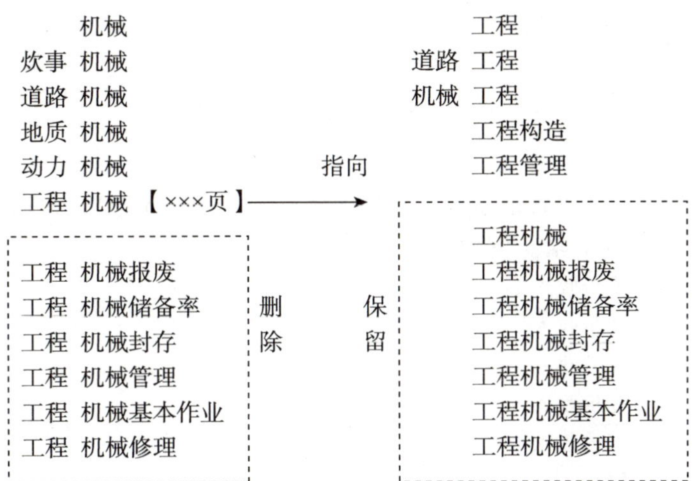

上例是指向轮排索引中的另一处，也可指向词族索引的族首词处，或指向有等级关系全显示的字顺表中族首词处，或分面叙词表中分面类表部分的某处，如果那些处与轮排索引中某一部分完全重复的话。

“多级轮排法”在压缩轮排索引篇幅方面的作用是明显的，但有时会增加转查的麻烦，故只适用于大量重复的部分。标出应转查的具体页码，可方便转查。

此外，设置“虚词”也可压缩轮排索引篇幅。例如：“××语查××”。

（2）扩大字面成族，可在轮排索引中插入“同义词素指示”和“近义词素指示”。例如，“军队”和“部队”是两个同义词素，有些检索词含有“军队”这个词素，有些检索词含有“部队”那个词素，而查词者不一定明确该从哪个词素入手查，或在一个词素处查不到、查不全时不一定能想到应在另一词素处再试试，而同义词素或近义词素指示可起到提醒的作用。这种同义词素或近义词素的指示可用“参见”形式，即“军队　参见　部队[×××页]”“部队　参见　军队[×××页]”。

（3）有些检索词（包括简约派生形式的词）轮排时可添字，使其能字面成族（所添的字使用时仍应删除）。例如：

飞机
超低空　飞机
超轻型　飞机
超音速　飞机
单翼　[飞]机
高空　飞机
教练　[飞]机

（4）为了便于从轮排索引方便地转向字顺表、词族表等，应对原词在词表中的位置进行编号。编号由“词表某一部分代号＋页码＋栏码”构成，如 A375b，表示字顺表 375 页右栏。这个编号应附在轮排索引中正式检索词之后（一个检索词仅需附一个编号）。

（5）轮排索引的版式应很好设计，书眉等部分都不应忽视。

在轮排索引中，作为查词途径时的（即处于查词入口位置时的）词素最好用黑体印刷，以醒目。

（6）根据汉语构词规律，轮排索引按下列规则排序，系统性稍好，其公式是：

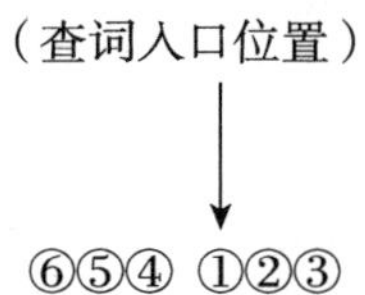

即先排处于查词入口位置的词素，再顺次排在它后面的词素。它后面的词素排完之后，再倒着排在它前面的词素。例如：

废品	变价收入
装备物资	变价收入
作战物资	变价收入
赃物	变价收入
固定资产	变价收入
	财政
国家	财政
战时	财政
	财政部
	财政赤字
	财政管理
	财政管理体制
	财政收入
战时	财政收入

应当指出，这种排列规则虽然较好，但不能完全由计算机自动完成，而要辅以人工干预或调整。

（7）在一个小范围内，字顺排列可以有一定灵活性，尽量照顾查词方便。例如：

（灵活处理，较好）		（完全照字顺，较差）	
抗美援朝第一次	战役	抗美援朝第二次	战役
抗美援朝第二次	战役	抗美援朝第六次	战役
抗美援朝第三次	战役	抗美援朝第三次	战役
抗美援朝第四次	战役	抗美援朝第四次	战役
抗美援朝第五次	战役	抗美援朝第五次	战役
抗美援朝第六次	战役	抗美援朝第一次	战役
抗美援朝	战役战斗	抗美援朝	战役战斗

一字多义的词素，如果在其下集中的检索词较多时，最好加“分组标头”，不同意义的词分别集中，以增加轮排索引的系统性，使查词更方便，例如：

［学校］	［军事］
校办工厂	校
校办农场	校场
校队挂钩	校官
校舍	校官军衔
校外辅导员	校尉
校外活动	
校外教育	［订正］

校务	校本
校友会	校对
校长	校雠学
校长负责制	

此外,在依汉语拼音排序时,对多音字应做参照。

(8)在轮排索引中可增添原词表没有的入口词,并指向词表中的正式词或其组配形式,在增添入口词时可参考别的词表以及工具书等。新增入口词应加符号,以资区别。例如:阻燃纸 +——特种纸 A1048b

轮排索引的编制步骤

轮排索引用计算机编制十分简便和迅速,可采用下列两种步骤。

第一种编制步骤是:①拟定轮排索引编制规则及准备好计算机软件;②将词表中的全部词输入计算机,每个正式检索词要附有所在位置的编号,非正式检索词要附有相应的正式检索词及其所在位置编号;③由计算机进行逐字轮排;④逐条检查,删去不能作为查词途径的款目;⑤采用"多级轮排法"以压缩轮排索引篇幅(删去冗余款目并在保留的指示词上加符号及指向页码);⑥对某些款目进行修改和调整;⑦按设计的排版格式由计算机输出进行印刷。此外,如果要增补入口词,应在将词输入计算机以前增补好。

第二种编制步骤是:①拟定轮排索引编制规则及准备好计算机软件;②将词进行预处理,对有意义的词素作上标记,以及做别的处理;③将经过预处理的词输入计算机(正式检索词要附有所在位置编号,非正式检索词要附有相应的正式检索词及其所在位置编号);④由计算机进行处理和排序;⑤采用"多级轮排法"以压缩轮排索引篇幅(删去冗余款目并在保留的指示词上加符号及指向页码);⑥对某些款目的序列进行调整;⑦按设计的排版格式由计算机输出进行印刷。此外,如果要增补入口词,应在对词进行预处理之前增补好。

参考文献

叙词表指南(英文). 北京图书馆研究部分类法词表组编译刊印,1988.11

写完于 1992 年 7 月 14 日,上海
载于《图书与情报》1992 年第 4 期

字面相似聚类法辅助构造词族表、分面类表和自动标引

词、词组、词素及构词法

词是语言中的基本单位，能独立运用，具有声音、意义和语法功能。词组是按照语法规则组合起来的一组词（其中至少有一个是合成词），这组词紧密结合为一个整体，它相当于一个词。

词素是构成词的单位，它是在意义上不能再分析的构词单位。一个词素一般对应于一个汉字，个别词素对应于两个或多个汉字（如枇杷、乌鲁木齐，此种词素极少）。一个词可由一个或多个词素构成。词组是由一组词构成的，不妨换句话说，词组是由更多词素构成的。

构词法是词的构成法则，即由词素构成不同的词的法则，也是语言中创造新词的法则。构词法同样适用于构造词组。

具有相同词素的词和词组之间的聚类现象

词素既然是在意义上不能再分析的构词单位，简单地说，它是最小的意义单位，因此，具有相同词素的词和词组之间，必然绝大多数在意义上有某种联系，存在着聚类现象——字面成族现象，即可以构成一个粗泛的词族的现象。例如，矿、矿物、矿山、矿产、矿产资源、矿床、矿床学、矿井、铁矿、黄铁矿、白铁矿、锰铁矿……这些词就可以构成一个粗泛的词族——矿业（说明这些词都与矿业有联系）。

由于一个词或词组大多由两个或两个以上的词素构成，因此它们可以多向聚类（多向成族），即隶属于多个词族。

具有相同词素的词和词组之间的聚类现象（字面成族现象）在情报检索中具有重要的应用价值。

词和词组的字面相似聚类法及其实现方法

具有相同词素的词和词组之间的聚类现象作为一种方法来利用，可称为字面相似聚类法。可通过多种方法来实现字面相似聚类：①通过字顺序列（此法只能部分地实现字面成族，聚类范围较小）；②通过词素模糊匹配（产生一个定向的聚类结果，一次匹配的聚类范围也较小）；③通过词素轮排，这是全向聚类，又可分为选择有用词素的轮排和以汉字为单位的轮排。以汉字为单位的轮排最充分，缩略词也可参与轮排，但少量的多汉字词素以汉字为单位的轮排会产生无用的轮排结果（如上述枇杷、乌鲁木齐以及人名等，以汉字为单位轮排时都会产生少量无用的轮排结果，只是干扰不大）。

以上②和③都是利用计算机来实现的。

选择有用词素的轮排聚类法的实现只能是人机结合的，因为计算机不能识别有用词素与无用词素。

以汉字为单位的轮排聚类法的实现可完全自动化，可利用关键词轮排索引的程序略加

改造进行自动聚类。因为词和词组以汉字为单位的轮排与文献题内关键词索引的轮排，其原理基本相同。

字面相似聚类法的应用

（1）利用字面相似聚类法辅助构造词族表。利用字面相似聚类法可以构造粗泛的词族，但还不是适用于检索的比较精确的词族（比较精确的词族的词包含在粗泛词族中）。但是，以字面相似聚类法做辅助，先将毫无头绪的大量词和词组初步整理出粗泛的词族，再对这种词族中的词进行人工选择和组织，构造成一个适用于检索的词族，却可大大提高工作效率，加快工作进度。这对于自然语言词和词组的整理特别有效。后控制词表就可以使用这种方法辅助编制。宋明亮曾将字面相似聚类法应用于后控制词表的动态维护，也属于这方面的应用。

（2）利用字面相似聚类法辅助构造分面类表。利用字面相似聚类法所形成的粗泛词族，其中包括的词和词组很多，而且较完整，可以通过词义分析，归并为若干分面，组成分面类表。例如：

防潮水泥	石棉水泥
地方水泥	快硬高强水泥
稻壳灰水泥	堵塞水泥
白云石耐火水泥	型砂水泥
油井水泥	双快型砂水泥
自应力水泥	矾土水泥
无熟料水泥	硅酸盐水泥
塑料水泥	

以上 15 种水泥名称，可以整理成下列的分面结构：

水泥

［按原料或添加成分分］

白云石耐火水泥

稻壳灰水泥

矾土水泥

硅酸盐水泥

石棉水泥

塑料水泥

无熟料水泥

［按性能分］

白云石耐火水泥

防潮水泥

快硬高强水泥

双快型砂水泥

自应力水泥

［按用途分］

堵塞水泥

双快型砂水泥

型砂水泥

油井水泥

［按地域分］

地方水泥

分面整理必须用人工进行，整理者对专业的熟悉程度，会影响分面的质量。如矾土水泥除归入按原料或添加成分分的分面外，同时还可归入按性能分的分面，因为矾土水泥是快硬高强水泥的一种。

（3）字面相似聚类法应用于自动赋词赋号标引的可能性。自动赋词赋号标引是把自然语言词归属于最确切的主题词或类目，这些主题词或类目（特别是分面类目）所包括的内容，大多是具有字面相似性的，所以，使用字面相似聚类法（通过一种词典）自动寻找适当的主题词或类目，有一定的可行性，虽不能达到百分之百的准确（利用相似算法，可在一定程度上提高准确度），但作为一种辅助手段，还是有价值的。

高质量的聚类应是概念聚类

字面相似聚类法还不可能完全达到概念聚类的要求，而且，有些词无字面相似处，因而不可能用字面相似法聚类（如稻、麦、粮食作物），有些词虽有字面相似处，但在概念上不能聚类（如解密、解剖、解放区、解析几何、解像力），因此，字面相似聚类法作为一种计算机辅助的处理方法是可用的，但作为一种完全自动化的方法则不可用。

参考文献

宋明亮. 报纸文献机助自由标引及对后控制词表动态维护的思考. 中国人民解放军空军政治学院硕士研究生毕业论文，1994. 10

写完于 2002 年 3 月 11 日，上海

载于《图书馆论坛》2002 年第 5 期

走向自然语言与情报检索语言结合之路

张琪玉先生，

1. 您是中国图书馆学界、情报学界最负盛誉的专家之一。您以自己卓尔不群的学识建构起了具有中国特色的情报语言学理论体系并在众多的实践应用领域取得了可观的成就。令我们感佩的是，您从不故步自封，始终关注着相关研究领域的最新发展趋向。早在1996、1997年，您就着眼于Internet的发展，提出了21世纪情报语言学带有方向性的七个基本问题。这里，我们想请先生结合您自己的研究选题谈谈近几年在这七个基本问题方面的理论研究或实践探索上有哪些新进展。

1996年以来，我在《情报检索语言的发展趋势(与吴建中的对话)》《世纪之交中国情报语言学发展之路》《情报语言学领域亟待研究且潜藏较富的课题》《我国情报语言20年来的进步与向21世纪前进的目标》等文章中提出过关于21世纪情报检索语言和情报语言学的前进方向的个人观点。近年来，我的确对情报检索用语言从计算机化过渡到网络化的新环境下的发展相当关注，把自己的研究方向调整到适应未来新的需要。我主要在自然语言检索、自然语言与情报检索语言的结合、未来的情报检索语言模式、网络资源检索工具等方面做了一些研究探讨，具体研究课题主要有：自然语言检索中各种因素对检索效率的影响、网络资源检索工具增强关键词检索功能的措施、人工语言与自然语言或先控制与后控制的界限在计算机系统中可淡化或取消、概念或标识自动转换技术的应用(自然语言与人工语言的自动对应转换及自然语言接口)、分类法主题法一体化自动标引系统、文献题名自动抽词—分类标引系统、缺乏抽词词典是自动抽词标引难以普及的主要原因、自然语言词表、后控制词表、基于模糊抽词原理的人—机结合的汉语题内关键词索引系统(我设计了三种模式)、自由标引等。这些研究课题是互相关联的，其核心可以概括为：用情报检索语言原理来改进自然语言检索，促进自然语言与情报检索语言结合，向与自然语言融合的未来情报检索语言方向发展。在这方面，我认为发展自然语言词表是一个关键性的环节。

如果说，在1983年，我认为"关于扩大研究范围，似乎也应把对自然语言检索法的研究包括进去。电子计算机检索技术的发展，为自然语言检索法开拓了光明的前景。自然语言检索法最终是否能取代以及何时能取代人工语言即情报检索语言，目前下结论还为时过早。但是，人工语言和自然语言相结合，既是严密的人工语言，又尽量利用自然语言作为辅助，无疑有助于检索效率的提高，因而是情报检索语言发展的正确方向"，那么，近些年，我对这个问题有了进一步明确的认识。即自然语言的未来与情报检索语言的未来在某种意义上可以说是同一个问题。情报检索过程绝对不能没有控制。完全无控制的自然语言在理论上固然说不通，在实践中也未见证明其在主要方面，即在检全率和检准率方面确实优于情报检索语言。这就是说，自然语言不可能全面取代情报检索语言，淘汰情报检索语言。但从另一方面看，在计算机检索的条件下，自然语言有许多重要的优点，故它也必然会更进一步得到发展。

其实，自然语言检索系统与情报检索语言检索系统并不是决然对立的。既然两者各有优点而不可能互相取代，为什么不可以使两者结合或融合呢？自然语言或情报检索语言的未来将是自然语言的情报检索语言化或情报检索语言的自然语言化。在两者完全融合的新型情报检索语言普及以前的趋势可能是下列三种情况并存:情报检索语言与自然语言在一个检索系统中并用,情报检索语言增加自然语言成分,自然语言适当引进情报检索语言的原理与方法。

我认为:自然语言在情报检索中的应用面临着以下两个难题:①如何从自然语言文本中抽出最能准确、充分地表达文献有价值内容的词,以及这些词与检索课题有效匹配的问题。这个问题的复杂性在于文献作者的用词无明显的规律性,以及作为人类社会现象的自然语言不可能用纯自然科学的方法去研究解决。这个问题同机器翻译的性质类似。如果去追求百分之百的自动化,至少在短期内是无希望解决的(当然,自然语言自动处理现有的一些中间成果还是有实用价值的)。②克服自然语言由于不规范和缺乏语义关联性而对检索不利的问题。克服这个难题也是不能完全用自动化方法的。除此以外,对中文来说还有一个汉语分词的问题。而这个问题的解决,只是达到了拼写文字国家的起点水平,拼写文字中未解决的上述两个问题仍有待我们去解决。

所以,我对纯粹的仅仅借助于计算机技术的自然语言检索(或者说不利用情报语言学原理控制的自然语言检索)"在短期内的完满实现"并不抱乐观的态度。我越来越觉得亟须从情报语言学角度深入研究自然语言检索方法,把情报语言学的原理和方法引进自然语言检索的研究。正是这样,我近年的研究重点,转移到了自然语言在情报检索中的应用方面。

我近年的另一项研究是对"学科—事物概念组配型情报检索语言"的研究,这是对未来情报检索语言模式的探寻。我把这个课题称为"遐想"——情报语言学的遐想。我对这个课题的思考和求索始于武汉大学期间,但一直没有找到完满的实现方法,因此,到 1997 年发表两篇文章时,已相隔了十多年。这种情报检索语言的本质属性可以归纳为:学科聚类系统与事物聚类系统的结合、先组式语言与后组式语言的结合(确切地说是体系分类法与组配分类法的结合)、人工语言与自然语言的结合、号码标识与语词标识的结合、不变概念代码与可变概念体系的结合。这种情报检索语言模式的主要实现方法可概括为"分面分析+概念代码+概念对应转换+数据库技术"。这种情报检索语言是:分类法与主题法彻底一体化的,充分发挥情报检索语言对知识进行系统组织和对自然语言进行规范控制功能的,用户可十分方便地进行标引和检索的,概念可不断增补及概念的代表词可进行更换的,用户区别不出是自然语言还是人工语言而其实是由严密的人工语言控制的,修订不受已标引文献所牵制,故分类体系可逐步完善的,并可以挂接英文索引、分子式索引等以及可用于机助标引的。

去年,我用了约七个月的时间,专心地对网络资源检索工具做了比较全面的研究,写了多篇文章,其中的一篇《网络信息检索工具增强关键词检索功能的措施》已在《图书馆杂志》2001 年第 1 期发表。我发现,国外种类繁多、五彩缤纷的语词检索方法,都是为增强关键词检索功能而采取的措施。那些检索方法从其实质而言都属于关键词检索一类,都是对关键词检索从某个方面的改进。所以可以说,该文是对国外关键词法(也就是自然语言检索)研究成果的综述。另一篇《关于我国网络信息检索工具开发与改进的思考》也将发表在《2000 年理论学术年刊》。

2. 我们注意到,您自 20 世纪 90 年代以来,把相当一部分注意力投向索引学研究。当然，您始终强调索引学是与情报检索、情报语言学、目录学、文摘学、图书编辑学等交叉的一个研究领域，这体现着您以情报语言学为核心去“会通”诸多相关领域的一以贯之的思想与思路。最近，有专家提出把“元数据”（Metadata）作为图书馆学在网络环境下新的知识生长点（参见本刊2000年5月吴慰慈先生访谈录）加以研究。我们认为“元数据”问题似乎与情报语言学、索引学有着远比图书馆学更为直接、更具亲和力的内在联系。这里请教一下您对这个问题的看法。

我的确很注意索引学，因为索引是情报语言学成果的一个主要的应用方面。我一直认为，数据库是信息时代的索引，现代的索引就是数据库。过去时代出现的一切索引，也都可以以数据库形式实现。索引学的一切成果都可应用于数据库。我所特别关注的是索引的创新（如《论索引项》和《工具书功能索引》等文）。数据库的出现为索引的创新提供了无穷的可能性，正待我们去发掘。

元数据与情报语言学、索引学的确有比之与图书馆学更为直接的关系。元数据与MARC的记录项目（或者说著录元素）类似，是一种文献著录标准。元数据的提出，首先是为了鼓励作者和出版者或网页制作者以搜索引擎软件（自动资源发现工具）能收集的形式来提供元数据，鼓励包含有元数据元素模块的网络出版工具的创造、从而进一步简化元数据记录的创建工作。元数据可以规范网页的格式和项目的内容，通过修饰词丰富项目内容，并便于各种格式之间的转换，从而提高用搜索引擎软件自动建立的网络资源检索工具的索引数据库的质量，最终提高关键词检索的质量。我认为元数据中的“主题”项尤为重要，该项目规定要使用某些种比较通用的分类表和词表，也就是情报检索语言。这实际上是对“人工语言不适用于网络环境”的观点的否定，说明自然语言和人工语言对网络资源的检索都不可少，并隐含着人工语言比之自然语言对保证网络资源的标引和检索的质量具有更大的重要性的意思。

3. 在我刊20年的发展历程中，始终得到了您的关怀与支持。您不但每每受邀为我刊审阅有关情报语言学方面的来稿，还为我刊赐以您的大作多次，借此专访的机会，我刊全体同仁特向您致以真挚的谢忱。今年的6月7日是您的70大寿。70高龄的您接受我刊的通讯访谈，这不是一件容易的事。前面我们谈论了一些专业问题，下面换个轻松一些的话题，请您谈谈您的近况，尤其是退休生活与健康情况。我刊全体同仁并代表我刊的广大读者借此话题遥寄对您的关切与景仰之情。

贵刊奋发图强的办刊精神和严肃认真的办刊作风一直为我所敬佩，刊物办得很有起色。我曾有多篇文章能借贵刊发表，在此，我倒是应该向贵刊同仁表示谢意！

我是1930年6月7日生的，已过了70周岁。由于部队领导的器重，目前暂缓退休，并给我出版等方面的支持。我脱离讲坛已有数年，但一直未停止对情报语言学的研究。我在体格上已远不如前，但在学术研究中似仍有精力，好像还没有脱离学术生涯的第二个黄金时期。对您们的关切，我深表感谢！

写完于2001年1月18日，上海

载于《图书馆理论与实践》2001年第2期

积极为自然语言与情报检索语言的结合创造条件
——建议大量编制自然语言词表

1 大量编制自然语言词表在促进文献标引—检索用语言进步中的作用

在本文中,“自然语言词表”一词是指含有自然语言成分的各种词表,或者说自然语言应用于情报检索所需的各种词表。

1.1 文献标引—检索用语言发展的大趋势

文献标引—检索用语言目前有情报检索语言和自然语言。情报检索语言的未来和自然语言的未来,即两者发展的大趋势,是情报检索语言的自然语言化和自然语言的情报检索语言化,是它们从互相结合到完全融合的过程。未来的文献标引—检索用语言绝不会是纯粹的自然语言,即自然语言不可能取代情报检索语言;也绝不会是纯粹的情报检索语言,即不会保持目前的这种人工语言模式。总之,情报检索过程绝对不能没有控制,情报检索语言的控制原理将依然被保存,但将来的控制模式不再会是现在的控制模式。或许,未来的文献标引—检索用语言将仍然称为情报检索语言,因为它们对情报检索过程进行控制的本质不会改变。

1.2 文献标引—检索用语言当前的情况

文献标引—检索用语言当前的情况是:

(1)情报检索语言当前已达到相当高的控制水平,进一步的改进主要是在易用化方面。学者们几乎一致认为,其主要的易用化措施是采用与自然语言相结合的各种方法,或者说增加自然语言成分,也就是情报检索语言的自然语言化改造。

(2)自然语言在情报检索中的应用,当前正在迅速发展。但自然语言检索法尚处于其发展的初级阶段,它既有许多显著的优点,也有许多突出的缺点。以往有许多著作认为检准率高是它的显著优点,但从文本检索的实践中暴露出这一优点也不是普遍存在的,有时检准率甚至低到不能容忍的地步。从情报检索过程绝对不能没有控制这个基本原理看,它的各种缺点的根源在于缺乏控制,所以它的进一步改进还是要引进控制原理,即情报检索语言所采用的各种方法的原理,也就是自然语言的情报检索语言化改造。

(3)当前,网上知识—信息资源的蕴藏数量和增长速度是惊人的,这些资源是取之不尽、用之不竭的财富。网上知识—信息资源大多未用情报检索语言做标引,所以自然语言是其主要的检索用语言,现有的网上检索工具——搜索引擎也亟待改进。

1.3 自然语言词表在文献标引—检索用语言进步中的关键作用

自然语言词表是自然语言与情报检索语言结合的必要条件,可以预见,它在促进当代文献标引—检索用语言的进步中将起极大的关键性的作用。因为:

(1)自然语言词表是提高情报检索语言易用化的主要手段。情报检索语言的自然语言化,无论采用哪种方式,都离不开某种类型的自然语言词表。有自然语言词表辅助的情报检索语言标引和检索将是一个重大的进步。

(2)自然语言词表是对自然语言加以控制的主要形式。因为自然语言词表就其实质而言,是对庞大纷繁的自然语言词汇进行某种程度的系统化整理,采用或多或少的控制方法。在自然语言词表辅助下的自然语言检索,相对于无自然语言词表辅助的自然语言检索来说,检索效率必然会有较大提高。所以,有自然语言词表控制的自然语言检索也将是一个重大的进步。

2　当前需要的自然语言词表的类型

2.1　自然语言接口用对应表

自然语言接口可以说是在情报检索语言的自然语言化中最简易可行的一种方式。它实际上是在情报检索语言检索系统之前安置一个自然语言语词与情报检索语言语词的对应表,其前端(被转换的源词字段)为自然语言的语词,后端(所转换成的目标词字段)为情报检索语言的语词。检索人员(或标引人员)使用自然语言的语词表达检索课题(或文献主题)进入系统,通过对应表自动转换成情报检索语言的语词在系统中进行实际的检索(或标引)。对应表的内容可以逐步积累扩充,任何规模都可投入实际使用。对应表只是一个附加部分,并不影响原有的标引工具和标引数据,所以,使用自然语言接口只会增益,是有利无弊的,可普遍采用。

自然语言接口的对应表其实就是入口词表的机读版,可比书本式入口词表的收词范围更为宽松。在对应表中,自然语言与情报检索语言的对应可以有一对多的关系,通过人工辅助转换。为使对应表一目了然以便于管理并简化转换,可将词表正式词也作为一个自然语言词重复列入对应表,做成“词表正式词→词表正式词”对应款目。词表的双语种对照索引也可编入对应表。

分类表索引的机读版与对应表本质相同,可作为自然语言接口的对应表使用,如果能再增加大量自然语言语词则更好。

2.2　自动抽词词典

在汉语自然语言检索中,抽词标引系统比无标引系统(包括仅提供任意字词匹配检索即模糊检索功能的系统和单汉字系统)好。所以,汉语自动抽词技术应成为汉语自然语言检索的主流技术。

汉语的自动抽词系统绝大多数都是使用抽词词典的。抽词词典不但是抽词标引系统实际投入使用所不可缺少的条件,而且对抽词质量还具有重大影响。

近二十年来,我国学者对汉语分词(即汉语自动抽词)技术做了许多研究,提出了不少分词方案,通过了鉴定,但见于实际使用者不多。并不是这些方案都经不起实践考验,主要是因为半途而废。因为只有抽词软件而无抽词词典,是不能建立自动抽词标引系统的。编制了抽词软件而不编制抽词词典,事情只能说做完了一半,甚至只是完成了很少的一部分,因为编制抽词词典比编制抽词软件可能需要许多倍的工作量。目前缺乏抽词词典已成为自动抽词标引技术(此项技术也是自动赋词、自动赋号、自动分类等的基础)难以普及的主要原因。

当前迫切需要大量编制汉语自动抽词词典。之所以“需要大量编制”,是因为专业性的抽词词典较易编得好,而且专业范围越小越易编得好,故需要上百部甚至更多的抽词词典才能满足需要。

我国也需要外语的自动抽词词典,即非关键词表。非关键词表也称索引不用词表、停用词表或禁用词表。

2.3　自动赋词赋号用对应表

自动赋词赋号标引系统是对自动抽词标引系统的改进，使自动抽出的自然语言语词转换成情报检索语言语词（检索词或分类号）。其所用的对应表的前端（被转换的源词字段）为自动抽词所抽出的自然语言语词，后端（所转换成的目标词字段）为情报检索语言语词（检索词或分类号）。自动赋词标引系统和自动赋号标引系统可以分别建立，也可以合而为一。合而为一时，对应表设两个目标字段，第一个目标字段为检索词，第二个目标字段为分类号。其实，设立更多个目标词字段也是可以的。

自动赋词赋号标引系统可使用现有的词表或分面分类表，也可仿照词表和分类表的编制原理，对自动抽词所抽出的自然语言语词做有限范围的控制（如只对同义词做规范控制，或纳入粗略的分类体系）。

自动赋词赋号标引系统还可以在赋予文献检索词或分类号的同时，仍保留自动抽词过程所抽出的原词，兼取人工语言与自然语言的优点。这样的系统用于检索时，检索者既可使用检索词或分类号检索，也可使用自然语言检索。应当指出，使用现有词表的自动赋词系统和使用现有分面分类表的自动赋号系统，从检索角度看，也都是一种自然语言接口。

2.4　自动分类用对应表

2.3 节所述自动赋号标引其实也是一种自动分类。本节所述的自动分类与其不同处在于：它使用体系分类法，自动分类得到的分类号可区分出主要分类号和非主要分类号，各个分类号的组配又可表达比原有类目更多和更专指的概念。其所用词表是一种词与分类号的双向对应表，由分类号—词对应表和词—分类号对应表两部分组成。

分类号—词对应表的编制法如下：假定使用《中图法》，需先将《中图法》的分类表改造成分面分类表，但原有分类号不需要改变。把自然语言语词对应到相应的分面中。由于文献主题一般都是由多个主题因素构成的，各个主题因素在体系分类表中都有其对应的类目。例如，“客车传动系统设计”这个主题，分入“U463.1 汽车传动系统”“U462 汽车设计”“U469.1 客车”三个类目或其中的任何一个，从事物概念的多向成族性看，都是正确的，以哪个类目作为主要类目，这只是“集中与分散”的需要不同而已。依据一般分类规则把上述主题分入“U469.1 客车”类目，就是按事物集中，是把该类作为主要类目。所以，可以把《中图法》中的汽车理论、汽车设计和计算、汽车构造、汽车发动机、汽车材料、汽车制造工艺、汽车试验、汽车制造厂、各类型汽车、汽车驾驶与使用、汽车保养与修理、汽车燃料与润滑料等 12 个类作为 12 个分面，把所有汽车专业的词都对应到这 12 个分面中，将《中图法》原有的分类号给予每个词。这样，分类号—词对应表就基本编成了。这个表按分类顺序排列，供检索用。

词—分类号对应表的编制法是将分类号—词对应表的款目倒转过来，按词的字顺排列，供自动分类标引用。

在自动分类标引过程中，将从文献题名中自动抽出的词通过与词—分类号对应表核对，赋予《中图法》的分类号，建立分类号索引，提供分类检索途径。同一题名中的词因为分属于不同的分面，其分类号也就有多个。词仍应保留，建立关键词索引，提供主题检索途径。在对应表中如果能将等同关系词选定一种词形为正式词，其余为非正式词，提供非正式词转换成正式词的功能则更好。

自动分类标引规则是指从一篇文献获得的多个分类号中确定一个主要分类号的规则。

确定主要分类号的依据,实际上就是图书馆中通行的文献分类规则(主要是所用体系分类法的类目内容范围划分规则)。根据通行的分类规则,将各个分面定出一个优先次序。一篇文献所获得的几个分类号中,哪个分类号所属分面在别的分类号所属分面之前,就确定那个分类号为主要分类号。如果遇有两个分类号所属分面都是最前的,则两个分类号均为主要分类号。对主要分类号必须加一个标志,以便在检索中必要时与其他次要分类号能区分开来。

用上述自动分类方法建立的检索系统,可以说是分类法主题法一体化的检索系统,其检索功能有:①可用单个分类号检索;②可用几个分面的分类号组配检索;③可对同一分面的分类号进行"逻辑和"检索或截号扩检;④可用单个词检索;⑤可用几个词组配检索;⑥可用词与分类号组配检索(有时需用截号检索法);⑦可浏览选择分类号和浏览选择检索用词。

2.5　后控制词表

为自然语言检索系统配备后控制词表是提高其检索效率的有效措施。

后控制词表的性质类似于入口词表,它是一种转换工具,是一种扩检工具,是一种罗列自然语言检索标识供选择的工具。

后控制词表的特点在于:其中的控制词(也可以是分类号)并非直接用于标引,而是对作为文献检索标识的自然语言词进行控制(建立等同、等级、相关关系)。因此,在后控制词表中,标引—检索用词是自然语言,非标引—检索用词却是人工语言,这与在一般词表中的情形正好相反。

后控制词表必须在检索系统中实有的自然语言检索标识的基础上进行编制(即必须以作为检索标识的自然语言原词为基础),以达到最大的覆盖率。否则将会大大降低其控制功能。这一点,是后控制词表的关键所在。

后控制词表较理想的结构模式是"分类词表+字顺/轮排表"。

分类词表可设置下列等级:大类→小类→控制词→自然语言词。

后控制词表的编制过程包括两个阶段,即初始阶段和完善阶段。初始阶段是后控制词表编制成形,内容还不很丰富,但可以投入使用。完善阶段是在使用过程中词汇不断增补积累和体系不断调整细化。后控制词表的体系可用现成的分类表或词表作为框架,将关键词填入;也可对积累到一定数量的关键词进行归纳整理,形成系统。

后控制词表编制上的特点可归纳如下:①后控制词表是不断增长即不断增补积累而成的。②后控制词表的分类体系是随着词量的增加而逐步细化的。③后控制词表由于不用于文献标引,故其分类体系改变灵活,可进行较大的调整,对检索系统不会引起重行标引的问题。④后控制词表可以多种显示方式(也就是控制方式)并用。多种显示方式不一定要一步到位,可逐步增加。⑤各种后控制词表可根据实际情况选择显示概念关系的深入程度和显示的系统性。如有的只显示等同关系,有的显示等同关系和等级关系,有的显示等同、等级和相关关系;有的只有字顺显示,有的只有分类显示,有的则用多种方式(包括词素轮排)显示。⑥后控制词表中的词间关系应由人工判别确定。但可由计算机辅助,即利用字顺排列和词素轮排中的字面成族原理,用计算机寻找出可能的词族。⑦在后控制词表中,标引词与非标引词应有所区别(可用不同符号)。如果两者字面相同,应并存。

2.6　词素词表

汉语的词素词表(它不同于词根词表)首次见于"《军用主题词表》应用管理系统"。该系统具有自然语言入口功能。标引文献时,文献主题概念可全部用自然语言词自由表达。

若表达文献主题概念的自然语言词与词表中的叙词一致,或与词表中的入口词(同义词和被组代词)一致,都可立即自动转换成叙词,自动将叙词登录入标引结果字段;若表达文献主题的自然语言词在词表中没有对应的叙词或入口词,该系统便会对自然语言词进行词素分析,利用词素相似性匹配原理,自动推荐一批含有相同词素的叙词供选择,通过人工判别,选定合适的叙词(包括若干叙词的组配)进行标引;若所推荐的词均不合适,则可将自然语言词作为自由词进行标引并同时做增补记录。

《军用主题词表》应用管理系统在应用词的相似度匹配原理时,以相同词素的个数为统计单位,并结合叙词词素的位置特征(如词素在词尾、在词首、在词中)及长度特征进行加权,可调整权值来扩充或压缩推荐词的数量以方便选择,并加入同义词素避免遗漏等,从而使所推荐的词更有针对性和全面性。这种方法,在无形中提高了词表的入口率,无疑使标引工作更为容易。该系统所用的词素词表(称为知识库)采用在叙词表自身词汇和语义关系的基础上进行自动、滚动切分,辅以少量人工干预的方法,切分效率较高。

2.7 网上资源检索工具

网上资源检索工具通常称为搜索引擎,是在环球网产生后伴随着人们在网上快速检索知识—信息资源的需要而产生的新生事物。据报道,目前在因特网上的较大型的中文搜索引擎已有40种以上,外文的搜索引擎则数以百计。这些网上资源检索工具一般提供分类检索途径、专题检索途径和关键词检索途径。它们实际上是一种网页网址检索系统,其数据库中收录有几十万乃至几千万个网页网址。这些检索工具虽已在网上资源的检索中发挥了很大作用,但仔细考察,它们的编制还是很粗糙的,并不易用,还有待改进和提高。特别是专业性的检索工具还需大量编制。网上知识—信息资源大多未用情报检索语言标引,所以,网上资源检索工具必然是一种对自然语言检索进行控制的工具。目前对这类检索工具做深入研究的文献还不多见,是有待在编制过程中大力加强研究的。

2.8 各种自然语言词表的相似性和可灵活使用

上述自然语言接口用对应表、自动抽词词典、自动赋词用对应表、自动赋号用对应表、自动分类用对应表、后控制词表、词素词表等,其功能有相似性,因而可以灵活使用,可以互相取代,可以“组装”和“拆卸”。例如,自然语言接口用对应表主要用于检索但也可用于半自动赋词赋号标引(机助标引),一部分自动赋词赋号标引用对应表具有自然语言接口功能,自动抽词词典与自然语言接口用对应表联接可取代自动赋词赋号用对应表,把自动赋词赋号用对应表款目倒过来可改造成后控制词表的框架,具有自动赋词赋号双重功能的对应表在实际标引中可只取其一种功能,但在检索中却可两种功能都用,后控制词表也可与自动抽词词典联接,等等。

任何正规的分类表和词表检索系统,都可以增加自然语言接口而不会影响原有的标引工具和标引数据,只会增益,有利无弊。

任何自然语言检索系统一旦使用某种自然语言词表,都是得到某种程度的控制,可提高检索效率,提高易用性。

由此可见,大量编制自然语言词表可使文献标引—检索用语言推向一个新的发展阶段,是大有可为的。

2.9 为《中国分类主题词表》配备自然语言词表问题

《中国分类主题词表》包含了我国两大主要情报检索语言语种而且是互相对应的,因此可以说已成为最主要的标引工具。它向自然语言化发展,无疑具有重大意义。

《中国分类主题词表》该采取哪种自然语言化的方式呢？或者说,为它配备哪种自然语言词表呢？

我以为,可为《中国分类主题词表》配备自然语言接口用对应表。自然语言接口用对应表既可用于检索,也可用于半自动赋词赋号标引(机助标引);增补非关键词以后,则可用于自动抽词;将其对应款目倒过来,也可作为某些专业的后控制词表的框架和基础。

《中国分类主题词表》的某些类目可配备自动分类用对应表用于论文的自动分类。

《中国分类主题词表》配备自然语言接口用对应表和自动分类用对应表以按专业分别编制为好。某个类编到一定规模,即可投入使用。要为整个分类主题词表配备完整的对应表是一项旷日持久的工程,损失时间太多,是不可取的。况且,这类对应表是要不断增补、逐步积累的,绝不可能一次编制完善。对应表只需机读版,供联机使用,增补修订也比较灵活。

3　自然语言词表编制中的方法和技术问题

3.1　编表策略

上面曾提到,专业性的抽词词典较易编得好,而且专业范围越小越易编得好。其实,各种自然语言词表都是如此,应当分专业编制。综合性的自然语言词表过于庞大,不但难编制,而且使用起来效果也不会很好。

自然语言词表都是不断积累、逐步完善的。编到一定规模(不必很完整)即应投入使用,在使用中增补、完善。

自然语言词表都是联机使用的,只需要机读版,没有必要出印刷版。

编制工作分散比集中好,应发挥各个需要的单位的积极性。

各单位所编的各种自然语言词表,最好由一两个单位负责集中,进行交流,以充分发挥其社会效益,促进我国图书情报事业的发展。

3.2　词汇收集

自然语言词表的词汇是否丰富是决定其功能强弱的主要因素,当然是越丰富越好。收集词汇不要怕重复,重复的词可用删重命令删除。

自然语言词表的词汇应包括:①正规的术语。这部分语词可从各种术语词典、检索词表和分类表(特别是机读词表和分类表)中收集。②非正规的语词。这部分语词见于文献,在上下文中或在专业范围内可理解其涵义,但当脱离上下文或专业范围时,就涵义不清了。这类语词往往不见于词典,语言学界也不认为是正规的词,或认为是不符合语法的词,但这些词也是有用的。这些词在开始阶段可通过切分一定数量的文献题名来收集,以后再在使用中不断积累。

如果要对文本进行“无剩余抽词”,则抽词词典应包括关键词和非关键词。非关键词是各专业的抽词词典通用的。

3.3　词汇分面化组织

将收集到的词汇进行分面化组织对各种自然语言词表的编制都很有帮助。经过分面化组织,就可比较容易地将自然语言语词与情报检索语言语词进行对应。

利用字面成族原理,使用词素匹配检索方法,是集中同族词的简便措施。同族词一般属于同一分面。

3.4　对应规则

除自动抽词词典外，各种自然语言词表的编制工作中最重要的内容就是标识或语词以概念为基础的对应转换。对应转换是否准确，是自然语言词表质量的决定因素。

编制对应表时应注意：

（1）列入对应表的语词，其对应关系应是确定无疑的。若不能肯定其对应关系的准确性，最好不要列入对应表。

（2）对应的范围可随需要而定。如只包括同义关系，还是扩大到近义关系、专指与泛指的关系，等等。

（3）对应表源词字段可不包括词表正式词，但最好包括词表正式词（即词表正式词也作为一个自然语言词重复列入对应表，加入"词表正式词→词表正式词"款目）。这种对应表的编制法，是将原有词表的款目词复制出来，填充到源词字段（被转换的词）和目标词字段（转换成的词），并与其他对应条目混合排序即可。

3.5　计算机在编表中的应用

在各种自然语言词表的编制中，下列作业可利用计算机：

（1）利用文字处理软件用人工切分文献题名，然后套入数据库，用删重命令进行整理的方法来收集词汇。有关学科、专业的词表如有机读版，其中的词可用套录的方法来收集。

（2）对收集来的词汇，用词素匹配检索的方法集中同族词，进行分面化组织。

（3）对词汇进行自动排序或对词表进行改组。

（4）编辑修改工作尽量在计算机上进行，最后完成的词表是一个词表数据库（机读版）。

参考文献

[1] 张琪玉. 情报语言学基础（增订二版）. 武汉大学出版社，1997
[2] 张琪玉. 情报检索语言的发展趋势（与吴建中的对话）. 图书馆杂志，1996（4）
[3] 张琪玉. 世纪之交中国情报语言学发展之路. 图书馆杂志理论学术年刊，1997
[4] 张琪玉. 情报语言学领域亟待研究且潜藏较富的研究课题. 发表中
[5] 张琪玉. 自然语言在情报检索中的应用. 情报理论与实践，1996（3）
[6] 张琪玉. 自然语言检索中各种因素对检索效率的影响. 情报理论与实践，1997（5）
[7] 张琪玉. 自然语言与人工语言的对应转换——情报检索语言走向自动化之路. 中国图书馆学报，1996（1）
[8] 张琪玉. 情报检索语言走向自动化之路与《中图法》发展新目标. 北京图书馆馆刊，1996（4）
[9] 张琪玉. 概念或标识自动转换技术的应用. 图书馆杂志，1998（6）
[10] 张琪玉. 分类法主题法一体化自动标引系统的基本原理和方法. 图书馆论坛，1995（6）
[11] 张琪玉. 文献题名自动抽词—分类标引系统. 图书馆杂志，1998（4）
[12] 张琪玉. 人工语言与自然语言、先控制与后控制的界限在计算机系统中可淡化或取消. 图书馆杂志，1997（5）
[13] 张琪玉. 一个优秀的叙词机助标引软件. 图书馆杂志，1999（1）
[14] 张琪玉. 缺乏抽词词典是自动抽词标引难以普及的主要原因. 图书与情报，1998（2）

写完于1999年3月10日，上海

载于《图书馆杂志》1999年第9期和第10期

自然语言与人工语言对应转换
——情报检索语言走向自动化之路

文献检索当前使用的两类语言工具

人类的巨大知识积累绝对需要控制，否则不能有效利用。控制的主要方法，自古至今都是建立检索系统。检索系统的基本原理，一是对文献进行登录，二是对文献进行标引（揭示其主题内容），三是对文献中的知识进行组织。

目前对文献内容进行揭示和组织的语言工具，可分为人工语言和自然语言。自然语言是在计算机检索系统出现后才流行起来的。

人工语言即情报检索语言，是根据情报检索的需要而创制的，包括分类检索语言（分类号）、主题检索语言（检索词，在本文中称控制词）、代码检索语言（代码）。代码检索语言适用范围窄，故使用不多。

自然语言检索用词普遍取自文献本身（题名、摘要、各级小标题、全文，但对于文献标引而言，以题名最为可取），个别由标引人员自主赋予（即自由标引，一种非依据词表的主题标引方法）。

在表达文献主题概念方面，一般而言，自然语言词专指性最好，控制词次之，分类号更次之。

自然语言词、控制词、分类号之间是可以互相转换的。所谓转换，可以是等义转换，也可以是广义与狭义的转换，或近义和意义密切相关的转换。

一般而言，分类号可控制控制词（一对一或一对多），控制词可控制自然语言词（一对一或一对多）。

计算机检索系统的多种文献标引模式

在计算机检索系统条件下，对文献的标引模式可能有：

抽取主题概念	所用语言工具	转换方式	检索时可使用的检索标识
1　人工主题分析	分类号—控制词对应表	人工转换	控制词，分类号
2 自动抽词	有自动赋词功能的分类号—控制词对应表	自动赋词	关键词，　控制词，分类号
3 人工主题分析	词表	人工赋词	控制词
4 人机结合抽词	有自动赋词功能的词表	自动赋词	关键词，　控制词
5 自动抽词	有自动赋词功能的词表	自动赋词	关键词，　控制词
6 自动抽词	有自动赋词功能的词表	自动赋词	控制词
7 人工主题分析	分类表	人工赋号	分类号

续表

抽取主题概念	所用语言工具	转换方式	检索时可使用的检索标识
8 人机结合抽词	有自动赋号功能的分类表	自动赋号	关键词，分类号
9 自动抽词	有自动赋号功能的分类表	自动赋号	关键词，分类号
10 自动抽词	有自动赋号功能的分类表	自动赋号	分类号
11 人工主题分析并自由标引	编成后控制词表		自由标引词,控制词,分类号
12 人工抽词	编成后控制词表		关键词，控制词,分类号
13 人机结合抽词	编成后控制词表		关键词，控制词,分类号
14 自动抽词	编成后控制词表		关键词，控制词,分类号
15 人工主题分析并自由标引			自由标引词
16 人工抽词			关键词
17 人机结合抽词			关键词
18 自动抽词			关键词
19 单汉字系统			无确定检索标识

上述 19 种标引模式,有必要做简略说明:

模式 1 是对文献用人工进行主题分析,将析出的主题依据某种分类号—控制词对应表(如《中国分类主题词表》)用人工转换成控制词和分类号。

模式 2 是从文献中自动抽出关键词,保留关键词做检索标识,并依据某种具有自动赋词功能的分类号—控制词对应表给出相应控制词。因为控制词与分类号是对应的,所以也可用分类号进行检索。

模式 3 是对文献用人工进行主题分析,将析出的主题依据某种词表用人工转换成相应控制词做检索标识。

模式 4 是从文献中用人机结合方式抽出关键词,保留关键词做检索标识,并依据某种具有自动赋词功能的词表给出相应控制词。

模式 5 是从文献中自动抽出关键词,保留关键词做检索标识,并依据某种具有自动赋词功能的词表给出相应控制词。

模式 6 是从文献中自动抽出关键词,将关键词依据某种具有自动赋词功能的词表转换成控制词做检索标识。

模式 7 是对文献用人工进行主题分析,将析出的主题依据某种分类表用人工转换成相应分类号做检索标识。

模式 8 是从文献中用人机结合方式抽出关键词,保留关键词做检索标识,并依据某种具有自动赋号功能的分类表给出相应分类号。

模式 9 是从文献中自动抽出关键词,保留关键词做检索标识,并依据某种具有自动赋号功能的分类表给出相应分类号。

模式 10 是从文献中自动抽出关键词,将关键词依据某种具有自动赋号功能的分类表转换成分类号做检索标识。

模式 11 是对文献用人工进行主题分析，将析出的主题由标引人员赋予自由标引词（自由标引词属自然语言），并将其编成后控制词表（该表为自由标引词→控制词→分类号三级，起初用人工编制，以后可用机助增补）。

模式 12 是从文献中用人工抽出关键词，并将其编成后控制词表（该表为关键词→控制词→分类号三级，起初用人工编制，以后可用机助增补）。

模式 13 是从文献中用人机结合方式抽出关键词，并将其编成后控制词表（该表为关键词→控制词→分类号三级，起初用人工编制，以后可用机助增补）。

模式 14 是从文献中自动抽出关键词，并将其编成后控制词表（该表为关键词→控制词→分类号三级，起初用人工编制，以后可用机助增补）。

模式 15 是对文献用人工进行主题分析，将析出的主题由标引人员赋予自由标引词做检索标识。

模式 16 是从文献中用人工抽出关键词直接做检索标识。

模式 17 是从文献中用人机结合方式抽出关键词直接做检索标识。

模式 18 是从文献中自动抽出关键词直接做检索标识。

模式 19 是对文献中的（主要是题名或文摘中的）自然语言词逐字自动做单字索引，事实上等于不标引，因而无确定检索标识。

至于机辅标引，可归为人工主题分析—人工赋词、人工赋号一类。

增加自然语言与人工语言对应转换功能是情报检索语言走向自动化之路

人工主题分析的质量高于从文献本身抽词。人工抽词和人机结合抽词的质量高于自动抽词。

分类号—控制词对应表比单独的词表和分类表功能多。后控制词表严密性稍差。

人工赋词、人工赋号的准确性决定于标引人员的水平，而自动赋词、自动赋号的准确性则决定于自然语言与人工语言的对应质量。

自动赋词和自动赋号因基于自动抽词，在标引质量上有些欠缺，在处理速度和成本上则有明显优势，但有小部分文献在处理时需人工辅助。

自由赋词标引与后控制词表结合，标引较易，标识专指性较好，检索效率有保证，处理速度比使用分类表和词表快，但比自动抽词、自动赋词慢。

编制后控制词表对标引人员的要求较高。

自动抽词＋自动转换（自动赋词、自动赋号）可以有两种结果：一种是在自动转换后不再保留抽出的关键词，另一种是在自动转换后仍保留抽出的关键词。显然是保留关键词好，可多一种文献原用专指词的直接检索途径。既有关键词，也有控制词和分类号的系统，在检索中可随需要灵活选用检索标识。关键词有助于提高检准率和方便新学科、新概念的检索，而控制词和分类号都有助于提高检全率。

有不同程度的自动化。上述 19 种模式都属自动化范围。可以归纳为：①人工标引，自动检索；②人机结合标引，自动检索；③自动标引，略加人工辅助，自动检索；④自动标引，自动检索。总之，在计算机检索系统中，检索（查找）过程都是在程序控制下自动进行的，但标引过程却可以是多种多样的，有许多种标引模式。

自动或半自动标引(无论是自动抽词或自动赋词还是自动分类)的处理对象都是文献本身的用词(即自然语言),所以,自动抽词和自动转换是自动标引的主要内容。

对汉语来说,自动抽词即汉语自动分词,此项技术目前在许多学科、专业领域已达到或接近实用水平,关键在于抽词词典的编制。抽词词典看来只能分别编成专业性的,最好既有"用词词典"(抽取检索有用词),也有"非用词词典"(排除检索无用词)。抽词词典越丰富和完善,抽词完全率和正确率越高。

自动转换必须以自然语言与人工语言的对应为前提。通过对应表将自然语言转成人工语言。所以,把分类表和词表改造成自然语言与人工语言的对应表是情报检索语言走向自动化的必由之路。

把词表改造成自动赋词适用的词表,其实质就是增加大量自然语言词作为入口词。最好把出现在文献(特别是文献题名)中正规的和非正规的词和词组(非正规的词和词组在文献题名等特定语言环境中是可以理解的,但在普通词典和专业词典中却是查不到的,特别是那些作者自造的词和词组)都收录进词表,对应于控制词之下。对应可以采取等同关系和等级关系的形式。近义关系一部分可视为等同关系,一部分可视为相关关系。采取相关关系的对应,则应慎重。若一个自然语言词或词组可对应多个控制词,应特别注出。在这种词表中,自然语言词可能数倍于控制词,而且要不断补充,故最好做成数据库形式,可不断升级出新版。

体系分类表改造成自动赋号适用的分类词表——词—分类号双向对应表较为复杂,而且还要制定自动分类规则,但实践已证明是可行的。关于自动赋号分类的原理和将体系分类表改造成自动赋号适用的分类词表的方法,详见我的《分类法主题法一体化自动标引系统的基本原理和方法》一文(《图书馆论坛》即将发表),此处从略。

后控制词表实质上也是自然语言与人工语言的转换工具,与具有赋词功能的分类号—控制词对应表相似,但编制方法有所差异,其结构可多一种词的轮排表(请参看我的《论后控制词表》一文,载《图书情报工作》1994 年第 1 期)。

《中国分类主题词表》的机读版,无论从增加自动标引功能考虑,还是从增强其机辅标引功能和在计算机系统中更充分地发挥检索功能考虑,都有必要做这种改造。若要使其具有自动赋词功能,只要将其第二表改造成为自然语言词—主题词—分类号对应表即可。若要使其具有选定主要分类号的功能,则还需对其第一表进行改造,但不必改动原有分类号。

人工语言在检索中的控制作用(产生于其规范化和显示概念关系)是自然语言所无法代替的。所以,自然语言检索系统并不排斥人工语言,高级的自然语言系统必然是与人工语言(或其原理)结合的。在信息高速公路上,自然语言检索将广泛应用,人工语言将成为对自然语言的强有力后控制手段,依然有它的发展前途。人工语言必须与自然语言结合起来。其结合的基本方式就是两者的对应转换。

所以,我以为,情报检索语言中增加与自然语言的对应转换功能,是它走向自动化的关键性环节,今后分类表和词表应向这个方向发展。这就是本文的中心思想。

写完于 1995 年 8 月 11 日,上海

载于《中国图书馆学报》1996 年第 1 期

人工语言与自然语言、先控制与后控制的界限在计算机系统中可淡化或取消

本文的讨论仅仅限于计算机检索系统，而且是一个单位独自建立数据库的以及不牵涉手工检索的系统。

这里所说的淡化或取消人工语言与自然语言、先控制与后控制的界限并不意味着对检索过程控制的淡化或取消。

1　概念

先控制与后控制。情报检索的全过程包括文献标引过程和情报检索过程。在文献标引过程进行控制称为先控制，在情报检索过程进行控制称为后控制。

纯人工语言（情报检索语言）模式。标引使用人工语言，检索也使用人工语言，即标引控制 + 检索控制。

纯自然语言模式。标引使用自然语言，检索也使用自然语言，即标引不加控制，检索也不加控制，不使用任何控制工具（即不使用任何分类表或词表）。

人工语言 + 自然语言接口模式。标引使用人工语言，机内存有一部“自然语言—人工语言对应表”，标引只使用人工语言，检索则既可使用人工语言表达检索提问进行检索，也可使用自然语言表达检索提问，通过对应表自动转换成人工语言进行检索。

自然语言 + 后控制词表模式。标引只使用自然语言，检索则既可直接使用自然语言不加控制，也可使用后控制词表加以控制。

人工语言与自然语言混合模式。标引或者使用具有大量自然语言入口词的人工语言词表（相当于增加了自然语言—人工语言对应表功能），并允许同时使用自然语言词进行标引（不像使用自由词那样做双重标引）；或者使用后控制词表作为人工语言词表的代用品，将属于真正等同关系的自然语言词自动转换成控制词。检索则既可使用控制词，也可使用自然语言词。这种模式，标引用词既有控制词，也有自然语言词，不强调“清一色”，而且，自然语言词日后修改词表时一部分可转化为控制词（转化后系统对先前的自然语言标引词进行自动换词）。

2　原理

具有大量自然语言入口词的人工语言词表，其主要功能本来就是将自然语言词转换成人工语言词。而作为人工语言系统的自然语言接口的自然语言—人工语言对应表，其功能也是在检索时将用户所使用的自然语言检索用语转换成检索系统所使用的人工语言标引用语，以便使两者能进行相符性比较。所以，在自然语言系统中，将属于真正等同关系的那部分自然语言词通过这两种工具使其自动转换成控制词用于标引文献是完全可以的。

后控制词表具有人工语言和自然语言的双重性质，其控制词是人工语言，其被控制词是自然语言。控制词与被控制词的关系包括等同、等级、相关三种关系，其中等同关系的词（包括可视为等同关系的词）占大部分。属于真正等同关系的那部分自然语言词，将其转

换成控制词对文献进行标引也是完全可以的。

将自然语言词转换成控制词做标引用词,可以简化检索过程中的相符性比较。但是,对于在人工语言中意义上并非真正概念等同的词做了等同关系处理的(如被合并的很专指的词、近义词等),保留自然语言原词不做转换,可提高检准率。所以,在计算机系统中采用人工语言与自然语言混合模式,标引用词既有控制词,也有自然语言词,不强调“清一色”,并且控制工具是开放性的,有灵活性,无疑具有更多的优点。

人工语言与自然语言、先控制与后控制的界限在计算机系统中淡化或取消,实际并没有削弱对标引、检索过程的控制,相反可提高检索效率。

3 条件

纯人工语言模式检索系统所用词表应大量增加入口词,或配备自然语言接口。

纯自然语言模式检索系统应配备后控制词表。

检索软件应有自动转换功能。

4 方法

在纯人工语言模式下,在机读词表中增加大量自然语言词作为入口词对应于相应的主题词下,对属于真正等同关系和非真正等同关系的词间关系要用不同的关系符号表示。在标引时,属于真正等同关系者,转换成人工语言标引;属于非真正等同关系者,不转换,仍用自然语言标引。检索时,以人工语言表达检索课题,或以属于真正等同关系的自然语言表达检索课题时,都以人工语言标引用词检索;以属于非真正等同关系的自然语言表达检索课题时,则以自然语言标引用词检索,但若要求扩检,则转换成人工语言词,然后以人工语言标引用词 + 该词所控制的自然语言标引用词进行检索。

若为人工语言 + 自然语言接口模式,则自然语言接口应与人工语言词表合并,改造为上述的模式。

在自然语言 + 后控制词表模式下,在后控制词表中作为等同关系的控制词与被控制词之间要区分出真正等同关系与非真正等同关系,使用不同的关系符号。属于真正等同关系者,转换成控制词标引;属于非真正等同关系者,不转换,仍用自然语言标引。检索时,若以后控制词表中的控制词和已转换成控制词的自然语言词表达检索课题时,实际均转换成控制词进行检索;若以属于非真正等同关系的自然语言词表达检索课题时,则既可不扩检,用自然语言词直接检索,也可通过控制词进行扩检,即以控制词 + 该词所控制的非真正等同关系的自然语言词一起进行检索。至于以后控制词表中的分类号表达检索课题时,则总是具有扩检性质的。

若为纯自然语言模式,则应增加后控制词表,并将其编制成为上述的后控制词表模式。

总之,是将各种标引模式都改造为人工语言与自然语言混合模式。既用人工语言标引,也用自然语言标引,但不是用两种语言重复标引。既可用人工语言检索,也可用自然语言检索,可在只限于真正等同关系的范围或扩大到非真正等同关系的范围之间进行选择。这种混合系统,因为是自动转换,对检索者而言,无需判别他所用的是人工语言还是自然语言。

如果说,上述混合系统还有以人工语言为主或以自然语言为主的区别,那么,在参考文献[1]所提供的模式中,人工语言与自然语言就完全融合了。

参考文献

[1] 张琪玉. 学科—事物概念组配型检索语言——关于情报检索语言的遐想与求索. 图书馆杂志,1997(2)

[2] 张琪玉. 自然语言与人工语言的对应转换——情报检索语言走向自动化之路. 中国图书馆学报,1996(1)

[3] 张琪玉. 情报检索语言走向自动化之路与《中图法》发展新目标. 北京图书馆馆刊,1996(4)

[4] 张琪玉. 论后控制词表. 图书情报工作,1994(1)

写完于 1997 年 8 月 21 日,上海

载于《图书馆杂志》1997 年第 5 期

自动抽词与自动分词

1　自动抽词与自动分词的联系与区别

• 自动抽词是用计算机从文献文本中抽出标引用词（即能表达文献主题概念的词）的一种自动处理过程。自动抽词的全称是自动抽词标引。

• 自动分词是用计算机将一个句子切分成词或词组，是组成句子的词之间无间隔标志（空格）的语言（如汉语）的自动处理所必需的一个过程。组成句子的词间有间隔标志（空格）的语言（如英语）的自动处理是不需要这一过程的。

• 汉语的自动抽词必然包含自动分词（也称自动切分）过程。但汉语自动分词并不等于自动抽词，它只是自动抽词所必需的一个前期处理过程。如果是从文献题名中进行自动抽词，则自动抽词与自动分词的区别不是很大。这正是在许多场合，汉语自动分词常被看做汉语自动抽词的同义词的原因。两者既有联系又有区别，两者的要求不同，严格地说，它们不是同一概念，不宜作为同义词。

• 汉语自动分词仅要求识别出组成句子的各个词或词组，或者进一步区分出实义词和非实义词（虚词和其他检索无用词）并排除非实义词。而汉语自动抽词则还要求从作为自动分词结果的实义词中识别出核心词（文献主题概念词），即对文献的标引和检索确实有用的一部分词和词组，排除对文献的标引和检索无用或用处不大的那些词和词组。

• 要达到比较准确的自动分词是比较容易的，目前，汉语自动分词已达到相当高的准确率，但要达到比较准确的自动抽词（自动抽词标引）却难度极大。目前，无论是汉语还是其他语言，在自动抽词标引方面，除编制题名关键词索引比较成熟外，可以说都还没有突破性的进展。也就是说，文献自动标引（包括自动分类）的质量都还没有达到令人满意的水平，即检索效率还较低，特别是在检准率方面往往达到使人不能容忍的地步。

2　关于提高自动抽词检索效率的几点设想

• 目前，关于自动抽词标引（包括自动分类）的研究，其主流是基于文本词频统计结合加权处理的各种数学方法。看来，这个方向是正确的。但从经过几十年的研究，目前检准率仍然相当低的情况看，那些研究有局限性。我以为那些研究注重在各种更有效的算法的寻找，而忽视对相关问题的深入、系统的研究，是其进展缓慢的重要原因之一。这可以从自动抽词标引除软件设计以外的其他问题的研究文献数量很少看得出来。对相关问题研究之所以不够深入、系统，是因为那些问题虽然已被意识到，但那些问题的研究已不属于自动抽词标引软件设计人员的专长，目前从事自动抽词标引研究的主要是计算机软件专业人员，其他专业人员很少参与。

下面姑且列举一些自动抽词标引研究的相关问题，供参考：

• 学科或主题领域特征词的研究。任何学科或主题领域的知识都是由一群概念构成的，那些概念则都是用科学名词术语来表达的。在表达某一学科或主题领域的概念的科学名词术语中，其大部分是与相关学科或主题领域共用（共有）的，但有少数则为该学科或主题领域所专用（特有），这少数的科学名词术语，可以称为该学科或主题领域的特征词，依据这些特征词（或特征词的数量），往往可以判定某篇文献所属的学科或主题领域，即以特征词定类或标引。特征词的专指度越高，其定类或标引的能力越强。特征词表（特征词与学科或主题领域的对应表）是对特征词做系统研究的具体体现，是自动抽词标引所必需的控制工具。所以，特征词表编制方法的研究，应是自动抽词研究的一个重要方面。

• 文献的结构、叙述模式和表述主题用词规律的研究。

任何文献都有一定的结构。文献结构可分为基本结构和附属结构。基本结构包括题名、章节题名、正文、参考文献目录、附图附表等。附属结构包括附于文献的提要（摘要）、分类号、关键词等。

文献叙述模式指正文的叙述次序，包括对文献所研究的主题或所论述的主旨的说明、分部分或分层次的论证或叙述、结论等。各个部分或层次一般用章节题名概括表示，也有一些文献虽分部分或分层次叙述却没有章节标题，但其叙述的次序大体相同。

文献表述主题的用词有一定规律，其最明显的规律是：表述文献主题的核心词（学科或主题领域特征词）和重要词，必然在文献题名、章节题名、引言、结论及各种附属结构中出现。相对而言，那些特征词在文献正文中虽然也存在但不明显，它们犹如被埋没了一样，很不易判别。对文献全文（正文）做词频统计，可能是费力最大而收效最少的。

所以，对文献的结构、叙述模式和表述主题用词规律的研究，可以确定自动抽取学科或主题领域特征词的重点所在。

• 分类表词表及标引成果和术语整理成果的利用。这些成果主要用于编制特征词表（或者说对特征词的研究），不仅可大大提高其编制工作效率，尤其可提高其编制工作的质量。新学科和新主题词典也属于这类成果。

• 主题概念词的同义归并、等级归并和学科归并的研究。这方面的研究，也是为了编制特征词表，可提高其系统性、简明性和科学性。

• 后控制词表的引入。后控制词表可成为特征词表的组织形式，具有较大的操作灵活性。

• 人工标引规律和规则的研究以及人工标引质量与自动标引质量的比较研究。自动标引的质量应接近乃至超过人工标引的质量。自动标引和人工标引的依据都是文本，但自动标引的质量目前还远不及人工标引的质量，这说明有必要研究人工标引的规律和规则，在拟定自动标引规则时借鉴人工标引的规则；有必要将自动标引的质量与人工标引的质量进行仔细比较研究，找出两者的差异及造成差异的原因，以改进自动标引的规则和采取相关措施。

• 人机结合措施的采用。自动抽词标引比之人工标引，一般可提高标引的全面性（自动抽出的词一般比人工标引的词多，但并不意味着人工标引的词必在自动抽出的词中），但自动抽词标引的准确率一般比人工标引低得多，所以，人机结合方式仍是提高检索效率不可缺少的措施。采用人机结合措施，更可以说是达到完善自动标引的一种准备过程，因为在人机结合标引过程中，可以摸清影响自动标引准确性的许多细节问题。

写完于2001年11月16日，上海

载于《图书馆杂志》2002年第3期

文献题名初步研究

文献题名对读者和图书情报人员都很重要。读者选择文献,图书情报人员处理文献,第一依据就是文献题名。但是,研究文献题名的专文却极为罕见。本文的研究是初步的,很肤浅。

1 题名的情报价值

1.1 题名在文献中所占的重要地位

题名是著者本人对文献内容最大限度的浓缩,是文献中情报量(或曰信息量)最大的文字。文献之所以要设置题名,目的是为了让读者迅速了解其主题内容。所以,对题名的要求是以简短的语句尽可能突出地揭示文献主题,乃至著者的立场、观点、研究方法和写作意图。

1.2 题名与文献主题的相符性

除文学艺术作品及极少数其他著作采取使读者意会的手法拟写题名外,绝大多数文献的题名都是依据“以简短的语句尽可能突出地揭示文献主题”的要求拟定的,故能够直接反映文献主题内容。特别是科技文献的题名,据统计,89.2%能较好地反映文献的主题内容,10.57%与文献主题内容部分相符,只有0.23%与文献内容不符[1]。当然,由于题名不能太长,所以在反映文献主题内容的充分程度方面有一定局限。同时,题名无法反映文献的隐含主题,整体题名也无法揭示文献的局部主题。

文献题名与文献内容不完全相符,既有内容窄题名大的情况,也有内容宽题名小的情况,有些题名则用词不贴切。

1.3 题名的用途

题名的主要用途是向读者揭示文献的主题内容、研究特点、著者观点和写作意图等,犹如画龙点睛,使读者能迅速了解该文献,决定是否要阅读。

题名在较大程度上能帮助甄别文献,使本文献与别的文献区别开来。这与赋予文献的主题词不同。主题相同的文献必须赋予相同的主题词,主题相同的文献却要尽量避免赋予完全相同的题名。

题名的第三个重要用途是传播新知识,使读者能迅速发现新知识。

有些题名还有供读者欣赏或吸引读者的作用。

总之,题名的情报价值是很大的。

1.4 题名与文献结构的对应性

文献题名与文献结构是对应的,可分为整体题名、分卷册题名和章节题名,分别对应文献整体与其各个组成部分的内容。所以,出现在不同级别题名中的同一主题概念词,如同出现在一部专著的题名中与出现在一篇论文的题名中的同一主题概念词,其情报含量是不同的。

1.5 题名所反映的文献主题情况

题名所直接反映出的主题数量,不一定是可从文献分析出的主题的全部。但是,在一般情况下，根据题名可确认是单一主题的文献、多个并列（及从属）主题的文献或复合主题的文献。

2　题名用词的规律

2.1　题名中的关键词和非关键词

每个题名中一般都有一个或若干个可以表达文献主题概念的名词或名词性词组，那些名词或名词性词组通称为关键词。关键词是题名的主要成分，可以直接或间接用做文献主题的检索标识。除文学艺术作品的题名外，不含关键词的题名是极少的。

少数简洁的题名可以只有一个关键词，但多数题名还包含若干非关键词。文献著者在拟写题名时使用各种非关键词，目的是要使读者更好地了解文献主题和其他相关情况。非关键词极为广泛，包括表示地点、时间、条件、方式方法、文献性质、用途、体裁、编辑出版方式、研究写作角度、谦词以及冠词、连词，等等。非关键词无检索意义（不能用作检索标识），但在对文献进行选择与甄别的过程中却相当有用。

2.2　题名用词数量

一般来说，书的题名用词较少，论文的题名用词较多，新闻报道和科技报告的题名用词最多。题名用词数量与其情报量通常成正比，但长的题名所表达的主题数量往往并不成倍增加。

2.3　题名用词规范性

除标准文献和某些科技文献的题名比较规范外，题名用词的规范情况并不很好。主要是意义等同的词和词组大量被自由使用。某些著者，为了与相同主题的其他著作有所区别或为了标新立异，有意选用与已有著作的题名用词不同的同义词或同义词组做题名。题名不能过长，也是一个影响因素。

2.4　题名中的缩略语

题名力求简短，故题名中使用缩略语相当普遍。特别是在新闻报道的题名中，使用缩略语不但多而且随意性大，有些缩略语如果离开了报道正文或当时具体环境，单独看题名时往往无法理解其所表达的内容。

3　各类型文献题名的特点

（1）书的题名最为概括而简短，许多书名只用一个词（有的书名甚至只用一个汉字），这主要是为了醒目，使读者易于记忆。

（2）文学艺术作品的题名都比较抽象，给读者以想象、体会的空间。

（3）学术论文的题名一般都能比较具体地表达文献主题，使读者能确定该文是否与自己的兴趣和需要有关。

（4）标准文献的题名用词简洁而规范，许多可直接作为文献主题检索标识。

（5）新闻报道的题名相当于其内容提要。所以，时间不多的读者只要浏览其题名就可以了解报道文章的大概内容。

（6）工具书的题名很简洁，但必定指出工具书的类型，有时还有读者对象和用途的信息。

4 题名对自动标引和自然语言检索的价值

4.1 题名对自动标引的可用性

在文献的各种组成部分中,题名对于自动标引的价值是最大的。因为题名是文献著者亲自拟定的,是对文献内容最大限度的浓缩,是文献中情报量最大的文字。

基于文献题名的关键词法,半个世纪以来一直被沿用着。当然,基于文献题名的关键词法不能自动抽取文献隐含主题,在没有或不抽取章节题名的情况下,文献主题的抽取不够充分,题名中的关键词(特别是单个词)脱离上下文往往意义被放大[2]、题名用词不规范等,都会或多或少影响检索效率。但是,如果检索要求不是特别高的话,题名对自动标引的可用性是毋庸置疑的。

4.2 题名规范化对自动标引是一种理想

前面已经指出,题名用词规范化情况并不很好,这是影响基于文献题名的自动标引质量的主要因素。但题名的规范化要求谈谈容易,实现起来并不容易。不然,自动标引不至于至今仍停留在关键词处理水平,而未见突破性进展。

4.3 题名在自然语言检索中的重要性

题名在自然语言检索中的重要性十分明显。基于文献题名的自然语言检索比之基于文献全文的自然语言检索,其检准率要高得多(但检全率较低)。所以,一些自然语言检索系统把检索方式区分为"在题名中检索"或"在正文中检索"还是"在题名+正文中检索"两种或三种供选择。

4.4 题名缺陷的补救

自动标引和自然语言检索的依据只可能是文献本身,而文献的各种组成部分中对自动标引和自然语言检索价值最大的是题名。所以,若能对题名的缺陷采取一些补救措施是相当有意义的。

对题名的缺陷进行补救可能采用的措施包括:①使用自然语言词与规范词的对应表将同义、近义的关键词和词组替换为规范词(只在标引和检索过程采用,检索结果仍输出文献原题名);②在抽词标引前对某些影响抽词标引效果的文献题名做稍许修饰或补充;③采取使词组优先抽取的控制方法,保证组成词组的单词不被单独使用而造成误检。

参考文献

[1] 金巍. 中文文献自动分类系统——以肿瘤学专业文献为例(学位论文),空军政治学院,1995
[2] 张琪玉. 孤立关键词与上下文中的关键词(情报语言漫笔). 图书馆理论与实践,2003(2)

写完于2004年11月24日,上海

载于《江西图书馆学刊》2006年第3期

文献题名自动抽词—分类标引系统

1　文献题名自动抽词和粗略分类标引的可行性

自然语言检索是直接利用文献文本中的关键词的。文献文本可分为题名、文中标题、文摘和正文几种构成部分。其中,文献题名中的关键词虽然检全率较低,但检准率相对而言是最高的。由于利用文献题名抽取关键词最为简便,所以,从题名抽取关键词作为文献检索标识的方法在自然语言检索中具有重要意义。如果对从题名抽出的关键词进行粗略分类,也可具备一定的分类检索功能。从已经建成的"文献题名自动抽词—分类标引系统"看,它虽然比不上用人工语言标引准确率高,但比对题名的模糊检索好得多,既可进行关键词的任意一致匹配,也可进行前方一致匹配和完全一致匹配;分类检索时则可进行前方一致匹配和完全一致匹配,所有的检索结果都可将相同关键词集中并排序后输出到屏幕或检索结果文件。

2　文献题名自动抽词—分类标引系统概述

该系统由三个子系统组成,即自动抽词子系统(CHC_CC. PRG)、抽词词典增补子系统(CHC_ZB. PRG)和检索子系统(CHC_JS. PRG)。

自动抽词子系统包括五个文件,即:

(1)题名库(TMK. DBF)。该库存放将被处理的题名,包括两个字段:WXH(文献号,8字符)和TM(题名,65字符)。这个文件实际上是从主库中复制出来经过预处理后生成的,不需专门编制。

(2)词典库(CDK. DBF)。这可以说是该系统的核心,是自动抽词和分类的工具。它的质量决定着整个系统的质量。它包括字段:A(分类号,6字符),C(词长,2字符,是数字型字段),CI(词,48字符)。

(3)词块库(CKK. DBF)。这是一个过渡文件,将抽词词典中与待抽题名中词的首字相同的一块暂存(复制)到该文件中,以方便与题名匹配。所以,抽词过程实际上并不是题名库与词典库直接匹配。该文件的字段与词典库相同。

(4)索引库(SYK. DBF)。在抽词过程中若匹配成功,则将词从题名或其剩余部分的前部切下(抽出)存放到该文件中。该文件包括WXH2(文献号,8字符)、A2(分类号,6字符)、CI2(词,48字符)三个字段;

(5)待处理库(DCLK. DBF)。在抽词过程中若匹配失败,则将题名的被切剩部分存放到该文件中。该文件包括WXH2(文献号,8字符)、TM2(题名,65字符)。

抽词词典增补子系统是将待处理库中题名的被切剩部分与题名库进行核对改正,将新词追加到词典库的尾部,或在核对改正后,将题名的被切剩部分在WPS下用手工切断,然后全部追加到词典库的尾部,再启动抽词词典增补子程序进行删重和排序。由于抽词词典要求按词的首字集中排序,同首字的词按词长的倒序排,因此要利用多个过渡文件,其中有两个过渡文件必须列出空库。即:①CDK_A. DBF文件,包括四个字段:A(分类号,6字符),C(词长,2 字符,数字型字段),D(词的首字,2 字符),CI(词,46 字符);②CDK_C. DBF 文件,包括四个字段:A(分类号,6 字符),C(词长,2 字符,注意要改为字符型字段),CI(词,48 字符),O(1 字符,数字型字段,此字段为进行删重的特殊需要而设)。

检索子系统的操作对象是索引库和主库。先从索引库中用复制法筛选出需要的文献并排序,构成检索结果文件,然后将检索结果文件的文献号与主库的文献号进行匹配,将文献记录填入检索结果文件。检索结果文件包括如下字段:WXH2(文献号,8 字符),TZC(题名著者出处,61 字符),O(空字段,10 字符),XX(题名著者出处续,67 字符),O2(空字段,11 字符),A2(分类号,10 字符),CI2(关键词,48 字符)。检索结果文件既可浏览,也可用 WPS 打印。应当指出,此文件结构是按主库的结构和所需的输出格式设计的,若主库结构和所需输出格式不是这样,也可改变,同时修改 P88. PRG 子程序。

该系统可在 FOXPRO 下运行。

3 题名的预处理和抽词词典的最初积累

对题名进行预处理是使自动抽词能顺利进行的极为重要的环节。所谓预处理,是将题名中的外文字母、数字、符号等与汉字对齐。即当外文字母、数字、符号等所占字符长度成奇数时,补 1 个字符的空格。因为词长字段是按汉字计算的,如果不对齐就会产生乱码使抽词失败。例如:

题　名:DDC 分类法
须改成:DDC 分类法
题　名:第 3 版
须改成:第 3 版
题　名:体系—组配分类法
须改成:体系—组配分类法

题名中的其他空格则应取消。例如:

题　名:第二分册情报工作
须改成:第二分册情报工作

对题名的预处理在文本文件中进行最方便。可以将文献号和题名两个字段从主库中复制出来,并转换成文本文件,在 WPS 下进行预处理。一条题名不得超过 64 字符,当题名超过 64 字符时,可将题名拆成两条,填上相同文献号,但注意不要把一个整词拆开。经预处理的题名套入题名库结构,即成为正式的题名库。

我所采用的是无剩余抽词法,抽词词典中的词必须是在题名中实际使用的,这样才能把题名抽得一字不剩。所以,抽词词典最合理的编制法是:用按回车键的方法将足够数量的题名全部切断,然后套入题名库,利用抽词词典增补子程序进行删重和排序,再添加分类号和词长两项,即成为抽词词典初稿,以后在使用过程中不断增补。

4 抽词子程序

该子程序全部语句如下(注:为节省版面,几个语句写在一行,用“|”分隔,实际使用时应恢复每句占一行,并删去“|”号):

程序名:CHC_CC. PRG

```
clear all|close all|sele 1|use tmk|
sele 2|use cdk|sele 3|use dclk|
sele 5|use syk|sele tmk|go 1|
do while. not. eof( ) |varwxh = wxh|
vartm = tm|do while. t. |
if len( trim( subs( vartm,1,2) ) ) =0|
exit|else|if dbf(4) = " ckk. dbf" |
sele 4|use|dele file ckk. dbf|
endif|sele cdk|
copy to ckk for ci = subs( vartm,1,2) |
sele 4|use ckk|go top|if recc( ) =0|
sele dclk|appe blank|
repl wxh2 with varwxh|
repl tm2 with vartm|sele ckk|
use|dele file ckk. dbf|exit|else|
go top|k =0|do while. not. eof( ) |
tempa = a|tempc = c|
temptm = subs( vartm,1,tempc * 2) |
sele ckk|if temptm = trim( ci) |
k =1|sele syk|appe blank|
repl wxh2 with varwxh|
repl a2 with tempa|
repl ci2 with temptm|
vartm = subs( vartm,tempc * 2 +1) |
exit|else|sele ckk|skip|endif|
enddo|sele ckk|use|
dele file ckk. dbf|if k =0|sele dclk|
appe blank|repl wxh2 with varwxh|
repl tm2 with vartm|exit|endif|
endif|endif|enddo|sele tmk|skip|
enddo|close all|clear all
```

抽词结果形成索引库和待处理库两个文件。

5　题名剩余部分的处理及抽词词典增补子程序

在抽词过程中,遇到某种原因导致抽词失败,就将题名的剩余部分存放到待处理库中去。

为了弄清抽词失败的原因,必须将待处理库的题名剩余部分依据文献号与题名库进行核对(在抽词过程中题名库并未被破坏)。这项工作做起来比较麻烦,可用如下几种办法解决:

(1)先对乱码用把光标放在第一个整字后半个字的位置,然后按一下空格键,此时除第一个汉字外,其他汉字都会复原。然后将待处理库和题名库都转换成文本格式,在 WPS 下用开两个窗口的方法进行核对修改,修改后的待处理库内容追加到题名库的尾部,并将待处理库清空。

(2)先对待处理库中的乱码仿照上法复原,再打印出来,然后把打印本与题名库核对,在打印本上修改,最后照打印本修改待处理库,再将待处理库的内容追加到题名库的尾部,并将待处理库清空。

(3)把题名库复制到另一台计算机中,用两台计算机进行核对和修改,再将修改好的待处理库内容追加到题名库的尾部,并将待处理库清空。

经过核对修改后,把所发现的应增补进词典库的词抄下来追加到词典库的尾部,或将全部题名的剩余部分在 WPS 下用手工切断,然后追加到词典库的尾部,再启动抽词词典增补子程序进行删重和排序。

打开自动抽词子程序,修改起始记录号为题名库中追加部分的第一个记录号(第一个 GO 后面的数字)就可继续对待处理库的内容(此时已转移到题名库尾部)进行抽词处理了。

抽词失败的原因主要有下列几种:①题名预处理遗漏(尚有字符不对齐的地方);②题名有输入错误;③词典缺词。

抽词词典增补子程序全部语句如下:

程序名:CHC_ZB. PRG

```
use cdk|copy to sdfrs sdf|use cdk_c|
append from sdfrs. txt sdf|
index on ci to cdk_o|
total on ci to cdk_oo|use cdk_oo|
copy to sdfrs sdf|use cdk_a|
append from sdfrs. txt sdf|
sort to cdk_b on d/a,c/d|use cdk_b|
copy to sdfrs sdf|use cdk|zap|
append from sdfrs. txt sdf
```

6　文献检索子程序及检索结果文件的生成

文献检索子程序共提供五种检索功能,其主控程序和五个子程序的全部语句如下:

文献检索主控程序:

程序名:CHC_JS. PRG

```
set talk off|do while. t. |clear|
? space(7) +"文献题名自动抽词—分类标
引系统"|? space(18) +"主控菜单"|
? space(18) +""|
? space(20) +"1——词任意一致检索"|
? space(20) +"2——分类号前方一致检索"|
? space(20) +"3——词前方一致检索"|
```

```
? space(20) + "4——分类号完全一致检索" |
? space(20) + "5——词完全一致检索" |
? space(20) + "0——退出" |
? space(20) + "" |
wait "请选择 0 - 5" to cd |
do case | case cd = "1" | do p11 |
case cd = "2" | do p21 | case cd = "3" |
do p22 | case cd = "4" | do p31 |
case cd = "5" | do p32 | case cd = "0" |
exit | otherwise |
?"输入错误,请重新选择!" | endcase |
enddo | set talk on | return
```

第一种检索功能的子程序:

程序名:P11. PRG

```
close all | clear all | set talk on |
use syk | accept "请输入检索式:" to x |
copy to syka for x $ ci2 | sele 2 |
use syka | sort to sykb on ci2 |
sele 3 | use jsjg | append from sykb |
use | do p88 | use | do p99
```

第二种检索功能的子程序:

程序名:P21. PRG

```
close all | clear all | set talk on |
use syk | accept "请输入检索式:" to x |
copy to syka for a2 = x | sele 2 |
use syka | sort to sykb on a2,ci2 |
sele 3 | use jsjg | append from sykb |
use | do p88 | use | do p99
```

第三种检索功能的子程序:

程序名:P22. PRG

```
close all | clear all | set talk on |
use syk | accept "请输入检索式:" to x |
copy to syka for ci2 = x | sele 2 |
use syka | sort to sykb on ci2 |
sele 3 | use jsjg | append from sykb |
use | do p88 | use | do p99
```

第四种检索功能的子程序:

程序名:P31. PRG

```
close all | clear all | set talk on |
```

```
use syk|set exact on|
accept "请输入检索式:" to x|
copy to syka for a2 = x|sele 2|
use syka|sort to sykb on ci2|
sele 3|use jsjg|append from sykb|
use|do p88|use|do p99
```

第五种检索功能的子程序:

程序名:P32. PRG

```
close all|clear all|set talk on|
use syk|set exact on|
accept "请输入检索式:" to x|
copy to syka for ci2 = x|sele 2|
use jsjg|append from syka|use|
do p88|use|do p99
```

检索共用子程序(1):

程序名:P88. PRG

```
close all|clear all|use zk|
do while not eof( )|ttmzzcc = tmzzcc|
tx2 = x2|twxh = wxh|sele 2|use jsjg|
go top|scan|if wxh2 = twxh|
repl tzc with ttmzzcc|
repl xx with tx2|endif|endscan|
sele zk|skip|enddo|sele zk|use
```

检索共用子程序(2):

程序名:P99. PRG

```
close all|clear all|use jsjg|
do while. not. eof( )|display all|
set talk on|wait|continue|
enddo|use|return
```

检索结果清除程序:

程序名:JSJG_QC. PRG

```
close all|clear all|use syka|zap|
use sykb|zap|use jsjg|zap|use|
return
```

检索结果另存程序:

程序名:JSJG_LC. PRG

```
close all|clear all|use jsjg|
copy to jsjg_a|copy to sdfrs sdf|
use
```

以上五种检索功能的检索结果都存入检索结果文件(JSJG. DBF),检索结果都按关键词顺序或分类号—关键词顺序排序。

运行 JSJG_QC. PRG 小程序段,可清除检索结果及其过渡文件。

运行 JSJG_LC. PRG 小程序段,可将检索结果另存于 JSJG_A. DBF 文件并转换成 SDFRS. TXT。

7 关于自动分类部分的讨论

自动分类在该系统中起了一定作用,但是一个比较薄弱的环节。问题在于,有些关键词在脱离题名上下文的情况下,就很难确定其归属。从两篇文章中抽出来的同一关键词,具有不同的含义,应该属于不同的类目,但却不得不归为一类;有些关键词本属形容词性质,但分类时只能做名词看待……诸如此类的情况较多。如何改进,是一个有待研究的问题。这个问题也许具有普遍性,并非该系统所特有。

想到的一种办法是给这类词加上?号,在索引库中凡有?号的词,都看一下其上下文再确定其类属(在索引库中,同一题名的词是按切分先后顺序排列的,即是一种上下文语言环境)。

8 致谢

在《文献题名自动抽词—分类标引系统》抽词子系统的程序编写过程中,曾得到曹东同志的帮助,在此谨致谢意!

写完于 1998 年 5 月 21 日,上海

载于《图书馆杂志》1998 年第 4 期

自动标引是否能避免标引不一致

人工标引的一致性较差,这是不可否认的事实。许多研究者由此得出另一个结论:自动标引(包括自动分类)可避免标引不一致。粗看起来,这个结论似乎无可辩驳。因为自动标引排除了人与人之间认识上的差异,也排除了同一个人在不同时间认识上的差异这些导致标引不一致的因素,只要自动标引系统(固化自动标引规则的软件和控制自动抽词的抽词词典等)不变,则无论何时标引什么文献,无论做多少次标引,其标引结果是不会有差异的,标引一致性当可达到100%。

但问题并非这么简单。所谓标引一致性,主要是要求同一情报内容或者说同一主题的多种文献,通过标引,能够得到一致的检索标识。自动标引是依据文献文本进行的。如果多种文献的著者们对同一情报内容或者说同一主题的表达(包括用词和表达方式)一致,则标引结果必定一致,否则,标引结果就会产生差异(不一致)。实际上,不同著者对同一情报内容或者说同一主题的表达不一致(如使用同义词和近义词、使用不同的表达方式乃至用词不确切等)的情况是大量存在的,因而,自动标引的结果必然会产生差异(即不一致)。可见,造成不一致的根源不在于自动标引系统,而在于被标引的文献本身,消除这种不一致是自动标引系统难以做到的。相反,采用人工语言标引和由有水平的标引员进行标引,却往往可消除这种不一致。

我认为自动标引确实有许多优点,但在消除标引的不一致性方面,其功能是有限而并不是很神奇的。

写完于2001年6月28日,上海

载于《图书馆理论与实践》2002年第2期

电话用户数据自动处理与查询系统的原理和方法

1　电话用户数据自动处理与查询的可行性

电话用户数据自动处理与查询系统的实现，可以有两种方式：一种方式是“人工处理 + 自动查询”，另一种方式是“自动处理 + 自动查询”。

“人工处理 + 自动查询”方式已见使用，但查询功能有待完善。“自动处理 + 自动查询”方式尚未见报道。这里的关键是如何对电话用户数据进行自动处理。具体来说，是如何将电话用户名称自动区分为用户特称词、用户行业词和用户类型词，并根据用户行业词将电话用户进行自动分类，即自动编制用户名称关键词索引和用户分类索引。

自动编制用户名称关键词索引和用户分类索引，与建立情报检索系统时对文献进行自动抽词标引和自动赋号分类，其技术内容十分相似。所以，仿照后者的原理和方法建立电话用户数据自动处理与查询系统是有可能的。其核心技术，是编制一部自动抽词与分类词典和一部行业分类表，以及编制出相应的自动抽词和自动分类软件。虽不能达到百分之百的自动化（在某些情况下需人工辅助），但可以达到相当高的自动化程度。

2　电话用户数据自动处理与查询系统的功能与结构

对电话用户数据自动处理与查询系统的功能要求设定如下：

(1)从用户名称查询某一用户的全部数据或电话号码。

(2)从电话号码查询某一用户的全部数据。

(3)从用户地址查询某一用户的全部数据或电话号码。

(4)从用户特称关键词或与用户行业关键词的组配查询某一用户的全部数据或电话号码。

(5)从行业分类查询某类用户。

(6)从用户行业关键词查询某类用户。

(7)从路名或地区与用户分类号的组配查询某地区的某类用户。

(8)其他功能（如打印名单或信封以及产品广告功能等）。

电话用户数据自动处理与查询系统的结构如下：

(1)电话用户数据库部分：

[A]主文档

[B]户名索引

[C]电话号码索引

[D]地址索引

[E]行业分类表

[F]行业字顺表

[G]用户分类号索引

[H]用户特称关键词索引

[I]用户行业关键词索引

[J]用户类型关键词索引

[K]自动抽词与分类词典

[L]自动增补关键词词典

(2)电话用户数据自动处理和查询软件部分:

[R]自动处理子系统

[S]自动查询子系统

[T]其他功能子系统

(3)附件部分:

[W]附件1:用户名称抽词规则

[X]附件2:地区表

3 电话用户数据库主文档及户名索引、电话号码索引、地址索引的建立

电话用户数据库主文档[A]除原有字段外,应增设用户分类号、用户特称关键词、用户行业关键词、用户类型关键词、地区代号字段。

户名索引[B]、电话号码索引[C]、地址索引[D]均由主文档[A]相应字段自动生成。

4 电话户名自动抽词和电话用户自动分类工具的准备

(1)制订用户名称抽词规则[W]初稿。

(2)编制行业分类表[E]初稿。

(3)编制自动抽词与分类词典[K]初稿:①对足够数量的电话户名根据抽词规则[W]进行人工分词,即在户名中加插用户特称关键词符号[h]、用户行业关键词符号[i]、用户类型关键词符号[j];②由计算机根据加插的符号将用户名称切分成关键词(符号保留),排序并删除重复(合并)。

(4)对自动抽词与分类词典[K]初稿中的复合概念词增补单一概念词,并编制自动增补关键词词典[L]初稿。

(5)根据行业分类表[E]初稿对自动抽词与分类词典[K]初稿中的用户行业关键词进行分类(赋予分类号),并将用户行业关键词置于(复制于)行业分类表相应类目下。

(6)根据行业分类表[E]初稿编制行业字顺表[F]初稿。

(7)编制地区表。

5 电话户名自动抽词和电话用户自动分类的实现(正式处理)

通过自动处理子系统[R]完成下列作业:

(1)依据自动抽词与分类词典[K]初稿对电话用户名称进行自动抽词;

(2)对计算机未能处理的字进行人工判别,提取有用词或修正已抽出的词;

(3)将抽出的关键词按符号分别排序,自动构成用户特称关键词索引[H]、用户行业关键词索引[I]和用户类型关键词索引[J];

(4)由用户行业关键词索引[I]按分类号自动生成用户分类号索引[G];

(5)将新词增补入行业分类表[E]和行业字顺表[F];

(6)整理用户类型关键词索引[J],将用户类型关键词置于用户类型范畴词下,构成用户类型范畴表(即以用户类型范畴词为族首词的用户类型关键词索引)。

6　电话用户数据查询类型及其实现途径

1. 自动查询子系统的用户界面:

(1)语言选择

1　用汉语查询 2　用英语查询

(2)查询类型选择

1　直接查询 2　关键词查询 3　分类查询

(3)直接查询

请任选一项填入 ------------------------ 1　户名: 2　电话号码: 3　地址(路名):

(4)关键词查询

1　用户特称关键词: 2　用户行业关键词:
以下各项只在必要时填写 ------------------------------------ 用户类型限定: 路名限定: 地区限定(地区代号或名称):
帮助 -------- 用户类型范畴表 地区表

(5)分类查询

<table>
<tr><td>任选一项填入

1　用户分类号:
2　用户分类类名:</td></tr>
<tr><td>以下各项只在必要时填写

用户类型限定:
路名限定:
地区限定(地区代号或名称):</td></tr>
<tr><td>帮助

行业分类表
行业字顺表
用户类型范畴表
地区表</td></tr>
</table>

2. 查询实现途径:

(1)从用户名称查询某一用户的全部数据或电话号码:如果输入的户名正确(与户名完全相符):→[B]→[A];如果输入的户名不正确(与户名不完全相符):建议改为关键词查询。

(2)从电话号码查询某一用户的全部数据:如果输入的电话号码正确:→[C]→[A];如果输入的电话号码不正确:建议改为从户名查询或关键词查询。

(3)从用户地址查询某一用户的全部数据或电话号码:如果输入的路名正确:→[D]→[A];如果输入的路名不正确:建议改为对[D]做模糊查询,然后查[A]。

(4)从用户特称关键词或与用户行业关键词的组配查询某一用户的全部数据或电话号码:①→[H]→[A];②→[H]*[I]→[A];③如果①查询失败,建议改为对[H]作模糊查询;④如果②查询失败,建议改为对[H]作模糊查询,并与[I]组配,或只对[I]进行查询。若再失败,建议改为分类查询。

(5)从行业分类查询某类用户:①→[E]→[G]→[A];②→[F]→[G]→[A];③对上述①②可做用户类型限定或地区限定。

(6)从用户行业关键词查询某类用户:①→[I]→[A](此法只限于行业关键词很定型者才有效);②对上述①可做用户类型限定或地区限定;③若要保证查全,建议改为分类查询。

(7)从路名或地区与用户分类号的组配查询某地区的某类用户:→[D]*[G]→[A];→[X]→[D]*[G]→[A]。(这是为了查询对查询者近便的某地区内是否有某类单位,如旅馆、餐厅、影剧院、医院、百货商店、派出所等)。

写完于1996年9月9日,上海

载于《张琪玉情报语言学著作选集》1996年12月自刊(电子图书)

第五部分　网络信息检索工具

关于我国网络信息检索工具开发与改进的思考

1　网络信息检索服务是因特网发展不可缺少的条件

因特网是一项全球性信息资源共享的通信设施。它采取完全开放的原则，全世界任何机构和个人都可以在该网络上发布任何信息，任何机构和个人也都可以在该网络上获取任何信息。

正是由于因特网的开放原则，使网上的信息资源极其丰富，而且极为分散和无序，若要在其中寻找针对自己需要的信息，其难度无异于海底捞针。

为帮助网络用户解决这一困难，网络信息检索服务便应运而生。网络信息检索服务增强了因特网的吸引力，成为因特网发展不可缺少的条件；因特网的进一步发展则促进了网络信息检索服务的进一步发展。两者互为条件，互相促进。

2　作为网络信息检索服务基本形式的网络信息检索工具的发展状况

为网络用户提供网络信息检索工具是网络信息检索服务的基本形式。网络信息检索工具是对庞大的网络信息资源进行有效控制的工具，它对网络信息资源进行收集、记录、标引，组成索引数据库，提供检索功能及与原始信息资源所在站点的链接。网络信息检索工具是网络信息海洋的导航工具，网络用户借助于这种工具，可以较为容易、迅速和准确地在网上寻获自己需要的信息。它已成为网络用户获取网络信息资源不可缺少甚至可以说是别无选择的工具。

第一个上网服务的网络信息检索工具出现于1994年。目前全世界网络信息检索工具的数量估计不少于10000个。其种类繁多，一般从检索机制、收录内容、收录资源类型、层次关系、开发经营者五种角度划分类型。

3　网络信息检索工具的发展趋势

（1）在服务方向和服务内容方面的发展趋势：从单纯的网络信息检索服务向综合性信息服务网站发展是网络信息检索工具在服务方向和服务内容方面的重要发展趋势，两者之间的业务界限正在淡化。

（2）在类型方面的发展趋势：综合型检索工具将重点面向广大普通用户，专业、专题、专门型检索工具有较大发展空间，单独型检索工具增加集合型检索工具的功能，综合型检索工具向系列化和多种语言版本的方向发展。

（3）在地域和语种方面的发展趋势：网络的发展要依靠用户的支持，而用户的需要带有明显的地域特点和语言特点。因特网越普及，对收录本国、本地区、本民族语言信息资源的网络信息检索工具的需要越迫切，这必将促进地域性和英语以外各种语言的网络信息检索工具的发展。

（4）在信息收集方面的发展趋势：网络上的信息资源良莠并存，有大量信息垃圾。采用网络机器人这类软件在网上进行自动收集信息的方式无法对信息资源进行筛选，并只能提供关键词检索,导致检准率极低,这是使用户不满的致命缺点。对网络信息资源进行评价和建库前筛选,并采用分类组织,实行优质服务,这种方式越来越受到重视。但网络机器人不会被抛弃。

(5)在信息著录方面的发展趋势:为支持字段检索和达到信息资源描述、著录的统一,必须从网页项目的标准化做起,元数据标准可能推广到网页制作领域。

(6)在信息标引方面的发展趋势:尽管自动分类标引的呼声很高,但看来短期内不可能达到实用水平。人工分类标引将仍然是基本方法,并向人机结合方向发展。在关键词自动标引方面可能会引进少许规范化措施,为概念检索创造条件。对网页进行标引的深度将提高,只标引网站主页的网络信息检索工具将减少。

(7)在检索功能方面的发展趋势:增强和完善检索功能的主攻方向是提高检准率;人工语言(情报检索语言)的原理和方法对改进网络信息检索工具检索效率的有益性、必要性将被更多人认识;分类浏览检索的重要性将得到普遍承认,其地位会高于关键词检索;目前粗放的分类体系将会吸取情报语言学的成果而改进;某些网络信息检索工具可能实现关键词检索、概念检索、分类浏览检索的一体化;所谓"检索语言向自然语言发展的趋向"只是一种臆断;检索命令和符号有可能趋于统一。

(8)在检索结果处理方面的发展趋势:随着信息收集、著录、标引环节的改进和检索功能的增强,检索结果的处理也会有所改进,用户对期望的结果将有更多的选择可能。根据检索结果的判定进行的相似性检索方法可能被更多的检索工具采用。

(9)在信息技术方面的发展趋势:人工智能在网络信息检索各方面应用的研究将成为热门课题之一,但它在近期对改进网络信息检索的实际作用还难于预测;自动分类将成为亟待攻克的重点研究课题;提高系统对提问的理解能力和自然语言语句检索的研究会受到关注;非文本信息的检索技术将有所发展;更出色的搜索软件将会出现,现有网络资源浏览器可能会不再一统天下;汉语自动分词和自动文摘成为迫切需要解决的问题,会有较快进展。

(10)在经营方面的发展趋势:提供高质量服务的收费网络信息检索工具将会兴起,但目前的免费服务范围不会缩小;传统联机数据库服务与网络信息检索工具服务联姻,在网络信息检索服务中将重新挥发其青春活力;网络信息检索工具的兼并、集团化经营或联合经营具有优势,将成为发展方向;网络信息检索服务商将会有许多合作伙伴;高校检索课以外的网络信息检索技术培训将受到重视。

4　商业性网络信息检索工具在我国的发展前景

网络信息检索工具的开发与维持都需要投入,不实行商业化难以长期生存。网络信息检索工具的商业化符合我国市场经济的发展方向。目前国内外众多的网络信息检索工具中,商业性检索工具占据着主要的地位。

网络信息检索工具的商业化并不意味着其提供的服务一律都要收费。相反,无论在国外还是在国内,网络信息检索工具一般都是供免费、自由使用的,只有极少数网络信息检索工具和某些服务项目向用户收费。这符合因特网是一项全球性信息资源共享的通信设施的基本性质。正是如此,才使因特网得以迅速发展,普及到社会的每一个方面,每一个领域,每一个角落。

商业性网络信息检索工具经营机构的盈利来源于:①广告收入;②网页提交单位交纳的注册费;③代售联网收费数据库数据的经纪费;④发布某些信息的收入;⑤某些建库投入较多的高质量检索工具,向用户收取一定的使用费;⑥其他收入(如某些特色服务项目的收费、电子商务、出售市场调查数据等)。

我国的商业性网络信息检索工具有些相当成功(如搜狐)。美国网络信息服务商也看好中国市场,推出其检索工具的中文版。网络信息检索服务目前还是个风险较大的经营项目,但蕴含着光明的发展前景。

5　网络信息检索工具的竞争力要素

开发、维持网络信息检索工具需要投入资金,信息服务机构又是多数以营利为目的,而信息市场空间是有限的,用户对检索工具的使用是有选择性的,故各种网络信息检索工具都面临着竞争的局面。

网络信息检索工具竞争取胜的主要标志是拥有更多的用户。一个网络信息检索工具实际上有两部分用户:一部分是希望利用检索工具获取信息的用户(这是在明面上的用户),一般为其免费服务,但也有少数项目可以收费;另一部分是希望利用检索工具传播自身信息的用户(这是在其背后的用户),其中多数用户要付费,是网络信息服务机构收益的主要来源。但这两部分用户都很重要,缺一不可,而且互相影响。很明显,一个用户很少、声誉不高、没有权威性的网络信息检索工具,它的各种收入是不可能很多的。

用户数量的增长和声誉的提高来自于有效的服务,特别是对希望利用检索工具获取信息的那一部分用户的有效服务。有效服务是增强网络信息检索工具竞争力的核心。

网络信息检索工具的总体竞争力由许多要素构成,包括:

(1)检索工具对服务对象的适应能力。在因特网进入社会的各个方面、各个角落的情况下,网络信息检索工具的服务对象极为广泛,他们的需要千差万别,获取信息的能力也存在很大差异。应遵循区别服务的原则有针对性地为不同用户群服务。

(2)覆盖率和信息质量。覆盖率指综合型网络信息检索工具的索引数据库占有网络资源总量的份额,或专业型网络信息检索工具的索引数据库占有该专业网络资源总量的份额。目前,号称收录上亿网页的那些检索工具也只能占有网络资源总量的一小部分(据估计不超过20%),其覆盖率是很有限的。覆盖率越大越好。但是,如果考虑到网络信息资源中存在着大量信息垃圾以及重复信息,那么,一个信息质量高但收录资源数量较少的检索工具,比之另一个信息质量低但收录资源数量较多的检索工具,其覆盖率不一定小。覆盖率与信息质量应结合起来看。

(3)标引深度和标引准确率。网页是一种多层次的超文本结构,犹如一部著作的整体和章、节、小节。标引深度是指标引到网页的哪一层次。标引深度大,检全和检准信息的可能性也会提高。标引深度的另一方面是指对网页的各种项目或内容进行部分标引还是全文标引。一般而言(仅仅是一般而言),标引项目或内容愈多,检索效果也会愈好。

网络信息标引的质量决定检索效果。良好的标引质量可以提高网络信息检索工具的检索效果,反之,完美的检索机制则可能会受标引质量的影响而发挥不了其应有的功用。目前自动标引水平还比较低,人工标引虽然投入较大但要比自动标引准确得多。当然,不可能对数量极其庞大的网络信息资源完全进行人工标引。

(4)检索功能的多样性和高效性。网络信息检索工具的检索功能可概括为分类浏览检索和关键词检索两种主要检索功能。两者都应具备。关键词检索功能除简单关键词检索外,还有布尔检索、加权检索、限制检索和按相关度排列检索结果等多达20多种增强其功能的措施(这些措施一般都称为检索功能),每种检索工具一般采用其中的若干种。每种检索功能都有一定的适用范围,各种检索功能的检索效率也有差异。选用哪些检索功能以及检索功能的多少,都会对网络信息检索工具的整体检索能力产生影响。

(5)数据库提供信息的时效性。网络信息瞬息万变。除每天都有大量新的信息在网上发布以外,还有大量原有网站、网页的内容进行更新和淘汰,有些则撤销,从而使检索工具所提供的信息失去时效性。为了使所提供的信息保持时效性,各种检索工具都规定其数据库更新的周期,并力求缩短更新周期。采用自动建库方法的检索工具更新周期较短,采用人工建库的检索工具更新周期则要长得多。

(6)检索工具的易用程度。检索工具的易用程度极为重要。易用性有助于用户顺利检索,易用的检索工具受到广大用户青睐。网络信息检索工具的易用性由许多因素构成,诸如检索软件的结构、检索界面的设计、提供检索功能的多少和种类、概念是否明确而且逻辑性强、检索规则或检索技巧掌握的难易程度、是否提供多语种检索、检索结果是否便于利用等,都与检索工具的易用程度有关。所提供的信息是否经过筛选也是影响易用程度的一个重要因素。另一方面,网络信息检索工具的易用程度与用户获取信息的能力有密切关系。

(7)导航服务、文献数据库服务、具体信息发布传递服务相结合。网络信息检索工具的主要职能是在信息海洋中进行导航,使用户能够用最准确的检索方法、花最少的时间和金钱就能找到恰好是(而且只是)他所需要的信息。

网络信息检索工具的质量目前还远远不及一些经过信息工作者标引的专业文献数据库。这些专业文献数据库收录信息资源数量很大而且质量较高,它们现在也通过万维网界面提供服务,有些免费供用户检索查询,可弥补专业人员的检索需要。

网络信息检索工具每天有大批用户访问,有的检索工具最繁忙时访问者一天达到1200万。所以,它们也是发布传递各种具体信息以及广告的最佳工具。

把导航服务、文献数据库服务、具体信息发播传递服务结合起来,进行全方位的信息服务,是网络信息检索工具增强竞争力的一种重要措施。

(8)特色服务项目。网络信息检索工具的特色服务项目有两层含义:一是自己独有而其他检索工具所没有并符合用户需求的服务项目;二是做得特别好并符合用户需求的服务项目。特色服务项目的多少在同行竞争中起着重要作用。

(9)注重中国特色。中国的网络信息检索工具即使做得比国外网络信息检索工具毫不逊色,还是要依靠中国用户的青睐才能生存和发展。因此,注重中国特色极为重要。要尽可能多地、尽可能详细系统地收录和揭示中文的信息资源。所提供的检索功能也要符合中国用户的实际情况,切忌照搬国外的经验。

(10)减负原则的贯彻。网络信息检索工具目前最突出的缺陷是检准率太低。提高检准率,一方面要完善检索功能,另一方面则要贯彻减负原则。所谓减负,就是要通过各种措施,保证尽量少地输出无使用价值或使用价值不大的信息,尽量减轻用户对输出结果进行甄别、筛选的负担。减负的主要措施,是对收入检索工具的信息资源进行建库前剔选,以及对信息资源进行评价,推荐最有信息价值的网站(一般为5%)。

(11)联合经营。面对犹如汪洋大海的巨大网络信息资源,任何一个网络信息检索服务机构都不可能控制无遗。实际上,每种网络信息检索工具都只能控制其中的一小部分。但是,若几个服务机构联合起来,在信息资源收集和处理上分工协作,在技术上只需互相链接,就可以增加竞争优势。

(12)价格策略。信息产品和信息服务的价格策略是一种十分重要的竞争力要素。影响信息产品和信息服务定价的因素是多方面的,其中有政策、法规方面的因素,经济发展状况特别是市场竞争方面的因素,社会心理和文化环境方面的因素。而制定信息产品和信息服务的价格可以说是一种市场竞争的艺术,要考虑利润目标、短期和长期的市场占有率目标、应付和防止竞争的对策和树立信誉、形象等诸多因素。

6　网络信息检索工具开发的方针和策略

(1)有效性第一应是网络信息检索工具开发的基本方针。网络用户只需要能为他们解决检索问题的网络信息检索工具,一个在网络信息检索中十分有效的检索工具也才有较大使用价值。保证网络信息检索工具的有效性需从下列多方面着手。

(2)稳妥地解决汪洋大海似的信息量与处理控制能力有限的矛盾。在因特网上汪洋大海似的信息量面前,对网络资源完全控制是根本不可能的。一方面紧紧抓住供分类浏览的数据库的建设,另一方面也不放弃自动建立关键词索引数据库,是稳妥解决这一矛盾,满足用户信息需求的正确策略。

(3)尽可能满足广大服务对象的多样性需求。这一点主要体现在所提供的索引数据库的收录信息资源范围和数量、供分类浏览的分类体系、标引的深度、关键词检索及其他检索方法的复杂性、各种特色服务项目的设置、数据库更新的周期、检索结果显示的信息量和排序方法等方面是否与用户的多样性需求相适应。

(4)完善的检索功能和清晰的检索界面。检索功能是否完善,是决定网络信息检索工具检索效率(检准率、检全率、检索速度)的重要因素,是网络信息检索工具设计要着重考虑的一个问题。检索功能的提供应针对服务对象的检索要求来考虑。

检索界面能否给网络用户一个清晰的思路,是影响检索工具易用性的一个重要因素。把检索界面设计得花花绿绿、非常拥挤、混乱地安插广告,使得用户眼花缭乱、应接不暇是不可取的。检索界面应有层次性,措词应符合明确性要求。

(5)逐步地向全方位、综合性服务目标发展和壮大。目前,各种网络信息检索工具除检索服务外,都在逐步地向全方位、综合性服务方向发展。

综合型网络信息检索工具要力求周全地考虑用户生活和学习多方面的需要,如提供当日新闻、电子报刊全文阅览、旅游景点介绍、交通时刻表、地图查询、天气预报、电话和电子邮件地址簿、各类广告、网上购物信息、股票行情、教育培训信息、就业招聘信息、儿童和青少年教育、聊天室、美食资料、游戏软件、音像资料检索、政府办事和法律咨询,等等。

专业型网络信息检索工具则结合联网数据库服务提供电子报刊、图书馆名录、文献目录、虚拟图书馆资源、参考资源、软件目录、研究成果和研究项目信息、学术动态、相关学术机构站点,等等。

(6)把网络导航和联机数据库检索结合起来。

(7)实现中外文信息检索一体化、自然语言与人工语言检索一体化以及分类浏览与关键词检索的结合。这些方法可给网络用户带来极大方便。

(8)减轻用户负担而不是把负担转嫁给用户。

(9)重视用户指导而不是把简单技术作为首选。非常简单的检索方法检索效果不好。要获得较高的检索效率,不能采用十分简单的检索方法。因此,“有较高检索效率的检索方法+用户指导”才是正确选择。

(10)商业性服务与公益性服务的协调。一般的服务以保持免费为好,这有利于网络信息资源共享的发展。但也需要高质量的检索服务,高质量的信息服务因为需要有较多的投入,免费服务可能行不通,而且,收费也会得到需要高质量服务的用户认可。在同一个网络信息检索工具内,不妨采取部分服务免费,部分服务收费(以高质量高品位服务为前提)的政策。

7 网络信息检索工具的分类体系

(1)分类体系对网络信息检索工具质量的重大影响。分类浏览检索与关键词检索在检索性能上是互补的,但能在信息海洋中真正起导航作用的是分类浏览检索功能。分类体系结构具有“物以类聚”“鸟瞰全貌”“触类旁通”的作用,可以把内容庞杂、种类繁多的网上资源有系统地组织起来,使用户能很方便和有效地系统掌握与利用一个学科或专业范围或主题领域的知识和信息;分类体系“透明度”较高,用户通过分类浏览常可“发现”他所需要但并不知道该事物名称的信息,不像关键词检索必须首先确知所需信息的有关事物名称才能入手检索,或者说,不知道名称的新事物、新知识,通过关键词检索途径往往是难于检得的;再有一点是,网络信息检索工具供分类浏览的信息资源几乎都是经过人工筛选和人工标引的,所以检得的信息资源质量较高。

分类体系的质量对网络信息资源分类组织的质量和检索工具的易用性产生重大影响。决定分类体系质量的因素有:①分类体系的制订是否符合文献依据原则和用户依据原则。即在建立分类体系时既要考虑网络信息资源的实际情况,又要考虑网络用户需求的实际情况。②在制订分类体系时,分类体系结构类型的选择、分类大纲(一级类目)的确定、类目细分程度、具体类目的设置、类目内容范围的规定、类目隶属和排列的逻辑性、类目名称措词的准确性、明确性和通用性、类目的注释、类目的链接以及方便标引和查检的措施等,都会对网络信息分类组织的质量产生影响。③分类体系是否具有开放性和可变性、是否符合网络信息检索工具向全面的、多样性的信息服务发展的趋势,对各种信息服务在分类体系中做出适当的、具有远见性的安排,最终也会对网络信息分类组织的质量产生影响。

(2)现有网络信息检索工具分类体系的普遍缺陷。现有综合型网络信息检索工具的分类体系都是从普通用户检索要求出发编制的,突出日常需要(如教育、文化、保健、休闲、旅游、服务、就业等),这个编制方向固然正确,但普遍存在以下缺陷:①分类体系的严密性较差,有许多类目的隶属关系令人不可思议,类目的排列无规律,逻辑性差,与传统文献分类体系的系统性根本不能相比。②类名措词随意性大,不少类目的类名很含糊。③分类体系的覆盖能力较差,使某些内容无法分类,而有些类目似又多余,更成问题的是有些资源不知可在何类找到。④列类五花八门,在各分类体系之间缺乏一致性。在这五花八门的分类体系背后,使人对这些检索工具的分类标引规则不知所以,这不但会导致标引错误,也会降低检索效率。总之,与图书情报机构所使用的分类法相比,这些分类体系的构建十分粗率。

此外，这些分类体系几乎完全不适合专业检索的需要。

（3）网络信息检索工具分类体系的设计方针和改进措施。网络信息检索工具分类体系可采取以下设计方针：①不同服务对象的检索工具采用不同特性的分类体系。也可在一个网络信息检索工具中采用两种甚至更多种不同特性的分类体系，以适应不同的检索需要。②在统一框架下，不同学科、专业的信息资源可以使用多个分散独立、各具特色、自我完善的专业分类体系。③分类体系的类目设置不以网罗全部网络资源为目标。即供普通用户分类浏览使用的分类体系，不必要包罗所有网络信息资源，不要对不必提供的信息资源设立类目，以减轻用户负担。资源的提供应与用户的需要适配，并应贯彻有资源才设类目的原则。对于专业分类体系，内容也不必面面俱到。④分类体系应具有开放性和可变性，并应有反映新颖信息的措施。

改进网络信息检索工具分类检索性能可采用以下措施：①供普通用户使用的分类体系选用主题分类法模式时，主题概念的隶属采用多重属分关系，使各个类目的内容相对完整；②分类体系应体现导航、文献数据库服务、直接信息服务相结合；③一级类目设置数量可多些，并采用类组列类方式，以尽量利用主页界面的篇幅，使在主页界面中能获得有关整个分类体系的较全面并且较多（相当于二级类目）的信息，类目的细分控制在五级左右；④选用通用的、较为概括的、能准确揭示网络资源主题内容的、切近普通用户日常检索需要的名词做类名，尽量避免使用普通用户陌生的术语，并多加注释；⑤专业性检索要求使用专业分类体系，可在供普通用户使用的分类体系中设置链接点，也可链接相关的专业检索工具；⑥采用自然语言接口，或者说为分类体系配备一个索引；⑦对于重要数据库和重要信息资源，除设专类集中揭示外，还应在相关类目下设立专门链接点；⑧在各类中尽可能多设与其他有质量的专业检索工具的“友谊链接”；⑨地区类目除历史、地理外，都属双重标引；⑩分类浏览界面与检索工具的易用性关系密切，应进行精心设计。

8　网络信息检索工具的关键词检索

（1）关键词检索功能的必要性。关键词检索功能和分类浏览检索功能是网络信息检索工具的两大基本检索功能。在国外，关键词检索功能为网络信息检索工具所必备，而分类浏览检索功能则尚有极少数该类检索工具所未备。关键词检索之如此普及，除了它是一种基于自然语言的主题检索方法以外，主要是由于关键词的抽取可以完全自动化。

（2）关键词检索的缺陷和现有增强关键词检索功能的措施。网络信息检索工具的关键词检索，其基础是对网页信息进行自动索引所建立的数据库。其基本检索方法是输入若干表达检索要求的关键词，检索工具默认关键词间的关系是逻辑或（OR）关系，即每个关键词都可独立命中网页，在排列检索结果时则把被全部关键词命中的网页排在最前面。这种简单的关键词检索方法检索效果太差，所以可以说没有一种网络信息检索工具单纯使用这种检索方法，而是辅以各种各样增强其检索功能的措施，包括布尔检索、加权检索、限定检索（限定条件种类很多）、截词检索、词组检索和短语检索、用自然语言语句检索、概念检索（同义词扩展）、区分大小写检索和不区分大小写检索、容错检索（模糊检索）、相关信息反馈检索、相似网页检索、在结果内再次检索、多语种检索和检索结果翻译、自动链接分类类目（作用类似于概念检索）、从结果网页转到其他搜索引擎检索、过滤检索（家庭音像资料过滤功能）、检索提问修改、按相关度排列检索结果（方法有多种）、对检索结果粗分类和在检索结果中将新闻报道单列、提供关于提高关键词检索效率的建议。

(3)从中文关键词检索角度的讨论。①关键词检索基本原理十分简单,原始模式的关键词检索方法易用性很好,但检准率很低。目前国外网络信息检索工具在应用关键词检索方法时,无一例外地都辅以上述某些增强其检索功能的措施。越是力求检索效率高的检索工具,采用上述措施越多,关键词检索易用性的优点也就丧失越多。关键词检索方法之所以在网络信息检索工具中被广泛应用,一是因为主题检索途径不可缺少,而更主要的是因为在索引数据库建库过程中可以采用完全自动化方式的缘故。②在上述增强关键词检索功能的各种措施中,起主要作用的是布尔检索、加权检索、限制检索和按相关度排列检索结果四种措施。③网络资源的建库前筛选对关键词检准率的保障有重大意义。④就中文网络信息检索工具而言,主题检索途径不可缺少,面对浩如烟海的网络信息资源,不可能采用人工主题标引,关键词检索方法也是必然选择。采用各种增强关键词检索功能的措施也成为必由之路。但上述各种增强关键词检索功能的措施必须有选择地进行吸取,而不应完全照搬。⑤中国人应当创造关键词检索的特色。创造这种特色的要点是把主题法原理和分类法原理结合起来,把自然语言原理与人工语言原理结合起来。

9　网络信息检索工具的关键词检索、概念检索、分类浏览检索一体化

(1)一体化在提高网络信息检索工具检索性能上的作用。三者一体化的实质,是在关键词、概念(用主题词表达)、分类类目(或分类号)之间建立对应关系,从而可以使它们互相转换。三者一体化在提高网络信息检索工具检索性能上的作用可归纳为:①通过关键词→概念词的对应,将检索提问所使用的关键词转换成概念词,再转换成多个同义关键词扩展检索式进行检索(称为概念检索),可在不影响检准率的情况下提高检全率。②通过关键词→(概念词)→类名的对应转换:a)作为分类体系的自然语言接口,当用户不清楚他所需要的信息属于何类时,关键词起着类目索引的作用,可通过关键词进入分类系统,这是一种分类浏览检索的易用化措施;b)在关键词检索中,可转向分类类目,把检索限定在类目范围内进行,或首先在类目范围内进行以排除无用信息,或首先检出高质量信息,因为分类浏览检索的索引数据库是经过剔选的;c)作为分类体系的自然语言接口,也可供分类标引人员使用,不但可提高分类标引的速度,还有助于提高分类标引的准确性和一致性;d)反映关键词→(概念词)→分类类目对应关系的对应表,可作为在自动抽词基础上的半自动分类标引(人机结合的分类标引)的工具,这种方法,是目前最有条件实现的分类标引自动化方案。③通过分类类目→概念词的对应,可选择合适的概念词转换成关键词在分类类目内检索,这等于细化了分类体系,可提高检准率;或在整个索引数据库内进行概念检索,可获得较高的检全率。

由此可知,实现三者一体化将是对现有网络信息检索工具构造模式的一个很大改进。

(2)实现一体化的核心技术。编制关键词—概念—分类体系对应表,是实现一体化的唯一形式和核心技术。对应表的质量决定一体化的质量。运行对应表的自动转换程序的编制却是相当简单的。

10　网络信息检索工具的特色服务

(1)特色服务项目的概念与重要性。网络信息检索工具中的一个特色服务项目犹如一

部动态的参考工具书，内容都是网络用户日常生活中需要经常查询的信息。在国外的网络信息检索工具中，特色服务项目一般称为"专题检索"，如当日新闻、电话号码簿、电子邮件地址、旅游信息、股市行情、地图、就业招聘信息，等等。为这些信息每种设一专题，加以广泛收集，及时更新，并使其处于比较醒目的位置以方便用户查询。这些特色服务项目——专题检索，可以看做是该网络信息检索工具分类体系中的一个使其比较突出地列出的类目。

从用户利用综合性网络信息检索工具的实际情况看，检索日常生活所需的信息占有较大的百分比，因此，编辑好特色类目，对满足其用户的信息需要具有相当的重要性。特色类目往往是一些重点建设的类目，它相当于一个专门的微型网络信息检索工具，其内容范围都比较完整，这正是特色类目的特色之处。特色类目常常提供不止一种检索功能。

（2）特色类目的性质和主题领域。特色类目可以说都是一些参考资料和参考数据性质的信息，根据对各种网络信息检索工具的调查，其专题领域大致有：当日新闻、新闻组、电话簿、电子邮件地址查询、地图、交通路线、人物检索、域名查询、气象资料、旅游信息、电视节目查询、网络游戏、娱乐、音乐、图片、体育信息、聊天室、股市行情、公司信息、商品信息、广告、就业招聘信息、健康、法律、图书期刊、免费资源、共享软件、最优5%网站、热门网页（酷站）、新站，等等。就一个网络信息检索工具而言，这些主题领域不可能都作为特色类目（专题检索），而只选择其中几项，但其他主题领域的内容在一般类目中仍可查到。

参考文献

储荷婷等. Internet网络信息检索——原理　工具　技巧. 清华大学出版社，1999

写完于2000年8月20日，上海

载于《图书馆杂志2000年理论学术年刊》

网络信息检索工具增强关键词检索功能的措施

1 关键词检索功能是网络信息检索工具的两大基本检索功能之一

关键词检索功能和分类浏览检索功能是网络信息检索工具的两大基本检索功能。在国外,关键词检索功能为网络信息检索工具所必备,而分类浏览检索功能则尚有极少数该类检索工具所未备。

关键词检索之如此普及,是由于关键词的抽取可以完全自动化。但是,简单的关键词检索方法命中过多,检准率很低,往往达到使用户无法容忍的地步。而且命中过多并不意味着极少漏检有用信息。所以,简单的关键词检索方法,面对着浩如烟海的信息资源,是难以使网络用户满意的。

目前,网络信息检索工具中种类繁多、五彩缤纷的语词检索方法,可以说都是为增强关键词检索功能而采取的措施。那些检索方法从其实质而言都属于关键词检索一类,都是对关键词检索从某个方面的改进。

2 网络信息检索工具中增强关键词检索功能的措施

网络信息检索工具的关键词检索,其基础是对网页信息进行自动索引所建立的数据库。其基本检索方法是输入若干表达检索要求的关键词,检索工具默认关键词间的关系是逻辑或(OR)关系,即每个关键词都可独立命中网页,在排列检索结果时则把被全部关键词命中的网页排在最前面。

可以说没有一种网络信息检索工具仅仅使用这种简单的关键词检索方法,而是辅以各种各样增强关键词检索功能的措施。下面列举的各种增强关键词检索功能的措施,可以认为是国外有关关键词检索的各种研究成果(或者说有关自然语言检索已达到实用水平的各种研究成果)的综述。

2.1 布尔检索

如果说,使用多个关键词进行检索可改善关键词的检索性能,那么,布尔检索是保证多关键词检索正确操作的基本规则。

布尔检索对关键词检索效率的改进是多功能的,即它既可用于提高检准率的目的(使用 AND 和 NOT 算符,实质是提高专指度和缩小检索范围),也可用于提高检全率的目的(使用 OR 算符,实质是扩大检索范围)。不过,两者之间存在着互逆相关性。即使用 AND 和 NOT 算符会影响检全率,使用 OR 算符会影响检准率。

2.2 加权检索

它是对布尔检索的改进,可在既保障检全率又保障检准率的前提下,按相关性排序输出检索结果,即相关度最高的信息资源排在最前,相关度最低的信息资源排在最后。

加权检索方法在网络信息检索工具中使用时,大多是采用简化的方式,即使用“ + ”号或选择“must contain”表示某个关键词“一定要出现”在检索结果中或某项内容“必须包含”在检索结果中;使用“ - ”号或选择“must not contain”表示某个关键词“一定不能出现”在检索结果中或某项内容“一定不能包含”在检索结果中;不加符号或选择“should contain”表示某个关键词“可以出现”在检索结果中或某项内容“可以包含”在检索结果中。

2.3　限定检索

这是在网络信息检索工具中使用得相当广泛的检索方法,一般可缩小检索范围,从而减少不需要信息的输出。限定检索均属选项,限定条件多种多样,包括:

(1)限定字段,也称字段检索,即限定关键词必须是处于页面中的某个位置的。如限定在标题、统一资源定位地址(URL)、链点文字、网页文字、特定站点等部分。

(2)限定两个关键词在文本中的距离,也称相邻度检索或邻近检索。这是文本检索所需要的。

(3)限定网页深度(即网页层次)。

(4)限定在某一专题内检索。如果网络信息检索工具设有某些检索专题,则关键词可限定必须出现在某个专题内,如新闻组、黄页、白页、电子邮件地址、广告、道路地图、股票行情,热点商业新闻,等等。

(5)限定首先在经专家选择的网页内(即限定在某一分类类目内)检索,并把检索所得排列在检索结果的前面,可提高关键词检索质量。

(6)限定首先在5%最优站点范围内检索,并把检索所得排列在检索结果的前面,可提高关键词检索质量。

(7)限定检索对象(站点类型)。如新闻站点、个人网页、商业站点、非营利站点、教育站点、军事站点、政府站点,等等(根据域名后缀)。

(8)限定网络资源类型。公司信息、指南和名录、活动公告信息、拍卖信息、学习信息、新闻发布信息,等等。

(9)限定数据类型。如文件、声音、图像、音像、HTML的成分、内含编程语句,等等。

(10)限定日期。如特定日期之前或之后的网页,最近某段时间内建立或修改的网页,等等。

(11)限定地区或域名。

可以看出,某些限定条件检索对减少不需要信息的输出具有重要意义。

2.4　截词检索

截词检索有字面成族的作用,而字面成族的词中有一部分或大部分甚至全部又是概念成族的,所以利用截词检索可提高检全率,但会带出一些误检的网络资源。绝大部分网络信息检索工具都具有截词检索功能。

截词检索使用截词符(通配符“ * ”)表示作为检索用词的关键词的某一部分允许有词形变化。截词检索包括右截词(后端截词、前方一致)、左截词(前端截词、后方一致)、中间截词(前后方一致)和左右截词(中间一致)。在网络信息检索工具中使用的主要是右截词,部分支持中间截词,左截词则极为罕见。

截词必须适可而止,截去部分过多会大大增加误检率。

与截词检索基本相同的是自动添加语法变化词。这种方法没有带出误检资源的副作用,但必须有一个词形变化对应表作为条件。

2.5　词组检索和短语检索

词组检索和短语检索是把组成词组或短语的若干词加上引号作为一个关键词进行检

索,可提高检准率(但有时会漏检一些相关资源)。

2.6 用自然语言语句检索

有这一功能的网络信息检索工具允许用户以自然语言语句表达检索要求,检索工具利用非用词表排除非关键词,然后把剩余的词作为关键词进行检索,一般有助于提高检准率。自然语言语句检索的质量与非用词表的质量有关。

2.7 概念检索

有这一功能的网络信息检索工具可借助于一个同义词表对用户输入的关键词自动添加同义词,有助于提高检全率,但不会降低检准率。

2.8 区分大小写检索和不区分大小写检索

区分大小写检索可提高必须用大写(如人名、机构名等)的关键词的检准率,但会降低既可大写也可小写的关键词的检全率。

不区分大小写检索可提高既可大写也可小写的关键词的检全率,但会降低必须用大写的关键词的检准率。

一般网络信息检索工具忽略大小写,有的检索工具要求正确使用大小写,有的则提供两种方式供选择。显然,是否需要大小写检索可供选择者优点较多。

2.9 容错检索

也称模糊检索。容错检索主要指用户在输入提问关键词时的输入错误,检索工具可自动纠错。这一功能在一些文字处理软件中也有。

这里所谓的"模糊检索"与我国对该词的用法是有差异的。

2.10 相关信息反馈检索

这是指利用输入相同关键词的其他用户在检索结果中选中相关网页的信息来帮助选择网页(至少把其他用户认为与检索要求真正相关的网页排在前面)的检索方法。

2.11 相似检索

当用户发现一个网页非常符合检索要求时,可点击相似检索按钮,检索工具会将该网页的关键词作为检索用词,检出与该网页内容相似的网页(具有相同关键词的网页),并把最初选定的网页作为检索结果中的第一个网页。

2.12 在结果内再次检索

这实际上是一种修改检索提问的方法(对检索提问做进一步的限定),可提高检准率。

2.13 多语种检索和检索结果翻译

某些网络信息检索工具提供多语种检索功能,其实现方法有:①提供不同语种的检索界面(有的建立不同语种的版本),对相应语种的网页进行检索;②将用任何一种语言输入的关键词,自动翻译成所选语言的对应关键词,增加到检索提问中进行检索,其检索结果并不翻译。

检索结果翻译则是通过自动翻译以选定的语种输出检索结果,可极大地方便网络用户。

2.14 自动链接分类类目

对于关键词检索而言,这是一种扩检的方法,通过分类类目的聚类作用,可检出更多相关的、与关键词字面不能匹配的网页,其作用类似于概念检索。

2.15 从结果网页转到其他检索工具检索

有的网络信息检索工具的检索结果网页提供转到其他检索工具去用相同关键词进行

再次检索的功能,以扩大检索范围,提高检全率。

2.16 过滤检索

也称家庭音像资料过滤功能,即自动删除那些包含毒品、赌博、种族歧视、色情、暴力等内容的网页。某些网络信息检索工具提供这种检索功能。这种功能的实现是通过收集与上述内容有关的词汇,构成一个词汇表,用它来在检索过程中进行过滤。另一种实现方法是对众多站点预先进行自动筛选,将那些不含有上述内容的站点命名为绿色站点,用户可专门检索这些站点。过滤检索不可能过滤得很彻底。

2.17 检索提问修改

检索提问修改功能大多数是针对检索结果的情况,对原来的检索提问做进一步完善,排除检索结果中不需要的网络资源,相当于在检索结果中再次检索。与在检索结果中再次检索不同的是,检索提问修改功能也可以进行扩检,弥补第一次检索的不足。

2.18 按相关度排列检索结果

这项功能可在大量的检索结果中,使用户首先阅读内容可能是最相关、最有用的网络资源。每个网络信息检索工具都有按相关度排列检索结果的功能。这一功能可以认为是对检索结果做自动甄别。用户通常只有时间阅读那些排在最前面的网络资源,甚至只可能阅读那些排在最前面的网络资源的一部分或一小部分。

按相关度排列检索结果,一般采取把全部包含所输入的若干个关键词的网页排在最前面,把只包含一个关键词的网页排在最后面的方法。

有的检索工具则提供多种检索结果排列方案,如:所有关键词是否都出现在页面中;按照关键词在页面中的密集程度(出现频率)排序;按照关键词是否出现在页面开头部分排序;按照关键词是否出现在页面标题中排序等。用户可选择若干种排序方案,每种分级打分,然后计算总分。这实际上是按用户最希望的排序方案(或者说按筛选方案)排列检索结果。

此外也有按站点名称或域名、按网页建立或修改时间的反顺序等的排列方法。

按相关度排列检索结果实际上是对检索结果再次进行加权检索,但不一定是对关键词加权。

2.19 对检索结果粗分类

将一次检索结果的全部网页按关键词分布和站点分布情况进行聚类,形成若干类别,用户可选择某个或某几个类别进行浏览阅读,而不必遍览整个检索结果列表,这实际上也是一种检索结果排序方法。

2.20 在检索结果中将新闻报道单列

新闻报道不同于其他信息资源,它属于网络资源的一种特殊类型,很容易识别,而且其信息价值也与其他网络资源有差别,有的网络信息检索工具在检索结果中将新闻报道单列,这对用户选择利用检索结果是一种方便措施。

2.21 以统计链接数判断网页重要性

在对检索结果进行排序时,信息资源本身的价值也应是重要因素。如果有大量网页链接到某一网页,或有一些网页链接到该网页,该网页的重要性会增加。有的网络信息检索工具综合考虑了网页的被链接程度和关键词出现频率及出现位置等,作为检索结果的排序依据,这是一种可取的方法。

2.22 关于提高检索效率的建议

关键词检索看似简单,其实也有许多规则和技巧。为提高关键词检索效率,有的网络信息检索工具向用户提供了一系列正确使用关键词检索方法的建议,这也是提高关键词检索效率的一种措施。

3 从中文关键词检索角度的讨论

总观以上各种增强关键词检索功能的措施,可以看出:

(1)关键词检索基本原理十分简单,原始模式的关键词检索方法容易操作,但命中过多,检准率很低,往往达到使用户无法容忍的地步,而且,命中过多并不意味着极少漏检。所以,它应用于网络环境时,面对浩如烟海的信息资源,是难以使网络用户满意的。目前,所有的网络信息检索工具在应用关键词检索方法时,无一例外地都或多或少采用上述增强其检索功能的措施。越是要求检索效率高的检索工具,采用上述措施越多,关键词检索易用性的优点丧失越多。实际上,目前网络信息检索工具中的所谓"高级检索"方法(即采用增强措施的关键词检索方法),甚至比分类浏览检索方法更为复杂得多了。关键词检索方法之所以在网络信息检索工具中被广泛应用,一方面是主题检索途径不可缺少,而更主要的原因是利用它能使建立索引数据库的过程完全自动化。

(2)在上述增强关键词检索功能的各种措施中,起主要作用的是布尔检索、加权检索、限制检索和按相关度排列检索结果四种措施。

(3)网络资源的建库前筛选,对关键词检准率的保障有重大意义。例如,限定首先在经过专家选择的网页内(即限定在某一分类类目内)进行关键词检索,并将检索所得排在检索结果的前面;限定首先在5%最优站点范围内检索,并将检索所得排在检索结果的前面。这类方法对提高关键词的检准率,减少不需要信息的输出,无疑会起很好的作用。但网络资源建库前筛选的覆盖面有限,且时效性也较差,尤其是完全自动化所不可能实现的。

(4)对中文网络信息检索工具而言,主题检索途径不可缺少,面对浩如烟海的网络信息资源,不可能完全采用人工主题标引,关键词检索方法是必然选择。采用各种增强关键词检索功能的措施也成为必由之路。但上述各种增强关键词检索功能的措施,必须有选择地进行吸取,而不应完全照搬。有些好方法的采用,尚须创造条件。

中国人应当创造使用关键词检索的特色。创造这种特色的要点是把主题法原理和分类法原理结合起来,把自然语言原理与人工语言原理结合起来。

(5)采用上述各种增强关键词检索功能的措施还不可能彻底消除关键词检索的缺陷,甚至不可能基本消除关键词检索的缺陷,因而也不可能否定网络信息的人工标引在现阶段的必要性和合理性。也就是说,网络信息的全自动标引虽很理想,也有必要采用,但要达到完善程度还有很大距离,这一距离估计不可能在较近的时期内克服。

储荷婷等在1999年10月出版的《Internet网络信息检索——原理　工具　技巧》一书前言中说的下面这段很风趣的话很值得我们寻味:"令您苦恼的是,即使使用这些检索工具,您往往得到的是成千上万条似是而非的网站名称,面对它们您不得不承认'因特网信息检索定律':在因特网上您总能找到(甚至只能找到)您不需要的东西。"我的理解:①这段话是美国流传的一则幽默;②这段话是针对关键词检索的缺陷说的,因为分类浏览检索不可能出现这种情况;③这段话其实并没有全盘否定关键词检索,更没有否定网络信息检索工具的作用；④这段话给我们一个信息：国外在自然语言检索方面还没有突破性进展；⑤全自动标引无疑是一个应当研究的方向和可以采用的方法，但不要对它的优点太夸大、对它的主要缺点能在短期内克服太乐观而忽视了人工语言及情报语言学原理在网络信息检索中的应用价值。

参考文献

[1] 储荷婷等. Internet网络信息检索——原理　工具　技巧. 清华大学出版社，1999

[2] 张琪玉. 情报检索语言的发展趋势（与吴建中的对话）. 图书馆杂志，1996（4）

写完于2000年6月14日，上海

载于《图书馆杂志》2001年第1期

网络信息检索工具的竞争力要素

1 众多的网络信息检索工具面临着竞争的局面

虽然网络信息检索工具几乎都供免费使用,但实际上,开发、维护这些检索工具的信息服务机构多数以营利为目的。

每一个商业性信息服务机构为了收回开发网络信息检索工具所投入的资金,为维护和进一步发展所开发的检索工具还需继续投入,并力求获得更多盈利,而信息市场空间是有限的,故各种网络信息检索工具都面临着竞争的局面。网络信息检索服务机构股票的上市,正说明了网络信息检索服务是一种商业活动,以营利为目的而不可避免市场竞争。

也有一些属于非营利性的开发机构,它们所开发的网络信息检索工具一般仅为本单位(如高等学校)人员服务,并且规模也不大,投入资金有保障,但也有一个保证质量以取得实效的问题。现在,这类检索工具中一些投入较大而有相当规模者,也要求推向市场,作为第三产业经营管理,因而也要面临市场竞争。

2 有效服务是增强网络信息检索工具竞争力的核心

网络信息检索工具竞争取胜的主要标志,是拥有更多的用户,提高检索工具的声誉和权威性。用户数量及他们对检索工具的评价是关键。

一个网络信息检索工具实际上有两部分用户。一部分是希望利用检索工具获取信息以解决自己问题的用户(这是在明面上的用户),一般为其免费服务,但也有少数项目可以收费;另一部分是希望利用检索工具传播自身信息的用户(这是在其背后的用户),其中多数用户要付费,是网络信息服务机构收益的主要来源。但这两部分用户都很重要,缺一不可,而且互相影响。很明显,一个用户很少、声誉不高、没有权威性的网络信息检索工具,它的各种收入是不可能很多的。

用户数量的增长和声誉的提高来自于有效的服务,特别是对希望利用检索工具获取信息以解决自己问题的那一部分用户的有效服务。有效服务是增强网络信息检索工具竞争力的核心。

有效服务是以网络信息检索工具的各种竞争力要素为基础的,本文的重点在于阐明这些要素。

3 网络信息检索工具竞争力诸要素

3.1 检索工具对服务对象的适应能力

在因特网普及到社会的各个方面、各个角落,与社会生活产生了千丝万缕联系的今天,网络信息检索工具的服务对象极为广泛,从院士、专家、教授到各种专业人员,从企业家到股民,从政府公务员到文化艺术工作者,从家庭主妇到中小学生,几乎除文盲以外的所有各种人群,他们的需要千差万别,获取信息的能力也存在很大差异。

正像没有一种标准能适应一切情况一样,不可能用一种模式来建立能满足一切网络用户需要的检索工具。所以,应遵循区别服务的原则有针对性地为不同用户服务。

虽然不可能为每一位用户"量体裁衣",但至少可把千差万别的检索要求归并为普通检索要求和专业检索要求两类(或许还应增加少年儿童的检索要求一类),从而建立为普通用户需要服务的检索工具和为专业用户需要服务的检索工具。由于有些信息是两类用户都需要的,有时专业用户也需要普通用户所需的信息,因此,国外一些综合型网络信息检索工具常常把检索功能分为所谓"普通检索"和"高级检索"两个部分,企图能分别满足两类检索要求,但这种做法实际上很少能真正达此目的。

对哪一类用户都应使用全力周到地为他们服务。综合型检索工具事实上其侧重点和特长都是适应普通用户的需要,因而不大可能真正满足专业性的检索要求。如果它们真正既要为普通用户又要为专业用户提供满意的服务,则至少应在其中设置多种模式(例如为各种类型的信息资源和为各种类型的用户群建立不同的数据库和提供不同的检索模式),以增强检索工具对服务对象的适应能力。

3.2 覆盖率和信息质量

覆盖率指综合性网络信息检索工具的索引数据库占有网络资源总量的份额,或专业性网络信息检索工具的索引数据库占有该专业领域网络资源总量的份额。目前,号称收录上亿网页的那些检索工具也只能占有网络资源总量的一小部分(据估计不超过20%),其覆盖率是很有限的。

覆盖率当然越大越好。但是,如果考虑到网络信息资源中存在着大量低质量的信息和"信息垃圾"以及重复的信息,那么,一个信息质量高但数量较少的检索工具,比之另一个信息质量低但数量较大的检索工具,其覆盖率不一定就小。覆盖率与信息质量应联系起来看。

3.3 标引深度和标引准确率

网页是一种多层次的超文本结构,犹如一部著作的整体和章、节、小节,标引深度是指标引到网页的哪一层次。有的检索工具只标引主页(第一层次),有的则标引到第二、第三甚至更深的层次。标引深度大,检全和检准信息的可能性也会提高。

标引深度的另一方面是指对网页的各种项目或内容进行部分标引还是全文标引。例如,有的检索工具仅标引文件名和目录名,有的仅标引文件名、文件标题和文件正文前20行或20%的内容,有的则是对网页信息做名副其实的全文标引。一般而言(仅仅是一般而言),标引项目或内容愈多,检索效果也会愈好。

网络信息标引的准确率决定检索效果。准确的标引才能保证检索工具的检索效果,反之,完美的检索机制则可能会受不准确的标引影响而发挥不了其应有的功用。

目前自动标引水平还比较低,人工标引虽然投入大但要比自动标引准确,这是不言而喻的。当然,不可能对数量极其庞大的网络信息资源完全进行人工标引,但结合建库前筛选对一部分质量较高的信息资源进行人工标引还是可能的。

3.4 检索功能的多样性和高效性

网络信息检索工具的检索功能可概括为分类浏览检索和关键词检索两种主要功能。两者都应具备,缺少两者之一的检索工具是绝对缺乏竞争力的。关键词检索除简单关键词检索外,还有布尔检索、加权检索、限定检索和按相关度排列检索结果等多达20多种增强其功能的措施,那些措施一般都称为检索功能(详见《网络信息检索工具增强关键词检索功能的措施》一文），每种检索工具一般采用其中的若干种。每种检索功能都有一定的适用范围。

各种检索功能的检索能力也有差异。有些检索能力较强，成为每个检索工具不可缺少的基本检索功能，有些检索能力较弱，它们是辅助的检索功能。每种辅助检索功能往往能补充基本检索功能某方面的不足，但实现它们一方面要付出一定的代价，另一方面会使检索操作复杂化，必须衡量它们在特定场合使用的利弊。

选用哪些检索功能以及检索功能的多少，都会对网络信息检索工具的整体检索能力产生影响。

3.5　数据库提供信息的时效性

网络信息瞬息万变。除每天都有大量新的信息在网上发布以外，还有大量原有网站、网页的内容进行更新和淘汰，有些网站则撤销或改变网址，从而使检索工具所提供的信息失去时效性。

为了使所提供的信息保持时效性，各种检索工具都规定其数据库更新的周期，并力求缩短更新周期。

采用自动建库方法的检索工具更新周期较短，采用人工建库（实际都是部分地采用人工建库）的检索工具更新周期则要长得多。更新周期一般为一周，最快的不到一小时，最长的则为一个月甚至更长。

其实，更新周期可针对信息资源的类型、站点的类型而有所区别，以保证某些重点信息的时效性。

3.6　检索工具的易用程度

检索工具的易用程度极为重要。易用的检索工具有助于用户顺利检索而受到青睐，获得好评。

网络信息检索工具的易用性由许多因素构成，诸如检索软件的结构、检索界面的设计、提供检索功能的多少和种类、概念是否明确而且逻辑性强、检索规则或检索技巧掌握的难易程度、是否提供多语种检索、检索结果是否便于利用、检索结果是否能翻译等，都与检索工具的易用程度有关。所提供的信息是否经过剔选，也是影响易用程度的一个重要因素。

网络信息检索工具的易用程度事实上与用户的文化程度和专业知识有密切关系。一种检索功能对于这一类用户来说是易用的，可能对于另一类用户来说是不易使用的。所以，检索系统的设计必须针对用户群的具体情况。

3.7　导航服务、文献数据库服务、具体信息发布传递服务相结合

网络信息检索工具的主要职能是在信息海洋中进行导航，使用户能够使用最准确的检索方法、花最少的时间和金钱，就能找到恰好是（而且只是）他所需要的信息。

网络信息检索工具的质量目前还远远不及一些经过图书情报工作者标引的专业数据库。这些专业数据库收录信息资源数量很大而且质量较高，它们现在也通过万维网界面提供服务，其中有些还免费供用户检索查询，这无疑可弥补专业人员的检索需要。这一类专业数据库，实质是联机和光盘检索工具的网络版，它们的检索功能和效果都是现有网络信息检索工具望尘莫及的。

另外，网络信息检索工具每天都有大批用户访问，有的网络信息检索工具最繁忙时访问者一天达到1200万。这就说明，它们是发布各种具体信息以及广告的最佳工具。

所以，把导航服务、文献数据库服务、具体信息发布服务结合起来，进行全方位的信息服务，也是网络信息检索工具增强竞争力的一个要素。

3.8 特色服务项目

网络信息检索工具的特色服务项目有两层含义：一是自己独有而其他检索工具所没有并符合用户需求的服务项目；二是做得特别好并符合用户需求的服务项目。特色服务项目的多少在同行竞争中起着重要作用（参看《网络信息检索工具中的特色服务项目》一文）。

3.9 注重中国特色

中国的网络信息检索工具即使做得比外国网络信息检索工具毫不逊色，还是要依靠中国用户的青睐才能生存和发展，外国用户虽然也可能来使用，但数量肯定不会多。

就目前而言，因特网可以说是英语信息网的代名词，说因特网上有庞大的信息量可供自由获取，这仅仅对于精通英语的用户而言是如此，而对于我国大多数用户来说，这只是“画在纸上难以充饥的饼”。

因此，注重中国特色极为重要。要尽可能多地、尽可能详细系统地收录和揭示中文的信息资源。所提供的检索功能也要符合中国用户的实际情况，切忌照搬国外的经验。

3.10 减负原则的贯彻

网络信息检索工具目前最突出的缺陷是检准率太低，用户的一个检索提问往往能检索出几千甚至上万条信息，达到无法挑选的程度。所以，用户在选用网络检索工具时，检准率成为一个重点考虑的因素。检准率高的检索工具有较大的优势。

提高检准率，一方面要完善检索功能，另一方面则要贯彻减负原则。

所谓减负，就是要通过各种措施，保证尽量少地输出无使用价值或使用价值不大的信息，尽量减轻用户对输出结果进行甄别、筛选的负担。

减负的主要措施，是对收入检索工具的信息资源进行建库前剔选，以及对信息资源进行评价，推荐最有信息价值的网站（一般为5%）。

3.11 联合经营

面对犹如汪洋大海的巨大网络信息资源，可以说任何一个信息检索服务机构都不可能控制无遗。实际上，每种网络信息检索工具都只能控制其中的一小部分。但是，若几个服务机构联合起来，在某些项目上互相补充（在组织上分工协作，在技术上只需互相链接），就可能取得竞争优势。

3.12 价格策略

在信息市场的竞争中，信息产品和信息服务的价格策略是一个十分重要的竞争力要素。影响信息产品和信息服务定价的因素是多方面的，其中有政策、法规方面的因素，经济发展状况特别是市场竞争方面的因素，社会心理和文化环境方面的因素。而制定信息产品和信息服务的价格可以说是一种市场竞争的艺术，要考虑利润目标、短期和长期的市场占有率目标、应付和防止竞争的对策和树立信誉、形象等诸多因素。

写完于2000年5月30日，上海

载于《江苏图书馆学报》2002年第2期

关于提高网络信息关键词检索效率的思考

网络信息检索工具关键词检索效率甚低,这可以说是研究者们一致的看法。

从网络信息资源文本中自动抽取关键词作为标引用词,在网络信息资源数量极其庞大,增长极为迅速的情况下,这似乎是最佳的模式,但这也是造成网络信息关键词检索效率甚低的根本原因。换句话说,采用自然语言加自动抽词的模式,从建立数据库的角度看是最理想的,从检索效率看是最不理想的,这实在是一种无奈。

面对网络上犹如汪洋大海的信息资源,如果放弃自然语言加自动抽词的模式,可能会使任何研究者感到茫然。看来,必须朝着改进自然语言加自动抽词模式的方向继续走下去,不断深入研究。

当然,分类检索也是保证网络信息检索工具检索效率的至少是同等重要(甚至是更重要)的一个方面,也是必须不断深入研究的方向。

造成网络信息关键词检索效率甚低的原因,也正是提高其检索效率所需要研究的各个方面。提高网络信息关键词检索效率,似需从以下诸多方面入手:

• 从改进自动抽词技术入手。在汉语自动分词的准确率方面当前似乎已不成问题,问题在于要从文本自动分词结果的实义词中准确地识别出(或者说抽出)核心词(文献主题概念词),即保留对文献的标引和检索确实有用的一部分词和词组,排除对文献的标引和检索无用或用处不大的那部分词和词组。这是自动抽词经过几十年的研究至今尚未突破的大难题。

假如从一篇文献中自动抽出100个关键词,其中有5个重要词,15个次要词,30个更次要词,50个无用词,则如何保留重要词,排除无用词,其检准率的差别是可想而知的。

可见,改进自动抽词技术,既是最关键的,但也是不能唯一指望的措施。

• 从改进网页入手。这可能是最有希望的措施,因为网页是自动抽词的依据。网页的制作如果能为高质量的自动抽词创造条件,问题也就简单多了。网页应当规范化,包括:①网页项目和格式的规范化;②网页诸项目内容的规范化。规范化最有效的措施是实行“在版编目”或补行“在版编目”。在版标引不但可提高质量,而且可将人工标引化整为零。或许,需要有编制网页的专业服务人员和专门服务机构。目前,推广元数据就是这方面的措施。

要改进网页结构。一个网站的全部信息资源应是一个有机整体,像一部书一样,应有条理清晰的目录和索引,反映它的层次和各部分内容。

• 从控制信息资源质量入手。包括网站分级、信息资源评价、采取降低信息污染的措施等。

• 从改进标引方法和标引规则入手。对某些信息资源可考虑采用人机结合的标引方式。应针对不同的信息资源类型采取不同的标引策略。全文标引的方式应当根据具体需要有限地采用。

• 从采取组织措施入手。包括建立机构、培训人员、制定规范、协作共享、发展相应服务业等。

- 从改进检索软件入手。检索软件要采取多种增强关键词检索功能的措施，其中布尔检索、加权检索、限制检索和按相关度排列检索结果四项措施尤为重要（参见《图书馆杂志》2001 年第 1 期《网络信息检索工具增强关键词检索功能的措施》一文）。
- 从引进后控制和分类法主题法一体化模式入手，使关键词在检索过程中受到一定程度的控制。

写完于 2002 年 1 月 25 日，上海

载于《图书馆理论与实践》2002 年第 6 期

网络信息检索工具的分类体系

1 分类体系对网络信息检索工具质量的影响

1.1 分类浏览检索功能是网络信息检索工具的主要检索功能

目前研究网络信息检索工具的大部分文献把网络信息检索工具划分为检索型和目录型两种基本类型。所谓检索型检索工具,是指提供关键词检索途径的检索工具;所谓目录型检索工具,是指提供分类浏览检索途径的检索工具。但实际上,单纯的检索型检索工具和单纯的目录型检索工具目前并不多见,绝大多数的网络信息检索工具都提供以上两种检索途径,是混合型的检索工具。

分类浏览检索与关键词检索在检索性能上是互补的,这是为什么混合型的检索工具占绝大多数的原因。

分类浏览检索途径的优点在于:分类体系结构具有"物以类聚""鸟瞰全貌""触类旁通"的作用,可以把内容庞杂、种类繁多的网上资源有系统地组织起来,用户能很方便和有效地系统掌握与利用一个学科或专业范围或主题领域的知识和信息,即使未掌握检索原理和技巧的用户,也能通过从大类到小类到细目的逐层深入,比较容易检索到与其检索目的具有针对性的网络信息资源;分类体系的"透明度"较高,用户通过分类浏览常可"发现"他所需要但并不知道该事物名称的信息,不像关键词检索必须首先确知所需信息相应事物(或主题)的名称才能入手检索,或者说,不知道名称的新事物、新知识,通过关键词检索途径往往是难以检得的;再有一点是,网络信息检索工具供分类浏览的网络信息资源几乎都是经过人工筛选和人工标引的,所以检得的网络信息资源质量较高。

分类浏览检索途径也有局限性,主要是:自动分类目前还不够成熟,加之信息资源的质量控制更无法实现自动化,故绝大多数检索工具都只能采取人工筛选和人工分类方式建立供分类浏览检索用的数据库,建库成本高,时效性较差。面对浩如烟海的网络信息资源,任何网络信息检索服务机构都无力对其做包罗无遗的控制,故从分类浏览途径检得的网络信息资源数量较少(但质量较高)。分类体系是一个逻辑结构,通过分类浏览检索途径进行检索不像通过关键词检索途径那样直接,用户必须做出一系列逻辑判断,缺乏与检索对象有关的专业知识者有时不能一次达到目的。

关键词检索途径的优点在于:关键词是自然语言,直接使用关键词进行检索对于普通用户似乎不存在障碍(深层次的障碍仍是存在的);由于网页可进行自动采集,关键词可进行自动抽取,故建立一个供关键词检索用的数据库比较容易,数据库对整个网络的信息资源的覆盖面比供分类浏览检索用的数据库要大得多,所检得的网络信息资源也会更多些;关键词检索对于某些数量极少、内容新颖并已知确切名称的检索对象,检索起来要比从分类浏览检索途径入手容易得多。由于实现索引数据库的自动建库时效性好,建库成本低。

关键词检索途径有较大局限性,主要是:自然语言中的多词一义、一词多义、词义含糊现象普遍存在,而关键词系统极少进行规范化处理(即将关键词检索升级为概念检索),故漏检率较高,检准率也受影响;对自动采集的网页不可能进行筛选,检得资源既多又鱼龙混杂,对检索结果的甄别量大;自然语言的字词匹配检索方式很不严密,在用单个关键词进行检索时,往往会检出大量资源,检准率很低,有时到达无法容忍的地步,若用多个关键词组配检索,在提高检准率的同时又往往会扩大漏检率。关键词检索系统像一个"黑箱","透明度"很低,只有熟练掌握其检索技巧的用户,才能顺利达到检索目的。

总之,从分类浏览检索与关键词检索的比较中可看出,能在信息海洋中真正起导航作用的是分类浏览检索功能,对关键词检索功能的恰当评价应是作为分类浏览检索功能缺陷的补充。

1.2　分类体系的质量对网络信息资源分类组织质量的重大影响

如果说,能在信息海洋中真正起导航作用的是网络信息检索工具的分类浏览检索功能,那么,发挥这项功能的关键环节是其分类体系。分类体系的质量对网络信息资源分类组织的质量和易用性会产生重大影响。

决定分类体系质量的因素有:

(1)分类体系的制订是否符合文献依据原则和用户依据原则。所谓文献依据,在此处改称为网络信息资源依据可能更为确切。也就是说,分类体系的类目设置和组织,应符合网络信息资源的实际情况,既能包容内容庞杂、种类繁多的网络信息资源、又能反映网络资源的特点。所谓用户依据,则是指符合网络用户的实际需要。由于因特网正不断地向社会的各个方面深入普及,网络用户类型及其信息需求类型远比图书情报机构的用户类型和文献需求类型更为多种多样。制订分类体系时应针对用户的多层次、多样性的信息需求来考虑类目设置和组织,建立便于各类用户分类浏览检索的分类体系。

(2)在制订分类体系时,分类体系结构类型的选择、分类大纲(一级类目)的确定、类目细分程度、具体类目的设置、类目内容范围的规定、类目隶属和排列的逻辑性、类目名称措词的准确性、明确性和通用性、类目的注释、类目的链接以及方便标引和查检的措施等,都会对网络信息资源分类组织的质量产生影响。

(3)分类体系是否具有开放性和可变性、是否符合网络信息检索工具向全面的、多样性的信息服务发展的趋势,对各种信息服务在分类体系中做出适当的、具有远见性的安排,最终也会对网络信息资源分类组织的质量产生影响。

2　网络信息检索工具分类体系的现状分析

调查了43种综合型网络信息检索工具,包括中文检索工具37种(内陆22种,香港、台湾及其他地区15种),英文检索工具6种。其中,单独型检索工具40种,集合型检索工具3种(英文的)。

经过整理后,各种概念在类目中的出现频率见下表:

概念	·级类目	二级类目	专题栏目
当日新闻,新闻,时事,社论	3	2	2
热点聚焦,社会热点,焦点,焦点新闻,聚焦信息	3	3	
活动与议题,动态信息,BBS	1	2	
酷站,新站			2
分类广告		1	

续表

概念	一级类目	二级类目	专题栏目
政治,政府,中央政府,各地政府,管理机构,机关,行政,政策	28	11	
法律,立法,法规,司法	7	6	
国防,军事,军校		9	
经济,商品经济,财经	22	2	
工业,纺织	13	4	
农业,林业,牧业,渔业	1	5	
商业,商务,贸易,买卖,商场,商店,供求信息	29	4	
房地产,地产,房屋资讯,物业	2	5	
法商管理,财务	2		
金融,银行,投资	11	12	
证券,股票,股市,股市检索,期货	3	6	2
保险	1	2	
理财	1		
教育,教学,进修,学习,补习,专题教育,升学考试	37	8	
大学,大专院校,独立院校,学院,大中院校,专科		17	
国外院校,留学		7	
中学,小学,幼教,学校		8	
教育法规,教育查询,校园刊物		3	
资讯教育		1	
科研,研究,成果,发明,专利,项目科研基金	6	8	
媒体,大众传播,大众媒体,多媒体,广播,电视,电影,影视	21	26	1
报刊,报纸,期刊,学刊通讯,科技期刊,杂志社	1	16	
网络书籍杂志,在线杂志,新媒体杂志,电脑杂志		3	
出版,图书,图片,摘要,出版社	4	4	
新闻,新闻天地,新闻检索,新闻组检索	19	14	1
文化	25	3	
艺术,艺林文苑	28	4	
文学,小说,散文,幽默	8	13	
美术,绘画,国画,漫画,动画,摄影	1	14	
音乐,舞蹈,戏剧,表演	2	14	
体育,运动,健身	32	8	1
球类,篮球,足球,游泳,水上运动,赛车,武术	1	13	

续表

概念	一级类目	二级类目	专题栏目
比赛,赛事,场馆	1	4	
娱乐,消遣,游戏,棋牌	35	12	
博物馆,展览会,艺术馆		5	
文体动态		1	
世界体育导报 sohu 网络			1
保健,卫生,健康	32	3	1
医学,中国医学,医疗,疾病,医药	19	20	1
环保,环境	1	4	
社会福利,公益	2		
休闲	30	2	
衣食住行,家居	1	1	
购物,市场	10	5	
服饰,服装,时装	1	3	
美食,饮食,餐饮,食品,营养	2	10	
时尚,流行时尚,摩登,新奇,化妆		4	2
聊天,谈天,情趣,收藏,集邮,电子贺卡,宠物世界	1	8	1
休闲资讯		2	
旅游,旅游资讯,宾馆,饭店	12	13	
交通,运输,汽车,航空	2	8	
城市地图,地图检索,地图信息	1		1
时刻表		4	
服务,生活服务,公共服务,公众服务	12	2	
人才市场,人才服务,人力资源,就业,招聘	4	7	
电话簿,黄页检索,白页检索,邮政编码	2	5	1
天气,气象,天气检索,日历	1	2	1
资讯,资讯服务,资讯业,资讯公司,生活资讯	7	3	
儿童,儿童世界,少年儿童	3		
社会,社会生活,社会学	21	2	
人文,人类	13		
家庭,交友		6	
节日,民俗		2	
宗教	6	4	
血型星座论命		2	

续表

概念	一级类目	二级类目	专题栏目
人物,自传,政治家,科学家	2	3	1
作家,艺术家,艺人,音乐家,画家,漫画家,		11	
运动家,运动员,运动明星		3	
机构,组织	2	5	
组织		1	
教育机构,科研机构,研究所,出版机构,新闻机构,体育组织	2	8	
医院,保健院所		4	
工商机构,公司,企业,贸易机构,服务机构,企业集锦	4	15	1
社会团体,社团,中央团体,同学会	3	3	
国际,国家,区域,省市,地区	4	3	
中国,中国内地,北京,上海,深圳,香港,台湾,美国		10	
各地新闻,中国内地新闻,香港新闻,台湾新闻		4	
美国新闻,日本新闻,韩国新闻		3	
世界地理和文化,历史	3	5	
外国资源,地区性资料	1	1	
个人主页	1	1	
个人兴趣	1		
图书馆		8	
综合参考,参考,参考资料,工具书,参考工具	12	3	
词典,词汇表,缩略语,引语		5	
资料库,工商资料库,免费资源,爱特信免费资源收藏		3	1
社会科学	15	1	
人文科学,人文学科,经济学	4	1	
哲学	3	3	
语言,语言文字,考古,人类学		6	
自然科学,基础科学,科学,科学技术,科技	30	3	
天文学,地球科学,空间科学,数学,物理,化学,电子		14	
生物学,生物工程,心理学		5	
建筑		2	
工程技术,工业技术,能源	1	3	
电脑,计算机,硬件,外设,软件,作业系统,网页编程	38	23	
通信	2		
互联网,国际网络,网络,因特网,Internet	26	12	

续表

概念	一级类目	二级类目	专题栏目
中国互联网主页,新加坡中文网站,地区站点	2	1	
搜索引擎,国内搜索引擎,导航,导览,网路指南,网猴	2	3	2
Web 检索,FIP 检索,国际检索	3		
WWW,ISP/ICP,ICP,中国 ISP		7	
Internet 服务商		1	
网页编程		1	
网上新闻,网上教育,网上购物	1	3	
其他	2		
追本溯源	1		

注:二级类统计不全,三级类基本未统计。

43 种检索工具的分类体系都属于主题分类法类型,都是为建立本检索工具的需要自编的。

这些分类体系都从普通用户的检索需要出发,突出日常需要(如教育、文化、保健、休闲、旅游、服务、就业等),几乎完全不适合专业检索的需要。

这些分类体系的严密性较差,有许多类目的隶属关系令人不可思议(如建筑隶属于艺术),除 3 种可以看出是按类名字顺排序的以外,其余都没有明显的排序规律,逻辑性很差,与传统文献分类体系的系统性根本不能相比。

类名措词随意性大,某些类目的类名很含糊,如“人类”。

许多分类体系的覆盖能力较差,使某些内容无法分类,而有些类目似又多余。更成问题的是有些资源不知可在何类找到。

列类五花八门,在各分类体系之间缺乏一致性。在这五花八门的分类体系使人对这些检索工具的分类标引规则不知所以。这无疑会既导致标引错误,也降低检索效率。

总之,与图书情报机构所使用的分类法相比,这些分类体系的构建十分粗率,这是网络信息检索工具需要改进并有很大改进余地的薄弱环节。

3　网络信息检索工具分类体系的设计方针

3.1　为不同类型的需求提供不同特性的分类体系

从对 43 种综合型网络信息检索工具分类体系的调查可以看出,现在通行的那些检索工具都是为一般网络用户设计的,虽然五花八门,但都是一个模式,它们都属于主题分类法类型,具有通俗性,虽然十分粗率,却与广大普通用户的需要相适应,有其优势。但是,这种类型的分类体系不可能构建得很系统和很严密,显然不能满足专业检索的需要。因此,许多专业性检索工具,甚至收费的检索工具也有存在的空间。根据区别服务原则,应为两者提供不同特性的分类体系;在一个完善的网络信息检索工具中也不妨设置两种,甚至更多种不同特性的分类体系(如中国教育科研网的《网络指南针》,就提供学科分类、图书分类、普通分类三种分类体系),以满足不同类型的检索需要。图书情报部门一个单位统一使用一种分类体系的理想在网络资源检索中不但不理想,而且不必要。区别服务原则是达到有效服务的前提，是网络信息检索服务领域的竞争中得以取胜的重要方针。

3.2　在统一框架下设置分散独立、各自完整的分类体系

在一个检索工具中供普通用户使用的综合性分类体系只能有一个，但为满足专业分类检索的需要，就没有必要把各个学科、专业的信息资源都以一种体例统一于一个分类体系中。在统一框架下，不同学科、专业的网络信息资源可以使用多个各具特色、自我完善的专业分类体系。这样做虽会产生交叉重复，但有些交差重复也无妨，而且只能对各个学科、专业的用户更方便。若对相同资源的检索采取设置多个类目链接点的方式来解决，这只是一个分类体系的结构问题，在网络信息资源的标引中并不会增加工作量。

3.3　分类体系的类目设置不以网罗全部网络信息资源为目标

供普通用户分类浏览使用的分类体系，不必要包罗所有网络信息资源，不要对不必提供的信息资源设立类目，以减轻用户负担。资源的提供应与用户的需要适配，这除了在标引过程中进行筛选外，在制定分类体系时就应把好这一关。应贯彻有资源才设类目的原则，不要对不应提供的资源设立类目，对需要筛选掉一大部分剩下不多的资源可只设立简略、较低级位的类目。

3.4　分类体系应具有开放性和可变性，并应有反映新颖信息的措施

网络信息资源必然越来越丰富，相应的，分类体系也应有所发展和做相应的变化，所以，分类体系应具有开放性和可变性。特别是，在网络时代，信息的传递速度极为重要，分类体系应有反映新颖信息的措施。

3.5　一个供普通用户使用的分类体系框架（一级类目）

下面提供一个分类体系框架。这个框架吸取了现有各种综合型网络信息检索工具分类体系编制中有益的经验，并考虑了类目之间的联系和排列次序的合理性。

当日新闻/热点信息/新颖信息/专栏/广告
政权/行政/法律/治安/军事/国际关系
经济/工业/农业/商业/房地产业
金融/证券/保险/税收
教育/学习/教材/科研/知识产权
媒体/报刊/出版/新闻组/图像资源
文化/文学/艺术/体育/娱乐
保健/医药/环保/公益
休闲/购物/服饰/美食/装潢/家政
旅游/交通/地图/时刻表
生活服务/就业/电话簿/气象
儿童/青少年
社会/婚姻/家庭/民族/道德/宗教
人物/机构/党派/团体/会议
国际/国家/地区
个人主页
图书馆/工具书/参考资源
文献数据库/免费资源
社会科学/人文科学/哲学
自然科学

工程技术/农业技术
电脑/通信/互联网/网络导航

4　改进网络信息检索工具分类检索性能可采用的一些方式方法

下面各点都是指改进供普通用户使用的分类体系的方式方法：

(1)供普通用户使用的分类体系选用主题分类法模式，主题概念的隶属采用多重属分关系，使各个类目的内容相对完整。

(2)分类体系应体现网络导航、文献数据库服务、直接信息服务相结合。

(3)将专题检索内容纳入总的分类体系，突出表示特色类目；也可在分类体系外设立专题，并在分类体系中用链接作双重反映。

(4)一级类目设置数量可多些，并采用类组列类方式，以尽量利用主页界面的空间，使用户在主页界面中获得有关整个分类体系的较全面并且较多(相当于二级类目)的信息。

(5)类目的细分控制在五级左右，分类层次过多会影响检索速度，分类层次少则会加重用户浏览、选择的负担。

(6)选用通用的、较为概括的、能准确揭示网络信息资源主题内容的、切近普通用户日常检索需要的名词做类名，尽量避免使用普通用户陌生的术语。

(7)专业性检索要求使用专业分类体系，可在供普通用户使用的分类体系中设置链接点，也可链接相关的专业检索工具。

(8)采用自然语言接口，或者说为分类体系配备一个索引。

(9)对于重要数据库和重要网络信息资源，除设专类集中揭示外，还应在相关类目下设立专门链接点。

(10)在各类中尽可能多设与其他有质量的专业检索工具的“友谊链接”。

(11)地区类目除历史、地理外，都属双重标引。

(12)多加注释，指导用户检索。

(13)分类浏览界面与检索工具的易用性关系密切，应进行精心设计。这其中既有检索心理问题，也有技术问题。

参考文献

[1] 陈树年. 搜索引擎及网络信息资源的分类组织. 图书情报工作,2000(4)
[2] 陈笑辉等. Yahoo 的分类体系结构及原理探微. 图书情报工作,1999(9)
[3] 孙晓. 关于 Yahoo!. 图书馆杂志,1998(5)
[4] 强自力. 网络分类目录及其分类法. 大学图书馆学报,1999(4)
[5] 范并思. 信息环境剧变中的图书馆学:现状与亮点. 图书馆杂志,1999(6)
[6] 黄建年. 网络信息分类浅议. 情报学报,1999(6)
[7] 洪漪等. 分类法在信息网络中的应用. 情报学报,1998(1)
[8] 马张华等. 指南型网络分类体系初探. 大学图书馆学报,2000(3)
[9] 马张华. 文献分类法在网络资源组织中的应用. 图书情报工作,1999(12)

写完于 2000 年 5 月 29 日，上海

载于《江苏图书馆学报》2002 年第 4 期

因特网大众分类法

yintewang dazhong fenleifa

因特网大众分类法(popular classification of Internet)

供因特网大众用户浏览检索网络上的大众信息资源而创制的一种新颖分类法,其分类对象是网站而不是网页。

这种分类法属于主题分类法性质。其一个类目相当于一个主题词(或大或小的主题领域)而不是学科或专业范围。这种分类法除具有普通的传统分类法的检索工具属性外,商业性(广告性、大众性、竞争性)是其特有的属性,各种热门类目在这种分类法中占有主要地位。

这种分类法将类目按其概念的包含关系构成等级结构,用鼠标点击可层层展开,直到展示网站目录,再用鼠标点击网站名称则可观看其网页,相当便于做分类浏览检索。

这种分类法一般设十几个到二十几个大类,往往把一些大众用户访问频率高的热门类目(如休闲、旅游、生活服务、电脑、个人主页等)提高其级位,而把传统分类法中相当于大类的类目压低其级位(如把社会科学、人文科学、哲学压缩为一个大类,对自然科学的许多学科合并设一个大类)。分类层次较少。重复设类以方便检索也是这种分类法的特点。

这种分类法编制比较粗略,如类名措词比较随便并具有商业广告性,类目之间的逻辑关系不够严谨,同位类的排列缺乏系统性,没有类目索引,等等。

著名的因特网大众分类法有 Yahoo!、eBLAST、Galaxy、搜狐(Sohu)等的分类法。

写完于 2005 年 12 月 23 日,上海

载于《中国情报学百科全书》

因特网上的大众分类法

因特网大众分类法的问世引起了震惊

随着因特网的发展，出现了大批网络信息检索工具（俗称搜索引擎）。这些检索工具所使用的分类法与图书情报界使用的传统分类法有许多差异，引起了我国图书情报界研究者的关注，在专业刊物上发表了几十篇介绍和研究的文章，成为一个研究热点。可以这样说，大众分类法的问世引起了震惊。

大众分类法产生的背景

网络上综合性检索工具所使用的这种分类法，称为大众分类法（或通俗分类法）比较恰当。这种分类法的产生有其“文献依据”和“用户依据”。因特网的用户非常广泛，其绝大部分属于非专业研究型用户（可称为一般用户或普通用户），那些综合性网络信息检索工具的主要服务对象正是占绝大部分的一般用户，所以，其使用的分类法，自然是针对一般用户的需要和素养来编制的。分类法的列类，以一般用户所需要的信息资源为主要依据；分类法类名的措辞，则照顾一般用户在检索方面的素养。

大众分类法的基本特点

（1）因特网上大众分类法的分类对象主要是网站，而不是某项具体信息。网络信息检索工具的分类索引数据库一般都是人工标引的，面对着数量庞大的网站，只可能标引其中的一小部分，而对网站做深层次的分类标引则更难做到了。

（2）这种大众分类法比较粗略，因为它们的分类对象主要是网站而不是网站所包含的详细内容，它们犹如期刊分类表，不可能也没有必要详细列类。

（3）这种大众分类法主要是适应一般网络用户的需要，它们不包括网络资源中的全部信息。或者说，它们作为重点分类的，只是一般网络用户所需要的信息资源。这种分类法的类目是有许多缺门的。

（4）这种大众分类法由于使用它的网络信息检索工具的网站多数是商业性的，要求随着用户需求热点的变化而变化，所以分类表的动态性很强，会随着热点信息和新颖信息的出现而增加新类目、调整某部分分类体系乃至重编分类表。

（5）这种大众分类法的类目因迎合一般用户的习惯用语和素养，其类名往往并不反映信息资源的学科属性。

大众分类法代表分类法发展的总趋势吗

大众分类法可以说是一种新事物。面对这种分类法的出现，有些研究者认为它代表了分类法总的发展趋势，代表了未来分类法的模式。我以为，这个论断是缺乏充足证据的。

从上面列举的大众分类法的特点可以看出，这种分类法是适应某些用户群的需要而编制的，犹如儿童图书馆图书分类法是专为儿童读者编制的一样，它不可能满足一切网络用户的需要,它也不可能满足全部文献和网络资源分类的需要。面对着文献信息类型的多样性和用户的多样性,分类法也需要多样化。可以说,没有一种分类法类型能同样好地分类一切类型的文献信息和同样好地满足一切用户的检索要求。我相信,网络上这种大众分类法的出现,正适应了广大的一般网络用户的需要,这种分类法确有其优势;这种分类法的某些优点,也值得为传统分类法借鉴和吸取。但是,这种大众分类法,不可能应用于公共图书馆(例如县以上图书馆),更不可能应用于各种专业性图书情报机构。传统分类法向大众分类法模式改造是不可想象的。大众分类法模式不能代表分类法发展的总趋势。同样,传统分类法可以用于网络信息资源的组织,但它取代网络上的大众分类法恐怕也不会是一种发展趋势(某些网络信息检索工具将其作为第二分类体系或许可行)。

大众分类法的改进

上面已指出,网络上的大众分类法的出现,正适应了广大的一般网络用户的需要,这种分类法确有其优势。但是,这种分类法目前普遍存在的缺点是编制相当粗糙,主要表现在:

(1)分类体系的逻辑性、严密性不够,列类缺门(指大众分类法应该列出的类目没有列出)、类目隶属随意性等,是一种普遍现象,需要改进。

(2)类名措辞太随便,许多类名很难理解其内容范围,也需要改进。

(3)缺少类目索引。英文的大众分类法许多是类目逐级按字顺排列的(这并不可取),中文大众分类法的大多数,类目既不按系统性排列,也不是逐级按字顺排列,毫无规律可言。即使系统性较好的分类法,配备一个类目索引(特别是自然语言入口型的索引)也是非常必要的。

(4)多篇文章提到大众分类法的统一化(或标准化)。从用户角度看,统一化便于使用多个网络信息检索工具;从提供网络信息检索工具的网站的角度看,统一化可能有不利于商业竞争的一面。不知是否可以拟定一个统一的分类框架(类目在1000个以内,大类可多些,最细不超过四级,有自然语言入口),但允许使用者做局部增删修改。

写完于2001年9月6日,上海

载于《图书馆理论与实践》2002年第3期

因特网大众分类法若干问题的探讨

在网络信息检索问题中，分类法问题是最为图书情报界学者们所关注的，有关论述估计不少于150篇。由于大家的视角不同，在许多问题上认识不大一致，在此我也谈谈自己的认识。

关于网络信息的分类法，我曾写过下列几篇专文，并在其他一些文章中有所提及。几篇专文是：①网络信息检索工具的分类体系（载于《江苏图书馆学报》2002年第4期）；②因特网上的大众分类法（载于《图书馆理论与实践》2002年第3期）；③网络信息工具的热门类目（载于《图书馆杂志》2002年第8期）；④因特网大众分类法的本质属性（载于《图书馆杂志》2002年第11期）；⑤因特网大众分类法的标准化问题（载于《中国索引》2004年第1期）；⑥因特网大众分类法——一种独创的分类法（载于《江西图书馆学刊》2003年第1期）；⑦分类浏览型网络信息检索工具的主要缺陷（载于《中国索引》2005年第1期）。

本文无非是上述文章的综述，仅对个别问题做进一步阐述。

1 一般问题

1.1 分类法的类型定位

因特网之所以能吸引数以亿计的用户，是因为在网上存在着数量极其庞大的大众信息资源（或曰公共信息资源）。所谓大众信息资源，是相对于学术信息资源而言的。学术信息资源的用户比之大众信息资源的用户要少得多。

信息资源的类型、信息用户的类型与信息分类法的类型应协调一致，才能获得最佳的效果，这就是分类法的文献依据和用户依据原理。

从信息资源角度看，网络信息分类法的主要分类对象应是大众信息资源，故应适应分类大众信息资源的需要。当前在因特网上流行的分类法（如雅虎、搜狐等的分类法）正是适应分类大众信息资源的分类法。

从信息用户角度看，网络信息分类法的主要服务对象应是网络大众用户，故应适应网络大众用户查检的需要。当前在因特网上流行的分类法也正是适应网络大众用户需要的分类法。

所以，我把当前因特网上流行的分类法的类型定位为“因特网大众分类法”。我的几乎所有文章都强调这一点。这是我对这种类型的分类法的最基本的认识。我认为只有从这一基本认识出发，对其他各种问题才能做出正确的判断和处理。

必须说明，因特网上也存在着数量极其庞大的学术信息资源。学术信息资源主要被收录在各种文献数据库（文献目录数据库和全文数据库及数字图书馆）中，那些数据库使用传统分类法和主题法，目前很多也与自然语言检索方法并用，但不使用因特网大众分类法。有关传统分类法用于网络信息检索工具的报道虽然也能找到一些，但多为用于组织学术信息资源的网络信息检索工具（包括专业导航系统），尚未见用于组织大众信息资源的检索工具的成功事例的报道。

1.2 对分类法本质属性的认识

认识分类法的本质属性是编制一部优秀分类法的前提。因特网大众分类法除具有能分类组织知识和信息使之可供检索与浏览的功能这一任何分类法都有的本质属性外,还具有可作为达到商业目的的工具的属性,即商业性。这是它所特有的与传统分类法大不相同的另一本质属性。

目前,因特网上的综合性网络信息检索服务网站几乎都是由商业机构创办经营的,即以营利为目的的。作为它们营利的工具即网络信息检索工具的一个重要构成部分的因特网大众分类法,必须帮助其达到商业目的,或者说帮助其获取利润。

供免费使用的综合性网络信息检索工具作为一种营利工具,其营利的机制是这样的:一个网络信息检索服务网站实际上有两部分用户,其中一部分是利用网络信息检索工具获取信息的用户,这是在明面上的用户,一般为其免费服务;另一部分则是利用网络信息检索工具发布自己信息的用户(其中绝大部分是发布广告的用户),这是在背后的用户,其中多数要付费才能得到服务,那是网络信息检索服务网站收益的主要来源。网站的收益,除去支付建立和维护供免费使用的网络信息检索工具的一切成本,就成为营利。

因特网大众分类法的商业性具体体现在依据它编制的网络信息检索工具的广告性、大众性、竞争性之中。

(1)先说广告性,这是最不易理解但也是最重要的。因为因特网信息检索服务网站的主要营利来源是广告费收入,网络信息检索服务网站实际上也是一种广告商。因特网大众分类法在广告经营活动中的作用有两个方面,其直接方面是结合某些具体类目传播广告,但这不是主要的;其间接方面是为穿插于网络信息检索工具中的广告吸引大批观众,这才是主要的。

(2)大众性。争取千千万万用户来访问网站是使以网络信息检索工具为载体发布的信息(广告信息等)发挥最大作用的不可缺少的措施。很大的访问量是网络信息检索服务网站对全体付费用户最好的回报。要争取很大的访问量,网站的服务方向必须定位在占网络用户绝大部分的大众用户方面,即以网络大众为服务重点。故大众性是因特网大众分类法占主要地位的本质属性。因特网大众分类法必须从两个方面适应网络大众用户,即适应他们的检索需求和适应他们的检索素养。

(3)竞争性。商业竞争非常激烈,网络信息检索服务网站之间的竞争也是如此。这种竞争必然要体现在其所使用的分类法是否能受到网络大众的欢迎,从而提高网站的声誉,吸引更多的用户来访问网站也吸引更多的信息发布者来利用网站上面。

以上几点说明,因特网大众分类法既与传统分类法有相同点,又与传统分类法有很大差别。这种差别不仅是由于它所分类的网络信息资源的种种特点,而更主要的是由于它的方针任务和服务对象的特殊性。在这里,用户依据原则优先于文献依据原则了。的确,“用户是上帝”!

很好把握因特网大众分类法的本质属性,从而采取各种对路的(有效的)方法和措施使其本质属性体现得更充分,才能把这种分类法编得更好。传统体系分类法的准则和惯例不一定都适用于因特网大众分类法的编制。

2 分类法的结构问题

2.1 分类体系的框架

即大类设置问题。包括下列三点:

（1）应设置多少大类的问题：大类应多设一些，以类组形式列出（类组中的每个概念必须可单独点击），这样既可使所有重要概念都能在第一层出现，把二级类提升到一级类，减少层次，又不至于显得太零散。

（2）应设置哪些大类的问题：我曾提出一个框架，现摘录如下（序列略有调整）：

当日新闻/热点信息/新颖信息/专栏/广告
政权/行政/法律/治安/军事/国际关系
经济/工业/农业/商业/房地产业/汽车业
金融/证券/保险/税收
教育/学习/教材/科研/知识产权
媒体/报刊/出版/新闻组/图像资源
文化/文学/艺术/体育/娱乐
保健/医药/环保/公益
休闲/购物/服饰/美食/装潢/家政
旅游/交通/地图/时刻表
生活服务/就业/电话簿/气象
社会/婚姻/家庭/民族/道德/宗教
人物/机构/党派/团体/会议
国际/国家/地区
社会科学/人文科学/哲学
自然科学
工程技术/农业技术
电脑/通信/互联网/网络导航
个人主页
图书馆/工具书/参考资源
文献数据库/免费资源
儿童/青少年

以上 85 个重要概念以 22 个类组形式出现，因归于某一类组的概念都有一定联系，故形式上可以认为是 22 个大类；因类组中每个概念都可点击，故实质是 85 个一级类，即大类。大类虽多，但并不使人觉得零散。每个类组的第一个概念较常用，易于记忆。

（3）大类序列问题：大类还是以系统序列为好，以访问频率、字顺排列或任意排列都使人觉得零乱，无助于了解整个分类体系，无助于迅速找到目标。

2.2　分类体系的层次

分类体系的层次涉及换屏次数，影响查检速度，层次一多，使人厌烦，故应尽量压缩。一些层次可用增加同位类的方法压缩，多采用类组（与处理大类的原理相同）也可压缩层次。

2.3　热门类目与突出列类

所谓热门类目，是指用户最需要的、被频繁访问的那些类目。可以说，热门类目是因特网大众分类法的骨干，起着满足网络大众需要的主要作用。在 2.1 中列举的绝大部分概念，都可以认为是因特网大众分类法的热门类目。热门类目是从网络用户访问频率中提炼出来的，是对用户的需要进行调查的结果。

能否抓准热门类目，是编好因特网大众分类法的重要环节。而能否把热门类目编得内容很充实和新鲜,则是编好网络信息检索工具的重要环节。

因特网大众分类法的编制固然要抓准抓好热门类目,其他类目也应很好安排。但是,不必以网罗全部网络信息资源为己任,对于学术信息资源,不必平衡列类。

2.4 按地区分类问题

按地区划分设置的大类及其他级别的类目(内容大多为重复反映)在大众信息资源检索中是很受欢迎的一项措施。许多因特网大众分类法都设有“国家/地区”大类,应予肯定。对此大类的细分要精心设计,形成特色。

2.5 为文献数据库设置大类

文献数据库是经过选择和精细组织的学术信息资源,集中设置大类,可方便学术信息资源的检索,很有必要。因特网大众分类法为学术研究服务,此大类可发挥重要作用。

免费学术数据库和免费开放的学术网站在此大类中设一并列类目集中重复反映,也是符合许多网络用户需要的。

2.6 类目隶属的逻辑关系

不注重类目隶属的逻辑关系,可以说是各种因特网大众分类法的通病,大大影响了分类法的质量。类目逻辑关系混乱,会造成一些资源“失踪”和用户查找它们的时间浪费,甚至对检索工具失去信心。

2.7 同位类排列的系统性

同位类的排列,有按访问频率排列、按类名字顺排列、任意排列和按系统排列等方法。中文网站大多任意排列使用户不得要领。同位类还是按系统性排列,照顾类目内容之间的亲、疏、远、近关系,讲究逻辑性为好。

为了同位类的系统排列,分类号码不可少。但分类号码对用户无用,不要显示出来。

2.8 多重列类与多向成族

多重列类的特点是同时采用几个分类标准分别建立几个平行的子目系列,这几个系列之间内容是交叉(矛盾的)的。多重列类在体系分类法中标引文献时会出现类目选择的困难,在网络分类法中却方便检索,宜适当采用。如2.4按地区划分设置的重复类目,即属多重列类。

多向成族是指一个类目具有多向隶属关系,可以成为多个类目的下位类。例如,“建筑艺术”既可隶属“建筑”类又可隶属“艺术”类,因此在两类下都可列出小类。这种方法在因特网大众分类法中可以多用。但应注意类名措词,例如,有的分类法用多重列类法在“艺术”类下列类时用“建筑”做类名就不妥(用“建筑艺术”做类名才正确)。同时,多重列类的几处类名应一致。

2.9 复分类目的标准化

一些因特网大众分类法在许多类目中列出“索引”“期刊”“历史”“人物”“机构”等子目,这类复分性的普通子目排列又分散,造成零乱不堪。应当将这些子目集中和标准化,放在一系列同位类的最后。

2.10 临时性类目的设置及分类体系的局部修改

分类法应与时俱进。对于因特网大众分类法来说,类目和分类体系的变动比之体系分类法要容易得多。所以,可以根据某一时期的特殊需要设置临时类目,过时即撤去(如“非典”)。此法很好,可适当利用。另外,分类体系到需要时,也可修改,进行局部刷新。

3　分类法的类名措词问题

分类法的类名措词,应遵循"确切、科学、简洁"原则。对于因特网大众分类法而言,此原则尤为重要。

3.1　类名的确切性要求

类名必须确切揭示类目的内容范围(外延),宽泛无当的类名和不能概括类目实际内容的类名,都是不宜使用的。

在必要的情况下,可以使用置于括号中的注释或限定词。但不宜使用倒置式限定。

因特网大众分类法普遍采取"大类>>二级类>>三级类……"的类目显示方法,对明确类目的外延也很有效。

3.2　类名的科学性要求

类名措词的科学性是指要使用正确的语词,不易引起误解。科学性并不妨碍通俗性,但通俗性应符合科学性。

因特网大众分类法的类名不一定一律使用专业术语,而是以使用最广大用户容易理解和正确理解的名词为首选。

文艺性类名的使用是一个有争议的问题,我以为可以使用于较低级位的类目,起到吸引网络用户的特殊效果。

方言不宜用做类名。

3.3　类名的简洁性要求

因特网大众分类法的类名力求简短。由于这种分类法是主题分类法,类名相当于主题词,而且层次较少,所以尽量少用多字类名是可以的。

提倡用类组形式的类名。

4　分类法的类目索引问题

尽管因特网大众分类法具有简单明了的特点,但某个小类到底隶属于哪个上位类,某个概念到底在什么地方能找到,许多用户还是要费一些周折。因此,类目索引仍属必要,很必要。目前,因特网大众分类法都没有类目索引,这是一个很大的缺陷。设置类目索引,在技术上不会有困难(可使用快速定位技术)。

有多篇文章提到分类法主题法一体化,有的文章提到自然语言接口。其实,分类法主题法一体化、自然语言接口与类目索引的功能是基本相同的,索引本身就是一种比较完善的自然语言接口,并比分类法主题法一体化更易实现。

5　分类法的标准化问题

许多研究者主张因特网大众分类法要搞标准化。我对此不赞同。因为因特网大众分类法具有商业性、竞争性,搞标准化必然是大网站占优势,小网站失去生存的条件,所以,标准化不符合大家的要求。

我曾提出有限程度的、没有约束力的标准化。

分类法的编制规则标准化是有益的。

许多文章主张用《中图法》来实现因特网大众分类法的标准化,我认为不可能。《中图法》经过改造来取代现有的因特网大众分类法，结果只能是不伦不类。我认为，因特网大众分类法是一种适应网络上的大众信息资源检索的需要而独创的分类法，它与传统的体系分类法各有渊源，各有使命，不能互相取代。

《中图法》完全有可能也有必要上网，但用它去类分大众信息资源，还不如使用现有的因特网大众分类法为好。

最后，顺便提一提，现有的网络信息检索工具都是分类网站，而并非分类网页。一个网站犹如一种杂志，所以，分类浏览型网络信息检索工具犹如一个期刊分类目录。对于进行兴趣阅读的用户，找到符合兴趣的网站即可认为符合检索要求，是适用的。但是对于为了解决某一特定问题而进行网络检索（其性质是情报检索）的用户，找到一些相关的专业网站却还不能解决问题。他还要付出很多时间和精力，从网站中搜寻与它的问题相关的信息资源。如果在第一个网站中搜寻不到所需的信息资源，或者搜寻所获不多，则必须转到另一个或更下一个网站继续搜寻。花了很多时间和精力而一无所获的情况是常有的。这无疑是一种极笨的检索方法。这是浏览型网络信息检索工具对于情报检索的主要缺陷。当然，不能把这个缺陷归咎于因特网大众分类法。但如何改善这种状况却是摆在我们面前需要解决的任务。网站和重要的网页能够都收录就比较理想。

写完于 2005 年 9 月 1 日，上海

载于《图书馆论坛》2005 年第 6 期

因特网大众分类法是独立创造而不是对传统分类法的改进和发展

1　因特网大众分类法属于哪种类型的分类法

可以从以下三方面来说明因特网大众分类法的所属类型：

(1)从结构看，它是主题分类法，它的一个类目，相当于一个主题词，表述一个事物概念，按事物集中信息资源。它具有将相当于主题词的类目大致按分类排列的体系结构，与按范畴分类排列文献款目的叙词目录有些相似，当然它的范畴层次比叙词系统要多得多。它的这种结构十分便于进行浏览性检索。

(2)从适用人群看，它是大众分类法，它的主要服务对象是最广大的普通用户。这类用户有两个特征：一是文献信息检索知识少或原来根本没有；二是它们需要的网络资源主要是“老百姓”生活需要类资源，很少需要学术研究类资源。

(3)从使用环境看，它是网络分类法，只能在网络环境中使用。

2　因特网大众分类法产生的背景

因特网大众分类法的产生，是适应因特网发展的需要。因特网的完全开放原则，它被商业化利用，促使网络资源剧增和最广大的民众拥上因特网。因特网上的信息资源不但极其丰富，而且极为分散和无序，造成网络信息交流传递的阻塞，获取网络信息资源变得十分困难，需要一种导航工具来帮助人们提高上网成功率。鉴于自动分类尚不能实用(因此只能用人工来对庞大的网络资源作比较简单的分类处理)，分类对象只是网站而非网页，以及有鼠标点击技术的支持，使当前形式的大众分类法得以产生。美国人习惯使用字顺排序和检索可能也是形成目前这种大众分类法结构的一个因素。

3　因特网大众分类法并非是对传统分类法进行改造、完善的结果

许多文章作者大概是以为因特网大众分类法来自传统体系分类法，是对体系分类法的继承(改造)和发展的结果，因此总喜欢拿这种新出现的大众分类法与我们用惯了的传统体系分类法做评比分析，指出它哪些地方对传统体系分类法做了改进，哪些地方改得还不如传统体系分类法。其实，因特网大众分类法并非是对传统体系分类法进行改造和完善的结果，而是一种独立设计，是一种适应因特网特殊需要的创造。当然，也不能说绝对是“前无古人”，例如，英国布朗于 1906 年发表的《主题分类法》(SC)，以及本文开头提到的叙词法按范畴分类排列文献款目的使用法。但是，也很难说因特网大众分类法就是渊源于主题分类法(SC)和叙词法。

因特网大众分类法所进行的创造对于传统体系分类法而言，其可借鉴处并不很多。传统体系分类法模式对因特网大众分类法的意义也不是很大。硬把两者拉扯到一起评比分析，似乎没有太大的必要。

从质量看，因特网大众分类法相对于传统体系分类法而言可以说是一个倒退，而不是什么改进和完善。从实用性看，传统分类法的条条框框(方法和规则)对于因特网大众分

类法的进一步改进也不会是根本性的。

因特网大众分类法与传统体系分类法是两个有不同用途和不同构造原则的分类法,它们可以在某些微观上互相吸取,但不宜以某一种为标准来改造另一种。两种分类法各有自己的使命和用途,可以各得其所。

4 因特网大众分类法尚待成长、成熟

对因特网大众分类法可以适度赞美,它目前还并不很完善。它目前的水平,说明尚处于未成熟阶段,总的说来是很粗糙,还不定型,有待成长、成熟。目前主要是需要对其各种构成要素做深入的研究,使其"精细"起来、完善起来。

不要拿因特网大众分类法来否定传统体系分类法,传统体系分类法有其特定的使命和用途。

传统体系分类法一定会走上网络,但因为自己的使命和用途,它们不会像因特网大众分类法那个样子。有些传统体系分类法已走上网络,它们的情况正可以说明这一点。

5 怎样看待因特网大众分类法采用的某些方法

因特网大众分类法采用的方法大家比较关注的有:

(1)多重列类和重复列类。在分类体系中随处可见。此法可以消除"集中与分散"的矛盾,等于把使用体系分类法的目录中"交替参照"变为"互见",检索方便。在网络信息检索工具中,采用多重列类和重复列类,实现起来很简单,加一超链接即可解决问题。体系分类法若用于网络环境,同样也可较多地采用多重列类和重复列类,但在手工检索中则不行。

(2)突出列类(小概念列大类)和压缩列类(大概念列小类)。用得也很多。这对于具有商业因素的因特网大众分类法而言,确实有影响普通用户"眼球"的效果,故也无可指责。在传统体系分类法中其实也应用这两种方法,但比较慎重。不同类型的分类法,自然应该针对具体情况进行决策。例如,在《国防科学技术主题词典》(一种叙词表)中,在列范畴类目时,也灵活运用这两种方法。

(3)热门类目导引。即把热门的二级类、三级类在主页的大类下做重复显示。这种方法似乎既有优点也有缺点。优点是在主页上就可直接点击某些热门类目,缺点是容易给人错觉,以为二级类就只有这么多。

(4)专题检索或特色服务项目(专栏)。指将热门主题脱离分类体系,以提示条的形式罗列于主页的网站名称下,其内容与分类体系中的相应类目有重复交叉但在很大程度上不一样。从用户利用综合性网络信息检索工具的实际情况看,检索日常生活所需的信息占有较大的百分比,因此,设置和编辑好各种专栏,对满足用户的信息需要具有相当的重要性。各种专栏具有商业宣传性、广告性,甚至可与电子商务或其他服务合为一体,甚至可图文并茂。看来,这种专栏有被利用得越来越多的趋势。

(5)临时性类目。这与热门类目导引也具有相同的性质,可提醒用户注意和提供检索方便,如"非典"类目。

(6)在因特网大众分类法中对许多"共性事物"(如目录索引、期刊、机构、人物等)列出具体类目,遍地开花,排列杂乱,实在有待改进。

(7)类名措词的自然语言化甚至商业化广告化。作为大众分类法,这一点无可厚非,确

实会受到普通网民的喜爱，只是不要太离谱。传统分类法的大众版，类名也可适当自然语言化，但采用商业化广告化措词则万万不可。

（8）“友谊链接”本是一种好方法，只可惜碍于版权问题，一般不能做到“类对类”的链接（有协议者除外）。

（9）因特网大众分类法为什么不用类目索引？此事甚怪。是不是类目多变，索引维护困难？其实，此种分类法虽形式简单，但查找某种信息有时也很困难。索引肯定可以给用户很大方便。

综观上述各种方法，如果可以称它们为创新的话，那么，这些创新的出现，关键在于网络环境所提供的特殊条件。

写完于 2003 年 12 月 19 日，上海

载于《江西图书馆学刊》2005 年第 1 期

因特网大众分类法的本质属性

我曾在《因特网上的大众分类法》和《网络信息检索工具的热门类目》两篇短文中把目前因特网上流行的综合性网络信息检索工具所使用的分类法称为大众分类法，认为热门类目是它的主体，企图阐明自己对这种分类法的本质属性的理解。本文将继续阐明它的本质属性。掌握它的本质属性，可使我们对它的分析研究和所提改进建议更切合实际，以使它在网络信息检索服务中发挥更大的作用。

1 因特网大众分类法的本质属性

（1）能分类组织知识和信息使之可供检索与浏览的功能特性。任何分类法都有这一本质属性，因特网大众分类法当然也有这一本质属性，这正是它与传统的文献分类法的相同点。图书情报界学者们对它给予极大的关注，也正是因为它有这一他们所熟知的本质属性以及这种分类法与图书情报工作的密切关系。

（2）商业性，即可作为达到商业目的的工具的属性。这是因特网大众分类法所特有的，与传统的文献分类法不同的本质属性。目前，因特网上的综合性网络信息检索服务网站几乎都是商业机构创办经营的，即以营利为目的的。作为它们营利的工具即网络信息检索工具的一个重要构成部分的大众分类法，必须帮助其达到商业目的，或者说帮助其获取盈利。

供免费使用的综合性网络信息检索工具作为一种营利工具，其营利的机制是这样的：一个网络信息检索服务网站实际上有两部分用户：其中一部分是利用网络信息检索工具获取信息的用户，这是在明面上的用户，一般为其免费服务；另一部分则是利用网络信息检索工具发布自己信息的用户，这是在背后的用户，其中多数要付费才能得到服务，那是网络信息检索服务网站收益的主要来源。网站的收益，除去支付建立和维护供免费使用的网络信息检索工具的一切成本外，就成为盈利。

下面所述的广告性、大众性、竞争性，正是网络信息检索工具的商业性的具体化。

（1）广告性，或者说作为广告宣传过程中的一种要素的属性。在利用网络信息检索工具发布自己信息的用户中，主要是发布广告的用户。最近关于搜狐营利情况的一则报道说，在2002年第二季度，其收入高达613万美元，毛利为49%；其广告收入占总收入的55%，达到336万美元。所以，网络信息检索服务网站实际上也是一个广告商。显然，它们的分类法必须把为广告用户服务放在最重要的位置。大众分类法在广告经营活动中的作用有两个方面，其直接方面是结合某些具体类目传播广告，这不是主要的；其间接方面是为广告宣传吸引大批观众，这才是主要的。

（2）大众性。争取千千万万用户来访问网站，是使以网络信息检索工具为载体发布的信息（广告信息等）发挥最大作用的不可缺少的措施。很大的访问量是网络信息检索服务网站对全体付费用户最好的回报。要争取很大的访问量，网站的服务方向必须定位在占网络用户绝大部分的消费者用户方面，即以网络大众为服务重点。故大众性是因特网大众分类法占主要地位的本质属性。因此，大众分类法必须从两个方面适应网络大众用户，即适应他们的检索需求和适应他们的检索素养。

(3)竞争性。商业竞争非常激烈,网络信息检索服务网站之间的竞争也是如此。这种竞争必然要体现在其所使用的分类法是否能受到网络大众的欢迎,从而提高网站的声誉,吸引更多的用户来访问网站也吸引更多的信息发布者来利用网站上面。

以上几点说明,因特网大众分类法既与一般分类法有相同点,又与一般分类法有很大差别。这种差别不仅是由于它所分类的网络信息资源的种种特点,而更主要的是由于它的方针任务和服务对象的特殊需要。这里,用户保证原则优先于信息保证原则。的确,“用户是上帝”!

2　因特网大众分类法本质属性的体现

因特网大众分类法的商业属性(具体化为广告性、大众性、竞争性)体现在下列诸多方面:

(1)在列类方面(即在其内容方面)的体现。大众分类法采用比较简明的主题分类法模式,其列类侧重在人们的日常生活需要,如新闻、广告、社会、法律法规、财经、公司与商品、房地产、金融、证券、保险、税收、教育、就业、媒体、娱乐、文学、艺术、体育、保健、医药、公益、休闲、购物、美食、美容、家政、聊天、旅游、交通、生活服务、儿童、青年、妇女、电话簿、参考资源、电脑、网络等方面,这些正是网络大众对网络信息检索工具的主要需求。大众分类法并不全面地、平衡地设置一切知识和信息门类的类目,并不企图全面地满足一切信息检索需求(它虽然也列出一些科学技术方面的类目,但并不是它的重点,这些类目对于专业研究者不可能充分满足需要)。

(2)在类名方面的体现。类名措辞大量采用通俗、时尚、有吸引力的词汇。有些类名是朦胧、含蓄的。一些类名的措辞类似于大众杂志的栏目名称或电视台的节目名称。这与传统的文献分类法要求类名使用确切、科学的术语有所不同。

(3)在类目隶属和序列方面的体现。它大量采取突出列类方式,将认为适合大众兴趣的类目置于分类体系中较醒目的位置,其级位一般高于其逻辑上应有的地位,甚至可为一个小概念设置一个大类(一级类目)。此外,还大量采用热门类目导引、以“专题检索”的形式列出、尽可能把热门类目提升到二级类目列出、可多角度检索的类目重复列出等,力求方便浏览检索。

(4)有些类目的内容与广告、电子商务或其他服务合为一体,且图文并茂。

(5)标新立异和适应社会热点而变化。分类体系力求具有新颖性,力求反映“时尚”,随时反映社会热点,应变及时。

3　让因特网大众分类法的本质属性体现得更充分

因特网大众分类法为了体现其商业性这一本质属性而在编制中采取种种措施,使其分类体系与传统的文献分类法相比有很多“不规范”之处,显得很是粗糙。有些学者认为,这是由于这种分类法的编制者都是计算机专业人员,不大了解分类法的编制要求所致。我以为,其中有一部分是属于上述的原因,但更主要的原因恐怕在于大众分类法要体现其方针任务和服务对象的特殊需要,体现其本质属性。同时,它的发展历史还较短,还不够成熟,显得粗糙是在所难免的。

我以为,以图书情报领域使用的传统的文献分类法模式来改造因特网大众分类法是很难行得通的(更不可能用传统的文献分类法来取代其职能,但传统的文献分类法可能用于学术性较浓的综合性网络信息检索工具或专业性网络信息检索工具),而借鉴文献分类法的基本原理,按照它的本质属性来对它做某些改进则是完全可能的。这里最主要的一点,是要让因特网大众分类法的本质属性体现得更充分,而不是让它去符合传统的文献分类法的规范从而影响它的本质属性的发挥。例如,可以:

(1)在主页上以若干相关或相近的一级类目进行并列的形式,使更多的热门类目成为一级类目得到突出。

(2)增补属于日常生活需要和一般应设的遗漏类目。

(3)对分类体系进行逻辑性检查并做必要的整理(如纠正明显的隶属错误,调整类目排列次序)。

(4)修改概念模糊和措辞不当而易被误解的类名,但在底层类目使用朦胧的时尚的类名则无妨。

(5)将目录索引、期刊、地区、机构、人物等作为标准类目集中于每类的最后,使其有规律性。

(6)增加类目索引或自然语言入口,等等。

这类改进可提高大众分类法的质量,但不会影响其本质属性的体现,相反,可使其本质属性的体现更加充分。

沿着这一思路,可能会有许多创新的机会。

参考文献

[1] 张琪玉. 因特网上的大众分类法(情报语言漫笔). 图书馆理论与实践,2002(3)

[2] 张琪玉. 网络信息检索工具的热门类目. 图书馆杂志,2002(8)

[3] 张琪玉. 网络信息检索工具的竞争力要素. 江苏图书馆学报,2002(2)

[4] 张琪玉. 网络信息检索工具中的广告信息//网络信息检索工具发展的方向与提高竞争力的途径(巨灵研究报告 GTI/TR0002),2000-03

写完于 2002 年 8 月 14 日,上海

载于《图书馆杂志》2002 年第 11 期

网络信息检索工具的结构与功能（提纲）

1　网络信息检索工具的基本结构

1.1　信息资源索引数据库

1.2　软件系统

- 数据采集与组织软件
  - 自动搜索和抽词标引（汉语分词模块）模块
  - 数据库维护模块
- 检索软件
  - 检索界面模块
  - 检索策略模块
  - 检索执行模块
  - 检索结果组织处理模块
- 相关服务软件

2　网络信息检索工具的基本功能

- 数据库建造功能
- 信息检索功能
- 相关服务功能

3　网络信息检索工具的检索功能列举

3.1　分类浏览检索功能

3.2　关键词检索功能

- 简单关键词检索
- 增强关键词检索功能的各种辅助检索功能（高级检索功能）
  - 布尔检索
  - 加权检索
  - 限定检索
    - 限定字段检索
    - 限定两个关键词在文本中的距离检索（相邻度检索）
    - 限定网页深度（网页层次）检索
    - 限定在某一专题内检索
    - 限定首先在经筛选的网页内（即限定在某一类目内）检索
    - 限定首先在5%最优站点范围内检索
    - 限定对象（站点类型）检索
    - 限定网络资源类型检索

限定数据类型检索
限定日期检索
限定地区检索
限定域名检索
截词检索
词组检索和短语检索
自然语言语句检索
概念检索(智能概念提取技术)
区分大小写检索和不区分大小写检索
容错检索(模糊检索、拼写检查功能)
相关信息反馈检索
相似页检索(查相似记录)
内容敏感检索
超精度检索
在结果内再次检索
管道检索
多语种检索
自动链接分类类目检索
过滤检索(检索保护功能)
提问修改检索

3.3 特殊检索功能
图像、声音、视频资源检索
地图检索
交通线路检索
上网单位导航功能

3.4 其他检索功能
设定等候时间功能
限定价格检索功能
访问计数器功能
建立用户个人导航库功能
定题服务功能
提供词表功能
帮助信息和关于提高检索效率的建议
中文繁简体转换功能

3.5 检索结果组织处理功能
检索结果按相关性排序
对检索结果粗分类
以统计链接数判断网页重要性
在检索结果中将新闻报道单列

去重功能
删除死链接功能
检索结果翻译功能
检索结果显示功能
隐藏摘要功能
从结果网页转到其他检索工具检索的功能

4　网络信息检索工具的相关服务功能列举

文献获取服务
用户自己登录网页
公益性服务(如入学申请登记、履历传送服务、E-mail 服务等)
电子商务(如订票、网上书店等)
金融方面的特殊服务(如经济研究或公司研究报告、股市分析等)
信息和广告发布
链接伙伴站点

参考文献

储荷婷等. Internet 网络信息检索——原理　工具　技巧. 清华大学出版社,1999

写完于 2000 年 7 月 24 日,上海
载于张琪玉著《网络信息检索工具发展的方向与提高竞争力的途径》
深圳巨灵信息技术研究所 2001 年 4 月刊印

网络信息检索工具的界面设计

1 网络信息检索工具界面的功用和构成要素

1.1 界面的功用

任何一种网络信息检索工具,呈现在网络用户面前的,仅是它的各种界面(也称页面),而它的索引数据库以及运行数据库和其他功能的软件系统,都隐藏在界面的背后。

网络信息检索工具界面的功用可概括为:

(1)展示和注释检索工具的各项功能;

(2)提供运行各项功能的按钮(包括检索式输入框和选择框);

(3)安排各项功能运行的先后顺序;

(4)展示检索结果和信息资源文本;

(5)发布广告和消息。

网络信息检索工具的运行,是通过对各种界面的操作来实现的。

1.2 界面的构成要素

(1)网络信息检索工具的名称和标志;

(2)信息资源的分类体系(类目和专题栏目)及其选择按钮;

(3)检索式输入框及其按钮;

(4)各种功能或条件选择框(菜单)及其按钮;

(5)检索结果显示框(页面,包括显示信息资源著录和原始数据)及其按钮;

(6)广告和消息栏(包括链接按钮);

(7)说明、注释性文字;

(8)装饰性图案、动画。

2 界面的类型

2.1 界面体系

网络信息检索工具的界面一般都是由许多页面组成的一个界面体系。这个界面体系按基本功能大致可粗分为检索界面、检索结果界面、相关服务界面三类,按层次可分为主页(一级页面)和子页(二级页面、三级页面、四级页面等),按信息类型可分为一般界面(以文字为主的界面)和特殊界面(以图像、声音、视频为主的界面),按语种可分为英语、汉语等的界面。

2.2 检索界面

检索界面可从三种角度划分类型:①按内容分,可分为综合检索界面(称为主页)和专门检索界面(称为子页);②按层次分,可分为一级界面(主页)、二级页面、三级页面、四级界面等(统称子页);③按信息类型分,可分为普通检索界面和特殊检索界面。

2.2.1 综合检索界面——主页

网络信息检索工具的综合检索界面(主页)是它的检索功能的大纲。它只列出主要检索功能(包括部分相关服务功能)的第一步操作。

如果该检索工具有分类浏览和关键词检索两种主要检索功能，则在主页上列出分类体系大纲（一般用点击类目代替选择按钮）和简单关键词检索输入框及检索按钮；而在主页的续页上列出高级关键词检索输入框及检索按钮，同时还列出一些增强关键词检索功能的措施的条件选择菜单及相应按钮。

如果该检索工具只有关键词检索功能，则在主页上除列出关键词检索式输入框及其按钮外，还会同时列出一些增强关键词检索功能措施的条件选择菜单及相应按钮。

在综合检索界面上，一般还有当日新闻、消息栏和临时专栏、广告（包括链接按钮）、说明、注释性文字、访问统计、帮助按钮、镜像站点和其他版本按钮、登录 URL 按钮以及网络信息检索工具的名称和标志、装饰性图案、动画等。

有些检索工具的主页上，在该检索工具的名称和标志下方有一主要检索功能或大类的提示条（也称主目录，暗含选择按钮），并将这些功能在下面“正文”中再较为详细地重复列出。这种提示条在其他页面上往往也有，以便直接返回主页起始处。

各种检索工具的主页内容不尽相同，但大同小异。

有些检索工具有不同地区的镜像站点，其主页基本相同，但会有一些地方性内容。

个人化主页的检索界面比较单纯，仅有一些个人感兴趣和需要的栏目及其按钮。

2.2.2　专门检索界面——子页

专门检索界面（子页，即二级、三级、四级等页面）都是某种检索功能的下续操作内容，在这种界面上的检索功能是单一的，其种类则很多：

（1）按检索途径分的子页界面，有关键词检索界面、分类浏览检索界面。

（2）按检索对象分的子页界面，又可分为：①按学科或主题领域细分的子页界面，专业资源指南型检索界面。②按专题（频道、栏目）分的子页界面，如新闻组检索界面、新闻热点检索界面、酷站、新站检索界面、电话、电子邮件、传真号码检索界面、地图、驾驶路线检索界面、人物检索界面、机构检索界面、股市行情检索界面、行业资料检索界面、商业广告、购物检索界面、就业检索界面、旅游检索界面、气象检索界面、聊天室检索界面、出版物检索界面、参考资料检索界面、域名检索界面，等等。

2.3　检索结果界面

检索结果界面大体有以下种类：

（1）不同格式可选择的检索结果界面。可分为：①不同排序方式的检索结果界面；②不同详简程度的检索结果界面（包括题录式检索结果界面和带文摘的检索结果界面）；③不同语种的检索结果界面（原文界面和译文界面及两者对照的检索界面）。

（2）信息资源全文界面。

（3）图像信息检索结果界面。

（4）输入框和检索结果合一的界面。

（5）修改检索的界面。

（6）个人化检索结果文件夹界面。

（7）检索结果首页与续页。

2.4　相关服务界面

相关服务功能如文献获取服务、检索保护注册、公益性服务（如入学申请登记、履历传送服务等）、电子商务（如订票、网上书店等）、金融方面的特殊服务（如经济研究或公司研究报告、股市分析等），其界面具有各不相同的内容和形式。

3 对各种构成要素在界面中安排的基本要求

3.1 功能明确，一目了然

一个界面往往负担着多种功能。各种功能的显示必须明确，要求能使用户对全部功能一目了然。

3.2 层次分明，井然有序

一个检索工具的各项功能，要求按其运行顺序，合理地安排在各种界面上，除主页（一级页面）应把各项主要功能的启动部分全部列出外，各项功能的后续部分应安排在各级子页上，形成层次分明、逐步展开、井然有序的界面体系，保证各项操作有条不紊地进行。

3.3 疏密有致，简洁大方

各种功能分区在界面上的分布应有一定间隔，又不能间隔太大。特别是要避免过于拥挤和见缝插针，使人眼花缭乱；界面应保持简洁大方，不要搞得花花绿绿。这些都会分散用户的注意力，使他们应接不暇而忽视一些功能和说明。

3.4 不用模糊词句，用词符合语法

界面用词应慎重选择，力求规范。切勿使用让用户费解的和不符合语法的词语。对于含义不够明确的功能和操作的名称，不可忽略必要的说明。

3.5 加快传递和浏览的速度

力求加快界面传递和浏览速度，如避免使用传递速度很慢的大面积图像、非不得已不要使用须横向移动的宽幅界面等。

4 界面设计的某些问题

（1）在界面上安排项目较多或篇幅较大的要素时，尽量采用纵向铺开分布方式，使界面横宽不超过直接可见的范围，不用或少用横向滚动条。因为界面横宽超过直接可见的范围，有一部分内容就会处于隐藏状态而可能被忽略，使用横向滚动条需左右移动也很不便，而且影响浏览、阅读速度。

（2）当项目较多在界面上全部铺开太拥挤时，可把一些概念上并列的项目做成下拉式菜单的方式来解决。

（3）不要给用户错觉。例如，有些检索工具在展示分类体系时，在列出上级类目的同时，也列出下级类目，但是下级类目的列举不完全（只列前面的几个或其中的某几个），这样就会使用户产生错觉，以为只有这几个下级类目。

（4）在界面上按插一些图案和动画，使用多种色彩，如果适度，可使界面艺术化，给用户爽心悦目、不枯燥的感觉，产生吸引力。但是，如果过多地使用这些措施，弄得界面五彩缤纷，则反而会分散用户的注意力，产生烦躁的情绪。

参考文献

储何婷等. Internet 网络信息检索——原理　工具　技巧. 清华大学出版社，1999

写完于2000年7月26日，上海

载于张琪玉著《网络信息检索工具发展的方向与提高竞争力的途径》

深圳巨灵信息技术研究所2001年4月刊印

网络信息检索工具与网络信息检索服务

1　网络信息检索服务是因特网发展不可缺少的条件

1.1　因特网上信息资源极其丰富但不易寻获针对需要的信息资源

因特网是一项建立在高科技基础上的全球性信息资源共享的通信设施。它采取完全开放的原则,全世界任何机构和个人都可以在该网络上发布任何信息,也可以在该网络上获取任何信息(虽然有部分信息是收费的,但大部分信息可免费获取)。

因特网上的信息资源犹如信息海洋,数量极其庞大,究竟有多少,无法统计。例如,AltaVista在1998年10月时,其索引数据库所收录的网页已累积到1.25亿,但据估计,它的覆盖率仅为因特网上信息资源总量的20%到30%,或许,实际的覆盖率还要低些。

因特网上的信息资源不但极其丰富,而且极为分散和无序,形成网络信息交流传递的阻塞。在因特网上要寻获针对需要的信息资源,如果不借助于网络信息检索工具,则其难度无异于海底捞针,上网成功率极低。

1.2　网络信息检索服务在保障网络信息交流传递畅通上的作用

为帮助网络用户解决寻获针对需要的信息资源的困难,网络信息检索服务便应运而生。为网络用户提供网络信息检索工具是网络信息检索服务的基本形式。

网络信息检索工具是对庞大的网络信息资源进行有效控制的工具,具有数据组织机制和信息检索机制,它对网络信息资源进行收集、记录、标引,组成索引数据库,提供检索功能及与原始信息资源所在站点的链接。网络信息检索工具是网络信息海洋的导航工具,网络用户借助于这种检索工具,可以较为容易、迅速和准确地寻获针对需要的信息资源,提高上网成功率。

据统计,目前有90%的网络用户是通过网络信息检索工具来获取针对自己需要的网络信息资源的。网络信息检索工具已成为网络用户利用因特网信息资源所不可缺少,甚至可以说别无选择的工具。

网络信息检索服务在保障网上信息交流传递的畅通上发挥了很重要的作用,是网络信息交流传递中不可缺少的环节,推动因特网发展的动力之一。而因特网的进一步发展,则将促进网络信息检索服务的进一步发展。两者互为条件,互相促进。

网络信息检索服务以网络信息检索工具为基础。网络信息检索工具的建设是网络信息检索服务的基本建设。

2　网络信息检索工具的服务对象和服务内容

因特网上信息资源包罗万象,如新闻、电子报刊、政府政务信息(文件报告、统计数据、法规条例)、各类机构发布的信息、网上教育信息及教育资源、科研资源和专利文献、图书情报机构的网页、文献数据库及其他数据库、博物馆展览馆展览会的展品介绍、各种工具书、文学作品、文艺活动信息、声像资料、旅游景点介绍、交通信息(时刻表、地图、城市街道图等)、电话和电子邮件地址簿、天气预报、聊天室、游戏软件、公司及其产品信息、各类广告、网上购物信息、股票行情、就业招聘信息、学会和科研机构的网页、人物资料，等等，无所不有。而且，这些信息资源大多可自由、方便地免费获取，只要你知道这些资源在哪里。

真可以说，因特网为人们建立了另一个新的生活环境，强有力地吸引着各种年龄、各种文化水平、各种职业、不同兴趣的人群来利用它的资源，上网正逐渐成为人们的生活需要。因此，网络用户极为广泛，几乎包括除文盲以外的所有各种人群，他们都可以在网上各取所需。

由于各种用户群不但其需要千差万别，而且其获取信息的能力也相差悬殊，网络信息检索工具作为网络信息海洋中的导航工具，必须适应各种用户群的不同能力和满足他们的不同需要。正是为了有区别地为他们服务，诞生了内容五彩缤纷、类型和规模不同、数量成千上万的网络信息检索工具。

第一个上网服务的网络信息检索工具出现于1994年，目前全世界网络信息检索工具的数量估计不少于10000个。

3　网络信息检索服务的公益性与商业性

网络信息检索工具一般都是供免费、自由使用的，只有极少数检索工具向用户收费。这符合因特网是一项全球性信息资源共享的通信设施的基本性质。正是如此，才使因特网得以迅速发展，普及到社会的每一个方面、每一个领域、每一个角落。

但从调查得知，事实上，绝大多数的网络信息检索工具都由商业机构经营。网络信息检索工具的开发与维持都需要投入，不实行商业化经营是难以长期生存的。国外商业性网络信息检索工具占据着网络信息服务的主要地位，不少原来不是由商业机构建立的网络信息检索工具，后来都由商业机构收购。著名的雅虎于1994年4月由斯坦福大学的两位电子工程博士研究生开始编制，原来只是一个Internet上他们感兴趣的站点目录，到1995年就成立公司经营，发展极为迅速，目前其创办人之一的华裔杨致远已拥有57亿美元的资产。

网络信息检索工具经营机构营利的主要来源是广告收入，其他来源包括网页提交单位交纳的注册费、发布某些信息的收入、代售联网数据库数据的经纪费以及其他各种相关服务的收费。某些使用建库人工较多的高质量网络信息检索工具则向用户收取一定的使用费。

4　商业性网络信息检索工具在我国的发展前景

因特网信息资源正在越来越快地增长。在过去，人们早就感到驾驭因特网上犹如大海般的信息量的困难和必要，认识到网络信息检索工具在控制网络信息资源上的重要作用。尽管这类检索工具目前还不很完善，但还是唯一能较为有效地使用户寻获针对需要的信息资源的工具。正像利用传统文献资源不可缺少书本式检索工具和计算机检索系统一样，利用网络信息资源也不可缺少网络信息检索工具。所以，如果说目前已有大批网络信息检索工具在网上进行商业性的经营，那么，未来必将会有更大的发展。正像适应检索传统文献资源的需要形成了文献数据库产业一样，适应网络信息资源开发和利用的需要，也会形成经营网络信息检索工具的网络信息检索服务产业。

我国目前网络信息资源数量还很少，成规模和高质量的网络信息检索工具更少。与我们12亿多人口的大国相比,还不成比例。

在我国当前,开发网络信息检索工具可能尚无营利,或只能有极少量营利。因为如果要建立一个高质量的网络信息检索工具,还是需要相当数量的投资的。如果无力大量投资而推出一个质量平平的检索工具(虽然目前有不少质量平平的检索工具正在网上运行),则只能给用户留下一个不值得访问的印象,以后就不再来访问了。目前,我国的商业性网络信息检索工具也有一些办得相当成功的,如“搜狐”已树立声誉而独领风骚。美国网络信息检索服务商也看好中国市场,有多种美国的网络信息检索工具已推出中文版。商业性网络信息检索工具在我国肯定有很大的发展前景。

开发网络信息检索工具目前还属于一种风险投资。如果不及早建设,执著经营,则不能到黄金时期大量营利;如果在目前就大量投资,若经营不力,有可能陷入困境。但至少可在研究和研制方面先行一步,待时机成熟(国家推出新的政策予以支持,网上中文资源进一步丰富)时能够以具有很大特色的崭新面貌出现,而在竞争中制胜,这或许是比较稳重的做法。

写完于2000年6月15日,上海

载于张琪玉著《网络信息检索工具发展的方向与提高竞争力的途径》

深圳巨灵信息技术研究所2001年4月刊印

网络信息检索工具中的特色服务项目

1 特色服务项目的概念与重要性

网络信息检索工具中的一个特色服务项目犹如一部动态的参考工具书,内容都是网络用户日常生活中需要经常查询的信息。在国外的网络信息检索工具中,特色服务项目一般称为"专题检索",如当日新闻、电话号码簿、电子邮件地址、旅游信息、股市行情、地图、气象信息、就业招聘信息,等等,为这些信息每种设一专题,加以广泛收集,系统组织、及时更新,并使其处于比较醒目的位置,以方便用户查询。

这些特色服务项目——专题检索,可以看做是该网络信息检索工具分类体系中的一个使其比较突出列出的类目。事实上,这一网络信息检索工具中的某一专题检索内容,在另一网络信息检索工具中可能就是一个普通的类目。因此,不妨把特色服务项目或专题检索称为特色类目。

从用户利用综合性网络信息检索工具的实际情况看,检索日常生活所需的信息占有较大的百分比,因此,编辑好特色类目,对满足其用户的信息需要,具有相当的重要性。

2 特色类目的性质和主题领域

特色类目可以说都是一些参考资料和参考数据性质的信息,根据对各种网络信息检索工具的调查,其专题领域大致有:当日新闻、新闻组、电话簿、电子邮件地址查询、地图、交通路线、人物检索、域名查询、气象资料、旅游信息、电视节目查询、网络游戏、娱乐、音乐、图片、体育信息、股市行情、公司信息、商品信息、广告、就业招聘信息、健康、法律、图书、免费资源、共享软件、最优5%网站、热门网页、新站,等等。当然,就一个网络信息检索工具而言,这些主题领域不可能都作为特色类目(专题检索),而只选择其中几项,但其他主题领域的内容在一般类目中仍可查到。

3 特色类目的内容范围和资源组织

特色类目大多是重点建设的,它相当于一个专门的微型网络信息检索工具,其内容范围都比较完整、系统,一般都按分类浏览方式组织资源,检索非常方便,这正是特色类目的特色之处。

例如,Yahoo! 中文版的"雅虎财经"专题栏目,有下列细目:

最新股市指数(注明日期和时分),包括上海A股、深圳A股、恒生指数、上海B股、深圳B股、台湾加权、日经指数、道琼斯指数、Nasdaq指数。

股市线图分析,可输入代号查询,分为上海股市、深圳股市、香港股市、北美股市。

提供个人选股。

中国股市财经,分为深沪股市、主要指数行情、涨跌排行榜、每周股市评论。

财经新闻,分为国内财经、国际财经、热点分析、上市公司动态。

股市评析,分为大盘解析、个股评述、公司与行业研究、一周股市综述。

美国股市，分为主要市场指数、涨跌排行、市场摘要、财经新闻、美股评论。

其他主要市场指数，分为加拿大股市、其他国际市场。

参考资料，包括国际货币兑换表、上市公司名称代码列表、上市公司资料库。

雅虎相关类目，有金融与投资、投资服务、行情报价、新闻与媒体、财经杂志、金融服务。

雅虎世界财经，分为中国香港、中国台湾、美国（中文）、阿根廷、澳洲及新西兰、巴西、丹麦、德国、法国、韩国、印度、加拿大、美国、墨西哥、挪威、日本、瑞典、西班牙、美国（西班牙文）、新加坡、意大利、英国及爱尔兰。

财经新闻（三日内重要的，注明日期和时分）

从上面所引 Yahoo！中文版的“雅虎财经”专题栏目可以看出，特色类目确实很有特色。办好几个特色类目，可以形成网络信息检索工具的“拳头产品”。

4　特色类目的位置和建设

上面已指出，某一主题领域是否成为特色类目，在不同的网络信息检索工具中是不一样的。这一检索工具中的某一特色类目，在另一检索工具中可能就是一个普通类目。所以，如果将特色类目单列于分类体系之外，最好在分类体系中重复列出；如果不单列，则可在分类体系中以显著的标识表示（例如用另一种颜色等）。

有些特色类目的数据库是网络信息检索服务机构无力自行编制的，如“天气”“黄页”“白页”等，可以与有关部门签订合同，由有关部门不断提供；有些特色类目可链接到别的检索工具，借助别的检索工具的支持；有些特色类目可招聘加盟者承包或共同编制。总之，特色类目的数据不一定全部都要自己收集，但类目的特色应自己设计。

写完于2000年8月5日，上海

载于张琪玉著《网络信息检索工具发展的方向与提高竞争力的途径》

深圳巨灵信息技术研究所2001年4月刊印

网络信息检索工具的热门类目

因特网上的大众分类法

我在一篇短文中曾提出这样一个观点:因特网上流行的综合性检索工具所使用的分类法,称为大众分类法或通俗分类法(意即适合群众水平和需要的分类法)比较恰当。这种分类法的产生有其“文献依据”和“用户依据”。因特网的用户非常广泛,其绝大部分属于非专业研究型用户(可称为一般用户或网络大众),那些综合性网络信息检索工具的主要服务对象,正是占绝大部分的网络大众。所以,其使用的分类法,自然是针对网络大众的需要和素养来编制的。分类法的列类,以网络大众所需要的信息资源为主要依据;分类法类名的措辞,则照顾网络大众在检索方面的素养。

网络信息检索工具的大量热门类目,可以作为这一观点的有力佐证。

热门类目是因特网大众分类法的主体

所谓热门类目,是指用户最需要的、被频繁地使用的那些类目。可以说,热门类目是因特网大众分类法的主体,在分类法中起着满足网络大众需要的主要作用。假如抽去了那些热门类目,这些分类法就将会不像样子。但假如将那些热门类目单独组成分类法,则仍可成为一个适应网络大众需要的分类法。

由此可见,热门类目以外的其余类目的设置,只是对分类法的扩充,以更多地争取基本用户以外的其他用户,或为了满足其基本用户的非基本需要而已。

可以说,因特网大众分类法的编制,更注重于“用户依据”原则。

热门类目的主题领域(并非类名)列举

热门网站(酷站、新站、好站、最优5%网站、热门网页)

新闻(当日新闻、新闻组、热点信息、热点讨论、新颖信息)

广告与刊登广告

政府与行政、法律、治安、国际关系

财经、商业、公司与商品、房地产、汽车

金融、证券(股市行情)、保险、税收、币值兑换

教育与院校、学习(培训)与考试、教材、留学、语言

媒体、报刊、图书、图像资源

文化、文学、艺术、体育、娱乐、游戏、影视、网上音乐、多媒体、电子贺卡

保健与心理、医药、环保、公益、即时援助

休闲、购物与网上购物、服饰、美食、美容、装潢、家政、宠物、聊天室

旅游(旅游信息、景点、旅馆和饭店、预订)、交通与时刻表、地图(城市地图、交通路线)、天气

生活服务、个人化服务

求职与招聘

电话簿(黄页、白页)、电子邮件地址、住址、域名、免费服务电话检索、政府人员查询、寻人

儿童、青少年、女性

社会、婚姻、家庭、民族、道德、宗教、节庆活动

人物、机构、党派、团体、会议

国际、国家、地区

个人主页

图书馆、工具书、参考资源、免费资源、数据库、专门检索词汇

IT、电脑、软件、共享软件、通信、互联网、网络导航

热门类目的特点

(1)热门类目的内容,都是网络大众日常生活中经常需要查询的信息。

(2)热门类目多半采取突出列类方式,置于分类体系中较醒目的位置,其级位一般高于其逻辑上应有的地位,这有几种情况:①为小概念设大类(一级类目);②在主页的大类下列出其所属的热门的下位类(热门类目导引);③以“专题检索”的形式列出;④尽可能把热门类目提升到二级类目列出。

(3)热门类目的类名措辞采用通俗、有吸引力的词汇。

(4)热门类目的内容比较丰富,但并不是无所不包的。它们作为重点分类的只是网络大众所需要的信息资源。

(5)一些热门类目往往与广告促销、电子商务及其他相关服务结合在一起。

(6)热门类目除链接相关网站或由协作单位提供信息资源外,编辑部往往自建数据库。

编辑好热门类目的要点

(1)每个热门类目犹如杂志的一个专栏,要求新颖,内容丰富多彩。

(2)热门类目的信息资源要准确,要及时更新。

(3)热门类目与广告促销、电子商务及其他相关服务结合在一起,既受网络大众欢迎,又可创造经济效益。

(4)热门类目虽然要“引人注目”,但其类名措辞不可太离谱,其安排位置仍应遵循类目之间的逻辑关系。

参考文献

[1] 张琪玉. 因特网上的大众分类法(情报语言漫笔). 图书馆理论与实践,发表中

[2] 张琪玉. 网络信息检索工具中的特色服务项目//网络信息检索工具发展的方向与提高竞争力的途径. 深圳巨灵信息技术研究所,2001

[3] 张琪玉. 网络信息检索工具的分类体系//网络信息检索工具发展的方向与提高竞争力的途径. 深圳巨灵信息技术研究所,2001

[4] 储荷婷等. Internet 网络信息检索——原理　工具　技巧. 清华大学出版社,1999

写完于 2002 年 6 月 2 日,上海

载于《图书馆杂志》2002 年第 8 期

网络信息检索工具中的广告信息

1　因特网是传播广告信息的重要媒体

通过因特网传播广告信息有许多优点：

(1)因因特网是全球性的，故网上广告的传播面广。利用传统媒体(如报纸、期刊、广播、电视等)传播广告往往有一定的地域限制，国内广告信息在国外发布，则还须经过有关部门的批准。

(2)在网络上可用多种方式传播广告信息。除通过网络信息服务商举办的网站、地方网站、网络信息检索工具、专业销售网站等发布广告信息外，还可利用企业网页、电子邮件、电子公告板、厂商数据库、产品数据库等方式发布广告信息。

(3)广告信息通过网络传播，中间环节较少，传递速度极快。

(4)网上广告存储在服务器中，可以多次查询和随时查询。不像广播、电视广告稍纵即逝，难以保留；报刊上的广告，虽可保留，但事后查询也很困难。

(5)网上广告既可及时推出，也可及时修改，具有及时性和灵活性。

(6)网上广告形式多样，并可综合利用文字、图像、动画等，比较生动、真切；其内容允许较为详尽。

(7)网上广告可以介绍系列化的产品，便于用户自由选择。

(8)通过网上购物方式，24 小时随时购买，方便用户消费。

(9)通过网络，便于消费者与广告主和厂商保持更直接更密切的联系。

2　网络信息检索工具是传播广告信息的优良渠道

网络信息检索工具作为传播广告信息渠道的优点在于：

(1)网络用户对网络信息检索工具的访问极其频繁，如 Yahoo! 每天约有 400 万次访问，AltaVista 最繁忙的一天竟有 1200 万次查询请求。所以，在网络信息检索工具上发布广告信息，其传播效率是很高的。

(2)综合型网络信息检索工具的主要服务对象是普通网络用户，他们需要的信息非常广泛，广告信息正是受他们欢迎的信息类型之一。

(3)在网络信息检索工具页面上发布广告信息不能占很大篇幅，但可以通过链接引向详细的报道或广告发布者的网页，这正是网络信息检索工具的独特功能。

(4)许多综合型网络信息检索工具设有与广告有密切联系的一些特色服务栏目，有的甚至设有分类广告专门栏目，绝大多数网络信息检索工具都提供分类浏览检索功能，也可把广告信息安插在相关类目中，所以，通过网络信息检索工具传播广告信息，对消费者的宣传有较大针对性。

3　广告收入是网络信息检索工具的重要营利来源

可以说，网络信息检索工具的开发经营者也是一个广告商，广告收入是它们的一项重要营利来源。创办 Yahoo！的美国华裔杨致远占全球富豪排名榜第 76 位，其财产达 57 亿美元。据评论，广告收入是 Yahoo！的重要营利来源。在 Yahoo！上发布广告，广告的价格随着 Yahoo！的声誉和访问率而不断提高，为 Yahoo！创造利润，Yahoo！的页面成为抢手的广告发布空间。

国内的网络信息检索工具也均在其页面上开办广告业务，其中搜狐就是较好的一例。搜狐股票被看好，今年 7 月 12 日在美国上市，每股 13 美元，在纳斯达克融资五千多万美元。

一般网络信息检索工具都提供免费检索服务，它们主要依靠经营广告业务的收入（当然不仅是广告收入）抵消免费信息检索服务经费的支出，并获得利润。以免费提供信息检索服务为主业的网络信息检索工具经营者怎么会营利，其秘密就在于此。免费检索服务与广告经营相得益彰。

4　广告信息在网络信息检索工具界面上的安排

网络信息检索工具上的广告几乎都是由索引项和广告实体两部分组成的。广告实体是一个独立的网页，篇幅可长可短，可图文并茂，甚至可做成多媒体。广告的索引项除极少数可独立安排在检索工具主页及某些子页上以外，其他都安排在特设的栏目、类目或相关内容的栏目、类目中，犹如一个站点名称，用链接与广告实体联结起来，这是网络信息检索工具中的广告在安排上的特殊性。因为篇幅的限制，广告索引项的内容一般不可能很多，但如何能使其引起用户的注意是广告信息能否发挥作用的关键。广告信息主要按存放时间和用户点击数收费，广告制作另外计费。

参考文献

[1] 孙丽等. 网上中文检索工具的比较研究. 情报学报，1999(3)
[2] 任懋榆. Internet 在我国的发展与问题. 现代情报，1999(3)
[3] 符绍宏. 网络环境下的信息服务. 情报学报，1999(5)
[4] 张桂香. 网上广告信息对消费者的影响. 情报科学，2000(3)

写完于 2000 年 7 月 27 日，上海

载于张琪玉著《网络信息检索工具发展的方向与提高竞争力的途径》
深圳巨灵信息技术研究所 2001 年 4 月刊印

因特网大众分类法的标准化问题

首先需要说明的是，本文的议论是针对网络大众分类法而言，并不是指网络上一切类型的分类法。我对因特网大众分类法的界定和认识，请参看参考文献[1][2][3]。

因特网大众分类法的出现，引起了我国图书情报界文献分类学者们的关注。据一位学者调查，有关研究论述已超过100篇，其中许多文章建议搞标准化，并且多数研究者主张在《中图法》基础上实现标准化。

从网络用户角度看，网络资源分类的标准化如能实现，的确可大大方便在不同网站进行检索。也许，网络资源分类的标准化对网络资源的编目控制、元数据的制作和元搜索引擎的开发等都会有一定好处。

但从网络信息检索服务网站（或者说门户网站）经营者来看，标准化消灭了各种网站的特色，不符合竞争的需要；统一的分类体系，使网站所拥有的资源容易被抄袭和被不明示的“友好链接”（这种侵权纠纷已有出现并告上了法庭）。而且，因特网大众分类法的类目变动频繁也是标准化的不利因素。

所以，标准化的必要性和可行性并无绝对的论据，似乎在可有可无之间。对此，目前也未见IT行业提出明确的要求，主要是图书情报界在热心此事。IT行业诸网站之间是否能达成协议尚不清楚。故即使把这种标准分类法编了出来，有多少网站愿意采用、“网民们”是否喜欢也还难以预料。如果编成了但使用者寥寥怎么办？

至于《中图法》的网络版当然非常需要，但它是否有必要和是否能够担当因特网大众分类法的职能，把两种分类法的职能糅合在一起会遇到什么困难，不做深入的研究（特别是试编和试用）就不宜断言。至于网络上的学术资源分类法的标准化则是另一回事了。

所以，我以为，网络大众分类法的标准化且慢强调，不妨搁一段时间再议。目前应对它各方面的改进做深入一步研究。

为现有各种因特网大众分类法编制类目索引和联合索引，对彻底摸清它们存在的问题可能是一项必不可少的措施；而且对现有分类法的使用（不管它们存在多少缺点）和局部改进，对元搜索引擎（针对分类系统的“元搜索”）的创建都是需要做的基础工作。

参考文献

[1] 张琪玉. 网络信息检索工具的分类体系. 江苏图书馆学报，2002(4)

[2] 张琪玉. 因特网上的大众分类法. 图书馆理论与实践，2002(3)

[3] 张琪玉. 因特网大众分类法的本质属性. 图书馆杂志，2002(11)

写完于2003年12月5日，上海

载于《中国索引》2004年第1期

分类浏览型网络信息检索工具的主要缺陷

分类浏览型网络信息检索工具实质上是一种“网站分类目录”。网站犹如一种杂志，包含许多网页，内容庞杂。因此，把分类浏览型网络信息检索工具比做图书馆里的“期刊分类目录”，较为确切。

对于进行兴趣阅读的用户，找到符合兴趣的网站即可认为满足检索要求。但是对于为了解决某一特定问题而进行网络检索（其性质是情报检索）的用户，找到一些相关的专业网站却还不能解决问题。他还要付出很多时间和精力，从网站中搜寻与它的问题相关的信息资源。如果在第一个网站中搜寻不到所需的信息资源，或者搜寻所获不多，则必须转到另一个或更下一个网站继续搜寻。花了很多时间和精力而一无所获的情况是常有的。

这无疑是一种不科学的（或者说极笨的）检索方法。在图书馆里，哪有利用期刊分类目录来进行情报检索的呢？如非是实在不得已。

由此可见，利用网络信息检索工具进行检索，虽然一般不花钱，但门户网站贡献给广大网络用户的，实在不过是一些极粗糙的施舍而不是什么耐心的服务。

当然，网上也有上等的服务，那就是一些文献数据库的网络版，检索效率很高，但免费者不多，而且检索结果一般不是网络资源。

网络信息资源需要深度整序。必须标引网页，对网页进行分类组织或依主题组织。

假如，每个网站有一个它所含信息资源的索引，情况可能会好一些。

假如，这种索引的数据是标准化的，分类浏览型网络信息检索工具可以将每个类目下的多个网站的索引综合成一个索引，那么情况可能会更好一些。

写于2004年6月15日，上海
载于《中国索引》2005年第1期

在因特网上任何信息资源都能检得吗

当我正在写这篇短文的时候,在《图书馆理论与实践》2002 年第 1 期上看到美国 Mark Y. Herring 撰写、初景利同志编译的《因特网不能替代图书馆的十个理由》一文,其中前三个理由是:网上并非应有尽有;网上查询犹如大海捞针;质量控制子虚乌有。我们的观点不谋而合。

我写此文,也是想说明因特网确实是个奇迹,绝不能低估它在社会信息化方面的巨大作用,但也不要对它盲目崇拜,应有个适当的认识。在因特网上并非任何需要的信息资源都能检得,原因甚多:

• 许多信息资源因保密等等诸多原因并不上网,或者虽上了网,但在利用上设置种种限制。最易使人感到我们到图书馆去看书看杂志是免费的,但网上的书刊并非都能免费阅读。

• 许多信息资源还没有来得及上网,当然也不可能检得。目前已上网的信息资源远远少于可上网的信息资源。

• 在网上检索一般都依据网络信息检索工具,但网络信息检索工具覆盖面都有限,据估计总的覆盖率最多不超过 30%。而且各种检索工具又交叉重复。

• 网络信息检索工具揭示信息资源深浅不一,总的说来是很浅的。大量信息资源被深深埋藏,要挖掘并非易事。

• 网络信息检索工具标引质量差,检索困难,少量有用信息被混杂在成千上万无用信息的检索结果中是常有的事。

• 至少有 95% 以上的网络信息资源是外文的,如果不懂外文,你能占有多少?

• 并不是所有网站的内容都及时更新,网络信息资源的发布有时早于印刷型文献资源,但也有大量迟于印刷型文献资源。

• 网络信息资源的质量远低于公开出版的文献资源。网上存在的低质量信息和信息垃圾占很大比重。

• 总的说来,人们驾驭和利用因特网的能力目前还较低,这是关键所在。随着因特网的发展,能够在网上检得的信息资源将会越来越多。

至于“因特网不能替代图书馆”这个观点我完全赞同。因特网与图书馆,虚拟图书馆与传统图书馆,都将长期并存,互相补充,它们向社会提供信息资源的比重会改变,但不会是一种形式完全取代另一种形式。

写完于 2002 年 3 月 1 日,上海

载于《图书馆理论与实践》2002 年第 6 期

搜索引擎关键词检索的误检从何而来

误检的涵义

本文中“误检”一词,仅指汉语网络信息资源关键词检索中的误检。

本文中“误检”一词的涵义包括:检出与检索对象无关的信息资源;检出虽与检索对象有关但信息价值很低(信息量极少、无关宏旨)的信息资源;检出重复的信息资源。

导致误检的因素之一:关键词索引数据库

关键词索引数据库采用搜索引擎自动收集信息资源,无法在收录前对信息资源进行质量评价和选择,故其中良莠并存,导致检出大量信息价值很低的信息资源(甚至是信息垃圾)。

搜索引擎也不能对散载于不同网站的同一信息资源进行去重,导致检出重复的信息资源(某些搜索引擎具有对检索结果进行去重的功能,但不是所有的搜索引擎都有这项功能)。

关键词索引数据库采取对网页自动抽关键词的标引方式建库。对网页全文抽词,抽出的词相当多,其中仅有少量是核心词(或称特征词,即能表达文献中有价值内容的词),大量的则是不能准确表达文献中有价值内容甚至完全不能表达文献中有价值内容的词。目前对于在所抽出的大量词中选出少量核心词的研究还没有突破性进展,因此,无法有效地排除索引数据库中不能准确表达和完全不能表达文献中有价值内容的词,或对这类词做出标记,这是导致检出大量与检索对象无关或信息价值很低的信息资源最主要的因素。

导致误检的因素之二:关键词检索匹配技术

关键词检索的基本方法,就是输入若干个(也可以只输入一个)表达检索要求的关键词,搜索引擎默认关键词间的关系是逻辑或(OR)关系,每个关键词都可独立命中网页,在排列检索结果时则把被全部关键词命中的网页排在最前面。由于关键词的检全率和检准率都不够高,因此,国外搜索引擎都或多或少地采取各种增强关键词检索功能的措施(见参考文献[1])。那些措施的实行,有的须由数据库提供条件,有的依靠检索软件所提供的检索功能即可。国外搜索引擎增强关键词检索功能的各种措施有些在汉语搜索引擎中无法实行,许多虽可以实行,但国内搜索引擎因限于条件而未采用。但即使采用较多增强关键词检索功能措施的国外搜索引擎也未能解决关键词误检率高的问题。由于汉语句子中词间无分隔标志,汉语搜索引擎比外语搜索引擎关键词检索的误检率更高。

例如,检索表达式“王为”(人名),利用“雅虎中国”进行检索,检索结果相关网页为22900个,其中当然包含名为“王为”的人物的信息,但是绝大部分是误检的信息资源,如“中国标王为什么……”(标王指投标夺得中央电视台黄金广告段的秦池)“王为一(1912. 3. 12 ~　)导演”“歌王为什么……”,“四棋王为‘前途’同念‘和平经’”“他们以王为姓”等,在前10条中就有8条与表达式虽字面相同但意义不符(我们且不论其余2条是否有用)。

再如,表达式“上海图书馆”,也利用“雅虎中国”进行检索,检索结果相关网站有17个,上海交通大学图书馆、复旦大学图书馆、上海晨教文教用品制造有限公司(该公司产品中包括图书馆用品)、同济大学沪西校区(内有该校区图书馆的介绍)等16个都在其中,误检率达16/17;“上海图书馆”的相关网页竟有9970个,其中绝大多数是关于某某活动在(借)上海图书馆举办的消息,或一些报道中提到上海图书馆的名字。改用“上海图书馆”和“概况”两词组配检索,竟也有802条,其中包含了大量“图书馆”(但不是上海图书馆)和“概况”两词(但不是上海图书馆概况)的信息资源。再改用“上海图书馆”和“历史”两词组配检索,竟然有3000条检索结果,就更使人惊叹了。

当然,关键词检索非常成功的例子也有不少。但总的看来,网络信息资源的关键词检索技术,目前还没有达到令人十分满意的地步。

导致误检的因素之三:关键词的易用性问题

关键词检索说起来最简单,其实并不简单,检索者必须相当熟练,才能得到稍好的检索结果。检索时必须仔细、周密地选择关键词和构造检索表达式,这实在是一般检索者不容易做到的。一般检索者通常只用一个关键词检索,结果误检必多,但怕漏掉有用信息,又不得不只用一个关键词检索。关键词的“看来易用,实不易用”也是导致其误检所不可忽视的因素。

参考文献

[1] 张琪玉. 网络信息检索工具增强关键词检索功能的措施. 图书馆杂志,2001(1)
[2] 张琪玉. 自动抽词与自动分词. 图书馆杂志,2002(3)

写完于2002年3月4日,上海
载于《图书馆理论与实践》2002年第6期

专业型检索工具与导航库在发掘网络信息资源中的重要作用

● 专业型检索工具与导航库的优势

网络用户的范围虽然极为广泛，其需求虽然多种多样，但大体可划分为一般需求和专业需求两个层次。随着文化水平的普遍提高，网络用户专业性需求的比重将越来越大。专业型(包括专题型、专门型)检索工具与导航库在满足某一专业领域的信息需求方面，是目前的综合型检索工具所不能替代的。专业型检索工具对网络信息资源发掘的广度和深度比较大，处理和组织的方法比较精细，综合型检索工具是无法相比的，因此其检索效率都比较高。专业型检索工具所收录和处理的信息资源只限于其专业及相关领域，编制者一般都是相关专业人员，所以比较容易编得好。

● 大力发展专业型检索工具才能充分发掘网络信息资源

正是专业型检索工具对网络信息资源的发掘，就其专业范围而言广度和深度大，信息资源处理和组织方法精细，比之采取大而化之处理方法的综合型检索工具，能够更充分地发掘网络信息资源。因此，可以说，只有大力发展专业型检索工具，才能充分地发掘网络信息资源。

● 理想的综合型检索工具应是众多专业型检索工具的集成体

传统综合型文献检索工具的分类体系与综合型网络信息检索工具的分类体系，两者有一个不能忽视的区别，即传统综合型文献检索工具必须使用综合性分类法，以保持其整体的统一性，尽可能减少各部分(各学科或各专业类目)之间的交叉重复。特别是在综合性图书馆中，同一种书在书架上不允许排入两类，检索工具一般要求与藏书排架取得一致，所以必须使用同一种综合性分类法。综合性体系分类法存在的集中与分散的矛盾这一缺点，就是为了避免各部分之间的交叉重复以及适应藏书排架的需要而造成的。这一缺点导致体系分类法使用上的复杂性和降低检索效率。

综合型网络信息检索工具的分类体系不存在要避免各部分之间交叉重复的问题，也没有像文献排架那样的牵制，故反而普遍对具有多重属分关系的主题尽量采取重复列类和多角度揭示的方法，甚至在同一检索工具中采用多个分类体系。既然专业型检索工具较能满足专业性信息需求，能较充分地发掘网络信息资源，综合型网络信息检索工具又允许在其各个部分之间的交叉重复，那么，不妨把各个各具特色、自我完善的专业型检索工具组合起来，集合成一个综合型检索工具，就可能更为理想。

写完于2002年1月27日，上海

载于《图书馆理论与实践》2002年第6期

亟需建立一个免费资源分类目录式网站

尽管人人都可以在因特网上“遨游”“冲浪”，但真正免费、不设任何限制地供你“享用”的信息资源实在很难寻觅。上网要花很多时间，但往往所获甚少。“网民”明明知道许多网站藏有宝贵的、他所急需的资源，却往往访问被拒绝，白费时间和力气。

网上可供免费使用的、有价值的、可以称为学术文献的资源，如果我们将其集中起来，可能也会有不少，但那些资源却被埋藏在汪洋大海的深处，要把它们找出来，实在不是很容易的事情。

建立一个免费资源分类目录式网站，对于广大普通“网民”，实在是一种迫切需要。

收进这个服务网站的目录的资源，应是通过实地调查查明确实可以免费利用，而且其资源是确实有利用价值的，其网址的链接是确实有效的，并应详细记录其进入途径。

免费资源包括可免费使用的数据库、期刊、报纸、专著、科技报告、专利文献、标准文献、政府文献、会议文献、软件、工具书、有质量的艺术作品，等等。不收录广告、通俗读物、儿童读物、游戏软件，以及各种信息垃圾，等等。

目录的分类采用分面式，检索时允许组配。分类标引要有较好的专指性，并应对资源质量划分等级。

建立这样的服务网站，需要大家通力合作，需要大批志愿者。可以仿照 ODP 项目（通过最为广大的志愿者的努力提供最为全面的 Internet 目录，可参看《中国索引》2003 年第 3 期第 33 ~ 35 页冷东梅文章的介绍），把网站划分为许多类别，每类由一位或几位志愿者（也可以是单位）义务承包，由其收集、甄别、维护、更新。志愿者可以署名。

当然，使用这个网站也是免费的。

检索时，首先使用免费资源目录网站，若找不到可用的免费资源，或该网站提供的资源不能满足需要时，再使用其他网站。

写完于 2003 年 12 月 4 日，上海

载于《中国索引》2003 年第 4 期

网络信息检索工具的类型

1 网络信息检索工具定义

因特网是一项全球性信息资源共享的通信设施。因特网上的信息资源不但极其丰富，而且极为分散和无序。虽然任何机构和个人都可在该网络上获取任何信息，但要在其上寻获针对自己需要的信息而不是任何信息，其难度却无异于海底捞针。

网络信息检索工具是一种对分散、无序的网络信息资源进行有效控制的工具，具有数据组织机制和信息检索机制，它对庞大的网络信息资源进行收集、记录、标引，形成索引数据库，提供检索功能，指向相关网站或其中的相关资源。网络用户借助于这种检索工具，可以较为容易、迅速和比较准确地寻获针对自己需要的信息。

虽然使用网络信息检索工具不一定每次都能成功，但一般网络用户还是利用（甚至只利用）网络信息检索工具来检索网络资源。网络信息检索工具已成为网络信息交流传递中不可缺少的环节。

由于网络用户需求的多样性和利用信息资源能力（检索能力）的多样性，为适应各种具体需要，形成了网络信息检索工具类型的多样性。

网络信息检索工具可按检索机制、检索内容、检索资源类型、层次关系、开发经营者等不同特征划分类型。

2 按检索机制划分的网络信息检索工具类型

2.1 关键词检索型网络信息检索工具

所谓“检索型”检索工具即是指这种类型，它是真正的搜索引擎，使用网络机器人一类软件自动搜索网页，抽取其中的关键词建立索引数据库，提供关键词检索功能（包括采用增强关键词检索功能的各种措施，详见《网络信息检索工具增强关键词检索功能的措施》一文）。这种类型的网络信息检索工具的优点是覆盖率较大，数据库更新相当及时，缺点是对网络信息资源不能进行剔选，加之关键词往往不能准确反映信息资源的主题内容，导致检准率低下，一次检索常常可以输出成千上万条似是而非的网站名称，使用户难以甄别和利用。

2.2 分类浏览检索型网络信息检索工具

所谓“目录型”或“指南”型检索工具即是指这种类型，它实际上是按照某种分类体系进行组织的分类检索工具，提供分类浏览检索功能。它的数据库所收录的信息资源是经过人工剔选和人工标引的。这种类型的网络信息检索工具的优点是资源的质量和标引的质量都比较高，所以检准率相当高，无论是对于一般用户还是对于专业用户，都比较容易使用，缺点是覆盖率较小，数据库更新周期较长，建库成本高。但在网络信息检索服务中，比之关键词检索型网络信息检索工具，起着更重要的作用。

2.3 关键词检索与分类浏览检索混合型网络信息检索工具

关键词检索型网络信息检索工具与分类浏览检索型网络信息检索工具，它们的优缺点是互补的。所以,目前许多网络信息检索工具,特别是大多数综合性网络信息检索工具,既提供关键词检索功能,也提供分类浏览检索功能,即是混合型的。

3 按检索内容划分的网络信息检索工具类型

3.1 综合型网络信息检索工具

综合型网络信息检索工具的主题内容和资源类型包罗万象。从表面看,似乎可满足一切用户的一切需求。其实,综合型网络信息检索工具的主要服务对象是普通用户,或满足一般的需要。对于为专业用户服务来说,它们并不是很优秀的,虽然也有不少专业用户为了获取专业信息资源也在使用综合型网络信息检索工具。

3.2 专业型网络信息检索工具

专业型网络信息检索工具都是为满足某一专业领域的信息需求而创建的,无论在收录信息资源范围和质量方面,还是在信息资源的组织方法方面,都有高度的针对性,因此,其检索效率都比较高。虚拟图书馆、专业信息资源指引库也可划归这一类型。

3.3 特殊型(专题和专门型)网络信息检索工具

特殊型网络信息检索工具是指那些专题和专门的检索工具,如查询地址、电话、电子邮件地址、地图、地区信息、人物信息、机构信息、商业信息、旅游信息、图像和影像信息等的检索工具。这类检索工具专攻一门,在其收录范围内的资源较全,资源的组织也较精细,有其特长,为需要这类信息的各种用户服务。

4 按检索资源类型划分的网络信息检索工具类型

这里所指的"按检索资源类型划分",主要是指按信息资源在服务器上的组织方式和在因特网上的传送方式(所用传送软件)不同,而并不是指信息内容性质的不同进行划分的。但也有的"资源类型"既指信息资源在服务器上的组织方式和在因特网上的传送方式不同,又指内容性质上的特殊,如内容为新闻组、电子邮件群、用户邮件组的 USENET/Newsgroup 信息资源和 LISTSERV/Mailing List 信息资源。

在按所检索的资源类型划分检索工具类型时,一般只粗略地划分为万维网资源检索工具和非万维网资源检索工具两大类。

万维网资源检索工具主要检索万维网站点(Web)上的资源。万维网资源是用网景公司的 Netscape 浏览器或微软公司的 Internet Explorer 浏览器进行传送的。万维网资源检索工具的特点是安装有 Netscape 或 Internet Explorer 浏览器。

非万维网资源包括 FTP 信息资源、Telnet 信息资源、Gopher 信息资源、WAIS 信息资源、USENET/Newsgroup 信息资源、LISESERV/Mailing List 信息资源等,它们各有自己的检索工具。

但是,由于万维网资源占因特网资源的绝大部分,而且越来越多的万维网资源检索工具嵌入了非万维网资源(尤其是 WAIS、Gopher 等资源)的工具,因此,万维网资源检索工具实际上已演化为可以检索几乎一切网络资源的集成化检索工具了。

5 按层次关系划分的网络信息检索工具类型

5.1 底层网络信息检索工具——浏览器

浏览器是可以直接从网上获取信息资源的一种软件,具有对网络资源进行检索、浏览、下载、打印、发送电子邮件等功能,但没有网络信息资源的索引数据库,是原始的网络信息检索工具,可以从网址、菜单目录和关键词途径进行检索。从关键词途径检索时,检索效率较低。这类检索工具有检索 Telnet 资源的 Hytelnet,检索 FTP 资源的 Archie,检索 Gopher 资源的 Gopher Jewels、Veronica、Jughead,检索 WAIS 资源的 WAIS,以及检索 WWW 资源及其他资源的 Internet Explorer、Netscape Navigator 和 Hotjava 等。

5.2　中层网络信息检索工具——单独型网络信息检索工具

单独型网络信息检索工具也安装有浏览器,它与浏览器的重大区别在于:它具有一个网络信息资源索引数据库,检索时并不直接从网上获取信息资源,而是首先从索引数据库中找出相关资源的记录,再从记录中提供的网址链接到网上的原始信息资源。

单独型网络信息检索工具是网络信息检索工具的主流,具有丰富的功能,其检索功能尤其出色(详见《网络信息检索工具的结构与功能》一文)。

5.3　顶层网络信息检索工具——集合型网络信息检索工具

集合型网络信息检索工具是一种能够用多个单独型网络信息检索工具对网络信息资源进行检索的检索工具。它没有自己的网络信息资源索引数据库,而是通过一个统一的用户界面,来选择它所包括的某个单独型检索工具实现检索操作,或是选择多个甚至全部单独型检索工具并行地同时实现检索操作。集合型网络信息检索工具又可分为两类:一类是集中罗列、单独检索的集合型检索工具,另一类是并行检索、结果综合的集合型检索工具。各种集合型网络信息检索工具的规模悬殊,少者仅包括几个单独型检索工具,多者包括 3000 多个单独型检索工具。

网络资源指南收录网上所有各种单独资源指南和各种检索工具,是指南的指南,其功能从某种角度看类似于集合型网络检索工具。

5.4　兼具单独型网络信息检索工具和集合型网络信息检索工具功能的检索工具

这是指单独型检索工具添加集合型检索工具的功能,是单独型检索工具功能的扩展。

6　按开发经营者划分的网络信息检索工具类型

6.1　商业性网络信息检索工具

网络用户使用最多的网络信息检索工具是综合型检索工具,它们几乎都是由商业机构开发经营的,其服务对象主要是广大的普通用户,或者说它们主要是适应一般的信息资源检索需要而开发的。使用商业性网络信息检索工具并不意味着要支付费用,相反,这类检索工具都是免费供使用的,只有少数服务项目收费。商业性网络信息检索工具的营利都是来自广告收入等其他来源。Northern Light 等则一方面提供快速查询和高质量的检索和文献传递服务,一方面把免费检索(包括提供文摘)和付费的文献获取结合起来(即获取经过检索和阅读文摘后确定有用的文献须付费)。

应该说,商业性网络信息检索工具在网络信息服务中占有主要地位。

6.2　事业性网络信息检索工具

事业性网络信息检索工具由政府、研究机构、学术团体、图书馆等开发,主要面向专业领域的网络用户,所以基本上都是专业型的检索工具。若从专业信息资源检索需求的角度看,这些检索工具无论在本领域信息资源覆盖面和质量方面,还是在检索效率方面,一般都胜于商业性网络信息检索工具。这类网络信息检索工具一般都不收费。

6.3　非检索服务网站所建的导航工具

（1）地方网站所建的导航工具。这类导航工具是地方网站的一个组成部分，以收录地方的网络信息资源为主，是规模小的简单网络信息检索工具，检索功能较弱。

（2）高校网站所建的导航工具。这类导航工具（包括虚拟图书馆）一般是高校图书馆在其局域网上以本校师生为主要服务对象的网络信息检索工具，围绕本校科研、教学需要收录网络信息资源，提供链接点。这类网络信息检索工具质量不一，个别的导航工具或其个别的部分可能有较大的使用价值。

6.4　用户备忘录式导航工具和用户查获信息资源库

这是将个人从各种渠道获得的有用网址以及从网络信息检索结果中选出的有用网址保存下来，做成导航工具，以方便需要时使用。

参考文献

[1] 储荷婷等. Internet 网络信息检索——原理　工具　技巧. 清华大学出版社，1999
[2] 曾民族. 网络信息检索现状和性能评价. 情报学报，1997(2)
[3] 张颖等. 因特网三大检索工具的比较研究. 图书情报工作，1999(10)
[4] 李广健等. 网上搜索引擎的几个理论问题. 情报科学，1999(4)

写完于 2000 年 7 月 20 日，上海
载于张琪玉著《网络信息检索工具发展的方向与提高竞争力的途径》
深圳巨灵信息技术研究所 2001 年 4 月刊印

网络信息检索工具的评价

1　评价目的和原则

对网络信息检索工具的评价有两个目的：

(1)评价就是估定使用价值。一个网络信息检索工具的使用价值是由诸多要素的状况构成的，因此，对其进行评价，就要列举出各种影响其使用价值的要素，即评价项目。在设计网络信息检索工具时，这些评价项目就成为周全考虑问题的框架。

(2)在检索网络信息资源时，必须选用优质的、合适的网络信息检索工具，各种评价项目就成为考察检索工具使用价值的框架。

影响网络信息检索工具总体质量的要素(即评价项目)很多，各种要素对检索工具质量的影响大小是不同的。从评价目的看，各种要素的重要程度也是不同的。有的要素对用户检索十分重要，有的要素对用户的某种检索目的并不重要，有的要素涉及检索工具经营者的成本效益，有的要素则可以影响检索工具的声誉乃至经营检索服务的成败。

各种类型的网络信息检索工具应有自己的评价项目一览表和每种项目的具体要求。

网络信息检索工具类型众多，五彩缤纷。本文只能较详细、系统地列出网络信息检索工具的评价项目，供设计或选择网络信息检索工具时参考。

2　数据库构成评价项目

(1)收录网络信息资源的数量，它说明对全部信息资源的覆盖率。综合型检索工具和专业、专题、专门型检索工具的覆盖率应依据各自的收录范围计算。

一般而言，覆盖率大则检全率相应会高。但应当考虑到检索工具的索引数据库有两种情况，一种是在收录信息资源时不进行筛选，另一种则是经过事先筛选的。若事先经过筛选，其收录数量虽少但实际有价值信息资源的覆盖率不一定就小，甚至可能很大。

在评价网络信息检索工具质量时，应注重实际有价值资源的覆盖率，即索引数据库对网络上实际有价值资源的覆盖率越大越好，而索引数据库中绝对收录数量则并非越大越好。

(2)收录网络信息资源的类型范围。网络信息资源包括 WWW 资源、FTP 资源、Telnet 资源、USENET/Newsgroup 资源、LISTSERV/Mailing List 资源、Gopher 资源、WAIS 资源、Binary files 资源、Full-text 资源等；还可分为文本信息资源、图像、声像等资源；或各种语种的资源，或全球资源还是本国、本地资源。各种类型的网络信息检索工具都有相应的收录网络信息资源类型范围。综合型检索工具则应收录多种类型的资源，类型越多越好。

(3)收录网络信息资源的内容范围(学科、主题领域)或侧重点。应包括相关领域的资源。

(4)著录标引范围。指对部分项目(如标题、小标题、前数行)进行著录还是全文著录，是标引全部网页还是仅标引主页，是否分字段。

(5)标引方式。是采用跟踪软件自动标引还是采用人工筛选和标引的方式。

（6）用户登录。是否提供用户在网上自动登录功能。

（7）索引数据库的更新频率。更新包括增补、删除、修改。一般而言，更新周期越短越好。事实上，各种信息资源可以有不同的更新周期，如股票行情最好一小时更新多次，新闻每天更新就可以，某些资源允许较长的更新周期。采取人工筛选和标引者，更新周期10天、半月已属不易。

（8）索引抽词法。指关键词的抽取方法。各种自动抽词方法所建数据库质量有所不同。

（9）收录信息资源是否筛选以及筛选标准（评价标准）。这与信息质量有关。

（10）特色服务项目（特色栏目）资源的收录齐全情况。

3　检索功能评价项目

（1）检索功能是否丰富、齐全。

（2）关键词检索功能除基本的关键词检索功能外，还采取哪些增强关键词检索功能的措施（具体评价项目参见《网络信息检索工具增强关键词检索功能的措施》一文）。

（3）分类浏览功能：①分类体系的类型和编制质量（包括体系的更新）；②是否有自然语言接口或与关键词建立对应关系；③是否提供多个分类体系；④分类标引的准确性。

（4）是否能用多种语言表达检索提问和翻译检索结果。中文检索工具是否兼备繁简体并有内码转换功能。

（5）是否有去重功能。

（6）是否有信息过滤功能。

（7）特色服务项目（专题栏目）的检索功能。

（8）是否可进行图像、声音和视频检索。

（9）是否有精品推荐、酷站、新站等。

（10）是否有上网单位导航功能。

（11）友情链接的情况。

4　检索效率评价项目

（1）检全率。

（2）检准率。

（3）检索速度。

（4）新颖率。

（5）死链接数量。

5　检索结果处理评价项目

（1）检索结果是否有多种相关性排序方案可供选择，是否注明相关性分值。

（2）检索结果中是否包含文摘，是否有多种详简格式可供选择，最多包含多少项目。

（3）检索结果每页显示的条数及是否可选择。

（4）在检索结果中是否能推荐若干最好的网站。

（5）对检索结果是否能进行粗分类和将某些资源（如新闻报道）单列。

6　易用性评价项目

（1）用户掌握、熟悉该检索工具要做出多大的努力，需用多少时间。

（2）用户界面是否友好，是否可“定制”检索界面。

（3）是否提供帮助信息和查询举例，以及使用指南等介绍性材料和关于提高检索效率的建议。

（4）对用户建立自己的导航库是否提供帮助。

7　其他评价项目

（1）相关服务项目的多少和种类。

（2）是否收费，收费的合理性。

（3）是否接受用户的反馈信息。

（4）整个设计的成本效益。

参考文献

[1] 曾民族. 网络信息检索现状和性能评价. 情报学报，1997(2)

[2] 储荷婷等. Internet 网络信息检索——原理　工具　技巧. 清华大学出版社，1999

[3] 宛玲等. 试析中文搜索引擎的评价标准. 情报科学，2000(1)

[4] 段宇峰等. 检索引擎的评价和利用. 现代图书情报技术，1999(3)

[5] 郭万召. 网络搜索引擎的分析与比较研究. 情报科学，2000(1)

[6] 王忠等. Internet 英文搜索引擎评析. 图书情报工作，1999(4)

写完于 2000 年 7 月 23 日，上海

载于张琪玉著《网络信息检索工具发展的方向与提高竞争力的途径》

深圳巨灵信息技术研究所 2001 年 4 月刊印

网络信息检索工具开发的方针和策略

1 有效性第一应是网络信息检索工具开发的基本方针

网络用户只需要能为他们解决检索问题的网络信息检索工具，一个在网络信息检索中十分有效的检索工具也才有使用价值。

所以，保证网络信息检索工具的有效性，应是其开发的基本方针。这需要从下列多方面着手。

2 稳妥地解决汪洋大海似的信息量与处理控制能力有限的矛盾

在因特网上汪洋大海似的信息量面前，有不少人认为，只有使用自动搜索软件来建立网络信息检索工具的索引数据库，才能跟上信息资源的增长速度，才能对网络资源全部地进行控制，别无选择。

其实，对网络资源完全控制是根本不可能的。国外最大规模的网络信息检索工具，也只能占有网络信息资源总量的一小部分。但问题还在于，因特网上的信息资源良莠不齐，鱼龙混杂，有大量是“信息垃圾”。而用自动搜索软件所建立的索引数据库不可能对信息资源进行建库前筛选，而且只能进行关键词检索虽可采用种类繁多的措施来增强关键词检索功能，但往往被命中的信息资源还是过多，多到使用户无法甄别的地步（据一次试验，用三个不同学科的样本课题对 Internet 上的七个著名数据库进行检索，其检准率从 0.6% 到 18.8%，平均还不到 2%）。真可谓：面对成千上万条似是而非的网站名称，你不得不承认那个“因特网信息检索定律”，即“在因特网上您总能找到（甚至只能找到）您不需要的东西”。

虽然“自动搜索建库 + 改进的关键词检索”模式仍被国外网络信息检索工具普遍采用，但一个不可忽视的事实是，绝大多数国外网络信息检索工具也都提供分类浏览检索功能。

提供分类浏览检索功能实际就是必须以人工方式（而且须是各科专家和图书情报人员）对网络资源进行筛选和标引，必须加大投资。而且，分类浏览的数据库规模不可能很大。但正是这部分经过人工筛选和标引的网络资源，在满足用户的信息需求上发挥着主要作用。也就是说，紧紧抓住供分类浏览的数据库的建设，同时也不放弃用自动搜索软件建立关键词索引数据库是稳妥地解决汪洋大海似的信息量与处理控制能力有限的矛盾、满足用户信息需求的正确策略。

3 尽可能满足广大服务对象的多样性需求

这一点无论对于综合性的网络信息检索工具，还是对于专业性的网络信息检索工具，都是应当得到重视和努力做到的。

这一点主要体现在所提供的索引数据库的收录范围和数量、供分类浏览的分类体系、标引的深度、关键词检索及其他检索方法的复杂性、各种专题检索的设置、数据库更新的周期、检索结果显示的信息量和排序方法等方面，是否与用户的多样性需求相适应。

4 完善的检索功能和清晰的检索界面

检索功能是否完善是决定网络信息检索工具检索效率(检准率、检全率、检索速度)的重要因素,是衡量其质量的主要标志之一,因而是网络信息检索工具设计要着重考虑的一个问题。检索功能的提供应针对服务对象的检索要求和获取信息的能力来考虑。

检索界面能否给网络用户一个清晰的思路是影响检索工具易用性的一个重要因素。把检索界面设计得花花绿绿、非常拥挤、混乱地安插广告,使用户眼花缭乱、应接不暇是不可取的。检索界面应有层次性,措词应符合明确性要求。

5 逐步地向全方位、综合性服务目标发展和壮大

目前,各种网络信息检索工具除基本检索服务外,都在逐步地向全方位、综合性服务方向发展。

综合型网络信息检索工具要力求周全地考虑用户生活和学习多方面的需要,如提供当日新闻、电子报刊全文阅览、旅游景点介绍、交通时刻表(甚至网上订票服务)、地图查询、天气预报、电话和电子邮件地址簿、各类广告、网上购物信息、股票行情、教育培训信息、就业招聘信息、儿童和青少年教育、聊天室、美食资料、游戏软件、音像资料检索、政府办事和法律咨询,等等。

专业性网络信息检索工具则结合联网数据库服务以及提供电子报刊、图书馆名录、文献目录、虚拟图书馆资源、参考资源、软件目录、研究成果和研究项目信息、学术动态、相关学术机构站点,等等。

这些服务,其中有些可连接相关网站,有些则需自建数据库进行服务;有些仅提供信息,有些则进一步进行具体服务,使用户十分方便。

6 把网络导航和联机数据库检索结合起来

从目前的发展水平看,网络信息检索工具的检索功能和检索效果还远远不及一些经过图书情报工作者标引的专业数据库(文献目录数据库和全文数据库)。那些专业数据库实质是联机和光盘检索工具的网络版,现在也通过万维网的界面,有的免费供用户检索查询,有的是收费的。

把网络导航和联机数据库检索服务结合起来,无疑可更好地满足专业人员的检索需求。

7 实现中外文信息检索一体化、自然语言与人工语言检索一体化以及分类浏览与关键词检索的结合

这些方法无疑可给网络用户带来极大方便。

中外文信息检索一体化目前在个别网络信息检索工具中已实现。

自然语言与人工语言检索一体化也已见雏形,如所谓概念检索,实际就含有自然语言与人工语言一体化的因素,当然还可进一步发展。

分类浏览与关键词检索相结合,主要是从关键词提问引向分类体系,目前也已见个别网络信息检索工具使用,如自动链接分类类目的方法。

这些方法应在网络信息检索工具开发中充分加以发展。

更理想的模式是采取关键词检索、概念检索、分类浏览检索一体化(参看《关键词检索、概念检索、分类浏览检索一体化》一文)。

8 减轻用户负担而不是把负担转嫁给用户

网络信息检索工具目前最突出的缺陷是检准率太低,一次检索常常会输出大量不符合检索要求的网页,而且极少量符合检索要求的网页被混杂在大量不符合检索要求的网页中,对检索结果进行甄别成为用户的严重负担。

所谓减负,就是要通过各种措施,保证输出信息的质量,减少输出与检索要求不相关的信息的数量。这些措施是:保证标引准确性,改善检索功能,以提高检准率;对收入检索工具的信息资源进行预先剔选;对信息资源进行评价,推荐最有信息价值的网站。

9 重视用户指导而不是把简单技术作为首选

有不少检索工具的设计者认为,检索方法越简单越好,简单的方法用户容易掌握。从实践看,非常简单的检索方法检索效果不好。单纯的关键词检索方法固然十分简单,但会造成大量误检,而且也不能得到满意的检全率。国外的网络信息检索工具几乎无一例外地采用各种增强关键词检索功能的措施。但在采用那些措施后,检索过程便变得复杂起来,不是任何人都容易掌握了。显然,要获得较高的检索效率,不能采用十分简单的检索方法;若采用十分简单的检索方法,则必然会减低检索效率。当然,应当追求较高的检索效率,因此,“有较高检索效率的检索方法 + 用户指导”应作为首选。

10 商业性服务与公益性服务的协调

许多联机数据库在过去一般都是收费的,但现在有些却在因特网上供免费使用。而网络信息检索工具一般是供免费使用的,但也有一些却对用户收费。收费的检索工具都是投入了大量人工建库的,所以能提供高质量的网络信息检索服务。这些收费检索工具受到用户的青睐,用户认为花钱是值得的。

商业性服务与公益性服务应协调。一般的服务以保持免费为好,这有利于网络信息资源共享的发展。但也需要高质量的检索服务,高质量的检索服务因为需要有较多的投入,免费服务可能行不通,而且,收费也会得到需要高质量服务的用户的认可。在同一个网络信息检索工具内,不妨采取部分服务免费,部分服务收费(必须以高质量高品位服务为前提)的政策。

11 寻求合作伙伴

要做好网络信息检索服务,需要向网络用户提供大量贮存于数据库的信息。数据库的建设工程浩大,如果都采取自建的方式,不但要投入大量人力、财力,而且面对庞大的网络信息资源,所能达到的覆盖率可能十分有限,而且还会把时差拉大而不能向网络用户提供满意的服务。所以,在网络信息检索工具的开发过程中要尽量利用他人的数据库(通过租借、购买、代理等各种方式)以及寻求共建、互换等的合作伙伴,不要全部数据库都自建。香港中国资讯有限公司的信息银行,就是一个很好的例子。

参考文献

储荷婷等. Internet 网络信息检索——原理 工具 技巧. 清华大学出版社,1999

写完于2000年6月16日,上海

载于《江苏图书馆学报》2002年第3期

网络信息检索用语言的发展趋势

首先对本文中所用的两个名词说明一下:①情报检索用语言 = 情报检索语言(属人工语言范畴) + 自然语言(在情报检索中的应用);②网络信息检索用语言,指情报检索用语言在网络环境下的应用,并非指情报检索用语言的一种特殊类型。

1 网络信息检索采用自然语言是必然趋势

关于网络信息检索用语言的发展趋势,几乎所有研究者都认为是采用自然语言。我也认为采用自然语言是一种必然趋势。事实上,自然语言目前在国外网络信息检索中的应用,就其普遍性而言,可以说是占着主要的地位。所有的网络信息检索工具几乎都提供关键词检索,关键词就是自然语言。搜索引擎软件可自动从用自然语言编写的网页中收集关键词,建立索引数据库,提供关键词检索途径。这可以说是一种自动标引方式,建库效率非常高,建库成本非常低,特别是建库速度非常快,这正适应网络信息资源数量庞大且增长迅速的状况。所以,网络信息检索工具采用自然语言检索的必要性是不容置疑的。问题在于,网络信息检索工具是否可以唯一地使用自然语言,人工语言(情报检索语言)在网络环境下是否已失去其使用价值,自然语言的发展将取代人工语言的预言是否会实现,我们可以放弃或削弱人工语言在网络环境下应用的研究吗?

2 网络信息检索不能唯一地使用自然语言

大多数研究者之所以认为采用自然语言是网络信息检索用语言的发展趋势,是因为他们认为人工语言(即情报检索语言)不适合标引网络信息资源。其理由归结起来是:使用人工语言标引速度慢(因而远远跟不上数量庞大的网络信息资源的增长速度),处理时差大(不能及时反映最新发布的信息),对标引人员要求高,标引成本高,一般用户使用困难。与自然语言的自动标引相比,这些缺点确实是不容争辩的事实。许多研究者正是根据这些人工语言不及自然语言之点以及计算机技术可以解决一切问题的信念而断定:人工语言在网络环境下已不再具有发展前途,最终将被自然语言取而代之,因而不再具有研究价值。

这种观点的正确性是值得怀疑的。网络信息检索不能唯一地使用自然语言,也必须使用人工语言。

我们在看到人工语言种种不足的同时,绝对不可忽略了人工语言的一个重大优点,那就是:使用它标引的数据库检索效率(检全率和检准率)相当高,是使用搜索引擎软件建立的数据库所不能比拟的。储荷婷等在《Internet 网络信息检索——原理 工具 技巧》一书最后一章的"网络信息检索技术的发展"一节中指出:"一些经过信息工作者标引的专业数据库……它们的检索功能和效果都是现有网络信息检索工具望尘莫及的。"而对于需要在网上寻找针对自己需要的网络信息资源的用户来说,检索效率却是首要的。

由搜索引擎软件自动建立的网络信息资源索引数据库所支持的关键词检索,其致命的缺点就是检准率太低,往往达到使人无所适从、无法容忍的地步。检索结果常常是"想找一棵树,可给了一片森林,要挖一块宝石,却指向整座矿山",面对几千、几万甚至十几万条的检索结果,虽然“其中必有一条适合你”,但怎样从其中找到真正适合需要的那几条或几十条呢?

虽然,国外的网络信息检索工具采取了方式繁多的增强关键词检索功能的措施(我归纳了一下共有二三十种,见《网络信息检索工具增强关键词检索功能的措施》一文),但其检索效率仍很不理想。关键词检准率很低,这几乎是一致公认的。以致流传着这样的幽默:“令您苦恼的是,即使使用这些检索工具,您往往得到的是成千上万条似是而非的网站名称,面对它们您不得不承认‘因特网信息检索定律’:在因特网上您总能找到(甚至只能找到)您不需要的东西。”这则幽默当然是针对关键词检索(也就是自然语言检索)的缺陷说的,因为分类浏览检索不可能出现这种情况。正因为如此,国内外的网络信息检索工具目前除提供关键词检索功能外,几乎都提供分类浏览检索功能。而分类浏览检索功能恰恰是人工语言。

另外,目前正在大力推广的“元数据”,它与 MARC 的记录项目(或者说著录元素)类似,是一种文献著录标准。元数据的提出,首先是为了鼓励作者和出版者或网页制作者以搜索引擎软件(自动资源发现工具)能收集的形式来提供元数据元素,鼓励包含有元数据元素模块的网络出版工具的创造,从而进一步简化元数据记录的创建工作。元数据可以规范网页的格式和项目的内容,通过修饰词丰富项目内容,并便于各种格式之间的转换,从而提高用搜索引擎软件自动建立的网络信息检索工具的索引数据库的质量,最终提高网络信息关键词检索的质量。我认为元数据中的“主题”项尤为重要,该项目规定要使用某些种比较通用的分类表和词表,也就是情报检索语言。这实际上是对“人工语言不适用于网络环境”的观点的否定,说明自然语言和人工语言对网络信息资源的检索都不可少,并隐含着人工语言比之自然语言对保证网络信息资源的标引和检索的质量具有更大重要性的意思。因为采用人工语言的成本远远高于采用自然语言的成本,如果人工语言不比自然语言重要,那么,为什么还规定要采用它呢?

3 自然语言检索达到完满程度的两个难题

自然语言在情报检索中的应用所面临的两个难题:①如何从自然语言文本中抽出最能准确、充分地表达文献有价值内容的词,以及这些词与检索课题有效匹配的问题。这个问题的复杂性在于文献作者的用词无明显的规律性,以及作为人类社会现象的自然语言不可能用纯自然科学的方法去研究解决。这个问题同机器翻译的性质类似。如果去追求百分之百的自动化,至少在短期内是无希望解决的(当然,自然语言自动处理现有的一些中间成果还是有实用价值的)。②克服自然语言由于不规范和缺乏语义关联性而对检索不利的问题。克服这个难题也是不能完全用自动化方法的。除此以外,对中文来说还有一个汉语分词的问题。而这个问题的解决,只是达到了拼写文字国家的起点水平,拼写文字中未解决的上述两个问题仍有待我们去解决。

从研究了四五十年后目前所达到的水平看,克服这两个难题的难度实在很大,仅仅凭借计算机处理技术的纯粹的自然语言检索(或者说不利用情报语言学原理控制的自然语言检索)“在短期内(例如二三十年)的完满实现”是不大可能的。所以,自然语言的发展将取代人工语言的预言也有待以后的历史去证实。

4　人工语言真难用，自然语言真易用吗

许多文章作者的一个重要论据是，人工语言难用而自然语言易用，因为使用人工语言需要学习而使用自然语言不需要学习。这个论据是缺乏事实基础的。事实上，无论使用哪种语言或那种方法进行检索，如果要获得较好的检索效果，检索者都是需要经过一定的学习过程的。从目前网络信息检索工具所采取的各种增强关键词检索功能的措施看，其复杂程度比之分类浏览检索更甚。而人工语言如果采用一些易用化措施，则会比使用自然语言检索要容易得多（当然是指取得较好的检索效果而言要容易得多）。

5　自然语言与人工语言发展的大趋势是两者的融合

应该说，情报检索语言（人工语言）与自然语言各有优点，也各有缺点。情报检索用语言发展的大趋势，是情报检索语言的自然语言化和自然语言的情报检索语言化，是两者的初级结合到完全融合的过程。所以，情报检索语言的未来与自然语言的未来在某种意义上可以说是同一个问题。情报检索过程绝对不能没有控制。完全无控制的自然语言检索在理论上固然说不通，在实践中也未见证明其在主要方面，即在检全率和检准率方面，确实优于情报检索语言的事实。这就是说，自然语言不可能全面取代情报检索语言，淘汰情报检索语言。但从另一方面看，在计算机检索特别是网络检索的条件下，自然语言有许多重要的优点，故它也必然会更进一步得到发展。

在自然语言与情报检索语言两者完全融合的新型情报检索语言普及以前可能是下列三种情况并存：情报检索语言与自然语言在同一个检索系统中并用，情报检索语言增加自然语言成分，自然语言适当引进情报检索语言的原理与方法。

6　检索用语言以外的问题

6.1　网络信息检索工具是否能覆盖全部网络信息资源

持网络信息检索用语言只能是向自然语言发展的观点的研究者的一个论据是，只有用搜索引擎软件在网上搜索和自动建库，才能适应网络信息资源的庞大数量和增长速度，从而达到网络信息检索工具完全覆盖网络信息资源，这样的网络信息检索工具才是最具实力的，最能满足网络用户需要的。对于一个理想的网络信息检索工具而言，这个论据确实不容置疑。网络信息检索工具的覆盖率总是越高越好。

但在现实中，就一个网络信息检索工具而言，要达到完全覆盖网络信息资源是不可能的，这正像没有一个图书馆能够收藏齐全当今世界上所有一切文献一样。只能是，世界上所有图书馆收藏的总和，可接近全世界现存文献的总量。目前覆盖率最大的网络信息检索工具，据估计也只占网络信息资源总量的20%左右。综合性网络信息检索工具不可能剥夺专业性网络信息检索工具生存的权利。专业性网络信息检索工具收录数量不大，但在专业领域内有其优势。

从另一点来看，网络信息检索工具完全覆盖网上的信息资源也是不必要的，而且并不一定是好事。因为网络信息资源实在太多了，而其中却混杂了很大比例低质量的信息和“信息垃圾”以及重复的信息。所以，许多网络信息检索工具提供所谓“限定首先在经专家选择的网页内检索”或“限定首先在5%最优站点范围内检索”。由此可见，在建立网络信

息检索工具时应该对其收录的网络信息资源进行评价和筛选。而对网络信息资源的评价和筛选,却是自动搜索软件难以做到的。

6.2　时差要求缩短到什么程度

持网络信息检索用语言只能是向自然语言发展的观点的研究者的另一个论据是,只有用搜索引擎软件在网上搜索和自动建库,才能使网络信息检索工具最及时地反映网上信息资源现状特别是最新发布的信息资源,保证所提供的信息的时效性。这个论据一般地说来也是不能否定的。

时差决定于网络信息检索工具的更新周期。各种网络信息检索工具的更新周期目前一般为一周,最短的不到一小时,最长的则为一个月。

时差并不是全部网络信息资源都要求非常短。也就是说,更新周期可随信息资源的性质、类型而异。例如,对于股票行情信息,最好能实时反映;新闻的时差最好不超过一日,而像文艺作品,则一个月的时差也无妨。所以,一个网络信息检索工具若能保证股票行情、新闻、天气预报、商情之类信息能及时反映外,大多数信息时差稍长也是可以的。

6.3　Yahoo!的成功告诉我们什么

Yahoo!是网络信息检索工具中办得最成功的一个。它获得广大网络用户的青睐,获得极高的访问率和声誉,从而也获得极高的广告收益。仅6年多的发展,目前资产已达40多亿。

Yahoo!的覆盖率并不是最高的,其关键词检索也并不被认为是独特的。它之所以获得极大的成功,主要是依赖于它用人工标引的供分类浏览检索的数据库,具有很高的检索效率,而且,用户对分类浏览检索感觉更为易用。这充分说明,建立人工标引的人工语言数据库虽然成本很高,但有其不可取代的优点。

目前,国外的网络信息检索工具在提供关键词检索(即自然语言检索)功能之外,一般都提供分类浏览检索功能,也即使用人工语言。

7　在网络信息检索工具中人工语言与自然语言并用是现阶段较合理的模式

从以上分析可以得出结论:目前在网络信息检索工具中,人工语言与自然语言并用,兼取两者的优点,是较合理的模式。

尽管使用人工语言建库成本很高,时差较大,数据库的覆盖面也较小,但其检索效率较好。用户检索网络信息资源,是希望以较少的努力准确地获得对自己真正有用的信息,因而检索效率较高的人工语言具有重要价值。

但人工语言确实也有不足之处,如用人工语言建库覆盖面较小,时差较大,因而不易满足某些最新、最专指的检索要求,等等,同时采用自然语言,就可补人工语言之不足。

当然,这只是人工语言与自然语言结合的初级模式。

8　顺应情报检索用语言发展的大方向

上面分析了在网络信息检索中,人工语言和自然语言都起着不可取代的作用,因而对两者的研究不可偏废。目前,亟待从情报语言学的角度来深入研究自然语言检索中存在的问题(这是自然语言检索研究中的薄弱环节),把情报语言学的原理和方法引进自然语言检索的研究,并要重视利用情报检索语言已往所积累的成果(例如分类表和词表对概念和术语的整理）。也要积极研究情报检索语言在网络环境下应用中所遇到的新问题，寻找改进方法，特别是吸取自然语言的优点来弥补情报检索语言的不足之处。这两方面的研究，应朝着并且必然会朝着从两者的初步结合到完全融合的目标前进。

参考文献

[1] 储荷婷等. Internet 网络信息检索——原理　工具　技巧. 清华大学出版社，1999
[2] 张琪玉. 网络信息检索工具增强关键词检索功能的措施. 图书馆杂志，2001(1)
[3] 吴建中等. DC 元数据. 上海科学技术文献出版社，2000
[4] 张琪玉. 情报检索语言的发展趋势(与吴建中的对话). 图书馆杂志，1996(4)
[5] 张琪玉. 情报语言学基础(增订二版). 武汉大学出版社，1997

写完于 2001 年 2 月 20 日，上海

载于《图书馆杂志》2001 年第 3 期

第六部分　索引学

关于索引学研究和索引工作开展的设想与建议

索引是开发、利用文献资源的一种重要工具

索引是对某种文献或某一文献集合中所包含的各篇文章，或所讨论的各个局部主题，或所涉及的各种事项（如地区、人物、机构、事件、生物、矿物、产品、设备、公式、数据、著作等）以简明的方式分别著录标引，即确定其检索标识和指出其所在位置，并将款目按一定的可检顺序排列和组织，以方便检索的一种工具。

"索引"一词可以是：①指某种书刊的一个组成部分（不管它是否作为一种独立的著作出现），摘记书刊中的知识单元或事项为条目，标明出处，并按一定次序编排，以方便查检该书刊内容的附属性资料，如各种专书、专刊索引；②指某种检索工具或某个检索系统的一个组成部分，以简明的方式提供与该检索工具的正文部分或检索系统的主文档部分不同的检索途径，如美国《化学文摘》的各种索引提供了与该文摘正文部分不同的多种检索途径；③指独立于某批书刊之外的一种简明检索工具，如各种群书索引（《十三经索引》等）、群刊索引（《全国报刊索引》等）和专题论文索引。这第三种情况很难与文献目录截然区分。

索引作为一种检索工具的特点在于：①它是一种高深度标引的检索工具，以文献中的一个局部内容或事项，或期刊中的一篇作为一个标引单位；②它以极简洁的形式（一般仅有检索标识和出处）起指引的作用，而不是对文献进行登记和报导（报刊论文索引除外）；③它总是提供与书刊的目次或检索工具的正文（或检索系统的主文档）部分不同的检索途径；④它以便于查检的顺序编排其款目。

索引的功用在于：①方便查检，可大大节约查阅文献的时间；②可增加查全或查到所需资料的可能性；③提供与文献正文不同的另一种甚至多种查检途径；④浏览索引时，可使读者发现某些他所未想到的有用资料；⑤某些书虽非工具书，有了索引，在一定程度上也可起到工具书的作用，其使用价值就可大大提高；⑥一种检索工具或工具书配备了索引，可使它的检索功能或参考功能成倍提高，甚至可以说，某些检索工具的核心是它的索引体系；⑦某些索引还有特殊功用，如引文索引、杂原子索引、化学结构索引、等同专利索引、某些古籍索引等。

所以，索引是开发、利用文献资源的一种重要工具。索引在现代人的研究、工作、学习、生活中的作用是十分重要的。索引法就是节省时间、提高效率的一种方法。

索引的研究和编纂早已被纳入许多学科和专业的范围

目前有许多学科在研究索引。

由于报刊索引和专题论文索引绝大多数是篇目索引，也可以说是论文目录，同时，图书目录也需要配备索引，以提高其检索功能，所以，目录学总是把索引法作为自己的一个组成部分，纳入自己的学科范围。

文摘刊物在过去一直是情报传递的主要工具，而文摘刊物要充分发挥其检索作用，必须配备索引，所以，索引法成为文摘学的一个重要组成部分，现代索引中许多新类型的出

现,与文摘的发展有密切联系。

索引作为一种检索手段,作为检索系统的重要组成部分,其原理、结构、性能、检索效率等都是情报检索理论的研究对象。

研究情报检索系统语言保证问题的情报语言学,其主要的应用领域就是索引编制,所以,情报语言学也必须研究索引法,从而使索引法与情报语言学难分难解。作为情报语言学主要研究对象的情报检索语言在欧美使用的名称之一就是"索引语言"。

索引作为图书的一个组成部分,也是图书编辑学的一项研究内容。

索引作为一种重要的检索工具,又是正在形成中的"文献检索与利用"学科不可缺少的研究内容。

图书馆、情报机构、出版社以及研究和教学单位的资料室等都把编制索引作为自己的专业工作内容之一。

数据库就是信息时代的索引

用计算机检索文献是情报、图书馆、档案工作现代化的核心。国际联机检索使人们可以在世界各地任何装有检索网络终端的地方从上亿条的文献目录数据中以一二十分钟的时间找出任何问题的资料线索,并且如果需要,还可以在两三个星期内得到订购的原文复印件。

数以千计的各种类型的数据库是国际联机检索的支柱。

无论是文献目录数据库还是其他类型的数据库,一般都是依靠各种索引来查检的。有的数据库虽然没有索引,其实也是利用索引原理来查检使用的。可以说,没有索引法,也就没有数据库。而且,在数据库中,索引方法更是别出心裁,日新月异,其功能使人惊叹!

目前,全世界投入检索服务的数据库约5000个,至于一些单位或个人自建自用的数据库更是不计其数。从某种意义上讲,数据库就是信息时代的索引。

索引学作为一门新学科怎样认定自己的领域

尽管索引这一事物的出现已有不短的历史,索引方法和技术已有长足的进步,但索引学作为一门学科还是处于幼年时代。

关于索引的知识,过去称为索引法。"索引学"这个名词的出现时间还很短,还很少使用。到目前为止,还没有看到一部以索引学作为题名的专著。"索引学"一词甚至在词典中还找不到。从这个意义上说,索引学是一门新学科。

由上面的叙述可以看出,索引学在其出世之前,它的研究对象已被许多学科纳入自己的研究范围,索引学几乎没有其专辖的领土了。在这种情况下,索引学作为一门新学科该怎样认定自己的领域呢?

我认为,索引学既不可能把一切与索引有关的事物都归于自己的领域,也不要把自己的领域划定得太狭窄。应当承认,索引学与情报检索理论、情报语言学、目录学、文摘学、图书编辑学等学科是"你中有我、我中有你"的,无法划清界限,但索引学应当有自己的研究重点。

我认为,索引学的研究应包括索引原理、索引结构和设计、索引编制技术、文献微观标引、索引计算机化、索引法应用和索引使用法、索引评价、某些类型索引的专门研究以及索引发展史等几个方面。其中应以索引这一事物的基本原理、基本方法和基本技术作为自己的研究重点，对各种类型的索引做统一研究。有些与其他学科有交叉而且看来与其他学科关系更加紧密的部分，则不必再作为研究重点。

我们研究索引学，要放开视野，注意吸取相关学科的观点、原理和方法，为我所用。同时，索引事业在今天已不可能成为界限分明的独立事业（或许在过去也是这样），推进索引学研究和索引事业发展，需要各有关学科和专业共同努力，携手协作。我们的索引学会应当促进这种交流和协作。

索引学研究要密切结合索引实践

索引学确实只能算做一门新学科。目前，中文索引学专著仅《索引和索引法》《古籍索引概论》《索引的概念与方法》《索引编制工作手册》等屈指可数的几种，就是真正研究索引法（而不是评介现有索引）的论文，数量也十分有限。

目前的情况是，索引实践走在索引学的前面，我们遇到许多很好的、新型的索引，而却未见关于它们的编制方法和性能分析的详细记载。所以，索引学的第一个任务，就是要总结索引实践来丰富、充实自己。从学科理论建设的角度去分析研究现有的索引，从中提取基本的原理、方法和技术，应是索引学研究的重要课题。

既然各种索引方法都是适应索引编制任务的需要而被创造出来的，那么，使索引学研究与索引实践密切结合，无疑是推动索引学前进的有效措施。

国外索引比较发达，索引知识已有相当多的积累，特别是在索引工作现代化方面，已远远走在我国的前面，我们应当十分重视这一点，积极吸取国外的研究成果。

索引编制工作要讲求质量和效益

效益一般是指一项工作所投入的人力、物力、财力相对于所得的效果和利益而言。索引工作效益的绝对评价是索引产品所起的社会作用，即是否满足了社会对索引的需要。如果一种索引编制出来因种种原因而很少被人使用，那就是效益很小或者没有效益。

影响索引效益的主要有选题、质量和成本三个方面的因素，具体是：

（1）选题是否符合需要。这是首要的。选题不符合社会的迫切需要、大量需要或长期需要，则索引编制质量虽高，也不可能有较大的社会效益。

（2）索引收录范围。这是指第二类和第三类索引而言。如果收录率低，其使用价值就不会高。

（3）索引标引质量。指标引深度、正确性、遗漏率、规范性、参照度等，这些都会影响索引的使用价值。

（4）索引结构或功能的完备程度。检索途径单一的索引，因其功能有限，一般来说总是效益较小的。

（5）索引时效性。如果索引不及时，就会大大影响其社会效益甚至毫无用处。

（6）索引印制质量。包括版面设计、印刷装订质量等，对使用价值也会有一定影响。

（7）重复编制，特别是重复编制低水平的索引，是很大的浪费。

（8）索引技术是否先进会影响索引成本，同样也会影响索引工作效益。

我国四十多年来编制的索引不少，但能发挥现实作用和具有长期使用价值的索引并不很多,这说明索引工作的效益不高,这是值得我们重视的问题。

索引选题要适应时代需要

索引选题具有决定意义,因为选题是索引工作能否产生效益以及效益大小的第一个环节。

选题要从三个方面考虑:

一是社会需要方面。虽然社会对索引的需要是多方面的,各行各业的工作、科学研究、学习、日常生活乃至文学欣赏等都需要索引,索引工作应当为多方面的社会需要服务,但这些需要总有个重要性大小的问题,有个需要量多少的问题,这是进行索引选题时必须考虑、必须进行调查研究的。总之,要根据现实需要、长期需要和社会大量需要,有计划、有比例地来确定选题,并尽量避免重复。在当前,索引选题尤应注意多为经极建设服务,多为科学技术进步服务,这是时代的需要。

二是索引对象(即文献)的价值方面。要多为使用价值大的文献编索引,不要为没有多大使用价值的文献编索引。

三是文献资源及其他条件方面。例如,一个某方面收藏不丰富的单位,要编好该方面的索引就比较困难。此外,人员素质和数量、设备、经费等,也是选题时应予考虑的。

索引设计要改革创新、精心构思

索引的设计是影响索引功能和使用价值的重要因素,因而是决定索引工作效益的第二个重要环节。

索引设计要考虑三个方面:①索引结构功能方面的考虑,使一种索引能尽量满足多方面的需要;②索引印制质量方面的考虑,因为一种编制得好的索引还要通过印制质量来体现;③投入产出方面的考虑,索引成本是一个不能不考虑的因素,力求索引质量高而成本又尽可能低,这与索引设计有很大关系。

我们经常可以看到,一些设计不完善的索引很快失去其价值,被设计更完善的索引所取代,而一些设计较完善的索引,却长期具有使用价值。

例如,美国《化学文摘》的索引系统,设计得相当完善,使用十分方便,再加上它收录全、编制质量高,所以长期保持着主要检索工具的地位。

又如,《中国丛书综录》索引系统的设计也相当完善,再加上它收录全和编制质量高,所以出版近三十年来一直保持着它的使用价值。

再如,孙公望编的《唐宋名家词检索大全》也是一部精心设计的索引,它有八种检索功能,读者几乎可以随心所欲地进行查检,其使用价值就必定会保持较长的时间。

索引设计要改革创新,精心构思。一部设计完善、编制认真的索引,其价值是决非能以多种低水平的索引相抵的。

对文献标引的研究是亟待加强的薄弱环节

要编好一部索引,一是取决于设计,二是取决于标引,此外,还有索引编排和印刷等因素。其中,标引对索引质量的影响是最直接、最具体的。然而我们对文献标引的研究恰恰很不足,是亟待加强的薄弱环节。

索引编制中的文献标引是从文献中提取索引概念给予检索标识的过程。决定哪些概念该提取,哪些不该提取,这是较复杂的智力工作。

从标引的一致性试验可以看出,索引标引的随意性很大,导致索引概念或提取不足,或提取过多,或提取错误,或所给予的检索标识不确切,这都会影响索引的检索效率。

某些索引具有详尽、严密的标引规则,训练有素的标引人员,保证了标引的质量。但这种标引规则随所标引文献的学科、专业不同而异,随对索引的要求不同而异,随所采用的标引方法不同而异。绝大多数学科、专业找不到一种权威性的标引规则可供参考。虽有一般性的索引编制标准,但其中对提取索引概念的规定往往过于原则和简略,对实际标引工作的帮助有限。

之所以如此,可能是因为标引规则和方法具有“只可意会、难于言传”的模糊性,很难用简单明了的方式说清楚。但这是索引研究必须突破的课题,我们应当在这方面加强研究。

索引编制计算机化是索引技术发展的大方向

可以这样说,目前在一些发达国家,纯手工编制索引的方法已基本淘汰,索引工作已普遍计算机化。市场上有各式各样编制索引的软件任凭选购,价格也很便宜,所以一般不用自编程序。

计算机在索引编制方面可以做许多工作,例如:

(1)人工摘条(编制索引条目)后,由计算机自动完成编排、制版等索引工序;

(2)人工编制一条索引条目后,由计算机自动生成多种轮排款目并排序(如保留上下文索引、挂接索引、杂原子索引等);

(3)计算机自动抽词编制各种各样的关键词索引;

(4)联机标引(如图书内容索引的编制);

(5)累积索引的编制;

(6)全文检索(这可以看做是特殊的索引);

(7)从“大索引”(数据库)中抽出部分材料编成“小索引”;

(8)计算机编索引可产生书本式、卡片式、缩微式和机读式等各种索引。

用计算机编制索引的优点在于:①节省人力,也可节省经费;②快速,缩小时差;③编排准确;④可生产多种索引;⑤编制累积索引很方便;⑥可使检索计算机化,而计算机检索又可全面提高检索效率。

所以,我们现在研究索引应站在高起点上,一定要研究和普及计算机编制索引的方法,这样才能使我国的索引事业赶上世界水平。

协调和合作是索引事业发展的倍增器

要搞好索引选题和避免重复编制以及提高索引编制质量,在索引工作中开展协调和合作是很必要的。

协调和合作的好处在于:

(1)对选题可充分论证。有些一个单位或个人难以完成的索引项目,通过协作就有可能进行。

(2)通过协调,可有计划地开展索引编制工作,避免重复编制的浪费。

(3)可共同研究索引方法和技术,对索引进行精心的设计。

(4)人力多,进展快,互相检查,互相帮助,编制质量可提高。

(5)文献资源多。

(6)投资可共同分担。

(7)有利于索引研究和人才成长。

所以,与其大家分散,由于条件的限制,只能编些低水平的索引,不如联合起来,编高水平的索引。

中国索引学会应在协调和合作方面,多做服务工作。例如,可以对各地正在进行中的索引项目进行登记和做好通报工作,对需要寻求协作的单位和个人牵线搭桥,提出具有重要意义的索引项目组织有关单位来编制等。开展协调和合作犹如索引事业发展的倍增器,其意义是十分重大的。中国索引学会成立的宗旨之一就在于此。希望在全体会员的支持下把这项工作开展起来。

跨进信息业去开展索引服务

索引事业在现代,其核心就是数据库生产业和检索服务业,这可以说是“正宗的”信息业。

在现今条件下,虽然书本式索引还在继续出版,但大量索引已没有印刷版,只有机读版和缩微版了。我国近几年出版物成本上涨,图书出版的种数上升而印数下降,每出版一种书出版社几乎都要求补贴了。而索引的印数必然是较少的,就更需要补贴。所以,索引公开出版的可能性已越来越少,一些社会需要很少的索引更难出版。这是个现实问题。

但这并不是说索引事业就不能发展了。问题在于,目前,国家的中心任务是集中精力搞经济建设,科学文化事业都要适应经济建设的需要,索引事业也应当把为经济建设服务摆在重要位置。目前,国家需要大力发展第三产业,而信息业又是第三产业中要重点发展的行业之一,所以,索引界应当跨进信息业去,结合经济建设的需要进行选题,适应社会主义市场经济的规律来办索引事业,积极开展索引服务工作,为经济建设服务,为科学技术进步服务,这是大有可为的。但是,如何才能转换索引工作轨道,以适应国家和社会的需要,却是目前我们还没有解决而必须去探索的问题。我们应当设法跨出这一步,跨进信息业去开展索引服务工作。

写完于 1992 年 10 月 5 日,上海
载于《江苏图书馆学报》1993 年第 1 期

索引法研究提纲

- 索引的定义
- 索引的功能和用途
- 索引的种类和形式
- 索引的发展史
- 索引的结构
  - 一个索引的组成要素
  - 索引体系
- 索引款目
  - 成分
  - 格式
- 索引中的参照系统
- 索引与正文、索引与索引之间联系的方式
- 索引的附属结构
  - 凡例
  - 分类表、词表、代码表
  - 检字表
- 从文献中提取被索引概念的原则
- 索引款目标目和说明语的措词
- 索引标题使用的语言
  - 情报检索语言
  - 自然语言
- 索引中的符号和略语
- 索引款目的排列
- 索引形式的比较
  - 书本式索引
  - 卡片式索引
  - 比号卡式索引
  - 比孔卡式索引
  - 表式索引
  - 轮排索引
  - PRECIS
  - 缩微式索引
  - 检索磁带及计算机倒排档
- 先组式索引与后组式索引的比较；显标结构索引与隐标结构索引的比较；显题结构索引与隐题结构索引的比较

作为书刊或检索工具组成部分的索引的设计
索引的编制程序
索引编制过程的计算机化
情报检索计算机化条件下“索引”概念的发展变化
索引的质量标准及提高索引质量的方法
　　索引深度（标引的网罗度和专指度）
索引的评价问题
　　索引成本问题
索引的使用法
各种索引的特点
　　分类索引
　　主题索引
　　　　标题索引
　　　　单元词索引
　　　　叙词索引
　　　　关键词索引
　　书的索引
　　　　专书索引
　　　　群书索引
　　刊的索引
　　检索工具的索引
　　期索引
　　年索引、卷索引
　　多年、多卷累积索引
　　直接索引（有“出处”项）
　　间接索引（无“出处”项）
　　普通索引
　　专门索引
　　学名索引、俗名索引
　　化学物质索引
　　产品索引
　　生物系统索引
　　生物属名索引
　　病名索引
　　药名索引
　　语词索引
　　主题指南
　　著者索引
　　人名索引

机构索引
著者所在单位索引
会议索引
地名索引
书名、刊名、篇名索引
文献所附参考文献目录的索引
引文索引
分子式索引
元素索引、杂原子索引
环系索引
专利号索引
专利对照索引
标准号索引
报告号索引
合同号索引
登记号索引
报告号/入藏号索引

写于1983年8月2～5日，武汉

中国索引事业:当前格局与问题

1 我国索引事业的新格局逐渐明朗

随着因特网在我国的飞速发展,文献数据库的纷纷上网,特别是几个力量雄厚的索引公司的崛起,我国索引事业的新格局已悄悄出现,传统索引、文献数据库与网络信息检索工具三分天下的局面在最近几年初步形成。

图书索引是一大独立类型,本来也应占一分天下,但目前还没有形成气候。

在传统索引从业人员,文献数据库从业人员和网络信息检索工具从业人员之间彼此还很陌生,许多人还没有意识到其实大家都是属于知识和信息检索服务这个行业(或者说索引事业)大家庭的成员,故彼此"认亲"、互相"磨合"还需要有一个过程。

2 网络信息检索工具是新颖的索引

因特网是一项建立在高科技基础上的全球性信息资源共享的通信设施。它采取完全开放的原则,全世界任何机构和个人都可以在该网络上发布任何信息,也可以在该网络上获取任何信息(虽然有部分信息是收费的,但大部分信息可免费获取)。因特网上的信息资源犹如汪洋大海,数量极其庞大,并且极为分散和无序,这就会形成网络信息交流传递的阻塞。要在因特网上寻获针对特定需要的信息资源,如果不借助于网络信息检索工具的话,则其难度无异于海底捞针,上网成功率极低。正是在这种情况下,网络信息检索服务便应运而生,为网络用户提供网络信息检索工具是网络信息检索服务的基本形式。目前,绝大部分网络用户都是通过网络信息检索工具来获取针对自己需要的网络信息资源的。

网络信息检索工具从其结构原理可分为两大类型:①关键词检索型网络信息检索工具,它是真正的搜索引擎,使用网络机器人一类软件自动搜索网页,建立文本型索引数据库,提供从关键词检索网页的功能;②分类浏览检索型网络信息检索工具,它实际上是按照某种主题分类体系进行组织的分类检索工具,提供分类浏览检索网站的功能。这两种类型检索工具实际上都是网络资源索引。

目前,网络信息检索工具的检索效率(特别是检准率)还比较低,提高其检索效率是当务之急。在开发网络资源方面,传统索引专业人员目前还很少介入,其实是大有用武之地的。上海图书馆馆长吴建中博士指出:"图书馆员需要互联网,互联网更需要图书馆员。"目前,这是传统索引专业人员应特别关注和投入开发的一个领域(特别在建立各学科、专业的网络资源导航系统和编制精选的网络资源索引数据库方面)。

3 纷纷上网的文献数据库正在占据索引事业的主要地位

文献数据库是索引事业现代化的标志和成果,从其收录规模和检索功能看,已远远超过传统索引而成为我国索引事业的主要部分。

从上世纪80年代开始,我国一些检索刊物纷纷出版光盘版,90年代又纷纷将光盘版发展为网络数据库,并大力建设全文数据库上网服务。特别是近十年左右,全文数据库的飞速发展,一些营利性数据公司(索引公司)的崛起,加快了上网文献数据库的发展。

我国营利性数据公司数量虽然不多,主要有万方数据有限公司、重庆维普咨询公司、清华同方数据公司、中国人民大学复印报刊资料社、上海图书馆等几家,但它们都已达到相当规模。

以清华同方的《中国知识资源总库》(CNKI)建设工程为例,据2004年11月的报道,该网络工程所汇集的上网国内数据库约有1100个,其包含的文献信息总量已达6300万条(含部分国外文献库信息)。该网络工程包含的重要文献数据库有《中国学术期刊全文数据库》《中国重要报纸全文数据库》《中国重要会议论文全文数据库》和《中国优秀博硕士学位论文全文数据库》等重要资源。

万方数据库集中了12类123个数据库,其中《专利文献数据库》包含130多万条专利信息,《国家法律法规全文数据库》包含1949年新中国成立以来的法律法规约10万篇,《中国企业、公司及产品数据库》包含16万家企业的信息。

许多专业文献数据库除利用CNKI等网站推出服务外,近些年也随着本单位网站的建立而上网服务(往往是免费的,参看《中国索引》2003(2),45～46)。

4　传统索引部分地已被网上文献数据库取代但仍有不少发展空间

在这里,传统索引是指除图书索引(专著索引、书后索引)以外的各种印刷型索引(在当前也采用小型数据库形式),由图书馆、情报机构、资料室或个人(作为著作活动)进行编制。

传统索引以专题索引和检索刊物为主,大部分属于参考咨询工具和文献报道工具。在网上文献数据库服务已经相当普遍的情况下,那些订购较多种网上文献数据库供检索使用的图书馆和情报部门,已能满足读者大部分对检索的需求,自编传统索引的必要性已大大减少。可以说,网上文献数据库在很大程度上已可取代传统索引工作。

但是,传统索引工作中的一些极具个性化的索引品种,网上文献数据库仍是取代不了的。例如:①某些要求高度学术水平的专题索引;②地方文献索引;③收录文献必须进行严格选择的索引,收录文献类型必须全面的索引,收录文献必须进行特殊标引和编排的索引;④特殊收藏的索引;⑤针对个别专家的特殊需要的索引;⑥某些进行通报服务和宣传推荐的索引;⑦反映本单位成果(本单位文献)的索引;⑧个人著述目录索引。等等。

由此可见,传统索引从数量上说可能有一大部分可以被网上数据库所取代,但许多极具个性化的品种是不可能被网上文献数据库所取代的,所以它将永远存在,仍有不少发展空间。传统索引也将越来越多地采取数据库形式,编成之后,可以上网供共享。

另外,某些必须专门编制的索引,其需要收录的文献可能大部分已被网上文献数据库收录,是重复的,只要通过对网上文献数据库进行检索,下载检索结果作为其基础,再进行补充和加工整理就成,可大大节约编制工作所需的人力和时间。所以,网上文献数据库有助于编制某些类型的传统索引。

在网上文献数据库的基础上进行索引数据的再加工(深度加工),编制各种派生数据库和符合特殊需要的高质量索引,可能是索引工作的新内容。

总而言之,网上文献数据库与传统索引这两大部分是互补的,缺一不可。两大部分应并驾齐驱。

5 自然语言完全取代索引语言的神话不可能实现

索引语言（即情报检索语言，也常用“人工语言”一词表达，具体如分类表、词表等）除用于图书情报机构组织其收藏文献和目录（或目录数据库）外，主要用于各种要求高质量的特别是连续性的检索情报源的大型索引和数据库产品。在直接检索事实情报的索引（即图书索引、专著索引、书后索引）以及收录规模不大的索引中，是不使用索引语言的。虽然索引语言非常重要，但传统索引人员中关注它的并不很多。

从事网络信息检索工具编制的人员，由于关键词检索型网络信息检索工具使用自然语言检索，不使用索引语言标引网络信息，而分类浏览检索型网络信息检索工具所使用的虽然也是一种索引语言，但其相当简陋，所以，他们也不大了解索引语言。近些年，正是这些网络信息检索工具的编制人员和关注网络信息检索工具的人员，在他们发表的言论中，一再提出“索引语言不适合组织网络信息的需要”“自然语言取代人工语言（即索引语言）是大势所趋，人工语言将会消亡”等观点，影响了人们对索引语言的认识和进一步研究。

其实，关于自然语言检索的研究已有半个世纪，但至今仍停留在检索效率较低的关键词检索阶段。当今搜索引擎关键词检索处于效率低下但又必须使用的无可奈何境地，正是利用自然语言自动化建立索引数据库所造成的。一方面，高速的自动化建库方法似乎是必然的选择，另一方面，这种数据库只能提供检索效率低下的关键词检索途径。“令您苦恼的是，即使使用这些检索工具，您往往得到的是成千上万条似是而非的网站名称，面对它们您不得不承认‘因特网信息检索定律’：在因特网上您总能找到（甚至只能找到）不需要的东西。”这段话是美国流传的一则幽默，十分风趣，很值得我们寻味。

搜索引擎所提供的信息与上网文献数据库所提供的信息虽然都可认为是网络信息，但并不能说明搜索引擎使用自然语言，上网文献数据库也必须使用自然语言。这是两种处理对象，绝对不能混为一谈。

事实上，即使在当今，人工语言在网络信息检索中仍担任着重要角色，至少是与自然语言平分秋色，那就是提供着绝大部分学术信息的文献数据库，都是使用人工语言组织的（至少是人工语言与自然语言并用，以人工语言为主），不使用人工语言来组织那些文献数据库，其质量是不堪想象的。要是自然语言能取代人工语言，那么，人工语言岂非在一夜之间就会被不需要任何标引的自然语言所取代？

我的观点是：自然语言检索必然要继续向前发展。网络检索不能唯一地使用自然语言。自然语言的前途仍然要走向控制、规范，当然，控制的方法会与过去人工语言所采用的方法有所不同。

人工语言和自然语言都起着不可取代的作用，因而对两者的研究不可偏废。这两方面的研究，应朝着并且必然会朝着从两者的初步结合到完全融合，即情报检索语言的自然语言化、自然语言的情报检索语言化的目标前进。

6 索引需要创新

索引创新是索引学研究的核心和根本目的。索引创新包含下列诸方面：

（1）索引项的创新。索引项这一概念，是指文献中被索引对象的类称。所谓索引项的创新，是指发现新的索引项。索引项的每一次创新，都是对文献资源中未被利用的信息成分的一种发掘,其结果是创造一种新的索引品种乃至索引类型。有些索引项的发掘具有重大意义,可以说是索引领域的一项发现或发明。例如,文献之间引证关系被发现可作为一种索引项,导致了引文索引的产生。如果我们浏览一下《中国索引综录》,就可发现,许多索引项是我们所意想不到的,当然,那已经是过去的创新了。可以肯定,还有许多的索引项有待索引工作者去发掘。

(2)索引方法的创新。索引方法(包括标引方法)的创新,大方向是索引工作的计算机化,具体的方法则层出不穷。以自动抽词和自动分类标引方法为例,其创新就无止境。检索新技术也在不断出现,这也可以划归索引方法的创新一类。

(3)索引形式的创新。索引形式从手稿型、印刷型、缩微型到机读型,机读型又从磁带型、软盘型到光盘型,目前又出现存贮于服务器的网络型等。每一步发展,都是一种创新。当然,随着信息技术的发展,这种创新也会继续不断。

(4)索引选题的创新。索引选题十分广泛,每一种人们对索引的新需要的发现,编制新的索引填补了索引领域的一个空白,都可以认为是索引选题的一种创新。万事万物,皆可索引,皆可进行索引服务。与科研、教学、管理、人们的学习和社会生活的各个方面的密切联系,是索引选题创新的源泉。索引选题的创新,是索引创新的主要内容。

(5)索引应用的创新。索引的功用虽然主要是帮助人们方便、有效、充分地利用文献资源,但并不仅限于此。过去,索引曾用于指导阅读、用于历史研究等。近年,发现索引的一个新应用是文献计量和情报研究。现代的索引——数据库则广泛应用于各行各业,成为管理各项工作的有力工具。索引应用的创新是促进索引事业发展的动力。

(6)索引学的创新。索引学的创新对于推动索引的创新和索引事业的发展有重要意义。索引学创新的一项重要内容是认识了现代的索引就是数据库,从而扩展和更新传统索引的范围和内容,促进索引和索引事业的现代化。

7　索引知识亟待普及,索引专业队伍亟须壮大

我国索引知识的普及程度非常低。举例来说:①我国出版事业已相当发达,每年出版的图书达十多万种,但附有索引的图书却只有3%左右(不包括工具书)。图书索引的稀少与图书编辑人员对索引重要性的认识不足有关。②期刊年度索引半个世纪以来都是采用栏目分类法,主题索引和真正的分类索引非常罕见。而栏目索引是检索功能极低的索引,但大家都熟视无睹,甚至图书情报专业人员也认为这很正常。③索引研究文献不但很少,而且大多研究深度不够,所用术语也很混乱,外行话很多。④国外许多产品说明书都有索引,我国连大多数地图都没有索引,可见国外索引知识的普及程度,我们实在有很大差距。

要使我国索引事业发达起来,索引知识的普及无疑是重要条件之一。

我们也需要逐渐扩大从事索引工作的职业队伍。国外,大多索引工作者是自由职业者,我国几乎没有这种索引工作职业队伍,所以作者和出版社也无法将编制索引的工作承包给职业索引家去做。

8　关于中国索引学会

中国索引学会的成员主要是图书情报专业工作者,从事出版工作、数据库工作和网络信息检索工具工作的人员极少,所以,学会在学术活动上的能力有限。前面已经说明,我国

索引事业的格局近年已成三足鼎立形势，如果不及时扩大会员范围，改变学会成分，恐怕就会失去发展的机会。

中国索引学会最好集中力量做一两件大事，要做就做好。如在全国范围内推进专著索引（书后索引）的编制，或普及期刊年度索引的编制。

参考文献

[1] 互联网出版合作中心.《中国知识资源总库》迅速汇集国内外资源.CNKI 简报，2004(2)

[2] 吴建中.图书馆员需要互联网互联网更需要图书馆员——在中文元数据应用国际研讨会上的总结发言.图书馆杂志，2001(6)

[3] 张琪玉.告别手工索引时代——一名中国索引学会会员的思考.情报资料工作，2000(1)

[4] 张琪玉.网络信息检索工具发展的方向与提供竞争力的途径(研究报告).深圳巨灵信息技术研究所，2001

[5] 张琪玉.网络信息检索工具增强关键词检索功能的措施.图书馆杂志，2001(1)

[6] 张琪玉.关于自然语言检索问题.图书馆论坛，2004(6)

[7] 张琪玉.索引的创新.图书馆理论与实践，2002(4)

[8] 周柏康.对书后索引现状的一次调查.中国索引，2004(4)

写完于 2005 年 8 月 12 日，上海

载于《2005 年中国索引学会年会暨学术研讨会论文集》(2005 年 10 月)

20 世纪 20 ~ 30 年代我国的索引运动:回顾与启示

1　索引运动的实质和特点

“索引运动”一词是万国鼎于 1928 年在《图书馆学季刊》2 卷 3 期上发表的《索引与序列》一文中首次使用的。他使用该词是对当时我国索引事业日益为学术界和图书馆界所重视的发展形势感到欣喜,概括道:“盖中国索引运动,已在萌芽矣。他日成绩,惟视吾人如何努力耳。”

我国索引,萌芽于古代。三国魏建安年间刘劭编纂的类书《皇览》就具有索引功能。最早的严格意义上的索引,是产生于明代的《洪武正韵玉键》和《两汉书姓名韵》,以后继续有所发展。清代时索引的品种和数量已比较多。在编纂索引的长期实践中,我国逐渐形成了自己的索引方法。特别是清代史学家、目录学家章学诚(1738 ~ 1801),他总结了自己的索引实践和我国自古以来的各种索引思想,在其《校雠通义》等书中明确地提出了一系列极为重要的索引理论和索引方法。但在章学诚逝死后的百年间,因清朝政治腐败,文化凋零,索引事业从上升走向中落。

20 世纪初,西方近代索引技术传入我国。20 ~ 30 年代,是我国索引事业完成从古代索引向近代索引过渡的阶段。其中,20 年代尤为重要。

20 ~ 30 年代促进我国索引事业完成从古代索引向近代索引过渡的动力,是由大批著名学者和图书馆界先驱人物参加的广泛的索引宣传运动,唤起了学术界和图书馆界的觉醒。

这场“索引运动”,就其主要精神而言,是大力提倡科学的读书方法,探寻提高学习与科研效率的有效途径。而索引被认为正是达到这一目的的重要工具。因此呼吁重视索引,大力开展索引的编纂和对索引的研究。这场“索引运动”是在“五四”运动后提倡科学、提倡新文化的思潮下许多知识分子痛感陈腐落后的治学方法束缚着科学文化的发展,纷纷要求改革、要求进步而掀起的。

参加这场索引宣传运动的著名学者有林语堂、胡适、梁启超、陈垣、顾颉刚、刘复、何炳松等。

参加这场索引宣传运动的图书馆界先驱人物有杜定友、万国鼎、刘国钧、金敏甫、陈普炎、钱亚新、毛坤、洪业、沈祖荣、李小缘、张风、李文猗等。

关于这场宣传运动中著名学者和图书馆界先驱人物宣传索引的言论,请参看黄恩祝先生《应用索引学》一书“索引的宣传运动”一小节(注:本刊本期已转载)。

2　索引运动的成果

我国 20 ~ 30 年代的“索引运动”,产生的成果如下:

2.1　引进了国外的索引法,丰富了我国索引品种

1902、1911、1916 年在上海出版了三种中文圣经索引。这批索引是由外国传教士编辑或编译,是引进国外新的索引法的开始。

20～30 年代，我国索引种类增加很多，而且有些索引很特别，如兼有索引与辞典功能的圣经字词索引、带有超链接性质的页边索引（“串珠”，串珠索引技术在蔡廷干编的索引《老解老》中又有所发展）、逐字轮排索引、逐词索引（“堪靠灯”）、字词句索引、群书句子索引、石刻题跋索引、标题索引、人名索引、室名别号索引、著者索引、类书索引、丛书子目索引、期刊论文索引、报纸索引、索引期刊，等等。

1917 年林语堂在《科学》第三卷第十期发表的《创设汉字制议》一文中，首先引进了日文汉字“索引”这个词。这个词原是日本人从英文“Index”翻译的。

2.2　编制了大批索引

索引宣传运动极大地激发了全国各方面编制索引的热情，编制出了大批索引。参与编制索引的力量可以分为三方面：

（1）个人编纂活动。编出索引约 30 种。参与编制索引的有蔡廷干、王重民、陈乃乾、舒新城、钱亚新、施廷镛、郑振铎、曹祖彬、金步瀛、陈德芸、杨殿询等，其中许多是著名学者和图书馆界先驱人物。

（2）集体编纂活动。如杜定友、钱亚新等编的《上海时报索引》，金陵大学图书馆编的《农业论文索引》，中山大学教育研究所编的《教育论文索引》，王庸、茅乃文编的《中国地学论文索引》，王重民、杨殿询编的《清代文集篇目分类索引》，章锡琛等编的《二十五史人名索引》。叶圣陶动员全家与联合他的朋友历时一年半，编纂完成《十三经索引》，其事迹成为佳话。

（3）团体编纂活动。除哈佛燕京学社引得编纂处外，还有许多高等学校图书馆、学术机构、国家图书馆、公共图书馆、出版社、报社等团体单位编纂索引。团体编纂活动，因有比较固定的组织、经费与人员，规模较大，选题广泛，编纂方法较系统、仔细和深入，延续出版时间较长，因此对我国学术界的影响也比较深远，处于主要地位。

2.3　开展了广泛的索引法研究

欧美、日本的索引法对我国索引编纂无疑具有很大的促进作用，但外国的经验不能机械地照搬，因为我国有两点特殊，一是我国书籍文献有其自身特点，二是汉字是方块字，不是拼音文字，这就给索引的排检带来很多麻烦。如何制订适合中国典籍和汉字特点的索引法就成了学术界热烈讨论的问题。

汉字排检法是首当其冲需要解决的问题，这就引起了汉字排检法的大发明与大争论。据蒋一前 1931 年统计，当时共有 72 种新的汉字排检法出现，论文达 180 余篇。林语堂、刘复、袁同礼、杜定友、万国鼎、钱亚新等都对汉字排检法的研究做出过贡献。

关于索引法研究，除汉字排检法研究外，可分为下列几个方面：

（1）每个索引新品种的出现，都可以说是索引法研究的成果。

（2）关于发展索引事业的每个倡议也都是在索引研究的基础上做出的，这些倡议除下面 2.4 提到的以外，还有何炳松的《拟编中国旧籍索引例议》、李文猗的《编辑期刊中论文索引之意见》等。

（3）发表于期刊报纸上的索引研究论文。据钱亚新 1937 年在《中国索引论著汇编初稿》所载不下 50 篇。

（4）本文 2.5 提到的两种索引专著。

（5）何多源、沈祖荣、钱亚新、李尚友、吕绍虞、吾愚、金敏甫、程长源等对标题法的研究和标题表的编制与翻译。

2.4　建立了我国最早的索引学术组织和索引编纂机构

1925 年 4 月中华图书馆协会在上海成立，该会下设分类、编目、索引、出版、教育五个小组，以后又改组成图书馆行政组、编纂组、图书馆教育组、图书馆建筑组、分类编目组和索引检字组。索引检字组的主席为沈祖荣，书记为万国鼎。后又成立索引委员会。这是我国最早的索引学术组织。

1928 年该协会在第一次年会会务研究的执行部报告中，将索引及检字列为第一项。在第三次会务研究中，刘国钧提议调查善本，编辑索引，他说："就目前情况而论，以编辑杂志索引及古书索引，为最合需要。"会议还通过了有关编纂索引的下述提案：①万国鼎、李小缘的《通知书业于新出版图书统一标页数法及附加索引案》；②金陵大学图书馆的《编纂古书索引案》；③李小缘、白锡瑞的《编制中文杂志索引案》；④李小缘的《中华图书馆协会应设法编制杂志总索引》提案。

据该会第五年度报告称，该会成立索引委员会之后，定有如下三项计划：①编辑中国索引条例，着重提出此条例为索引工作者的根本任务，并向各界征集关于索引条例的论著；②以编辑《九通索引》《四书字汇及索引》为该会实际工作的第一步；③广为宣传索引的效用，以促进索引事业。

中华图书馆协会的刊物是索引运动的重要宣传阵地之一。对索引的编纂起过组织和促进作用。

1930 年秋哈佛燕京学社引得编纂处在北京成立，由燕京大学历史学教授洪业任主任。该引得编纂处从 1931 年到 1950 年的十几年(其中有四年多因燕大被日寇封锁而中断)期间，共计出版中国古籍索引及期刊论文篇目索引 64 种 81 册，对我国索引事业曾做出重要贡献。

当时的索引编纂机构还有金陵大学索引合作社。

2.5　首次出版了索引专著和开设了索引课程

1930 年，钱亚新的《索引与索引法》问世。这是我国第一部索引专著。该书吸取国外的索引理论，并结合中国文献的实际，较全面地论述了书籍、杂志和报纸的索引。

1932 年，洪业的《引得说》问世。这是我国第二部索引专著。该书重点论述索引的意义与中国古籍索引的编纂。其中关于索引编纂工作十大环节的论述，融科学性、理论性、实践性于一炉，精密周详，有重要参考价值。

1928 年秋，万国鼎开始讲授《索引与序列》课程。这在我国尚属首次。

3　索引运动给我们的启示

20 世纪 20 ~ 30 年代我国索引事业与以往相比，可以称得上蓬勃发展。"索引运动"使我国索引事业完成了从古代索引向近代索引的过渡。

这次"索引运动"得以成功，除了图书馆界先驱人物的努力外，更重要的是有大批极有声望的著名学者积极参与宣传，乃至亲自参加索引编纂。

20 世纪 20 ~ 30 年代的"索引运动"，就其主要精神而言，是大力提倡科学的读书方法，探寻提高学习与科研效率的有效途径。而索引被认为正是达到这一目的的重要工具。因此呼吁重视索引，大力开展索引的编纂和对索引的研究。这是与进步知识分子提倡科学、提倡新文化的思潮,痛感陈腐落后的治学方法束缚科学文化的发展,迫切要求改革分不开的。

20 世纪 20 ~ 30 年代的“索引运动”对我们的启示是:

(1)今天,我国的教育科学文化事业虽已有了很大发展,索引(特别是文献数据库)事业也已有了很大发展,已今非昔比,但与世界发达国家相比,我国的索引事业仍处于不发达状态,因此仍需要大力宣传索引的功用,普及索引知识,使索引与数据库走向社会,走向大众,走向生活。

(2)我国在图书索引(书后索引)方面,可以说仍停留在 80 年前的落后水平,与我国当前巨大规模的出版事业相比,极不相称,亟待促进。期刊索引(期索引、年索引和多年累积索引)也相当落后,也是需要促进的对象。

(3)我国当前仍有大量信息资源有待开发,报纸索引、地方文献索引、年鉴索引等应大力发展。

(4)因特网已经走进我们的生活,但网络信息检索工具目前还很不理想,索引工作者应积极参与网络资源的开发。

(5)没有大批掌握索引理论、方法与技术的索引工作人员,索引工作是难以开展的。我国目前数十个信息管理教学单位中开设索引学课程者极少。索引人员的培养,是需要关注的一个方面。

(6)既然要使索引走向社会、走向大众、走向生活,索引技术在文献检索领域以外的应用,也应受到关注。

参考文献

[1] 黄恩祝. 应用索引学. 上海书店出版社,1993

[2] 潘树广. 古籍索引概论. 书目文献出版社,1984

[3] 潘树广. 二十世纪的索引编纂与研究(代序)//卢正言主编. 中国索引综录. 上海辞书出版社,2000

[4] 侯汉清,黄恩祝. 索引//中国大百科全书(图书馆学情报学档案学),1993

写完于 2004 年 5 月 30 日,上海
载于《中国索引》2004 年第 3 期(署名:余晖)

索引事业繁荣的标志

我国“十二五”规划的主要内容之一，是文化事业的大繁荣、大发展。作为文化事业之一的索引事业，应当抓住这个机遇，力求大繁荣、大发展。

这里所说的索引事业，当然包括文献数据库事业，因为现代的索引就是数据库。也应包括书目事业，因为书目与索引，两者的实质是一致的。

要达到索引事业的大繁荣，首先应明确索引事业繁荣的标志是什么，从而明确前进的方向。我以为，索引事业繁荣的标志，可以概括为下列六个方面：

一、各种索引对现存文献的覆盖率

即我国现存较有价值的文献被各种索引所索及的比例。如果仅有少量文献有索引，而多数文献没有索引，那么，就根本谈不上索引事业的繁荣。情报源性质的索引是在大量文献中进行搜索的主要工具，普遍需要。特别是，如果缺少这类索引，则那些出版年代较早（如建国初期或民国时期出版的）或发行量很少的报刊文献就会被“埋没”、被“遗失”而很少再会被人发现和得到利用；学术性图书如缺少内容索引，则许多有价值的内容也就不可能被迅速查出乃至被忽略。所以，索引的覆盖率是索引事业繁荣的首要标志。

二、各类文献配备的索引类型是否符合专业和社会需要

索引必须提供检索途径，如分类途径、主题途径、人名途径、题名途径、著者途径等等。每种检索途径形成一种索引类型。

某类文献所选择的索引类型是否符合专业研究的需要或社会的普遍需要，也是一个很重要的问题。例如，著者索引对大多数使用者没有很大用途，但对少数使用者却很有用；分类索引符合多数检索者的需要，但针对性不及主题索引；主题索引虽质量较高，但对于不经常使用索引的使用者，却不如关键词索引容易掌握；人名索引对于历史研究非常有用，但对于检索科技文献就用处不大。等等。

所以，索引类型的选择是否有针对性，是否符合不同的需要，是影响着索引发挥作用的重要问题。当然，索引类型的多样性，能对一类文献提供多种检索途径，则更好。

由此可见，各种索引的覆盖率果然重要，而提供索引类型是否能符合专业需要或社会普遍需要，也很重要。

三、索引是否易于获得

索引是否易于获得，即需要者是否能容易找到索引，也是索引事业繁荣所不可缺少的条件。如果说编了许多符合社会需要的索引，但是很难找到它们，不能被充分利用，则索引就不可能发挥广泛的作用，也同样会影响索引事业的繁荣。

影响索引是否易于获得的因素，如索引是否印刷出版及其发行范围是否广泛（包括是否向国外交流），索引是否上网及网上索引的使用是否免费，等等。社会普遍需要的索引，至少在县级以上公共图书馆能够找到。专业需要的索引，至少在省级及较大的市级公共图

书馆、高等学校图书馆以及专业研究机构图书馆能够找到。

四、索引的质量

索引的质量是指索引是否具有较高的检索效率，这是索引发挥作用的根本保证。

检索效率可概括为检全率、检准率、检索速度、检索方便性、检索成本效益比。

影响检索效率的因素包括索引的设计质量、索引语言（情报检索语言）的质量、标引的深度和准确性、著录的正确和完备性以及其他编制过程的质量、索引是否正确使用、索引的增补（续编）和更新等。

只有保证索引的质量，索引事业的繁荣才能有坚实的基础。

五、索引的现代化水平

索引的现代化除索引结构的改进以外，就是索引编制和使用过程的计算机化（包括标准化）。

索引编制和使用过程的计算机化，不但可大大提高索引编制速度和质量，降低编制成本，而且可大大改进索引的结构，增加索引的功能，方便索引的使用，提高检索效率，使索引工作产生革命性的变革，并且促使索引学的发展。

所以，提高索引现代化水平，对于繁荣索引事业来说，是一个不可缺少的条件。

六、索引人员的培养和索引知识的普及

要促进索引事业的大繁荣，建立一支人数相当、训练有素的索引编制人员队伍是根本保证。还要大力普及索引知识，使人们意识到利用索引的好处和必要性，并善于使用索引，这是使覆盖率高的、符合社会需要的、高质量的各种索引充分发挥作用，达到索引事业大繁荣的根本目的。

索引学术研究和交流的情况，也是属于这一标志不可缺少的内容。

以上六个繁荣索引事业的标志，是互相制约的，可以说是缺一不可的。至于有关部门的加强领导和支持，相关系统的相互协作和配合，则是索引事业繁荣的必要条件，这很明白，此处不再赘述。

提纲草拟于2011年，写完于2013年7月12日，上海
载于《中国索引》2013年第4期

索引要走向社会

“让索引走向社会、走向大众、走向生活”，这是我们这次年会暨学术讨论会的主题。它是一个口号，一个行动的目标。

在《中国索引》今年第三期上，我们刊载了两篇关于上世纪20～30年代中国索引运动的文章。那时的索引运动，是号召索引走向学术界，为学术研究服务。现在我们提倡的让索引走向社会、走向大众、走向生活，其中当然也包括为学术研究服务，但要比上世纪索引运动的口号更广泛、更进一步。其实，时至今日，我国的索引连为学术研究服务这一方面也还是很不够的。我国的索引事业与出版事业的发展程度相比，可以说是很不发达的。大量出版物的内容没有在索引中得到反映，不能通过索引来快捷检索和有效利用。

在当今知识经济时代，大至国家，小至个人，利用人类知识财富或者说利用信息资源的能力和程度，对本身发展的重要性，自不待言。社会的飞速发展进步，使各种知识和信息如洪水泛滥般增长，但这并不意味着人们能很容易获得最针对自己需要的知识和信息。索引正是获取知识和信息的一种有效工具。

索引的价值源于知识与信息的价值。虽然，我们不能用“知识诚可贵，索引价更高”来夸大索引的作用，但是，我们却可以说“知识诚可贵，索引价亦高”，这绝没有夸大索引的作用。我们要掌握知识与信息，首先必须找到载有相应知识与信息的有参考价值的文献。因为知识与信息和各种载体形式的文献是分不开的。网络信息，从其本质、实质看，不过是以网络为载体形式（可以说是文献的一种特殊形式）的知识与信息而已。

关键在于，人们利用知识和信息是有高度针对性的。我们吃饭是为了维持生命，但是针对性要求不强，吃一点什么粮食和菜肴都可以，选择性不强。而要利用知识和信息去解决问题则不同，具有针对性的知识与信息是宝贝，没有针对性的知识与信息却毫无价值。一项重要情报对于需要它的单位或个人是无价之宝，对于不需要它的单位或个人却犹如垃圾。

人们所以需要索引，数据库，检索系统，正是为了解决在利用知识与信息的过程中的关键问题——针对性问题。索引、数据库、检索系统是很有价值的。

索引的主要功能，是对浩如烟海的知识和信息进行浓缩式的、提纲挈领式的记录和系统组织，以便进行检索，不但可以使查检过程大大容易，节省时间，提高检索效果，而且，还能进行文献普查、发明查新、科学和文献计量、研究文化学术历史、调查和核实某人或某机构的学术成果、指导阅读，等等，某些种类的索引更有特殊功用。

索引不但是利用知识与信息不可缺少的工具，而且与人们工作和生活的关系也十分密切。索引原理具有广泛适用性，可以说，万事万物皆可索引。如藏品索引、仓库索引、商店商品索引、户籍索引、员工索引、学生索引、电话索引（电话号簿）、地址索引、邮编索引、公交路线索引、街道索引、商店索引、景点索引、动物园里的动物索引、植物园里的植物索引等，真是不胜枚举。善于利用索引，一定会使一个人聪明起来。

总之，索引的使用程度可表征人们利用知识的能力。索引事业的发展水平在某种程度上反映着文化发展的水平。虽然这一点不能说得太过分。

我国索引事业至今不发达。

周柏康同志最近对上海海事大学图书馆2003年下半年以来入藏的新书随机抽取1064种(不包括语文工具书和综合性图书)做了统计调查,结果只有31种有书后索引,化成百分比只占3.1%。这个数字是少得惊人的。

目前有索引的报纸不足10种,连百分之一都达不到。

全国公开发行的期刊就有8000多种,加上内部发行的期刊则远远超过一万种。虽然多半期刊有年度索引,可是那些年度索引绝大部分都是栏目索引。栏目索引不是真正具有检索功能的年度索引。真正有检索功能的年度主题索引和著者索引则是凤毛麟角,寥若晨星,恐怕也不会超过百分之一二。

检索刊物虽然有一些,也是很少,品种不齐,质量不够高,像国外那些有知名品牌的高质量文摘索引刊物,我国可以与之相匹敌的恐怕很难举得出来。

专题索引偶尔有几种,也只是星星点点,不成气候。

至于文献数据库,虽然有一两千种,但除了四五种综合性的文献数据库普及性较好以外,有影响的实在也超不过几十种。

我们发现,国外进口的产品,如照相机、打印机等,其使用说明书都有索引,我国索引与外国索引的普及程度差距如此之大,真使人感慨万千!

没有大量的高质量的索引产品,怎样谈得上索引深入社会、深入大众、深入生活,索引事业对科学、文化、经济的贡献呢?

所以,索引走向社会、走向大众、走向生活这个口号的实现,固然要从发展索引事业和提高大众对索引作用的认识两个方面入手,但根本的还是要从发展索引产品的生产做起。否则,像高等学校对学生的文检课教育,效果就会大打折扣,更不要说对普通大众(例如图书馆读者)的索引利用教育了。

索引服务正是为满足人们对知识和信息需求的一种服务形式。索引服务就是向人们提供各种各样的索引与数据库。

我们觉得,中国索引学会和《中国索引》这份刊物,有责任在促进让索引走向社会、走向大众、走向生活方面做些工作。我们做了这样几件事:

(1)在《中国索引》刊物上发表了一些文章,包括:《索引服务是中国索引学会走向社会的主要道路》《推广实用性较大的文献索引与数据库》《〈年鉴索引编纂问题及其解决方案〉一文的启示》《20世纪20~30年代我国的索引运动:回顾与启示》《索引的宣传运动》等文章,以及许多普及索引学知识的文章。

(2)这次年会,确定以"让索引走向社会、走向大众、走向生活"为主题。

(3)我们在敦煌召开的图书馆学情报学专业刊物会议上提出图书馆学情报学专业期刊要首先进行年度索引的改革的提议,并用学会名义发了《关于改进图书馆学情报学期刊年度索引的倡议书》。

(4)我们选择一些刊物给它们义务做年度索引,以起示范的作用。

(5)我们探索了期刊年度索引编制中遇到的问题并编制了一个编年度索引用的应用软件。

(6)为了通过网络为社会进行索引服务,促进我国索引事业的发展,我们学会的"索引服务在线"也开通了。

另外，我们还在摸索索引编制的市场经济化问题。索引编制的市场经济化势在必行。

我们做的这些工作只是星星之火，希望它能燎原。

我们认为，让索引走向社会、走向大众、走向生活，要做许多工作，要有许多单位和个人共同努力，编社会需要的索引，多编索引，编好索引，扩大索引的应用范围，要用许多年时间做不懈努力方能奏效。

希望在这次讨论会上大家多出点子，集思广益，也希望大家为索引走向社会、走向大众、走向生活多作贡献。

谢谢大家！

写完于 2004 年 11 月 4 日，上海

载于《中国索引》2004 年第 4 期（署名：《中国索引》编辑部）

索引服务是中国索引学会走向社会的主要道路

学会新一届领导班子工作会议决定,2004 年起要加大索引服务的力度,争取在我国索引事业发展中做出更多的贡献。

我们学会的宗旨和会员活动准则是:真诚、求实、开拓、奉献。开展索引服务,是学会走向社会,融入信息服务业,促进我国索引事业前进的主要道路。

我们学会创建十二年来,在索引服务方面也曾做过一些工作,主要是举办了十多期索引业务培训班,少部分会员曾接受委托,为一些单位代编过一批索引,为某些数据库进行过代标引与设计咨询等服务,通过写文章和会议交流做过一些索引和数据库知识的宣传普及工作。但总的说来,这方面的服务工作只是星星点点,极为有限,形不成规模。

我们国家无论在历史文献方面还是在当代出版的书刊方面,其品种数量都称得上"文献之邦"。但是,我国索引事业的规模,与发达国家相比却有很大差距。促进索引事业迅速发展,是我们这个专业学术团体和全体成员义不容辞的责任。加大索引服务的力度,实在可以说是当务之急。

开展各种形式的索引服务,不仅可以多做些促进我国索引事业发展的实事,而且也可以促进学会的学术研究与交流活动,也可以促进会员专业水平的提高。

索引服务的范围和方式是广泛多样的,大体可概括为下列几个方面:

(1)索引和数据库知识的宣传普及。

(2)索引和数据库人员的业务培训。

(3)组织会员业余代编各种索引和数据库。

(4)研制和供应各种索引和数据库编制的专用软件,促进这类软件的商品化。

(5)开展索引和数据库设计、编制方面的咨询。

(6)会员索引技术水平的考核和颁证。

(7)开展索引服务的中介活动。

(8)学会独立创办或与相关单位(如图书情报机构、出版机构、网站、数据库公司等)联合创办索引与数据库企业。

为了组织好索引服务,当前应开展两项调查:对索引服务对象的调查和对愿意参加索引服务的会员的调查。

对索引服务对象的调查主要包括:需要委托代编索引或数据库的文献资源的类型和载体形态(手稿、印刷型或数字化资源)、学科或专业、文字(文言文或白话文文献等)、年代、数量,需要编制的索引或数据库的类型、检索性能和质量要求,完成时限,可以接受的付酬标准,等等。

对愿意参加索引服务的会员的调查主要包括:从事过索引或数据库编制的经历或受过索引或数据库专业培训的情况,可以进行索引服务的时间,学科或专业,是否懂文言文,是否能使用计算机,可以接受的报酬标准,等等。

为了搞好培训,需要制定教学大纲,编制相应的教材和准备教学参考材料。

需要研制若干种索引和数据库编制软件,那些索引和数据库应是值得推广的。

为了顺利推进索引服务，学会各专业委员会以及学会的刊物和网站应紧密配合，分工合作。

我们还应争取图书情报教学单位及其他相关单位的援助。

写完于2004年1月26日，上海

载于《中国索引》2004年第1期（署名：《中国索引》编辑部）

推广实用性较大的文献索引与数据库

学会决定从2004年起要加大索引服务的力度，争取在我国索引事业发展中做出更多的贡献。这涉及推广普及工作的重点问题。

本刊2004年第1期发表了《索引服务是中国索引学会走向社会的主要道路》一文，指出索引服务工作的范围和方式有下列八个方面：①索引和数据库知识的宣传普及；②索引和数据库人员的业务培训；③组织会员业余代编各种索引和数据库；④研制和供应各种索引和数据库编制的专用软件，促进这类软件的商品化；⑤开展索引和数据库设计、编制方面的咨询；⑥会员索引技术水平的考核和颁证；⑦开展索引服务的中介活动；⑧学会独立创办或与相关单位联合创办索引与数据库企业。可以说，这八项工作的每一项，都有一个重点推广什么类型的文献索引与数据库的选择问题。

选择推广什么类型的文献索引与数据库所依据的原则应是：①适应我国当前对文献索引和数据库的普遍需要和索引与数据库知识的普及水平；②索引与数据库具有较高的检索效率和相对较低的编制成本；③能覆盖大多数文献类型。

符合以上选择原则的文献索引和数据库的结构类型（即从索引与数据库的编制原理、方法和功用的角度看）是：①分类索引与数据库；②汉语题内关键词索引与数据库；③基于自由标引的“自由标引词索引＋分类索引＋类名索引”的索引体系；④标题词索引与数据库；⑤叙词索引与数据库；⑥文献内容（对文献细节进行标引的）索引与数据库。

以上六种结构类型的索引与数据库的原理和方法，大致可以满足我们应大力发展的下列各类型文献的具体索引与数据库的编制需要：①期刊文献索引与数据库；②报纸文献索引与数据库；③专著（图书）索引与数据库；④年鉴方志索引与数据库；⑤人物传记资料索引与数据库；⑥语句（如诗词成语等句子）索引与数据库；⑦图像（基于内容的）索引与数据库；⑧著者和机构索引与数据库。

也就是说，我们学会参与索引服务的会员应具备的业务素质（专业知识准备），我们的索引与数据库业务培训和考核，我们在索引和数据库知识的宣传普及方面的重点，我们代编索引和数据库服务的范围，我们编制索引专用软件等，都应侧重于上述诸种文献索引与数据库类型。

我们当前迫切需要的《文献索引与数据库业务培训大纲》，可以依据上述的选择来编制。

当然，我们还应当学习和研究更多新的索引和数据库类型，但这就不是整个学会的“当务之急”了。

写完于2004年4月10日，上海

载于《中国索引》2004年第2期（署名：《中国索引》编辑部）

知识诚可贵　索引价亦高
——简论索引的功用

1　索引的价值源于知识的价值

知识是人类创造的一切财富中最宝贵的财富，是人类社会赖以生存发展的重要资源——信息资源，其中所包含的科学技术知识被称之为第一生产力。在当今信息和知识经济时代，大至国家，小至个人，利用人类知识财富或者说利用信息资源的能力和程度，对本身发展的重要性，自不待言。

知识与其各种载体形式的文献是分不开的。人们利用知识是有高度针对性的。所以，要利用知识，首先必须找到载有相应知识的有参考价值的文献。然而，由于当今科学技术高速发展，文献数量浩如烟海而且纷繁无序，要"全、准、快、便、省"地找到所需文献，却是一个难题。基于索引原理的各种检索工具和检索系统正是为解决这一难题，为充分开发、利用知识财富而创造的唯一有效的工具。

可以说，"知识诚可贵，索引价亦高"，索引的价值，本源在于知识的价值。

但是，索引的价值，却至今远未被人们普遍认识。本文正是企图从索引是什么和索引的功用的角度，阐明索引的重要价值。

需要说明的是，文献目录和文摘，特别是文献数据库，其原理和功用与索引基本相同，本文阐述的宗旨也完全适合于它们。

2　索引的实质、特点和存在形式

2.1　索引的实质

索引是对某种文献或某一文献集合中所包含的各篇文章，或所讨论的各个局部主题，或所涉及的各种事项（如地区、人物、机构、事件、生物、矿物、产品、设备、公式、数据、著作等）以简明的方式分别著录标引，即确定其检索标识和指出其所在位置，做成款目，并将款目按一定的可检顺序排列和组织，以方便检索的一种工具。

2.2　索引的特点

索引作为一种检索工具的特点在于：

（1）它是一种高深度标引的检索工具，以文献中的一个局部内容或事项，或期刊中的一篇文章作为一个标引单位。

（2）它以极简洁的形式（一般仅有检索标识和出处）起指引的作用，而不是对文献进行登记和报导（报刊论文索引除外）。

（3）它总是提供与书刊的目次或检索工具的正文（或检索系统的主文档）部分所不同的检索途径。

（4）它以便于查检的顺序编排其款目。

2.3　索引的存在形式

（1）作为某种书刊的一个组成部分（不管它是否作为一种独立的著作出现），摘记书刊中的知识单元或事项为条目,标明出处,并按一定次序编排,以方便查检该书刊内容的附属性资料,如各种专书、专刊索引。

(2)作为某种检索工具或某个检索系统的一个组成部分,以简明的方式提供与该检索工具的正文部分或检索系统的主文档部分不同的检索途径,如美国《化学文摘》的各种索引提供了与该文摘正文部分不同的多种检索途径。

(3)作为独立于某批书刊之外的一种简明检索工具,如各种群书索引(《十三经索引》等)、群刊索引(《全国报刊索引》等)和专题论文索引。这第三种情况很难与文献目录截然区分。

(4)文献数据库一般都融合了目录和索引(有的还包括文摘和全文),是多功能的,索引功能是其核心。

3　索引的功用

3.1　索引的一般功用

用于文献检索(也即知识检索),这是索引最主要的功用。利用索引进行文献检索可达到:

(1)查寻过程大大简便,大大加快查寻载有所需知识的文献或文献中所需知识的位置的速度,从而千百倍地节约时间。因此,人们称索引法是省时法,是提高效率的方法,也可以说是延长学者寿命的方法。索引在现代人的研究、工作、学习、生活中的作用是十分重要的。

(2)通过索引查寻文献,可获得较好的检索效果(可提高检全率和检准率)。

(3)浏览索引,往往可发现某些检索者所未想到的有用资料(新发现的知识,新发现的文献版本等)。

总之,索引可提高人们利用知识的能力。

3.2　索引的特殊功用

(1)利用索引,可辅助查明某项发现、发明、理论、原理、方法等的优先地位或是否属于“第二次发现新大陆”。

(2)利用收录比较完备的索引,或利用多种索引,可以进行文献普查,这对课题研究和编写教材等有很大帮助,属于科学研究的辅助劳动。

(3)收录比较完备的索引(综合性的或专业性的索引)是进行科学计量和文献计量分析研究的基础。

(4)收录某一时期文献的索引,是研究该时期文化学术的史料。

(7)在某人或某机构学术成果的调查和核实中,索引是初步的依据。

(8)索引可用于对某种文献的查证(考证)。

(9)研究索引,可发现科学研究中的某项空白或可能的生长点。

(10)某些索引具有独特的功用,如引文索引、杂原子索引、化学结构索引、等同专利索引、某些古籍索引等。

(11)某些书虽非工具书,有了索引,在一定程度上也可起到工具书的作用,其使用价值就可大大提高。

应当指出,索引的现代形式——数据库,其功能大大超过传统的索引,因而其功用也更多。

3.3　索引原理在其他领域的应用

索引原理具有广泛适用性，可以说，万事万物皆可索引。

(1)索引原理在物品管理中的应用：如藏品索引、仓库索引、商店商品索引等。

(2)索引原理在人员管理中的应用：如户籍索引、员工索引、学生索引等。

(3)索引原理在日常生活中的应用：如电话索引(电话号簿)、地址索引(排序的通讯录)、邮编索引、公交路线索引、街道索引、商店索引、景点索引、动物园里的动物索引、植物园里的植物索引等。

其他如药物功能与适治疾病索引、索引式笔记，等等，不胜枚举。

4　多编索引，多用索引，多研究索引

多编索引，为社会各方面服务。索引功用甚多，故社会各方面有广泛需要。编制索引并不是一项简单的只是抄抄写写的工作，而是一种著作活动，需要用做学问的态度去编制。编制索引是图书情报机构(包括出版社、报社、杂志社等)的一种服务形式，而并非都可营利(只有一部分索引产品是可以营利的)。社会需要索引，故需要有人做奉献(中国索引学会的宗旨就是："真诚、求实、开拓、奉献")，"为人作嫁衣裳"。

多用索引，在图书情报服务中要善于利用索引，更要把如何利用索引的方法技巧传授给读者、用户，要"授人以渔"，以提高他们利用索引获取知识的能力。

多研究索引，推进索引的进步和索引事业的发展。索引需要创新，需要在索引原理、索引方法、索引技术、索引形式、索引选题、索引应用诸多方面全面展开创新，以适应信息和知识经济时代的需要。

写完于2003年9月7日，上海
载于《中国索引》2003年第3期

万事万物皆可索引

• 索引由四种要素构成:①被索引事物(应是一个集合,也即索引源);②索引标目(由索引项构成);③索引标目所指事物的地址(即出处);④索引款目排序规则。

• 索引的基本功用是作为查找目的事物的工具,可加快查找速度,节约查找时间,使查找过程变得简易方便,降低查找遗漏。另外,它还有不少别的用途(如作为某种统计数据、作为史料、作为某种间接凭证等)。

一般认为,索引是文献检索工具。其实,索引作为查找目的事物的工具,其原理具有普遍适用性。万事万物皆可索引。

索引可分为文献索引和事物索引两大类。文献索引是索引原理在文献检索方面的应用而编制的检索工具,从不同角度区分,其种类至少可细分为一二百种。我们图书情报工作者比较熟知文献索引,而很少注意事物索引。

• 事物索引是索引原理在非文献检索方面的应用而编制的检索工具。事物索引大体可归纳为:①在物品管理中使用的索引:如藏品索引、仓库索引、商店商品索引等。②在人员管理中使用的索引:如户籍索引、员工索引、学生索引等。③日常生活用的索引:如电话索引(电话号簿)、地址索引(排序的通讯录)、邮编索引、公交路线索引、街道索引、商店索引、景点索引、动物园里的动物索引、植物园里的植物索引等。

其他如药物功能与适治疾病索引、索引式笔记等,不胜枚举。

• 索引作为一种工具,按其实质是以与事物原有排序方式不同的另一种排序方式提供科学的、需要的查找途径(检索途径),以提高查找某一目的事物的效率。凡是遇到查找不便,需要提高查找效率的地方,一般均可通过编制索引来改进。

事物索引一部分有现成的品种可供利用,如电话号簿、城市街道索引等,但在大部分场合则没有现成的,需要针对具体的被索引事物集合来现编。所以,普及索引知识,让大家广泛利用索引原理于研究、学习、工作、生活,实在很有必要。

有许多领域还缺乏索引,例如火车时刻表为什么查检起来非常困难,就是因为缺少科学、完善的索引。广播电视节目也缺乏索引。需要做索引的地方实在太多了,就看你是否留意去思考。

• 数据库是索引的现代形式,比之传统索引编制更容易,而功能更多、更强。任何索引都可以实行数据库化。

写完于2003年7月20日,上海

载于《图书馆理论与实践》2003年第6期

索引法也是一种研究方法

文献索引和数据库作为调查检索参考文献和分析研究文献内容的工具在科学研究中被广泛地使用着，而且，其原理（即索引法）也可作为科学研究的辅助方法。

索引法在编写综述、述评和教材中的应用

编写综述、述评和教材的一般过程是：①收集有关专题的文献；②浏览所收集到的文献，草拟并不断修改编写大纲，将文献按编写大纲粗分类；③按编写大纲仔细阅读文献，进行研究（分析、比较、综合、形成编写者的观点等），进一步细化编写大纲，摘记有用材料；④正式撰写综述、述评、教材的正文；⑤修改、定稿。上述②～⑤各个步骤，其实界限是很模糊的，有时编写大纲要反复修改，并要反复地查阅所收集的文献。

若利用索引法辅助编写综述、述评和教材，则其编写过程可做如下安排：

(1)收集有关专题的文献。

(2)将收集到的文献编成题录，按著者排序，删除重复，给每篇文献编一序号。

(3)对文献边阅读、边做较详细的内容索引（类似书后索引）。

(4)将做完的内容索引按字顺排序、归并。

(5)在经过排序、归并的字顺索引的基础上，将内容索引整理成一个分类索引。

(6)再在分类索引的基础上拟订一个详细的编写大纲。

(7)按照编写大纲和分类索引并参考所收集的文献撰写综述、述评、教材的正文，最后修改、审定。

这是运用“群书索引”的原理，全面、系统地将所收集到的参考文献进行“知识整序”的方法，可使综述、述评和教材的编写过程井然有序，保证质量。

著者索引、内容字顺索引和分类索引若用数据库方式编制，可大大节约时间。

索引法在课题研究过程中的应用

每项科研课题的研究工作一般都是从文献普查开始的。

不管是用哪种方式获得的文献线索或文献原本，都应进行汇总，编成参考文献题录（最好是题录数据库）。题录首先按著者排序，可发现相关研究的核心著者。依据相关研究的核心著者名单，可扩大文献普查范围进行补遗。再将著者索引编序号后改按粗略分类排序（类目可按课题需要拟定），然后，对每篇文献进行浏览、阅读和标引（做内容索引款目），或做索引式笔记，形成参考文献内容索引。

这种参考文献内容索引，不仅是研究课题开题的依据之一，而且对课题研究全过程都有参考价值。

必须注意的是，该索引需要对新发表文献不断进行跟踪和补充。

索引法在学术发展史研究中的应用

题录数据库一般不提供文献时序（发表年月）浏览检索途径，所以不便于学术发展史

研究的利用。如果我们将一种题录数据库进行改组，在粗分类目或粗分主题后，再按发表年月排序，就可以看出一门学科、一个问题学术研究的发展脉络，可以整理出该学科或问题的学术大事记，可以找出其发展过程中的里程碑和树立里程碑的学者和文献。这种改组后的索引，可以增加一个札记字段，供利用该索引进行研究时随时做简单笔记或批注之用。

索引法作为一种研究方法，用处绝不止于以上几例，有待学者们去发掘。

写完于2004年1月5日，上海

载于《中国索引》2004年第2期

索引工作的性质与索引工作者劳动的性质

本文中索引工作一词，也指文献数据库建库工作。

索引工作的性质

—索引工作可以说是编辑工作。出版社有些编辑人员在做索引编制工作。一些书必须有索引，但著者写书自己编索引者不多，索引是在编辑过程中增补上去的；另一些书常常没有索引，但如配备一个或若干个索引，就可提高其品位和增加其价值。高质量的索引，能使某些图书的使用价值倍增。

—索引工作也可以说是情报工作、信息工作。在情报刊物中，索引刊物占有重要地位（在文摘刊物中，索引也是举足轻重的）。有很多情报人员在从事索引编制工作。

—索引工作也是图书馆工作的一部分。图书馆常常针对读者的需要，编制其馆藏文献的索引，供读者参考或向读者通报宣传。图书馆书目参考部门的工作人员，其经常性的工作任务，就是编制各种索引。

—在档案工作部门，编制档案索引是其基础性业务工作之一。如若没有档案索引，所收藏的档案是不可能被充分利用的。许多档案工作人员，成年累月地在编制索引。

—文献普查是科学研究的前期工作，文献普查的结果，就是编制成有关研究课题的参考文献索引。所以，许多科研人员也亲自编制索引。

由此可知，索引工作具有图书编辑工作、情报服务工作、图书馆服务工作、档案管理工作、科研前期工作等的性质，总括地说，索引工作具有知识服务的性质。

索引的本质，就是知识组织的工具。通过索引有系统地揭示各类文献的内容，将分散记载于大量文献中的知识初步地组织起来，以方便检索。

索引工作者劳动的性质

不少人认为，索引工作只是抄抄写写、编排编排的简单劳动。不可否认，一些粗糙简陋、检索功能甚低的索引，的确是这样被编出来的。

精心设计、精心编制的高质量的索引，是含有许多学术成分的产品。那些索引堪称“索引著作”。编制那样的索引，实在也是一种著作活动，是一种学术工作。

索引工作者需要具备许多条件，才能编制出高质量的“索引著作”：

—索引工作者需要有知识素养，特别是一定的专业知识素养。索引的编制需要对收录的文献进行选择甄别，对被标引的文献进行准确标引分类，这都需要专业知识。

—某些索引，如《古今图书集成》电子版的索引数据库，在编制过程中还要借助于版本学、文字学、校勘学、训诂学、文献学、索引学、数据库技术等诸多知识来解决遇到的问题，才能使索引臻于完善。

——一部功能完善的索引，它的诸多检索功能正是深入分析了被索引的文献的特点，从中找出有用的索引项而设计出来的，所以能做到尽可能地挖掘其所含的信息资源，提供尽可能多的检索途径，达到很高的检索效率。

—索引工作很琐碎，需要认真细心从事，是艰苦繁重的工作。一些索引的工作量很大，需要索引工作者花费很多时光。如《古今图书集成》电子版的索引数据库的编制，好几十人（包括教授和研究生）花了十多年时间始告完成。

——一部好的索引编成不易，使用者自然获益匪浅，不但节省了时间（时间就是生命），而且往往可从其中获得一些对研究工作具有关键性的参考文献线索。但是，当他们总结成果、获得奖励时，提及从索引中获得帮助者并不多见。而在索引工作者所在单位，也偶有对索引工作的评价和奖励与对其他学术成果的评价和奖励不够一视同仁的情况。所以有人把索引工作说成是“为人作嫁衣裳”的工作。实际上，一切服务工作都有“为人作嫁衣裳”的性质。或许，把索引工作看作“润物细无声”的工作更为合适。

索引工作，“眼高者不屑为，手低者不能为，用之者固称方便，而编者之苦衷非尽人皆知也”（许逸民语）。林仲湘先生认为，上面这几句话道出了实情，并指出：“要改变这一状况，我们认为必须争取高才者的指导甚至参与其事，低能者不妨通过这一实际锻炼去提高自己，也能够逐步转化为高才者，成为索引的行家。既然用之者皆称善，编者的个人得失、个中苦衷也不必多去计较。关键主要在于有没有事业心，是否愿意为这一无私利可图而有功于众的事业献出自己的时间、精力。”

我们对索引工作与索引工作者的劳动应有正确的认识。

参考文献

林仲湘等．从油印本、印刷版到电子版——论《古今图书集成索引》的编制．中国索引，2003(3)

写完于2004年5月26日，上海
载于《中国索引》2004年第3期（署名：《中国索引》编辑部）

关于我国实施索引员资格认证和专业培训的思考

在因特网上偶见几条招聘索引员的消息，知道"索引员"这个稀罕的职业品种在市场经济环境下开始有了需求。

索引员在国外属自由职业，人数有一定数量。国外的索引协会，就是索引员的行业组织。索引协会负责索引员的资格认证和专业培训。各国的情况基本相同。

中国索引学会与国外的索引协会大致相当，索引员资格认证的职责理应由学会承担。同时，在我国高等学校中，既无索引学专业，也罕见有针对本科生的索引学专业课程。所以，与索引员资格认证配套的专业培训任务，最好也由中国索引学会来实施。

1　关于索引员资格认证的思考

索引员相当于出版专业的"编辑"、图书情报专业的"馆员"，因此应具有大学本科毕业水平。但是，具备索引学基本知识和编制索引的能力是不可缺少的条件。

我以为，下列情况可获索引员资格认证：

(1)具有本科(及以上)学历，通过培训和实践作品考核优秀者，可获索引员资格。

(2)图书情报专业本科(及以上)学历，通过考试和实践作品考核优秀者，可获索引员资格。

(3)具有一般大专学历，通过培训和有三倍的实践作品考核优秀者，可获索引员资格。

(4)具有图书情报专业大专学历，通过考试和有三倍的实践作品考核优秀者，可获索引员资格。

(5)不具备以上学历，但有五倍的实践作品考核优秀者，可获索引员资格。

具有图书情报专业学历者之所以可免去参加培训，是因为他们一般都学习过与索引员培训相近的课程，但又必须通过考试，以检查他们是否真正具备索引员应有的知识。

培训考试与资格认证考试合而为一。

通过索引员资格认证者，发给索引员资格证书，并随时在中国索引学会网站上公布中国索引学会索引员名单。可根据索引员的请求，向相关用人单位做推荐。

2　关于索引员专业培训的思考

索引员专业培训的内容是依据资格认证的标准确定的，包括下列内容：

(1)索引学基础知识，重点为索引的结构与功能原理、索引排序、索引设计。

(2)文献篇目索引的编制，重点为文献著录、分类、主题标引。

(3)图书内容索引的编制，重点为图书可索引内容的提取，索引标目措辞。

(4)索引的计算机编制和文献数据库，重点为数据库的建立。

(5)实践：

编制文献篇目索引(收录文献不少于1000条目)一种，必备分类和主题检索途径。

编制图书内容索引(图书篇幅不少于20万字)一种。

索引员培训课程采取网络教学和面授结合的方式进行。

3 索引员日常业务咨询和指导

对索引员的工作给予日常帮助;组织索引员的经验交流和知识更新。

以上设想是否妥当,请大家讨论。

参考文献

[1] 张琪玉. 图书内容索引事业:我国可能采取什么模式. 中国索引,2007(2)
[2] 张琪玉. 谁来编图书内容索引. 中国索引,2007(1)
[3] 戴立群. 英国索引学会的职业索引培训. 中国索引,2008(1)
[4] 戴立群. 英国图书索引的发展现状——兼论中国索引国际化的机遇和挑战. 中国索引,2006(4)

写完于2008年6月27日,上海

载于《中国索引》2009年第1期

索引员署名的意义

在附于书后发表的图书内容索引中,我尚未发现有署索引编者姓名的(非图书著者本人所编,单独出版的索引,署索引编者姓名的情况除外)。毫无疑问,那些索引中的大部分,不是图书著者本人编制而是由索引人员编制的。索引一旦附于图书之后出版,就成了图书的一个组成部分,增加了图书的学术价值和使用价值,这是不可否认的事实。从这个意义上讲,索引编制人员也参与了图书的创作,与责任编辑、装帧设计等人员一样,给予署名权是应该的,也可表示他对索引的质量负责。

国际索引标准(ISO 999—1996)在"6.4.4 索引员的署名"一款中规定:"出版社应给予索引员在文献中署名的机会。"这一款可维护索引人员的正当权利,改变人们对索引人员劳动的看法;可增强索引人员的责任感,从而提高图书内容索引的质量。

在英国索引标准中也列有"7.2.5 索引员的署名:出版社应当允许索引员在著作中署名"一款。美国索引标准和中国台湾索引标准中则未发现有这一款。

国际索引标准的这一款似乎也打破了索引人员一向不在图书内容索引末尾署名的惯例。其实,在 ISO 999—1975(E)国际索引标准草案中就有"5.5 应当列出负责任何有实际价值的索引的人名"这么一款,但后来不知为什么在草案修订稿中被删去了(后来在正式标准中又被列入)。可见,这一惯例存在已久,对是否要打破它的看法是不一致的。主要坚持保留这一惯例者是出版社,但索引人员本人似乎也并不对此在意。不然,一篇二三百字的文摘,文摘员都可以署名,一篇比文摘要多花许多精力来编制的图书内容索引,索引编制人员为什么不署名呢?

我以为,国际索引标准(ISO 999—1996)对此问题的措词是比较稳妥的:"出版社应给予索引员在文献中署名的机会。"至于索引人员本人怎样选择,则完全可以自由。

写于 2006 年 3 月 28 日,上海

载于《中国索引》2006 年第 2 期

索引工作者需要懂一点情报语言学

情报语言学与索引学的密切关系在于:①作为情报语言学主要研究对象的情报检索语言,其两个主要的应用领域之一是编制检索情报源这一大类型的索引(即各种文献篇目索引);②不使用情报检索语言的各种类型的索引也普遍使用着情报检索语言的原理和方法;③情报语言学研究与索引学研究的根本目的都是提高文献情报检索系统(包括计算机的和传统的检索工具、目录、索引)的检索效率;④情报语言学内容的源头一部分就是索引的实践。所以,在研究情报检索语言的时候,总是要考虑到它在情报源索引方面的应用效果;在编制各种索引(虽然那些索引并不使用情报检索语言)时,总是要考虑到它是否符合情报检索语言的原理和方法。这导致情报语言学与索引学的互相包容。

情报检索语言的语词(检索词、分类号)构成情报源索引的标目。为了保证标引质量和标目(主题标目、分类标目)的前后一致,凡连续出版的索引(如检索刊物、分时段连续出版的多卷索引等)都要使用情报检索语言作控制工具。某些单卷式索引,为了组织上的方便,也常采用情报检索语言。一些特别庞大的索引,往往有自己专用的情报检索语言(这类情报检索语言采取在一个框架下逐步累积的编制法)。编制分类索引特别需要使用或参考分类检索语言。

情报检索语言的四项基本功能,可以说正是为了编制一部高质量的情报源索引而设定的。所以,某种索引,一旦使用了某种情报检索语言,就可以获得该种语言所特具的四项基本功能来组织高质量的索引:①按情报检索语言标引文献,可形成十分规范的索引标目;②按情报检索语言规定的次序排列标目,可形成极为系统的分类体系和字顺体系;③按情报检索语言所显示的概念关系,可构成高质量的参照系统;④采用情报检索语言作为检索标识,可很好发挥索引的检索功能。从而成为一部完美的索引。

不使用情报检索语言的各种索引,为了提高标目措辞、款目排序、参照系统构建、检索标识功能等方面的质量,也常参照情报检索语言的原理、方法和规则,来制订一套自己的规范,在索引编制过程中遵循,而达到与使用情报检索语言相似甚至相同的效果。作为索引编制一般规则的通行索引标准,其内容有很大一部分与情报检索语言教材相同。

由此可见,索引编制工作者掌握一点情报语言学知识是十分必要的。

写完于2008年1月17日,上海
载于《中国索引》2008年第3期

振兴索引学术研究，根本在于拓宽研究领域

索引出版物一年比一年少，现在，除少数题录刊物和书后索引外，新出版的索引几乎是凤毛麟角，十分难觅了。

书本式索引著作，从个人编索引的方面看，由于印数很少，给出版社的补贴额又相当高，面临着不可逾越的障碍，使人望而生畏；从单位编索引的方面看，由于索引编制计算机化，再加上出版成本高，一般都采用数据库的形式来向社会提供利用了。因此，传统索引的出版品种大幅度减少是必然趋势。

既然传统索引正在成为明日黄花，人们不再对它保持研究兴趣也在情理之中。近几年来，我国图书情报专业刊物上，已很少见到新发表的传统索引研究文献了。实际上，传统索引理论的研究似乎也已到了“顶点”，如果再停留在原有的研究范围内，创新的余地就极少了。

新时期以来，我国索引事业一直在向现代化发展，在向数据库转化，虽然与社会进步的速度相比尚存在滞后，但成绩还是很明显的。可以说，传统索引理论的研究必须与现代索引技术即数据库技术的研究密切结合，才会有很大的创新空间。数据库的应用必然会越来越广泛，真可谓“前途无量”。

时代在很快进步，我们学会和全体会员必须跟上时代的进步，必须“与时俱进”。应当承认，我们学会在索引学术研究方面尚有较大不足，学术气氛比较低沉，有点老气横秋，从整体看，索引现代化研究的成果较少，已到呼唤振兴的时候了。

要振兴索引学术研究，根本在于拓宽研究领域。

正是基于这一点，学会在专业刊物《中国索引》创办之时，仔细研究了办刊方针，确定该刊“围绕文献、信息和知识的检索（索引的主要功能就是检索功能）这个核心，全方位地刊登相关的文章和资料”（具体包括十个方面，详见《发刊词》），“不囿于传统索引，而且更着重于文献数据库”，“对传统索引与检索工具、文献数据库与计算机检索系统、网络信息检索工具（俗称搜索引擎）”以及其他相关文章“均所欢迎”的方针。

也就是说，拓宽索引学术研究领域，既是办刊方针，也是振兴学会学术研究活动的根本方向。学会将循着这个方向开展活动，希望全体会员能振奋精神，放开视野，积极参与索引学术研究，推动我国索引事业更快进步。

写完于2003年5月30日，上海

载于《中国索引》2003年第2期

索引的生命力

索引生命力的概念

每种索引都有一定使用价值。索引使用价值的大小,使用寿命的长短,即其生命力的强若。

生命力强的索引使用价值大,使用寿命长。索引的使用价值可笼统地以被使用的频率和使用者的满意程度来衡量。索引的使用寿命则可依据从索引问世到被使用频率降低到一定程度的年数来衡量。但是,精确计算既不可能,也无必要。

有些索引是长寿的,几十年后仍被利用;有些索引是短命的,甚至在问世当时即已失去使用价值;有些索引逐渐地失去生命力(老化)而为其他索引所取代;有些索引因一时的需要而被频繁使用,但很快又时过境迁。

索引生命力的决定因素

索引是利用文献的工具,索引是依附于文献的,故文献生命力是决定索引生命力的首要因素。重要文献历久都不会失去其使用价值,与该些文献相关的索引也就不会失去使用价值,除非它被更好的新版索引所取代。

大量文献随着学术的进步而失去使用价值,相应索引(提供情报源的索引)的生命力也随之降低或被新内容的索引完全取代。

学术界和社会的需要也是索引生命力的决定因素。某些问题若不再为学术界和社会所关注,相应索引(提供情报源的索引)也会随之失去使用价值。

索引本身的质量也是决定索引生命力的重要因素之一,索引精品总有较长的使用寿命。

延长索引使用寿命的措施

(1)索引选题很关键。重要文献的索引,因文献具有长期使用价值,其索引的生命力也相当长。故选择重要文献作为索引的对象,可使编成的索引具有较长的使用寿命。

(2)收录丰富、详尽的“巨无霸”索引(提供情报源的索引)具有顽强的生命力。

(3)在索引对象相同的情况下,编制仔细、功能全齐的索引精品具有较大的竞争力,可以不被相同索引对象的其他索引所取代。

(4)提供最新情报源的索引,必须不断增补,否则经过若干年后会被遗弃。

(5)某些索引,虽其索引对象是有长期参考价值的文献,但因问世已久远,所依据的版本已不可寻,所使用的排检法已少有人掌握,这种索引只有进行“翻新”,才能延续其生命。

(6)除配合科研课题的索引外,索引应有适当印数,维持一定的普及程度,才能起到一定社会作用。

索引使用寿命短的原因

(1)书后索引和书附索引,若本书失去使用价值,索引也便失去使用价值。

（2）有些索引本身具有临时性质，如检索刊物的期索引到年度索引出来后就失去价值，年度索引在多年累积索引出来后也会降低使用价值。但是，这些索引在未被取代前，却是有重大使用价值的。

（3）一些配合某种临时需要的索引，时间一过，就不再有人翻阅。这些索引有一定使用价值，但使用寿命短暂。

（4）质量低劣的索引（如收录文献太少的题录式索引），往往给人的第一印象就不好，不大可能发挥作用。

写于2004年6月20日，上海

载于《中国索引》2005年第1期

索引:面向21世纪

我们学会21世纪的第一次年会暨学术讨论会,选定"索引:面向21世纪"作为会议的总主题,是很恰当的。我们需要在21世纪开始的时候,讨论学会前进的方向。

"索引:面向21世纪",这只是一种简化的表达,其完整的表达应是:"索引与数据库:面向21世纪"。数据库是索引的一种形态,其实质还是索引。所以,用简化的表达也完全可以。我在以下提到"索引"时,实际都是指"索引和数据库",这一点是必须首先作说明的。

"索引:面向21世纪"是一句口号,它要求我们面向21世纪的环境,探索满足社会新的需要的途径,开拓创新,与时俱进,积极地发挥索引应有的作用。

党的"十六大"制定了我国发展的新的蓝图,我国将在2020年实现全面小康,并继而向中等发达的社会前进。可以预见,我国的科技、文化、教育、社会和人民生活都将会有很大的进步。索引作为科技、文化、教育、社会和人民生活中普遍使用的工具,索引事业在21世纪应当相应地出现一个繁荣的局面。

索引如何面向21世纪,我们是否可以从下列三个方面来讨论。

1 我国索引事业如何面向21世纪

索引事业的繁荣,应当表现为索引产品(检索工具)大大丰富,在科技、文化、教育、管理和日常生活中的应用非常普及。

目前,我国索引的普及程度与国外相比,差距相当大。应当在21世纪大大缩小这种差距。

索引事业繁荣的标志是:

(1)索引的数量大幅度增加。比方说,能够达到20%以上的专著具备专著索引(书后索引),80%以上的学术期刊具备主题和著者两种年度索引,等等。

我们不但需要大幅度增加文献索引的数量,而且也需要大大增加各种非文献索引的数量。

(2)索引的覆盖面大幅度扩大。包括:①索引的学科覆盖面的扩大:尽量使绝大多数学科都有相应需要的索引;②索引的文献类型覆盖面的扩大:尽量使所有主要的文献类型都有相应的索引;③索引的文献语种覆盖面的扩大:除中文文献外,少数民族文献的索引也应有所发展,此外,也应为我国进口的外文期刊编制简单的索引,如题内关键词索引。

(3)索引类型和检索途径的多样化。

(4)索引的数据库化。

(5)索引的标准化,包括索引编制规则和数据库字段的标准化。

(6)索引的质量大幅度提高。尤其要提高标引质量。加强索引评论以及开展优秀索引的评选奖励是促使索引质量提高的一种有效措施。

(7)索引服务的网络化。索引的编制相当分散,为了使所编制出来的索引能充分发挥作用,建立索引服务网络是必要的。

(8)索引产品生产(索引和数据库的编制发行)的企业化。索引事业的主要部分只有融入市场经济体制,才会有顺利发展的环境。

2　我国索引学研究如何面向21世纪

索引学学科建设是索引学研究的重要任务。索引的产生和发展以及索引学术研究,虽然已有较长的历史,但从现有文献积累看,索引学理论基础目前还是极为单薄,索引学学科建设有待在21世纪去完成。我们期望理论与实践密切结合的、全面、系统、充实的、具有总结性和指导性的索引学专著的问世,以及索引学知识的大大丰富。

为了促进索引学学科建设和使索引学理论能够指导21世纪索引工作新的实践,索引学研究必须与时俱进。由于数据库占有绝对的优势和索引出版物的出版面临着不可逾越的障碍,传统索引正在成为明日黄花,同时,传统索引理论的研究似乎也已到了"顶点",可研究的新的重大的课题已不多,因此,索引学研究不可再囿于传统的研究范围,而必须拓宽研究领域,围绕文献、信息和知识的检索这个核心,全方位地开展相关问题的研究。

我们应着力于索引的创新。索引的创新应是索引学研究面向21世纪的主旋律。我们需要在索引原理、索引方法、索引技术、索引形式、索引选题、索引应用诸多方面全面展开创新。

应特别关注索引的计算机化和网络化,这是索引创新的主要方向。

新索引项的发掘,标引原理、方法和规则的深入研究,具有重要意义。

自动抽词标引和自动分类技术的研究,尽管难度很大,但意义重大,需要扩大研究队伍,全方位展开研究,而不局限于基于算法的软件设计。

要积极学习国外索引技术。但索引与语言文字关系密切,汉语与外语有很大差异,故切不可把国外经验生搬硬套地直接拿来使用。

3　中国索引学会工作如何面向21世纪

我们学会自1991年12月成立以来,已走过了12年的路程。在条件比较艰难的情况下,本着"真诚、求实、开拓、奉献"的精神,为我国索引事业的发展和索引学术的进步做了一些力所能及的工作,做出了一些贡献,很难说成绩十分显著。但我们相信,在21世纪,我国索引事业的发展和索引学术的进步,仍然需要学会积极工作。学会今后要抓的工作,我认为主要有以下几个方面:

(1)加强索引学及相关领域的学术交流,推动索引学进步。组织学术交流始终应是学会的头等大事。在过去的12年中,学会曾组织过多次年会和专题学术讨论会,并汇集刊印了5册《索引研究论丛》。此外还组织过一些其他形式的学术活动。但总的说来,学术活动还不够活跃,学术气氛比较沉闷,会员们在图书馆学情报学专业刊物上发表的学术成果很少见。这固然有其客观的原因,即传统索引的衰退导致对传统索引研究兴趣的大大降低,而我们的学会正是在传统索引研究的基础上建立起来的;但是也有其主观的原因,那就是我国的索引正在很快地向数据库转化,而我们的认识未能"与时俱进",来对学会进行改造。近年虽然已逐渐意识到这一点,但未能采取比较有力的措施来加以改变。不管怎么说,学会的学术活动必须振兴,这是根本。

(2)加强索引知识的普及。索引知识的普及包括两个方面:一是索引利用方法的普及,二是索引编制方法的普及。学会在索引编制方法的普及方面过去做过一些工作(举办多期培训班),但在索引利用方法(包括向非图书情报出版专业人员介绍在他们的研究、学习和工作中自编索引的方法)的普及方面几乎没有做什么工作。这方面的工作也是有重要意义的,今后应加以关注。

(3)扩展学会的职能。随着我国体制改革的深入发展,某些学会可能会向行业协会方向转变职能。索引学会有可能像国外的索引学会(协会)那样,担负起索引从业人员培训与终身教育、从业人员资格考核、索引成果评奖等的职能。在这方面,目前学会还缺少准备,但很需要做这方面的准备。

(4)办好学会刊物和网站。学会的专业刊物,经过多年筹办与申请,终于在今年三月末创刊。它负有"促进我国索引学和文献数据库技术的研究,推动索引和文献数据库事业的发展,普及索引和文献数据库知识,进行索引学和文献数据库技术领域的国际交流"的使命。办好刊物,对学会的发展至关重要,所以一定要把它办好。办好刊物的关键,是要有符合办刊宗旨的充足的质量高的稿源,这首先要依靠全体会员的支持,踊跃地为刊物写稿。

办好学会的网站也同样重要。办网站比较灵活,发表学术成果和公布学会及业界信息速度快,容量大,花费少,传播广,有其独特的优点。学会的网站已创建多年,但两次上网,两次停下来。问题主要在于对它不够重视,没有真正把它作为一件重要的事来办。办网站可以和办刊物合在一起,成立一个编委会办两方面的事,因为两者是有密切联系的。

写完于2003年6月3日,上海
载于《中国索引》2003年第2期

事业吸引志愿者的力量发展索引

在当代,志愿者对社会的贡献是不可忽视的。据报道,我国的志愿者队伍已超过3100万人。

索引是传递和检索信息特别是文献信息的重要工具,具有普遍的社会需求。但一般来说,它又不是商品,投资索引的编制出版是无利可图的(不多的索引公司除外)。

索引事业主要是社会效益而不是经济效益。所以,索引事业在很大程度上具有公益性质、"事业性质",分配到的投资必定较少,不能充分满足社会的广泛而且多样的需求。除事业、企业单位投资外,吸引志愿者的力量是发展索引事业的一种可行的措施。志愿者的活动意味着不要报酬或基本不要报酬,也就是说不要人力投资。而就索引的编制(不包括出版)工作而言,主要的投资也就是人力投资。

目前,我国索引事业远远迟后于国外的发展水平,而且也远远迟后于出版事业的发展。索引事业繁荣的第一个标志,就是索引对文献的覆盖率,也就是现有文献在索引中能查到的百分率。所以,动员各种力量编制索引,实为当务之急。

吸引志愿者参加图书馆、资料室工作,可以说是一种传统。但是,很少见吸引志愿者参加索引编制工作的报道。

其实,索引编制工作很适合于吸引志愿者来参加:

(1)大多数索引或者说索引工作的大部分并不复杂,一般志愿者稍经指点都可参与索引的编制。这样,就节约了占索引编制大部分的人力投资。

(2)现在,索引的原始产品都是计算机生产的。所以,可设立专门的网站,将编成的索引存于网站上提供使用。这样,可解决索引出版的亏损问题。

(3)很多高等学校图书馆、资料室都有志愿者队伍,选择一部分志愿者从事索引编制,既可结合教学的需要,又可增进学生对文献和索引的知识。

(4)索引学会及其地方组织开展志愿者活动,既可直接推动索引的编制,又可培训索引员。

所以,我建议学会积极把志愿者活动开展起来,建议学会会员积极当志愿者。

写完于2010年12月8日,上海
载于《中国索引》2011年第1期

论索引项

索引项是索引功能的基础

索引项这一概念，是指文献中被索引对象的类称。

某一文献所讨论的各个局部主题和科学概念，或文献中所涉及的地区、人物、机构、事件、生物、矿物、产品、设备、方法、工艺、公式、数据、著作等各种事项，或重要学术著作和文学作品的字词，或某一文献集合中所包含的各种文献的内容和外部特征，甚至文献间的某种关系或文献的某种功用，只要具有检索意义的，都可以作为索引项。

索引项的书面形式就是检索标识，也叫索引标目。检索标识可以是自然语言，也可以是人工语言（即索引语言、情报检索语言）。检索标识和相应出处构成索引款目。一个索引实体就是其全部索引款目的有序集合。

一种文献的内容，或一个文献集合中个别文献的特征，正是借助于各种索引项的书面形式而被详细地揭示出来，提供各种检索途径，以供读者方便地查检和利用的。

每一种索引项提供一种检索途径，回答某种检索提问。只含有一种索引项的索引称为单一索引或专门索引，含有多种索引项的索引称为综合索引或普通索引。多种单一索引（有时也可以包括一个综合索引）的有机集合称为索引体系。索引体系与单个互不联系的索引相比，至少可在同等功能的情况下减少索引数据的冗余量，有时还可产生更多的功能。

索引或索引体系的功能决定于它所包含的索引项的数量及其具体种类。一个索引或索引体系所包含的索引项种数越多，越是与读者的需求对口，则索引的功能越多，作用越大。反之，如果仅包含一二种索引项，而且如果那一二种索引项又是与读者的需求并非最为对口，那么，该索引或索引体系的功能必然有限，不可能起大的作用。

索引项来自索引源

索引总是与被索引的某种文献或某个文献集合相配合的，索引项只可能来自文献，所以，被索引的文献是索引项的来源，即索引源。索引项不能揭示文献中不存在的东西。

文献中可作为索引项的内容或形式特征是很多的，但并不是所有的内容和形式特征都必须作为索引项。也就是说，有些内容或形式特征作为索引项的检索意义不大，甚至根本没有检索意义。所以，对索引项必须进行选择。应该做索引项的没有做索引项，或不应该做索引项的做了索引项，都不能充分发挥索引的作用。

文献的内容或形式特征是否应该作为索引项，取决于：①文献的学科性质或其他特点；②文献的质量或使用价值；③读者或服务对象的需要。

例如，在历史文献中有十分必要以人名作为索引项，而在科技文献中则一般不需以其中涉及的人名作为索引项；被引用的成语典故在某些经典著作中可以作为索引项，而在一般著作中没有必要作为一种索引项；可以为《红楼梦》编制一个人物索引，但没有必要为一般文学作品编制人物索引；商品名索引在仅供科研人员使用的索引中不必作为索引项，但在供广大读者使用的索引中可以作为索引项。

在学术著作和工具书中，应有较多的内容作为索引项。对于普及读物和儿童读物等，不大需要做索引。

在一个专业单位，对于与本专业关系不大的文献内容或形式特征，一般可不作为索引项。

若是只编一个综合索引，一般较多考虑被索引内容的重要性，较少考虑索引项的种类。若编制一种专门索引，则要慎重考虑提供该索引项的必要性。

某些种索引项具有普遍需要性，如著者、主题等，但其他种类繁多的索引项，则应视文献内容、类型、价值和读者需要而定取舍。索引是揭示文献中有检索意义的内容的工具。所以，要针对被索引文献的具体情况并结合读者的检索需要，选出合适的索引项，为其配备适用的索引。

索引项的发掘

索引项来自索引源即被索引的文献。但是，文献中可以作为索引项的内容或形式特征并非都是显而易见的，有些可以说是隐含的。索引学研究的重要内容之一，就是要发掘新的索引项。一种新的索引项被发掘出来，就是一个索引新品种的开发。有些索引项的发掘具有重大意义，可以说是索引领域的一项发现或发明。例如，文献之间的引证关系作为一种索引项（引文索引）就是索引领域的一项重大发明，其意义十分深远。

索引项的发掘者对文献的内容和可能的用途以及读者的需求应有深入的了解，有较丰富的索引知识，以及别出心裁的思维方法。把文献的数量关系作为一种索引项引入书本式索引，使文献索引与文献计量相结合，也可作为在新索引项的发掘中需要别出心裁的一个例子。在索引领域，有时正需要“巧立名目”。当然，必须符合读者需要并考虑成本效益。

索引技术发展到今天，已有许多的索引项被发掘出来并得到或浅或深的研究，形成了种类繁多的索引。但可以肯定，还有许多索引项有待索引工作者去发掘。有些索引项普遍存在于各种文献之中，但大多数索引项仅仅存在于某种学科、某种类型的文献之中。所以，首先要对各种学科、各种类型的文献分别进行研究，从中发掘特殊的索引项。例如，我曾对工具书做过研究，发现工具书的“查考功能”可以作为索引项，而且是比其他索引项对于工具书资源的开发更为有效的索引项，从而提出了“工具书功能索引”的概念和方法。

有些在个别学科、个别类型文献中发掘出来的索引项，后来发现也适用于其他学科或类型的文献，从而得到更广泛的推广应用。

索引项的发掘除了寻找出新的可以作为索引项的文献内容或形式特征等之外，还须研究为其标引的方法和规则，并在索引编制过程中逐步完善。此外，还应开拓新索引项的多种用途。

索引项是索引结构的决定因素

索引的结构有两层意思，一是指单个索引的结构，一是指索引体系的结构。索引项无论是对单个索引的结构，还是对索引体系的结构来说，都是决定的因素。

例如，以文句中的字词作为索引项时，最能实现其功能的结构形式是将一个完整文句中的字词进行轮排；以题名中的关键词作为索引项时，最能实现其功能的结构形式是将题名中的其他词一起进行轮排；以化合物分子式作为索引项时，应把分子式处理成一种易排易检的结构形式;以著者作为索引项时,其合理的结构形式是姓在前名在后;以引用关系作为索引项时,最合理的形式是在被引文献之下列出引用文献,等等。

如果是一个索引体系,则应使其中的各种索引不要形成并行的互不关联的结构形式,而要形成互相之间有机联系的结构形式,其中有的索引作为直接索引,有的索引作为间结接索引,著录项目尽量减少重复,而从一个索引转到另一个索引又相当方便。

如果两项或多项索引内容均可从同一检索标识导出,则其中的一项或多项可作为寄生索引项。有时可通过两个索引项的关联(组配)而产生新的索引功能揭示出文献中隐含的信息。

索引项的确定和合理安排是索引设计的核心

索引设计的核心就是针对有关的索引源结合读者的需要选择和发掘索引项,然后将确定的索引项进行合理的安排。

选择和发掘索引项,就是要尽可能地把文献中对读者有检索意义的内容和形式特征等揭示出来,提供查检的途径。这个问题看来似乎很简单,但很多索引编制者往往忽略这一点,认为把文献的清单略加分类编排奉献给读者就可以了,而没有去仔细考虑读者利用那样的索引效果会怎样。索引的目的是帮助读者事半功倍地利用文献资源。选择较多的索引项以提供多种检索途径正是为了实现这个目的。

在确定了索引项之后,就要进行索引的结构设计,对各种索引项作出合理的、精心的安排,使索引非常完满、精致,而且从成本—效益的角度看,也是很合理的,这样的设计才算成功。

参考文献

[1] 黄恩祝 . 索引因子说 . 江苏图书馆学报,1987(2)

[2] 张琪玉 . 工具书功能索引——关于编制“工具书之工具书”的设想 . 图书馆杂志,1992(2)

[3] 张琪玉 . 一个精心设计的索引体系——《唐宋名家词检索大全》. 上海高校图书情报学刊,1993(4)

写完于 1994 年 6 月 11 日,上海
载于《图书馆杂志》1994 年第 5 期
英文译文载于英国《索引家》2009 年第 3 期
《中国索引》编辑部译

索引的结构

1　索引结构概述

本文所指的索引结构，是指传统索引（印刷型和卡片型索引）的结构。

1.1　单个索引的结构

单个索引即单一检索功能的索引，其各种构成部分可归纳为索引主体和索引附属结构两大部分。

索引主体包括：①索引款目（包括标目及副标目、索引地址）；②参照系统；③索引款目导引标志（如卡片式索引中的导卡和书本式索引中的分隔标志）。

索引主体是以上三种构成部分的集合，视标目的性质按分类、字顺、时序、地区、文献原始序号等顺序排列。

“标目”“索引地址”和“序列”是索引的三要素，缺一不可，简单的索引仅有这三要素。

索引附属结构包括：①凡例；②分类表、词表、代码表；③检字表；④缩略语表；⑤文献原文（见于某些语句和字词索引）。等等。

1.2　索引体系

索引体系是一部书、一种期刊或一个检索工具中多种索引互相配合的有机集合。

一部完整的索引工具，通常都是由多种索引构成的索引体系，能够提供多种需要的检索途径。

索引体系可以全部由直接索引构成，也可以由直接索引和间接索引构成。直接索引直接引向文献正文中的某一位置，间接索引（如各种各样的对照索引）则通过直接索引的款目再引向文献正文的某一位置。这里所说的文献正文，包括各种书和期刊的正文，也包括检索工具的主体部分。

1.3　索引结构示意图

2　索引款目

一部索引是一个个索引款目的有序集合，索引款目是构成索引的基础。

2.1　索引款目的成分

索引款目由索引标目和索引地址（也称出处，简称地址）两部分组成。

索引标目又可分为主标目和副标目。主标目揭示被索引概念（文献主题）或项目的核心部分，并决定索引款目的排列位置和检索入口。副标目从属于主标目，其作用是使索引标目含义更为具体、专指。子标题、说明语、限定词、注释以及显题结构索引中的文献题名等，都起着副标目的作用。

索引主标目可以是：①索引语言（情报检索语言）；②自由标引词；③文献文本中的关键词。

索引地址指示被索引概念或项目在文献正文中的位置，是索引与文献正文之间、间接索引与直接索引之间的联结手段。可以作为直接索引的索引地址（出处）的有：①文献页

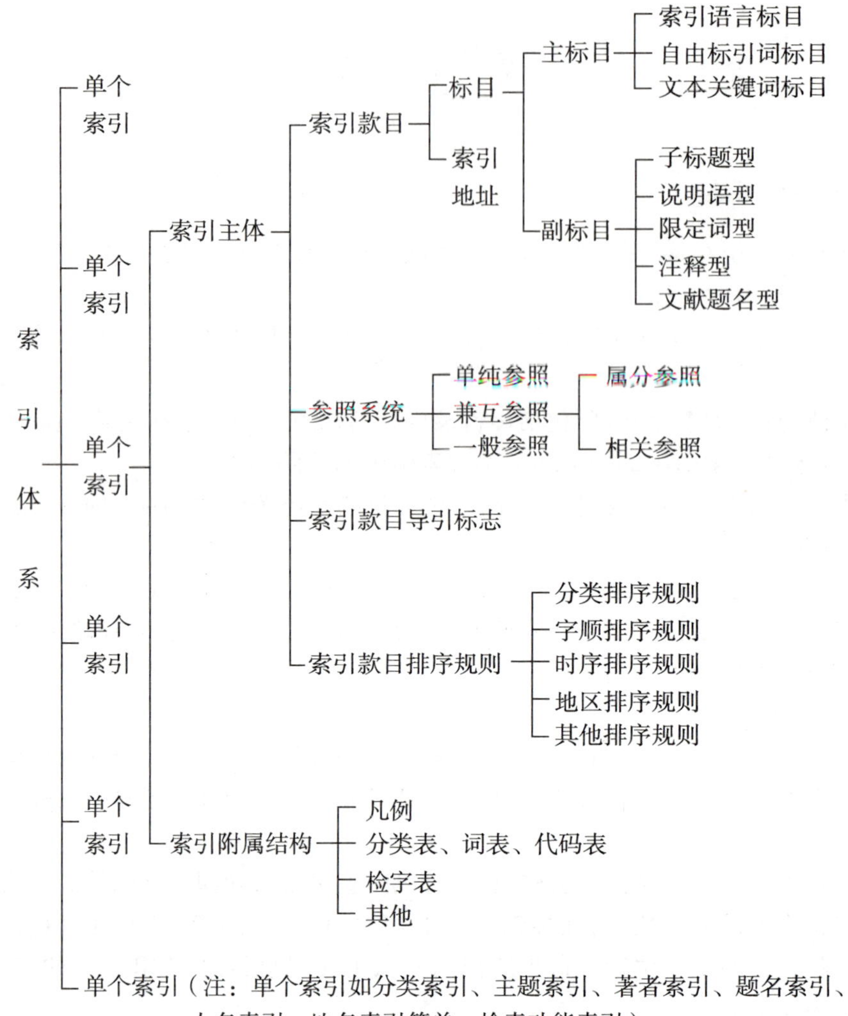

码和栏码或版面地位符号；②检索工具中文献款目的序号；③检索工具正文中据以排列文献款目的标目；④刊名编码（CODEN 码）；⑤文献排架号（性质与文献款目序号基本相同）。可以作为间接索引的索引地址的是直接索引的标目。

文献序号前的文献类型冠号如 B、P、R 等，不属于索引地址的构成部分。

2.2　索引款目的格式

主标目总是置于索引款目的起始部分（但上下文关键词索引除外）。

同一主标目下的各个副标目可分行书写，乃至排成等级形式，也可连续书写，中间用逗号或分号隔开。

索引地址相应地置于副标目后。若无副标目，则置于主标目后。

对索引款目格式的要求是醒目、易读、美观、整齐和节约版面。

索引款目可使用省字符（如合著者用 + 号代替）及其他符号。

3　索引中的参照系统

参照系统有下列功用：

（1）可以使索引内的款目联成网络，显示它们之间的关系，具有提示作用，为全、准、快地检索创造条件。

（2）提供间接的检索入口（如各种等同关系词的参照、专指词→泛指词的参照等）。

（3）以节省篇幅的方式指示相关文献。

总之，有了参照，索引才显得完整、完满。

参照可分为：①直接参照，用于显示概念之间的等同关系，从不用以标引的名称引向用以标引的名称；②兼互参照，用于显示两个相关的概念，又可分为属分参照和相关参照两种；③一般参照，是一种说明性质的参照，指示检索方法。

各种索引都可以有参照。索引中一般没有单向参照的反参照，但公务索引中可以有反参照。

参照可以：指向标目，指向副标目或指向具体文献。

4　索引的附属结构

4.1　凡例

这是索引的编制说明，是利用索引的钥匙，极为重要。索引应当有凡例。

凡例的内容可包括：①本索引的用途；②收录范围；③著录项目；④参照系统；⑤格式；⑥排列方法；⑦符号含义；⑧查阅方法；⑨对所用检索语言的详细说明。必要时可附图例说明。

为节省篇幅，凡例一般只在分为多册的索引的第一册，检索期刊一年或一卷的第一期刊载。

如果是一个索引体系，还可以有总说明。

4.2　分类表、词表、代码表

分类表是分类索引所不可缺少的。但分类表的详简程度可随具体需要而定。在分类索引作为检索工具正文的情况下，分类表常与目次合而为一。

词表一般是若干年提供一次（常单独成册）。有的检索工具不提供一般的词表，而是提供主题指南。

有的检索工具在正文内不做参照，用分类表或词表的参照来代替，叫做外参照系统。

4.3　检字表

中文的各种字顺索引需要检字表。最好有多种检字表，以提供多种检字法。

4.4　其他

如缩略语表、机构名称简称与全称对照表、各种版本页码推算法或对照表等。

此外，中文古籍的语词索引有的附有原文，古诗词索引一般也附有原文。

5　先组式索引与后组式索引的比较

先组式索引是指索引标目相对于文献主题概念是具体、完整的，所以它可以直接引向被索引的主题概念或项目在文献中的位置。

后组式索引是指索引标目相对于文献主题概念的一个构成因素，而不是一个完整的主题概念，所以它需要经过概念因素的组合（组配），即从多个索引款目中找出共同的索引地址，才能引向被索引的主题概念或项目在文献中的位置。

常见的索引形式都是先组式索引。后组式索引比较少见,其采用的载体和形式有比号卡索引、比孔卡索引、某些穿孔卡索引、书本式比号索引、表式组配索引等。

后组式索引检索比较灵活,可以任意选择检索的专指度,任意扩大、缩小或改变检索范围,达到较高的检全率和检准率。先组式的分类索引也可达到较高的检全率和检准率,但如果分类较粗则不能达到较高的检准率;先组式主题索引如果主题标目专指度较高则可达到较高的检准率,但一般不易达到较高的检全率。

先组式索引操作简明、直观性好并便于浏览,后组式索引操作较复杂、直观性差并不便于浏览。

6 显标结构索引与隐标结构索引的比较;显题结构索引与隐题结构索引的比较

显标结构索引是将给予某一文献的多个标目的标目词全部附注在每一条题录式索引款目上的一种索引款目形式(类似文献款目中的"检索点"),其作用是可以代替简介或文摘,并且按所列出的标目词可用于进行追溯扩检。隐标结构索引是每条题录式索引款目只著录一个检索标目的索引款目形式,因而也没有显标结构索引的那种功能,但比较节约印刷型索引的篇幅。一般的索引都是隐标结构索引。

显题结构索引是在书本式检索工具的辅助索引中,索引款目后除索引地址外还注出文献题名(或其缩略)乃至著者名的索引款目形式,它等于说明语,在未看正文前即可进行筛选,检索比较方便,缺点是占篇幅较大,增加成本。隐题结构索引不注出文献题名等,比较节约篇幅,但须标目较专指,否则筛选不便。

写完于2001年2月18日,上海

载于《图书馆学刊》2002年第1期

索引的创新

● 索引项的创新。索引项这一概念，是指文献中被索引对象的类称。某一文献所讨论的各个局部主题和科学概念，或文献中所涉及的地区、人物、机构、事件、生物、矿物、产品、设备、方法、工艺、公式、数据、著作等各种事项，或重要学术著作和文学作品的字词，或某一文献集合中所包含的各种文献的内容和外部特征，甚至文献间的某种关系或文献的某种功用，只要具有检索意义的，都可以作为索引项。

索引项的每一次创新，都是对文献资源中未被利用的信息成分的一种发掘，其结果是创造一种新的索引品种乃至索引类型。有些索引项的发掘具有重大意义，可以说是索引领域的一项发现或发明。例如，文献之间引证关系被发现可作为一种索引项，导致了引文索引的产生。如果我们浏览一下《中国索引综录》就可发现，许多索引项是我们所意想不到的，当然，那已经是过去的创新了。可以肯定，还有许多的索引项有待索引工作者去发掘。

● 索引方法的创新。索引方法（包括标引方法）的创新，大方向是索引工作的计算机化，具体的方法则层出不穷。以自动抽词和自动分类标引方法为例，其创新就无止境。

检索新技术也在不断出现，这也可以划归索引方法的创新一类。

● 索引形式的创新。索引形式从手稿型、印刷型、缩微型到机读型，机读型又从磁带型、软盘型到光盘型，目前又出现存贮于服务器的网络型等。每一步发展，都是一种创新。当然，随着信息技术的发展，这种创新也会继续不断。

● 索引选题的创新。索引选题十分广泛，每一种人们对索引的新需要的发现，编制新的索引填补了索引领域的一个空白，都可以认为是索引选题的一种创新。万事万物，皆可索引，皆可进行索引服务。与科研、教学、管理、人们的学习和社会生活的各个方面的密切联系，是索引选题创新的源泉。

● 索引应用的创新。索引的功用虽然主要是帮助人们方便、有效、充分地利用文献资源，但并不仅限于此。过去，索引曾用于指导阅读、用于历史研究等。近年，发现索引的一个新应用是文献计量和情报研究。现代的索引——数据库则广泛应用于各行各业，成为管理各项工作的有力工具。索引应用的创新是促进索引事业发展的动力。

● 索引学的创新。索引学的创新对于推动索引的创新和索引事业的发展有重要意义。索引学创新的一项重要内容是认识了现代的索引就是数据库，从而扩展和更新传统索引的范围和内容，促进索引和索引事业的现代化。

写于2001年7月8日，上海

载于《图书馆理论与实践》2002年第4期

索引版面中的心理学和美学现象

我不懂心理学和美学,不过,我知道,在索引版面中,的确存在着心理学和美学现象。当我们进行索引版面设计时,若能考虑到这方面,就可提高索引的品位。

下面列举一些索引版面中的心理学和美学现象:

(1)索引版面应赏心悦目,使用较大的字号和粗笨的符号排印会破坏美感。

(2)索引款目的标目若使用黑体字,其他项目使用宋体或仿宋体字,可使标目非常醒目,查检时注意力会自然地集中在标目上,既减轻疲劳又加快速度。

(3)索引排版,每行短一些比长一些更觉舒服。例如,16 开本的索引,分 2 栏比通栏排版效果好;如果用小五号或更小号字排版,大 16 开本甚至排 3 栏也不会觉得不舒服。

(4)每页用小号字排容纳更多索引条目,比用大号字排容纳较少索引条目,反而能加强"一目十行"的效果,更容易查检。

(5)16 开本通栏密排的题录(如题内关键词索引),若每 3 行或 5 行空一行;分栏排版的题录,同一标目的索引款目密排,不同标目的索引款目之间略空,会使人感到容易查看。

(6)类目或作为分隔的小标题,前后要设空行或加大行距,以醒目。

(7)每条索引款目回行缩进一字,第二次回行再缩进一字排,比齐头不缩进排,查检起来要轻松得多。

(8)著者和出处项采取后对齐,虽不会增减信息量,却可以增加美感。

(9)除了分类编排的索引正文外,一般不要使用不同字号排版。使用不同字号排索引条目,反而增加混乱的感觉。

(10)阿拉伯数字一般用半角比用全角感觉自然。

(11)索引正文如果有眉标,查检起来会觉得容易一点(虽然眉标与每页第一条款目的信息是重复的)。

(12)完备的参照系统和醒语的设置,可减轻查检的难度和加快查检的速度。

(13)设计一个大方的索引封面和书名页也不可忽略。封面和书名页题名中"索引"或"××索引"(表示索引类型的文字)一般不用特别字号表示,若用不同字号来表示时,可略小于但不应大于题名中的其他文字。

写完于 2005 年 2 月 13 日,上海
载于《中国索引》2005 年第 2 期

现代的索引就是数据库

1　索引工作现代化和现代索引的概念

索引工作现代化的实质就是索引编制和使用的计算机化。用计算机编制索引是索引技术发展的高级阶段。不但在一些信息技术发达的国家各种索引都利用计算机编制，即使在我国，利用计算机编制索引也已相当普及，用手工编制索引已越来越少。

用计算机编制索引有两种方式：一种方式是手工编制索引稿，再输入计算机编排和生产各种索引产品；另一种方式是直接在计算机上制作索引数据和生产各种索引产品。

用计算机生产的索引产品有多种载体形式，其中以数据库（数字化索引）和印刷型索引为多见。特别是数据库，由于有许多无与伦比的优点，因而发展迅速，数量已远远超过了印刷型索引。80 年代以来，我国索引悄悄地、越来越多地以数据库的形式出现，这是为什么在当今信息时代，我国出版的印刷型索引反而越来越少见的原因。

现代的索引就是数据库，现代的索引工作者就是数据库建造者。

2　数据库与传统索引在结构与功能上的比较

数据库在功能上相当于传统索引的一个索引体系。数据库包含许多字段，一部分字段相当于文献款目的各种著录事项，另一部分字段相当于文献的各种检索标识项（如分类号、主题词、题名、著者等）。后者一般是每一字段生成一个索引，通过索引对数据库进行检索（但也可不通过索引直接对数据库的相应字段进行检索）。所以，一个含有分类号、主题词、题名、著者字段的数据库相当于分类索引、主题索引、题名索引、著者索引四套卡片式索引，或相当于一种按详细分类排列正文并附有主题、题名、著者三种索引的检索工具的功能。数据库的一个重要特点是数据的最少冗余，例如，在传统索引中，题名和著者既作为文献著录的项目又作为文献检索标识时必须重复著录，而在数据库中则无必要重复。在传统索引中，诸如出版地、出版年等是不可能作为检索标识使用的，而在数据库中，必要时也可作为可检字段提供检索（一般是作限定检索）。数据库在检索上最主要的优点是可以用多个同一种类的检索标识或不同种类的检索标识进行组配检索（多种条件的联合检索），这是传统索引所难以做到的（比号索引和比孔索引除外）。此外，数据库还可用于文献计量和情报研究。

可以说，传统索引的全部检索功能，在数据库中都能实现；而数据库有许多检索功能，却是传统索引所不能实现的，数据库比之传统索引有更多的检索功能。数据库是比传统索引更为高级、更为先进的索引。

3　数据库推动了索引工作的现代化

数据库这种现代的索引形式，其编制和使用技术的广泛应用，推动了索引工作的现代化，具体体现在下列三个方面：

1. 在机编索引（通过建立数据库，再由数据库生产印刷型索引）方面：

（1）利用计算机编制索引可以一次输入、多次多种输出。即索引数据一次性输入并校对正确后,可以根据具体需要生成不同检索途径、不同范围、不同格式、不同载体和份数多少不限的各种索引产品。

(2)提高索引质量,诸如提高索引的标引深度,规范款目格式,减少手工编制时抄写、排序、打字或排版过程中的差错等。

(3)加快编制速度。由于减少了抄写、校对等工序,以及加快了排序、打字或排版、累积以及编制轮排款目等的速度,因而可大大缩短由一次文献(原始文献)到二次文献(索引产品)的时差。

(4)索引更新(增补)和累积(编制累积本)十分容易,这是使索引产品长期保持使用价值的一个重要条件。

(5)作为机编索引副产品的数据(或直接建立的数据库)可开展各种索引服务。

(6)可以编制各种手工难以编制或无法编制的新型索引。

2. 在自动标引方面,利用计算机可进行自动抽词和自动赋词、自动赋分类号(一种自动分类方法),使索引编制过程达到很高的自动化程度。此外,目前正在普及的全文数据库,则可免除标引工序。

3. 实现检索自动化。利用数据库进行计算机检索和网络检索,不但可千百倍地提高检索速度,而且还可使用各种各样的检索技术,大大提高检索效果。

4 数据库扩大了索引原理的应用

数据库的检索原理其实就是索引原理的新发展。目前数据库的类型极多,可按其性质、专业内容、语种、载体、使用技术等予以分类。按其性质,大体可分为文献数据库和非文献数据库。文献数据库又可分为文献目录数据库(包括机器可读目录、题录数据库、期刊目次数据库、文摘数据库、引文数据库等)和全文数据库;非文献数据库可分为数值数据库、事实数据库、图像数据库、多媒体数据库等。不但在图书馆、情报、档案专业领域普遍利用数据库,而且各行各业也广泛利用数据库进行管理和服务,可以说,在当今信息社会,数据库是一种最基本的管理和传播信息的工具。这从某种意义上说,是大大扩大了索引原理的应用。

5 数据库对索引学发展的贡献

数据库的出现大大丰富了索引学的内容,推动了索引学的发展,具体体现在下列三个方面:

一是推动了索引编制技术的发展,创造了许多新的索引方法,特别是自动抽词、自动赋词和赋分类号等索引编制新技术。

二是推动了检索方法的进步。自数据库出现后,创造出了适用于数据库的许多新的检索方法,如布尔逻辑检索法、加权检索法、扩检、缩检、改检方法、二次检索法、各种标识联合检索、截词检索、模糊检索、成批检索、SDI 服务、回忆检索过程、保留检索课题表达式、检索对话,等等。

三是推动了索引用语言(情报检索用语言)的创新和改造,最重要的是索引语言的组配化和自然语言的应用。

6　当前索引事业发展的重点是数据库建设

既然现代的索引就是数据库,索引事业发展的重点就应放在数据库建设方面。虽然印刷型索引的某些种类(如书后索引)仍应大力发展,但就整体而言,印刷型索引已失去发展的有利条件,例如,出版补贴就是印刷型索引发展的一个很大的障碍。

数据库是因特网发展的重要支柱之一。随着因特网的发展,数据库建设已成为非常迫切的问题。因特网将成为整个社会信息化的一个重要因素。但是,如果没有大量数据库的支持,就好比造好了信息高速公路,但没有载着货物(信息)的车辆在上面行驶,因特网也就形同虚设,不能充分发挥其信息资源共享的通信设施的作用。我国通信设施建设发展很快,但因特网上信息资源(中文信息资源)太少,也就是说联网的中文数据库太少,是一个亟待解决的问题。对我们索引工作者来说,这是一种历史任务,也是一种严重的挑战。

7　推动传统索引与数据库的结合

我们强调数据库的重要性,认为索引工作的重点应放到数据库建设方面,并不意味着抛弃传统索引及其原理和方法。

传统的索引著作,有些至今仍有使用价值,可以将其转换成数据库,使其继续发挥作用甚至发挥更大的作用。

传统索引的某些原理和方法,如某些古籍索引的原理和方法,也可引进数据库,以开拓数据库的应用领域。

参考文献

[1] 张琪玉. 关于索引学研究和索引工作开展的设想与建议. 江苏图书馆学报,1993(1)

[2] 张琪玉. 推广文献索引计算机编制法是促进我国索引事业发展的一项重要措施. 图书与情报,1996(2)

写完于2001年5月8日,上海

载于《图书馆杂志》2001年第12期

推广文献索引计算机编制法是促进我国索引事业发展的一项重要措施

我曾在《关于索引学研究和索引工作开展的设想与建议》中提出如下观点:“用计算机检索文献,是情报、图书馆、档案工作现代化的核心”,“数以千计的各种类型的数据库是国际联机检索的支柱”,“从某种意义上讲,数据库就是信息时代的索引”,“所以,我们现在研究索引,应站在高起点上,一定要研究和普及计算机编制索引的方法,这样才能使我国的索引事业赶上世界水平”。在这里,我想进一步谈谈自己对这个问题的认识。

1 我国文献索引工作计算机化的必要性

1.1 文献索引工作计算机化的两个标志

下列两个方面可以认为是文献索引工作计算机化的标志:

(1)索引编制过程计算机化。这意味着加快编制速度(或缩短时差)、降低编制成本、提高索引质量。

(2)索引产品电子化。电子索引(机读式索引)的检索功能大大优于其他形式的索引。

1.2 我国文献索引工作计算机化是必由之路

从以下四个方面可以看出,计算机化是我国文献索引工作发展的必由之路:

(1)手工编制索引是一种落后的技术。手工编制索引速度慢,成本高,质量较难保证(因为可能出错的环节较多)。

利用计算机编制索引是索引技术发展的高级阶段。目前在一些发达国家,机编索引技术已相当普及,期刊索引、报纸索引、大型工具书及检索刊物的索引、专著的书后索引或语词索引,几乎无不采用计算机进行编制和生产,完全用手工编制的索引已不多见。

(2)我国文献索引计算机化的条件已基本具备。我国图书情报资料单位以及新闻出版单位多数已有计算机设备,计算机操作技术已有一定程度普及,计算机检索已不是稀罕的事情,用计算机编制索引与计算机编目基本相同。

(3)出版书本式索引已越来越困难。因索引的印数不可能多,如要出版,须给出版社大额补贴,否则出版社不愿接受。但钱从哪里来?所以出版书本式索引已不大可能。

(4)索引产品必须适应网络检索的需要及与国际接轨。国外计算机已十分普及,电子索引在计算机上使用方便。特别是在情报检索网络化的条件下,只有电子索引才能上网。国外索引已电子化,我国的书本式索引到国外也不会受欢迎,更无法加入国际网络。

2 索引编制过程计算机化的优越性

2.1 计算机作为一种文字处理工具的基本功能

计算机可以写入、记录、增删改、查错、替换、格式整理、排序(任意序列,单项或多项排序)、合并数据和重新排序、打印或转录(任意格式、任意部分)、制印版、检索(单项检索、多项组配检索)。

计算机具有快速录入功能(如词组输入、复制前一条记录、输入缩略符号然后替换原文等)。

2.2　索引手工编制过程与计算机编制过程的比较

手工编制索引的过程是:著录—标引—编制轮排款目—校对—排序—编制参照—抄录—校对—排版或打字—校对。

如果要提供别的检索途径,还要:编制索引条目—排序—抄录—排版或打字—校对。

如果要编制累积索引,有大量工作仍须重复进行。

计算机编制索引的过程是:输入索引数据(著录)—标引—校对,其他过程几乎均可由计算机在程序控制下自动完成。

可见,计算机可完成索引编制工作的绝大部分工序。

2.3　计算机编制索引的优越性概述

计算机编制索引可以:

(1)一次输入,多次多种输出。即索引数据一次性输入并校对正确后,可以根据具体需要生成不同检索途径、不同范围、不同格式、不同载体的各种索引产品。

(2)提高索引质量,诸如提高索引的标引深度、严格控制款目格式和轮排的方式,减少手工编制时抄写、排序、打字或排版过程的差错等。

(3)加快编制速度(由于减少了抄写、校对等工序,以及加快了排序、打字或排版、累积等的速度),可大大缩短由一次文献到二次文献(索引产品)的时差。

(4)更新(增补)和累积(编制累积本)十分容易,这是使索引长期保持其使用价值的一个重要条件。

(5)机编索引的数据(有时是副产品)可开展各种检索服务。

(6)可以编制各种手工难以编制或无法编制的新型索引和数据库。

总之,用计算机编制索引可以达到:①快速,大大缩短索引时差。②高效,许多工序由计算机完成。③质量高,计算机不易出错。④成本低,因为使用计算机大大提高工作效率,特别是一次输入、多次多种输出,降低成本的作用极大。在需要份数少的情况下,相对成本更低。⑤出版易,可制作胶印版胶印,制作机读版则更容易。⑥检索功能多,检索效率高(全、准、快、便)。

3　计算机在索引编制中的功用

3.1　记录和存贮索引数据

磁性载体的记录存储体积很小,一张普通的3.5寸软盘可存储70万汉字,光盘的存储密度更大得多,且成本比纸质载体低。

3.2　辅助标引

辅助标引是指辅助人工标引,例如可联机显示词表、分类表或规范文档的片断,为标引员选词、选号、换词提供方便;可联机显示以前标引的文献记录,以便调整标引用词和词串的词序;可通过输入文献题名、摘要或正文与抽词词典相匹配,抽出关键词,经过人工判别或换词来确定标引用词;利用计算机建立一个开放词库供标引使用等。计算机也可使书后索引编制工作半自动化。

3.3　对索引数据进行格式整理、加工和排序

利用普通文字处理软件、排版软件或机编索引专用软件都可对索引数据进行格式整理和加工。

除普通文字处理软件外,各种数据库管理系统软件和机编索引专用软件还可进行自动排序。利用汉字属性字典软件,可在多种汉字排检法之间进行转换。

利用某些机编索引专用软件还可自动生成参照款目、自动添加助检标志等。

3.4　制作索引的印刷版及生产其他载体的索引

计算机犹如一个索引工厂,可输出索引的打印本,制作用于生产书本式索引的胶印版,用转录(复制)法制作索引的机读版。用计算机也可生产缩微式索引。

计算机可生产多种检索途径的、不同范围和不同格式的索引产品。

3.5　建立文献数据库并对数据库进行自动检索

一切文献数据库都有索引功能,都可进行自动检索。数据库的检索方法很多,如布尔逻辑检索、加权检索、扩缩改检、二次检索、各种标识联合检索、截词检索、成批检索等,检索功能要比手工检索工具多得多。

3.6　自动标引

利用专用软件可进行自动抽词、词频统计、自动赋词赋号、自动聚类等,实现文献自动标引。

4　计算机编制索引的方式及比较

4.1　计算机编制索引的基本方式

利用计算机编制索引(及数据库)的方式,大体可归纳为下列几种:

(1)手工准备索引数据,然后用计算机整理加工成索引。这是人机分工的方式,人工完成前期工作,计算机完成后期工作。

(2)用普通文字处理软件编制索引。例如,可使用在我国几乎是每台计算机都安装的WPS软件。

(3)用关系数据库管理系统软件编制索引。如利用dBASE、FoxBase、FoxPro等软件。

(4)用程序自动生成器(MIS)软件编制索引。

(5)用机编索引专用软件编制索引。

(6)用套录及类似方式编制索引。

4.2　各种计算机编制索引方式的比较

手工准备索引数据,然后用计算机整理加工成索引的方式,实际是把计算机当做打字机和排版设备使用。计算机完成的工作,既可用普通文字处理软件,也可用关系数据库管理系统软件、程序自动生成器(MIS)软件或机编索引专用软件。当然,计算机的功能比打字机和排版设备的功能要多得多。

用普通文字处理软件编制索引的方式,可以生产索引的打印稿、胶印版等,可进行简单的检索,但不能进行自动排序(个别文字处理软件也可进行简单的排序,如WORD软件)、自动格式处理、自动查错等。这种方式虽效率稍低,但仍可大大加快索引编制速度,节省人力和降低成本,并提高索引质量。

所谓进行简单的检索,是利用WPS中的F7进行查找,不但可查找著录正文中的任何字或词,还可查找人工赋予的分类号和检索词等,但不能将检索结果打印和转录出来。

在WPS上输入基本数据,套入dBASE等生成的数据库结构,再利用dBASE等做各种操作,也是可以的。

用关系数据库管理系统软件编制索引的方式是最基本的方式，可对输入的索引数据自动生成各种索引，可检索，数据可转换成文本浏览和打印。如果再编制一个检索程序，就可成为一个计算机检索系统。

用程序自动生成器（MIS）软件编制索引的方式，与用关系数据库管理系统软件编制索引的方式基本相同，差别在于不需手工编制检索程序，可回避不会编写程序的难题，操作比较方便，但自动生成的检索程序不具备某些特殊的功能。

此外，还有一些菜单式的数据库管理系统，功能近似于 MIS 软件，使用比较简便，但不能自动生成检索程序。

用机编索引专用软件编制索引的方式，当然是最理想的。因为机编索引专用软件在功能上是最完备的，并且有许多功能是上述各种软件所没有的，使用起来十分方便，工作效率高，所编出的索引或建立的检索系统质量也高。

但是，我国目前商品化的机编索引专用软件，在正式的软件市场上几乎没有，各单位都是自编自用。其他单位和个人在无力自编专用软件的情况下，只能采用(2)(3)(4)三种方式。第一种方式虽然与传统的手工编制索引方式相比，具有可大大加快索引编制速度，节省人力和降低成本，并提高索引质量的优点，但与采用(2)(3)(4)三种方式相比，显然在技术上比较落后，不值得提倡。至于用普通文字处理软件（如 WPS 和 WORD）编制索引的方式，还是值得注意的。国外虽然机编索引专用软件已很普及，但采用文字处理软件编制索引的方式仍是计算机编制索引的基本方式之一。

用普通文字处理软件编制索引的方式适用于编制比较简单的、只准备自用的或只准备打印、复印、胶印的中小型索引。WPS 缺少排序功能，可采取一些“笨办法”解决（如某报社采取先输入一个分类框架或字顺框架，然后用填入的方法随输随排），或与 dBASE 等结合使用，就可基本满足需要。

5　机编索引专用软件的功能与设计

5.1　机编索引专用软件的一般功能

机编索引专用软件的功能，大体可概括如下：

(1)录入及修改索引数据功能；

(2)对索引数据做格式控制功能；

(3)自动生成轮排款目功能；

(4)排序功能；

(5)自动生成参照及助检标志功能；

(6)自动校验、纠错及替换功能；

(7)输出索引数据功能；

(8)统计功能；

(9)辅助标引功能；

(10)检索功能；

(11)某些类型索引专用软件的特殊功能。

关于以上各项功能的具体内容，请参看曾蕾《计算机辅助标引及索引编制》一文和侯汉清《索引法教程》一书，这里不再赘述。

5.2　机编索引专用软件的设计

机编索引专用软件可分为单一功能的索引软件和多功能的索引软件两类。单一功能的索引软件是针对某种特定类型的索引(如保留上下文索引、分面轮排主题索引、选择组配索引、挂接主题索引、嵌套短语索引、引文索引等)设计的,不适用于其他索引的编制。多功能的索引软件适用于编制各种普通的索引,功能虽多,但不适用于编制那些特殊的索引。

目前我国迫切需要机编索引专用软件,我以为可多编制一些单功能的、但是针对常用的索引类型编制的机编索引专用软件。例如,分类索引的专用软件,普通主题索引的专用软件,人—机结合抽词的关键词索引的专用软件,普通书后索引的专用软件,自由标引主题索引的专用软件,著者与人名索引的专用软件,编制后控制词表的专用软件等。这类索引中虽然有些可用多功能的索引软件来编制,但若能考虑到每种索引编制上的特殊要求以及标引规则、检索方法等专门进行设计,也许可以设计得更周到一些,而软件也不致太复杂,更便于使用。例如,可为自由标引主题索引专用软件增加与标引词规范文档核对及换词和自动生成同义词参照的功能,可为著者与人名索引专用软件增加与人名规范文档核对及换词和自动生成著者或人名参照的功能等。

机编索引专用软件的设计还应考虑到对硬件和操作系统等环境以及对使用者计算机知识程度相适应,使它有推广普及的可能性。

我国已有上千个文献检索数据库,其建库所用软件,都包含有索引编制子系统(有些本来就是索引编制软件),但大多数只能编制一些普通的索引,而且功能也是一般。其中也有一些相当优秀的,建议将其商品化,使之推广普及,这是解决目前机编索引专用的商品化软件缺乏的一条捷径。

6　中国索引学会应积极推广文献索引计算机编制法

索引编制计算机化是我国索引事业赶上世界水平的重要条件,是我国索引事业发展的必由之路。中国索引学会的宗旨是通过发展索引学来促进索引事业。根据我国机编索引工作还处于起步阶段的实际情况,理应把推广文献索引计算机编制法放在特殊重要的地位。

中国索引学会在这方面虽然也做了一些工作,例如出版《索引工作自动化》一书,评奖机编索引成果,举办机编索引培训班,在索引工作进修班开设机编索引课程等,但总的说来,所做的工作实在太少,影响很小。学会应当动员全体会员,并争取图情档和新闻出版界的支持和帮助,把这项工作更广泛地开展起来。

参考文献

[1] 张琪玉．关于索引学研究和索引工作开展的设想和建议．江苏图书馆学报,1993(1)

[2] 曾蕾．计算机辅助标引及索引编制．情报学报,1991,10(2)

[3] 侯汉清．索引法教程．南京农业大学,1993

写完于1996年8月14日,上海

载于《图书与情报》1996年第4期

告别手工索引时代

——一名中国索引学会会员的思考

我们即将与20世纪告别。此时此刻,作为中国索引学会的会员,我们也应该与手工索引时代一起告别了。

我在这里所说的与手工索引时代告别,是指与手工编制索引的模式告别,不是指与书本式索引告别。单独出版的书本式索引出版数量将会越来越少。但是,书后索引和期刊年度索引等这类索引,只要印刷型书刊还继续出版,其数量可能还会增加。

我们应该热情地去迎接索引的新时代——索引工作计算机化时代,或者说,数据库时代。这种说法也许不很确切,因为索引工作计算机化时代在一些发达国家早已到来,机编索引和数据库技术在我国也早已应用。所以,我在这里所要表达的意思只是:我们应该走出在手工索引时代所形成的那种思维定势,抛弃手工编制索引的模式,热情地去迎接索引工作全面计算机化的时代,把索引工作的重点转移到发展数据库上来。这次年会大家送来的文章,绝大部分也是围绕索引现代化这个主题的,可以说,这是文章作者们的共识。

但就中国索引学会大多数成员来说,熟悉手工编制索引的模式及其索引产品,其中有些曾在索引工作中做出过贡献,然而不熟悉、未掌握机编索引和数据库技术,在当代索引事业新环境、新形势下,感到可施展自己才能的范围越来越窄小,很难有新的作为。在这种情况下,中国索引学会的发展自然也步履艰难,无力在当代索引事业中生气勃勃地为社会做出更多的贡献。

为了扭转我们学会的这种被动局面,我提出如下建议:

关键的关键是要从认识上来个转变,要使学会每个成员都意识到手工编制索引时代的生产方式和那个时代的索引产品形式已不适应当前社会的需要。索引学会这个名称已有些缺乏时代感,虽然不大可能也不一定需要改为数据库学会或索引与数据库学会(而且一些国家的同类团体也仍然沿用着索引家协会的名称),但我们全体会员都应当有这样一个认识:现代化的索引就是数据库,一个数据库实际上就是建立在计算机技术基础上的一个索引体系;机编索引技术(或者说数据库技术)远比手工索引技术先进,即使要生产书本式索引,利用计算机编制方式也远比手工编制方式优越;数据库或机编索引产品的检索功能远比手编索引多而且有许多功能是手编索引所不具备的;手工编制索引时代的那些简单的题录式索引产品已不再能满足现代社会的需要。所以,手工编制索引的模式无论从劳动效率上还是从劳动效果上都已与当今时代不相适应。如果有了这样的认识基础,大家就会感到对索引工作计算机化也即数据库技术进行深入了解、学习和研究的迫切需要,就会认识到当代的索引工作者应该是数据库建设者。

所以,中国索引学会如果要在中国索引事业中有较大作为,做出较大贡献,首先必须用索引工作现代化的理论和技术来武装每一名会员,培养、造就一支现代索引家队伍。

要通过各种方式传播有关机编索引和数据库的知识。要争取具有这些知识但目前并不是会员的专业人员来参加索引学会的活动。我们不可否认的一个事实是:在具有机编索引和数据库技术的人员中,目前已参加索引学会者为数不多。我们学会实际上还游离在数据库产业之外，正像目录学游离在现代目录活动——新兴的科技文献检索工具和数据库的编制活动之外一样。从学会成立八年来所遇到的困难看，今后应把学会活动的重点放在普及现代索引理论和技术方面，使我们学会的基础——会员的知识结构有所改观，这实属必要（当然更应积极吸收数据库工作者参加学会）。这可能是学会的精力最优的投入方案，可能是我们学会在为中国索引事业做贡献中近年最需要做的工作。如果我们学会会员的认识和能力适应现代索引事业的需要，学会今后就一定能对社会做出更多、更大的贡献。

索引学会可以制订一项计划，包括编制一份普及索引工作计算机化知识和推广数据库技术的教学大纲，研制或征集若干索引和数据库的专用软件，作为举办培训班或供自学的基本材料。

希望绝大多数的会员都来学习机编索引和数据库技术。其初步，是掌握利用现成的软件或简单的计算机语言来编制数据库。其实，要入门并不很难，即使年纪大、理科知识不多者也是可以较快掌握的，不必畏惧。而一旦有了初步知识，就可参与数据库的建库工作了。在实践中培养了兴趣，还可以再逐步深入，去探索这方面更多的奥妙。应当指出，这些基本知识，是每个现代索引工作者所必备的共同语言，没有这种共同语言，就无法进行专业交流。

必须再指出一点，就是仅掌握使用计算机建数据库或编索引的知识是不够的，还应了解一些情报检索语言（即索引语言）的理论和方法，才能充分发挥机编索引和数据库技术的作用，在工作中有所创造，编制出更优秀的、新颖的、高质量的数据库和其他索引产品。

建议大家将一些有关机编索引和数据库的比较简单的应用程序全文发表。实在说，这样的应用程序还不够作为一项知识产权来对其详情保密，既然写文章希望通过刊物来传播，就不妨和盘托出，其传播效果一定会更好些。现在一些介绍有关机编索引和数据库的经验或研究文章，绝大多数没有公布具体的计算机程序。这类文章对于一些专家，固然一看就能明白；但是对于大多数索引工作者，还是只能知其然而不知其所以然，可知而不可用的（只能知道某人在工作或研究中搞成了什么或有了什么改进，而不能“依样画葫芦”用于自己的工作），因而产生不了多大的社会效益。

建议中国索引学会充分利用已建立的互联网网站（网址为：http://www.yp.online.sh.cn/suoyin/sy-sy.htm），使它成为宣传推广索引工作计算机化的一个窗口和有力工具。在网站上可以提供教学材料和索引软件，发表、转载或报道研究论文，报道索引和数据库领域的消息动态，提供会员或非会员编制的可供共享的数据库和索引著作，报道正在编制中的数据库和索引，以及为会员们进行牵线搭桥，等等。

下一个世纪的最初一二十年，我国的数据库事业必然会有大发展，我国的索引工作必将全面地实现计算机化，因为这是国家经济和科学、文化发展的需要。让我们与手工索引时代告别，热情地去迎接索引事业新时代的到来。

写完于1999年8月20日，上海

载于《情报资料工作》2000年第1期

文献索引计算机编制法(提纲)

1　我国文献索引工作计算机化的必要性

1.1　文献索引工作计算机化的两个标志
　　索引编制过程计算机化
　　索引产品电子化
1.2　我国文献索引工作计算机化是必由之路
　　手工编制索引是一种落后的技术
　　我国文献索引计算机化的条件已基本具备
　　出版书本式索引已越来越困难
　　索引产品必须适应网络检索的需要及与国际接轨

2　索引编制过程计算机化的优越性

2.1　计算机作为一种文字处理工具的基本功能
2.2　索引的手工编制过程与计算机编制过程的比较
2.3　计算机编制索引的优越性概述

3　计算机在索引编制中的功用

3.1　记录和存贮索引数据
3.2　辅助标引
3.3　对索引数据进行格式整理、加工和排序
3.4　制作索引的印刷版及生产其他载体的索引
3.5　建立机检索引数据库并对数据库进行自动检索
3.6　自动标引

4　计算机编制索引的基本方式

4.1　手工准备索引数据,然后用计算机整理加工成索引
4.2　使用普通文字处理软件编制索引

4.3 用关系数据库管理系统软件编制索引
4.4 用程序自动生成器(MIS)软件编制索引
4.5 使用机编索引专用软件编制索引
4.6 套录及类似方式编制索引

5 机编索引专用软件的一般功能

5.1 录入及修改索引数据功能
5.2 对索引数据做格式控制功能
5.3 生成轮排款目功能
5.4 排序功能
5.5 自动生成参照及助检标识功能
5.6 自动校验、纠错及替换功能
5.7 输出索引数据功能
5.8 统计功能
5.9 辅助标引功能
5.10 检索功能
5.11 某些类型索引专用软件的特殊功能

6 机编索引的种类

6.1 一般机编索引
- 普通题录式索引
  - 分类索引
  - 著者索引
    - 个人著者索引
    - 团体著者索引
  - 题名索引
  - 文献来源索引
- 文献内容索引、书后索引
  - 普通主题索引、综合索引
  - 人名索引
  - 机构索引
  - 地名索引
  - 会议索引
  - 编年索引
  - 分子式索引
  - 序号索引
  - 媒介索引(间接索引)
  - 对照索引
  - 表式索引

6.2　特种机编索引

　　关键词轮排索引

　　机编主题索引

　　　保留上下文索引(PRECIS)

　　　分面轮排主题索引(POPSI)

　　　选择组配索引(SLIC)

　　　挂接主题索引(ASI)

　　　嵌套短语索引(NEPHIS)

　　语词索引(字词轮排索引)

　　单汉字索引

　　全文数据库

　　引文索引

6.3　其他专用索引

7　索引资源的共享

7.1　索引资源收藏中心

7.2　索引通报

7.3　索引交流

7.4　索引出版

7.5　索引联机服务

写完于1966年5月7日,上海

载于《张琪玉索引学文集》

数据库的可派生性和可合并性

• 数据库的可派生性是指可以把一个数据库的部分数据复制出来,形成另一个数据量较小的新数据库(派生数据库)的功能。例如:①从综合性数据库中派生出某一学科的数据库,或某一专题的数据库,或某一时期为范围的数据库;②从某一数据库中复制出部分字段,形成一个新的数据库(并可再在此基础上添加别的字段或进行修改和补充);③把检索结果输出成为数据库(如在咨询服务、定题情报提供服务中)。等等。

• 数据库的可合并性是指可以把两个(或两个以上)数据库的数据通过追加操作合并在一起(有时需重新排序),形式一个新的数据库的功能。例如:①把期刊的各个期索引合并成年索引,或把若干个年索引合并成多年累积索引;②把子库的新数据追加到总库中去;③把几个并列数据库的数据汇总成一个总的数据库;④把几个数据库的各一部分数据合并成一个新的数据库。等等。

• 数据库的合并可以是:①两个字段完全相同(或字段相同但字段数量不等或字段次序不同)的数据库的合并;②两个数据性质相同但字段名不同的数据库的合并;③两个数据库的字段横向相加(两者必须有共同的字段且该字段的数据具有唯一性)形成一个新的数据库。

• 数据库的可派生性和可合并性是两项十分有用的功能。利用这两项独特的功能,在数据库的建库过程中可以重复利用已有数据,达到节约大量人力和时间,并可减少差错,使数据库的设计和数据的利用具有很大的灵活性和多样性。

写完于2003年7月21日,上海

载于《图书馆理论与实践》2003年第6期

目录索引书刊与数据库的更新和改造

目录索引书刊与数据库绝大部分都存在过时而逐步降低甚至完全失去使用价值的问题。

所谓“过时”，包括没有继续收录新的文献，或者所采用的目录索引方法比较陈旧或简陋，使用不便，因而不再受到用户重视，用户不再继续使用它们。

这些目录索引书刊与数据库，除质量本来就低下属于应该淘汰者外，其中尚有可取之处的那些品种，可采取下列各种措施使其增值，延长其使用寿命。

- 更新。这里所谓“更新”，指为已有的目录索引书刊与数据库继续补充新的文献数据，这是解决过时问题最有效的措施。更新的方式，主要是定期或不定期地不断出版下去（包括出版累积版）。此外，可为早先出版的目录索引书刊编制补编或增补版，为早先编制的数据库制作更新的版本。也就是说，这种方式只增加新的文献，一般不改变原有内容和原来使用的目录索引方法或原有的数据库检索功能。

- 改造。这里所谓“改造”，指改进已有的目录索引书刊与数据库的目录索引方法以及检索功能，而原来收录的文献数量一般不变，属于再加工性质。其方式有：

a. 增加检索功能。某些目录索引数据库收录文献比较齐全，有价值，但原有的检索功能较少，检索不便，可增加字段及修改检索软件，以增加检索功能。某些目录索引书刊必要时也可在增加检索功能后重新出版。

b. 增补来源文献新版本。有些索引书的来源文献已很少有图书馆收藏，可增补来源文献的新版本，即将新版本的页码对应进去，以增加其易觅得性。

c. 校正。某些目录索引书与数据库收录文献比较齐全，价值较高，但著录和标引（特别是标引）质量较差，可加以校正，以提高检索效率。

d. 改换。例如，可对原有目录索引书刊改换成数据库形式，将原来采用的现已很少有人掌握的排检法改换成（或增加）目前比较通用的排检法，等等。

以上几种改造方式也可同时采用。

- 再生产。这里所谓“再生产”，指从某种或某些种文献目录索引数据库或目录索引书刊中辑出部分内容成为另一种数据库或目录索引。也可以采取合并或汇编的方式。

目录索引书刊与数据库的更新和改造可以使一些过去编制的尚有使用价值，甚至有很大使用价值的品种延长其使用寿命，以应社会各方面的需要。例如，上海图书馆的《全国报刊索引》（从创刊到出版电子版前的部分）和《中国丛书综录》就可以更换成数据库（《全国报刊索引》在更换成数据库时应作些再加工），在短时间适应社会的需要。

目录索引书刊与数据库的更新和改造必须注意是否涉及版权问题。

写完于2002年3月31日，上海

载于《图书馆理论与实践》2003年第4期

《中国大百科全书》光盘版的索引体系分析

1 光盘版及其索引体系概况

《中国大百科全书》是我国第一部大型现代综合性百科全书,集全国各学科、各领域、各部门的20672位著名的专家、学者经过15个春秋,于1993年完成。该书卷帙宏大,内容浩繁,是涵盖人类的知识和历史,记述现代科学文化发展和成就的巨著,代表了我国工具书的最高水平。《中国大百科全书》光盘(1.1版)则进一步完善了这部工具书的结构,更好地发挥了它的功能。

该光盘版由中国大百科全书出版社于2000年10月出版,为九五国家重点电子出版物出版规划项目之一,获首届国家电子出版物奖。该光盘版有4张光盘,共包含66个学科,8万个条目,1.264亿汉字,5万余幅图片。定价50元,是非常超值的。

该光盘版的索引体系分为全书的总索引和各卷的索引两大部分。

总索引设中文标题、外文标题、盘号与卷目、备注(当该标题仅为条目正文中的重要关键词或别名时指出所在条目的标题名称)四个字段,按条目标题的汉语拼音顺序排列,提供按字顺浏览检索和"模糊检索"(字或词的任意一致检索)两种检索途径。由于有时不止一个学科设置同一主题事物(各自从该学科角度论述该主题事物)的条目,所以在总索引中可以查出同一主题事物多个条目的盘号和卷目。如图书馆学情报学档案学卷、中国历史卷、中国文学卷都设有"章学诚"的条目。凡中国的人名、书名及其他中国特有事物的名称,在原文中以汉语拼音标注(而不是以外文标注)者,在外文标题字段不提供检索,已译成外文者除外。但用汉语拼音标注的中国地名,则仍可从该字段查出。

各卷都设有称为"目录"的下列8种索引:条目顺序目录、条目分类目录、条目笔画目录、条目拼音目录、条目外文目录、条目主题词目录、条目撰稿人目录、彩图目录(不包括黑白图)。其中除分类目录(分类索引)外,其他各种目录(索引)均按字顺排列,均提供浏览检索和"模糊检索"两种检索途径。各种索引均可用鼠标点击条目标题直接跳到条目正文处,也可通过"模糊检索"显示索引中相匹配的条目标题(用蓝点表示全部相关的条目)并跳到第一个相关条目的正文处。

分类目录(分类索引)可按层次逐层展开。前几个层次是类目名称,按分类体系排列;最后一个层次是条目标题,则按汉语拼音顺序排列。

条目主题词目录(主题索引)包括条目标题和条目正文中的重要关键词。检索时,若为条目标题,则指向条目正文;若为条目正文中的重要关键词,则指向正文中该关键词所在的行,并用红色右指三角形箭头表示。

条目正文中涉及其他相关条目,则用红色表示相关条目标题,用鼠标点击该标题,可跳到相关条目正文处。点击图标,可显示黑白图。点击条目撰稿人姓名,可转向条目撰稿人目录,显示该撰稿人撰写的全部条目。

每卷除上述8种索引外,还有中国大百科全书总编辑委员会名单、各该学科编辑委员会名单、前言、凡例、各该学科概观性文章、繁体字和简体字对照表、外国人名译名对照表、本卷主要编辑出版人员名单。某些卷还有适应该学科的附录，如各学科的概念和术语译名对照表、大事年表、名表等。

各张光盘均有“改变卷目”“切换光盘”“背景音乐”按钮。

2　评论、讨论和感想

从索引功能的角度看，《中国大百科全书》光盘版索引体系的检索功能达到了非常完善的程度，其8种索引和条目之间的链接以及各种附录（从检索功能看，它们在某种程度上也可以认为是索引）充分地、深入地挖掘了这部大型综合性百科全书的可索引资源，从而使它所包含的巨量知识和信息可得到充分利用。

从索引易用性的角度看，该光盘版所采用的索引技术也是相当方便易用的。每个索引都可在浏览过程中用鼠标点击所选定的条目，直接显示条目正文；也可通过检索框用模糊检索方法转向索引中的相关条目，再转向条目正文。模糊检索比完全一致检索更易使用。条目之间的直接链接是一种很方便的索引方法，避免了查看相关的条目时必须再次检索的麻烦。

如果说，《中国大百科全书》这部巨著是一座知识宝库，那么，其索引体系便是开启这座知识宝库的钥匙和在这座宝库中起导航作用的罗盘。没有如此完善的索引体系，要充分利用这座知识宝库是不可能的。而光盘版索引体系的易用性，更显得索引是挖掘这座宝库的有力工具。

《中国大百科全书》光盘版的索引体系，是图书索引的一个光辉范例。

但《中国大百科全书》光盘版的索引体系也尚有一些可讨论之处：

（1）索引之间的重复，如条目顺序目录（按汉语拼音排列）与条目拼音目录只是汉字与汉语拼音字母的不同，所提供的检索功能和检索方法则没有什么差别。

（2）条目主题词索引与其他条目索引的内容似应取得一致。因为条目主题词索引与其他条目索引的差别，仅在于其内容多了一部分条目正文中的重要关键词，而这部分关键词款目充实到其他条目索引中是很有必要的，因为检索者一般并不知道他的检索对象是一个正式条目还是仅为条目中的一部分内容。这样，有一部分概念只能在条目主题词索引中检索到，而在其他索引中就检索不到。其实，一个条目就是一个标准的主题词，条目顺序索引、条目笔画索引、条目拼音索引实际上也是主题词索引。分类索引似乎也可增加那部分关键词。当然，这个问题的关键是对各种索引怎样命名更好，这是需要研究的。

（3）总括以上两点，其索引体系是否可改为：①主题拼音索引；②主题笔画索引；③分类索引；④外文索引；⑤条目撰稿人索引；⑥彩图索引（①②③的内容与原“条目主题词目录”相等）。

（4）各种英汉译名对照表很有价值，是否可做一总索引，并提供与条目正文的链接。

（5）对于浏览检索，是否可用快速定位（最好是二级定位）来代替垂直滚动条。

（6）各学科的索引深度不一致，如图书馆学的索引深度似乎比情报学的索引深度大。另外，概观性文章似乎也应包括在索引范围中。

下面谈几点感想：

（1）《中国大百科全书》光盘版的索引体系充分说明了索引对于一部内容丰富的著作是何等重要，如果没有索引，要充分利用它所蕴含的知识和信息是不可能的。

(2)《中国大百科全书》光盘版的索引体系也充分说明了索引技术现代化的重要性。不使用数据库、超链接、鼠标点击等技术,就不可能使索引做到如此易用。

(3)建立一个好的索引体系的关键在于对其功能和结构进行精心和巧妙设计,而索引体系精心巧妙设计的前提则是对索引对象的可索引资源进行深入全面的调查分析。

(4)图书索引设计的要点是:①如何充分地挖掘索引对象的可索引资源,提供更多的检索途径;②如何使索引更易于使用;③保证索引款目制作的质量。

(5)《中国大百科全书》光盘版是一种全文数据库,配备一个完善的索引体系是电子出版物的一种理想的结构。

(6)光盘版的索引不同于印刷版,可不受篇幅的限制,所以,可以比印刷版提供更多的检索途径,对著作内容可做更深入的标引。

写完于2001年6月3日,上海. 存手稿

载于《图书馆杂志》2001年第10期

论索引的两大基本类型

1　索引类型的基本划分

国际标准草案《文献工作——索引的编制》(ISO/TC46/WG10)于1987年提出,大约在1989年由侯汉清译成中文,正式刊载于侯汉清编著的《当代分类法主题法索引法研究》(1993年书目文献出版社)和侯汉清主编的《索引技术和索引标准》(1997年北京图书馆出版社)。

在该标准草案"5 用户对索引的考虑"一章中提出索引的三种类型:①直接检索事实情报的索引(书后索引);②检索情报源的索引(论文集,例如期刊、会议录索引);③指向非文学作品章节的索引。由于非文学作品的一个章节相当于一篇论文,故"指向非文学作品章节的索引"实际上可以归入"检索情报源的索引"一类。由此,可以认为,一切索引都可以归入两大基本类型,即直接检索事实情报的索引和检索情报源的索引。这是索引的两大基本类型。

"直接检索事实情报的索引"和"检索情报源的索引"这两个概念非常清晰、非常准确,提出这两个概念是索引理论的进步。

许多索引学著作(其中也有国外的索引学名著)在阐述索引理论时,采取把不同种类索引的结构和编制方法掺和、叠加在一起,含糊地进行阐述,而没有把索引划分为两大基本类型,清晰指出两大基本类型索引在功用和编制方法上的重大差异。

侯汉清编著的《索引学教程》一书(1993年南京农业大学出版第18页)中提出,按照功能,索引可分为"①提供文献线索的索引;②提供事实或数据的索引;③提供原文的索引"。这显然是吸取了上述国际标准草案的观点。

也有一些著作,例如:(1)赖茂生等译自日本索引家协会1983年编的《索引编制工作手册》一书(1988年北京大学出版社,12~16页)中提出,索引可分为"以杂志论文和文章为索引对象的索引""以某一部文献的内容为摘录对象的索引"和"Concordance(语词索引)"三类;(2)陈光祚主编的《科技文献检索》一书(1984年版上册39~40页)中提出:"索引大体可分为篇目索引和内容索引两种";(3)台湾《索引编制标准》(载《索引技术与索引标准》,1997年北京图书馆出版社,231~262页)在"6 影响索引结构之要素"一章的"6.2 可索引事项之种类"一节中提到"书目性索引"和"主题性索引"两个概念。这几种著作与上述国际标准草案的提法基本一致,但均未对这两种索引类型的重大差异做出深入分析。

我以为,明确提出"直接检索事实情报的索引"和"检索情报源的索引"两个概念作为索引的两大基本类型,对索引学的深入研究具有重大指导意义。

2　两大类型索引的差异

下面对两大类型索引从功用、编制方法、使用方法等各个方面的差异列表进行分析:

	检索情报源的索引	直接检索事实情报的索引
1	收录范围是某一学科、某一专业、某一主题或某一类型的一批文献(论文)	收录范围仅是一种图书(专著、文集)(在极少数情况下也可以是若干种图书,即群书索引)
2	检索结果是文献线索,即指出关于检索要求有哪些文献;适合于宏观的搜寻	检索结果是图书中符合检索要求的某一段或长或短的原文;不适合于宏观的搜寻
3	以一种文献(一篇论文)的整体作为一个索引对象	以图书中的某一局部内容作为一个索引对象
4	可索引内容是:文献整体主题 + 局部主题。或者,文献外部特征(如著者、文献固有编号等)	可索引内容是:图书局部主题 + 主题因素
5	结构复杂,检索途径和检索方法多,如美国《化学文摘》的检索途径多达十余种	结构简单,检索途径和检索方法少,往往只有一种,最多二三种检索途径
6	在编制过程中有收集和选择文献的环节	在编制过程中没有收集和选择文献的环节
7	索引款目的成分较多:检索标识 + 文献外部特征(题名、著者、文献固有编号等) + 出处(刊名、年卷期、页码)	索引款目的成分较少:检索标识 + 出处(页码,必要时加图书代号或书名缩写)
8	许多索引的索引款目检索标识使用索引语言(情报检索语言),对检索标识的规范化要求较高	索引款目的检索标识一般取自图书原文,对检索标识的规范化要求不是很严格
9	索引实体单独印刷或作成数据库	索引实体绝大部分附于被索引的书后
10	索引需要不断补充、积累、更新才能保持完整	索引相对于被索引的图书永远是完整的,故不需要补充、更新(除非图书有了新的版本)

3 怎样命名两大索引类型

“检索情报源的索引”和“直接检索事实情报的索引”这两个概念本来是非常清晰、非常准确的,但作为一个术语,似乎有不符合简洁性的缺陷。若将其简化为“情报源索引”和“事实情报索引”,似乎还可以,但是否能得到广泛通行是一个问题。本来,检索情报源的索引有一个标准名称“题录”,但题录一词与内容索引又不对称。为了与索引学的传统衔接,似乎可除使用“情报源索引”和“事实情报索引”做正式命名外,再用“文献篇目索引”(可简称“篇目索引”)和“图书内容索引”(可简称“内容索引”)作为同义词,不知是否妥当?

4 索引学教材应强调索引两大基本类型的重大差异

从本文第2部分的分析可以说明,“检索情报源的索引”和“直接检索事实情报的索引”这两个概念,乃是对于千变万化的各种索引基本属性的分水岭。

索引的功用是索引的结构设计、编制原理和编制方法的决定因素。在检索情报源的各种索引之间必然具有许多共同点又有某些差异,在直接提供事实情报的各种索引之间也必然具有许多共同点又有某些差异,将它们分别放在一起做系统研讨和阐述,就能比较容易条理分明地把索引学原理和方法讲得非常清楚明白。

下面试拟一个按索引两大基本类型分别集中各种索引做系统讲授的大纲：

《索引学基础》大纲

第一编　索引基本概念

1　索引

1.1　索引定义

1.2　索引功用

1.3　索引两大基本类型

2　索引工作与索引工作者

3　索引事业

4　索引学

5　索引发展史

第二编　情报源索引(文献篇目索引)

6　情报源索引一般结构

7　情报源索引编制的一般过程和方法

8　文献著录

9　文献标引:分类标引与分类检索语言

10　文献标引:主题标引与主题检索语言

11　索引款目的排序与汉字检字法

12　情报源索引的分类及各种索引编制中的特殊问题

13　情报源索引的质量评价

14　情报源索引的使用方法

第三编　事实情报索引(图书内容索引)

15　事实情报索引一般结构

16　事实情报索引编制的一般过程和方法

17　事实情报的标引

18　事实情报索引的分类及各种索引编制中的特殊问题

19　事实情报索引的质量评价

第四编　索引计算机化与数据库

20　索引编排工作的计算机化

21 从文献中提取被索引概念的计算机化
22 数据库(计算机可读索引)
23 情报检索计算机化条件下“索引”概念的变化
24 数据库的检索方法

写完于2005年12月11日,上海
载于《中国索引》2006年第3期

工具书功能索引——关于编制"工具书之工具书"的设想

工具书的显见功能和潜在功能

工具书的便于查考，是它不同于其他类型图书的最主要之点。一部工具书的功能(即用途)的多少，则与它便于查考的程度成正比(虽然功能的多少不是决定一部工具书是否便于查考的唯一因素)。因此，工具书的编者总是力求使所编的工具书具有多种功能，能够满足多种查考需要，这就使多数工具书具有不止一种功能。

工具书的功能，有些可从其题名一望而知，那是显见功能；有些则要通过查阅其目次、说明或分析其结构、正文才能知道和发现的，那是潜在功能。

例如，一部《辞海》，其显见功能是汉语词典和百科辞典。但是，他的潜在功能有好几十种。从《辞海》的目录可以看出，它有13种附录，每种附录至少有一种功能。有的附录就不止一种功能，"中国历史纪年表"还附有"韵目代日表"等三个附表；"中国少数民族分布简表"粗看只有从某一少数民族查其主要分布地区的功能，细看则也有从某地区查境内有哪些主要少数民族的功能；"世界货币名称一览表"不仅可查某国、某地区用哪种货币，也可从某种货币的原名及其简写查中译名，还可查某种货币的辅币及进位，其"计量单位表"更是内容丰富，由19个表组成。其实，"辞海"正文也是多功能的，除汉语词典和百科辞典功能外，还有人名词典、地名词典、名著词典、图录、从人名的汉译查人名原文(其附录则可从人名原文查汉译)、从地名汉译查地名原文(其附录则可从地名原文查汉译)、从化合物汉文名称查其化学式、从生物汉文名称查其拉丁文名称等许多功能。此外，《辞海》附编了百科词目分类索引，使它具有分类词典的功能，附编了四角号码查字表，使它具有四角号码词典的功能，等等。

再如，一部《汉字属性字典》，看其题名可能感到陌生，经过分析可知，它具有从汉字的区位码、汉语拼音、部首、笔画、四角号码五种途径中的任何一种出发，直接或间接地查出区位码、国标码、台湾码(都是信息交换用汉字编码)、电报码、四角号码、部首、笔画数、起末笔笔形、异体字等任何一项属性的功能。

工具书的潜在功能相当多，所以，仅仅了解其显见功能(主要功能)是非常不够的。只有深入调查分析每种工具书的潜在功能，才能充分开发工具书资源。

现有的开发工具书资源的措施

为了帮助人们了解和掌握工具书，使他们在研究、学习、工作和日常生活中能更好地、更充分地利用工具书，图书情报机构、高等学校、出版部门以及有关的工作者采取了多种措施，归纳起来，主要有：

(1)出版普及工具书知识的著作，其中有些是专门介绍某种或某类重要工具书的专著。

(2)在刊物上发表同样内容的文章。

(3)在高等学校为大学生和研究生开设"文献检索与利用"课程，并编写了大批教材。

这些教材都介绍工具书使用法,并或多或少地推荐一批主要工具书(检索工具书刊和其他各种类型的工具书)。

(4)图书馆和情报机构开设工具书阅览室和检索室,并在读者利用工具书时适当地予以指导。

(5)编辑出版“工具书书目”,这类书目有些是单纯的目录,而有些则有或简或详的提要。

(6)其他如工具书使用法图解等。

这些措施,对普及工具书知识和揭示工具书资源起到了广泛的、重大的作用,提高了广大读者也包括图书情报工作人员掌握和利用工具书的能力。

但是,由于社会的广泛需要,导致工具书大量出版(目前仅中文工具书已积累到一万多种,品种还在迅速增长),内容更新频繁,结构和功能千变万化,特别是多数工具书具有多种潜在功能。面对着大量工具书,一个即使具有较多工具书知识的读者,甚至相当熟悉工具书的参考咨询服务人员,除了利用工具书的显见功能外,不大可能对每种工具书的其他功能记忆得一清二楚。因此,实际上很难充分利用工具书的众多潜在功能来更好、更顺利地解决所要解决的问题。

所以,有必要编制这样一种“工具书之工具书”,它能把每一部工具书的全部功能,包括各种显见功能和潜在功能都分析、挖掘出来,采用主题法对每种功能予以标引,编成“工具书功能索引”,使得在利用工具书时(特别是在参考咨询工作中),不需要凭对某部工具书有哪些功能的清楚记忆和熟练的查检技巧,就能方便、有效地利用丰富的工具书资源来解决各种各样需要查考的问题。

工具书功能索引的结构原理和编制方法

工具书功能索引是一种具有多项检索功能的工具书之工具书,设想的结构包括四个组成部分:

(1)工具书登记目录,所登录的每部工具书有一个由《中图法》二级或三级类号和种次号构成的序号,款目按序号排列,这实际上是一部简明的工具书分类目录。

(2)工具书书名索引,款目按字顺排列,并给出工具书序号。

(3)工具书功能主题索引,对分析出的各种功能进行主题标引,并给出工具书序号和相应的起止页码,款目按字顺排列。

(4)工具书功能分类索引,这是一个间接索引,它将工具书功能主题索引中的标目显示在分类体系的类目下,但不给出工具书序号。

上述四个组成部分中的关键部分是工具书功能主题索引。它全面、深入地把每部工具书的各种显见功能和潜在功能分析、挖掘出来,并从主题、语种、工具书类型三个角度予以标引。这种索引款目比起工具书目录和介绍工具书的著作、教材中的工具书提要、简介等来,对工具书功能的揭示更为细致和明确,特别是索引款目是按字顺和分类排列的,所以要查找某种功能在哪几部工具书的哪些页中,十分便捷和准确。

例如,对《辞海》缩印本可编制如下的功能索引款目(假定它的工具书序号是 Z3-1):

- 百科词典 Z3 - 1(1 - 2076)
- 常数
  - 基本常数表 Z3 - 1(2149)
- 词典
  - 百科 Z3 - 1(1 - 2076)
  - 地名 Z3 - 1(1 - 2076)
  - 汉语 Z3 - 1(1 - 2076,部首检字,笔画检字,汉语拼音检字)
  - 名著,世界 Z3 - 1(1 - 2076)
  - 名著,中国 Z3 - 1(1 - 2076)
  - 人名 Z3 - 1(1 - 2076)
- 地名
  - 词典 Z3 - 1(1 - 2076)
  - 苏联地名 Z3 - 1(2171 - 2172,俄文 - 汉文)
  - 外国地名 Z3 - 1(1 - 2076,汉文 - 原文);Z3 - 1(2166 - 2171,英文 - 汉文)
- 度量衡表
  - 国际制 - 市制 Z3 - 1(2147)
  - 国际制　英制 Z3 - 1(2148)
  - 市制 - 英制 Z3 - 1(2148)
  - 英美制 Z3 - 1(2147)
  - 英制 - 国际制 Z3 - 1(2148)
  - 英制 - 市制 Z3 - 1(2148)
- 俄文 - 汉文
  - 俄罗斯人名 Z3 - 1(2163 - 2165)
  - 苏联地名 Z3 - 1(2171 - 2172)
- 国际音标
  - 国际音标表 Z3 - 1(2173)
- 汉文 - 拉丁文
  - 生物名称 Z3 - 1(1 - 2076)
- 汉文 - 英文
  - 国际单位制 Z3 - 1(2145)
  - 货币名称,世界 Z3 - 1(2140 - 2143)
  - 元素名称 Z3 - 1(2151)
- 汉文 - 原文
  - 人名 Z3 - 1(1 - 2076)
  - 地名 Z3 - 1(1 - 2076)
- 汉语
  - 词典 Z3 - 1(1 - 2076,部首检字,笔画检字,汉语拼音检字)
  - 汉语拼音方案 Z3 - 1(2174)
- 化学
  - 化合物名称 - 化学式 Z3 - 1(1 - 2076)
- 货币
  - 货币名称,世界 Z3 - 1(2040 - 2043,汉文←→英文,简写)
- 计量单位
  - 国际单位制 - 市制 Z3 - 1(2147)
  - 国际单位制(SI)词冠 Z3 - 1(2145,汉文←→英文)
  - 国际单位制(SI)单位表 Z3 - 1(2144 - 2146)
- 民族
  - 中国少数民族分布表 Z3 - 1(2139,民族←→地区)
- 名著
  - 词典,世界 Z3 - 1(1 - 2076)
  - 词典,中国 Z3 - 1(1 - 2076)
- 年表
  - 中国历史纪年表 Z3 - 1(2077 - 2138)
- 人名
  - 词典 Z3 - 1(1 - 2076)
  - 俄罗斯人名 Z3 - 1(2163 - 2165,俄文 - 汉文)
  - 外国人名 Z3 - 1(1 - 2076,汉文 - 原文);Z3 - 1(2153 - 2163,英文 - 汉文)
- 生物学
  - 生物名称 Z3 - 1(1 - 2076,汉文 - 拉丁文)
- 天文学
  - 天文数据表 Z3 - 1(2150)
- 图录
  - 综合性 Z3 - 1(1 - 2076)
- 英文 - 汉文
  - 地名,外国 Z3 - 1(2166 - 2171)
  - 国际单位制(SI)词冠 Z3 - 1(2145)
  - 货币名称,世界 Z3 - 1(2140 - 2143)
  - 人名,外国 Z3 - 1(2153 - 2163)
  - 元素名称 Z3 - 1(2151)
- 元素
  - 名称 Z3 - 1(2151,汉文←→英文)
  - 元素周期表 Z3 - 1(2152)
- 原子量
  - 国际原子量表(1975) Z3 - 1(2151)
- 韵目代日表

续表

Z3－1(2138) 中国工农红军长征 路线图 Z3－1(封3) 中国史	黄帝纪年表 Z3－1(2138) 三代世系表 Z3－1(2137－2138) 中国工农红军长征图 Z3－1(封3) 中国历史纪年表 Z3－1(2077－2138)

工具书功能索引编制法要点如下:①对工具书功能的分析应周详,但分析出的每项功能必须是实际存在的;②索引款目的主标目不宜太细,但副标目则应相当专指,尽量利用工具书中原来的标题(可略加修改、删减);③全部标引完后或积累到相当数量时,应对标目和副标目的措词进行整理,对一种功能很多工具书都有的,可删去一些质量低的款目(但不要删去过多),使之统一、协调、精练;④不同工具书可能有同一种功能(如几种工具书都有"中国历史纪年表"),但质量不同,可在索引款目出处项后加注"加权符号"(重要程度符号)。

工具书功能分类索引是在工具书功能主题索引的基础上编制的,两者款目完全相同(但无出处项),只是按分类体系排列而已。

工具书功能索引应定期续编。

这种工具书功能索引估计不会比工具书提要目录占更多篇幅,因为具备几十种功能的工具书是少数,多数工具书具有几种功能,但只有一种功能的工具书也是少数。

工具书功能索引的功用

上述设想的工具书功能索引具有下列功用:

(1)从分类途径查有哪些工具书(工具书登记目录部分是粗分类的)。

(2)从书名途径查某种工具书是否已被收录,及其著录事项。

(3)从功能途径查有哪些工具书,并可区分出就某一功能而言哪些工具书质量较高,应优先使用。

(4)当没有直接查找途径可利用时,还可进一步挖掘其间接查找途径,包括:①转接查检法。即若干种不同功能的工具书配合使用。例如,只知道某种生物的英文名称,要查其拉丁文名称,假如没有一种工具书具有生物名称英文—拉丁文对照的功能,可先从英文名称查出汉文名称(利用一种工具书的英汉对照功能),再从汉文名称查出拉丁文名称(利用另一种工具书的汉拉对照功能)。②上位查检法。例如,要查找南京长江大桥和武汉长江大桥的图形,如果没有桥梁方面的图录,可查具有综合性图录功能的工具书(如《辞海》就有这一功能),有时也可查到。③猜测查检法。例如,要查某古籍典故出处,如果没有典故词典,猜测在某些成语词典中可能查到,就可找具有成语词典功能的工具书。

(5)可以在工具书登记目录中加注本单位收藏标志,在查检时就能知道关于某项功能本单位有哪几种工具书可供利用。若将工具书序号作为藏书排架号,则从功能索引中查出工具书序号后,就可照序号直接从书架上提取工具书,使用起来就更方便了。工具书功能索引也可编成卡片式,作为工具书阅览室藏书的检索工具。

可以看出,这种工具书功能索引,一方面,可使工具书资源得到深度开发;另一方面,可使利用工具书的困难降到最低限度。如果能把它做成工具书数据库,使用起来将会更灵活。

我这个编制工具书功能索引的设想产生于60年代初,当时在新疆曾做过一些试编工作。后来曾多次将这个设想介绍给有关同行,但未引起注意。我自己无时间和精力来完成这项有意义的编纂工作,因而写成此文,发表出来供参考。

参考文献

张琪玉.《中文社会科学工具书实用图表》序. 图书馆理论与实践,1990(4)

写于1991年10月17~18日,上海

载于《图书馆杂志》1992年第2期

图书索引软件的功能要求与编制难题

图书索引(专著索引、书后索引)是直接检索书内事实情报的索引。编制图书索引的专用软件需要具备这样一些功能:①标引(抽取书内可索引内容,编成索引标目与副标目)的功能。②编制出处项(给出起止页码)的功能。③索引款目排序功能(包括多种排序方式)。④产生轮排款目的功能。⑤将相同标目(包括相同主标目和相同副标目)的索引款目进行合并的功能。⑥建立参照系统及助检标志或索引数据库的超链接的功能。⑦后控制词表或类似结构的功能(如果是索引数据库)。⑧按特定版面格式输出索引数据的功能(输出到磁盘和打印输出)。⑨一般检索功能(如果是索引数据库)。⑩组配检索功能(如果是索引数据库)。⑪反白(或变色)显示检索结果的功能(如果是索引数据库)。⑫文本任意字词匹配检索功能(如果是索引数据库)。

在以上 12 项功能中,③至⑫这 10 项功能都可以实现自动化,唯独①②两项功能实现自动化有很大困难。原因在于:

自动标引技术目前仍停留在自动抽取关键词的水平,对自动抽取主题还没有突破性进展。

图书索引要求详细而又有选择地并相当专指地标引图书的局部主题和主题因素,但不允许像全文检索那样用所有关键词无遗漏地标引其全部内容。图书的可索引内容必须是:①图书中比较具体地论述了的;②有一定参考价值的;③可以成为检索对象的;④图书中所涉及的地区、人物、机构、事件、生物、矿物、产品、设备、方法、工艺、格式、数据、著作等事项名称,在图书中虽未被具体论述,但可以牵引出一些相关的知识和信息,而具有一定检索意义的。因此,要从大量关键词(用一般规则抽出的“实义词”)中准确地精选出少量的符合上述要求的词和词组,这方面的自动化研究虽已进行了几十年,但至今还没有达到实用水平。何况,图书索引款目不能完全使用著者的原词来表达,还有个索引标目的措辞问题。这样,问题就更加复杂了。

同样的原因,计算机既然还不能准确地自动提取图书正文中的可索引内容,也就不可能自动给出被索引内容的确切出处(其所在的确切起止页码)。

关于这两个难题,到目前还未见有已经解决的确切报道。目前都只达到“人工标引 + 计算机抽词处理”或“计算机抽词(依据抽词词典) + 人工判别修正”的人—机结合水平。好在用这种办法编制的索引款目质量有保证。从满足实际索引与数据库编制的迫切需要看,目前也只能采取这种办法。

写完于 2004 年 5 月 13 日,上海

载于《中国索引》2004 年第 3 期

四种索引标准综述

《索引技术与索引标准》(《索引研究论丛》第四辑，侯汉清主编，北京图书馆出版社1997年10月出版)一书载有下列四种索引标准：

(1)国际标准草案：文献工作——索引的编制；

(2)中国台湾标准：索引编制标准；

(3)美国国家标准：图书馆学、情报学及出版工作——索引的基本标准；

(4)英国国家标准：图书、期刊及其他文献索引的编制。

本文是对这四种标准的内容的综述。

1　四种索引标准内容的归纳

四种索引标准的章节结构无法对应，其内容大致可归纳如下：

(1)标准适用范围；

(2)术语定义；

(3)索引的功用；

(4)索引的种类；

(5)索引的收录范围；

(6)索引款目的结构和编制法；

(7)索引款目的排序；

(8)参照系统；

(9)索引的版面设计；

(10)索引的质量标准；

(11)对索引员的要求。

2　标准适用范围

四种标准的适用范围是基本一致的，即都是向编辑者和出版者提供编制出版物索引所需的一般规则，对于各种类型索引的编制细节及技巧则不在该标准的范围之内。该标准适用于人工编制的和非人工编制的各种载体形式的索引。

应当注意的是，以上四种索引标准，内容都偏重于专著索引(即图书索引、书后索引)的编制，涉及题录式索引的编制法的内容较少。

3　术语定义

四种标准所罗列的术语共有37个：

国际标准	中国台湾标准	美国标准	英国标准
索引 总索引	索引	索引	索引

续表

国际标准	中国台湾标准	美国标准	英国标准
专门索引			
累积索引			
索引款目	款目	款目	款目
索引标目	标目	标目	标目
	检索点	检索点	
			主标目
索引副标目	副标目	副标目	副标目
	修饰语	说明语	
限义词		限定词	
	联缀		
	职分		
出处项	资料出处标示	出处	出处
交互参照	参照	交互参照	交互参照
见参照			见参照
参见参照			参见参照
范围注释	范围注	范围注	
	限定语解说注		
	追寻	根查	
		语词	语词
			关键词
		词汇控制	
	权威档	规范档	
	词汇	受控词表	
			叙词表
叙词			
		非控词表	
		人口词表	
		先组式索引	
		后组式索引	
	回现率		
	精确率		
文献			文献
		信息集合体	
		项目	
文献工作			

从以上可见,“索引”“款目”“标目”“副标目”“出处”和“参照”六个术语是四个标准完

全相同的最重要的术语。其他术语的选定很不一致，反映出各个标准的某些特点或注意重点。

4　索引的功用

在国际标准、中国台湾标准和美国标准中，关于索引的功用都阐述得很简略、笼统。在英国标准中，关于索引的功用说明得很具体：

"索引的功用在于向用户提供一种有效的检索信息的手段。因此，索引员应当：

(1)识别和查找被标引文献中的相关信息；

(2)区分有关某一主题的信息与有关某一顺便提及的主题的信息；

(3)摈弃那些不向潜在用户提供重要信息的顺便提及的主题；

(4)分析文献中论及的主题，以便在这一主题所用术语的基础上拟定一系列标目；

(5)揭示概念之间的关系；

(6)将那些因文献的排列而分散的、有关某些主题的信息分组集中；

(7)把主标目和副标目组装成款目；

(8)通过交互参照把查找信息的用户从那些不用做索引标目的语词指向已经被选做索引标目的语词；

(9)把索引款目排列成一个系统、有益的次序。"

我们不仅可从以上九条"索引员应当"达到的要求确切理解一个认真编制的索引的多方面功用，而且也可了解对于索引编制质量的具体要求。

5　索引的类型

英国标准对索引类型的叙述最含糊，实际只分为综合索引和各种专门索引两大类。

美国标准对索引类型的叙述也较简略，只把索引简单分为六类：①数码索引和代码索引；②名称索引；③地名索引；④题名索引；⑤引文索引；⑥主题索引。

中国台湾标准对索引类型的叙述最详细，该标准从五种角度区分索引的类型：

(1)按索引外形，分为书后索引、单行索引、活页式索引。

(2)按索引所收录资料形态，分为书籍索引、期刊索引、报纸索引、非书资料索引、摘要的索引或索引的索引。

(3)按索引的编排方式，分为字顺索引、分类索引。

(4)按索引的使用功能，分为数字及代码索引、作者索引、人名索引、团体名称索引、地名索引、题名索引、逐字索引、引文索引、主题索引。

(5)按索引制作方式，分为人工索引、半自动化索引、自动化索引。

国际标准则在"用户对索引的考虑"一章中把索引划分为两类：①直接检索事实情报的索引(书后索引)；②检索情报源的索引(论文集索引)。

"直接检索事实情报的索引"和"检索情报源的索引"这两个概念的提出，对认识索引的类型具有重大意义。可以说，它把对索引类型的划分提到了理论的高度，索引学术依据这两大类型进行研讨和论述，才能条理清晰，达到更高的水平。

中国台湾标准在6.2节提出"书目性索引"和"主题性索引"两类，虽意义相近，但没有达到国际标准那样的认识高度。

6 索引的收录范围

索引的收录范围，或者说文献的可索引内容，在各个标准中都主要是针对专著索引（即“直接检索事实情报的索引”、书后索引）而言的。各个标准都做出了具体规定——可做索引的内容是什么和不做索引的内容是什么。

归纳起来，文献中可做索引的内容包括：

（1）前言、序言、导言；

（2）正文；

（3）注解；

（4）图解、插图、地图、图表

（5）具学术意义之符号；

（6）补遗；

（7）结果、结论；

（8）参考书目；

（9）附录；

（10）视听资料之题名画面；

（11）文献中一些隐含难以确切查获的有用信息（中国台湾标准对隐含信息还做了具体列举）。

文献中不做索引的内容包括：

（1）书名页；

（2）题辞、献辞、卷首引语、致谢；

（3）目次、图表一览表；

（4）章首纲要及类似内容；

（5）摘要；

（6）商业性信息。

文献中要依具体情况决定是否可做标引内容的主要是广告。此外，对序言性文字、注释、插图、附录等，个别标准也有不同的观点。

7 索引款目的结构和编制法

款目结构是索引结构的主要部分。关于款目结构，各个标准在术语定义一章中都有阐述。在各个标准中，阐述得最多的是如何构成款目的各个部分，即标目用词的选择、规范化、专指度、标目的进一步区分、出处的标示法，等等。这些内容已属于索引款目的编制法问题了。

在这方面，各种类型的索引往往有些特殊的编制要求，在中国台湾标准中，在“索引的种类”一章中叙述各种类型索引时有相当多有关编制法的阐述。

8 索引款目的排序

关于索引款目的排序，四种标准都有阐述。但国际标准、美国标准和英国标准所阐述的，都是英文索引款目的排序规则。

中国台湾标准提供了汉字索引款目的多种排序规则:①笔画排序法;②部首排序法;③四角号码排序法;④注音符号排序法;⑤标目中含有英文字母、阿拉伯数字或符号的款目的排序法。此外,也提供了英文款目的排序法、数字排序法和分类排序法,以及副标目的多种排序法。但是,未提供汉语拼音排序法。

9　参照系统

关于参照系统,除国际标准仅在术语定义中进行释义外,美、英标准对参照系统都有专门阐述,比较详细。

中国台湾标准对参照系统的阐述特别详细,并有许多实例说明。该标准规定下列情况应做“见参照”:①同义词;②通俗及专门名词;③英文之缩写字、字头语,中文之简称及其所代表之全名;④反义词;⑤拼音变化;⑥倒装式;⑦废用及流行专门术语;⑧同字异形;⑨同义异语;⑩新旧字词。

下列情况应做“参见参照”:①近同义词;②同类属连接名词(上、下位概念词);③意义重复之名词(如大学生/知识分子);④较广义词与较狭义词;⑤相关词(如图书馆/文化中心)。

中国台湾标准还有关于“总参见”“范围注”和“限定语解释注”(统称为“参照注”,即一般参照)的具体说明。该标准将适宜使用参照注的情况归结为下列四点:①确保索引款目的一致性;②方便索引者制作及使用者查寻索引;③节省印刷版面的空间;④在一版面之下,资料出处标示、副标目、修饰语或其中任 2 项或 3 项的结合过多。

10　索引的版面设计

关于索引的版面设计,四种标准都有专章做具体阐述,其内容互有补充。

索引的载体形式,有印刷形式、缩微形式、数据库形式等。关于索引版面设计的阐述,可以说都是针对印刷形式而言的。印刷形式索引的版面设计涉及的问题大致包括:

(1)索引款目诸成分的排列形式,以及索引款目之间的排列形式;

(2)间隔距离(标目之间或款目之间的);

(3)分栏;

(4)缩格;

(5)拼写;

(6)印刷字体和字号;

(7)标点符号、空格;

(8)续前页标目;

(9)索引的页头标题;

(10)索引在书中的位置;

(11)索引的页码;

(12)出版社用最终文稿;

(13)索引员署名问题。

11　索引的质量标准

关于索引的质量标准,各个标准都没有明显阐述,但大致可归纳出下列几点:

(1)完整性;

(2)精确性;

(3)一致性;

(4)对用户需求的适应性。

英国标准对"索引员应当"达到的九条要求(见本文"4 索引的功用")可以认为是检验索引质量的具体标准。

12 对索引员的要求

国际标准在最后一章明确指出:"提高标引人员的业务素质是保证标引质量的前提,要求标引人员:

a. 熟悉所用词表及标引规则与方法;

b. 具有所标引文献的学科专业知识;

c. 具有工作所需的一定程度的语文(本国语文、外文)水平;

d. 尽可能与用户多接触,并通过分析检索结果来检验标引工作质量。"

写完于2005年2月16日,上海

载于《中国索引》2005年第1期(署名:《中国索引》编辑部)

书目、题录、专著索引、文本检索系统的联系与区别

这些概念常被混淆。弄清它们之间的联系与区别实有必要。

"书目"更多地称为"目录",其收录对象是书,或者说,装订成册的出版物,以"种"为著录单位。

"题录"的收录对象是期刊论文,也可以是论文集的论文,以"篇"为著录单位。题录习惯称为"论文索引"或"索引"。题录具有两重性:从其著录成分的角度看,类似目录;而从著录对象的角度看,则可以说是期刊的索引。其特点是除对论文进行目录著录外,还指出论文的所在位置(出处),一条题录类似图书目录中的一条分析款目。

"专著索引"一般称为"图书索引""内容索引""书后索引",其著录对象是一部书(专著)中的具体内容,即其所讨论的各个局部主题,以及所涉及的各种事项(如地区、人物、机构、事件、生物、矿物、产品、设备、公式、数据、著作等),以简明的方式分别著录标引,即确定其检索标识和指出其所在位置,并将款目按一定的可检顺序排列和组织,它是一部书的不同于其目录(目次)的另一种内容排序系统。

题录与专著索引虽然习惯都称为索引,但两者在文献主题的选取上有所不同:

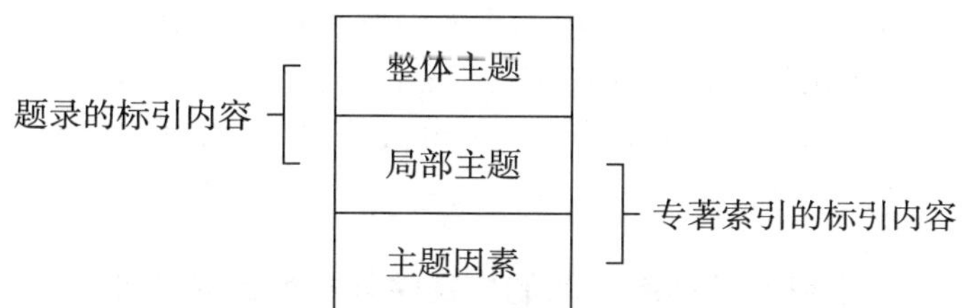

所以,两者在功用上有重大区别:题录的功用是检索情报源(文献),而专著索引的功用是直接检索情报源(主要是书)中的事实情报。

"文本检索系统"(通常称"全文检索系统")一般包含三种检索功能:①在题名中检索,这相当于题录的功能;②在正文中检索,这相当于专著索引的功能;③在题名+正文中检索,这相当于题录和专著索引的双重功能。

写完于2004年11月25日,上海

载于《中国索引》2005年第2期

索引和数据库的选题与设计

索引和数据库选题的原则

选题是索引和数据库编制工作的重要一环，正确的选题是索引成功的前提。选题应遵循下列原则：

(1)文献价值原则。指为哪些文献编制索引或数据库。索引的价值首先在于被收录的文献的价值，或者说，索引和数据库价值的大小首先决定于被收录文献价值的大小。

(2)用户需要原则。指估计未来用户对拟编索引或数据库的需要程度，或者说使用程度。用户需要应放在现实社会需要中来考虑。用户需要原则实际上是一个成本—效益的问题。当然，这里所指的效益主要是社会效益，因为编制索引和数据库很多不是商业行为(但也允许是商业行为)。配合研究课题编制的索引和数据库，其使用率较低，但效益往往很高，是一个例外。

(3)可能性原则。例如，被收录文献源是否有保障、编制的人力、经费是否有保障、时间是否允许(有些索引或数据库有时间性)等。

(4)编制人员能胜任原则。索引和数据库的编制工作并不像对其不了解者认为的是一项很简单的工作，文献的选择和标引作业需要编制者具备一定的专业知识(相应学科知识和文献标引知识)。当然，不具备这些知识也是可以学习的，但没有这方面的知识是编不好索引和数据库的。

索引和数据库选题的广泛性与类型的多样性

可以编制索引和数据库的文献，其学科或主题领域及文献类型极其广泛，事实上在于选题者是否有洞察力和发掘能力。可以做索引和数据库的资源是很多的，看一下卢正言主编的《中国索引总录》一书中五彩缤纷的选题，一定会得到许多启发。

索引和数据库选题时的着眼点，主要是文献内容(和类型)在当时的索引价值，以及与索引类型(和数据库类型)的配合。索引类型极多(参看张琪玉《情报语言学词典》224～228页)，与文献内容一配合，就可以千变万化。再用索引与数据库四条选题原理一筛选，终能找到合适的选题。

在确定选题后，应对所要编制的索引或数据库的用户对象、收录范围和规模、索引或数据库类型等有个明确规定。

索引和数据库的设计

设计是索引和数据库编制工作的另一重要环节。精心选题，精心设计，精心编制，就能编出索引和数据库的精品。

(1)索引和数据库的命名。命名是索引和数据库设计的一部分。应当给所要编制的索引或数据库取一个能正确、充分反映其内容、范围、功能特点的题名，这是对用户负责的态度。虽吸引人但与索引和数据库的内容、范围、功能特点不符的题名并不可取。

(2)索引和数据库的功能设计。索引和数据库的功能设计,是明确规定所要编制的索引或数据库向用户提供哪些检索功能,即检索途径和相关信息(如全文、附录中的信息)。

一种索引或数据库所能提供的检索途径和相关信息种类越多,特别是对所编制的索引或数据库的内容来说必要的检索途径全备,将会提高其使用价值。

索引和数据库功能设计的要点,就是充分地、有效地挖掘被收录文献的使用价值。被收录文献的可索引项(或者说可作为检索途径的对象)可能很多,要根据具体需要加以选择取舍,而并不是越多越好,否则便会画蛇添足,造成白费工本。

是否要提供附属结构或附录以及提供什么样的附属结构或附录,也属于功能设计。

(3)索引和数据库的结构设计。索引和数据库的结构是由其功能要求决定的,是实现其设计功能的手段。

索引和数据库的结构设计就是规定其索引项或字段,使用何种索引语言,条目的形式或字段的著录格式,索引深度(或称标引深度),印刷型索引的多个索引之间的联系,排检法等。

对索引深度(标引深度)不可能做硬性的量化,但又不能是各种文献、各种索引和数据库的索引深度千篇一律,做任意处置,而应视具体需要有个指导性的规定。

数据库设计中的一个重要问题,是数据库检索软件的设计,要能充分发挥其所蕴含的检索功能,以及数据库的易用性。

(4)索引和数据库的形式设计。索引和数据库的形式设计主要是确定采用什么载体形式,如印刷型(单卷式、期刊式、附录式)、光盘(过去还有磁带、软盘、缩微片)以及上网等。当然也包括排版格式、显示形式等的设计。

索引和数据库的积累、更新方式也包括在形式设计中。

(5)索引和数据库的编制方式和编制流程设计。索引和数据库的编制方式可分为手工编制、人机结合编制和自动编制。

目前,即使印刷型的索引也很少完全用手工编制了。印刷型索引也是首先制作成数据库,然后再从数据库生成印刷用版来印制索引。

过去在编制数据库时往往先打好“草稿”(填标引工作单),再输入计算机,现在这一步也逐步被联机编制代替了。只是标引人员若不会操作计算机(很少),那还得打“草稿”。在编制数据库时,标引过程则又可以区分为人工标引和自动标引两种。自动标引虽速度极快,但标引质量不高。

计算机编制索引和数据库,即使采用自动标引方法,也必须人工输入文献著录基本数据,从这个意义来说,各种编制方式都是“人机结合”的。目前,所谓“人机结合”编制索引和数据库,是专指标引操作由人和计算机共同来完成。

编制流程一般包括准备工作、编制软件(也可利用现成软件)、实际编制作业(著录、标引、校对)、汇总(如果分散编制的话)、最后审定、生产复本(如光盘)或印刷本等环节。

(6)索引和数据库编制工作的组织。假如索引或数据库需要多人参与编制,就存在一个工作组织问题,对各人的分工和进度应做出规定,并要定出工作规范,以统一各人的具体做法。

参考文献

[1] 卢正言. 中国索引总录. 上海辞书出版社,2000

[2] 张琪玉.情报语言学词典.北京图书馆出版社,2000
[3] 张琪玉.现代的索引就是数据库.图书馆杂志,2001(12)
[4] 张琪玉.论索引项.图书馆杂志,1994(5)
[5] 张琪玉.索引的结构.图书馆学刊,2002(1)
[6] 张琪玉.关于索引学研究和索引工作开展的设想与建议.江苏图书馆学报,1993(1)
[7] 张琪玉.一个精心设计的索引体系.上海高校图书情报学刊,1993(4)
[8] 张琪玉.推广文献索引计算机编制法是促进我国索引事业发展的一项重要措施.图书与情报,1996(4)
[9] 张琪玉.索引的创新(情报语言漫笔),待发表
[10] 张琪玉.标引深度(情报语言漫笔).图书馆理论与实践,2002(1)

写完于2002年3月22日,上海

载于《图书馆学刊》2002年5期

学术年表式索引数据库的设想

● 辨章学术、考镜源流理论的新应用——编制学术年表式索引数据库

辨章学术、考镜源流是中国传统目录学理论的精华。自从图书情报工作走向现代化以来，这一理论似乎已没有现实价值，目录学文献中已越来越少讨论它了。既然是优秀的传统，就可以古为今用，在新时代的目录索引工作实践中寻找它的新应用。

辨章学术、考镜源流理论的基本点，是要求目录索引能按学术内容和学术源流把文献有条不紊地组织起来，以适应学术研究和学习的需要。其中，特别应显示学术发展史的脉络。受这一理论的启发，我认为，可以编制一种学术年表式索引数据库。这种数据库的特点，是在题录数据库的基础上，仿照年表的体例，增加该文献在学术发展史上的贡献的说明。

● 学术年表式索引数据库的功用

学术年表式索引数据库除具有一般题录数据库的检索功能外，可按时序揭示某一学科、专业、专题、主题领域的文献及其在该领域学术发展史上的贡献。这对于了解某一领域学术上的开创与继承关系及当前的学术前沿、检索重要的学术著作、评价学者的学术贡献等，都是一种便捷的工具。它可以免去不少文献查找、筛选和整理的前期劳动，其功效是分类、主题等检索途径所不能直接达到的。

● 学术年表式索引数据库的结构、编制法和使用法

学术年表式索引数据库的结构，除一般题录数据库应有的字段（文献题名、著者、出处和出版项、分类号、主题词等）外，还应增加时间、学术事件说明两个字段。

其中，分类法和词表应与数据库的学术年表功能要求相适应，采取学科分类与主题列举结合的形式，类目名称与主题词字面应取得一致，粗细适中，标引时，一文献若涉及几个类目或主题词的，则作为多篇文献进行重复著录。在学术进展过程中无创新作用的文献一般不予著录。时间字段指学术事件发生的时间或文献正式发表的时间。学术事件说明字段应仿照年表的叙述方式进行著录，内容包括学者姓名、事件内容并可对事件做简要的评论（因此，该字段要有足够的长度）。分类号、主题词、学术事件说明三个字段的著录质量是决定学术年表式索引数据库质量的决定因素。

该数据库提供学科分类、学术主题、学者姓名检索途径，检索结果按时间顺序输出。学科分类的检索范围大小可随需要而定，主题词字段提供任意匹配后再选定检索用词的功能，学术事件说明字段可提供模糊检索。

写完于2001年11月17日，上海

载于《图书馆理论与实践》2002年第4期

索引与图书(索引与数据库漫笔)

索引是图书的附属部分。对于某些图书来说,索引几乎是它不可缺少的部分。对于另一些图书来说,可以没有索引,但索引可提升它的使用价值。

图书配备索引看似增加了篇幅,增加了成本,但也可充分发掘它的使用价值,完全值得。

大多数索引不是由图书的著者编制的。一书是否配备索引,其决策取舍者主要是出版社的责任编辑,取决于他们对索引重要性的认识。

图书的索引一般由专业索引工作者编制,而并非由书的著者或责任编辑编制,但若由书的著者自己编制(如果他掌握索引原理的话),则质量可能会更好。

图书索引在绝大多数情况下可帮助读者迅速找到他所需要而书中确实存在的有关论述,不管该论述隐藏在书中何处,不管该书有多大篇幅。所以,图书的篇幅越大,就越有必要配备索引。

图书索引一般篇幅不大,进行浏览可迅速发现书中某些特别感兴趣的内容,这是索引的另一功能。

索引对大学生的学习帮助很大,所以大学教材最好要有索引。

百科知识类儿童和青少年读物的索引,有助于培养他们读书用书的技巧。

任何人都要会利用索引。利用索引,是读书的基本技巧之一。

有些书缺少必要的索引,其使用价值会大打折扣,使读者查阅使用起来感到厌烦。有些书没有索引简直无法使用。

二十四史如果没有索引,只能读;有了索引,就具有了重要工具书的作用。

《中国大百科全书》索引和《古今图书集成》索引的光盘版堪称开启这两大知识宝库的钥匙。

大多数工具书的正文按索引原理编排,并附有其他索引。没有索引功能的工具书是起不了"工具"作用的。

个人文集内容一般较泛,也很需要编制索引。

一个编得不好的或不科学的索引,会使索引的功能大打折扣。

写完于2005年2月12日,上海

载于《中国索引》2005年第2期

图书索引编制法

【大纲】

1　索引的一般问题

1.1　索引的基本概念

索引，这里指文献索引，旧称引得、通检、备检。索引是对某种文献或某一文献集合中所包含的各篇文章，或所讨论的各个局部主题，或所涉及的各种事项（如地区、人物、机构、事件、生物、矿物、产品、设备、公式、数据、著作等）以简明的方式分别著录标引，即确定其检索标识和指出其所在位置，并将款目按一定的可检顺序排列和组织，以方便查检的文献检索工具。

“索引”一词可以是：

（1）指某种书刊的一个组成部分（不管它是否作为一种独立的著作出现），著录书刊中的论述内容或事项为条目，标明出处，并按一定次序编排，以方便查检该书刊内容的附属性资料，如各种专书、专刊索引。

（2）指某种检索工具或某个检索系统的一个组成部分，以简明的方式提供与该检索工具的正文部分或检索系统的主文档部分不同的检索途径，如美国《化学文摘》的各种索引提供了与该文摘正文部分不同的多种检索途径。

（3）指独立于某批书刊之外的一种简明检索工具，如各种群书索引（《十三经索引》等）、群刊索引（《全国报刊索引》等）和专题论文索引。

(4)指文献数据库的某些类型或组成部分。文献数据库一般都融合了目录和索引(有的还包括文摘和全文),是多功能的,索引功能是其核心。

“索引”与“目录”的区别,一般地说:目录的著录对象是一个完整的出版单位,如一种图书、一种期刊、一种报纸、一份科技报告、一份技术标准等;而索引所著录的则是一个完整出版物的某一部分、某一内容。

1.2 索引的类型

可以从许多角度来划分索引的类型:

(1)按索引对象的性质分的索引类型,可分为两类:①文献内容特征的索引;②文献外部特征的索引。

文献内容特征的索引又可分为:a. 文献主题内容的索引(包括主题索引与分类索引);b. 文献中出现的事物名称的索引(如人名索引、地名索引、机构名索引、会议名索引、事件名索引、文件名索引、化合物索引、矿物名索引、生物名索引、产品名索引等);c. 文献原文中语词的索引(包括周遍性语词索引与选择性语词索引);d. 特殊文献内容的索引(如地理坐标索引、旋律索引、环系索引、化学结构代码索引等)。

文献外部特征的索引可分为:a. 著者索引(包括个人著者索引、团体著者索引);b. 题名索引(包括书名索引、刊名索引、篇名索引);c. 文献编号索引(如专利号索引、专利对照索引、标准号索引、报告号索引、合同号索引等)。

(2)按所含索引项多少分的索引类型,可分为:①普通索引(综合索引);②专门索引。

(3)按索引款目编排方法分的索引类型,可分为:①分类索引;②字顺索引;③时序索引。

(4)按所用情报检索语言分的索引类型,可分为:①使用分类检索语言的索引;②使用主题检索语言的索引;③使用代码检索语言的索引;④使用引文索引法的索引。

(5)按检索方式分的索引类型,可分为:①先组式索引;②后组式索引。

(6)按标目和篇名是否重复分的索引类型,可分为:①显标结构索引;②隐标结构索引;③显题结构索引;④隐题结构索引。

(7)按索引载体分的索引类型,可分为:①书本式索引;②卡片式所引;③缩微式索引;④机读式索引(数据库)。

(8)按索引发表方式分的索引类型,可分为:①附录式索引(书附索引、刊附索引、文附索引);②独立索引(索引书、索引期刊、索引数据库)。

(9)按索引编制技术分的索引类型,可分为:①手编索引;②机编索引;③机助索引;④自动索引。

(10)按检索过程分的索引类型,可分为:①直接索引;②间接索引。

(11)按索引源类型分的索引类型,可分为:①书的索引(专书索引、群书索引);②刊的索引(专刊索引、群刊索引);③检索工具和检索系统的索引。

(12)按在情报检索中的功用分的索引类型,可分为:①直接检索事实情报的索引;②检索情报源的索引。

(13)按索引原理的其他应用分的索引类型,如:电话簿。

2 图书索引的性质与功用

从上述的列举和分析可知,索引类型极其繁多。本文不可能全面叙述这么多索引的编制法。本文的叙述仅限于图书索引的编制法，并且仅限于一般图书索引（专著索引、图书内容索引）的编制法。对于语词索引等比较特殊的图书索引的编制法，本文也不做叙述。以下所称“图书索引”，即是指一般图书内容索引。

图书索引是供“直接检索事实情报的索引”，这是它与供“检索情报源的索引”在性质与功用上的主要区别。

图书索引是将某种图书中的各个局部主题，以及主题因素（指书中所涉及的各种事项，如地区、人物、机构、事件、生物、矿物、产品、设备、公式、数据、著作等）以简明的方式分别著录标引，即确定其检索标识和指出其所在位置（出处），并将款目按一定的可检顺序排列和组织，以方便查检，增加该图书的使用价值的一种工具。图书索引一般置于图书正文后，故习惯称为书后索引。

图书索引的一般功用是：

（1）可大大加快查检图书中某一特定内容所在位置的速度，并减少查检中的遗漏，从而成百倍地节约时间。因此，人们称索引法是省时法，是提高效率的方法，也可以说是延长学者寿命的方法。如果说，图书在现代人的研究、工作、学习、生活中的作用是重要和不可缺少的，那么，索引也是重要和不可缺少的。

（2）浏览图书索引，可发现读者所未想到的某些有用资料（新发现的知识）。

（3）某些书虽非工具书，有了索引，在一定程度上也可起到工具书的作用，其使用价值就可大大提高。

3　图书索引的结构

3.1　总体结构

图书索引是由众多描述图书中特定内容并注明所在位置的索引款目按某种可检顺序组织起来的一种图书内容指引系统。一个完整的索引还包括揭示索引款目间关系的参照系统和起助检作用的助检标志及凡例（使用说明）等。

3.2　索引款目

索引款目是组成索引的基本单元。一条索引款目记录图书中的一个索引对象并指出该索引对象在书内的确切位置。

索引款目有三个构成要素：①标目；②副标目或说明语（包括限义词、范围注释）；③出处项。

简单的索引款目仅有标目和出处项。有的文献认为，副标目和说明语是从属于标目而不是独立的，故索引款目只有标目和出处项两个构成要素。

许多文献把参照也归入索引款目的范畴，这是不恰当的。因为参照只说明索引标目之间的关系，并没有记录书中的具体索引对象。

3.2.1　标目

标目是索引款目的第一要素。它的职能是揭示、标引或表达图书中的索引对象——可索引内容（或称可标引内容、可检内容）。

标目对图书中可索引内容的揭示、标引或表达的准确程度，以及它的措词是否符合读者检索思路与是否能较好地达到字面成族的效果，对索引功能的实现所产生的决定性影响在于：一方面，图书的有价值内容能否被充分利用；另一方面，读者能否顺利地找到他所需要的并已存在于图书中的有价值参考内容。

标目可以是表示图书局部主题或主题因素的概念词与词组，也可以是其他标识（如化合物分子式、各种代号等）。

3.2.2　副标目与说明语

副标目与说明语是从属于标目的一些进一步说明标目涵义的文字，包括副标目、说明语、限义词、范围注释。

副标目和说明语都是用来对标目内容做进一步细分的。副标目是规范语词（而非自由拟定），用于表示标目所指事物的某一方面问题。说明语则是自然语言语词，既可用于表示标目所指事物的某一特称，也可用于表示标目所指事物的某一方面问题。

限义词用于限定标目所用多义词和词义含糊的词的确切涵义。限义词通常置于圆括号中。

范围注释用于说明标目用词的适用范围或特殊用法（个别情况下也可用于扩展其涵义）。范围注释通常置于圆括号中。

3.2.3　出处项

出处项是索引款目的一部分。它指明索引标目及副标目或说明语所指内容在图书中的具体位置，以便读者能循此指示去阅读。

出处项由页码、分栏、分区以及分卷等符号组成。

3.3　参照系统

参照系统是索引中显示索引标目之间相互关系的指示，又称交互参照。分为下列几种：

(1)单纯参照，即“见”参照，用于从一个索引中未用的标目指向另一个正式采用的标目。单纯参照是图书索引中用途最广泛的一种参照。

(2)相关参照，即“参见”参照，用于上、下位概念词及相关概念词之间的相互指示。

(3)一般参照，又称说明参照，用于说明某一标引规则或检索方法。

参照条目由标目、参照词（如“见”“参见”等）和参照目标三要素构成。

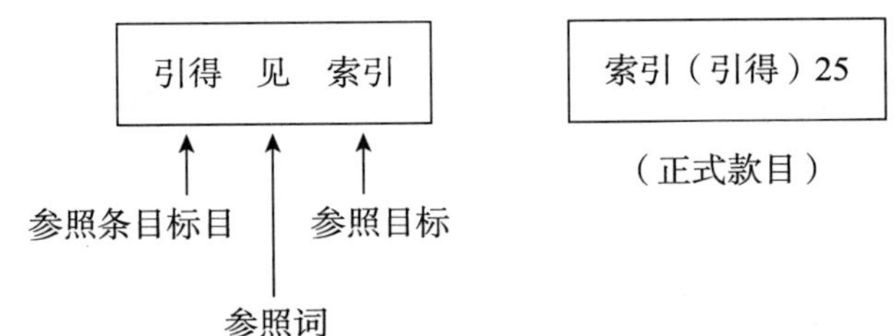

3.4　综合索引与专门索引

综合索引是包含多种索引款目（如包含主题、人名、地名、机构名等索引款目）的混合索引。

专门索引是仅包含某一种索引款目（如主题款目，或人名款目，或地名款目）的单纯索引。

图书索引一般只采用一种综合索引。只有在下列情况下才编制专门索引：①不同种类索引款目分别排列，查检比较方便；②不同种类索引款目要求不同的排检方法；③不同种类索引款目需要采用不同的字符系统（如罗马字符、非罗马字符、数码、专用字符）等。

分别编制专门索引的前提是要有比较充足的同一类索引款目数量。采用专门索引时，主题索引是必备的。

3.5　凡例

图书索引的凡例即其使用说明。图书索引本来都是比较简单明白的，不必对读者做很多交代。但是，若提供一个凡例，把编制计划和规范中一些必要交代的内容扼要说明一下，以备查考，有时对读者仍有帮助。

凡例的内容可多可少。但在索引编制中所采用的一些非常规的决策、方法和规则，一定要在凡例中作出交代。

3.6　索引的形式

图书索引一般采取与图书一致的形式，附于正文后，也有少数置于正文前。篇幅很大的图书索引也可单独成卷。群书索引当然只能采取单独出版的形式。为印刷型出版物配备电子型（数据库式）索引也是可以的，在特殊情况下，甚至为印刷型图书配备网络版索引也无妨。

4　图书索引的编制过程与编制方法

4.1　图书索引编制的一般过程

图书索引编制工作程序大致可归纳如下：

（1）浏览图书书稿，了解图书概况。在此基础上制订索引编制计划（参见“6 图书索引的编制计划”）。

（2）接到供正式作索引的书稿后，通读或浏览原文，然后再边阅读，边分析，在书稿上画出可索引内容，草拟索引款目（这称为摘条），并随时记下需要做的参照，记下地址页码。

（3）将所做的索引款目输入计算机，打印第一稿（此时是按页码排序）。

（4）进行第一校。

（5）对存于计算机中的第一稿进行修改。自动排序。打印第二稿（此时是按标目排序）。

（6）进行第二校（仍须与书稿核校）。再在第二稿上做其他检查修改，并做关于合并条目的勾画。

（7）对存于计算机中的第二稿进行修改。根据版面设计要求进行排版格式整理，添加助检标志，编写凡例。打印第三稿。

（8）对第三稿进行审核（可打印3份，由著者、出版社、索引人员分别审核）。

（9）汇总审核意见，对存于计算机中的第三稿进行修改。打印正式付印稿。

4.2　索引款目编制法

4.2.1　可索引内容的提取范围

可索引内容的提取范围是指图书中哪些部分需要做索引或哪些部分不需要做索引的规定。关于这一个问题，各种索引标准和索引论著的规定都大同小异。

图书中需要做索引的部分是：正文、作者自序、附录、后记、图表、注释。

图书中不需要做索引的部分是：书名页、献辞、他人序言、目次、凡例、篇章节名称、广告、提要、自引、致谢。

要考察才能决定的部分是：参考文献目录的内容。

4.2.2　可索引内容的选取方法

（1）图书的可索引内容分为两种：一种是图书的局部主题，另一种是有检索意义的主题因素。

(2)局部主题的选取准则是:①参考价值准则,这是选取可索引内容的最重要的准则(包括:a. 图书中比较具体地论述了的;b. 有一定参考价值的;c. 可以成为检索对象的);②重点内容和新颖内容优先选取准则;③适度选取准则。

(3)主题因素的选取准则是:可以选取图书中所涉及的地区、人物、机构、事件、生物、矿物、产品、设备、方法、工艺、公式、数据、著作等各种事项的名称作为索引条目,那些名称所指的事物虽在图书中未被具体论述,但必须是能牵引出一些有参看价值的相关知识和信息,而具有一定的检索意义的。

(4)索引摘条应与索引标目措词同时进行,必须符合索引标目措词规则(见4.2.4(2))。

(5)提取可索引内容应符合索引计划所规定的索引规模或标引深度(参看"6 图书索引的编制计划")。

(6)提取可索引内容一般是对图书原文逐个自然段进行分析,看是否有符合要求的局部主题或主题因素。并不一定每个自然段都有可提取的局部主题或主题因素,有时,一个局部主题由多个自然段构成。图书的章节,一般都是局部主题。

(7)提取可索引内容需要索引编制人员具备一定的专业知识。若索引编制人员不熟悉被索引的图书,首先通读一遍再着手抽取可索引内容会较有把握。

4.2.3 款目类型的选择

款目有多种类型,各种类型的款目各有其优缺点:

(1)单级标题式款目。这种类型的款目只用一个词或词组做标目。其优点是比较简单,缺点是专指性差,在一个款目标目下往往集中索引地址太多,不便检索。

(2)带说明语的单级标题式款目。这种类型的款目用一个不太专指的词或词组做标目,再用一个说明语来达到所需要的专指度。其优点是专指度高,编写说明语比较容易,缺点是说明语的系统性较差。

(3)多级标题式款目。这种类型的款目用一个不太专指的词或词组做标目,再用一个词或词组做副标目,以达到所需要的专指度。其优点是专指度高,族性检索性能也好,缺点是副标目是规范语言,需预先编制副标题表,或在标引过程中积累,或在第二次校对过程中整理,选择副标目也稍为复杂。

(4)倒置标题式款目。这种类型的款目是将词组标目开头的限定部分进行倒置,可增强款目字面成族,提高检全率。使用倒置法最好添加从正序形式引向倒置形式的参照。倒置法只能在部分款目使用。

(5)带限定词标题式款目。这种类型的款目用一个置于圆括号中的限定词区分多义词、同形异义词、特殊含义等标目,可提高专指度。此法也只能在部分款目使用。

(6)混合标题式款目。这种类型的款目是灵活运用上述多种类型款目,达到提高专指度、系统性、检索方便性、字面成族效果等,优点较多,但比较复杂,对编制人员的要求较高。

4.2.4 标目的措词方法

1. 标目的措词对索引质量的影响

标目用的语词必须精心选择,使之符合下列三点要求:①标目用词对理解被索引内容有影响,必须选择能准确地、专指地表达被索引内容的语词做标目。②标目用词对提供检索途径有影响,必须选择能提供符合读者检索思路的语词做标目。③标目用词对款目的字面成族有影响，应尽可能选择有利于款目字面成族的词做标目。

2. 标目的措词规则

(1)标目用词应与被索引内容有同等的专指度。当达不到相应的专指度时，可借助于副标目或说明语达到相应的专指度。

(2)标目用词应尽量采用文献原文中使用的语词。若不得已(如文献原文所用的语词用做标目不合适)，则可用别的词表达，但应把文献原用的语词作为注释置于括号中)。也可以用原文使用的词做标目，另外再作一同义词参照款目，引向原文标目。

(3)标目措词须符合读者检索思路。尽可能用简洁的名词型词语来做标目，一般不用动词型和形容词型的语词。但是，如果动词型和形容词型是惯用的表达形式，则也可以使用。

(4)标目用词力求产生事物概念字面成族的效果。应将重要的词放在标目的开头。在标目开头部分，要选出最适于作为检索入口的词做标目的导词。如果标目使用通常的词序表达会使最适于作为检索入口的词排在那些不适于做检索入口的词的后面，这样就应将原词序加以倒置，使重要词出现在标目的开头。

(5)意义相同的标目应统一合并为一个。当著者对同一描述对象使用两种以上不同的表达形式(如使用同义词、近义词)时，应选择其中一个作为统一标目，然后将同义词、近义词下的地址出处都汇总在这个统一标目之下。原则上应选择原文中使用次数最多的表达形式作为统一标目。其他表达形式必要时可做参照引向统一标目。

(6)一个标目应只表示一种事物，一般不使用表示两种或两种以上事物的复合标目。“A 和 B”形式的复合标目只在极个别情况下使用。

4.2.5　副标目与说明语的编写方法

1. 副标目的编写规则

(1)副标目应在整个索引中规范统一。所以，如有可能，应预先拟定副标题表。

(2)因为副标目须在整个索引中规范统一使用，故允许略为降低专指度。

(3)副标目应使用名词或名词性词组。

(4)副标目的表达应当尽可能简洁。

2. 说明语的编写规则

(1)说明语的编写比较自由，可以用于表达标目所指事物的某一特称，也可以表达标目所指事物的某一方面问题。

(2)对说明语的要求是专指性。说明语也可以分级或分层次。

(3)说明语的句式，应做适当统一。

4.2.6　出处的表示方法

1. 基本的出处表示法

(1)不分卷册的书，出处仅用阿拉伯数字表示被索引对象所在的页码。

(2)涉及多页的出处，若内容连续，页码之间用连字符表示；若内容不连续，页码之间用逗号分隔。

(3)出处应使用与原书页码同样的文字表示(如原书页码用罗马数字的，出处项不能改用阿拉伯数字表示，但原书页码用汉语数字的，出处项可改为用阿拉伯数字表示)。

2. 版面分栏、分区的书和多卷书的出处表示法

(1)版面分栏的图书，在页码后应附分栏代号，版面分区的图书，在页码后应附分区代号。

(2)多卷书的索引,若各卷合编为一个索引,在页码前应冠以分卷的代号。

4.3 索引款目排序法

1. 字顺排列法

字顺排列法是指依据索引标目的书面形式,按汉语拼音顺序、笔画笔顺顺序、部首顺序、四角号码顺序等进行排序,成为像词典那样的检索系统。

目前,各种索引使用最多的是汉语拼音顺序排列法。必要时可附笔画笔顺检字表、四角号码检字表等。

汉语拼音字顺排列法的排列规则是字字相比。先比第一个汉字的音节,音节相同时,将相同汉字集中,依各汉字的笔画或笔顺决定其次序;同汉字的款目,再依其第二个汉字排比次序,以此类推。

若采用其他排列法,也采用字字相比的方法,规则基本相同。

2. 分类排列法(系统排列法)

分类排列法是指依据索引标目的含义,将其归入一个预先制订的分类体系中。图书索引的分类体系一般是依据被索引图书的具体内容制订的,或依款目内容归纳而成的,都比较粗略。同类的款目则按字顺、年代、地区等排列。图书索引的分类排列很少见。《中国大百科全书》有一个索引是分类索引。

3. 其他排列法

有年代排列法、地区排列法等,可在专门索引中使用,或在排列某些副标目时使用。

4.4 参照系统编制法

参照系统中的参照款目,包括单纯参照、相关参照、一般参照三种。

(1)单纯参照("见"参照)的编制。单纯参照用于下列情况:

①同义词之间。如:

引得 见 索引

②简称与全称之间。如:

元词 见 单元词

③旧称与新称之间。如:

北京图书馆 见 国家图书馆

④译名与原名之间。如:

KWIC 见 题内关键词索引

⑤倒置词序与正常词序与之间。如:

报纸索引 见 索引,报纸

期刊索引 见 索引,期刊

图书索引 见 索引,图书

⑥复合标目。如:

扫盲 见 文盲与扫盲

(2)相关参照("参见"参照)的编制。相关参照用于下列情况:

①上、下位概念词之间。如:

联合国 参见 国际法院

国际法院 参见 联合国

(注:国际法院是联合国的下属机构)

②相关概念之间。如：

图书馆学　参见　情报学

情报学　　参见　图书馆学

(3)一般参照(说明参照)的编制。说明参照用于需要说明的标引或检索规则。如：

历史

不做标目。请查

××—历史

××—历史

4.5　索引稿的校对法

图书索引稿的较对，一般进行两次。

第一次是把索引款目未排序的打印稿(第一次打印稿)与图书原稿对照校对，校对内容包括：①被索引内容做索引款目是否必要(若发现遗漏应增补，多余则删去)；②索引标目措词是否符合要求；③索引标目和副标目或说明语揭示被索引内容是否准确；④出处项的表示是否有错误；⑤输入是否有错误。

第二次是在索引款目排序后的打印稿(第二次打印稿)基础上进行的，校对内容包括：①将打印稿与图书原稿再次核对(通过打印稿上的出处)；②检查打印稿，看其排序效果，对措词不符合排序要求的标目进行修改调整，对应合并的条目进行合并处理，对发现的错字漏字、回行缩格、标点符号等错误进行纠正。

4.6　凡例的编写法

图书索引的编制应达到基本上无需任何解释就可以使用。如果达不到这一点，必须用“凡例”(即使用说明)来进行解释。凡例必须以简洁的条款形式表述。

凡例的内容可包括：

(1)索引的目的与功用。

(2)索引与文献之间的关系(如完整的程度、收录标准)。

(3)索引款目的类型与结构。

(4)索引标目的排列规则(指特殊的排列规则)。

(5)索引款目中使用的缩写、专用字符、图示符号等的解释。

(6)出处项的说明(如果出处项不是由页码组成，或出处项用特殊表示法)。

这些说明应放在索引正文的前面(索引名称之后)。若一书有多个索引，凡例应分开，分别置于相应索引的正文前。

4.7　索引版面设计

图书索引的版面设计包括下列内容：

(1)索引排成单栏、双栏或三栏？

(2)用哪种字号？每行几字？回行缩进几字？

(3)副标目或说明语与标目是用同一号字？还是用小一号字？

(4)标目用什么字体，其他用什么字体？

(5)采用哪种排版格式：

①分行式排版格式：

标目　出处

副标目 a(或说明语 a)　出处，出处

副标目 b(或说明语 b)　出处

次副标目(或说明语)　出处

②连写式(连续式)排版格式:

标目　出处;

副标目 a(或说明语 a),出处;

副标目 b(或说明语 b),出处;

副标目 c(或说明语 c),出处

③表格式排版格式:

表格分标目、副标目或说明语、出处三栏。

(6)出处的表示。涉及多页的出处,若内容连续,页码之间用连字符表示;若内容不连续,页码之间用逗号分隔。

(7)“续前”的表示:当某一款目的内容尚未结束而转到下一页时,下一页的开头应加“标目(续前)”字样。

5　图书索引的质量要求

(1)索引应能有助于充分发挥图书的学术价值和实用价值,符合主要读者的需要。能使读者迅速判定书中有无特殊的、新颖的内容,迅速查到某一特定需要的内容。

(2)选取可索引内容精当,重要的可索引内容(包括隐含的意义)不应遗漏。

(3)标引准确,忠实于图书内容,不掺入索引人员个人的观点和喜好。

(4)索引款目专指度高。充分利用副标目或说明语,达到所需要的专指度,避免一长串地址堆在同一款目下。

(5)索引深度恰当。较浅深度的索引约占图书正文的1%至3%,中等深度的索引约占图书正文的4%至8%,较大深度的索引约占图书正文的10%至15%。个别索引可超过正文20%甚至更多。

(6)标目措词恰当,既符合图书内容,又符合读者思路,并前后一致。

(7)出处的表示必须与正文的被索引内容相符,差错率低。

(8)充分发挥参照系统的作用,特别是使用它来进行语词规范,并利用它来提供更多的检索入口,以便于查检。

(9)索引款目排列次序准确。

(10)索引版式设计赏心悦目,便于查检。在规定详细程度的前提下,篇幅尽可能简短。

(11)采用的规则易于理解,并贯穿于索引的始终。为防止读者误解,应提供助检标志和助检性说明。

(12)图书索引若有凡例(使用说明),应简明扼要,但又要不遗漏应当说明的内容。

(13)索引应放在书中便于使用的位置上。

6　图书索引的编制计划

为了使图书索引的编制工作做得有条不紊,周全完美,应在了解被索引图书情况的基础上制订一个编制计划。

索引的篇幅、出版成本、编制索引所允许的时间等,对索引质量都有影响。

索引的编辑方针应与著者和出版社共同商讨后确定。

索引的规模是索引编制计划中最重要的问题。多数图书索引的规模，是标引人员认为理想和出版社认为在经济上可行之间的折中方案。著者与出版社都希望索引编得全面完整，能充分满足读者需要，但出版社也希望索引不要因为标引太细而导致成本的增长。故在开始标引之前，标引人员与出版社应商定索引的规模（索引的详细程度和完善程度）。若索引编好后再去修改，使其适应规定的页数，那是极其困难的。此外，还应与出版社明确对书稿的要求和时间的安排。

关于索引篇幅的估计算法：

每页平均索引款目数×总页数＝索引款目总条数

索引款目总条数÷每页索引款目条数＝索引页数

参照款目数量、少数超长款目需占2行、主标目相同的款目采用分行式或连排式等情况，对以上估计略有影响。

索引编制计划中应规定：

（1）编制综合索引，或哪些专门索引。

（2）标目采用何种类型：单级标题、多级标题或标题＋说明语。

（3）排版格式采用分行式、连续式或表格式。

（4）索引所用字体、字号、分栏、行距、空行、空格、标点、符号、缩格等的规定。

（5）采用何种排序方法，如字顺、分类、分类与字顺结合。

（6）索引的位置在正文后，还是正文前。多卷书的索引放在最后一卷的末尾，或单独成卷。

参考文献

[1] 博科等著；王知津等译. 索引的概念与方法. 书目文献出版社，1984

[2] 潘树广. 古籍索引概论. 书目文献出版社，1985

[3] 日本索引家协会编；赖茂生等译. 索引编制工作手册. 北京大学出版社，1988

[4] 王恩祝. 应用索引学. 上海书店出版社，1993

[5] 侯汉清. 索引法教程. 南京农业大学，1993

[6] 张琪玉. 情报语言学基础（增订二版）. 武汉大学出版社，1997

[7] 张琪玉. 张琪玉情报语言学文集. 北京图书馆出版社，1999

[8] 张琪玉. 情报语言学词典. 北京图书馆出版社，2000

[9] 张琪玉. 文献的可标引内容. 中国索引，2004（1）

[10] 张琪玉. 文献标引是需要智慧的近乎艺术创造的处理过程. 图书馆杂志，2004（3）

[11] 侯汉清译. 国际标准草案·文献工作——索引的编制//侯汉清主编. 索引技术与索引标准. 北京图书馆出版社，1997

[12] 侯汉清译. 英国国家标准·图书、期刊及其他文献索引的编制//侯汉清主编. 索引技术与索引标准. 北京图书馆出版社，1997

[13] 丁大可等译. 美国国家标准·图书馆学、情报学及出版工作——索引的基本标准//侯汉清主编. 索引技术与索引标准. 北京图书馆出版社，1997

[14] 中国台湾标准·索引编制标准//侯汉清主编. 索引技术与索引标准. 北京图书馆出版社，1997

写完于2004年6月7日，上海

载于《中国索引》2004年第3期（署名：竹林）

专著索引

1 专著索引的定义

专著索引是专书索引的一种,指以一部专著(系统著作)为对象的内容索引。专著索引通常附于书后,因此习称书后索引,但也有单独刊印出版的。若将多种专著的内容索引汇集刊印出版,一般称为索引汇编。也可将多种专著的内容编制成一种混合索引刊印出版,则称为群书索引。

印刷版的专著很少作成索引数据库的。电子版的专著多半附有索引。

文集的索引是专书索引的另一种,它既可采用专著内容索引的索引模式,也可采用论文题录索引的索引模式,或两种模式都采用。

2 专著索引的功用

专著索引有下列功用:

(1)方便读者查检,可大大节约查找专著中所需要的特定内容的时间。

(2)读者浏览索引时,可发现某些所未想到而感兴趣的内容。

(3)某些专著虽非工具书,配备了内容索引,在一定程度上也可起到工具书的作用,其使用价值就可大大提高。

3 专著索引的索引项

索引项是文献中被索引对象的类称。某一文献所讨论的各个局部主题和科学概念,或文献中所涉及的地区、人物、机构、事件、生物、矿物、产品、方法、工艺、公式、数据、著作、引用典故等各种事项,或重要学术著作和文学作品的字词,或某一文献集合中所包含的各种文献的内容和外部特征,甚至文献间的某种关系或文献的某种功用,只要具有检索意义的,都可作为索引项。一种文献的内容,或一个文献集合中个别文献的特征,是借助于各种索引项的书面形式而被详细揭示出来,提供各种检索途径以供读者方便地查检和利用的。每一种索引项提供一种检索途径,回答某种检索提问。

专著索引,可随专著的学科范围、主题领域、著作类型以及价值等的不同,选择某些索引项。索引项的选定,对专著索引的检索功能起着决定的作用。

4 专著索引的类型

专著索引可分为综合索引(通常称为内容索引或主题索引(广义的))和专门索引(专名索引)。专门索引指人名索引、地名索引、机构索引、主题索引(狭义的)等单一种索引项的索引。综合索引就是将各种专门索引的索引款目混合编排而成的索引。一部专著若选择编制几种专门索引,则可称为一个专书索引体系。

篇幅不大的专著,一般有一个综合索引即可满足需要。若某一种索引项的索引款目特别多,则可为其单独编制一种专门索引(即综合索引 + 专门索引)。若一部专著篇幅庞大,则可全部分别编制各种专门索引,其中必定包括一种主题索引(狭义的)。

对于专著中数量较多的插图和附表,若为其编制索引款目,一般都是单独组成专门索引的。

5　专著索引的编制方式

专著索引的编制,一般采用人工自由标引的方式。采用自动抽词标引的方式以外文专著较多,但质量差。人机结合标引方式可分为先自动抽词再经人工修正和先由人工标注抽词符号再由计算机进行抽词处理两种。几乎没有使用人工语言(索引语言、情报检索语言)来编制专著索引的。采用自由标引方式编制的索引,其质量高于人机结合标引方式编制的索引,当然更高于自动抽词标引方式编制的索引。

本文只叙述采用人工自由标引方式编制索引的方法。

所谓人工自由标引方式,是指由标引人员在对专著内容进行阅读分析后,不依据事先编制或选定的规范词表,而按一定规则自行决定给出索引词(索引款目用词)。可用于人工自由标引方式的索引词有关键词和加说明语的关键词(类似加说明语的多级标题)两种形式。自由标引词虽是依据一定规则给出的,但还是一致性较差,故在最后须对标引结果进行适当整理。

6　专著索引的标引深度

标引深度是指对文献内容进行周详标引的程度。专著索引的标引深度以"索引篇幅/正文篇幅"计算,从百分之三四到百分之十几不等,一般为百分之八左右,即100页正文编制8页左右的索引。个别专著的索引篇幅可大于20%。预先选定大致的标引深度是为了对索引篇幅做宏观控制,实际上是对索引质量做宏观控制。

标引深度取决于两个因素,一是索引项(也就是索引功能)的多少,二是对检全率和检准率的要求。如果要求高检全率,则加大标引深度(在一定极限内加大标引深度,也有提高检准率的作用),如果要求高检准率,则应适当地缩小标引深度。上述百分之八大致可使检全率和检准率都比较适中。

7　专著索引的概念提取

提取索引概念(即一个个具体索引项,也可称主题概念)是专著索引编制工作的主要内容。提取索引概念是否恰当是决定其质量的最重要环节。

索引概念是指表达专著某一局部内容的概念,它可大至专著的一个章节,也可小至一个名词术语(在某一具体叙述文字中的)。专著中某一局部内容是否可作为索引概念提取,取决于其是否具有检索意义,即是否具有有价值的信息。

被提取的索引概念应是确实提供了一定的有用信息的,因此,专著中的某些不可能成为读者查检对象的和无信息价值的内容和名词术语,不能作为索引概念提取,以避免空虚款目充塞索引,造成累赘,影响检准率。

8　专著索引的标目规范

索引款目的标目是索引排序的依据,是查找专著中特定内容的入口。标目措辞对索引检索功能的影响在于:①措辞能否准确表达索引概念,会影响索引的检全率和检准率;②标目的字面形式决定索引款目的排列位置,该位置是否符合读者查检的思路,是否影响索引款目的字面成族效果,也会影响索引的检全率和检准率。

专著索引的标目措辞应有一定规范。其主要要求是:①标引用词应与被提取的索引概念专指度基本一致,当单个标引用词专指度不足时,可用加说明语的方法提高其专指度;②主标目用词应与专著原来用词的书面形式尽可能(但不是绝对)保持一致;③对标引结果应做适当规范化处理,合并同义词、近义词及消除影响字面成族的不规范现象;④增补标引不用词的参照款目,用以指引到所采用的标引用词形式;⑤对于标目规范的要求,可拟定若干条规则以便遵循。

9 专著索引的出处项

出处项用专著的页码表示。若在一些相继的页码中连贯地涉及被索引概念,则可用起止页码来表示出处(如"5~8");若在一些相继的页码中不是连贯地涉及索引概念,则应列举各个页码并用逗点隔开来表示出处(如"10,11,12~13")。如果专著是分栏排版的,则最好加分栏符号表示具体出处(如"15b"表示15页右栏)。如果一部专著是多卷的,则应在出处页码前冠以卷号(如"③24~25")。

10 专著索引的排序和合并

现在汉文文献索引均按汉语拼音排序,由计算机进行自动排列。但因汉字编码方案将常用字和间用字分两段编码,可能会使极少数的索引款目排在最后而脱离正确的音序位置,排序后须用人工调整。

整个索引进行排序后,会显现出标目的许多重复,应做合并整理。例如:

搜索引擎—对网页的标引处理　26
搜索引擎—基本结构　12
搜索引擎—检索模块构成　15
搜索引擎—类型　3
搜索引擎—数据采集机制　35-36
搜索引擎—数据采集机制　38
搜索引擎—数据采集机制　59

应合并整理成:

搜索引擎
　—对网页的标引处理　26
　—基本结构　12
　—检索模块构成　15
　—类型　3
　—数据采集机制　35-36,38,59

11　专著索引的质量控制

专著索引的标引人员应是对专著的学科或主题领域有一定了解的。

专著索引编成后,标引人员应将每一条索引款目对照专著原文进行一次审核,删除不必要的款目,修改不确切的标目措辞。

若能再请专著作者本人审阅编成的索引稿件,指出标引不妥的款目,则更好。

索引的校样应由标引人员亲自校对一遍。

写完于2002年10月29日,上海

载于《江西图书馆学刊》2003年第2期

图书内容索引事业：我国可能采取什么模式

从西方的模式揣测我国的模式

西方国家（还有日本）图书内容索引事业非常发达。除了文艺作品和小册子以外，其他图书绝大多数附有内容索引。内容索引多半是由职业索引员编制的，也有一些则是由作者自己或其友人或出版社的编辑所编制。作者、出版社都会找索引员为新书配置内容索引。在西方国家，索引员是一种职业，属于自由职业性质。有专职的，也有业余从事的。索引员既要有索引技能，又要具备所编索引的图书的相应专业知识，这比图书馆的分类编目人员还要求专一些。各个出版社固定聘用索引员一般在经济上不合算，故都是出版什么内容的书，临时去找对口的索引员，把编索引的工作外包给他去做，付给适当的报酬。这就是西方的模式。

我国是什么模式，目前还不明朗。我国从计划经济步入市场经济以来，图书出版量飞快增长，但图书内容索引的增长却非常迟缓，有内容索引的图书估计还不足出版新书的10%。出版社既没有专职编制索引的人员，社会上也没有类似西方的职业索引员。我们仅仅发现一位在业余时间从事索引编制服务的高等学校教师，经常为各种年鉴编制索引，并与人合作，研制了一种索引专用软件，颇有成就，他的情况，相当于西方的兼职索引员。我国高等学校没有培养图书内容索引专业人才的专业或课程；在高等学校以外，也不曾有此类索引员的培训活动（中国索引学会虽办过两期有关图书内容索引的短训班，但还算不上专业索引员水平的培训），至于索引员职业认证制度，则更无从谈起了。

对于我国图书内容索引事业的落后状况，在寻找其原因时，有一个问题经常使人困惑：到底是因为缺乏编制索引的人才而导致图书内容索引事业不发达呢？还是因为中国读者不需要图书内容索引而没有出现编制图书内容索引的职业队伍呢？其实，这样提问是不合适的。根本的问题在于：出版业界和作者读者都还没有普遍意识到图书内容索引对图书的潜在价值，对提高图书品位的重要意义。这里出版界是关键所在。如果出版界没有觉醒而起来采取行动，我国的图书内容索引事业是不可能快速发展的。这事大概也只能慢慢等待。

关于我国图书内容索引事业，我揣测，最可能是采取各种体制并存的模式：

（1）由出版社的图书编辑来编制。图书责任编辑如果意识到他所编辑的图书需要配置内容索引，他的决定权最大，而且必要时他也可以自己动手编，最容易实现。这是第一种动力。

（2）若作者意识到自己写的书要有内容索引才完美，他会尝试自己编索引或请友人帮助编索引。作者自己编的索引被出版社删去的事以前时有所闻，现在估计越来越少了。这是第二种动力。

（3）在市场经济环境下，效法西方，一些人从事索引员职业，促进图书内容索引事业的发展。这是第三种动力。但在我国，稿费水平很低，专职索引员可能维持不了普通的生活水平，所以，业余从事图书内容索引编制者可能成为索引员队伍的主要成分。

(4)小型索引公司。这是第四种动力。在当代,索引技术的应用将越来越广泛。这是指图书内容索引以外的各种索引特别是数据库而言。小型索引公司将会出现,他们可以接受出版社的外包业务,索引员可以依附于小型索引公司。

我以为,在我国,图书内容索引事业采取以上多种方式的多元化发展模式的可能性比较大。

中国索引学会如何应对我国可能采取的模式

中国索引学会工作的薄弱环节,也正是对推动图书内容索引事业的发展用力不够。在中国索引学会会员中,来自出版界的会员所占比例极小极小,当前没有一位代表出版界的副理事长,学会活动很少考虑图书内容索引的发展。最近编制国家索引标准,也未邀请出版界人员参加起草小组。

中国索引学会与英国、美国、澳大利亚等的索引协会,活动范围一致性极小。西方索引协会是索引员(虽然也有少数图书情报人员等参加)的行业组织。中国索引学会则基本上是图书情报人员(几乎没有出版界的图书内容索引编制人员)的学术团体。当然,这一弱点,主要并非学会组织者的过错,这是与中国当前图书内容索引事业极不发达,根本不存在像西方国家那样的索引员队伍的情况一致的。

但是,推动我国图书内容索引事业前进毕竟是我们学会的任务,因为中国索引事业不可缺少图书内容索引这一块,这是索引事业中最古老、最传统的一块。

我国完全采取西方国家图书内容索引事业发展模式的可能性不大。中国索引学会也不大可能完全变成西方索引协会那样的行业组织。但是,只要我国图书内容索引事业采取多种方式的多元化发展模式,我们学会的工作方向就要适应这一模式而有所准备,做好几件事:

(1)制订图书内容索引国家标准细则。

(2)编写与索引标准配套的图书内容索引标准教材。

(3)不断举办索引员培训班(培养作者、编辑、职业索引员等不同对象的)。

(4)制订索引员考核标准、认证制度及考核办法。

(5)开展向出版社推荐索引员的中介服务。

(6)制订图书内容索引质量评估体系并开展评奖活动。

(7)有计划地开展相应的学术和经验交流活动。

(8)维护索引员权益(如报酬标准、标准合同等)。

(9)组织图书内容索引专用软件的研制。

假如能在五六年内做好这些工作,那就很了不起了,不过,我们总得从现在起步走。

本文是看了《中国索引》2006年第4期戴立群先生的文章和受学会委托答复戴立群先生有关我国图书内容索引事业的若干问题有感而写。

写完于2007年2月5日,上海
载于《中国索引》2007年第2期

学术性索引的一个范例
——《泰山研究资料索引》

泰山是中国名山，是世界自然与文化双遗产之一。对于泰山及泰山周边地区人文与自然方方面面的研究，形成“泰山文化”研究，当前则集合为“泰山学”。

泰山研究源远流长，研究范围很广，研究者众多，文献资料浩如烟海，是学术研究不可忽略的内容。选择此研究对象作为索引主题，对泰山文献资料进行总结性整理，编成索引，无疑具有很大的学术意义。

朱俭编纂的《泰山研究资料索引》是《泰山学书系》二十种中的第一种，2004 年 10 月由北京图书馆出版社出版，825 页，共 64 万字。它是泰山互联网的一个组成部分。该索引从 1995 年开始编制，历时 10 年才告完成。

这部专题索引是研究泰山学的重要指南，堪称学术性索引的一个范例。本文在下面做一简单介绍。

1　索引收录文献广泛、丰富、精当

该索引收录各类泰山研究资料达 8862 篇/部，可谓十分丰富。

编者在收录文献方面煞费苦心，是这部索引能够保持很高质量的关键。

该索引以“大泰山”的概念（即泰山主峰及其周边地区）为收录范围，力求反映该主题的全貌，力求囊括各种类型的相关文献资料。

该索引收录的文献资料计有图书（专著）972 种，报刊论文、资料 4938 篇，文集中的论文和散见于一些论著中与泰山研究有关的章节 2353 篇，会议论文 341 篇，学位论文 101 篇，专利文献 35 篇，科技报告 122 篇。收集资料时，曾充分利用了网络资源（不含网络信息），该索引第 821 页的“泰山文献检索词表”，就是在收集网络资源时积累起来做同义词控制用的。其收录之广泛，可想而知。

该索引收录的文献资料内容涉及哲学、美学、宗教、经济、文献学、教育、体育、语言文字、文学、艺术、历史、封禅祭祀、文物考古、民俗、地理、测绘学、地球物理学、地质学、天文学、气象学、土壤学、微生物学、植物学、动物学、昆虫学、医药卫生、园艺、林业、计算机技术、环境科学、科技史等三十多个学科门类，力求全面收录。

但泰山资料数量十分庞大，索引在选材上，就“实”避“虚”，注重研究性，兼顾资料性；以年代久远的资料从宽，晚近之作从严从精的原则收录；文学作品一般不收，主要收录评论研究资料。力求收录精当。

所收录的文献资料，加了必要的注释，力求清楚交代。

2　索引结构设计有特点

该索引正文分为“论文资料索引”和“图书目录索引”两个系列按分类排序。国外论文、会议论文、学位论文作为“论文资料索引”的最后三个类目，国外图书（专著）作为“图书

目录索引”的最后一个类目,专利成果和科技成果作为“附录”的两项,都集中编排。

分类体系是根据《中图法》体系按实际需要改造而成的。设置了许多特色的一、二、三级类目,以突出泰山研究的重要内容。这项改造,可以说非常得体,非常自然,非常成功。这个分类体系,从一级类目名称上看,已不像是渊源于《中图法》,而像是一种按实际情况编制的分类法,但在序列上却与《中图法》完全保持一致,可谓巧妙。将国外论文、会议论文、学位论文、国外图书、专利和科技报告集中编排,对于这部具体索引,也是相当得体的。

文献资料的分类,采取了所谓“明分”与“暗分”相结合的方法。“明分”即其类目体系一清二楚;“暗分”是指将相互关联的资料尽可能排在一起,采用上下空行的办法,使读者一看就明白这一组资料之间的关联性。

对于涉及两类的资料,采用在相关类目下加注的方法来代替互见分类。以上可见其分类处理的精细。

该索引还有著者索引、引言、编辑说明、后记等组成部分。

引言很长,对该索引收录的文献做了收录范围和编纂义例的说明,资料的时空分布、学科分布、类型分布、语种分布等文献学分析,泰山研究的历程和现状(当前研究前沿和热点)的归纳和评论,并指出泰山研究资料的检索方法。读此引言,对泰山研究资料的掌握和利用可大有帮助。

3　索引的可改进之处

这部索引,可以说是编纂得相当完满的。下列两点,仅供参考:

(1)是否可再增加一种主题索引。虽然该索引的分类体系设计得相当好,已能较方便地揭示所收录的文献资料,但因索引收录的资料较多,对于许多具体内容,利用分类途径查找还是要费些时间,特别是这部索引的价值仅提供分类检索途径还不可能很充分地揭示出来。在主题索引中,事项主题与类目主题结合,可以用少于著者索引的篇幅,把内容揭示得很充分,使这部索引的价值得到更好发挥。

(2)将论文资料与图书(专著)分两个系列分类排列,虽属索引编制的惯例,但似乎不如合并排列,将图书(专著)排在每类的最后,用一个空行或横线或别的什么标志隔开,检索起来更方便些。而且把图书款目和图书的分析款目放在同一个类目下(现在是分在两个系列中)也比较协调。

4　索引对地方文献工作的借鉴意义

如果细想起来,《泰山研究资料索引》其实就是一部地方文献目录。该索引在文献资料收集和处理方面,有不少经验可供地方文献工作借鉴。一个地方的地方文献目录如果能编得如此细致完善,就可以说相当不差了。

编者说,他是以“按照学术研究的标准来要求,以体现其学术价值”的态度来精心编纂这部索引的。《泰山研究资料索引》的确编得很成功,编出了学术水平。把它比作一篇博士论文,我想也不会逊色吧。

不要怕人们说编索引没什么学术水平,就怕索引编纂者把自己的工作不当作学术研究工作来做。这是我的一点感想。

参考文献

张琪玉.索引工作的性质与索引工作者劳动的性质.中国索引,2004(3)(署名:《中国索引》编辑部)

写完于2007年7月30日,上海

载于《中国索引》2008年第2期

学习图书内容索引标引经验的一种方法
——索引还原法

索引的标引，即可索引内容的提取和表达（给予检索标识）的操作过程，一方面，其对索引质量的影响极大；另一方面，其随意性也很大。可以说，这是一种需要智慧的近乎艺术创造的处理过程。虽有一般性的标引规则，但其对可索引内容的提取和表达的规定往往过于原则和简略，对实际标引工作的帮助有限。之所以如此，可能是因为标引规则和方法具有“只可意会，难于言传”的模糊性，很难用简单明了的方式说清楚。

可以这样说；一个优秀标引人员的标引工作能力，主要不是从课堂上获得，而是从标引实践中用心体会、逐步积累起来的（虽然课堂学习也不可缺少）。因此，从图书内容索引的标引成果中学习标引经验是很有效的一种提高标引能力的途径。这就是索引还原法。

索引数据还原的步骤是：选择编制得较好的图书内容索引，将其全部款目逐一还原成原始索引条目。还原时要注意每条款目意义的完整。例如：日本索引学会编《索引编制工作手册》一书索引中的一条综合款目：

标目　7,40－41
　—百科全书　123－126
　—划分　49－50
　—控制　9－10,55－58
　—图书　88－89,91－92,98－101
　—限定　126－127
　—选定　52－54,94,97－98

要还原成13条单一款目（出处的第一个页码尾数应对齐，以便计算机排序）：

标目	7
标目	40－41
标目—百科全书	123－126
标目—划分	49－50
标目—控制	9－10
标目—控制	55－58
标目—图书	88－89
标目—图书	91－92
标目—图书	98－101
标目—限定	126－127
标目　选定	52－54
标目—选定	94
标目—选定	97－98

还原后的款目按出处页码排序，然后，与图书原文进行比对，看索引原编者的标引方法：图书的内容在什么情况下做了标引？在什么情况下没有做标引？是用什么措词方法和技巧进行标引的？当然，比对时也应想想他标引得是否恰当，换一种方式标引是否更好些，等等。经过这样的比对、思考、体会过程，必定会获益匪浅，好像索引编者既在给你指点，又在与你讨论。

索引还原法也可用于修订版图书的索引修订，但不适用于图书专门索引标引方法的学习。

写于 2006 年 10 月 15 日，上海

载于《中国索引》2006 年第 4 期

谁来编图书内容索引

图书的内容索引，既可以由作者自己编制，或出版社编辑人员编制，也可以由索引专业人员来编制。三者各有长处。

作者自己编索引，由于被索引的书中哪些是重要的和有参考价值的内容，哪些是有检索意义的知识点，作者本人最为清楚，所以能够较准确地提取可索引内容，保证索引的基本质量要求。但是，图书作者对于索引编制规则的了解一般不多，编出的索引从技术角度看不一定是最好的。同时，图书作者很少自己编索引。

如果由出版社的图书责任编辑来编索引，可能比作者自己编索引来得好些，因为责任编辑在其工作过程中对图书内容的了解是比较深入的，并且对索引知识的掌握也会比作者多些，某些编辑还可能有一些编制索引的经验，因此可能编出较好的索引。特别是编索引的工作可与审稿、修稿工作结合起来。

在国外，大部分图书内容索引是由职业索引员（专门编索引的自由职业者或业余兼职人员）编制的。索引员一般都得到索引家协会的资格认证，在索引技术上可更胜一筹。但职业索引员往往遇到被索引的图书不熟悉其相关专业知识，同时迫于编制时间紧促，也有一定弱点。但编索引多了，其经验完全可弥补他的不足。

最好是由索引员来编制，再由作者或责任编辑审阅、修正一次，这样的索引就会更加完善。

由文献标引人员来充当索引员，是相当理想的。当然，编制图书内容索引与为文献目录做标引并非一回事，但其间有很多相通之处。因此，文献标引人员很适合做图书内容索引的兼职索引员。

我国的索引员专业队伍极小，这也可以说是图书内容索引事业不发达的原因之一。中国索引学会的会员大部分是文献标引人员，希望有很多会员能加入到索引员队伍中来，可以做兼职索引员。

写完于2007年1月13日，上海

载于《中国索引》2007年第1期

关于图书内容索引的稿酬

图书内容索引的编纂者，不论是图书著者本人，图书著者的友人，还是图书的编辑，出版社一般都得支付稿酬。但其稿酬标准，却未见有明确的规定。我在这里提出一个初步意见：

我认为，图书内容索引的稿酬，原则上应“同书同酬”，即与被索引的图书执行相同稿酬标准。但在执行中，可以有下列几点调整：

（1）索引篇幅不足原书正文4%的图书，一律按4%的篇幅计算稿酬。例如：

原书200页，索引4页，以8页计酬。

（2）索引篇幅超过原书正文10%的图书，其超过部分可对折付酬。例如：

原书200页，索引30页，以25页计酬。

（3）下列特殊情况另议：

a. 要求提前交稿者（一般20万字的图书，其索引7天交稿）；

b. 索引难度较大者，如古籍等；

c. 被索引的图书非一般读物，如电子图书等。

以上意见是否妥当，希望能展开讨论。

写于2007年10月16日，上海

载于《中国索引》2008年第1期

关于学术性专著深度标引的设想

1　图书馆对所藏学术性专著的传统标引方法

学术性专著是指社会科学、自然科学和技术各门类的图书。这是图书馆的基本收藏。一般认为,学术性专著属二次文献,情报价值较小。实则并不完全如此。在学术性专著中,有许多全书内容完全属一次文献,或部分属一次文献部分属二次文献,即使是属于二次文献的,也经过了研究、提炼和综合,价值有所提高。学术性专著自有其价值所在。

图书馆对学术性专著的标引,基本上都是采取整体标引(所谓按文献单元标引)的方法,编制分类、主题、书名、著者四种目录或其中的若干种目录。对于期刊,也以"种"为单位进行管理,订购情报机构编辑出版的检索刊物来解决期刊的检索问题。图书馆一般不对所藏文献做深度标引,这是依据本身的需要,也是限于本身的条件。因为图书馆没有情报机构那样的情报传播职能和情报分析研究任务。

2　按知识单元标引,还是按章节标引

近些年来,关于知识组织的文章时有发表。文章作者们不约而同地提出知识组织与文献组织、信息组织及情报组织的关系问题,众说纷纭。关于这个问题,杜也力《我国关于知识组织的研究述评》一文将各家观点做了高度概括:"综合大多数研究者的观点:知识组织是文献组织和信息组织的深化和更高级形式。从文献组织到信息组织再到知识组织的演进,是一种理论和方法不断完善和不断深入的过程。"[1]意思是,文献组织、情报组织、信息组织和知识组织是一个从低级到高级的发展过程,文献组织、情报组织和信息组织还没有达到知识组织水平,进一步发展才是知识组织。

其实,文献组织、情报组织、信息组织和知识组织不过是同义词而已,实质都是知识组织,是指对文献或情报或信息或知识的一种处理过程,这几个词只是在不同场合,不同的语言环境中使用时,为了修辞上的需要而被创造出来的。从"深化和更高级形式"等词语来揣摩,文章作者们想要表达的真正意思可能是指:到了现时代,要进一步提高知识组织的深入、细致程度。看来,这是大家一致的意向。

那么,深入、细致到什么程度?作者们几乎一致地提出,要按照"知识单元"来组织知识即标引文献[2]。

"知识单元"这个概念实在是扑朔迷离,使人捉摸不透。有的说:"知识单元是构成学科知识的最小单元,主要指概念。"有的说:"对知识进行的任何组织都必须建立在知识单元的基础上,而知识单元无非就是概念。"有许多人认为,一个文献中包含有多个知识单元,他们认为,知识单元比文献单元更细、更具体。也有人认为,一个文献单元本身也是一个知识单元。

但是,到底什么是"知识单元"?如果概念不清,我们又怎样据以对文献或知识进行组织(标引)操作呢?须知,知识组织是一种操作,是来不得半点含糊的。到底怎样才能准确按"知识单元"组织知识,需要有规则,有实例说明。可是,在那些理论文章中却找不到如

何组织知识的具体指示。

在这种情况下,按学术性专著的章节深度标引,或许是对学术性专著增加标引深度的可行办法之一。章节与知识单元意义近似。学术性专著都有章节,章节主题概念一般能较准确、全面、细致地揭示该专著的知识内容,可以作为标引的依据。

3 编制学术性专著章节索引数据库的要点

学术性专著按章节深度标引,对于图书馆编制一般目录来说,是做不到的,对一般读者也是不需要的。按章节标引的检索工具,只适合带着咨询问题或研究任务的读者和担任咨询解答任务的馆员使用。所以,章节深度标引只适用于建立数据库[3]。

建立学术性专著章节索引数据库的要点是:

(1)采用题内关键词轮排索引形式。题内关键词轮排索引容易编制,采用模糊抽词的办法质量较高,带有上下文因而容易甄别检索结果是否符合检索需要。

(2)各级子标题,凡概念明确、具有检索意义者,都应予标引。因为粗略地只标引到“章”,是不充分的。

(3)某些字面意义不明确的章节标题应予修饰、补充,无检索意义的章节标题可以删除或不予轮排。

(4)出处以“标准书号+章节编码表示”。

(5)章节编码用等级制号码(对于章节超过“9”的,全部“章”或“节”都应以二位数表示)。

(6)尽量利用“见”参照形式代替意义重复的轮排款目,使一条章节标题实际占用的款目数量不超过1.5条(估计)。

(7)为了合并数据,字段应标准化。数据库可设章节标题、标准书号+章节编码、著者+原书书名三个字段。

章节标题的轮排数据库数量极大,故非一般图书馆所能编制,也非某个大型图书馆所能编制。宜按学科、专题、分出版时段进行分散(合作)编制,或由索引数据公司来编制,然后合并和增补。需要的一般图书馆,就只有“买”数据了。

4 学术性专著章节索引与数字图书馆

章节索引比起全文检索来,检索命中率还是会比全文检索大得多,误检率还是会比全文检索小得多,故与数字图书馆配合,或许是一种可取的折中方案。

参考文献

[1] 杜也力.我国关于知识组织的研究述评.中国图书馆学报,2002(5)

[2] 徐荣生.知识单元初论.图书馆杂志,2001(7)

[3] 张琪玉.群书章节索引.图书馆理论与实践,2002(4)

写完于2007年8月4日,上海

载于《中国索引》2009年第2期

关于图书内容累积索引数据库的设想

1　在机编条件下编制图书内容累积索引数据库的可行性

新出版图书的内容索引，目前一般都用计算机来编制。这样，其索引数据作为计算机编制过程的副产品，就可以纳入数据库不断积累起来，成为图书内容累积索引数据库。这部分数据，基本上不必花成本。

对已出版而尚无索引的图书补编索引，则可直接纳入这种数据库。

已出版图书的现有索引，纳入这种数据库也是可以的。

2　图书内容累积索引数据库的功用

数据库的特点是可合并性（可累积）和可派生性（可生产各种数据产品）。

图书内容累积索引数据库当然可以作为某一具体图书的索引来使用或派生出该书的专门索引，同时也可以作为群书索引来使用或派生出某种专门的群书索引的索引稿。

图书内容累积索引数据库比之传统群书索引的优点在于，图书内容累积索引是可以随时累积（增加内容）而不断更新的，传统群书索引则因为不能累积，不免会过时而降低使用价值。

图书内容累积索引数据库积累到相当丰富时，利用它可以综合各家的论述，比较各家的观点，更可以作为大型工具书来使用。

数据库可以上网，供众多读者共享。

3　图书内容累积索引数据库的编制方法

纳入数据库的，最好是计算机编制图书内容索引过程的中间产品（半成稿）。这是指已做好并校对好但未经合并整理的索引款目草稿（请参看张琪玉编著《图书内容索引编制法——写作和编辑参考手册》（化学工业出版社）一书第 153 ~ 155 页），要求每一出处连同各级标目独占一行。之所以要这样，是为了使数据便于混合和累积。如果纳入的是完全整理好的索引稿，混合和累积反而有困难了。所以，对于款目已经合并整理的索引，在纳入之前应予还原。

纳入数据库的索引款目应按照正在制订的索引标准《索引编制规则：总则》采用标题法编制。对字段应有统一的规定。

数据库要有能随时作规范性修改的灵活性，这是没有问题的。

编制数据库的技术并不复杂。最关键最困难的是索引数据的收集，这要有极大的耐心，否则很难收集到。

建立数据库的机构，可以是图书馆、出版社、公司或索引学会（的网站）。

4　索引出处的转换

图书内容累积索引数据库中的出处由图书代号和页码组成。图书代号可使用标准书号。另设一子库储存标准书号与图书书名及必要著录事项的对应表,当索引数据从数据库输出时可进行转换。

对应表可专设一图书索取号字段,供使用单位填写本单位藏书索取号之用。

5 更进一步的设想

其实,如果数据库属于某个收藏单位,也不妨收录期刊论文和论文集的内容索引,这样就真正成为一体化的“大百科索引”了。

参考文献

[1] 张琪玉. 数据库的可派生性和可合并性. 图书馆理论与实践,2003(6)
[2] 张琪玉. 集成工具书:工具书条目索引数据库. 图书馆理论与实践,2003(3)

写完于2007年7月26日,上海
载于《中国索引》2007年第4期

带附加信息的图书内容索引

这种索引类型在索引学著作和索引标准中都未见有论述，好像也没有通行的名称，我在这里暂称其为“带附加信息的图书内容索引”，可能不够确切。

其实，这类索引的实例不算太少，我最近见到的就有下列三种：

第一种是两种文字对照。例如，陈光祚等译的《情报检索系统——特性、试验与评价》一书，就附有英汉主题索引和汉英主题索引（第二种文字就是附加信息）。下面是两种索引的片断：

主题索引（汉/英）

巴坦系统 Batten system 24

巴特尔自动化情报检索系统 BASIS 83

半衰期 Half life 244

边缘开口卡片 Edge-notched card 28 - 30

标引 Indexing 8,210 - 216,227 - 228,354

　费用/效果方面 cost-effectiveness

　aspccts 246　251

　人员 personncl 250　251

　时间耗费 time expenditures 248 - 249

　格式 forms 46 - 49

查全率 Recall 121 - 128,138 - 152

查准率 Precision 121 - 128,138 - 152

主题索引（英/汉）

BASIS 巴特尔自动化情报检索系统 83

Batten system 巴坦系统 24

Edge-notched card 边缘开口卡片 28 - 30

Half life 半衰期 244

Indexing 标引 8,210 - 216,227 - 228,354

　cost-effectiveness aspects 费用/

　效果方面 246 - 251

　forms 格式 46 - 49

　personnel 人员 250 - 251

　time expenditures 时间耗费 248 - 249

Precision 查准率 121 - 128,138 - 152

Recall 查全率 121 - 128,138 - 152

这种索引主要出现于翻译著作，有助于确切了解译文标目含义和从原文名词查阅译本，也有助于将原本与译本的个别内容进行对照。

第二种是附摘要。例如，吴国盛著《科学的历程》（第二版）附有一个带人物简传的精细人名索引，下面是其片断：

【A】

阿拔斯(Abbas al-Majusi),约600—661,阿拉伯帝国阿拔斯王朝的创建者。118

阿贝尔(Abel,Niels Henrik),1802—1829,挪威数学家。276

阿波罗尼(Apollonius of Perta),约公元前262—前190,希腊世界三大数学家之一,以圆锥曲线的研究而闻名。56,87,89,114,195,206

阿尔·巴塔尼(Al-Battani),约858—929,阿拉伯天文学家。123

阿尔伯,沃纳(Arber,Wemer),1929—,瑞士生物学家,发现核酸的内切酶具有限制作用。550

阿尔伯提(Alberti,Leone Battista),1404—1472,意大利数学家、物理学家、哲学家。171,172

阿尔·哈曾(Al-hazen),965—1039,阿拉伯物理学家。124,167

阿尔基塔(Archytas of Tarentum),活跃于前400—前350,毕达哥拉斯学派的重要成员。86

阿尔昆(Alcuin),732—804,英国学者,在查理曼帝国任教。163

阿尔拉兹(Al-RAzi),约865—923/932,巴格达的医生,阿拉伯著名的炼金术士,著有《秘密的秘密》。121

显然,这种带简传的索引对阅读和查考这部科学史专著,比之利用普通人名索引要方便得多。

第三种是著者索引附著作信息。例如,孙公望编《唐宋名家词检索大全》的作者索引,其著录项目有著者姓名、朝代、词牌名、词的第一句或头几个字、词的编号五项,信息很多。下面是一个片断:

【三画】

万俟咏　　(宋)

　忆秦娥　　[千里草　　(076)

　长相思　　[一声声　　(008)

　诉衷情　　[一鞭清晓喜还家　　(018)

　昭君怨　　[春到南楼雪尽　　(538)

【四画】

方　岳　　(宋)

　水调歌头　　[秋雨一何碧　　(586)

　满江红　　[且问黄花　　(232)

文及翁　　(宋)

　贺新郎　　[一勺西湖水　　(001)

这个著者索引的设计非常巧妙,对检索非常方便。

这类带附加信息的索引可能形式还很多。可见,在普通索引中根据具体需要附加一些相关信息,是一种很好的方法。这个原理的应用和发挥,不就等于一种创新吗?

写于2006年3月29日,上海

载于《中国索引》2006年第2期

关于专著索引上网

前不久，台湾有几个媒体曾发表过几篇“要不要编制书后索引”的讨论文章。其中，陈颖青先生提出一种新思路：将索引脱离原书放在网上让读者需要时自行下载。并且，他还就此进行了实践：将他主编的《蒙娜丽莎五百年》一书的注释、索引等放到网上。我们学会葛永庆先生认为此法不可取，不能用此法来取代附于书后的图书内容索引（专著索引）（见葛永庆《采取积极措施，促进图书索引编制》一文，载《中国索引》2003 年第 3 期）。用索引上网的方式来取代附于书后的图书内容索引，我也觉得不妥。专著索引还是应该随书刊印，以方便使用，从而更好地发挥它的作用。

但是，我认为，陈颖青先生关于索引上网的思路，仍不失为一种创意，可以看做专著索引发表的一种新方式。对于学术价值较高、已经出版而不可能重印的专著，用此法补编内容索引，障碍最少，最易实现。将补编的索引放到网上供下载或查阅，是可行的办法。

这种情况的索引，既可由出版社组织补编，也可由著者本人或他人编制。

这种情况的索引，出处项如果加上一个图书代号（如国际标准书号），就可分类合并为某一学科或专业的群书索引（数据库），使用更方便。

这种情况的索引，最好集中在一个网站发表，以便大家容易找到。建议中国索引学会的新版网站，开辟一个供存放这种索引的栏目。

写完于 2003 年 12 月 4 日，上海

载于《中国索引》2003 年第 4 期

古籍索引的一个范例
——介绍《古今图书集成》电子版的索引数据库

1 古籍电子版是继承、普及祖国优秀文化遗产的重要形式

我国文化遗产极为丰富,大多蕴藏于古籍中。古籍现存者种类虽很多,但复本很少。各图书馆对原版或早期版本的古籍都作为珍藏有限制地提供使用。对于一些善本和珍本,保护尤其严格,一般读者无法看到。普及古籍的方法,过去都采用翻印和影印的方式,现在则可将其转化为电子版。相比之下,电子版制作较易,成本较低,若配以索引或提供全文检索功能,则查阅尤为便捷,能充分挖掘书中有用信息。在计算机迅速普及和信息传播趋向网络化的今天,电子版越来越显出它的优越性,成为继承、普及祖国优秀文化遗产的重要形式

2 为古籍电子版和印刷版编制索引数据库是我国索引事业中一个有开拓前景的领域

古籍电子版是一种全文数据库,必须辅以检索手段。若采用录入方式建库,一般可利用文本关键字词匹配检索(模糊检索)方法进行查阅。但这种检索方法并不完善,检索效率不高。故最好为电子版(无论是采用录入方式制作的电子版还是采用页面图像扫描方式制作的电子版)配备索引数据库,则可大大提高检索效率,充分挖掘古籍中蕴含的信息资源。本文所介绍的《古今图书集成》电子版的索引数据库即为一例。

我国古籍将会有大量转化为电子版,需要配备索引数据库。另外,也可为古籍印刷版配备索引数据库。所以,为古籍编制索引数据库,是我国索引事业中一个有开拓前景的领域。

3 《古今图书集成》电子版索引数据库的特点和评价

该索引数据库由广西大学中文系林仲湘教授任主编,在由他主编并曾获多项奖励的原《古今图书集成索引》印刷版的基础上,根据电子版索引的功能特点,加以进一步扩充和改进而成,共有近37万条记录,约1200万字,分为38个子库,是一个非常庞大、编制得相当精细的索引体系。

该索引数据库分为"经纬目录"和"索引目录"两大部分。

经纬目录是将《古今图书集成》原有的40卷目录改编为电子索引,以供熟悉原书检索体系的检索者使用。

经纬目录又分为经线目录和纬线目录。经线目录是一个等级分类体系,按汇编→典→部层层展开,共分为6汇编32典6117部;纬线目录分为汇考、总论、列传、艺文、选句、纪事、杂录、外编、别传等子目,相当于一个按文体分的复分表,并有一"部名"选项。

在编制经纬目录的过程中,做了大量整理、增补、校正、注释、参见、指出原文在电子版和其他两种印刷版的具体卷、册、面、块位置等的工作。

索引目录是新编的索引,分为图表、人物传记、艺文、星名、四时年节风俗、数目部和氏族总部缩略语、日月蚀陨石、天灾、石名、泉井、关隘、陵墓、职方典小汇考、职方典州县、养生、医部门项、医论、药方、药书书名、画名、庙宇、诸佛、禽虫典动物、草木典植物、禽虫草木

书名、诗词典体裁、人口田亩、食品、酒茶、钱币、服饰、乐器及乐曲、城池、桥驿、仓库、故居、亭台楼阁等37类，即37个子数据库，属主题范畴分类性质。每个子数据库视具体情况设立字段，从两个到九个字段不等。

经纬目录和索引目录均提供现代术语与古代术语的对应转换功能和模糊检索功能，并且两个目录之间可沟通。

该索引数据库的使用手册有三个附录：①经线要目简释，包括汇编名、典名、含义及范围、部数、卷数、相关的现代学科等说明；②纬线项目简释，包括纬目及其性质、作用和材料来源等说明；③索引简释，包括库名、字段数、记录数、意义及作用等说明。

由于该索引数据库也指出了被索引内容在1934年中华书局出版的线装本和1985～1988年中华书局与巴蜀书社联合出版的精装本《古今图书集成》中的具体所在位置，并且出版社也能单独供应该索引数据库光盘（一张），故也可与印刷版配套使用。

可以说，这个索引数据库尽可能地挖掘了《古今图书集成》所含的祖国优秀文化遗产，提供了尽可能多的检索途径，较之全文库用文本关键字词匹配检索法的命中率要高得多，检索要简捷方便得多。这个索引数据库，称得上是古籍索引的一个范例。

4 几点感想

（1）索引的电子化是必由之路。在当今商品经济形势下，出版社从成本效益计，除非有大量出版补贴，是不大愿意出版印数很少的书本式索引的。甚至已编好的专著书后索引也常常要被删掉。至于像1200万字的庞大索引，更是难于出版了。这正是近年新出版的索引著作不多的一个重要原因。

但是，电子版索引检索功能强大，而且出版成本相对较低，有其取代书本式索引的优势。在计算机日益普及的情况下，索引的电子化是必然趋势和出路。一个电子化索引的时代正在向索引工作者招手。我们应当转变观念，积极地去迎接索引普遍电子化时代的早日到来。

（2）索引工作是学术研究的前期劳动，是节约研究人员的时间、保证研究工作高效进行的措施之一。同时，索引工作本身实在也是一项学术工作。以《古籍图书集成》电子版索引数据库的编制为例，运用了版本学、文字学、校勘学、训诂学、文献学、索引学、数据库技术等诸多专业知识，才能臻于完善。索引工作绝非只是抄抄写写、编排编排的简单劳动。

（3）各种学科的索引各有特点。由上面介绍的《古籍图书集成》电子版的索引数据库可以看出，它的诸多检索功能正是深入分析了被索引的文献——《古今图书集成》这一特定类书的特点而设计的，所以能做到尽可能地挖掘其所含的信息资源，提供尽可能多的检索途径，达到十分完善的程度。其他学科索引的编制，也同样需要认真分析研究被索引对象的特点，从中找出有用的索引项，精心设计每个索引的结构和整个索引体系，而不应千篇一律。

（4）索引的再加工也是一项有意义的工作。例如，哈佛燕京学社引得编纂处的几十种古籍索引，就可经过再加工转化为索引数据库。

写完于2000年1月27日，上海

载于《图书馆杂志》2000年第5期

专题索引编制法

1 定义

专题索引是指以某一专题(较宽的主题)为收录文献范围的索引。专科索引和专业索引(以某一学科、某一专业为收录文献范围的索引)也常被混称为专题索引。

专题索引属于提供情报源的索引。

编制专题索引是图书馆和情报机构的一种重要服务形式。

2 选题

专题索引的选题范围极广,既可以针对任何研究课题、工作和学习的需要提供参考文献,也可结合某项宣传普及内容推荐阅读材料。

专题索引的选题来源,可以是针对服务对象的需要,主动选择(这类选题,往往要求较强的针对性和时效性);也可以接受用户的委托,代为编制;或根据收藏中某些有特色的部分,进行编制。某些咨询服务,也是以专题索引的方式提供解答的。

专题索引一般只收录本单位的收藏或以收录本单位的收藏为主,故选题要根据本单位的收藏基础,此外还要根据人力和其他条件。

3 收录范围

专题索引中文献的收录范围,主要是依据专题内涵和实际需要而定,包括专题核心文献与相关文献。一般以期刊论文为主,图书为次,也可视需要收录其他类型的文献,如内部资料、非书资料等。可确定收录文献的时间、文种乃至地域等范围;规定只限于本单位收藏、某些单位的收藏或不限于收录文献范围。

收录文献要注意系统性、全面性和选择性。虽然专题索引一般以本单位的收藏为基础,但发现本单位的收藏有明显不足时,应尽量设法从其他途径予以增补,以扩大收录文献的覆盖面,提高其参考价值。

4 收录标准

每种专题索引,在收录文献时,一般都依据索引的性质或用户的需要,定出一个收录标准。收录标准大致可分为研究资料、一般参考资料、推荐性资料、全部资料几种类型。

5 著录项目与格式

专题索引中期刊论文的著录,依据《检索刊物条目著录规则》(GB 3793—83),一般使用下列经简化的著者格式:

题名/著者
　　//刊名.—年,卷(期),—所在页码

图书的著录，依据《文献著录总则》（GB 3792.1—83），一般使用其简要级次，格式如下：

题名/著者及著作方式.—出版地:出版者，
出版年，页数.

6　提要、文摘或注释

专题索引收录的文献一般不做提要、文摘或注释。但如遇需要，也可以对部分文献做提要、文摘或注释，而且可以视各种文献的具体情况，选择文摘、提要或注释形式，不一定要求在一个索引中统一使用提要，或文摘，或注释。

7　款目排序与标引

文献款目的排序可视专题索引的性质采用分类法、主题字顺、著者顺序、时间顺序或按地区排列。

图书与论文可混排，也可分两个系列排。

收录文献较多的专题索引，除正文采用某种排列顺序（一般为分类顺序）外，还可采用其他需要的排列顺序作为索引，甚至可以采用多种索引。

7.1　分类体系

专题索引的正文按分类排列的比较常见。分类体系根据收录内容自拟，比较简略，一般仅一、二级，个别可分到三级。可按具体情况设置类目。

7.2　主题标引

专题索引采用主题法进行正文排序或做索引者虽不多，但其效果都比较好。要求质量高并收录文献较多的专题索引，最好在采用分类法排列索引正文之外再采用主题法标引。

专题索引除个别检索期刊外，一般不采用叙词法，而采用不依据词表的自由标引法。可根据具体需要选用关键词自由标引或标题词自由标引。

7.3　深度标引

个别特别重要的专题索引可采用深度标引法，附加类似"群书索引"的内容索引。

8　专题索引的题名

专题索引的题名要能正确揭示该索引收录文献的范围，若能揭示其检索功能则更好。

9　使用说明

专题索引应有使用说明，其内容包括：①编制目的，服务对象；②收录文献范围和收录标准；③检索功能。

10　专题数据库

专题数据库实际上就是专题索引的数字化，其编制方法与专题索引基本相同，只是将文献著录项目变为字段,并增加一个检索程序而已。

专题数据库的一种特殊编制方法,就是可以从大型数据库中套录数据,然后加以审查和增补。

写完于2004年6月16日,上海

载于《中国索引》2005年第2期(署名:竹林)

报纸文献是一种极为丰富而未被充分开发的信息源
——关于发展报纸文献索引和数据库的思考

1　报纸文献作为信息源的重要价值

报纸文献指报纸上登载的消息、文章、广告等一切文字和图像资料，是非常重要的信息源，具有特殊的参考价值和史料价值。其特点是：

（1）报纸文献是全社会的档案。社会各个领域的新事物，一般都会在报纸上做报道，作为一种凭证，可以说，报纸文献是全社会的档案。

（2）报纸文献是第一手文献。报纸消息和某些文章，都是由记者采访、通讯社发稿或亲身经历者撰写，大多属于第一手文献，具有很强的原始文献价值。

（3）报纸文献内容异常丰富。报纸消息无所不包，加上报纸有种类繁多的专栏、副刊，内容异常丰富，对社会各行各业都有参考价值。

（4）有些内容为报纸文献所独有。有些内容，特别是消息报道或广告之类，以及短小精悍的记述性文章，为报纸文献所独有，在其他文献中是很难找到的。

（5）报纸文献的有序性。报纸往往对某一事件做连续报道，具有时序性和系统性，可方便地追溯某一事件的来龙去脉，或某一领域、某一事业的发展经过。

（6）报纸的可近性。报纸发行量极大，普及面甚广，具有可近性，又不像广播和电视那样信息转瞬即逝，可以说是公开的档案，人人都可利用。

2　索引和数据库是开发报纸文献信息源的主要手段

报纸文献特别零散，即使关于同一事件、同一领域的资料，也往往刊载在多日甚至相隔很多时间出版的报纸上，各报纸的报道既有交叉又不相同，成为有效利用报纸文献的难题。

过去，为了解决查找报纸文献的困难，一般采用编索引和剪报两种方法。剪报不可能从多种角度对报纸文献进行检索，但有可直接检出文献原件的优点。索引则可从多种角度对报纸文献进行检索，虽不能一步检得文献原件，但可用书本式出版，其成本大大低于剪报。即使是做卡片式索引，成本也比剪报低。剪报需要用两份报纸，才能剪得正反两面的有用文献，还要贴在纸上，分类装订或放在纸夹中，用柜子或架子存放，成本比做索引高。将剪报印刷发行（如人民大学的《复印报刊资料》）是一种改进，但选材范围有限，往往不能满足订户的专门需要。

过去为报纸做索引，一般只为每篇文献做一条索引款目，按分类编排，并未充分发挥索引方法的功效。从报纸文献的书本式和卡片式索引以及印刷的剪报，到编制题录式数据库和全文数据库是很大的进步。全文数据库必然含有索引，等于“索引＋剪报＋电子化”，优点更多，但目前收录多种报纸文献的全文数据库还少见。

总之，索引和数据库是开发报纸文献信息源的主要手段。

3　报纸文献的索引和数据库目前还寥若晨星

我国报纸文献索引（指书本式索引）甚少，仅有《人民日报索引》《光明日报索引》《解放军报索引》《文汇报索引》《中国青年报索引》以及《全国报刊索引》哲社版、《复印报刊资料索引》等很少的几种。报纸文献数据库也很少，只有《人民日报数据库》《经济日报数据库》《解放军报数据库》等几种全文数据库和报社、通讯社的一些专门数据库以及《全国报刊索引》(哲社版)的题录数据库。其他报纸未见出版发行索引或数据库的。与我国出版两千多种报纸的数量相比，真可谓寥若晨星。庞大数量的报纸文献资源远远没有得到充分开发利用。

4　报纸文献索引和数据库理论与技术的研究薄弱

我国报纸文献索引和数据库理论与技术的研究十分不足。据文献调查，专门论述报纸索引和数据库(包括剪报资料分类)的文献约20多篇，其中包括了个别索引专著的章节。著者有宋明亮、黄恩祝、张效赤、于爱萍、侯汉清、沈焱、李雄藩、黄秀文等可数的几位。其中以宋明亮和黄恩祝的研究最为具体、深入。张效赤写了多篇报纸索引评论和国内外对比的文章。

5　报纸文献需要建立一整套特殊的著录规则和标引规则

前面提到我国报纸文献索引和数据库理论与技术的研究薄弱，其中特别是指对报纸文献的特殊性很少研究，未能根据报纸文献的特点建立一整套特殊的著录规则和标引规则。这次“全国报纸文献索引和数据库技术研讨会”的征文选题，就是针对这种需要提出来的。

报纸的新闻标题，一般都有两行或三行，主标题有时不能说明新闻报道的实际内容而不宜全录，有时正、副标题应合并，有些标题因使用简称而含义不明，有些标题经过若干年后使人不易理解，有些标题过长，等等，这都需要进行改写，所以，制订一个针对新闻资料的著录规则是很有必要的。

特别是报纸文献的标引，从便于检索、充分发挥其价值看，不可能对各种性质、各种专业领域的报纸文献采用简单粗略的标引规则，而应针对不同的索引对象，制订具体的标引规则。如人物的标引、地区的标引、机构的标引、会议的标引、政治文献的标引、社会新闻的标引、经济文献的标引、文化事业和文化活动文献的标引、文学艺术作品的标引、体育新闻的标引、医药卫生文献的标引、科学技术文献的标引、广告的标引，等等，都应规定出必须标引的内容和不必标引的内容，这样才能保证索引和数据库的检索功能。

6　关于报纸文献使用标引用语之我见

索引和数据库是否能使其用户全、准、快、便、省地查找到所需文献，选用什么标引用语可以说是一个重要的环节。

我国报纸文献索引历来都是使用分类法编排，几乎找不到使用主题法编排的实例。近年来有些研究者主张采用主题法。对于内容庞杂、主题细小的报纸文献来说，使用主题法确实可更好地发挥报纸文献索引和数据库的检索功能，但分类法在报纸文献的检索中仍有其价值，不可废弃。近年来出现的报纸全文数据库，也是两者兼而有之的。

采用主题法，是采用主题检索语言(属人工语言)标引呢，还是采用自然语言标引呢?我以为采用自然语言较好。因为采用自然语言标引适应性强，标引比较容易，速度快，成本低，而且专指度高，对报纸文献的标引较为合适。

但是采用自然语言标引，还有采用自动抽词标引和人工赋词标引的不同。我以为采用自由标引法是对报纸文献数据库较好的方案。

自由标引是不依据词表的一种主题标引法，标引人员在对文献内容进行分析之后，按一定规则自拟标引用词来表达文献主题。就其实质而言，是一种在文献检索中利用自然语言的方法。自由标引的优点在于：由于不使用词表控制，标引速度要比使用词表的主题标引快许多倍，这还意味着标引成本的降低；可使用与文献主题专指度一致的词进行标引，保证较高的检准率；标引过程是通过标引人员主题分析的，如果标引人员具有一定的业务水平，则其标引质量可大大高于自动抽词标引。

由于自由标引对标引用词不加控制，所以在检索中也存在着自然语言检索法的某些缺点，这可以用后控制词表来补救。

7　数据库应是开发报纸文献的主要形式

数据库可以说是现代的索引形式。一般说来，数据库都是一个索引体系，可提供多种检索途径和多种检索方法，所以检索比较方便，检索效率大大高于书本式或卡片式索引。由于印刷技术的改革，现在的书本式索引也是由数据库产生的，在某种程度上可以说目前的书本式索引是数据库的副产品。

编制数据库比手工编制索引效率要高得多，许多工序可实现自动化，不但节省人力、缩短编制时间，提高索引质量，而且可降低编制成本。数据库更可在互联网上提供使用。

特别是，出版书本式索引目前已越来越困难，因索引的印数不可能多，如要出版，须给出版社大额补贴，否则出版社不愿出版（如《申报索引》虽有很大价值，但终因无经费补贴出版社而中止出版），即使是报社自行出版，可行性也不大（如复旦大学图书馆为《新民晚报》代编索引，由该报自行印刷发行，也终因经济上的问题，出了两期而中止）。如果编成数据库，当需要少量书本式索引时，也能以较低的成本打印出来。

由此可以说，数据库是今后开发报纸文献的主要形式。以出版书本式索引为目标的索引编制计划已不是索引事业发展的方向。

8　有计划地系统地开发报纸文献资源

面对庞大的报纸文献资源，全国有计划地系统地进行开发，以避免各自编制那些既重复又不全而缺乏使用价值的数据库，这是一个很重要的问题。

较好的方案，是各报开发本报的数据库，或一个地区的各地方报纸联合编制一个数据库，专业报纸按专业联合编制数据库。这样做，可与本报、本地、本专业的需要紧密结合。编制数据库时应采用全国统一的或基本统一的著录规则和标引规则。

再由某些有条件的单位，利用各报、各地编制的数据库或某专业联合编制的数据库，用套录的方法进行二次开发，编制一些专题的或专业的全国性报纸文献数据库，或有选择的全国性报纸文献综合数据库。把全国两千多种报纸的文献完整地编成一个巨型数据库，这样庞大的计划估计难以实现。

当然，这样有计划地系统地开发报纸文献资源，也是要逐步实现的，规模只能是由小到大，不可能通过一个庞大的计划来实现。但如果大家都循着这个方向走，就可以充分开发报纸文献资源，避免重复浪费，提高效益。

这或许只是一种理想，在市场竞争的形势下，或许不会循着这个既能充分开发报纸文献资源又可避免重复浪费的方向走，而是先以"百花齐放"的形势发展起来，然后再在竞争中形成某种秩序。

9 开展服务是发展报纸文献索引和数据库的动力

许多信息公司、剪报公司能够立足和发展，靠的就是他们拥有一定数量的报纸文献资源和利用索引与数据库技术，有针对性地提供信息服务。从这点看，开发报纸文献数据库与开展信息服务相结合，是发展报纸文献索引和数据库的动力。这种服务，图书情报机构有条件做，报社资料室也有条件做。但当各报社编制数据库的工作未普遍开展起来的时候，不可避免地会造成人力物力的重复浪费。

参考文献

[1] 宋明亮. 报纸文献机助自由标引研究及对汉语后控制词表动态维护的思考——《解放军报》模拟检索系统设计实验报告. 空军政治学院,1994.10

[2] 宋明亮. 我国报纸信息数据库开发的现状与对策. 中国图书馆学报,1995(1)

[3] 宋明亮,王海岚. 报纸分面分类法探索. 江苏图书馆学报,1995(2)

[4] 黄恩祝.《申报索引》的标题拟法和资料分类. 吉林高校图书馆,1988(4)

[5] 黄恩祝. 编纂《申报索引》琐谈. 情报资料工作,1987 年第 5 期

[6] 张效赤. 中国报纸索引沿革述略. 图书馆理论与实践,1995(4)

[7] 张效赤. 我国报纸索引的现状、问题与发展. 四川图书馆学报,1991(1)

[8] 张效赤. 中美报纸索引体系的比较研究. 图书馆学研究,1993(5)

[9] 张效赤. 小议《纽约时报索引》的编制体例. 图书馆学研究,1988(6)

[10] 于爱萍. 报纸索引中的作者与标题索引初探. 情报资料工作,1993(2)

[11] 侯汉清. 报纸索引//侯汉清编著. 索引法教程. 南京农业大学,1993

[12] 沈焱. 浅谈我国报纸索引的现状及发展趋势. 情报资料工作,1994(2)

[13] 李雄藩. 谈谈新闻剪报资料通用分类法的拟订. 情报资料工作,1985(5)

[14] 李雄藩. 谈谈新闻剪报资料的分类——编写新华社《国内资料分类目录》的体会. 资料工作通讯,1981(2)

[15] 黄秀文,孔祥骅. 谈编纂 1922 年《申报索引》工作. 情报资料工作,1988(5)

[16] 刘建明.《纽约时报索引》的特色——兼谈《人民日报索引》的不足. 情报资料工作,1987(6)

[17] 王宇韬. 剪报资料分类法编制原则初探. 情报资料工作,1985(5)

[18] 蒋建华. 略谈建立统一的剪报资料分类体系. 情报资料工作,1985(5)

[19] 日本索引家协会. 新闻领域的文献索引法——以经济论文为例//日本索引家协会编.《索引编制工作手册》. 北京大学出版社,1988.4

写完于 1998 年 8 月 9 日，上海

载于《图书馆杂志》1999 年第 2 期

新闻索引的特殊性

报纸新闻是一种非常重要的信息源,具有特殊的参考价值和史料价值。报纸新闻的特殊重要性在于:①报纸新闻(累积的)是全社会的档案;②报纸新闻是第一手文献;③报纸新闻内容包罗万象,异常丰富;④有些内容为报纸新闻所独有;⑤报纸新闻是有序的;⑥报纸新闻是可近的。

索引和索引数据库是开发报纸新闻资源的重要手段。报纸新闻具有与一般文献不同的多方面特殊性。因此在索引和索引数据库的编制过程中必须采取一些特殊的措施,才能发挥其最大效用。

1　标题处理的特殊性

在编制索引和索引数据库时,有大量新闻标题不能照录而需要改写。因为:

(1)新闻标题往往太长,字数太多,超过 30 字的标题是常见的,有时甚至达一二百字,造成索引编制的困难和使用的不便。

(2)两行或两行以上的新闻标题,往往有一部分是不含关键词或主题信息的虚标题,而实标题又并不一定在第一行;甚至只有一行的标题有时也不含关键词或主题信息。从索引角度看,虚标题一般都是赘语。

(3)新闻标题中大量使用缩略语和不规范词语,在孤立语境中往往会产生歧义。

因此,对不适合索引要求的新闻标题进行改写实属必要。至于改写的方法,请参看参考文献[2]。

2　出处表示的特殊性

出处的功用是表示被索引内容在文献中的确切位置。

报纸新闻的出处要能确认:①报纸名称;②日期;③版次;④被索引内容在版面上的确切位置。一般的报纸索引都只标出前三项而不标出第四项。但是,报纸的一个版面上一般都载有多条新闻,有时几条新闻又具有相同的主题,这样,要找出含有被索引内容的那条特定新闻势必要多费时间(除非同时给出新闻标题名称)。因此,最好是把第四项也标出。参考文献[3]给出了标引第四项的一种方法,在此再给出另一种方法:

报纸的版面,一般都是分纵栏的(一个版面一般分为 5 个或 7 个纵栏)。可以用 a、b、c、d、e 表示 5 个纵栏,用 a、b、c、d、e、f、g 表示 7 个纵栏。假如有两条新闻标题从第三纵栏开始,则上面一条的编码为 c1,下面一条的编码为 c2。例如:

××××061216－8. c2 表示:某报,2006 年 12 月 16 日第 8 版标题从第 3 栏开始的第 2 条新闻

另外,若同一条新闻分载于两个版面,应把接续刊载的位置也标出,用逗号隔开。例如:

××××061216－5. c2,11. a3

3　标引方法的特殊性

3.1　对新闻资料做登记性编码的必要性

新闻事件往往连续报道或断续报道,并且,同一新闻稿往往被多种报纸同时刊载。为

了消除紊乱并便于标引,对新闻资料做登记性编码是必要的,即对连续或断续报道的新闻编一总号,每篇再编一分号(顺序号)附于总号后,用小圆点隔开;对一篇新闻稿被多种报纸刊载的,编同一登记号(顺序号)。

3.2 分类与主题专题结合

我国报纸新闻索引传统使用分类法。新闻资料按分类进行标引编排可将同性质的内容集中,对了解和检索同一范围的新闻比较方便。

前不久,公布了中华人民共和国国家标准《中文新闻信息分类与代码》(GB/T 20093—2006)。这部新闻分类法不仅质量高,而且为全国新闻资料的统一分类奠定了基础。

但是,分类不可能分得很细,而新闻资料数量庞大,在一个累积性数据库中检索特定新闻资料时,甄别仍需花费很多时间。所以,最好再依主题、专题标引。这样,在一个类内,主题、专题起着细分的作用;单独用主题或专题标识进行检索时,又可有直接性的便利。

3.3 标引地区机构名人名

新闻资料有按地区、时间、机构和人物查找的特殊需要,故还应标引地区、机构和人物,时间概念则可由出处中的日期代替。

3.4 补充说明的必要

某些新闻资料,仅凭分类号和类名、主题或专题标识还不可能迅速了解其内容,故有必要做补充说明性质的注释。

4 索引数据库的设计

索引数据库应有下列字段:分类号和类名、主题和专题、地区、机构名、人名和题录。但由于一条新闻可能被分入不止一个类目,标引多个主题词(或关键词)、地区名、机构名或人名,这就给标引带来困难。最好是分成如下几个子数据库:

①题录字段 新闻资料登记号字段

②分类和类名字段 新闻资料登记号字段 题录字段

③主题和专题字段 新闻资料登记号字段 题录字段

④地区字段 新闻资料登记号字段 题录字段

⑤机构字段 新闻资料登记号字段 题录字段

⑥人物字段 新闻资料登记号字段 题录字段

②~⑥中的题录字段数据是在最后根据新闻资料登记号利用①自动填入的。

这样,通过检索程序,可以分别浏览,或根据实际需要,进行多子库联合组配检索。

参考文献

[1] 张琪玉. 报纸文献是一种极为丰富而未被充分开发的信息源——关于发展报纸文献索引和数据库的思考//葛永庆主编. 报纸索引和新闻数据库

[2] 张琪玉. 关于新闻标题改写原则和方法的探讨. 中国索引,2005(2)

[3] 张琪玉. 报纸文献的著录和编码探讨//葛永庆主编. 报纸索引和新闻数据库

写完于2006年12月22日,上海

载于《中国索引》2007年第4期

关于新闻标题改写原则与方法的探讨

1　新闻标题改写的必要性

有大量新闻报道的标题必须进行改写才能符合索引和数据库的编制要求。因为：

(1)新闻标题太长,字数太多,超过30字的标题是常见的,一二百字甚至更长的标题也是有的。标题太长,会增加索引与数据库的著录工作量,也会增加检索者的负担和影响检索速度。

(2)两行或两行以上的新闻标题,往往有一部分是虚标题(不含关键词或主题信息),甚至,有的新闻标题其主标题(用大号字印的)是虚标题,副标题和引题倒反而是实标题。

(3)单行的新闻标题(单一标题)也有虚标题的。

(4)新闻标题中大量出现的缩略语和不规范词语,在编制关键词索引或用关键词做检索标识时,会产生问题。

(5)太长的标题不适应关键词轮排索引的要求。

2　新闻标题的类型与结构

要对新闻标题进行改写,首先必须了解新闻标题的类型与结构。

新闻标题是置于各种新闻报道之前,对新闻报道内容进行概括揭示的、独立于新闻报道正文之外的语句。

由于新闻报道的需要,决定了新闻标题除了具有揭示新闻报道的事实以外,还要在新闻内容的基础上表达新闻报道作者或编辑部的观点、看法、愿望,故新闻标题往往还具有说理的成分。因此,新闻标题可分为实标题和虚标题两种:表达新闻报道的事实成分的标题称为实标题或简称实题,表达新闻报道说理成分的标题称为虚标题或简称虚题。例如:

人民日报理论版发表署名文章　　(虚题)

深刻通俗评说“软着陆”　　(实题)

新闻标题从形式上可分为单一标题和复合标题。单一标题只有一行,复合标题则有两行或多行。单一标题多为实题,但也有极少数虚题。

复合标题可分为主要标题和辅助标题两部分。主要标题即主题,辅助标题包括副题、引题和提要题几种。

主题是复合标题中最主要的、必不可少的部分,用最大的字号突出表示主要事实和思想。主题以实题居多,但也有的主题是虚题,而副题反而是实题。例如:

做特区忠诚卫士　当精神文明标兵　　(引题,虚题)

江泽民等为好六连题词　　(主题,实题)

撒在南疆的情意　　(主题,虚题)

塔里木河南勘探公司环保工作纪实　　(副题,实题)

引题又称肩题或眉题,位于主题之上,其作用是介绍新闻背景、烘托某种气氛,揭示主题意义、引导出主题之用。例如:

农业得天独厚工业赶超沿海　　　　　　　　（引题）

长江流域经济迅速崛起　　　　　　　　　　（主题）

副题位于主题之下，常用于补充交代事实、问题，说明主题的来源、结果，或者对主题进行补充、印证和注释。例如：

天津查获一批放射性进口废物　　　　　　　（主题）

现已入库封存等待处理　　　　　　　　　　（副题）

在兼有引题和副题的新闻标题中，一般是引题务虚，副题务实。例如：

团结　民主　务实　奋进　　　　　　　　　（引题，虚题）

省政协七届五次会议上午开幕　　　　　　　（主题，实题）

郭荣昌主持　谢非卢瑞华等到会祝贺　　　　（副题，实题）

提要题也称提示题，位于主题之后，正文之前。其作用是提纲挈领地概括或摘要新闻内容中的主要事实、问题、做法、经验等，一般用于比较重要或比较长的新闻消息中，在会议、报告、谈话等消息报道中用得较多。

此外还有分题，也称插题、小标题，是在正文之间用以分别概括段意的标题，提示某一段落的内容。分题的功能类似提要题。

3　新闻标题改写的原则与方法

新闻标题改写的基本原则，就是在改写过程中保持标题的含义不失真，使标题的形式更好地满足索引和数据库的需要。

新闻标题的改写方法可概括为以下几点：

(1)把复合标题形式都改成单一标题形式(即改成一个句子)。在确实必要时，可插用逗号等。例如：

做特区忠诚卫士　当精神文明标兵
江泽民等为好六连题词　　　　　　　　　　（原标题）

江泽民等为深圳特区精神文明好六连题词　　（改写后标题）

(2)将长标题压缩成规定长度(如最长不多于30个汉字)。例如：

中国政府代表团团长解振华强调
《里约宣言》的原则不能动摇
让市民对“天”有数
阜新首次公布大气环境质量　　　　　　　　（原标题）

中国政府强调《里约宣言》原则不动摇，阜新首次公布大气环境质量
（改写后标题）

(3)在对标题进行压缩时，既要删去无检索意义的字词，也要删去检索意义不大的字词，但要尽量保留有检索意义的字词。例如：

改名隐居几十年的蒋纬国异姓兄弟金定国已在安徽找到
（原标题）

蒋纬国异姓兄弟金定国在安徽找到　　　　　（改写后标题）

(4)标题中原有的缩略语或不规范的有碍理解的语词，应改为全称或正规的表达法。但在不妨碍理解的情况下，可尽量保留原来的用词。例如：

亚马逊:让中国读者快乐购书　　（原标题）
网上书店亚马逊公司:让中国读者快乐购书　　（改写后标题）
无线通信使铁路旅行更舒适　　（原标题）
无线卫星通信系统使铁路旅行更舒适　　（改写后标题）

（5）如果是为编制关键词轮排索引而改写，应考虑到关键词轮排索引的特殊需要，进行增词、删词或改词（适应轮排索引的局限和要求）。例如：

美元窄幅波动　　（原标题）
美元汇率窄幅波动　　（改写后标题）
市场成交清淡　　（原标题）
商品期货市场成交清淡　　（改写后标题）

（6）一般来说，虚题（可能是复合标题的任何一部分）的文字基本上可全部删去。例如：

一周内三破历史纪录　　（引题，可删）
港股市“牛气冲天”　　（主题）
没有规矩　何成方圆　　（主题，可删）
——从唐微依擅自离队说起　　（副题）
男篮甲级队昨天测体能　　（主题）
一百多人参加，十六人不及格，不及格待补测　　（副题，可删）
江主席接受《印度教徒报》书面采访　　（主题）
指出中印两国……　　（提要题，可删）

（7）单一标题若为虚题，应改写为实题，或保留原题，添加置于括号中的关键词或注释。例如：

昔日对手今相逢　　（原标题）
我志愿军英雄韩德彩与昔日被击落的美飞行员44年后友好相逢
（改写后标题）

参考文献

张志君，徐建华．新闻标题的艺术．译文出版社，1998

写完于2005年3月7日，上海
载于《中国索引》2005年第2期

群书章节索引

四十年前的一部群书章节索引

北京图书馆李钟履先生编的一部《图书馆学中文书籍内容主题索引》于1961年由四川省中心图书馆委员会出版。这是一部群书章节索引。这种类型的索引,至今还仅见这一部。这部索引编得很精细,值得介绍。

该索引收录1950～1960年的中文图书馆学书籍221种,整个篇幅为32开本595页。其结构包括前言、编例、主题表、收书编号表、收书分类简表、主题索引正文、附录一(照片、图表、格式索引)、附录二(书中引用书目索引)。

其主题表(标题表)有主题705个(含“见”参照),按笔画笔形排列。

收书编号表分我国著作、苏联著作、其他国家著作三部分,每部分按出版年的反纪年排列。

收书分类简表有60个类目,分二级。

正文中每个主题下列出索引条目,也按反纪年排列。索引条目由章节名称、书的出版年和书的编号三项组成。

这部索引的结构设计是相当完善的,故使用方便,足见编者的用心良苦。

群书章节索引数据库的需要

书籍虽在内容的新颖性上一般不及期刊论文,但其系统性和全面性则优于期刊论文,何况,有许多书籍也是一次文献。目前,书籍在图书馆藏书中仍占着重要地位,在教学中,书籍起着极重要的作用。充分发掘书籍收藏的潜在价值是图书馆工作者应予注意的。群书章节索引是发掘书籍收藏潜在价值的一种很好的工具。

当前,这种索引应做成数据库,其主体可采用章节名轮排索引的形式。章节名轮排索引的编制较主题索引容易,一般也能满足需要。数据库以按学科分别编制,较实用并较易收效。如果采用统一的格式,已编成的若干学科专业的章节索引在必要时也可予以合并。

写于2001年7月28日,上海

载于《图书馆理论与实践》2002年第4期

索引与期刊

期刊可以说是最重要的文献类型。各种原创性的知识（一次文献），绝大部分发表在期刊上。所以，发掘期刊资源一直是索引工作的重点。早期的文献情报工作，主要就是编制期刊论文索引（更正确地说是编制文摘，文摘是索引+摘要）。

过期的期刊脱离了索引几乎就无法利用。因为，期刊不同于图书，内容庞杂，关于某一问题的文章，分散在许多种期刊许多年的不同期号中，即使将每种期刊按出版顺序集中在一起，把某一专业（如图书馆学专业）的期刊都在书架上排到一起，查找某一问题的文章仍是困难的。

所以，期刊与期刊论文索引，两者是不可分割的。期刊资源离开了索引将无法利用，期刊论文索引离开了期刊资源也将无利用价值。

期刊论文索引包括下列类型：

某一期刊的期索引，这只限于检索刊物才有期索引。

某一期刊的年索引或卷索引，一般期刊都将一年或一卷的各期文章编一索引，这是惯例。

某一期刊的多年或多卷（五年、十年或某一时间）累积索引，这是嫌年索引或卷索引使用还不够方便而编制的，以检索刊物的累积索引为多见。

综合性期刊论文索引，收录各种学科专业大量期刊的论文，一般以检索刊物的形式定期出版。这种索引属于情报刊物，订阅者一方面可借以掌握本单位未订阅的期刊的内容，另一方面可借以检索本单位收藏的期刊的文章。此种索引很少有个人订阅的。这种检索刊物往往包含多种索引，是一个索引体系。

专业期刊论文索引收录某一或大或小专业范围的一批期刊的论文，一般也是以检索刊物的形式定期出版。其性质与综合性期刊论文索引基本相同，只是收录范围限于某一专业。专业期刊论文索引往往还收录其他类型的文献，但以期刊论文为主，它们是检索刊物的主流。这种类型的索引，个人订阅的也不少。

专题论文索引是以某一专题为范围，主要收录期刊论文，有时也收录其他文献。这类索引以单卷本形式出版，因信息最密集而受到相关研究者欢迎，但大多没有续集而需要以检索刊物做补充。

图书情报单位（主要是资料室）常常编制卡片形式的专业和专题期刊论文索引。

以上各种期刊论文索引除某一期刊的年或卷索引外，都可做成数据库，目前已多半演变为数据库形式。它们在索引事业中是举足轻重而最受关注的部分。

写于2004年11月26日，上海

载于《中国索引》2005年第3期

期刊年度索引版面的压缩方法

把期刊年度索引从传统的栏目索引改为主题索引 + 著者索引,检索功能无疑可大大增强,但占用版面要增加两三倍(因索引条目由原来每篇文章一条变为每篇文章平均 3 ~4 条),有的期刊甚至更多(例如有的期刊论文合著者平均达到 5 ~6 个)。期刊都有固定篇幅,索引所占页码不能太多(除非在最后一期另增页码或者另加单印的插页),故索引所占版面能不能压缩,就成为一个需要解决的现实问题。

压缩期刊年度索引所占版面数量是有可能的,方法有如下几种:

(1)改用小号字排版。索引是供查检而不是像图书、文章那样供阅读的,用小号字排版对检索无碍甚至更好(提高了"一目十行"的效果)。现在小 16 开本的期刊一般每页 2(栏) ×40(行) ×20(字) = 约 1600 字。若改用小号字排版(如《中国索引》的 2003 年索引),可变为每页 2(栏) ×58(行) ×25(字) = 2900 字,则前者每万字需 6. 25 页,后者每万字只需 3. 45 页,故前者 10000 字的篇幅,后者却可容纳约 18000 字,相差甚多。

(2)简化著者索引。著者索引款目只保留著者名和文章所在期号与起始页码,则可改为 3 栏(小 16 开)或 4 栏(大 16 开)排版,压缩版面 33% ~50% 。

(3)降低索引深度。例如,限制一篇文章的主题索引款目最多不超过 3 条,著者索引款目最多为 3 条,则还可进一步压缩版面。

(4)大 16 开本的期刊,主题索引和带题名的著者索引可考虑排 3 栏(每行 20 字),也可进一步压缩版面。

由此可见,把栏目索引改为主题索引 + 著者索引,索引条目数量虽然将增加两三倍,但采取以上方法后,索引的版面可能只增加一倍多。如果不编著者索引,单用主题索引取代栏目索引,则增加版面就无几了。

或许,在不得已的情况下还可采取一种"极端"的措施:取消所有空格,把索引条目连接起来,用黑体字表示索引标目,仿宋体字表示文献题名和出处,用句号和分号来分隔条目,并适当安插助检标志。这样,可最大限度地压缩版面,检索速度会稍慢,但对检全率和检准率不会有影响。

写完于 2004 年 12 月 16 日,上海

载于《中国索引》2005 年第 1 期

索引与辞书

1　索引与辞书的紧密联系

辞书通常指字典、词典，其种类繁多；类书和百科全书从某种角度看，与辞书类似。在工具书中，辞书是最广泛的一个门类。

工具书是供人们为释疑解难的目的进行查考，而并非系统阅读的一类书籍。查检方便、快捷是其基本要求之一。

为达到查检方便、快捷的要求，工具书普遍采用各种索引以及索引法原理。在各种工具书中，尤以辞书与索引的联系最为紧密。

2　辞书中的索引因素

绝大部分辞书的正文，都采用某种检字法排序。检字法是一种索引因素，能产生检索功能。所以，在辞书的正文中，就隐含着一种索引。如果会使用这种检字法，就可以直接查到所需要的字词释义及其他信息，最为便捷。辞书正文所采用的检字法，应选择该辞书的读者对象中绝大多数人会使用的检字法。

采用这种模式，在辞书正文的天头或地脚位置最好标出该页的字词范围，使查检更为方便。

3　辞书中的附属索引

一般辞书，除正文采用某种检字法排序外，大多还附有提供其他检索途径的各种索引，大致可分为两类：

一类是检字表，使未掌握正文所用检字法的读者有可能使用别的检字法查检该辞书。如：《四角号码新词典》正文按四角号码检字法排序，附汉语拼音检字表。《新华字典》两种版本正文均按汉语拼音排序，一种版本附部首检字表，另一种版本附四角号码检字表。《辞海》1979 年版正文按部首和笔画数排序，并附部首表、部首笔画笔形索引、部首笔形索引、笔画笔形查字表、汉语拼音索引，此外还有四角号码查字表（补编的，以单行本形式出版）。

一类是辞书内容索引，如《辞海》的百科词目分类索引（补编的，以单行本形式出版）。

此外，一些辞书还有类似索引的提供辅助检索功能的查检用表，如《四角号码新词典》所附的新旧四角号码对照表、新旧字形对照表、汉字偏旁类推简化表，《辞海》所附的部首调整情况表、新旧字形对照举例、辞海部分部首名称表。

辞书所附的各种附录（便查表），实际也具有专门索引的功能。如：《辞海》和《四角号码新词典》所附的中国历史纪年表、中国少数民族分布简表、世界货币名称一览表、计量单位表、基本常数表、天文数据表、国际原子量表、外国人名译名对照表、世界各国和地区面积人口首都一览表等。

4　让索引法在辞书中发挥更大作用

索引对于扩展和挖掘辞书的功能起着重要的作用，这是十分明显的。故如何让索引法

在辞书中发挥更大作用的问题,值得深入探索。例如:

(1)可为某些专业的英汉词典配备汉英索引,使其成为双向词典;

(2)可为人物词典(人名录)配备人物专业索引、籍贯索引、毕业学校索引等;

(3)可为地名词典配备物产(特产)、交通、名胜古迹索引等;

(4)可在类似《辞海》的词条索引中附加插图、动植物拉丁文学名、外国人物原名等的标志,这就相当于增加了多个专门索引。等等。

总之,在这方面尚有许多可发展的空间。

写完于2005年1月22日,上海

载于《中国索引》2005年第3期

期刊索引配置方案的选择

期刊，即使是专业期刊，所载文章的内容也很庞杂，故有杂志之称。过期的期刊，如果没有索引，是不大可能再发挥作用的，因为要从中找出某一特定内容或特定著者的文章是很困难的。所以，绝大部分期刊都应配置索引。索引可以提高期刊的使用价值和延长期刊的生命。

目前我国大多数期刊虽然都有年度索引，但几乎千篇一律都是栏目索引（全年各期所载文章按栏目和发表次序排列的索引），编制分类索引、主题索引、著者索引及其他索引的期刊属凤毛麟角。栏目索引只能提供过去一年该刊发表稿件的情况，由于它不能确切揭示论文主题内容，故对论文检索作用不大，在查检特定内容或特定著者的论文时，都得从头至尾进行浏览式查寻，索引节省读者时间的作用就甚微了。配备这样的索引，形同虚设。改用能提供分类、主题、著者等检索途径的索引，是改进的根本方向。

期刊索引的配置，一般要考虑两个问题：①检索功能（提供什么检索途径和多少种检索途径）；②篇幅限定（索引详细程度的控制）。这两者是互相制约的关系：若要求提供多种检索途径及进行详细著录和标引，以增强检索功能，则索引的篇幅将会随之增加；若要求压缩索引篇幅，则必须减少索引种类，采用占篇幅较少的索引，简化索引的著录，降低索引的标引详细度。

期刊索引一般仅指专刊索引，分为年度索引（或卷索引）和多年（多卷）累积索引。

累积索引是若干年度索引的累积，与年度索引的配置基本一致。但在编制累积索引时，允许根据具体需要对原有年度索引的配置做适当的种类增减或项目变动。累积索引一旦编成，相应的年度索引即失去使用价值。

年度索引（卷索引）的配置方案可根据对检索功能的要求和索引篇幅及编制人力、时间、技术水平等的可能，在下列方案中进行选择：

【配置一个索引】：一般为论文篇目索引。可在下列三种索引类型中选择一种：

（1）分类索引。可选择下列两种详简模式之一：

①类目 + 题名 + 出处；

②类目 + 题名 + 著者 + 出处。

（2）主题索引。可选择下列三种详简模式之一：

①标目 + 出处；

②标目 + 题名 + 出处；

③标目 + 题名 + 著者 + 出处。

（3）题内关键词索引。可选择下列两种详简模式之一：

①带上下文的关键词 + 出处；

②带上下文的关键词 + 著者 + 出处。

在极个别情况下（期刊内容特别有价值而需要详细揭示的，也许一千种期刊中只有几种）也可采用论文内容索引形式，则其索引款目著录事项为标目 + 出处。在此时，论文的整体主题和论述得特别详细的局部主题的出处应加标记，这样，它也可起到篇目索引的作用。

【配置两个索引】:

(1)若两个索引均为论文篇目索引,则可选择下列配对之一:

①分类索引+著者索引;

②分类索引+主题索引;

③分类索引+题内关键词索引;

④主题索引+著者索引;

⑤题内关键词索引+著者索引。

每种索引的详简模式同前述。著者索引可以有"著者+出处"和"著者+题名+出处"两种详简模式供选择。

(2)若两个索引为一个论文篇目索引+一个论文内容索引,则其中的论文篇目索引应为分类索引,而论文内容索引可以是综合的,也可以是专门的。论文专门内容索引指人名索引、物产索引、药名索引之类。

【配置三个或更多个索引】:

(1)若为三个论文篇目索引,则一般为:分类索引+题内关键词索引+著者索引。

(2)若为两个论文篇目索引+一个论文内容索引,则一般应为分类索引+著者索引+论文内容索引。

(3)若为两个论文篇目索引+一个或多个论文专门内容索引,则可选择下列模式之一:

①分类索引+著者索引+论文专门内容索引(一个或多个);

②主题索引+著者索引+论文专门内容索引(一个或多个)。

(4)若为一个论文篇目索引+两个或更多个论文专门内容索引,则一般是:分类索引(或主题索引)+论文专门内容索引(两个或更多个)。

在年度索引配置中,索引篇幅是一个必须考虑的问题。除累积索引采用电子版或单卷印刷版可不受篇幅限制以外,年度索引的篇幅不允许无限扩大。

与索引篇幅密切关联的因素主要是索引配置方案的选择(已如上述)。此外,索引的版面设计对索引篇幅的影响也不可忽视。关于这个问题,请参阅张琪玉《期刊年度索引版面的压缩方法》一文,该文载于《中国索引》2005年第1期58页。

写完于2006年7月5日,上海
载于《中国索引》2007年第1期

编制教材索引为大学生服务

我没有参加兰州会议(中国索引学会2009年年会),听周柏康同志说,曹树金同志写了一篇关于中外教材内容索引对比研究的论文在会上宣读。据统计,外国教材80%多(我记不起确切数字,但这不重要)有内容索引,而我国的教材却只有6%～7%有索引。相差如此之大,引起了与会者的普遍关注。大家都认为,普及索引知识要从大学生抓起。

但问题是,连索引的实物都难找,又怎样去普及索引知识呢?由此,我提出下列编制教材内容索引的设想。其办法是:

(1)所编制的教材内容索引采取群书索引的类型。收录某系一个专业当期大学生四年全部要学习的教科书和主要教学参考书。

(2)每种教材给予一个代码或简称,置于索引地址之前。索引条目采取原始状态,不合并,以便索引的更新以及一种教材编入多个索引时其数据可重复利用。

(3)索引采用书本式,人手一册,便于携带和在其上做注记。

这种教材索引的优点在于:

(1)索引的内容就是大学生们的学习材料,所以,索引有实用价值,并且在使用索引的过程中很容易学习索引知识。

(2)使用这种索引可以节省学习时间,提高学习效率。

(3)这种索引可以将出现于多种教材中的同一概念或相关知识集中显示,便于比较研究,做更深入的理解。

(4)这种索引将教材内容按单元概念进行重组,逐一浏览和必要时查阅,有助于提高复习效率。

(5)编制这种索引,可以作为高校图书资料部门的一种新服务形式。

写完于2009年9月8日,上海

载于《中国索引》2009年第4期

索引与地图的结合

地图索引早已有之,但像《上海社区生活地图》那样的索引与地图的结合体却未见过。我所见到的是"杨浦区五角场街道"分册。看来,上海的每一个街道辖区都有一册这种地图。该图发到每个家庭,免费阅读。

该图为大16开本,共16面,其中10面为正文,6面为封面、说明、街道辖区简介和广告页(正文中也有少量广告)。估计经费主要来自广告收入。

正文部分每2面有一幅地图(图示)和相应的若干个类的分类索引。索引共分56个小类,类目名称都是比较日用的,包括:综合服务,金融保险,慈善公益,文体教育,设施网点,甜品冷饮,咖啡茶艺,快餐,中餐厅,异国风味,美容美发,量贩KTV,休闲吧,休闲会所,游艺,运动健身,培训,宾馆酒店,汽车服务,旅游服务,客运站售,专科医院,装潢设计,物流快递,房屋中介,宠物护理中心,小修小补,摄影服务婚庆,超市,水果店,车行,茶叶店,烟酒专卖,食品店,服饰专卖,音像制品,文体用品,书店,家具店,五金建材,通讯数码,体育用品店,鲜花店,鞋店,玩具店,钟表眼镜店,药店药房,电脑维修,家电维修,手机维修,修锁开锁,干洗店,洗染店,家政服务,送水服务,加工服务,自行车维修。类目的排列次序是依据地图容纳的具体情况。可以看出,其分类的系统性是较差的。

每个索引条目包括单位名称、地址、电话三项。整个索引容纳了400多个单位的条目。

这种地图,从作用看,其索引部分是主体。

这本地图看起来有新意,但实际上并没有达到实用的目的。主要缺点在于:①索引条目包容太少,许多在该街道辖区中与居民日常生活有密切关系的单位没有被包括进去;②索引的系统性差,这是由于分类要迁就图示内容的分割;③图示方法看来易懂其实难查,远没有经纬方格加编码的指示图来得容易查找。如果将5幅图示合并成1幅经纬标注地图(不用图标,相应在索引中加两字符经纬编码),删去重复,增加4面索引,就可将索引增至1000条以上,并改进分类索引的系统性,其实用性就可大大提高。

索引与地图结合的原理,还可广泛应用于各种各样的导游图等。

写完于2009年11月3日,上海

载于《中国索引》2010年第1期

人名录配置索引的必要性

人名录的重要价值

人名录(通常称为名人录、名人词典)是汇集各行各业或某一专业杰出人物的简传,按姓名字顺排列(少数也有按专业分类排列)的常用工具书。

人名录的重要价值在于:它所收录的是在某一方面乃至多个方面对社会做出了特殊贡献的当代典型人物的简历和事迹。人名录对他们做宣传介绍,彰扬他们的人生历程、无私奉献精神、辉煌的事业成就。他们的生动事迹,将会影响全社会,特别是教育青少年一代,使后代儿女更好地发扬和继承老一辈的优良传统;为国人树立典范,极大地提高民族自信心和自豪感;也可以向世界展示民族实力,弘扬中华文化,促进科技文化的交流与进步,增强海内外华侨华人的爱国热情。

人名录集学术性、纪念性、史料性、观赏性于一体,具有研究价值和收藏价值,也是当前编史修志的重要原始资料。

配置索引是充分挖掘人名录潜在功能的必要措施

近二十多年来,由于社会发展的需要,在尊重知识、尊重人才的方针指导下,我国编辑出版了大量名人录,其数量估计有二三百种,在为建设社会主义精神文明服务中发挥了一定作用。

人名录属于工具书性质,记载入编人物的姓名、性别、出生年月、籍贯、民族、毕业院校、学历、职务、职称、工作单位、社会兼职、工作业绩、技术专长、科研成果、所获奖项及荣誉称号、主要著述等信息。它一般仅供查考之用,很少有读者将其从至尾系统阅读的。

但是,在已出版的大批人名录中,绝大部分仅有一个人物条目的字顺目录(有的条目字顺目录还不符合通行的汉语拼音排列规则),少数人名录按专业简略分类编排,但又没有姓名字顺索引。这样,这些人名录的功能仅仅限于供在已知人物姓名的情况下,了解该人的详细情况,或核实该人某些特定事项之用,或被入编人自己收藏,作为社会对他的贡献表示认同的见证,仅此而已。至于人名录所蕴含的其他诸多功能,就很难充分发挥了。

所以,人名录必须配置索引才能成为完善的工具书。配置索引是充分挖掘其潜在功能的必要措施。

人名录可配置的索引种类

可为人名录配置如下几种索引:

(1)检字表。按汉语拼音编排条目的人名录,应配置笔画检字表;按笔画编排条目的人名录,应配置汉语拼音检字表;按专业分类编排条目的人名录,应配置汉语拼音条目索引,再加一个笔画检字表则更好。

(2)人物专业索引。这是一种入编人物所属主要专业的分类索引。如果一个人物在多个专业领域做出显著贡献,应在相应领域重复索引。人物专业索引是使人名录发挥其主要功能的重要索引。通过该索引,任何人都可很容易地了解某一专业有哪些重要人物,便于掌握“圈内”情况和进行互相交流,以及对外做宣传介绍。

(3)人物籍贯索引。籍贯是人际关系的重要因素。在当前改革开放和发展各项社会事业,如招商引资、寻求支持或求取捐献等之中,通过“同乡”关系往往很有效,一些成功人士也愿意为家乡做些贡献以报效家乡人民。通过人名录的人物籍贯索引查找本地出身的成功人士情况,无疑是最为方便、有效的。人物籍贯索引对于编史修志寻找资料也极有帮助。

(4)人物毕业学校索引。一些学校或个人,为了取得成功校友的帮助,或加强校友之间的联谊和交流,通过人名录的人物毕业学校索引,无疑像一部精选的校友名录,可以掌握许多有用的校友信息。

(5)人名录特殊内容索引。这是除上述索引的内容外,其他有特殊价值的信息的索引,如有很特殊的贡献、获得国家级奖励和荣誉者、著名社团的领导人,等等,编入此索引,可便于查检。

当然,以上各种索引,可以择需而编,不一定齐备。

连续出版的人名录的累积索引

连续出版的人名录,如《国际名人录》,已连续出版了多年,卷帙浩繁,配备累积索引(例如每十卷编一累积索引),可大大方便查检和利用。

人名资料数据库

人名资料数据库类似累积索引,不过可收录多种人名录及其他人名资料。它是各种人名资料的总索引,对人物方面的咨询极为有用。

写完于2005年7月18日,上海
载于《中国索引》2005年第4期

一种少年读物的内容索引

偶见孙女(小学生)的藏书中有一册《自然百科》,发现书后有一内容索引,现做一简介:

《自然百科》是《彩图 mini 百科》丛书的一种,由郑州海燕出版社于 2004 年出版,64 开本,447 页,18 万字,有彩色照片和手绘插图 1500 多幅。该书对天文、地球、气象、生物、生态环境五大部分 185 个标题(下设子标题)的共约 1500 个概念进行了阐述,几乎每个概念都有附图。书后的内容索引占 16 页,估计有 1000 余个索引条目。

少年读物的内容索引,我还是第一次见到。目前,连学术专著的内容索引都很稀缺的情况下,为少年读物配备索引,弥足珍贵。通过少年读物的索引,让人从少年时代即能初步了解索引的功用和使用方法,从而在以后的岁月里掌握更多的索引知识和养成使用索引的习惯,终身受益。索引知识的普及从青少年开始,实属必要。

该书的内容索引采取最为简单的单级标题式标目,不采用参照系统,在索引知识的启蒙阶段是很合适的。少年读物的索引不能采用复杂的结构。

或许,下列两点尚需改进:

(1)索引概念遗漏较多。该书大约对 1500 个概念做了阐述,但是索引条目却只有 1000 余条,许多概念未被索及。例如,下列“人造卫星”标题及其九个子标题,仅有一半做了索引条目,特别是“人造卫星”这个主要概念未做索引条目:

人造卫星	(无索引条目)
卫星与轨道	(有索引条目)
卫星的回收	(无索引条目)
太阳峰年卫星	(有索引条目)
康普顿伽马射线观测站	(有索引条目)
气象卫星	(有索引条目)
飓风预报	(无索引条目)
军用卫星	(有索引条目)
纳米卫星	(无索引条目)
卫星与国防	(无索引条目)

再如,“岩石行星”这个概念未做索引条目,这个概念是“冥王星”标题下的子标题,不做索引条目就无从查起。

(2)出处只用起始页码表示,不完整。例如,“月球”这个概念涉及 74 ~ 81 页,可是索引条目却做成“月球 74”,不符合索引惯例。

总的说来,这个索引很好,值得提倡!

写完于 2007 年 8 月 17 日,上海

载于《中国索引》2008 年第 1 期

产品说明书内容索引

我这里有一份血糖仪产品说明书(稳豪倍易型血糖仪操作手册),附有一个内容索引。该索引仅有73条索引款目共索内容132处。说明书共62页,索引不足2页。好在篇幅不大,现将该索引全文抄录在下面,以供仔细分析参考:

从以上索引全文可以看出,这个索引是编得很全面、细致的(只可惜未按索引规则排序),因而其实用性很高。内容比较复杂的产品说明书,配备一个这样的索引,对产品的正确使用和充分发挥其功能一定会大有帮助。

产品说明书内容索引目前还不普及,极少数见之于仪器、笔记本电脑、电子照相机之类的说明书。实在有推广应用的价值。

写完于2010年6月15日,上海

载于《中国索引》2010年第3期

笔记索引和日记索引

笔记本可做听课、会议、谈话等的记录,可记载各种事情或工作计划及其进展情况,也可用于做阅读摘记和写心得,等等,用途极广。

至今,流行的笔记本多半还是装订成册的。这种笔记本只适于做顺序记录,因而内容庞杂。如果积累多了,要从中找出某一需要查考的记载,往往得花不少时间,有时甚至搞得手忙脚乱,查得头昏脑涨。

较好的解决办法,就是为它编一个索引。编制方法很简单:①为每本笔记编一个代码,例如,用“A”表示第一本,用“B”表示第二本,等等,编顺序号亦可;②为每本笔记的每一页编一个顺序的页码;③将笔记中每一项以后可能要查阅的内容概括成一个主题概念(即主题分析);④为每个主题概念制作一条索引条目(索引款目),用一个确切的词(最好是笔记作者习惯使用的词)来表达该主题概念(这个词在索引条目中称为“标目”),并用那一项内容所在的笔记本代码和起始页码作为索引“地址”(在索引条目中称为“出处”),如“×××报告 A18”“××工作研究 A45”;⑤把全部索引条目按拼音顺序编排好,然后抄录成正式的索引(在抄录时,内容相同的条目要合并,如“××工作研究 A45,A61”),夹在相应笔记本中。

如果有许多笔记本,可以将全部笔记本的单独索引汇总,编成一个总索引(即把各本笔记的索引条目混合在一起统一编排顺序),使索引有整体性,查阅更加方便。

这种索引,假如使用计算机,利用一个只有“标目”和“出处”两个字段的简单数据库来编制,那就非常容易了。记录(即“条目”)编完后经过自动排序,打印出来就成了。以后,新增笔记本的索引条目可以追加,重新排序、重新打印即可。利用数据库编笔记索引时,若再增加一个“分类”字段(粗略分类),就可以做成两种索引:一种按字顺排序,一种按分类排序,使用起来可更加方便。

日记与笔记性质相似,故做索引的方法也基本相同。日记索引一般可做得细一点,除将“事件”做成索引条目以外,必要时还应把相关的人物、地点、场所等也做成索引条目。日记都是按日期顺序写作的,故可用日期作为出处。

参考文献

萧滋云. 浅谈日记索引. 图书馆杂志,1989(4)

写完于2002年12月16日,上海

载于《图书馆理论与实践》2003年第6期

集成工具书:工具书条目索引数据库

工具书很多,数以万计。可以说,没有一种工具书的内容是包罗无遗的,也没有一种工具书对其每一个条目的解释全都是准确、完满的,所以,各种工具书要结合使用,互相比较。但是,那么多工具书,到底哪些种里面有相关的条目呢?这往往是很难确定的。所以,需要有一种集成工具书,即工具书条目索引数据库。把各种工具书的条目内容集合起来做成一个包罗万象的全文数据库是不可能的,不仅在编辑上有很大困难,而且还涉及著作权、版权问题不好解决。但是,把它们集成一个工具书条目索引数据库,或许是能做得到的。若按专业、按条目性质编制,可能更容易一些。当然,这也只是一种设想而已。

且列举一下这种工具书条目索引数据库的用处:

—方便一般查检和图书馆的参考咨询工作。虽然这种数据库不能直接给出有关条目的具体内容,但是根据它的指引,再去查检具体工具书就比较方便,而且若要很认真地查考时,利用它可不致漏查。

—对新工具书的编纂会有很大帮助。如果不参考和比较现有工具书,新编工具书不一定比现有工具书编得更好。

词典、辞典型工具书条目索引数据库对术语整理特别有用。

—是分类表、词表编制工作中收集概念和术语很好的工具。

—对著书立说、编辑工作很有用,因为这些工作对概念和术语的使用要求很谨慎,需要认真地查考工具书。

—此种数据库若与数字图书馆链接,可实现工具书全文数据库的功能。

编制此种数据库,若有条件利用扫描仪对工具书的条目目次进行扫描,然后再加工成索引数据,可节省人工。

写完于2002年5月25日,上海

载于《图书馆理论与实践》2003年第3期

需要专业引文索引

1 需要专业引文索引的原因

加菲尔德创始引文索引以来，已有近40年的历史。美国的《科学引文索引》《社会科学引文索引》《艺术与人文科学引文索引》三大引文索引，一直是世界上享有盛誉的检索工具。

按照加菲尔德的最早设想，引文索引是一种适合于学者使用的功能卓越的检索工具。引文索引的学术评价功能，则是后来才发现的。现在看来，其学术评价功能尤为重要，而其文献追溯的检索功能却不如分类检索和主题检索的检索功能那样得到广泛应用。

美国三大引文索引，已成为编制引文索引的范式。那三大引文索引，包罗领域甚广，可以说都是综合性的引文索引。我国现有的两种引文索引，也都是综合性的。综合性引文索引收录期刊数量有严格限制（即使一般可以算做是核心期刊的，也不一定都能被收录，它一般只收录全部期刊的十分之一左右），其主要的一个原因是引文数据的处理量极大。

综合性的引文索引，从学术评价的角度看，固然有对整个学术界进行宏观评价的优点，是必不可少的，但对某一学科、专业领域而言，它作为评价依据则有不充分、不全面、真实性较差而不很公平的缺点。所以，还需要编制专业引文索引，甚至可编制以某一机构或个人为范围的引文索引。专业引文索引由于专业的领域小了许多，即使大大放宽收录范围，引文数据的处理也不致有大的困难。

2 专业引文索引数据库与专业文献题录数据库的一体化

引文索引数据库与文献题录数据库两者的功能是不可互相替代的，然而两者的数据却有大量是重复的，所以，专业引文索引数据库与专业题录数据库可以实行一体化，使数据库的功能更全面，检索更方便，但建库工作量比分别建库大大减少。专业引文索引与文献题录一体化数据库的特点在于：①它作为题录，收录范围不像引文索引那样只限于所选定的少数期刊，故被收录的文献量要多好几倍；②它作为引文索引，不同于一般引文索引，而是对没有引用和被引用的文献也一并收入。

事实上，当引文索引做成数据库形式时，它也就具备了文献题录数据库的所有各种检索功能，而且比一般文献题录数据库具有更多的检索功能，如按刊名及卷期、机构名、地区、基金项目、年代、出版社和杂志社等进行检索的功能。这是因为，引文索引数据库为发挥其多种文献计量和学术评价功能，比一般题录数据库多设置了一些相应字段和增加了一些检索、统计功能，那些多设置的字段和检索功能，也可作为题录数据库的检索功能。

由此可见，专业引文索引数据库与专业文献题录数据库的一体化，可借用引文索引的软件（如南京大学《社会科学引文索引》的软件），在工作量上也不会特别大，是可行的。

3 盼望有一种图书馆学情报学档案学引文索引数据库

我们图书馆学情报学档案学界是一个相互关系十分密切的学术群体，有众多的研究者，有大量的文献，需要有一种全面的具有文献检索和引文索引功能的数据库。图书馆情报档案工作者中有很多是编制检索工具和数据库的专业人员，编制上述一体化的数据库既有需要，又有充分条件和能力，希望有一种图书馆学情报学档案学文献题录和引文索引一体化的数据库编制出来供大家使用，以促进本学科、专业的发展。

写完于 2001 年 12 月 22 日，上海

载于《图书馆理论与实践》2003 年第 1 期

专题索引仍有价值

打开《中国索引综录》看,所著录的大部分是专题索引。可是,自几个大型的综合性期刊论文数据库普及以来,专题索引大为减少,快成为稀有物种了。许多同行认为,有了期刊论文数据库,再去编专题索引,完全是一种重复浪费,专题索引已失去价值。殊不知,专题索引仍有其胜于综合性期刊论文数据库的价值所在,因为:

(1)专题索引收录范围广,不但收录期刊论文,还可以收录专著、特种文献、古籍、电子图书乃至外文文献等一切与专题有关的文献资料,时间可不受限制。这在综合性期刊论文数据库中是不可能的。

(2)在专题索引中,还可将在综合性期刊论文数据库中被分散的专题边缘资料集中一起,综合性期刊论文数据库则不考虑这种要求。

(3)在专题索引中,文献可进行比综合性论文数据库更细致、系统的分类。

(4)专题索引除索引正文外,还可附加必要的辅助索引,如著者索引等。

(5)印刷本专题索引携带方便,专题数据库更可复制进个人的"优盘"或制成光盘,使用便利。

所以,对于使用者较多,或主题内容重要者(如配合重点课题),人力较充足的图书馆仍不妨编制一些专题索引或数据库。

专题索引的增补极为重要,可延长它的使用价值。

对编好的专题索引,应加强宣传,使其能得到充分利用。

写完于2009年2月19日,上海

载于《中国索引》2009年第3期

题录数据库仍是基本的检索工具

● 从题录数据库的功能看

题录数据库是指仅由书目著录而无摘要或全文的文献条目构成的检索工具。与文摘数据库和全文数据库相比，是最简单的文献数据库。但是，它却涵盖了文献检索工具的绝大部分功能：

（1）题录的大多数字段都可进行排序和提供检索（包括对文献题名进行模糊匹配检索），因此，它的检索功能很多，对于科研、生产、教学和管理中提出的各种检索要求，一般都能较好地满足（检全率和检准率都有相当保证）。题录数据库与文摘数据库相比，少了摘要。摘要的主要功能是便于甄别文献是否符合检索要求。如果题录数据库有足够的标引深度，则依据检索标识与依据摘要甄别文献是否符合检索要求的能力相差是不会很大的。

（2）题录数据库与文摘数据库相比，可以有较高的文献收贮率和较短的时差，它是对文献流进行控制的主要手段。

（3）题录数据库除用于一般检索外，适应文献普查、核实、考证、文化学术史研究、统计、查明优先地位、发明创造查新、发现研究空白等目的的查检。

● 从题录数据库的建库难易和成本效益等方面看

文摘数据库实际上是"题录＋摘要"，全文数据库实际上是"题录＋文献文本"，可见，题录数据库的建库工作量最小，因而建库成本低，建库速度快，建库容易。由于题录数据库涵盖了检索工具的绝大部分检索功能，在开发文献资源方面具有优势。特别是，在题录数据库的基础上还可以向全文数据库升级（也可向文摘数据库升级，但意义不大）。所以，在建库条件不是很优越的情况下，题录数据库必然成为建库方案的首选。

在当前全文数据库的建库成为热潮的情况下，对于题录数据库，仍不可轻视。因为还有许多文献资源，不采用题录数据库形式是很难及时地开发出来的。

写完于2003年7月21日，上海

载于《图书馆理论与实践》2003年第6期

索引与数字化书刊和数字图书馆

大批书刊正在进行数字化,产生数字化书刊和构建成数字化图书馆。索引将大大方便数字化书刊和数字图书馆的使用,提高使用效率。

数字化书刊与正式出版的电子书刊(光盘版书刊)一样,不可缺少索引。电子书刊如果没有索引(即缺少检索功能),则比没有索引的印刷型书刊更不便使用。但如果具有完备的索引,就可以随心所欲,随便怎样阅读查检都可以。数字化书刊也需要配备索引,才便于阅读查检。中文印刷型书刊是很少有索引的,所以,在数字化后亟须增编索引,才能更充分地发挥作用。

数字化图书馆虽然必备分类目录、主题目录、书名目录和著者目录,但这些目录太"宏观",对于其全文数据库性质的藏书内容的揭示是非常不够的。编制图书内容索引是发挥其潜在功用的必要措施。

为数量庞大的数字化书刊增编索引,不同于为某一书刊编制专书专刊索引。主要应考虑下列几点:①待编索引的书刊太多,所以不大可能为每种书刊设计和编制完满的专书专刊索引体系;②要考虑各种书刊的索引能够综合汇编成联合索引,所以要采用群书索引的模式;③需要有重点地编制一些专门索引。

可考虑把图书索引分为主要索引和专门索引两类。主要索引可采用图书章节题名的题内关键词轮排索引形式,为除文艺书籍外的全部图书编制。这种形式的索引深度适中,索引款目比较具体,可浏览性好,编制难度不大,并容易汇编成群书索引。

专门索引主要是专名索引(但也可以编制一些其他索引),可针对各个学科、专业的具体需要选择索引种类,编成群书索引。

为数字化图书补编索引,因为数量甚大,显然不可能由某个或少数几个单位承担,而必须有计划地分工合作。

索引标准化是编制索引汇编数据库的重要条件,不但要及时制订,而且必须严格执行。

索引汇编数据库既可合并,也可套录,可通过超链接连接数字图书馆藏书的正文。

写完于2002年5月26日,上海
载于《图书馆理论与实践》2003年第3期

目录的特征
——谈谈充分发挥书目检索工具的作用

在今天，我们如果不借助于书目检索工具，要想在茫茫无际的图书文献海洋中全、快、精、准地找到所需要的资料，极其困难。书目检索工具对于读者和图书馆工作者，犹如罗盘对于航海家一样重要。但是，就书目检索工具本身来看，数量很大，种类繁多，内容复杂，利用起来并不十分容易。在检索文献时，很需要“目录的目录”这种工具，借以首先掌握线索的线索，即根据检索的目的和要求，准确地把能够解决问题的检索工具选出来，然后再进行仔细的检索。

本文想就书目检索工具的特征，谈谈“目录的目录”（卡片式的和书本式的）编制方法的改进问题。从充分发挥书目检索工具的作用来看，这个问题是需要加以研究的。

图书馆习惯的编目办法，是把专书形式的书目检索工具作为书籍编入书籍目录，把专刊形式的书目检索工具作为期刊编入期刊目录，而且还按著录所用的文字分别处理。至于作为期刊的专栏、作为专文和专著的附录等刊载在各种书刊中的目录资料，一般都没有编制分析款目在目录中反映出来。可见，书目检索工具在图书馆目录中的反映是很分散的。这样，在检索文献时，就不能够把一切有用的目录资源都充分地利用起来。北京图书馆在一九六二年编印的《馆藏无线电电子学检索性书刊展览目录》，其中著录了多种形式、多种文字的书目检索工具，比较全面地提供了有关该学科文献的查找线索，这种做法是很好的。目录资源较多的图书馆编制一套“目录的目录”，把一切有参考价值的书目检索工具和目录资料都集中反映在这个目录中，是很有必要的。

书目检索工具的特征是多种多样的（那些特征将在下面一一列举），各种特征对于文献检索都有一定的意义。传统的分类法只可能采用几种主要特征作为书目检索工具的分类标准，而不可能把所有各种特征全面地揭示出来。然而，在检索文献时，却正是需要根据检索的目的和要求，选择兼具某些特征的书目检索工具。北京图书馆编有一套化学化工方面检索类刊物的内容索引卡片，对各个比较细小的学科和主题都编制一张卡片，注明在何种检索类刊物中可以查找到有关的文献。这也是一个有意义的尝试，在书目检索工具的分类上前进了一步。这一方法，在编制“目录的目录”时，是应当吸取的。但是，这样做只能满足从学科或主题的角度来检索文献的要求，对于其他要求，还是不能很好满足的。

从书目检索工具的特征看，在编制“目录的目录”时，比较理想的方法是组配索引法＊。采用这种方法，在检索文献时，就可以根据需要将各种特征进行任意组配，从而把能够满足检索要求的书目检索工具准确地选择出来，并安排一个合理的检索程序——从最简捷、最有效的途径着手检索。

下面简单地谈谈具体的做法：

用组配索引法组织“目录的目录”的主要之点，就是对书目检索工具的特征进行全面

＊ 关于组配索引法，在科学技术情报工作的书刊中可以找到许多介绍和研究的文章，所以不在这里多谈。组配索引法有比号法和比孔法两种，原理是相同的。本文中所指的是比号法。

的分析。书目检索工具的特征可以归纳为两部分:一部分是由其所收录的图书文献的情况决定的,包括收录图书文献的:学科或主题、出版年代、国别、文种、类型、著者、出版者、收藏者等;另一部分是由其本身的情况决定的,包括书目检索工具的类型、著录文字、编排法(即提供哪些检索途径)、编辑年代、编辑者、用途、质量等。把以上十五类特征分别编制十五种特征分类表,其中第一种特征表可以直接选用某一种图书文献分类法,其余十四种特征分类表,一部分可预先编好,另一部分则可在工作中逐渐积累而成。

有了特征分类表,我们就可据以对每一种书目检索工具进行分析了。经过全面的分析鉴定,把一种书目检索工具的各个对文献检索有意义的(而不是全部)特征都一一列举出来。下一步工作就是把分析出来的特征转录到特征卡片上。每一张卡片著录一种特征,卡片分为十栏,用0至9表示。每一种书目检索工具都要编一个顺序号(相应地还需要一套按顺序号排的登记目录)。如果一种书目检索工具有某个特征,就把著录该特征的那张卡片找出来,将其顺序号依据尾数转抄到卡片上对应号码的那一栏即可。

文献检索的步骤大致如下:首先查明检索的目的和要求,以确定具有哪些特征的书目检索工具对此次文献检索是有用的,把著录那些特征的卡片一一抽出,互相组配(比较),凡在各张卡片上都有的相同的号码,即是对此次检索有用的书目检索工具的顺序号,按顺序号查明是何种书目检索工具,从书架上取下来,逐一仔细查阅。

检索开始时,可选择最合乎理想的检索工具,以便迅速地查找到需要的文献。如果需要的文献查找不到或找到不多,可用减少特征和更换特征的办法再选出一些检索工具,以扩大查找范围。

用组配索引法编制的“目录的目录”,十分灵活,在检索文献时,可以准确地把适用的检索工具选出来,并把不适用的检索工具剔除掉,从而能迅速地完成检索任务。同时,因为它能全面地揭示出每一种检索工具的特征,从而有助于充分发挥书目检索工具的作用。但是,编制这种“目录的目录”费力较多,如果能以书本形式出版,那就更好了。

写完于1964年7月2日,吉林

载于《图书馆》1964年第4期

新型文献索引

在现阶段，目录工作与情报工作共同向各知识领域的科学工作者和专家们提供有关新出版物的情报。如果对这两项工作进行合理的协调，必将有助于科学的不断发展。这种协调还意味着各专业领域相互交流工作方法与技术设备。

各种目录索引是在长期的目录工作中形成的，虽说其种类繁多，可是在本质上却有着某些共同之点。其中有优点也有缺点。共同缺点之一是编印时间过长，原因是编制索引的劳动量极大，而目前还不能全部实行机械化和自动化。此外，科学情报事业的发展不断提出新的要求，而这些要求，用传统的索引是不能满足的。

在科学情报工作方面，已创造了一些新型索引，其中包括上下文关键词索引、关键词索引、主题索引、表式索引、引文索引等。这些索引的特点在于广泛采用机械设备和电子计算机编制，下面对这几种索引分别加以介绍。

上下文关键词索引

为了加速索引的编制工作，必须从文章本身抽取重要词汇，而不是依判断为基础来编制索引。关键词字顺表可能是快速编排索引最简单的形式。其实质是将选出的关键词与其邻近词一同标出。后者的作用类似修饰语，有助于揭示所用关键词的特指意义。这种关键词索引已早在文学作品索引工作中采用，它的优点是：①由于采用机器编制因而非常迅速；②通过自动处理可以达到很高的引得深度；③允许主题部分相互交叉，这是一般程序无法实现的；④为职业编目人员及索引工作者奠定了编辑参考资料的基础。

目前世界上出版的上下文关键词索引已有60多种。1958年美国利用电子计算机编制了第一批上下文关键词索引。1961年美国《化学文摘》编辑部开始出版上下文关键词索引《化学题录》，创刊几年来，受到了读者好评。化学题录的编辑工作程序见图1。（图1《化学题录》编辑工作流程，略。）利用IBM—704型电子数字计算机编排125页（2850条标题）的一期《化学题录》需要2.5～3个机器工作小时。将情报从穿孔卡片转录到磁带上和打印表式底稿约需2小时。所以在1961年，利用准备好的大批穿孔卡片编制一期《化学题录》所需时间不超过5小时。几年来，该刊的编辑工作又有所改进，所需时间又有显著减少。

不过这种索引也有一些缺点，例如某些标题未能充分反映文章的内容，有时用同义的关键词作为索引中独立的主题标目。所以在检索情报时，就不得不查阅索引的全部同义关键词的上下文，从而大大地减慢了检索速度，同时可能造成大量漏检。此外这种索引不能表示出各个标题的关键词之间所存在的类缘关系，这也会导致漏检。

关键词索引

这种类型的索引也称为没有上下文的关键词索引。它和上下文关键词索引一样，是利用文献标题中的关键词作为主题标目的一种索引。它的优点是索引中文字的排印符合阅读习惯，并提供了更为完整的上下文，缺点是反映同等数量的文献要占用大得多的篇幅。

这种索引也是用电子数字计算机来编制的，所以得到了普遍推广。1963年美国文摘期刊《应用力学评论》编辑部为该刊 1962 年全年份编制了这种类型的字顺主题索引。该文摘收录了大约 8000 篇文献，其索引的篇幅约占 600 页。据初步计算，在采用 IBM—1401 型电子数字计算机和作者、标题、编号等的穿孔卡片的条件下，编制一期关键词索引，大约需要 20 个机器工作小时。

主题索引

美国国家医学图书馆出版的《医学索引》引起了人们很大注意。在索引中提供了完整的文献题录（每条篇幅约 250 个印刷符号）。各条题录排印在总共 6380 个主题类目的后面。每一篇文献平均在 8 ~10 个不同的主题类目下被反映出来。文献的题录和反映该文献内容的主题标目一起被记录到穿孔纸带上，经过校对后，再将情报从穿孔纸带转录到 H—800 型电子数字计算机外部存贮器的磁带上。

临近出版日期时，就将记录在磁带上的情报进行自动处理，并将准备好的索引正文记录到另一条磁带上，再将磁带送入 GRACE 型专用照相排字机。该排字机的工作速度是每秒 300 个字符。编制 600 页篇幅（14000 条题录）的一期《医学索引》，包括校对穿孔纸带和排印工作，共需要 5 天时间。

记录在 H—800 型电子数字计算机外部存贮器中的情报，以后还可用于情报检索。编制《医学索引》的方法，是把快速传播题录情报和文献情报检索的问题结合起来解决的一个很好的范例。

表式索引

表式索引（英文名为“Scan-Column indexes”）是一种以书本形式出版的最简单的文献情报检索系统。这种索引采用组配索引法，其中，文献的基本内容是以适当的描述词，即从专门编制的标准词典（词表）中选出的自然语的词和词组的形式表述出来。描述文献基本内容的一系列描述词称为这篇文献的检索标志。

情报的检索程序，是将文献的检索标志与给出的检索命题，即描述所需情报的涵义的一系列描述词进行比较。如果文献的检索标志与检索命题完全或部分相同，则可认为这篇文献是符合情报需要的。为了加速文献检索标志与检索命题的比较过程，采用从单元词卡、手工穿孔卡起直到高速电子数字计算机为止的各种技术设备。在表式索引中，这一过程是用视觉来完成的。

在表式索引中检索情报的方法如下所述。首先，按检索命题中第一个描述词的代号来查阅索引。如果在一栏的某一行中包含有这一代号，那么就要检查在该行中是否还有检索命题的其他一些代号。如果检索命题的全部代号与该行检索标志的各个代号完全符合，那么这一行的文献序号所指明的就是要找的那篇文献的出处。

这种索引在荷兰专利局内已经使用了将近 35 年。它被用于审查某些技术部门提出的专利申请书。在按一个描述词检索情报时，每小时有可能查找到约 1000 篇文献，情报的完备程度可达 75% 左右。

表式索引的特点是紧凑而简单，便于积累和出版，它的缺点是查阅工作十分烦琐。

引文索引

科研人员经常引用研究相同问题的前辈的著作。所以期刊论文和书籍中的参考文献目录早已成为重要的情报来源。下面以 1941～1960 年间发表的有关核酸发现问题的文章为例，可以看出 15 篇论文互相引用的情况。（图 2 各种文献被以后发表的文献引用的情况，略。）

把文献的引用书目加以系统整理，找出各种文献的书目联系方法，有可能把与本身不很相近的各个主题或问题之间的内在联系表示出来。引文索引便是在应用文献书目的联系方法的基础上形成的。

阐述各种不同问题的科学文献的作者可能引用同一篇文献，被引用的这篇文献就可作为检索文献，引用论文则可视做来源文献。引文索引是按检索文献（被引文献）排列的。将来任何一篇来源文献都可能成为被引文献。编索引时，正阅读的一篇文章可以作为来源文献被引用。在这篇文章末尾所附“参考文献”栏内的各篇文章在引文索引中都将作为一条条“检索”文献的款目排列在首栏内，而本文的题目则将在所有这文献的款目下出现。同时，这篇文章也将相应地在引文索引中作为检索文献在首栏内出现。

美国某些科研机构试编了几种不同学科的引文索引，诸如统计学、原子能、心理学、物理学和相关领域的引文索引。

美国费城科学情报研究社在 1964 年经过广泛实验开始正式出版《科学引文索引》。该索引收录了 30 个国家的 600 种重要期刊上所有自然科学和应用科学的引文以及美国当年的专利说明书（约 5 万份）中的全部引文。该索引由两部分组成：《被引论文索引》和《引用论文索引》。每一部分都分为 4 册（3 册季度索引，1 册年度索引）出版。

不过《科学引文索引》并没有代替各种传统索引的功能。它的特点是按作者特征进行编排，可以答复各种专题性的咨询。它的优点：首先是可能彻底研究不同作者的著作中所反映的学术思想的发展过程。其次是不依赖于任何一种分类体系。目前所有的分类体系都是不完善的，而分类过程又与工作人员的工作能力有关。而在引文索引中，某篇论文所讨论的某一问题的各种关系都是由科学家，即引用论文的作者们自己来判断。某一篇论文被引用的次数客观地说明了它的重要性。该索引的第三个优点是可以采用计算机来编制，所以速度很快。至于它的缺点，主要有以下几个：①有时作者引用文献只是为了表明自己博学，所以有些著作受到欢迎，多次被引用的情况有一定的虚假成分；②为了节约索引篇幅而导致了文献著录不完备，例如缺少文献名称，索引的第二部分《引用论文索引》虽多少弥补了这一缺点，但总的说来却使检索过程的索引编制工作更加复杂化了；③因为必须多次重复地反映同一篇文献而使索引的篇幅过大，这也决定了编制工作的工作量极大和索引的价格高昂；④作者的姓名完全用英语拼音，由于没有统一的译音规范，所以，同一个作者姓名就可能有几种不同译法，从而造成混乱，现在一篇文章的作者往往是几个人，而索引中只反映排在前面的一个作者，这也有失真实。

综上所述，以上各种类型的目录索引只是第一批自动化编制的索引，并且还远不是十分完善的。采用电子数字计算机编制目录索引，有可能在很短的期限内几乎在没有人参与的情况下处理大量的书目著录。这是新型索引的重大特征。同时不能不指出，它们在许多方面还不如各种传统的目录索引。现在，各国的情报工作人员都在努力改进这些用机械编制的索引。目录工作者参与这项工作将会大大促进这项工作的开展。

译于 1966 年 2 月 11 日～3 月 5 日，吉林

（Р. С. 吉良列夫斯基、А. И. 切尔耐著）

载于《综合科技动态·情报工作》1966 年第 5 期

一个精心设计的索引体系

孙公望编、华中师范大学出版社1992年8月出版的《唐宋名家词检索大全》，是一部构思独特、体例新颖、编纂严谨、印制质量上乘的工具书，它是一个精心设计的索引体系。该书具有多种属性，用途广泛：

（1）它主要是一部检索工具书。作为一部检索工具书，其索引体系设计得相当完善周到，使用起来十分方便，几乎可以随心所欲地进行查检，因此，它的适用性很强。

该书有四种索引和两个附表：①词句、关键词索引（附笔画检字表）；②词牌（词调）索引；③主题索引；④作者索引；⑤作者姓名一览表；⑥词号检索表。

该书的实际功能很多。编者自己在"本书的功用和用法"中归纳为八种功能：①可迅速查得876首词中任何一首词的原文；②可迅速查得876首词中的任何一句；③可从词牌查得需要的词；④可从主题查得需要的词；⑤可从关键词查得需要的词；⑥可以搜集关于某一事物的唐宋名家词；⑦可以知道不同版本的词选中的字句差异和作者、词牌等差异；⑧可以知道在何种词选中有关于某首词的注释、解说、作者小传等资料，并将各家的观点进行比较。

其实，还有一些功能未列举出来。例如，可以从词句了解其作者是谁，某一词人的词在该书中被收录了哪几首，可以比较某些词语的不同用法，等等。

（2）它不仅是一部检索工具书，而且也是一部很好的"唐宋词选"，具有文学欣赏价值。

（3）这部工具书虽然没有对唐宋名词直接做诠释，但却经过仔细校勘，指出了各种词选版本中的作者差异、词牌差异、题名差异、词句差异，并且可从所注出处去追溯关于该首词的注释、解说和作者小传等，为唐宋词的学习者、研究者、词作家和语文教学工作者提供大量的参考资料线索。

该书把检索工具书、诗词欣赏书、研究参考书的功能有机地结合于一体，因此与一般词语检索工具书相比，在编制技术上有不少创新之处。它正符合现代检索工具书向多功能发展的方向。而这样的检索工具书在我国还比较少见，它是可以作为一个范例的。

检索功能多是该书的最大特点。增加检索功能必然会增加检索工具书的篇幅和成本，也会增加其编制工作的难度和工作量，但却可以增加它的使用价值和延长它的使用寿命。而正是在这一点上，无论在索引工作者中间，还是在出版工作者中间，都有不少同志把降低成本和编制难度放在第一位，而把检索功能放在第二位。在这种观点主导下，我国的检索工具书大多数只是将正文按分类排列，而不配备各种索引。甚至，有些检索工具书已编好了索引，但到出版社编辑同志手中，从降低出版成本考虑，还是被删掉了。对于各种专著的内容索引，也往往持这种态度。其结果，造成所编制、出版的检索工具书大多功能单一，查检不便，其使用价值也就比较有限。

成本当然是一个必须考虑的因素。检索工具书应力求检索功能完善而成本又尽可能低，这并非绝对做不到，关键在于索引体系的设计。如果能对索引体系进行精心设计，增加一种索引并不一定会增加很多成本，但却会成倍地增加其检索功能，《唐宋名家词检索大全》已向我们很好地证实了这一点。例如，该书的词牌索引、主题索引、作者索引这三者总共只占全书篇幅的8%。

检索工具书增加检索功能可以采取两种措施：①增加索引种类，这是很好理解的。②在某一部分增加著录项目。例如，《唐宋名家词检索大全》的词句、关键词索引部分增加了词的作者、词牌、词句差异、选本代号等著录项目，因而增加了多种检索功能；该书的词牌索引不仅能查得用某一词调写的词，而且还能了解同一词调的不同名称以及从任何一种词牌出发查得用该词调写的全部词。

《唐宋名家词检索大全》的词句、关键词索引把首句索引、逐句索引（逐句轮排）、逐词索引（全部有效词轮排）合为一体，从而既具有多种查词途径，又避免了索引款日的重复。

看来，该书的作者姓名一览表和词号检索表是多余的。前者与作者索引完全重复，后者与词句、关键词索引完全重复，设置这两个部分并未增加任何检索功能。此外，该书若再配备一个拼音检字表，在书眉标出索引款目首字，对查检会更加方便。

可见，索引设计要改革创新，精心构思。一部设计完善、编制认真的检索工具书，其价值是绝非能以多种低水平的检索工具书相抵的。对于检索工具书的编制和出版，宁肯少些，但要好些，这是我的一点建议。

编制检索工具书也是一种著作活动，要用做学问的态度去编制，而不应把它看成简单的只是抄抄写写的工作。

写完于1993年7月17日，上海

载于《上海高校图书情报学刊》1993年第4期

《中国索引》发刊词

本刊是中国索引学会主办的专业刊物。

现代的索引就是数据库。因此,本刊不囿于传统索引,而且更着重于文献数据库。

本刊以促进我国索引学和文献数据库技术的研究,推动索引和文献数据库事业的发展,普及索引和文献数据库知识,进行索引学和文献数据库技术领域的国际交流为宗旨。

本刊的读者对象为索引和文献数据库的研究、编制和教学工作者以及索引和文献数据库的使用者。

本刊将围绕文献、信息和知识的检索这个核心,全方位地刊登各种相关的文章和资料,包括:①文献、信息和知识检索的理论研究,如索引学、文献数据库技术以及其他相关领域的著述和研讨文章;②各种类型索引、目录、文摘以及文献数据库编制方法和技术的研究文章;③各种较有使用价值的索引、目录、文摘检索工具和文献数据库以及网络信息检索工具(即各种检索工具和检索系统实体)的评介与使用方法的文章和资料;④各种检索对象(文献和网络信息资源)的评介和检索方法的文章和资料;⑤高等学校“文献检索与利用”课程教学的文章和资料;⑥索引语言(情报检索语言)、自然语言在检索中的应用的研究文章以及分类表、词表(实体)的评介性文章和资料;⑦文献和信息的自动标引和自动分类;⑧国内外索引和文献数据库学术与事业的动态报道;⑨普及索引学和文献数据库技术以及其他相关知识的文章和讲座;⑩其他,如索引历史研究和人物介绍等;⑪索引学及相关学科领域文献的题录、索引。

本刊对传统索引与检索工具、文献数据库与计算机检索系统、网络信息检索工具(俗称搜索引擎)的有关文章和资料均所欢迎,尤重理论联系实践、具有现实意义的文章。

欢迎业界同仁踊跃赐稿、提出建议和改进意见,让我们共同把这个刊物办好。

写于2002年10月23日,上海

载于《中国索引》2003年第1期

第七部分　其他

刘国钧先生对我国情报检索语言发展的贡献

刘国钧先生是我国著名的图书馆学家，他在图书馆学领域的贡献是多方面的。其中，对我国情报检索语言发展的贡献是其很重要的一个方面。

从本世纪我国情报检索语言发展的四个时期看，刘国钧先生经历了其中的三个时期，做出了突出的贡献。

在我国分类法第一次变革时期的贡献

我国分类法的第一次变革是从1885年开始的。在1885年以前，我国使用的是四部分类法。鸦片战争失败后，我国沦为半封建半殖民地国家，受帝国主义的侵略。一些爱国人士力图寻找救国的真理，于是西方资产阶级的学术思想和先进的科学技术开始被介绍进来，新著作、新出版物日益增多。当时的那些新书是四部分类法所无法容纳的。1885年以后，康有为、梁启超、黄遵宪等为了编制当时新书的目录以进行传播，编制了一些新的分类法。但是，这些分类法只能分类新书，不能分类旧籍。1896以后，近代意义的对民众开放的图书馆（最初称藏书楼）逐渐设立，这些图书馆是新旧图书兼藏的，于是藏书分类怎样解决的问题被提到日程上来。出现了旧籍用四部分类法分类、新书用针对新书编制的分类法分类的并行制局面。这一局面一直延续到20世纪20年代。

美国杜威的《十进分类法》是当时世界上最先进的图书分类法。1904年，孙毓修就撰文介绍该法，在当时并未引起图书馆界的注意。但到后来，该法却对我国图书分类法的第一次变革产生了决定性的影响。我国图书馆学者对该法的吸取，采取了三种方式：①对该法进行增补以容纳中国旧籍（补杜）；②对该法子目进行改动以容纳中文的新书和旧书（改杜）；③采用该法的原理和技术但不采用它的体系，自创一种中文新旧图书统一分类法（仿杜）。当时，还有新旧并行制（即旧籍用四部法分类，新书用针对新书编制的分类法分类）和修改四部法以容纳新书两种方式。主张以上不同解决方式的各派学者，各自都编出了相应的分类法。在中华人民共和国成立以前，曾被各种图书馆使用的新编分类法达30多种。

在以上所有各种解决中文图书分类问题的方案中，刘国钧先生极力主张采用杜威分类法的原理和技术，但不采用它的体系，独立创制一种适用于中文新旧图书的统一分类法。他认为采用其他的方式都不过是"削足适履"，不是彻底解决问题的方法。他为实现自己的主张，亲自编制了《中国图书分类法》。该法于1925年开始编制，到1929年正式发表。在同时期的三部比较有影响的分类法（其他两部是杜定友先生和皮高品先生编的分类法）中，《中国图书分类法》的影响尤其巨大而且深远，有二三百所图书馆采用该法。直到50年代，北京图书馆还出版了其修订版，以应新分类法未编出之前的过渡时期的需要。在台湾，由赖永祥先生多次进行修订，至今仍有许多图书馆使用。

刘国钧先生在这一时期的著作中，发表了许多关于图书分类法的理论观点，主要有：

（1）编制分类法要以书为依据（即文献保证原则）。他在《四库分类法之研究》一文中指出："夫类例所以治书籍，非以书籍就类例。书为主，类例为客。学术之内容变，书籍之种类增，则类例自宜因之而异。"因此，他在编制《中国图书分类法》时，采用"先将学术分为若干类,然后将馆中书籍属于该类者汇集一处。审其性质之异同,别为若干目。然后再参考各种分类法以定各目之名称,统系之先后,循此方针,往往易稿数次而后定。其有经行采用已成之分类法者,亦斟酌比较而后定”这样的步骤。他继而指出:“惟以本馆书籍种类之无多,故表中详略颇不一致。然本法之原则,若能成立,则徐图发展,亦可以时日期之也”。

(2)编好一部分类法要博采众长。他在编制《中国图书分类法》过程中,就“采用书籍颇多”,参考了古今中外的许多分类法。

(3)分类表编制应遵循下列原则:①分类表对于任何书籍,均当有收入之可能。类目宜丰富。对于任何科目,不宜有所轩轾。类目不宜含有批评褒贬之意。类表有扩充伸缩的余地。②图书分类原为供学术研究之用,故分类体系宜以学科分类为准,体裁、地理、时代、语言等标准亦酌用之。他对“以体裁为主,学科为副”的四部法持批判态度。③分类以详为贵。④图书分类,应照顾编目、参考、流通等图书馆工作之便利。

(4)一部实际的分类法,应包括系统表、理论基础、索引、分类条例。

(5)以图书馆中各类图书之多少而定号码之支配,不拘泥于杜威的十进法。

(6)编制分类法要群策群力(即集体编制)。他认为“一种图书分类法之成功,非合多数人之力量。经长久之实验不为功”;“欲求一分类法之完备,实不能不有赖于群策群力,决非一人所能及也”。但在当时,不存在主持编制分类法的机构。他在编制《中国图书分类法》时,只能征得一些同行如李小缘、曹祖彬、万国鼎等先生的帮助。他也主张分类法编制者与使用者合作,通过使用信息的反馈使一部分类法逐步完善。

刘国钧先生这些理论观点,不仅在当时具有导向作用,而且至今仍具有参考价值。

在我国分类法第二次变革时期的贡献

1949年中华人民共和国的成立,引起了我国分类法的第二次变革。为新社会服务的图书馆和新内容的图书,需要有相应的分类法。早在1950年6月,文化部文物局就邀请在北京的一些图书馆学专家、学者和有经验的图书馆工作者,召开了一次座谈会,讨论编制一部一般图书馆都适用的新的比较完善的图书分类法的问题,并组织了一个委员会。这个委员会的活动不久就停顿了,但编制新分类法的研究和讨论却在图书馆界展开。

刘国钧先生于1953年发表《关于新中国图书分类法的一个基本问题》一文,指出新的图书分类法“必须体现马克思列宁主义毛泽东思想的原则”。他认为体现这个原则“首先应该在大类(基本类)的顺序上,其次应该在对待各类目间的关系上”。他主张“自然科学位置应当在社会科学之前”,各基本类的顺序应为:①哲学;②自然科学及其应用于生产的技术;③社会科学,其中包括人类社会活动的历史记载;④语言学和文学艺术。他认为,“只有如上面所说的大类顺序和对待类目的态度才可以符合马列主义毛泽东思想”。刘国钧先生提出的这个次序,与后来公布的苏联新分类法基本相同(苏联新分类法的草案是社会科学在前,但经过讨论定稿时改为自然科学在前)。而我国的所有各种新分类法,由于要求体现思想性,却无一例外地把社会科学类目置于自然科学类目之前。刘国钧先生在该文中还提出,新分类法要正确对待科学分类和正确处理旧时代的图书。

刘国钧先生在这一时期参与了《中小型图书馆图书分类表草案》和《中国图书馆图书分类法草案》(大型法)的编制。

1951年,刘国钧先生到北京大学图书馆学系任教,开设“图书分类”“图书馆目录”及其他多门课程。

1953年3月,刘国钧先生的《图书怎样分类》一书由开明书店出版,同年11月改由中华书局再版,两次共印18000册。该书主要内容是一个《图书分类条例》。这个分类条例内容十分系统和严密,并有一个索引,可以说是我国第一部关于类目内容范围划分规则的专著,不仅对图书分类标引的实际工作,而且对分类法的编制工作和图书分类的教学工作,至今仍有重要的参考价值。如果我们翻开当今的文献分类教材,把其中所叙述的分类标引规则部分与该书相对照,可以看出在这方面超过该书内容的并不很多。新中国成立后编制的各种分类法对相关类目之间内容范围的划分大都与该条例一致。

在1957年高等教育出版社出版的《图书馆目录》一书中,有六章关于情报检索语言,其中有五章是刘国钧先生写的。在这五章中,有两章讲述了图书标题法和主题目录。这可能是我国在大学讲坛上正式系统讲授主题法的开始。

印度图书馆学家阮冈纳赞的《冒号分类法》于1957年由刘国钧先生首次向国内做介绍。这部分类法的分面组配原理和技术,对后来我国情报检索语言的研究具有启发作用。

刘国钧先生在新中国成立后,通过自学很快掌握了俄语,翻译介绍不少苏联在图书分类方面的研究成果(如所译安巴祖勉著的《图书分类目录编制法》一书,是一本很好的专著),对我国图书分类学研究和图书分类实际工作,很有参考价值。

在我国情报检索发展初期的贡献

我国于50年代末开始发展科技情报事业。60年代前期,我国的科技情报事业发展迅速,出版的检索刊物达150多个分册。如何建立全国统一的检索方法体系成为一个迫切的问题摆到科技情报工作的议事日程上来了。当时展开了分类法与主题法之间孰优孰劣的讨论,以及关于采用《国际十进分类法》作为处理科技情报资料的决策。刘国钧先生在参与这个问题的解决中写了《分类法与标题法在检索工作中的作用》和《应当认真贯彻执行检索类出版物采用检索方法的建议》两篇文章(后者原先是一个发言稿)。

在《分类法与标题法在检索工作中的作用》一文中,刘国钧先生对分类法和标题法两种检索语言进行了全面、系统、严谨的分析比较,指出"分类法和标题法提供了两种不同的检索资料的路线:分类法从知识之间的关系出发;标题法从事物本身出发。这是对待事物的两种不同的观点,不能把它们等同起来"。认为"分类法和标题法各有所长,各有所短,合则双美,离则两伤","单用一种方法就会暴露它的弱点"。当时我国尚处于手工检索阶段,国外的计算机检索虽已出现,但尚未发展。刘国钧先生根据当时我国的具体情况,指出:"一条比较切合实际的路就是分类目录加字顺主题索引,将两者合成一套检索工具。这就是以分类法为主,以标题法为辅的一种方式。作为直接检索工具(这里刘先生是指情报机构收藏文献的卡片目录),这种方式有很大好处。至于间接检索工具(这里刘先生是指检索刊物),那就要依其目的和使用对象的需要,来决定其应以分类法或是以标题法为主。但用分类法的必须附主题索引,用标题法的必须将主题加以分类。"刘国钧先生的这一建议,能够较节约而且较充分地满足检索需要。只是在当时具体条件下,未能来得及实行;以后,就开始了"十年动乱";再以后,则出现了计算机检索迅速发展的局面。

在《应当认真贯彻执行检索类出版物采用检索方法的建议》一文中,刘国钧先生支持全国科技情报资料采用统一的检索方法。他认为"为了使得各种不同的专业检索工具可以互相交流利用,为了使各种专业检索工具之间不致发生不必要的重复,为了使有关专业之间的检索工具可以彼此补充而达到比较全面报道的目的,各种检索类刊物必须具有共同的检索方法,是完全必要的”。他赞成采用《国际十进分类法》作为共同的检索方法,认为“这是切合目前实际情况的方法”。因为《国际十进分类法》“在科学技术方面比较详细、比较能反映最新科学发展情况”,“比较能够反映出细小专深的文献的主题”,“也是现在国外科技情报刊物使用比较多的一种分类法,以它作为检索工具的方法也便于把我国的检索报道同外国的互相交流和统一排列或统一利用”。他说:“应该承认,国际十进分类法是有缺点的,但是在一部完美无缺而又适宜于科学技术情报工作的分类法还没有出现之际,我们不能停止等待。我们必须使积累的资料能迅速报道出来,能迅速发挥作用。”而且,《国际十进分类法》的缺点是可以“予以改革,甚至根本改造”而消除的。他认为“标题法目前还没有具备作为统一检索方法的足够条件。因为科学技术名词的统一工作还未完成,标题结构的规范化还没有着手,汉字排检问题也还没有解决”,所以不能用标题法来进行统一。他在此文中还指出“应该有一种统一的分类准则以保证分类的统一”。但是,《国际十进分类法》实行不久,由于该法存在虽是个别的但很严重的政治性错误而停止使用并对其展开批判,采用该法的决策也就到此终止。

在该时期,杜定友先生在三篇文章中提出用“分类主题目录”(也称分类主词目录)来改造分类目录和主题目录的主张。其大意是分类体系只到三级,以下采用字顺制,使分类目录和主题目录的功能合而为一,这样可便于查检并减少重复。刘国钧先生认为杜定友先生的这一主张很不当,写了《分类、标题和目录》一文来与杜先生商讨。

刘国钧先生的《分类、标题和目录》在情报检索语言理论上是一篇很重要的文章,该文对体系分类法与标题法的异同和相互关系做了详细的分析。他指出:“标题法和分类法都是揭示图书内容的方法。但它们是从不同的角度出发的。标题法只注意于揭示书中论述的问题、研究的对象。分类法则还要揭示出书中所论述的问题、所研究的对象属于什么科学门类,同其他的问题和对象有什么关系等。直接性是标题法的主要特征;系统性是分类法的主要特征。”刘国钧先生从分析两种方法集中与分散图书的情况不同,指出两种方法各有优点和缺点,而且正好相反,所以是互相补充的。单纯依靠标题法或分类法都不能解决读者用书的问题。刘国钧先生针对杜定友先生想在一套目录中使分类法和标题法两种功能兼顾的意图做了全面的分析,指出他的主张有许多具体问题没法解决。如果按照他的方案,将既破坏了分类法系统性的优点,又破坏了标题法直接性的优点,“把两者糅合在一起,成为所谓分类主题目录,是达不到便利读者的目的的”。刘国钧先生的分析非常严密而清晰,十分谦虚又有说服力。这篇文章澄清了关于分类法和主题法的性质以及分类法主题法一体化的许多模糊概念。

刘国钧先生时刻注视着国外的学术动态,积极吸收国外的学术成果。他60年代初期所写然而到“四人帮”被粉碎后才有机会发表的《近代西方主要图书分类法评述》一书,是情报检索语言理论方面的一部重要著作。该书对西方国家七种主要的图书分类法,从发展经过、基本原理、类表结构、分类方法等方面做了比较深入、详细的评介。在其导言中,他对这七种分类法进行了类型划分,概括说明了这些分类法在其发展过程中所受到的社会性质、学术发展和图书本身发展诸方面的影响,阐明了现代图书分类法类目及其体系的三个来源,即:①哲学上的知识分类体系;②教学上的学科划分;③过去时代的分类体系。在书末“最近的趋势”一章中,对科学技术的发展和科学情报工作的勃兴对图书分类法提出的新课题、传统分类法的修订和新型分类法的创造、分类法理论问题的探讨三个方面的西方动态和趋势做了介绍。刘国钧先生的这本专著,对我国学者了解现代西方主要的图书分类法和图书分类理论,具有很强的指导性。

在情报检索语言领域,刘国钧先生是留给我们学术遗产最多的一位。他的学术思想和成果,对我们今天情报检索语言的研究和实践仍有重要的指导意义。

参考文献

[1] 刘国钧. 四库分类法之研究//刘国钧等主编. 刘国钧图书馆学论文选集. 书目文献出版社,1983

[2] 刘国钧. 中国现在图书分类法之问题//刘国钧等主编. 刘国钧图书馆学论文选集. 书目文献出版社,1983

[3] 刘国钧. 中国图书分类法:自序//刘国钧等主编. 刘国钧图书馆学论文选集. 书目文献出版社,1983

[4] 刘国钧. 中国图书分类法:导言//刘国钧等主编. 刘国钧图书馆学论文选集. 书目文献出版社,1983

[5] 刘国钧. 图书怎样分类. 中华书局,1953

[6] 刘国钧. 关于新中国图书分类法的一个基本问题//刘国钧等主编. 刘国钧图书馆学论文选集. 书目文献出版社,1983

[7] 安巴祖勉著;刘国钧译. 图书分类目录编制法. 时代出版社,1957

[8] 刘国钧. 冒号分类法简述. 中国科学院图书馆通讯,1957(11)

[9] 刘国钧. 分类、标题和目录//刘国钧等主编. 刘国钧图书馆学论文选集. 书目文献出版社,1983

[10] 刘国钧. 分类法与标题法在检索工作中的作用//刘国钧等主编. 刘国钧图书馆学论文选集. 书目文献出版社,1983

[11] 刘国钧. 应当认真贯彻执行检索类出版物采用检索方法的建议//刘国钧等主编. 刘国钧图书馆学论文选集. 书目文献出版社,1983

[12] 刘国钧. 现代西方主要图书分类法评述. 吉林人民出版社,1980

[13] 刘国钧. 中国图书分类法的发展//刘国钧等主编. 刘国钧图书馆学论文选集. 书目文献出版社,1983

写完于 1999 年 5 月 19 日,上海
载于北京大学信息管理系等合编《一代宗师:纪念刘国钧先生百年诞辰学术论文集》

《情报检索语言综论》序

戴维民同志的《情报检索语言综论》一书收载了35篇论文和三个附录，这些文章涉及情报检索语言领域的许多方面，旁征博引，内容丰富，是学习和研究情报检索语言不可忽略的一部著作。

我们的情报检索语言理论研究工作必须开辟新路。要从四个方面着手：一是改变研究方向，二是扩大研究范围，三是改进研究方法，四是吸取国外的研究成果*。

我国在闭关锁国多年之后，借鉴国外的研究成果对较快地缩短我国与国外在情报检索语言理论研究方面的差距具有重要的意义。在引进国外研究成果方面，侯汉清同志和戴维民同志是工作做得最多的两位，做出了较大的贡献。侯汉清同志的《当代分类法主题法索引法研究》一书和戴维民同志的这本书都是通向国外的窗口，从这窗口里，我们可以获得国外情报检索语言领域的许多信息和新的知识。

当然，“洋东西只是一种补品，吃下去，消化了，化成自己的血肉，才能壮身子”。情报检索语言都具有或多或少的国家特点、时代特点和自然语言特点。也就是说，要符合国情。我们固然要借鉴国外情报检索语言的原理和方法，乃至直接采用国外分类表、词表中可用的部分，但是必须明确，我们是为着创制中国的情报检索语言而去研究国外的成果，因此在学习外国的同时，还必须用主要精力来研究中国情报检索语言的各种特殊问题，必须把学习外国与研究中国很好结合起来，把学习和创新很好地结合起来。否则，我们将创制不出不但在原理和方法上具有世界先进水平，而且又是符合中国国情的情报检索语言来的*。就这方面来说，戴维民同志也做了很多工作。他的许多文章，总是对中外情况作比较研究，他对我国情报检索语言的实际问题也做了很多研究，这在他的书里也是可明显看出的。

戴维民同志是一位青年学者，他在华东师范大学读书期间，正是80年代我国情报检索语言和情报语言学的新的发展时期，他以执著的精神，参与了对情报检索语言的求索。十一年的积累，结出了硕果。我更希望他今后能取得更多的成果。

写于1994年7月6日，上海

载于戴维民著《情报检索语言综论》，军事谊文出版社1994年9月出版

---

* 张琪玉．论情报检索语言的研究、创制与普及．图书情报知识，1983(4)

《中国图书馆图书分类法、中国图书资料分类法(第三版)规范化的研究》序

新疆工学院图书馆高辉和钟旭两位同志用三年业余时间,对《中图法》两个版本共320万字的文本做了全面、细致的校订,把两个版本共约8万条类目是否符合规范化要求做了较彻底的考查,找出《中国图书馆图书分类法》中不符合规范化要求之处91条,《中国图书资料分类法》中不符合规范化要求之处797条(包括编辑和印刷中的差错)。经过整理、分析、研究,并逐条提出修订意见或建议,三易其稿,写成《中国图书馆图书分类法、中国图书资料分类法(第三版)规范化的研究》这本书。

本书材料确凿有据,分析条理清晰,意见中肯,建议可行,无论是对《中图法》特别是《资料法》的订正,还是对于分类表规范化问题的研究,都有较大的参考价值。两位作者默默地为《中图法》两个版本质量的提高做了一件很有益的工作,这是给予两个版本编辑部的最切实的帮助。

分类表的规范化无疑是需要的,但与词表规范化相比,其对文献检索的影响较小。可能是由于这个原因,过去并未引起分类法研究者的注意。近些年来,已陆续有这方面的论述发表。高辉、钟旭两同志的著作,是这方面研究中最全面、系统、深入的一种。希望此书的出版能促使这方面的研究有更进一步的发展,此书成果能为《中图法》两种版本的第四版吸收,希望我国以后出版的各种分类法新版和新编分类法在规范化方面出现一个新的水平。这是作者花三年业余时间饱尝艰辛的目的,也是我的一个希望。

写于1994年7月12日,上海

载于高辉、钟旭著《〈中国图书馆图书分类法〉〈中国图书资料分类法〉(第3版)规范化研究》,新疆大学出版社1994年8月出版

《联机环境中的情报检索语言》序

曾蕾博士的这本文集值得我们花时间来仔细阅读,许多文章颇有见地和新意。

这本文集中的一半文章是作者在出国之后写的,这些文章反映了国外情报检索语言领域的当前状况,能进一步开拓我们的视野,启发我们对国内情报语言学研究方向的思考。我们要使我国的情报语言学研究达到国际水平,就不可不了解走在信息时代前列的国家在情报检索语言研究方面的最新动向。随着"信息高速公路"的建设,国外的情报检索语言正处于一次新的变革中。尽管这对于我国目前的情况来说似乎有些"超前",但这种"超前准备"是十分必要的,因为我国部分地区的信息产业也正在超速地向前发展。

曾蕾曾是我的学生,而她现在已成为一位对情报语言学有相当造诣的专家。她在美国屡次获学术奖和获得研究项目资助,参与新的研究领域,并活跃在美国大学的讲坛上。可以说,她是我的学生中在情报语言学领域(而不是指在其他方面)最成功的一位,我也因为她曾是我的学生而感到自豪。

这本文集收入了作者在国内时写的文章,其中包括她在情报语言学方面的第一篇文章——写成于 1982 年初的《我国三十二年来情报检索语言研究文献的初步调查与分析》。所以,整个文集反映了她在情报语言学方面由开始到成为一位专家的历程。可以说,她走的是一条在学术上必然会成功的道路。

曾蕾像我一样,看到了情报语言学研究的重要意义,看到了这一片新开垦的知识土地上的探之不尽的宝藏,包含着许多的吸引我们去探索发掘的课题,因此非常执著地在这个领域中进行探索。她在攀登上是十分刻苦的。从她的《〈汉语主题词表〉的质量评价及其改进》《〈中国图书资料分类法〉中多重列类法的应用》等文章中可以看出,为了取得第一手资料,她在对那两部巨著的调查统计中花了多少时间。她在攻读硕士学位期间,为了更好地理解英文著作的原意,竟然把厚厚的一本关于词表的著作全部翻译了出来。她很注意掌握基础知识,对情报语言学知识体系学习得很透彻,故能充分运用其去开发新的研究课题。她总是向前看,注视新动向,发掘新课题,而不是把时间花在陈旧的课题上。她十分注意拓宽自己的视野,因此有不少术语曾第一次地出现在她的文章中。但她又决不去写那种"新"得使人惊奇而不是使人赞叹的文章,她的研究是注意联系实际、讲求实用的。她是我国最早注意情报检索语言兼容问题的,十年之后的今天证明她在学术上的敏感。她在研究中很注意科学的研究方法。还应该指出的是,现在她虽在美国任教,但一直关心着国内情报语言学的发展,把国外的许多学术动态和自己的看法写成文章在国内刊物上发表,以引起国内学者的重视。

这本文集只是曾蕾在学术道路上前一阶段的成果。她有很厚实的基础,又有很好的从事研究的环境和机会,可以预见,她会在情报语言学领域有较大贡献的,我期待着。

写于 1994 年 10 月 7 日,上海
载于曾蕾《联机环境中的情报检索语言》书目文献出版社 1996 年出版

《情报检索语言与智能信息处理丛书》序

这部丛书包括下列八种专著：

(1)薛春香、侯汉清著《网络环境下知识组织系统构建与应用研究》；

(2)陆勇、侯汉清著《面向信息检索的汉语同义词自动识别》；

(3)章成志、白振田著《文本自动标引与自动分类研究》；

(4)何琳著《领域本体的半自动构建及检索研究》；

(5)杜慧平、仲云云著《自然语言叙词表自动构建研究》；

(6)刘华梅、戴剑波著《情报检索语言的互操作研究》；

(7)李远景、侯汉清著《基于引文分析可视化的知识图谱的构建研究》；

(8)张雪英著《受控词表的兼容转换》。

这八种专著，是侯汉清教授多年来指导博士生、硕士生们进行科学研究(有些是同他们合作研究)的具体成果的一部分。这些著作的主题内容，可以归结为“情报检索语言的自动化”和“自然语言检索”两个相关的问题，或者更概括地说，就是“信息检索自动化的升级问题”，是属于当前信息检索学术研究的前沿课题。

这些专著，如果将其分散来看，或许不觉得分量之重；如果把八种专著放到一起，就可以看出其成果之硕大。侯汉清教授在带研究生中看准一个方向不断开拓，持之以恒的精神，可以出大成果，值得我们效法。南京农大在侯汉清教授领导下进行的有益的研究工作，我想一定会被我国信息检索自动化发展史册记下浓浓的一笔。

这一类项目，本质上都是情报语言学的研究课题。所以，在研究中必须遵循情报语言学的理论，吸取情报语言学的已有成果，其结论应切合情报语言学的要求，它们只是借助于计算机技术作为方法手段来达到研究目的而已。不能过分强调网络环境的特殊性而置情报语言学关于检索效率的基本要求于不顾。计算机技术应当与情报语言学密切结合。侯汉清教授和他的弟子们同时具备这两方面的知识，是顺利地、较好地完成这些研究项目的关键。

这八个研究项目，大多采取实验研究法，故其成果具有较大的可信度和易理解性。其中有些项目难度较大，甚至极难，专著只是做了认真、有益的探索；有些项目，则虽然尚有一些不足，但作为中间成果，可在当前信息检索工作中推广应用，在应用中进一步完善。

信息检索自动化的初级阶段已在我国普遍实现。但要晋升一级，扩大自动化过程的范围和提高自动化的水平，当前的研究还属起步，发表的科研成果尚少见，学术研究有待扩大和深入。这部丛书，起了很好的开拓作用，为继续研究打下了基础，是研究者很好的学习和参考书，希望对此感兴趣的读者能从中获益。

写完于2009年7月19日，上海

载于侯汉清主编《情报检索语言与智能信息处理丛书》

东南大学出版社出版

《情报检索语言与信息组织探微》序

曹树金同志二十年来一直潜心于情报语言学的教学与研究,成果斐然。继获得广泛关注和好评的《信息组织的分类法与主题法》一书出版之后,现又有文集《情报检索语言与信息组织探微》被选入《当代中国图书馆学研究文库》,我为他高兴,向他祝贺!

《文集》共选入 30 篇文章,内容涉及情报语言学的多个方面,相当丰富。

《文集》最引人注目的是有关网络环境下情报检索语言发展方向的一系列文章,如《国外检索语言与自然语言检索》一文对国外情报检索用语言这一领域的当前进展做了广泛的介绍;《一体化医学语言系统》一文详细介绍了美国在情报检索语言方面近年的一项最显著的成果;《杜威十进分类法电子化及未来研究重点》《DDC、LCC、UDC 网络版评析》《DDC、UDC 网络化对〈中图法〉发展的启示》三文研究了传统分类法的电子化、网络化的情况和问题;《国外大型分类法在网络环境中的应用综述》一文对国外大型分类法在网络环境下的应用做了全面综述;《网络叙词表的组织结构及优化模式研究》一文专门研究了网络叙词表;《用户网络信息查询需求对网络信息组织的启示》《自动分类在搜索引擎性能优化中的应用》两文探讨了搜索引擎的优化问题;《国外数字图书馆的信息组织与查询研究》一文专门研究了数字图书馆的信息检索问题;《论本体与本体语言及其在信息检索领域的应用》一文详细介绍了知识本体语言及其在信息检索领域的应用;《论政府信息资源的元数据标准》《描述教育资源的元数据标准》《论 RSS/ATOM 内容聚合元数据》三文阐述国外与信息检索有密切关系的元数据。

可以看出,以上这些文章正是我国情报语言学当前需要研究的前沿主题。曹树金同志以其学术的敏感性,比较全面、系统、深入地研究了国外的当前发展状况,率先介绍到国内来,做出了较大的贡献。这部分文章有 14 篇,几乎占了《文集》的一半。

《文集》的另一半有 16 篇文章,内容可概括为四个部分:

第一个部分为情报语言学理论问题研究,有《关于情报检索语言检索效率的思考》《试论图书分类法的两个基本原则:文献保证与用户需求保证》《〈文献主题标引规则〉中的“主题”与“主题类型”质疑》《文献主题分析与标引的核心技巧和规则研究》《试论确定叙词标目引用次序的目标与原则》和《文献标题的情报性研究》六篇文章。

第二个部分为我国情报检索语言实践问题研究,有《论〈资料法〉宜于采用的组配规则》《试论〈中图法期刊分类表〉(第二版)的修订》《我国推广主题法的若干问题研究》《试论综合性叙词表与专业性叙词表的并存和兼容问题》和《中国内地与香港的文献检索词汇兼容与互换问题》五篇文章。

第三个部分为情报语言学教学问题研究,有《适应信息时代需要,建好文献分类与主题标引课》和《文献标引课程适应和利用计算机化的思考》两篇文章。

第四个部分为情报语言学历史和人物研究,有《谈情报语言学的形成与完善》《一个人与一门学科——记张琪玉教授》《开创情报语言学的新天地——记张琪玉教授对情报语言学的新贡献》三篇文章。

以上这些文章都有相当的研究深度。特别是关于文献主题分析和主题标引问题,研究尤为深入。其中《文献主题分析与标引的核心技巧和规则研究》一文是一篇很好的文章，可惜因篇幅关系，《文集》只收载了一个摘要。

在《适应信息时代需要，建好文献分类与主题标引课》一文中，曹树金同志提出了有关情报检索语言的教学改革思想，主张将分类法、主题法和情报检索语言基本知识统一为一门课程，以减少内容的重复和增加实用性，另外再开设一门情报检索语言比较研究的课程。这一设想有其优越性。这一设想，即是后来出版的受到欢迎的教材《信息组织的分类法与主题法》这一成果的由来。

曹树金同志对情报语言学有较深的造诣，他的文章内容丰富，分析深透，文字严谨，这本文集有较大参考价值。

写完于 2009 年 5 月 7 日，上海

载于曹树金著《情报检索语言与信息组织探微》国家图书馆出版社出版

《分类目录字顺主题索引研究》序

为分类目录配备字顺主题索引，从而使其兼有某种程度的主题检索功能，是一个有现实意义的研究课题。

分类目录字顺主题索引的原理和方法虽然早在50年代即被介绍到我国，刘国钧先生也曾做过多次推荐*，但并未引起图书馆界的重视。在1979年7月举行的中国图书馆学会第一次科学讨论会上，肖自力、李修宇、侯汉清三同志再次作推荐**。此后，更由于分类目录与主题目录之争的展开，图书馆界对分类目录字顺主题索引的研讨才逐渐多了一些。然而，编制分类目录字顺主题索引的图书馆仍属鲜见，阐述其具体编制方法的著作也很难觅。

浙江工学院图书馆陆近春同志主持的课题组从1982年开始，经过长达六年多的研制，为该馆的分类目录成功地配备了一套高质量的字顺主题索引，并在研制报告中严谨地、完整地总结了他们的成果。

陆近春等同志的成果是一项创新，因为他们所试编的分类目录字顺主题索引无论在编制方法上还是在功能上都与以前所介绍的有所不同。这主要是他们在编制中综合运用了叙词法、标题法、关键词法和链式索引法，因而在理论上有独到的见解，在方法上有创造性。他们所编制的分类目录字顺主题索引检索性能好，而且有进一步向计算机化过渡的可能。

我国图书馆历来注重分类目录，编制主题目录者不多见。目前主题目录虽在推广中，但要普遍建立，估计也不是在短期内可实现的。为现已普遍存在且收录了大量图书资料的分类目录配备字顺主题索引，有利于图书馆服务质量的改进和文献资源的开发，并且从人力物力和时效性看都较易做到，可以说是一种“适用技术”，确实是增加主题检索途径的可行方案之一，比较符合我国目前的国情。因此，陆近春等同志的研制成果是很有现实意义和值得推荐的。

当然，分类目录字顺主题索引不可能完全替代主题目录，这是因为，它的索引款目虽是根据具体图书的主题编制的，但它仍只能指向分类号，而不能指向索书号，所以实际达不到与主题目录同等的专指度。这并非在技术上做不到，而是那样做从成本效益看不可取。

分类目录字顺主题索引比之以公开出版的分类表类目索引（指相关索引）作为它的代用品，固然表现出某些优点，但并非全无不足之处。因为编制一套高质量的分类目录字顺主题索引，尽管它的投入大大低于编制一套主题目录，但却大大高于购置几册分类表类目索引，而且还要克服一定的技术难度。

总之，增加主题检索途径可以有多种方案，但似乎至今还没有找到一种方案能够适应

---

* 例如，克连诺夫著、苏大悔译，1954年出版的《图书馆技术》第173～178页；安巴祖勉著、刘国钧译，1957年出版的《图书分类目录编制法》第121～126页；康诺瓦洛娃著、武宁生译《分类目录字顺主题索引的作用及其编制的基本原则》一文（载北京图书馆编辑1957年出版的《图书馆目录》下册）；刘国钧等编，1957年出版的《图书馆目录》第309页；刘国钧的《分类法与标题法在检索工作中的作用》（载《科技情报工作》1963年第6期）等多篇文章。

** 肖自力、李修宇、侯汉清的《主题检索的一条捷径——谈谈分类目录字顺主题索引》（1979年陕西省图书馆油印）和《分类目录主题索引编制法》（1980年书目文献出版社出版）。

一切图书馆的需要与可能。所以,各馆根据具体情况进行选择是完全必要的。

陆近春同志是学工程的,但却专心致志于研制分类目录字顺主题索引六度春秋,终于创造出了图书编目方面的优秀“产品”,并将分类目录字顺主题索引的研究推进到了新的水平,其脚踏实地的治学精神是值得我们学习的。

写于1990年12月15~17日,上海

《图书情报用户教育》序

在科学技术高度发达的现代社会,任何人都需要知识,而且必须不断地获取知识,否则他就不能顺利地工作,也不能很好地生活。

文献是知识的载体。收藏大量文献的图书馆和情报机构是取之不尽、用之不竭的知识宝库。但是,这些宝库的社会价值,是要通过读者和用户对它的充分开发、利用才能实现的。同时,任何人,也只有掌握了打开这些宝库的钥匙,才能从中获取无限的知识。

"知识的一半就是知道到哪里和怎样去获得它",这是至理名言。一个人只有掌握了获取知识的知识,才有可能获取无限的知识。关于如何获取知识的那种知识,就是可以打开知识宝库的金钥匙。

所以,图书情报工作者不仅要做好文献的收集、检索工具的编制以及阅览、外借、咨询、情报调研等工作,而且还要做好向读者和用户普及文献检索与利用知识的工作,把知识宝库的钥匙交给他们,使他们能够主动地、有效地、充分地利用图书馆和情报机构的文献资源以及其他资源。也就是说,应当对读者和用户"不仅授之以鱼,而且授之以渔"。这后一部分工作,现在通称为"用户教育"。

近十年来,特别是 1984 年 2 月 22 日原教育部印发《关于在高等学校开设"文献检索与利用"课的意见》以来,我国的图书情报用户教育有了迅速发展。至 1991 年,全国已有 500 多所高等学校开设了"文献检索与利用"课,以各种形式对 130 多万大学生进行了不同程度的用户教育,并形成了一支人数众多的用户教育师资队伍,编写出版的各学科"文献检索与利用"课教材估计在 200 种以上。除高等学校的用户教育外,其他类型图书馆和情报机构的用户教育工作也在不断发展,甚至某些中学也对学生开展了用户教育。用户教育已成为图书馆和情报机构工作中一项重要的内容。

随着用户教育的开展,在图书情报专业刊物上发表的研讨用户教育问题的文章多达千篇以上,已积累了比较丰富的实践经验。现在,有必要对这些经验加以归纳总结,使之系统化,从而更好地进行推广普及,以进一步提高用户教育的质量。

鉴于用户教育工作在图书情报工作中的重要性,当前图书情报专业教育中局限于开设"科技文献检索""社科文献检索"这些课程已显得不够,而有必要开设一门讲授用户教育原理和方法的课程,使图书情报专业的毕业生对从事用户教育工作具有一定的知识准备。空军政治学院图书档案系也是从这一方面考虑,在 1988 年实施的新教学方案中列入了"读者—用户教育"课程,由林平忠同志主讲,本书就是他的教学成果。

林平忠同志的《图书情报用户教育》一书系统地阐述了有关图书情报用户教育的一系列教育学问题,包括用户教育的基本概念和指导原则、基础理论、教学大纲的制订、教学方式方法的选用、教学质量的评估、计算机检索的用户教育以及国内外高等学校用户教育概况和比较等内容。本书是对我国十多年来用户教育丰富实践经验的系统归纳和对用户教育原理的较为深入的探讨,既有理论又有实践,既重视总结国内的经验又注意吸取国外的成果,并且论述深入浅出,可以说,它既是一部教材,又是一部专著,是一部具有较大学习和参考价值的著作。

本书作为公开出版的教材和专著，相信它必定会有助于用户教育的进一步普及和提高，以及用户教育研究的进一步深入。更希望它能成为一个开端，引出更多阐述图书情报用户教育的教育学问题的教材和专著问世。

写于 1992 年 5 月 27 ~ 28 日，上海
载于林平忠编著《图书情报用户教育》，上海科学技术
文献出版社 1993 年 1 月出版

《中文社会科学工具书实用图表》序

工具书是图书中的一大重要类型,具有查考性、概括性和易检性的特点,无论在研究、学习中,还是在工作、日常生活中,都是要经常使用的。由于社会的广泛需要,工具书种类极多,出版量大,内容更新频繁,结构和功能也不断改进。

善于使用工具书,是做学问的一项基本功,可增强独立获取知识的能力。工具书知识的普及,已逐渐成为现代教育的一项不可缺少的内容。自 1984 年 2 月原教育部决定在高等学校开设文献检索与利用课以来,为适应教学的需要,全国各地纷纷编写有关教材,估计已在 200 种以上,编写体例多种多样。倪晓建同志于 1986 年在《大学图书馆通讯》第 6 期上归纳介绍,当时文献检索与利用课教材的编写体例就有 12 种之多,现在当然更多了,真可谓万紫千红。这大量的教材,为普及工具书知识发挥了很大的作用。

但是,上述众多的教材,就其每一种而言,所介绍的工具书都是选择比较重要的,典型的、数量有限,不能统率实际上存在的大量工具书。虽然也出版过几种收录数量相当多的工具书目录,但又往往拘泥于书目的体例,使用起来还不够理想。

如果能有一些可以称之为"工具书的工具书",当我们需要查考时,能先利用它,顺着具体问题的性质,从中直接得知应该去查哪些种工具书,或者说,能得知具体在哪些种工具书中(而不是只告诉我们大致在哪些类型的工具书中)可以较有把握地找到问题的答案,那么,利用工具书就可以更加得心应手了。

丁力、张欣毅同志合编的《中文社会科学工具书实用图表》是适应这种需要的一项有益的尝试。这部工具书的工具书是由图表和目录组成的,其内容可归纳为三部分:A 部分是检索策略图表,分 14 类问题(每类再区分为许多小类),告诉读者什么问题查检哪几种工具书比较有效,这实际上就是从功能角度来揭示工具书;B、C、D 三部分是常用年表历表例释图表、性质相近之工具书比较图表和常用备查图表,告诉读者一些典型体例工具书的使用方法;E 部分是工具书目录,收录了 847 种社会科学方面较常用的工具书,截止于 1988 年,在工具书条目下还用代号注出其内容,介绍可查哪些文献检索与利用课教材或书目(总共 4 种)以及具体页码。

此书各部分之间互相紧密配合,结构和揭示工具书功用的方法比较合理,收录量较大但篇幅不臃肿,特别是采用图表形式,可按图索骥,简单明了,用起来比较方便,不失为一种体例上的创新。编者在此书编制说明中指出,其编制目的在于为广大社会科学研究工作者和爱好者查考利用中文社会科学文献"提供一点实实在在的帮助",我觉得是做到了的。此书也值得推荐给图书馆参考部门的新同志在工作中参考。

借为此书写序的机会,我再提一点想法,即大多数的工具书都是具有多种功能的(某些工具书有许多功能),我们倘若能够编制出这样一部工具书的工具书,它能把每一部工具书的全部功能,包括显见的功能和潜在的功能都挖掘出来,例如采用主题法对每种功能予以标引,编成"工具书功能索引"(要注出某种功能利用该工具书的哪一部分或用法),岂非利用起来更为方便和有效吗?如何把每种工具书的功能都挖掘出来,我想是一个很有意义的研究课题,也是一项很实在的工作。

写于 1989 年 10 月 28 日,上海. 存手稿
载于《图书馆理论与实践》1990 年第 4 期,丁力、张欣毅编著
《中文社会科学工具书实用图表》,宁夏人民出版社 1991 年 10 月出版

《中国图书馆图书分类法(R类)与医学主题词表(MeSH)、中医药学主题词表对应表》简介和读后感

自从1986年11月中旬在青岛举行的全国公共图书馆主题标引与主题目录研讨会上，北京图书馆图书馆学研究部和武汉大学图书馆学情报学研究所共同提出“《〈中图法〉〈汉语主题词表〉对应索引》编制方案”，正式开始了《中国分类主题词表》的编制工作以来，已经过去了六年多的漫长岁月，该表还需有一二年才能问世。

前两个多月，我收到了中国医学科学院图书馆林美兰同志寄赠的一册由她主编的《中国图书馆图书分类法（R类）与医学主题词表（MeSH）、中医药学主题词表对应表》，读后十分兴奋。一体化词表在中国可能已有多种，但体系分类法和叙词法的对应表就我所见这还是第一种，我们终于迈出了实在的一步。

该书由中国科学技术出版社于1992年6月出版，76万字。全书主要由编制说明、分类号—主题词对应表、医学主题词表主题词—分类号对应表、中医药学主题词表主题词—分类号对应表四个部分组成，此外还有序言和三个目次表。所采用分类表是《中图法》三版和《资料法》三版的R类，词表是《医学主题词表》（MeSH）1990年版和《中医药学主题词表》1987年版。在进行主题词—分类号对应而涉及《中图法》《资料法》Q类时，则也给出Q类的分类号。

分类号—主题词对应表部分的对应方法可概括为以下六点：①类目本身概念的对应，采取用相应的主题词直接对应、用主题词与副主题词组配对应（先组散组式）、用主题词与主题词组配对应（后组式）、用上位类目对应的主题词对应四种方法；②类目注释的对应用相应的主题词直接对应，若无相应的主题词则不予对应；③分类表中的“其他”类目和概念不具体的类目有些不予对应（编制说明中写的是“不予对应”，但实际上大部分“其他”类有对应的主题词）；④在既不能直接对应，又不宜组配对应和用上位类对应词对应的情况下，采用增词对应的办法，但所增词不作为MeSH系统的正式词使用；⑤《中图法》R2部分采用《中医药学主题词表》对应；⑥当一类目所对应的主题词有多个时，按汉语拼音顺序排列。

主题词—分类号对应表部分的对应方法可概括为以下三点：①医学主题词表（MeSH）中的医学主题词以及与医学有关的主题词，尽量都对应出《中图法》R类分类号，如果分类号是Q类的，也予对应。一词可对应几个分类号的，原则上将对应的分类号全部列出。②中医药学主题词表中的主题词，除地理名称和资料类型名称外，其余都对应于《中图法》R2各类目中。③有些与医学有关的主题词，目前R类中尚没有相应的分类号对应，这些主题词一般都列在《中图法》R类所属学科的“其他”类目下，若无“其他”类目，则归于上位类目和相关类目中。

对于交替类目，都指出应当使用其正式类目对应的主题词。如：

［R395.4］　精神病 　　宜入R749。	注：见R749对应的主题词。

若在类目注释中已注明某一主题概念不属于该类目而属于另一类目的，则也指出应当使用相应类目所对应的主题词。如：

R594. 8	电磁波损害 高频电磁波损伤入 R135. 99。	注:高频电磁波损伤用 R135. 99 对应的主题词标引。

若在类目注释中有应参见某类目的指示,则也作相应的说明。如:

R594. 3	高空病、高山病、血氧缺乏病 参见 R135. 6。	注:参见 R135. 6 对应的主题词。

可以说,该表的对应工作是做得比较细致的。该表的出版,既大大方便了医学文献的分类标引和检索,因为它的“主题词—分类号对应表”起着类目索引的作用;也大大方便了医学文献的主题标引和检索,因为它的“分类号—主题词对应表”不仅在分类标引的同时直接指出可选用的主题标引用词,也起着主题词表范畴索引的作用。此外,词表中有许多主题词比分类表的类目和注释中的概念更专指,有些则是在分类表中尚未收入的新概念,所以,利用这个对应表也可解决分类标引中的不少困难。

该表有些地方似可进一步改进:

(1)《中图法》和《资料法》中的复分表子目,该表未予对应,也未做说明。其实,是可以对应出《医学主题词表》中的副主题词或做某些标引方法说明的;

(2)用上位词对应时,分类表中的专指词作为“说明语”,这些说明语在“主题词—分类号对应表”中仅列于上位概念主题词下,而未列于该词本身的字顺位置,这样就减弱了“主题词—分类号对应表”作为类目索引的功能。例如:

疣 R752. 5

扁平疣 R752. 5^{+}2

寻常疣 R752. 5^{+}1

掌疣 R752. 5^{+}4

可是,在字顺的“扁”“寻”“掌”字位置却找不到“扁平疣”“寻常疣”“掌疣”这些概念及其分类号。如果说扁平疣等尚可从其上位词“疣”入手查,那么,“致密性骨炎”这一概念作为说明语列于“根尖周疾病”主题词下而不列于“致”字位置,专业知识不足的人查起来就很困难了。

(3)类目注释中一些用各种方法都不能对应的专指概念都不予对应是可以的,但这些概念中有些可作为检索入口的,不妨在“主题词—分类号对应表”中以入口词形式列出,指出相应的分类号,这也可增强该表作为类目索引的功能。如 R595. 2 类目注释中有“蜈蚣毒液中毒”“蚂蟥毒液中毒”等概念,在“主题词—分类号对应表”中就不好查。此外,类目或注释中的用词与主题词形式相距较大时,也不妨把类目或注释中的用词作为入口词保留在“主题词—分类号对应表”中。例如:R541 中的“猝死”对应为“死亡,突然”,不妨仍保留“猝死”做入口词。

(4)“主题词—分类号对应表”部分不列入词表参照系统固然可压缩篇幅,但对主题标引不方便。因为分类表本身虽具有某种程度的参照系统功能,但从主题标引和检索的角度看,有时就没有利用参照系统方便。能否从排版上挖掘潜力(例如用小号字、分四栏和缩小行间距离)以压缩篇幅,来换取容纳参照系统所增的篇幅呢。

(5)几个“目次表”全部集中在书的前面,并增加笔画笔顺目次,比现在夹在书中间使用起来可能要方便些。

这部医学分类表和医学词表对应表的出版,对研究体系分类表和叙词表的对应问题有重大意义,对尚未出版的《中国分类主题词表》以及其他这类对应表的编制很有参考价值,我们应在使用过程中进一步总结经验。

目前,我国已有70部左右的专业词表,这些词表中的一部分编制成与《中图法》的对应表,相信是会有实用价值的。

写于1993年2月1~2日,上海

载于《当代图书馆》1993年第1期

《列宁与图书馆(文献目录)》序言

全世界无产阶级的革命导师弗拉基米尔·伊里奇·列宁不仅是一位伟大的政治家,而且也是一位伟大的学者。列宁始终把革命政治斗争和科学理论工作紧密地结合在一起。著作活动是列宁革命生活的一个重要方面,在他的生平事业中占有特殊的地位。

书和图书馆与列宁的一生有极其密切的关系。为了用人类创造的全部知识财富来丰富自己的头脑,为了从事马克思主义的科学理论工作,为了进行政治思想斗争,列宁曾尽一切可能地利用了图书馆。甚至在监狱里、在流放中等最困难的条件下,他也想了种种办法来利用图书馆的藏书。在侨居国外时,他的很多时间是在图书馆里度过的。列宁是俄国和欧洲许多国家的著名图书馆的勤奋读者,他阅读了那些图书馆收藏的大量图书,并经常在图书馆的阅览室里工作,写了许多不朽的经典著作。在那些著作中,他把革命的马克思主义学说推进到了一个新的阶段——列宁主义阶段。

正是因为这样,所以列宁对图书馆的各种活动和世界各国图书馆事业的状况非常熟悉和了解,他十分重视图书馆在科学文化的发展和群众的政治思想教育中的作用。他认为图书馆事业的状况是国家文化水平的一个标志。而当革命胜利之后,他曾在国事繁忙中抽出很多时间,亲自指导苏维埃俄国图书馆事业的发展。

列宁关于图书馆事业写了许多文章和说了许多话,他在这些言论中对图书馆事业理论和实践的各种最重要的问题做了原则指示,如:社会教育(包括图书馆工作)对于改造整个生活有重要意义,党和苏维埃政权必须重视、关怀这一部分工作;图书馆应当成为党对群众进行宣传教育工作的助手,应当向党请示汇报工作,受党的领导和监督;图书馆的主要任务是向人民群众进行政治思想教育和科学文化教育,使人民群众能理智地、自觉地、有效地投身于革命;图书馆的全部工作都必须联系党的政策和社会主义建设的实际任务,必须贯彻无产阶级为顺利地实现其专政目的的阶级斗争精神;确立集中管理图书馆事业的原则,以保证国家对全国一切图书馆实行领导和监督;利用社会主义制度的优越性,建立一个有计划的、有组织的、全国统一的图书馆网,使图书馆事业的所有部分联结成为一个整体,以有效地为全国、为全体渴求知识的工农兵群众服务;公共使用图书的组织是绝对必要的,图书馆必须贯彻普及性的原则,其工作内容、工作作风、工作制度和工作形式都必须符合群众的利益和要求,必须接近群众和方便群众,以保证人人都可利用图书馆,使图书馆的藏书真正成为全体人民的财富;应当以图书在人民中间广泛流通的情况,吸引新读者特别是吸引妇女、儿童和少数民族居民等来利用图书馆的情况,以及如何迅速地满足读者对图书的一切要求的情况,作为衡量公共图书馆工作成绩的标准;以国家政权的力量全面帮助图书馆,为其正常工作创造各种必要的条件;以报纸、杂志、政治书籍和苏维埃政权的工作报告、教科书以及优秀的科学、技术和文学书籍优先、及时、集中供应全国的图书馆;在图书馆工作中正确推行统计报告制度,使苏维埃政权和全体人民真正地全面地了解图书馆在做些什么事情,以便对图书馆工作进行监督;发扬群众和图书馆员的创造主动精神,吸引人民群众自己参加图书馆建设,开展图书馆工作的社会主义竞赛;在全国范围内广泛地组织目录工作以及目录学的党性原则。等等。从列宁以上各种指示中,我们可以找到一个建设社会主义图书馆事业的完整思想。

列宁的图书馆事业思想，是图书馆学理论方面最宝贵的财富。认真地学习和深入地研究列宁关于图书馆事业所写和所说的一切，用列宁的思想来武装我们的头脑，以列宁的指示作为我们工作的指南，以列宁的原则去反对图书馆学目录学领域内形形色色的资产阶级思想，这对于我们每一个社会主义的图书馆工作者来说，无疑是极其重要的。

列宁对于组织苏维埃俄国图书馆事业的特别关怀，给予各图书馆种种具体的帮助，他一生不放过任何一个利用图书馆的机会，勤奋读书和写作，并模范地遵守图书馆的各种规章制度等的事例，以及他利用图书馆和图书目录的方法，他的读书和写作方法，这一切，无论是对于我们图书馆工作者或是对于读者来说，也都有很大的鼓舞、启发和教育作用。编纂本目录的目的，就是为图书馆界同志们学习和研究列宁的图书馆事业思想和目录学思想提供一些查找文献资料的线索。

本目录所收录的文献资料，主要包括列宁怎样利用图书馆、列宁的图书馆事业思想、列宁怎样利用图书目录、列宁的目录学思想这几个方面的内容，共438篇，按文献资料的性质分为下列四个部分：

①列宁的著作，包括论文、演说、书信、意见及其他文件，共237篇，按写作或发表日期的编年顺序排列。列宁的著作，均与《列宁著作编年索引》（Хро-нологический указатель произведеиийВ. И. Ленина. В двух частях（1886～1923）. 1959и 1962，М. ，Госполитиздат.（Институт марк-сизма-ленинизма при ЦК КПСС））查对过，方括号中的数字，即是该索引对列宁著作的编号。列宁著作的写作或发表日期，凡与《列宁全集》等所注日期有出入者，都是依据该索引更正的。列宁在改历以前写的著作，均使用旧历，并将新历加注在括号中。列宁在十月革命以前的书信，还注明了写信的地点。

②列宁签署的有关图书馆事业的法令和决议，共16件（实为18件，其中2件是列宁亲自起草的，算在“列宁的著作”部分中），按签署日期的顺序排列。

③同时代人对列宁的回忆，共72篇，按作者与列宁关系的亲密程度或其回忆录的重要性略为编排次序。这一部分还附有列宁的一般性传记资料6篇和纪念性的绘画、照片23幅。

④与本目录主题有关的著作，共84篇，按作者姓名的笔画顺序排列。

同一篇文献资料的各种版本及其手稿或原件的照片，均已经过核对，著录在统一的标题下。

本目录末后附有引用书刊目录，分为中文书、中文期刊、俄文书和俄文期刊四组。每一册被引用的书刊，都编有一个顺序号。

为了处理著录事项上的方便和节省篇幅起见，目录正文中文献资料的出处是以引用书刊编号和页码来表示的，即在冒号前的黑体数字是引用书刊编号，冒号后的一般印刷体数字是页码（例如“18：310”即是引用书刊第18号第310页）。如果一篇文献仅一部分内容与本目录主题有关，那就只标出有关部分的页码。但为了使问题明白起见，有时也标出其前后一二页的页码。为了提请读者对文献资料的注释的注意，也标出了注释所在的页码。

本目录所收的文献资料，是编者从1956年起在学习的过程中逐渐积累起来的。编者曾利用了乌鲁木齐、北京、吉林、长春四地几个图书馆的收藏，但由于时间所限，有关本目录主题的文献资料，还是未能收集齐全，例如有些已知的资料，因尚未找到原文，就没有收入本目录，只能待以后有机会时再做补充。此外，还有若干篇有关的著作，因内容有严重错误，也未收入本目录。但编者水平有限，本目录中错误之处未能发觉者，恐还有不少，敬希同志们指正。

写完于 1964 年 5 月 1 日，修改于 1973 年 4 月，乌鲁木齐、吉林、北京、长春

载于《列宁与图书馆(文献目录)》，1973 年吉林

列宁与图书馆

列宁一生都在利用图书馆

弗拉基米尔·伊里奇·列宁是全世界无产阶级的伟大导师，是马克思列宁主义学说的经典作家。著作活动是列宁革命生涯的一个重要方面，在他的生平事业中占有特殊的地位。为了用人类创造的全部知识财富来丰富自己的头脑，为了从事马克思主义的科学理论工作，为了进行政治和思想斗争，列宁需要阅读、参考大量的书刊。为此，他的一生中曾尽一切可能地利用了图书馆。

列宁读过的书极多，那些书绝大多数是图书馆的藏书。例如，为了写《俄国资本主义的发展》一书，曾参考了583本书。娜·康·克鲁普斯卡娅就此说："列宁自己是否买得起所有这些书呢？其中有许多书……甚至是非卖品……他不可能拿出这样多的钱……来买这些书，也没有时间到各书铺去找这些书，如果去找，那他就没有时间去读这些书了，如果没有图书馆的图书目录，其中有许多书他甚至会不知道。最后，他也没有地方放置这些书。列宁读了这些书，不仅写出了像《俄国资本主义的发展》这样重要的巨著，同时还很好地研究了当时工人和农民的生活。否则，他就不可能成为我们大家所知道的那个列宁了。"[1]。克鲁普斯卡娅还就列宁在国外勤奋地利用图书馆的情形说："他[通过利用图书馆]读了大量的外文书籍。他无论如何也买不起这些书……但是，如果不读书，不阅读外文报纸和杂志，伊里奇就不可能从事他所进行的工作，也不可能具有非常丰富渊博的知识。"[2]

善于利用图书馆获取需要的知识和情报，是列宁之所以能成为伟大列宁的一个不可忽视的因素。我认为，这样说是并不夸大的。

列宁一生都在利用图书馆。列宁的表弟尼古拉·维列金尼柯夫回忆说，列宁很小的时候就常同他姐姐一起到卡拉姆金图书馆去借书，他读了许多书。1893年，列宁先后成为俄国最大的两个图书馆——鲁勉采夫博物院图书馆（现苏联国立列宁图书馆）和彼得堡公共图书馆（现国立萨尔蒂柯夫——谢德林公共图书馆）的读者。1923年10月18日，列宁从养病地点哥尔克去莫斯科，次日曾在克里姆林宫自己的图书室里挑了几本书才回哥尔克。这是列宁最后一次到莫斯科。1924年1月21日，列宁就与世长辞了。

列宁利用过的图书馆将近有五十所之多。在国内，他利用过鲁勉采夫博物院图书馆（莫斯科）、社会科学院图书馆（莫斯科）、莫斯科大学图书馆、彼得堡公共图书馆、科学院图书馆（彼得堡）、彼得堡大学图书馆、自由经济学会图书馆（彼得堡）、监狱图书馆（彼得堡）、喀山市立图书馆、喀山大学图书馆、萨马拉市立图书馆、名门会图书馆（彼得堡）、克拉斯诺雅尔斯克市立图书馆、尤金图书馆、米努辛斯克博物馆图书馆、普斯可夫市立图书馆、卡拉姆金图书馆（西姆比尔斯克）以及其他一些图书馆。在国外，他利用过大英博物馆（伦敦）、法国的国立图书馆（巴黎）、索尔邦图书馆（巴黎）、德国的皇家图书馆（柏林）、慕尼黑图书馆（德国）、伯尔尼图书馆（瑞士）、苏黎世州立图书馆（瑞士）、日内瓦综合公共图书馆（瑞士）、读书协会图书馆（瑞士日内瓦）、库克林图书馆（俄国社会民主党人格·阿·库克林在瑞士日内瓦办的革命图书馆，图书馆员是维·阿·卡尔宾斯基）、瑞典的皇家图书馆（斯德哥尔摩)、哥本哈根图书馆(丹麦)、克拉柯夫图书馆(波兰)以及其他一些图书馆(如伦敦街道阅览室等)。十月革命胜利后,列宁有了一个个人图书室(克里姆林宫列宁图书室,该图书室的管理员是马努察里扬茨),但是他仍利用其他图书馆的藏书。

列宁利用图书馆有许多动人的事例,现分三方面叙述:

①抓住一切机会、克服种种困难来利用图书馆。例如,1895 年末,列宁因从事“工人阶级解放斗争协会”的革命活动被捕入狱。入狱后三个星期,他就安排了利用图书馆从事研究工作的计划。他不仅利用监狱图书馆的藏书,更主要的是设法通过亲属利用狱外各图书馆的藏书。他的姐姐安娜·伊里尼奇娜担任了从图书馆借书和给列宁把书送到狱中的工作。列宁在狱中十四个月,读了大量的书,进行了写作《俄国资本主义的发展》一书的准备工作。列宁被释放出狱时开玩笑地说:“可惜从监狱里出来得早了一点,能再住一些日子把书写完就好了,在西伯利亚是不容易得到参考书的。”[3] 1897 年 2 月,列宁被沙皇政府流放到西伯利亚。在前往流放地的途中,他甚至利用在莫斯科逗留不多几天的机会,到鲁勉采夫博物馆图书馆去工作;在克拉斯诺雅尔斯克等待轮船前往米努辛斯克县的时候(3 月 4 日 ~4 月 30 日),每天步行五俄里去当地著名的尤金图书馆阅读,同时也利用市立图书馆。到达遥远的流放地米努辛斯克县舒申斯克村后,他仍然竭力设法通过在莫斯科的亲属利用莫斯科各图书馆的藏书,还要求为他收集旧书商、图书馆和书店的目录。在舒申斯克村,列宁因患牙病申请去克拉斯诺雅尔斯克医治,可是很久以后,当局才允许他去一个星期。当时他的牙痛已完全好了,但他还是决定去一趟,以便到克拉斯诺雅尔斯克市立图书馆和尤金图书馆去做笔记以及与当地政治流放者会面。

列宁在国外侨居期间,更是勤奋地利用图书馆。他甚至根据有没有利用图书馆的优良条件来选择居留地点。例如,他喜欢瑞士的苏黎世、伯尔尼、日内瓦和英国的伦敦,就是因为那些地方利用图书馆的条件比较好。他也多次为了利用图书馆而从甲地到乙地去住上一些日子。例如,1908 年 5 月,他从日内瓦到伦敦,以便利用大英博物馆的丰富藏书完成《唯物主义与经验批判主义》一书的最后加工,在那里住了一个多月;1916 年 2 月,列宁为写作《帝国主义是资本主义的最高阶段》一书,与克鲁普斯卡娅一起从伯尔尼到苏黎世,以便利用苏黎世的图书馆,到了之后,他们一再推迟返回伯尔尼的日期,结果他们索性就住在苏黎世了。

②采取多种方式利用图书馆。当然,在图书馆的阅览室里从事研究,这是列宁利用图书馆的主要方式。因为在图书馆阅览室里工作,使用图书很方便,环境又安静,工作效率比较高。列宁的不少著作,是在图书馆里进行写作的。但是,在图书馆里工作要受开放时间和馆址距离的限制,所以列宁也采取把图书借回家的方式。并且,列宁常常同时利用不止一个图书馆,这样可以扩大收集资料的范围。此外,列宁还采取邮借方式利用图书馆。例如,1915 年夏天,他和克鲁普斯卡娅住在瑞士罗特霍伦山麓的小山村左伦堡时,曾从伯尔尼和苏黎世的图书馆邮借过许多书。克鲁普斯卡娅回忆说:“在左伦堡这样一个偏僻的山村里,竟能免费从伯尔尼或苏黎世的图书馆里借到任何书。只要给图书馆寄去一张写着地址和申请借书的明信片就成……两天之后,你便可以接到用硬纸包起来的书……这使住在最偏僻的地方的人也能够从事研究工作。伊里奇竭力赞扬瑞士的文化。”[4]列宁的《第二国际的破产》《社会主义与战争》以及另外的一些著作,就是在左伦堡写成的。列宁还采用国际借书的方式,在战争期间通过瑞士的图书馆从德国借阅他所需要的书。除此之外,列宁

还委托他的亲属和同志帮他从图书馆借书和做摘录。

列宁在利用图书馆的过程中，十分注意各种书目，并在他自己收藏的许多书目上做注记。他做过不少书目式札记，这些札记，还附有图书馆的索书号。列宁 1914 年 7～11 月间曾编写过一部著名的《马克思主义书目》。值得注意的是，他在 1919 年以后还在自己收藏的《格拉纳特百科辞典》第 28 卷所载该书目的页边空白处做过修改和补充。

③模范地遵守图书馆的各种规章制度。列宁 1920 年 9 月 1 日给鲁勉采夫博物院图书馆借书的便条，是我们图书馆工作者非常熟悉的。还有一张他于 1922 年末写给姐姐安娜・伊里尼奇娜的便条也可说明这一点。这张便条的内容是："亲爱的阿纽塔！事情是这样的：这本书好像是从'社会科学院'拿出来的；'社会科学院'禁止把书带回家。但他们允许我例外！弄得有些难为情——当然这是我的过错。现在应当非常重视这件事情，让哥腊［列宁姐姐和姐夫的学生］在家里尽快地把书读完还回去。如果需要，我可以托人从别处找一本来，归入我个人的藏书，你的弗・乌。"[5]

再举一个例子：克里姆林宫列宁图书室的管理员努察察里扬茨指出，列宁甚至在使用他的个人图书室的藏书时，也是非常尊重她这位管理员的。她回忆说："弗拉基米尔・伊里奇常常要我检查，他把哪些书带到自己住所里去了，以及注意他有没有把这些书还到办公室里来。如果哪一位同志要向弗拉基米尔・伊里奇借书，他总是叫这些同志向我来借，并说：'我的图书管理员是极为严格的'，而假使他已把书籍借给某人时，他总要借书人留下便条，再转交给我。"[6]

列宁是世界上第一个社会主义国家图书馆事业的奠基人

由于列宁曾在长时期中不间断地利用过俄国和欧洲许多国家的各种图书馆，所以他对图书馆的各种活动和世界各国图书馆事业的状况非常熟悉和了解。他深知图书馆工作的重要性，也看到俄国的图书馆事业是落后得如何可怕。因此，当革命胜利之后，他虽国事繁忙，但仍在百忙中抽出许多时间，亲自指导苏维埃俄国这世界上第一个社会主义国家的新型图书馆事业的建立和发展。特别值得注意的是，在十月革命胜利的当月，列宁就写信给彼得格勒公共图书馆（即《论彼得格勒公共图书馆的任务》一文），要求对图书馆工作进行"根本改革"。

列宁为推动苏维埃俄国图书馆事业的建立和指导其向正确方向发展所采用的方式方法是多种多样的。诸如：他在主持的人民委员会会议上将图书馆事业问题提交讨论；审阅、签署乃至亲自起草、修改人民委员会关于图书馆事业的各项法令和决议；在有关国民教育和社会教育的各种会议以及其他会议上发表的演说中提出关于图书馆事业的意见；在他起草的党的文件（如《俄共党纲草案草稿》《俄共（布）中央委员会通告》《中央委员会给教育人民委员部党员工作者的指示》）中以及政府文件（如《劳动国防委员会给各地方苏维埃机关的指令（草案）》）中提出图书馆工作问题；在政治局开会时宣读《真理报》上发表的关于图书馆网发展情况的文章；找图书馆事业主管部门的负责人（如安・瓦・卢那察尔斯基、瓦・阿・莫迭斯托夫）谈话，了解情况和做指示；用写信、写便条、打电报给有关部门或有关人员的方式对图书馆工作问题做具体指示；在有关的文件上做批示；写文章，甚至在为别人的书所写的序言中提及……这方面现存的列宁文件共有六七十件之多。

应当特别提一下的是，1919 年 10 月的一天，列宁还接见过图书馆训练班的全体学员。

由于列宁工作很忙，接见只能安排在早晨六点钟。列宁同鲁普普斯卡娅和卢那察尔斯基一起是到训练班上课地点接见学员们的，列宁并为学员们做了关于苏维埃共和国国际形势和国内战争各条战线情况的报告。

这一切充分说明，列宁确确实实对于组织苏维埃俄国图书馆事业特别关怀，花了许多精力。

列宁在指导苏维埃俄国图书馆事业的建立和发展方面所做的工作，涉及的问题非常广泛，包括：

建立图书馆事业管理机构，并遴选合适的干部。

接收、登记帝俄时代遗留下来的图书馆，对其使用做出适当的安排。

建立新的图书馆，特别是建立大众图书馆和农村阅览室，扩大图书馆网。

对全国各类型图书馆实行集中管理，建立一个有计划的、有组织的、全国统一的图书馆网，反对建立许多平行的、重复的组织，以便充分利用“现有的每一本书”。

收集被没收的图书，并将图书馆和出版社以外的一切贮存的图书收归国有；对这些图书进行合理的分配，其中通俗性的图书分配给大众图书馆，学术性的、古代的、外文的以及最珍贵最完整的藏书则首先分拨给大型公共图书馆和科学图书馆。

保护属于苏维埃政权和社会团体的图书馆和藏书库以及没收过来的珍贵藏书，使其免遭毁坏、盗窃和失散。对有价值的私人藏书发给特别保护证，并对其保管进行监督。

明确图书馆是党在革命已取得胜利的条件下影响、教育、组织群众，改造整个生活，解决政治和经济任务的助手；图书馆的主要任务是向人民群众进行政治思想教育和科学文化教育，使人民群众能理智地、自觉地、有效地投身于革命。因此，图书馆的全部工作必须联系党的政策和社会主义建设的实际任务。

将全俄苏维埃代表大会的文件和政府的各种工作报告分发给地方图书馆以及国家主要图书馆保存并提供利用，以便使全体人民都知道苏维埃政权在做些什么。

在农村阅览室开展政治教育和咨询工作，使其成为农村中的社会教育中心。

实行图书馆工作的改革，采用瑞士和美国的制度（如开展馆际互借和邮寄借书，馆际互寄图书应由法律规定予以免费，编制联合目录，延长开放时间，简化外借手续，扩大新读者如妇女、儿童、少数民族居民等），使图书馆便于人民群众利用。

确立人人都可以利用图书馆、免费利用图书馆的原则。

建立图书馆工作的统计报告制度。

吸引人民群众自己参加图书馆建设，并号召各方面都来关心图书馆。

开展图书馆工作的社会主义竞赛。

促进其他部门与图书馆协作，特别是出版部门对图书馆的支持。

增加图书馆的编制，抽调必要数量的特别是适合做图书馆工作的人员到图书馆去工作，充实图书馆干部队伍。

为图书馆解决某些实际问题。如 1918 年 12 月 26 ~ 30 日，列宁两次打电报给罗德尼基执行委员会并写便条给教育人民委员部图书馆处，了解并同意征用彼·伊·苏尔科夫的图书馆供该区四万居民使用，并建议为苏尔科夫保留一定使用权，以及建议找一个从地主那里没收来的图书馆送给他们，以扩大苏尔科夫的图书馆；1919 年 11 月 11 日，列宁主持人民委员会会议，会议议题之一是图书馆和其他文教机构的燃料供应问题；1912 年 1 月 27

日，列宁指示把原先属于科学院图书馆而当时由预备野战医院占用的房舍归还给科学院使用；1922年3月10日，列宁责成人民委员会总务处采取措施，为莫斯科公共图书馆（现苏联国立列宁图书馆）的正常工作创造条件；等等。

收集、保存马克思、恩格斯文献，并编制目录。

在书籍和纸张严重缺乏的情况下，将报纸、杂志、图书、小册子进行合理分配，优先、及时、集中供应各类型图书馆。建立向图书馆集中供应图书的机构，并拨给所需经费。

建立外国图书订购分配机构，有计划、有选择地订购国外最新科学、技术以及政治书刊，集中收藏于某些图书馆，并编制目录进行报导，以供有效利用。

把图书目录事业交由国家出版局管理，对全国出版物进行登记和报导。

建立全国出版物的呈缴本制度。

收集白匪军的出版物，集中保存，以供有效利用，等等。

在苏维埃政权初期各方面都相当困难的六年多时间里，由于列宁的特别关怀和亲自指导，苏联的社会主义图书馆事业奠定了必要的基础，并确定了进一步发展的正确道路。

列宁的图书馆事业思想是图书馆学理论方面的宝贵财富

列宁关于图书馆事业曾写过许多文章，说过许多话，做过许多事情。从他的所写、所说和所做的一切中，我们可以找到一系列对建设社会主义图书馆事业有指导意义的基本原则。这些原则是一个深思熟虑的完整体系，因此，我们完全可以专称之为“列宁图书馆事业思想”。

列宁图书馆事业思想的内容，据我的粗浅理解，大体可表述如下；

图书馆工作（它是社会教育工作的重要部分）对于改造整个生活有重要意义，图书馆事业的状况是国家文化水平的一个标志，党和苏维埃政权必须重视、关怀这一部分工作。

图书馆应当成为党对群众进行宣传教育工作的助手，应当向党请示汇报工作，受党的领导和监督。

图书馆的主要任务是向人民群众进行政治思想教育和科学文化教育，使人民群众能理智、自觉地、有效地投身于革命。

图书馆的全部工作都必须联系党的方针政策和社会主义建设的实际任务，必须把生气勃勃的无产阶级事业的精神，带到这一切工作中去。

确立集中管理图书馆事业的原则，以保证国家对全国一切图书馆实行领导和监督。

利用社会主义制度的优越性，建立一个有计划的、有组织的、全国统一的图书馆网，使图书馆事业的所有一切部分联结成为一个整体，以有效地为全国、为全体渴求知识的工农兵群众服务。

公共使用图书的组织是绝对必要的，图书馆必须贯彻普及性的原则，其工作内容、工作形式、工作制度和工作作风都必须符合群众的利益和要求，必须接近群众和方便群众，保证人人都可免费利用图书馆，使图书馆的藏书真正成为全体人民都可享用的财富。

应当以图书在人民中间广泛流通的情况，吸引新读者特别是吸引妇女、儿童和少数民族居民等来利用图书馆的情况，以及如何迅速地满足读者对图书馆的一切要求的情况，作为衡量公共图书馆工作成绩的标准。

以国家政权的力量全面帮助图书馆，为其正常工作创造各种必要的条件。

以报纸、杂志、政治书籍和苏维埃政权的工作报告、教科书以及优秀的科学、技术和文学书籍优先、及时、集中供应全国的图书馆。

在图书馆工作中正确推行统计报告制度，使苏维埃政权和全体人民真正地、全面地了解图书馆在做些什么事情，以便对图书馆工作进行监督。

发扬群众和图书馆员的创造主动精神，吸引人民群众自己参加图书馆建设，开展图书馆工作的社会主义竞赛。

在全国范围内广泛地组织目录工作以及目录学的党性原则。

列宁图书馆事业思想，是图书馆学理论方面最宝贵的财富；对我们社会主义图书馆的工作者来说，是一宗重要的、丰富的、珍贵的遗产。列宁所提出的建立和发展社会主义图书馆事业的一系列基本原则，对我国新时期的图书馆建设仍然具有重要的指导意义。认真学习和深入研究列宁关于图书馆事业所写、所说和所做的一切，从中吸取属于普遍真理的东西，并与中国的实际相结合来指导我们的工作，这无疑是极其重要的。

同时，列宁对于组织苏维埃俄国图书馆事业的特别关怀，给予各图书馆种种具体的帮助，他一生不放过任何一个利用图书馆的机会，勤奋读书和写作，并模范地遵守图书馆的各种规章制度等的事例，以及他利用图书馆和图书目录的方法，这一切，无论是对于我们图书馆工作者或是对于读者来说，也都有很大的鼓舞、启发和教育作用。

"列宁与图书馆"这一主题，包括列宁图书馆事业思想和列宁怎样利用图书馆两方面的内容，有关的文献资料十分丰富，大体可分为列宁的著作（论文、演说、书信、意见及其他文件）、列宁签署的法令和决议、同时代人对列宁的回忆以及后人的研究著作四部分。

我国图书馆界对列宁图书馆事业思想的学习和研究向来是很重视的。1954 年 9 月，中央人民政府文化部社会文化事业管理局刊印了《列宁论图书馆工作》一书，其中载有列宁的著作 2 篇，同时代人的著作 1 篇，后人的著作 5 篇。1957 年 3 月，克鲁普斯卡娅主编、李哲民译的《列宁论图书馆工作》一书由时代出版社出版，其中载有列宁的著作 17 篇，列宁签署的法令和决议 10 件（实为 12 件，其中 2 件是列宁亲自起草的，算在列宁的著作部分中），同时代人的著作 7 篇，后人的著作 1 篇。1973 年 4 月，北京大学图书馆学系刊印了《列宁论图书馆》一书，其中载有列宁的著作 52 篇，列宁签署的法令和决议 12 件（实为 14 件），同时代人的著作 5 篇。此书 22 篇利用《列宁全集》中文版的译文，20 篇利用李哲民的译文，其余 27 篇是由编译小组周文骏补译的。北京大学图书馆学系刊印的《列宁论图书馆》一书，是这方面中文文献中目前最主要的一种。1976 年 12 月，武汉大学图书馆学系刊印了《马克思恩格斯列宁斯大林毛主席论文化 · 列宁论图书馆》一书，其中的"列宁论图书馆"部分，基本上是照北大刊印的《列宁论图书馆》一书全书翻印的，但比北大的印本多《俄共（布）党纲草案》（摘录）一篇，少《新经济政策和政治教育局的任务》（摘录）和《论合作制》（摘录）两篇。1980 年 5 月，武汉大学图书馆学系刊印《图书馆学基础理论研究资料选编》，其上册中载有列宁的著作 28 篇，列宁签署的法令和决议 5 件（实为 7 件），同时代人的著作 6 篇，大部分选自北大刊印的《列宁论图书馆》，有些是摘录。

《列宁全集》中文版是研究"列宁与图书馆"这一主题的必读文献，现将第 1 ~ 39 卷中有关部分的页码抄附于后（见本文附录）。

我曾于 1956 ~ 1964 年间积累过这一主题的文献资料，编有一册《列宁与图书馆（文献目录）》，共收录中文和俄文的文献资料 451 篇（同一文献不同文种、不同译文、不同版本合并做一篇计算)，其中列宁的著作237篇，列宁签署的法令和决议16件(实为18件)，同时代人的著作107篇(包括一般性传记资料7篇和纪念性的绘画、照片28幅)，后人的著作91篇，该目录是经过仔细编辑、整理的，统一了篇名译文，列宁的著作均加注写作日期以及《列宁著作编年索引》中的登记号，比较系统、全面，曾于1973年5月和10月刻印过两次(第一次刻印本为78页，第二次刻印本为82页)，分赠全国一些主要图书馆，可以参考。

1977年，苏联图书出版社出版了《列宁论图书馆事业》一书第二版，收载文献超过300篇，其中有12篇列宁著作是首次发表的。这是迄今收载“列宁与图书馆”这一主题的文献最丰富的一本，但目前尚未有中文版问世。

参考文献

[1][2] 娜·康·克鲁普斯卡娅. 列宁怎样利用图书馆//克鲁普斯卡娅著;中共中央编译局译. 论列宁. 人民出版社,1960

[3][4] 娜·康·克鲁普斯卡娅. 列宁回忆录. 人民出版社,1960

[5] 列宁. 给安·伊·乌里杨诺娃—叶利札罗娃//中共中央编译局.列宁全集人民出版社,1984

[6] 马努察里扬茨. 在弗拉基米尔·伊里奇的图书室里工作//克涅采夫等. 回忆列宁. 人民出版社,1958

附录:《列宁全集》中文版中有关“列宁与图书馆”主题部分的页码

第一卷:181,229－230,492。

第二卷:493,496。

第三卷:583－584。

第四卷:405。

第六卷:67,257,266－267,271。

第七卷:36。

第十卷:16,24－29,491。

第十四卷:394,406。

第十四卷附册:14。

第十五卷:442。

第十六卷:360,465,468,471。

第十七卷:446－447。

第十八卷:479－481,627。

第十九卷:271－273,535。

第二十卷:76,254－257。

第二十一卷:59－72,442,465。

第二十二卷:367,373。

第二十三卷:414。

第二十六卷:310,514－515。

第二十七卷:562,570,573,577。

第二十八卷:415－416,427,429－430,486,500－502。

第二十九卷:88－89,299－302,428,534。

第三十卷:510,520。

第三十一卷:365 - 367,511,513。

第三十二卷:111 - 122,372 - 374,387 - 389,430 - 431,517,530。

第三十三卷:18,56,200,202 - 203,214 - 215,301,425,465,484。

第三十五卷:36,55,121 - 122,125 - 126,157,212,235,425 - 426,452,465 - 466,480,567,577,582。

第三十六卷:67,69,114 - 115,147,214,231 - 233,276,285,313,350,374 - 375,380,403,405,418,428 - 429,555,660,668,685,703,710,712。

第三十七卷:XXIV - XXV 间插页,XXIX - XXXIII,LXIII * 。1,3,17 - 18,21 - 23,28 - 29,33 - 35,37 - 38,49 - 50,52,56 - 57,59,62 - 63,66,71,75,77,79,83,85,105,115 - 116,128 - 129,148,178,200,248,250,266,287,290,311,313,316,342,416,433,482,485,487,489,498,501,503,507 - 508,510 - 511,528,540,574,580,586,603 - 607,611,614,620,625,657,660,671,679,682,683,685。

第三十八卷:39,44 - 49,258 - 267,359,368 - 369,372,378 - 379,381,384 - 385 间插页,445 - 446,631,649。

第三十九卷:6 - 7,11 - 12,16 - 18,20 - 22,29 - 31,58 - 59,78 - 79,204,209 - 210,215 - 217,219 - 223,225 - 226,233,297 - 298,306 - 308,406 - 411,431 - 432,435,509 - 512,586,598,600,623,625 - 626,654,662 - 664,668,677,691,856,880—882,906,910。

* L 为罗马数“50”。

写于 1984 年 1 月 29 日 ~2 月 6 日,武汉

载于《图书馆学通讯》1984 年第 2 期

谈一点拙见

《图书情报工作》主编孟广均同志建议参加研讨图书馆学与情报学博士生培养和修订专业目录会议的全体同志就“信息”与“情报”两个名词以及图书馆学、情报学、文献学等相关学科群的问题，每人写一篇笔谈文章，该刊集中发表，大家都赞同，我也只得从命，谈一点拙见。

关于“信息”与“情报”两个名词

1992 年 9 月下旬某日，我在《文汇报》上看到记者卓培荣据新华社 9 月 20 日电的报道说，我不再使用“科技情报”名称，采用“科技信息”的称呼来取代；从事科技信息的机构也随之更名。“科技情报”这个使用了几十年的词组，不久将在生活中逐渐消逝。报道指出，这是根据国家科委的一项决定。该报道并援引国家科委科技信息司司长刘昭东的解释说，随着科技对外交往的增多，在东南亚和港台地区，“情报”常与“谍报”相混淆，造成一些不必要的误解。因此，决定正式采用“科技信息”的叫法。

这则电讯的发表，在情报界和图书馆界激起了巨大波澜，因为它隐含着“情报”一词能不能继续使用，而绝非只是“科技情报”的改名问题。随之，在许多专业刊物上出现了讨论这一问题的文章。许多文章是为这个决定和解释的正确性做论证的，但也有些文章很婉转地表示不能完全接受。

有些文章的片面性是明显的，例如有的作者 * 认为，我国科技情报事业的开拓者们当初选用“情报”一词是“误译”“混用”，结果造成了一个长期在理论和实际中困扰我们的问题。说“情报”一词的英文词应该是“intelligence”，英文的“information”本义是信息，云云。这种论证更是为上述决定和解释画蛇添足了。因为，刘昭东同志的解释是“在东南亚和港台地区”造成误解，现在竟扩大到英语地区了。实际上，只有外行翻译才会把我们所指的“情报”译成“intelligence”，这样的笑话难道可以作为否定使用“情报”一词的正确性的充足理由吗？这种论证太脱离实际了。

说港台同胞会误解“情报”一词的含义也是论据不够充足的。前不多日子我还在香港的卫视中文台看到用“流行情报”做专栏名称呢，难道他们不怕会被误解为“流行谍报”吗？至于台湾，通过这几年的两岸交流，对内地的“情报”一词的含义，也已不是那么陌生了。自然语言有地区的特点，例如台湾用“资讯”，相当于内地的“情报”，这种不同主要应通过互相沟通的办法，而不能使用改名的办法去解决，不能让使用惯了“情报”一词的内地人民去迁就港台同胞和海外侨胞。

自然语言的单义词在使用过程中，其含义有被引申、借喻等而不断扩大，变成多义词的现象。引用古文初始意义来限定现代词语的意义是不正确的。“情报”一词早已是一个多义词，早已不限于“谍报”的意义了。这种单义词演变为多义词的现象举不胜举，司空见惯，只要有一点文化的人，是不会理解错的。

---

* 见《图书馆杂志》1993 年第 1 期《关于信息与情报范畴的再思考》一文。

我们应该尊重自然语言“约定俗成”的客观规律。“情报”一词既然在我国通用了30多年，大家都知道它所指的是什么，已经约定俗成了，除了文化水平很低者外，都能理解，何必去硬性规定改它呢？把使用了几十年的“情报”一词一律用“信息”一词来取代，就失去了连续性，就割断了历史，是很难行得通的。

三年多过去了，许多科技情报机构未见改名，情报刊物也只见《科技情报工作》一种改了名，中国科技情报学会也没有改名。这说明，要让“情报”或“科技情报”的称呼“不久将在生活中逐渐消逝”的要求过急了一点。

过急的舆论往往会导致过急的行动。我曾遇到一刊物采用计算机的换词功能，把我投稿中的“情报”一词一律替换成“信息”一词（由于我不同意，最后改了回来）。

我说了以上一些，并不是反对使用“信息”一词。“信息”一词也很好，符合信息时代的潮流。“信息”与“情报”在一般场合本来就是同义词，去做烦琐的论证证明哪个更确切是没有必要的，可任其自由使用，让其自然淘汰为好。至于情报学，有它特殊的研究对象和内容，是不宜改名的。

关于图书馆学、情报学、文献学等相关学科群

此次研讨会在讨论专业目录修订方案时，建议将“图书馆学与情报学”这个一级学科扩充为包括图书馆学、目录学、文献学、情报学、科技情报学、社会科学情报学、编辑学、出版发行学、档案学九个学科在内的学科群，我是很赞成的。作为招收研究生的专业目录，这样划分学科、专业既考虑到了它们的内在联系又照顾了各个学科、专业发展的现状。这九个有亲缘关系的学科作为一个学科群，作为一级学科，按宽口径培养博士生，的确应是研究生教育改革的目标之一。现在培养出来的研究生，要都限定在本专业的狭小范围内就业，是难以做到的。按一级学科招生和培养，其适应能力可强一些。由于目前按宽口径培养的条件尚未成熟，会议建议把九个学科暂分为四组，以中口径招生培养作为过渡，即图书馆学、目录学、文献学为一相关学科领域，情报学、科技情报学、社会科学情报学为一相关学科领域，编辑学、出版发行学为一相关学科领域，档案学单独为一学科领域（从历史文献学中分出移来），这是按照传统的学科聚类。

若就其内容的相互关系而言，图书馆学与情报学交叉甚多，关系极为密切，两者合为“图书馆与情报科学”似乎更好。文献学（我指的不限于其传统的范围）与四个学科领域都有交叉。档案学与图书馆学有很大的相似性。目录学这一有漫长历史的学科，如果从宏观看（以情报、文献检索的一切问题为研究对象），则与四个学科领域都有交叉；但现实中的目录学研究范围比较窄，并面临着新的挑战（各学科都在研究情报、文献检索问题，书本式目录的出版越来越困难，各种情报检索系统和数据库将取而代之成为未来“目录”的主流，等等）。目录学与文献学也有相当大一部分是难以划分界限的。

但在情报、信息工作与计算机及通讯相结合的时代，这个学科群的各种学科将会更紧密地结合——因为它们将共同研究一个知识与信息综合体——信息高速公路，它们将进一步相互交叉、渗透，其界限将变得不那么清楚，但每个学科的现有成果是不会消失的，它们都将会被继承和进一步发展。信息高速公路是由数以万计的图书馆、情报机构、出版机构以及其他机构（如政府部门、企业、学校等）甚至个人共同提供信息的，对于使用者来说，他既是检索系统，也是图书馆，也是出版社、杂志社和报社以及其他什么。

档案学的发展，将会更多地吸收图书馆学和情报学的原理、方法和技术，但档案工作估计不会与图书情报工作结合得十分紧密，因为它的保密性的围墙是不会拆除的（虽然它也要一定程度的开放），其共享性比较有限。

这个学科群的研究范围主要是知识和信息资源的记录（载体制造）、收集、保存、组织、传播和提供共享。是否要有一个概括性的学科名称，大家还没有想出一个满意的称谓，只好暂时采用"图书馆、情报和文献学"的学科群名称。黄宗忠等同志提出的"文献信息学"和各教学单位使用的"信息管理"都是很接近这个学科群的实质的。我则想提"知识信息资源科学"作为概括名称，用意是其研究对象是知识和信息资源（两者以并列为好），突出其人类社会第三大资源的性质，这是一个学科群，故称科学。这个名称，对容纳今后出现的研究知识和信息的新学科和扩展相关学科也有更多余地。

写完于 1995 年 12 月 28 日，上海

载于《图书情报工作》1996 年第 2 期

文献工作标准化(提纲)

A. 标准化的原理

1. 标准化的基本概念
   (1)标准化的定义
   (2)标准化的实质
   (3)标准化的目的
   (4)标准的定义
   (5)标准化的领域、对象和标准体系
   (6)标准化的内容
   (7)标准化的属性
2. 标准化的基本原理
   (1)统一原理
   (2)简化原理
   (3)互换性原理
   (4)协调原理
   (5)阶梯原理
3. 标准化的方法
   (1)标准化项目的规划
   (2)标准化的过程
   (3)制订标准的原则
      a)基本原则
      b)具体原则
4. 标准化的组织和管理
   (1)我国的标准化管理体制
   (2)各国标准化组织和管理的一般情况
   (3)国际标准化组织
5. 标准化的作用和效果
   (1)标准化的作用
   (2)标准化的技术效果和经济效果

B. 文献工作标准化的重要性

1. 文献工作标准化的领域包括图书馆工作、情报工作、档案工作和出版工作。这几个部门具有密切联系,从标准化的角度看尤其如此。

2. 文献工作标准化的重要性在于:

(1)标准化有利于全国图书、情报、档案部门联成网络,实现“资源共享”;

(2)通过标准化统一各单位的技术,有利于采取各种集中化措施,节约人力,提高功效;

(3)标准化是图书、情报、档案工作现代化的必要条件,没有标准化就不能充分发挥各种现代化新技术的优越性;

(4)因为图书、情报、档案技术标准化是图书、情报、档案技术合理化和先进性的体现,所以是提高这些部门工作质量的重要手段;

(5)标准化可以统一各个系统的基本业务技术,有利于图书、情报、档案专业人员的培训;

(6)标准化有利于向读者—用户普及图书馆学、情报学、档案学知识,方便他们利用图书、情报、档案资料;

(7)标准化有利于安排图书、情报、档案设备和用品的生产和供应,不仅能达到统一化,保证质量,而且还可获得经济效益;

(8)标准化有利于保持图书馆、情报机构、档案馆工作的正常秩序,当工作人员调换时,仍旧可按统一标准搞下去;

(9)标准化有利于图书、情报、档案技术成果的不断总结,通过标准化普遍提高;

(10)文献工作的国际标准化有利于国际情报交流,便于利用国外文献情报资源和引进国外文献工作设备。

总之,文献工作标准化是我国图书、情报、档案工作现代化的迫切需要。没有文献工作标准化,文献工作的现代化是不可想象的。

C. 文献工作标准化的领域和主题

(1)术语标准化;

(2)编码标准化;

(3)语言文字标准化;

(4)统计标准化;

(5)文献目录著录标准化;

(6)检索语言和排检方法标准化;

(7)基本业务技术标准化;

(8)服务方式方法标准化;

(9)图书馆建筑、档案建筑标准化;

(10)图书、情报、档案设备标准化;

(11)图书、情报、档案用品标准化;

(12)文献保管条件标准化;

(13)缩微复制品标准化;

(14)视听资料标准化;

(15)计算机使用技术标准化;

(16)出版物格式标准化(包括情报出版物标准化);

(17)专业人员培训标准化;

(18)专业人员职称标准化;

(19)有关图书馆事业、情报事业、档案事业的法令。

D. 国外文献工作标准化活动的概况

1. 文献工作标准化发展简史
2. 国际标准化组织(ISO)的文献工作标准化活动
3. 其他国际组织的文献工作标准化活动
   (1) IFLA
   (2) FID
   (3) UNESCO,等等
4. 苏联的文献工作标准化活动
5. 美国的文献工作标准化活动
6. 日本的文献工作标准化活动

E. 现行文献工作国际标准简介

对《情报与文献工作国际标准汇编》所载38项国际标准逐项做简介

F. 我国文献工作标准化活动的开展

1. 全国文献工作标准化技术委员会的成立是我国文献工作标准化活动的开端
   (1) 全国文献工作标准化技术委员会的性质
   (2) 全国文献工作标准化技术委员会的组成
   (3) 全国文献工作标准化技术委员会的任务
   (4) 全国文献工作标准化技术委员会的工作程序
2. 关于我国文献工作标准化的几个方针政策性问题
   (1) 关于技术标准的体制和分级问题
   (2) 关于制订标准的指导思想问题
   (3) 关于对待国际标准的态度问题
3. 全国文献工作标准化技术委员会工作概况
   (1) 全国文献工作标准化技术委员会近期活动规划
   (2) 全国文献工作标准化技术委员会将近两年来的工作情况

G. 我国新制订的和正在制订中的几项文献工作标准简介

(1)《中华人民共和国行政区划代码》(GB 2260—80)
(2)《世界各国和地区名称代码》(GB 2659—81)
(3)《中华人民共和国各民族名称及代码》
(4)《中国图书馆图书分类法》和《中国图书资料分类法》
(5)《汉语主题词表》
(6)《汉语主题词表》标引规则
(7)《文献目录著录标准》
(8)《文献目录信息交换用磁带格式》
(9)《期刊名称缩写标准》

(10)《情报与文献工作词汇》第一、二章

H. 实现文献工作标准化需要各方面的共同努力

文献工作标准化既要求图书馆系统、情报系统、档案系统各自采取统一行动,也要求三个系统共同采取统一行动。

文献工作标准化还需要出版部门、设备用品生产部门等的共同协作。

标准具有很强的技术性和实践性。所制订的标准的质量既取决于担任标准起草工作的专家们的努力,也取决于图书、情报、档案工作者以及其他方面的有关工作者是否对草案进行广泛、认真的讨论。

标准虽然具有技术法规性质,但大部分标准的推广、执行还是主要依靠自觉自愿。

从理论上讲,长期形成的习惯对变化通常会施加巨大的阻力。标准化活动(统一和简化)将不可避免地遭到社会习惯势力的阻挠。这可以说是习惯阻力,并且是当改变习惯时由社会所施加的。标准化活动本质上就是克服过去形成的社会习惯的一种运动。

所以,实现文献工作标准化首先需要各有关方面有一个共同的认识,有了共同的认识才会做出共同的努力,标准化活动才能取得成效。

标准化活动固然要求统一和简化,但并不排斥创新研究。创新研究是提高标准的源泉。没有创新研究,标准化就没有进步。老标准到一定时期总是要被废除,被新标准代替的。只是在一定时期内,它必须是稳定的,要执行的。

I. 文献工作标准化文献简介

拟完于1981年8月8日,修改于1981年10月3日,武汉

关于文献工作标准体系图和标准化项目表的修改增补方案

文献工作标准体系图

- 基础标准
  - 术语标准
  - 代号代码标准
  - 简称缩写标准
  - 文字转换标准
  - 统计单位标准
- 工作标准
  - 文献编辑与出版标准（出版物格式等）
  - 文献收集与处理标准（著录规则、分类表、词表等）
  - 文献报道与提供标准（检索刊物等）
  - 文献工作自动化标准
  - 文献保管标准
  - 文献缩微标准
  - 建筑、设备、用品标准
  - 文献工作研究标准（机构名录、统计等）
  - 其他标准

文献工作标准化项目表

术语标准

　　基本概念

　　传统文献和声像资料

　　图像资料

档案资料
博物馆资料
文献的收集和处理
情报检索语言
情报传播、情报利用
文献存贮和保管
文献工作机构的管理
文献工作的法律方面

代号代码标准
中华人民共和国行政区划代码（GB 2260—80）
世界各国和地区名称代码（GB 2659—81）
中华人民共和国各省、市、自治区名称的罗马字母拼写法
中华人民共和国各民族名称及代码
全国情报所、图书馆、档案馆代码
全国文献统一编码
文献类型符号
全国行业分类与编码
全国职业分类与编码
关于使用 ISBN 的规定
关于使用 ISSN 的规定
关于使用 ISRC 的规定
关于使用 ISAN 的规定
关于使用 ISTRN 的规定
关于使用 ISRN 的规定
关于使用语种代码的规定

简称缩写标准
文献目录著录用外文典型词缩写
外文期刊、连续出版物题名缩写规则

文字转换标准
汉语拼音正词法暂行准则
中国书刊名称汉语拼音的拼写规则
汉文的罗马字母拼写法
汉语罗马字母拼写法的正音法
蒙文的罗马字母拼写法
藏文的罗马字母拼写法
维吾尔文的罗马字母拼写法
斯拉夫西里尔字母的罗马字母拼写法
阿拉伯字母的罗马字母拼写法
希腊字母—拉丁字母音译规则

日文的罗马字母拼写法
朝鲜文的罗马字母拼写法
印地文的罗马字母拼写法
希伯来文的罗马字母拼写法
泰文的罗马字母拼写法
统计单位标准
文献工作用文献统计单位
情报所、图书馆、档案馆的文献工作统计单位
文献编辑与出版标准
书籍书名页格式
书籍版权页格式
期刊、连续出版物版权页格式
书及其他出版物封面和书脊题名格式
出版物目次页格式
文献章节编号规则
期刊、连续出版物中的文摘页格式
期刊编排格式
译文编排格式
出版社丛书及近似出版物格式
为期刊撰稿格式
科技报告撰写格式
学位论文撰写格式
文献收集与处理标准
文献目录著录标准
书目识别
《中国图书馆图书分类法》和《中国图书资料分类法》适用标引规则
汉语主题词表编制规范
多语种叙词表编制规范
《汉语主题词表》适用标引规则
按汉语拼音排列的字顺目录排列规则
按笔画笔形排列的字顺目录排列规则
图书资料征订目录的格式
文献报道与提供标准
情报检索刊物编制规则
情报检索刊物用题录格式
情报检索刊物用文摘编写法
书目出版物单行本编制规则
情报检索刊物用索引编制法
联合目录编制规则

馆际互借技术标准

文献工作自动化标准

文献目录信息交换用磁带格式

文献目录信息交换用扩展的拉丁字母字符组

文献目录信息交换用扩展的斯拉夫西里尔字母字符组

文献目录信息交换用希腊字母字符组

文献目录信息交换用数学字符组

文献保管标准

大中型书库图书资料保管条件

大量贮存缩微复制品的保管条件

文献缩微标准

一号清晰度测试图的特征说明及其在文献缩微复制方面的应用

清晰度测试用普通印刷字符

鉴别率测试图的特征说明及其在文献缩微复制方面的应用

35mm 工程图缩微胶卷质量标准

16mm 古文献缩微胶卷质量标准

105×148mm 古文献缩微胶片影像排列标准

建筑、设备、用品标准

钢制藏书用双面书架

钢制藏书用单面书架

木制藏书用双面书架

木制藏书用单面书架

75×125mm 卡片目录柜系列

105×148mm 卡片目录柜系列

钢制缩微文献存贮柜

75×125mm 目录卡片

105×148mm 文献卡片

目录卡片指导片系列

文献工作研究标准

情报所、图书馆、档案馆名录编制标准

情报所、图书馆、档案馆统计标准

其他标准

中小型图书馆和情报机构适用图书文献管理最低技术标准

全国文献工作标委会
（武汉大学张琪玉提出）

写于1981年8月29日，武汉
载于《广东图书馆学刊》1982年第1期

统一书号与图书馆工作

图书编号法的革新问题，对于图书馆工作的改进和图书馆事业的发展来说，是有现实意义的。本文的目的，是试图把这个问题放到图书馆工作的实际中，放到与图书馆工作的各个方面的复杂联系中来加以考察，并提出解决这个问题的一条可能的途径——图书编号集中化。这个问题的解决，对于出版发行、国家书目登记等工作，甚至对读者来说，也都是有意义的。因为这个问题的涉及范围极广，内容很复杂，所以需要有关各方面进行共同的研究，才能得到解决。我在本文中所谈的，只能说是自己的一些初步想法，不够完整，也不够成熟，提出来是希望和关心这个问题的同志们交换意见，共同做一步的探索。

图书馆的藏书都要编书号（索书号码、排架号），以便按号排列和检索。图书馆员们在各方面的工作中要经常地、千百次地接触这种号码。可以说，这种号码在保持图书馆工作的秩序，以顺利地为读者服务中，起着重要作用。

对于书号，有两种相反的要求：一方面，要求这种号码能说明图书的各种情况，要能符合“索书号码的一个主要原则，就是在同一个图书馆里，不容许两种不同的书具有相同的索书号码，甚至不容许两册相同的书具有相同的索书号码”（刘国钧等编《图书馆目录》1957年北京高等教育出版社版第295页），于是在其中包括进了许多的成分，如详细的分类号码、著者号码、书名号码、版本号码、部册号码、特藏符号等，可以编得非常复杂。但是，复杂的书号，却给编号工作、取书和归架工作以及其他工作加重了负担，并造成许多差错。读者也很容易把号码抄错。因此，另一方面，又要求这种号码编得愈简单愈好。能不能使书号既符合不同的书不得有相同的书号的原则，并能说明图书内容等许多要求，而形式又很简单呢？这是一个需要解决的问题。

图书编号工作（包括贴书标、在书内写书号等）是很细致繁复的，要把成千上万册的藏书编好号码，需要花费大量的人力。而藏书如果不编号，不编目，不排架，就无法检索利用。很多的图书馆，不就是因为分不出大量人力来整理藏书，而使大量的图书财富积存着不能利用吗？但是，如果把人力过多地使用在藏书整理上，则又会影响直接为读者服务的工作。直到现在，编书号和贴书标等的工作，仍然是手工业方式的，虽有了某些改进，但还是不能从根本上解决问题。一些图书馆，还由于所选择的书号编制法（包括分类法）不能满足工作上的需要，或是编号工作做得不好，而造成藏书整理上的大返工，更是人力的大量浪费。如何编好书号而又节约用在这一工作上的人力，这又是一个需要解决的问题。

但问题还不仅如此。在各个图书馆所选用的书号编制法各各不同的情况下，不论是读者利用图书馆，或者是图书馆的书目参考工作、馆际借书工作、联合目录工作等，都不能很方便。特别是大量的宝贵的书目资料，由于不能与本馆的藏书很方便地进行核对，而不能得到充分的利用。如何统一图书编号，这是第三个需要解决的问题。

图书编号集中化是彻底解决图书编号问题的途径。

图书编号集中化就是全国图书统一编号，就是给每种图书编一个全国统一的书号。

我国图书编统一书号的制度已实行了多年。但由于现行的统一书号不是为图书馆编的，所以图书的分类和号码的形式都不适应图书馆的需要。如能改进现行的统一书号，使之适应图书馆工作需要,或者为图书馆另行制定一种统一书号,那么,统一书号一定可以给图书馆工作带来重大的改进。

图书馆适用的统一书号必须是一种完善的索书号码。而索书号码是由图书排列法决定的。从各种图书排列法的比较中可以看出,分类排列法具有一个极大的优点,即图书是按其内容分类排列的。这个优点,是其他排列法的任何优点所不能与之相比的。但是,分类排列法也存在着许多缺点。近几年来,出现了两种改进分类排列法的方法:一是学习苏联的经验,把图书分类号区分为目录分类号和排架分类号,因而简化了排架的分类;一是由中国人民大学图书馆创造的,以种次号代替著者号,因而简化了同类图书的排列。而如果把以上两种改进方法再和分类号码的数序制组成方法结合起来,那我们就有可能创造出一种更理想的分类排列法索书号码,这种索书号码可以作为统一书号之用,

现在我们假设图书馆适用的统一书号的基本形式是这样的:AB1234。在前的两个汉语拼音字母是图书的分类号,在后的四个阿拉伯数字是图书的种次号。

当然,必须按照图书馆工作的需要,把统一书号印在书上适当的位置:书脊下部和封底右上角通常贴书标的地方,书名页左上角和版权页上。

同时,一切有条件的图书馆都应当编制一套带有各种图书馆业务注记的,按统一书号排列的公务目录。

关于编制统一书号的具体问题,留到后面再谈。现在我们先来看看统一书号给图书馆工作及其他工作可能带来的好处。

在藏书补充和登记方面:

(1)为了合理使用购书经费和提高藏书质量,在补充藏书时,既要避免不必要的重复,又要防止必要图书的遗漏。因此,必须核对馆藏。如果在出版发行目录及国家登记书目等资料上印有统一书号,就可以很方便地把这类资料与馆藏核对(查公务统一书号目录),或编制一套“统一书号购到目录”(参看曾梦阳《在图书馆工作中应用统一书号的初步意见》,该文载于《图书馆学通讯》1957 年第 4 ~ 5 期第 46 ~ 49 页),带往书店在选书时随时查对,也很方便。

(2)馆际交换多余图书是使国家藏书财富得到合理使用的一项有益措施。换出馆可以减轻藏书保管的负担,换入馆可以弥补藏书补充之不足,而统一书号可以给多余图书交换的一系列工作带来许多方便。

(3)统一书号中含有分类号的成分,可供藏书总登记时作图书按内容分类的参考,并可使藏书总登记的分类相当统一起来。

(4)因为每一种图书都有一个特定的统一书号,而且从统一书号查关于某种图书的详细记载也并不困难,例如可以查《全国总书目》等,所以,有了统一书号后,藏书的个别登记就可以根据具体情况适当简化。

在藏书整理和保管方面:

(1)统一书号就是完善的索书号码。所以,有了统一书号,各馆就不必自编书号,也不需制贴书标和在书上抄书号。而且,先后入藏的同一种书编号不一致的问题也不会再发生了。

(2)图书统一编号和图书集中编目结合起来,就可以为集中编目事业的发展开辟更广阔的道路。统一书号可以直接印在卡片的左上角,因而避免了印刷卡片的再加工。如果能

根据统一书号按书购片,印刷卡片售完后能随时重印(不但后建的图书馆需要过去发行的卡片,而且为更新已被磨损的卡片,为增加目录种类或套数等,也都需要配补过去的卡片),那就会使许多规模较小、经费较少的图书馆也都有可能来利用印刷卡片。印刷卡片的使用可以为图书馆节约用在编目方面的人力,帮助它们解决编目上的困难,并大大提高图书馆目录的质量。印刷卡片可以在到馆的新书处理后再补购,即入藏图书经盖章登记,编一张"公务统一书号目录"草片(著录可简化)和某种形式的新书报道,以及制书卡贴书袋后,可立即送书库排架、流通,同时补购印刷卡片。

(3)发展各种"标准目录"。根据该目录上印的统一书号与馆藏核对,在其上做"馆藏"记号后,这种目录就既可作为中小型群众性图书馆的藏书推荐目录之用,也可向读者报道图书馆所未藏的图书,同时还可供那些图书馆做藏书填缺补充和从头补充的参考。

(4)任何一种完善的图书分类法都要随着科学的进步和社会的发展而经常进行修订,而统一书号却是一种固定的号码,图书分类上的变更,不会引起统一书号的变更。这样,图书分类法的修改或更换,只限于对分类目录进行部分或全部改组,而藏书不必重行整理。这样,也就为分类法的不断修改(甚至是很大的修改),为全国图书分类的统一创造了有利的条件,并且在存在着统一书号的条件下,大规模的藏书重行分类还可以采取国家集中措施来实行。由此可见,实行图书统一编号,把图书的分类目录和图书的分类排架问题分开了,图书分类法的问题也就比较容易解决了。

总之,图书统一编号为图书馆藏书的集中整理创造了一些良好的条件。而只有在采取集中措施的条件下,图书分类和图书编目上的一切成就的普及才有真正可能,藏书整理的质量才能普遍提高。

(5)随着社会主义建设事业的发展,常常需要调整一些单位的工作,这样就不可避免地会引起图书馆藏书的分合。在按照统一书号组织藏书的条件下,当两个以上图书馆的藏书合并时,就不会出现一部分藏书需要重行整理的问题。

(6)在高等学校等大单位内往往设有好几个图书馆,统一书号可以使它们的藏书整理方法统一起来。

(7)统一书号结构简单,比一般书号更适合于排架工作的要求。所以,藏书按统一书号排架,取书和归架都比较迅速、容易,差错也可减少。

(8)如果利用印刷卡片,那么,编制排架目录是非常容易的(中小型图书馆更可利用公务统一书号目录,不另编排架目录)。有了排架目录,藏书清点工作也比较容易进行。

(9)建立若干图书馆的陈旧和多余藏书的联合保管库,是解决在各图书馆藏书迅速增加的情况下书库拥挤的一个办法。有了统一书号,存放进这种保管库的各馆藏书可不必改号而统一排架,也容易检取。

在读者服务和书目参考方面:

(1)统一书号既是全国统一的,那就可以印在各种类型的书目资料上。读者在各种书目资料上见到自己所需要的书,可随时把统一书号记下来,不管他到哪个图书馆去找书,这个号码都是适用的。有时因需要某一种书而利用电话等方式多方询问,说统一书号也比较容易说清楚。

(2)如能出版像《人民日报》过去出版过的出版消息专刊,并印上统一书号,那么,这种报纸上的书目专刊将成为向读者报道和推荐新出版物的最有影响的资料,对图书馆工作和图书发行工作的帮助都会是很大的。

(3)统一书号印在一切类型的书目资料特别是国家登记书目上以后,各馆按照统一书号把非本馆编印的书目资料与馆藏核对就比较容易了。经过核对,加上表示“馆藏”的记号后,那些书目资料既可作为馆藏目录供读者使用,也可向读者报道本馆未藏的图书,读者如需要,可以用馆际借书的办法借得。各馆馆藏书目上如能附一个统一书号索引,那么,对读者、对友馆寻找某一种图书都会感到方便,要知道某一种图书在何馆有收藏就比较容易了。所以,书目资料上有了统一书号,利用起来更方便,就能更好地发挥其作用。

(4)在图书统一编号的条件下,编印联合目录的工作将比现在容易许多。而发展联合目录工作,特别是发展同一城市各图书馆藏书的联合目录,必定会给馆际借书的发展创造更方便、更良好的条件,从而使国家的由各种图书馆分散收藏的图书财富在社会主义建设中得到更充分的利用,这一点是有巨大意义的。

馆际借书手续也会更简便。目前,因各馆书号不统一,故不能印在联合目录上,甲馆向乙馆借书,乙馆还要查一次目录,有了统一书号以后就不必再查了。同时,遇有急需时,还可用电报借书,用统一书号和各馆代号,则发报字数可缩减到最低限度。

(5)降低拒绝率是改善读者服务工作的一个重要方面。造成读者花费许多时间,多次查目录,多次填写索书单才能借到书的重要原因之一,是馆藏的某些图书已全部借出,而读者并不知道。有了结构简单的统一书号,就为设计各种能随时反映藏书流通动态的检索系统提供了可能性。

(6)书目著录上的不统一、过于简单、遗漏或笔误,常常会使人把同一种书误认为两种不同的书,或把两种不同版本的书误认为是同一种版本的书。统一书号在鉴定版本上是一个最明显的标志。

(7)在编制参考咨询工具上,统一书号也有用处。用统一书号编制如下形式的参考卡片,十分简便,可以节省许多著录、抄写的时间,例如:“统一书号在图书馆工作上的应用——ML2156:87－88;ML6581:23、105”,这条记载表示关于统一书号在图书馆工作上的应用问题见ML2156号书的第87~88页及ML6581号书的第23和105页。同样的方法也可用于编制群书索引,其优点是索引中的图书代号就是各图书馆藏书的索书号码,所以使用极便。

至于图书出版、发行方面对统一书号的需要,已完全由事实所肯定,现行的统一书号就是因出版、发行系统的需要而编制的。但是,书店至今还没有使用这种号码来排架。如果统一书号的分类更详细一些,书店按号排架,那么,对于读者选书和找书,定会有所帮助;按照写有统一书号的书单为图书馆和读者配书,也会方便得多。

统一书号对作者和读者也有用处:

(1)作者可以在他的著作的引用书目和参考书目中使用统一书号,使读者易于找到他所指出的参考文献。

(2)读者在阅读中,使用统一书号做内容索引性质的读书笔记,无疑可以节省许多时间。

(3)读者个人的藏书,也可按统一书号排架。

我们一定还能为统一书号找到许多其他的用途。例如在图书资料的机械化检索方面使用统一书号,是有希望的。

现在我们来研究一下编制统一书号的几个具体问题:

(1)统一书号的形式和编制方法。前面已经提到,统一书号由表示图书类别的两个汉语拼音字母和表示图书种次的四个阿拉伯数字组成,总共只有6位,写成一行,非常简单、整齐,容易书写和排检。现在拉丁拼音字母已在全国范围内推行,统一书号中有两个拼音字母,使用起来是不至于有困难的。两个字母可以编出26×26=676个类号,根据数序制原则,按某种图书分类表(例如按《中小型图书馆图书分类表草案》)分配,一般第二级类目可各占一个类号,某些书特别多的第二级类可占两个、三个甚至更多的类号(必要时并可细分至第3级),而某些书少的类则可使几个第二级类同占一个类号。这样,从图书排架的要求看,分类分到2~3级,一般已能满足需要,而更详细的分类,则由分类目录来解决。四个数字可以编出9999号。所以,两个字母和四个数字结合起来,总共可编出约676万个统一书号。如果说实际有用的号码只有20%,即只有135万号,那也够用几十年了(1949~1960年全国出版的图书收进《全国总书目》的共约14.5万种,平均每年1.2万多种)。

兄弟民族文字的图书和外文的图书,在图书馆中和在书店里一般都是按文字分别排架的,所以应在前面加一个文字代号(为此应制定一个民族文字和外文的统一代号表)。民族文字图书统一书号的形式如A2-E-4387(文字代号—类号(只分大类)—种次号),外文图书统一书号的形式如P-ML-9342(文字代号—类号—种次号)。

参考图书、书目资料、杂志报纸和儿童读物等,根据这些图书的特点,可分配最后的一些类号,这样可集中排架,分别保管,便于使用。

同一种书的不同版本,作为不同的书分别编号。

一种书分卷分册出版的,可使用同一个统一书号,并在其后加一个小数点和卷册序号。

对内部图书,可在统一书号前加一个特别的符号。

对于没有统一书号的图书,各馆可自行编号,其形式如下:

中文图书:AB=567

民族文图书:A2=E=357

外文图书:P=ML=248

这些图书,排在有统一书号的相应各类图书的后面。

出版发行系统使用的现行统一书号是由图书分类号、出版社代号和该出版社的图书序号三个部分组成的。这种统一书号与本文中所提的统一书号方案有很大区别。如果废除现行统一书号,可能会给出版发行部门的工作造成困难。因此,最好保留,与图书馆使用的统一书号并存(现行统一书号只印在版权页和封底上);或者只保留出版社代号,在图书馆使用的统一书号下另印一行,用括号括起(并且也只印在版权页和封底上)。这两种办法,前一种比较切实易行。

(2)图书统一编号工作的组织。现行的统一书号,各出版社都可按照编号规则自行编号,不会发生重号或漏号。但本文中所提的统一书号方案,全部号码是连贯的,只有在有计划地分配和严格地登记的条件下,号码才不会错乱。所以,编号工作的组织管理是很重要的。关于这个问题,现提出如下办法:

中文和民族文图书的统一书号由文化部出版事业管理局版本图书馆负责总的分配和登记。该馆根据出版计划和对出版情况的估计,将一年或若干年内需用的号码一次分配给中央级的各出版社和省、市级的主要出版社使用,其他的出版社和出版书刊的单位则向当地的主要出版社领取号码（在图书付印时领取）。对于已经出版而没有编统一书号的图书，由当地的主要出版社补编号码。各个分配到号码的出版社应将已使用的号码进行登记，定期向版本图书馆汇报，并及时寄送样本，以便该馆通过《全国新书目》和《全国总书目》进行公布。为了使图书的分类更正确，对当地已出版而漏编统一书号的出版物掌握得更全面，各地主要公共图书馆应帮助当地的出版社。

外文图书的统一书号由全国图书联合目录编辑组负责总的分配和登记，并通过《全国外文图书联合通报》及其他书目出版物进行公布。通过新华书店外文发行所进口的外文图书，如困难不大，则最好在发行之前将统一书号补印到书上。

对于过去出版的图书，可以编印两种统一书号的对照表及通过某些书目出版物公布补编的图书馆统一书号。

（3）统一书号的使用。从图书馆统一书号出现的时候起，图书馆里的书也就有了有图书馆统一书号和没有图书馆统一书号的区别。起初，有统一书号的书只占少数，以后会逐渐多起来，而最后则成为藏书中的绝大部分。这是必然的趋势。那么，各个图书馆应怎样采用统一书号呢？

关于这个问题，现提出如下几种办法：

①有图书馆统一书号的书按统一书号排架，没有统一书号的书仍按原来的方法排架。待过去出版的图书的补编统一书号公布后，再将那部分图书进行改编。

②暂时不使用统一书号，待补编的统一书号公布后一次改编。

③有图书馆统一书号的书按新方法排架，没有统一书号的书则按原来的方法排架，以后也不再改编。

④不采用统一书号排架，但在图书馆的某些工作中使用统一书号。

藏书排架方法的变更，与藏书分类目录无关（只是用统一书号代替原来的索书号码，将原来的索书号码作为排架分类目录之用罢了）。所以，分类目录是否相应改组，那完全是另一回事。

总之，是否使用统一书号，采用何种办法，都应根据各馆的具体情况决定。但是，无论采取何种办法，一切有条件的图书馆，最好都编制一套统一书号目录以备检查。

图书统一编号的好处将是很大的，而且在我们这个有先进的社会主义制度的国家里，这个理想也是完全有可能实现的。但这是一件十分复杂的工作，其中还有许多具体问题有待深入地研究。我的想法还很不完整，很不成熟，希望关心这个问题的同志们多提意见，共同探索。

写于 1962 年 1 月 30 日～12 月 17 日，乌鲁木齐、吉林

情报检索语言在档案工作领域应用的进展

档案工作领域推广情报检索语言的背景

情报检索语言(简称检索语言)是根据情报检索的需要而创制的,专门用于手工的和计算机化的文献情报检索系统,表达文献主题概念和检索课题概念的人工语言。所谓档案检索,是以获取档案为范围的文献情报检索;所谓档案检索系统,是以收录档案为范围的文献情报检索系统。情报检索语言之适用于档案检索,是不言而喻的。但是过去,我国档案机构不大重视应用情报检索语言来提高档案检索工作水平,一些档案工作者也不大了解情报检索语言对档案工作的重要意义,以致一些同志认为,情报检索语言只适用于图书情报工作,而不适用于档案工作。那实在是一种误解。不过,随着我国档案事业主管部门和档案界人士对情报检索语言的推广,那种误解正在消失中。

近十年来,情报检索语言在档案工作领域的推广应用,如果与过去除档案实体分类体系外几乎近于空白的基础相比,其发展可以说是相当迅速的。在此期间,不但创制了许多档案标引适用的情报检索语言新语种(其中著名的有《中国档案分类法》、《中国档案主题词表》和《军用主题词表》),而且还出版了多种专著,发表了不少研讨情报检索语言在档案工作领域应用的论文。虽然与情报检索语言在情报工作和图书馆工作领域的发达程度相比,只能说尚处于起步阶段,但其发展方向已十分明显。

使情报检索语言在档案工作领域较迅速地得到推广应用的原因,可归纳为以下几点:

(1)档案工作现代化的需要。档案检索计算机化是档案工作现代化的核心,计算机档案检索系统的建立需要有情报检索语言作为语言保证。

(2)全国文献工作标准化活动的开展。国家标准总局于 1981 年 10 月 7 日转发南宁会议纪要,同意选用《中国图书馆图书分类法》作为国家试行标准草案和试用《汉语主题词表》的建议,促使档案系统也要求制定适用于档案工作的情报检索语言国家标准。

(3)情报学概念被引入档案学,使档案工作者越来越重视档案的情报价值。而档案情报价值的实现,关键在于开发利用。在档案开发利用中,档案检索又是关键。颁布档案法,开放档案,更增加了建立档案检索系统的迫切性。例如,“七五”期间提出建立全国三大档案目录中心和地区性档案目录中心的计划。这些目录中心的建立,也需要有统一的、高质量的情报检索语言作为保证条件。

(4)办公室自动化在我国的发展,也是推动情报检索语言在档案工作领域应用的一个因素(实行公文在制作过程中标引)。

(5)档案系统的业务管理比较集中统一,因此自上而下推广应用情报检索语言的条件较好。

(6)图书情报系统在创制和使用情报检索语言方面已积累了很多经验,可做借鉴。

档案文献专用分类检索语言的创制

我国档案系统普遍对档案进行分类组卷,构成全宗的粗略分类系统。在分类组卷中使用着各种各样的全宗分类体系，过去称其为档案分类方案，现在又称其为档案实体分类体系或馆藏法，以与新编制的供组织档案分类检索工具用的分类法相区别。在那些档案实体分类体系中，有些以“问题”作为主要分类标准，类目层次较多，系统性较强，能够在一定程度上揭示档案材料主题内容的，可以认为就是档案专用分类检索语言，这种实体分类体系主要是在科技档案部门使用；有些则类目甚少，而且是采用文件来源和产生年度等作为分类标准的，则难能揭示档案材料的主题内容，很难说是分类检索语言，这种实体分类体系主要是在文书档案部门使用。在科技档案分类方面，有些单位的档案与图书资料由一个部门统一管理，则也有采用《中国图书馆图书分类法》等分类检索语言的，但为数不多。整个说来，过去，情报检索语言在档案工作领域的应用处于很不发达的状态，大多数档案机构只有案卷目录或案卷文件目录“一本账”。

70 年代末开始，“文献资源共享”这个概念逐渐为图书、情报、档案工作人员所接受，人们认识到档案也是一种重要的文献资源。为了实现文献资源共享，有必要对全国档案收藏进行统一分类（指检索工具中的档案分类）。

档案的统一分类可不可以直接利用已经被批准为国家试行标准草案的《中国图书馆图书分类法》呢？还是有必要另编一种档案专用的全国统一分类法呢？

档案界学者们经过探讨，认为档案分类法应是“以党和国家社会实践活动的职能分工为基础，按照档案的内容和特点，分门别类组成的科学体系”，而图书分类法则主要是“按学科体系进行分类”，也就是根据图书的内容性质、形式体裁、立场观点和读者用途分门别类，两种分类法的编制原则和依据有所不同，因此决定单独编制《中国档案分类法》。

据邹步英代表编委会于 1989 年 6 月 1 日所做的介绍，《中国档案分类法》从 1983 年 12 月开始编制，至 1987 年 12 月由档案出版社出版使用本，该分类法共印 91000 册，已发行近 60000 册，在全国各级各类档案馆和部分较大的档案室试用。“总的来说，在试行中收到了较好的效果，受到了欢迎和好评”。该分类法由国家档案局于 1988 年 5 月 16 日以国档发（1988）8 号文件正式颁发，在全国试行。

1987 年 12 月出版的《中国档案分类法》一书，实际包括相互独立但体制一致的三部分类法：①《中国档案分类法》，用于分类中华人民共和国时期的全国档案，包括文书档案、科技档案和专门档案；②《清代档案分类表》；③《民国档案分类表》（在编制计划中的还有《革命历史档案分类表》）。

《中国档案分类法》分为 19 个基本大类，约 4500 个类目，这显然是比较粗略的，属于简表性质。对于一般档案机构来说，该表已敷使用；而对于大型综合性档案机构和专业性档案机构（特别是科技档案机构）来说，该表类目专指度尚嫌不足。因此，一方面允许由使用单位根据具体需要按所附的《中国档案分类法类目细分规则》自行细分；另一方面，要求各专业主管部门在简表的基础上进行扩充，编制专业表详表，由该表编委会鉴定后，供各专业部门使用，并在最后经过汇总，形成一部较详尽的《中国档案分类法》详表。

为使专业表编制工作达到统一和保证编表质量，除规定在编制时必须遵守上述类目细分规则外，还制订了《中国档案分类法》专业表编制规范，由国家档案局以国档字（1989）137 号文件下发。

据 1988 年 12 月出版的《中国档案分类法的理论与使用》一书报道，自从《中国档案分类法》报批稿印发以后，已有航空工业部、国家海洋局、国家气象局、国家测绘局、水产总局、煤炭工业部、中国科学院等机关制定出了适用于本专业的专业档案分类表。现在,已制订出的专业表当然更多了。其中,《中国档案分类法医药档案分类表》已于1989年12月正式出版,编号为“中档法01号”,是它的第一个专业表。

由此可知,《中国档案分类法》是一部在我国国家档案事业主管部门领导下有计划地编制的、有中国特色的、系列化的分类法。它目前虽然还没有全部完成,但可以肯定,它将在我国档案资源的统一分类方面起重要作用和产生深远影响。档案界评论说,在我国档案事业发展史上,编制《中国档案分类法》这样规模的分类法是第一次,在世界各地也是少有的。

在《中国档案分类法》编制过程中,档案界对分类检索语言的探讨相当活跃,写了许多文章,其中一部分被选入《档案分类文集》一书,1990年10月由档案出版社出版。

档案界学者认为,档案分类法必须“以党和国家社会实践活动的职能分工为基础”这一编制原则(即以职能分工为主要分类标准)的提出,是《中国档案分类法》的理论贡献。据笔者的理解,“以职能分工作为主要分类标准”与“以专业作为聚类核心”两者基本一致。图书情报机构使用的文献分类法对类目进行相关排列时,在一定程度上采用了以专业为聚类核心的原则,而并不是完全以学科为聚类核心的。所以,是否可以说,《中国档案分类法》是偏重于按专业聚类,图书资料分类法则偏重于按学科聚类。《中国档案分类法》以职能分工原则作为基础,与我国档案机构的收藏范围和基于全宗理论的管理方法是比较协调的。

档案文献专用主题检索语言的创制

如果说,在分类检索语言方面,档案界一开始就集中力量搞《中国档案分类法》这项“系统工程”,那么,在主题检索语言方面,情况有些不同。图书情报界编制的《汉语主题词表》正式出版后,就有许多档案机构参考它结合档案标引的需要进行选编和增补,刊印供档案标引用的主题词表。如中央档案馆、湖北省、江苏省、四川省、天津市、武汉市、昌吉州、黄冈县、石首县、浚县、潍城区等档案馆,以及国防科工委档案处、解放军总参谋部办公厅、冶金部建筑研究总院档案室等单位,都编制了档案主题词表。

1986年7月,国家档案局决定成立《中国档案主题词表》编辑委员会,着手编制《中国档案主题词表》。该编委会曾先后调查了40多个档案机构的收藏,并参考《汉语主题词表》和上述已编成的档案主题词表,广泛收集档案标引可用的词汇,于1987年6月编成《中国档案主题词表》主表初稿,经征求全国各地档案管理部门的意见,两次系统修改,于1988年8月定稿,同年12月由档案出版社出版试行本。

《中国档案主题词表》共收录正式主题词22759条,非正式主题词4529条,共27288条。这部词表主要适用于各级综合性档案馆和档案室的档案主题标引,企、事业单位的文书档案及各机关一般公文、资料的标引也可参考使用。但对科技档案中的词汇收录很少,编委会“建议有关中央专业主管机关的档案部门参照本表体例,编制自己专用的档案主题词表”。这就可以看出,该表编委会的意图,也是要形成系列化的档案主题词表。

但实际上,一方面,档案主题词表与图书情报机构编制的主题词表,除选词范围稍有不同外没有其他区别,专业词表的选词范围则更难区别;另一方面,目前国内各专业主管部门的图书情报机构已编制了六七十种专业词表,这些词表实际上也都可以用来标引科技档案。因此,可以一表两用,而不一定需要另外编制专供科技档案标引用的各种专业主题词表。

1990 年 12 月由军事科学出版社出版的《军用主题词表》是一部具有国际先进水平的词表。该表共收词 52500 个,其中正式主题词 47340 个,非正式主题词 5160 个;内容涉及军事科学领域的军事理论和军事技术两大门类,87 个学科、专业和部门的知识。该表明确规定供全军公文、图书、档案、情报资料、学术论文、教材等文献的标引和检索使用,就不再区分图书情报和档案的界限了。就其编制目的来看,是要"实现我军检索语言的统一、情报资源共享和加速我军指挥、办公自动化的进程"。

该表编有一册《军用主题词表使用手册》。从该手册所附 50 个标引实例来看,公文和档案的标引实例占了一半。这说明,用同一部词表标引图书资料和标引档案是完全可能的。这样,就真正达到了各种文献主题标引的统一,为某个领域文献情报档案资源共享创造良好的条件。对于科技档案和专业档案的主题标引来说,这可能是一种较好的解决办法。

《军用主题词表》编委会也有发展专业词表,使目前出版的综合词表与各专业词表共同形成统一的军用主题词表体系的计划。

自然语言检索法在档案工作领域的应用

自然语言检索法也是使用语词做检索标识,与主题法相似。这类方法虽不使用情报检索语言,但仍然离不开情报检索语言的控制原理,要或多或少地采用一些情报检索语言的方法,或与情报检索语言结合使用。

由于许多档案机构收藏量大,档案资源的深度开发需要以文件为标引单位,档案检索计算机化起步晚,使用情报检索语言起步也晚,标引人员(特别是有主题标引经验的标引人员)数量不足,使用情报检索语言标引的难度大、速度慢等情况,如果采用叙词型主题检索语言作为标引语言,就会大大延缓档案检索系统建成的日期。在这种情况下就使得自然语言检索法在档案工作领域的应用具有不可忽视的意义。

从一些资料和所了解的情况看,自然语言检索法已受到我国档案部门的注意和使用。这大体可分为自由标引、自动分词、单汉字组配检索法等几种。

自由标引是人工主题标引,只是不使用词表,而是由标引人员自由措词来形成主题标识而已。自由标引比使用主题词表标引难度低,速度快,失真度小,但检索困难,检全率低。若配以质量较高的后控制词表(只供检索的词表),其效果则可以是相当好的。但后控制词表是以自由标引的用词为基础的,几乎没有通用性,需要各单位自行编制,这也有一定难度。从目前在档案工作领域使用自然语言检索法的情况看,以自由标引为多见,但实际应用后控制词表的单位还未见诸报道。

自动分词和单汉字组配检索法已有一些档案机构开展研究和应用。这些方法全都限于在档案标题的范围内进行检索。其中,单汉字组配检索法几乎不存在抽词困难,但要有一定的检索技巧。虽然,这些方法的质量不及既根据档案标题也根据档案正文的自由标引,但由于档案标题的情报性较好,因此仍具有其实用价值。

总的看来,在档案检索中,使用情报检索语言的检索方法和使用自然语言的检索方法各有优缺点和适用范围,都应受到重视。

专业教育中"档案检索"教学的开展

随着情报检索语言在档案工作领域应用的进展，档案界已开始认识到加强档案检索知识教育的必要性。从而，一方面，在档案管理学教材中增加有关档案检索工具和档案标引（即情报检索语言使用法）的内容；另一方面，则是编写专著和开设独立的"档案检索"课程。

1985 年 1 月，邓绍兴编著的《档案检索》一书由档案出版社出版。这是有关档案检索的第一部专著。该书 155000 字，分为七章：①绪论；②档案检索工具概述；③档案著录；④目录和索引式检索工具；⑤叙述式检索工具；⑥电子计算机检索；⑦档案检索标准化。作者说，他"长期从事教学工作，深感档案专业的学生和档案工作人员都迫切需要系统了解档案检索的有关知识"。他认为"检索是档案馆（室）业务工作的一个独立环节……检索工作的具体内容和特定作用，是任何一个业务环节所不能包括和代替的"。

1989 年 5 月，王金夫编著的《档案检索语言》（行政管理干部中等专业教材）由上海市行政管理学校刊印。全书约 168000 字，分为九章：①档案检索与情报检索语言；②档案分类检索语言；③《中国档案分类法》知识概要；④档案分类标引及类目细分规则；⑤档案分类目录组织；⑥档案主题检索语言；⑦叙词语言与档案主题词表；⑧档案主题标引；⑨档案主题目录组织。这是一部集中讲授分类法和主题法及其在档案检索工具编制中应用的教材。

1989 年 9 月，张琪玉编著的《档案检索教学大纲》由空军政治学院图书档案系刊印。该大纲虽仅 55000 字，但论题内容较全面、系统。分为两篇共 20 章。第一篇为档案检索系统，包括：①档案检索原理；②档案检索工具的构成和类型；③档案著录法；④档案基本目录和档案指南；⑤分类检索工具；⑥主题检索工具；⑦专题检索工具；⑧机构名、人名、地名、代号等标识的检索工具；⑨某些类型档案的特种检索工具；⑩特殊形式的检索工具；⑪计算机检索系统；⑫档案检索系统设计；⑬档案检索法；⑭档案检索工作组织；⑮档案资源共享中的检索问题。第二篇为情报检索语言，包括：⑯情报检索语言的基本理论与基本方法；⑰分类检索语言；⑱主题检索语言；⑲引证关系追溯法；⑳自然语言检索法。空军政治学院图书档案系根据该大纲于 1990 年下半年起正式为档案专业本科生开课，其教材正在修改定稿中。该系 1987 年招收的情报语言学方向两名硕士研究生，着重往档案检索方面发展（已毕业）。

1990 年 8 月，冯惠玲、李宪编著的《档案检索的原理与方法》一书由中国科学技术出版社出版。全书 200000 字，分为七章：①档案检索系统概述；②检索语言；③档案著录标引；④档案检索工具；⑤检索策略；⑥检索手段；⑦利用者与档案检索系统的交互。该书作者说，"我国档案工作者已对档案检索问题进行了大量的研究和探讨，但是应该承认，至今为止，我们的研究还不够系统、不够深入……长期以来……对于检索语言、检索策略以及检索系统的构造等方面涉及较少……档案检索工具基本上是以档案文件的外部特征为检索入口，近几年才刚刚开始尝试采用分类法、主题法来揭示其内部特征，但对于这两种方法的原理还揭示不深，技术还不够完善。档案检索理论研究的欠缺，不利于检索实践水平的提高……本书立足于档案检索的理论与实践，同时注意吸收图书、情报检索的研究成果，并运用于档案检索的研究"。作者报道说，该书书稿曾在中国人民大学档案学院研究生、大学本科、函授及干部专修班中讲授多次，广大学生给予热情支持。

此外，如武汉大学图书情报学院档案专业也开设“情报检索语言”选修课程，等等。

可以看出，以情报检索语言为重点内容的档案检索课程教学已逐渐受到重视，正在从“档案管理学”课程中分离出来成为独立的课程，这是客观的需要，也是档案学发展的必然。

今后的趋势

以上的叙述只是一个大概，肯定还没有充分反映近十年来情报检索语言在档案工作领域应用的全貌，但从中多少可以看出其今后的发展方向和趋势。

（1）档案界对情报检索语言的研究和应用，作为档案管理方法的改进，其方向是坚定的，其范围将继续扩大，其速度将会更快。

（2）标准化是档案工作领域应用情报检索语言的一个重要方针，这特别是在档案分类方面。

（3）主题法的主要应用是在计算机档案检索系统方面，手工检索的主题目录不会像分类目录那样普及。

（4）自然语言检索法在档案工作领域有较大适用性，将会更加受到重视。

（5）文件在制发过程中标引是一项重要措施，随着办公室自动化的逐渐普及将会得到推广。

（6）在档案检索知识教学方面，将会有越来越多的教学单位作为独立课程开设，决定其进度的关键是教材建设和教师队伍的扩大。

（7）在档案界，随着档案工作的改革和档案检索计算机化的进一步发展，对文献检索原理和情报检索语言研究的热情必将高涨。

参考文献

[1] 中国档案分类法编委会. 档案分类文集. 档案出版社，1990

[2] 邹步英等.《中国档案分类法》的理论与使用. 档案出版社，1988

[3] 中国档案学会自动化技术委员会. 档案资料的自动标引与管理. 档案出版社，1988

写于 1991 年 10 月 25 日 ~11 月 1 日，上海

载于《文献工作研究》1991 年第 6 期

档案检索理论与方法(教材编写提纲)

前言

目录

第1篇 档案检索系统

第1章 档案检索原理

第2章 档案检索工具的构成和类型

第3章 档案著录法

第4章 档案基本目录和档案指南

第5章 分类检索工具

第6章 主题检索工具

第7章 专题检索工具

第8章 机构名、人名、地名、代号等标识的检索工具

第9章 某些类型档案的特种检索工具

第10章 特殊形式的检索工具

第11章 计算机检索系统

第12章 档案检索系统设计

第13章 档案检索法

第14章 档案检索工作组织

第15章 档案资源共享中的检索问题

第2篇 情报检索语言

第16章 情报检索语言基本理论和基本方法

第17章 分类检索语言

第18章 主题检索语言

第19章 代码检索语言

第20章 引证关系追溯法

第21章 自然语言检索法

参考文献目录

内容索引(附检字表)

第1章 档案检索原理

1.1 建立档案检索系统是开发档案资源的基本措施

1.2 档案检索系统的功能和效率

1.3 档案特征信息及其检索意义

1.4 档案主题概念及其相互联系

第 2 章　档案检索工具的构成和类型

2.1　档案检索工具的构成因素

2.1.1　档案目录信息和档案著录规则

2.1.2　档案检索标识和情报检索语言

2.1.3　检索设备和检索方式

2.1.4　档案检索标识的排列规则

2.1.5　计算机检索系统软件

2.2　档案检索工具的类型

2.2.1　按检索途径分的检索工具类型

2.2.1.1　分类检索工具

2.2.1.2　主题检索工具

2.2.1.3　机构名、人名、地名、代号等标识的检索工具

2.2.1.4　文件责任者、文件编号、档案编号等的检索工具

2.2.1.5　非单一检索途径的检索工具和检索系统

2.2.2　按收录档案分的检索工具

2.2.2.1　按收录档案范围分

2.2.2.2　按收录档案形成时期分

2.2.2.3　按收录档案类型分

2.2.2.4　按收录档案文种分

2.2.2.5　按收录档案密级分

2.2.3　按形式分的检索工具类型

2.2.3.1　卡片式检索工具

2.2.3.2　书本式检索工具

2.2.3.3　缩微式检索工具

2.2.3.4　机读式检索工具

2.2.3.5　特殊形式检索工具

第 3 章　档案著录法

3.1　档案著录的一般原理

3.1.1　著录的意义和要求

3.1.2　著录项目和著录级次

3.1.3　著录项目标识符和著录用文字

3.1.4　著录格式的类型和著录项目的组织

3.1.5　著录来源

3.2　档案著录的主要规则

3.2.1　题名与责任者项

3.2.2　文本项

3.2.3　密级与保管期限项

3.2.4　时间项

3.2.5　载体形态项

第 18 章　主题检索语言
18.1　主题检索语言构成的一般原理
18.2　语词的选定
18.3　语词的规范
18.4　语词间关系的显示
18.5　词表的编制和管理
18.6　档案词表的特点
第 19 章　代码检索语言
19.1　代码检索语言构成的一般原理
19.2　代码表的编制
19.3　代码检索语言在档案检索中应用的可能性
第 20 章　引证关系追溯法
20.1　引证关系追溯法的原理
20.2　引文索引的结构
20.3　引证关系追溯法在档案检索中应用的可能性
第 21 章　自然语言检索法
21.1　自然语言检索的原理以及与人工语言检索的比较
21.2　自然语言检索的方式方法
21.3　自然语言检索法在档案检索中应用的可能性

写完于 1989 年 2 月 27 日，上海

第八部分　学术生涯

当文化的花朵开遍祖国的时候
——我热爱祖国图书馆事业

敬爱的领袖毛主席说过:“随着经济建设的高潮的到来,不可避免地将要出现一个文化建设的高潮。”我确信,在我们祖国进行着社会主义工业建设并取得巨大成就的时候,图书馆事业也将成为文化事业中一种最美丽的花朵而遍地盛开。

在报纸上或者是书本里,在人们的谈话中或者是电影里,不论是苏联或是中国的人民,也不论是波兰或是其他人民民主国家的人民,当他们谈论到自己幸福生活的时候,总是要提到他们的图书馆和阅览室。我深刻地认识到,人们的物质生活愈是上升,他们也就愈是需要在图书馆里读书。图书馆成为人们文化生活的象征。

在从前,我们的工人和农民连吃饭穿衣服的问题都没有办法,当然谈不上有自己的图书馆。可是今天,我们的工人已经有了五千一百多个图书馆和阅览室,而我们的农民也已经有一万五千个农村图书室了。这种情况使我非常高兴,我常常从苏联图书馆事业的今天来看中国图书馆事业的发展前途,于是我坚定地得出结论,在三个或四个五年计划以后,我们的祖国也将要有各种的图书馆网,图书馆的数目将不是几万或十几万,而是成百万个!

我又想象着在将来,我国的人民将会同苏联的人民一样,不论是工人或是农民,是男人女人或是儿童,是住在城市的或是住在乡村和边疆的,也不论是识汉字的或是识藏文蒙文和维文的,他们个个都能到图书馆里去读书。图书馆的环境是那样好,里面既有毛泽东斯大林的经典著作,也有最成功的文艺作品,既有人类科学技术的最高成就,也有劳动人民辉煌的斗争史诗……人们在这里会开阔自己的眼界,获得有益的生产知识和培养自己共产主义的优良品格。图书馆将会使人们更幸福和帮助人们去完成更巨大的创造。

就是因为这样,我热爱着祖国的图书馆事业!我很喜欢马亚可夫斯基的诗句:在我们国家里,“任何工作都好,你去挑选你喜欢的吧!”我尊重着一切有益于人民的劳动,而我是挑选了图书馆的工作,我决心将我贡献给人民的图书馆事业。

祖国在党的领导下前进着,在劳动人民的巨大创造中成长着。明年,我们就要在毛主席的指挥下进行十年大建设,我正赶上这个时代而感觉幸福!

我幻想着,在伟大的建设运动中,我同所有的劳动人民一样,将展开愉快的战斗性和创造性的劳动。当我毕业以后,假使人民让我去做图书馆馆员,那么我就要让我周围的人们都来看书。我要把“斯塔哈诺夫工作方法”“高速切削法”等书籍给工人,使工人们能生产出几倍几十倍的产品。把“幸福的生活”“米邱林的生物科学”等书籍给农民,使农民们抛掉锄头要求拖拉机,组织起集体农庄来,并用新的农业技术来种植,生产着又多又好的大米和棉花。把“军事辩证法”和“喷气式飞机”“雷达”等书籍给战士们,使战士们成为世界上最有知识和战斗艺术的军队而保卫着我们光荣的祖国和保卫着世界的持久和平。我要把最好的科学书籍和“苏联的共产主义建设”给科学家,让他们制订出开凿大运河和在沙漠中种植植物的伟大计划。让儿童们阅读“毛主席的少年时代”,立志做毛主席的好学生。让大学生们阅读“为共产主义而奋斗的知识分子”,立志做红色的人民专家。让人们都来阅读马恩列斯和毛主席的著作,阅读我们党的光荣历史,因而坚定地为在祖国建立共产主义社会而奋斗。让书籍去培养人民的爱国主义、国际主义和热爱和平。当党或是政府向人民发出号召的时候,我们就用书籍尽力帮助党和政府来组织人民去完成重大的政治任务和经济任务……我还要同其他的图书馆馆员一起,组织斯塔哈诺夫式的劳动竞赛,让我们每年出版的十几亿册书籍都为人民充分利用。

假使人民让我去担任组织图书馆网的工作,那么我要与同志们一起,努力使每一个工厂、每一个连队、每一个学校都有图书馆和阅览室,住在乡村和边疆的人民都能得到书本。我要把全国图书馆馆员们的经验和创造交流起来,以提高全国的图书馆工作,使祖国的图书馆事业非常繁荣。

假使人民要我去当图书馆教育工作者,那么我就努力去培养成千的热爱人民图书馆事业而又精通图书馆技术的干部。我将努力进行图书馆学领域内的科学工作,使图书馆学理论不断发展。

总之,在任何工作上都能展开创造性的劳动。

当祖国生活在社会主义里的时候,当文化的花朵在祖国遍地盛开的时候,当祖国的每一个人都有书读的时候……当人们庆祝我们社会主义建设巨大胜利的时候,我能说,我把我的力量也献给这壮丽的事业了,那将是多幸福!我将以曾经用我的劳动帮助人民去完成这伟大的事业而自豪!

明天是那样美好,今天我要好好学习啊!马克思说过:“在科学上是没有平坦的大道可走的……”为了攀登科学的高峰,我必须加倍努力!

写于 1952 年 9 月,北京

载于北京大学《沙滩年青人》1952 年国庆特刊

在武汉大学开创情报语言学教学和研究的回忆

武汉大学图书馆学系成为中国情报语言学教学和研究的发祥地，渊源于新时期的教育改革。全国科学大会发出了图书情报工作现代化的号召后，武汉大学图书馆学系为了使培养目标适应图书情报工作现代化的需要，着手制订新的教学计划。在讨论课程设置方案时，我建议开设一门“情报检索语言”新课程。这个建议被采纳，列入图书馆学专业和科技情报学专业两个专业的本科教学计划，并决定由我来担任这门新课程的教学，预定在 1980 年下半年开课。于是，我便着手筹备这门课程。这大约是 1978 年 11 月的事。

1979 年 2 月，我编了一种《情报检索语言资料目录》（署名：武汉大学图书馆学系图书情报现代技术教研室，刻印，共 5 页），这是我编写教材的准备。在 1979 年下半年，我因患肾结石住院，结果被查出还患有乙型肝炎。因乙型肝炎让我在家养病持续达半年，这正是我静心写作的极好机会。我用了半年多一点时间，于 1980 年 3 月 17 日完成了《情报检索语言》教材的写作（1980 年 6 月油印 200 册）。1980 年 4 月，又选编了一册《情报检索语言课程参考资料》（胶印）。

大约在 1980 年 5 月，我为当时系里的研究生和进修班学生简要讲解该课程内容。1980 年 9 月，正式为图书馆学专业和科技情报学专业本科班开课。这是我国图书情报教育中首次开设情报语言学课程（课程名称为“情报检索语言”）。这门课程为大学生们带来了新鲜的知识和新颖的观点，很受欢迎。

1980 年 7 月，我把《情报检索语言》教材油印本压缩成《情报检索语言大纲》，后经修改，发表于《图书馆学刊》1981 年第 3 期和第 4 期。这份大纲有 4 万多字，较具体地反映了《情报检索语言》教材油印本的结构和内容，这是第一次公开发表我的情报语言学学术观点。

1982 年，我的《情报检索语言》教材被列入教育部“高等学校文科教材编选规划”。为准备教材审稿会，我对教材油印本进行了修改，于 1982 年 4 月交付刊印（1700 册，这个版本有一部分流传到其他学校）。1982 年 10 月，该教材在审稿会上通过审定。1982 年 12 月，我对教材再次进行修改，交武汉大学出版社于 1983 年 6 月正式出版。

《情报检索语言》一书作为“高等学校文科教材”公开出版，为情报语言学课程的推广和知识的普及创造了良好条件。一方面，在武汉大学图书馆学系（1984 年改为图书情报学院），为本科、函授、自学考试、研究生班等普遍开设了“情报检索语言”课程，另一方面，许多其他学校的图书馆学专业和情报学专业也陆续开设该课程，图书情报工作者也把它作为主要业务参考书。由于实际需要，1983 ~ 1988 年，《情报检索语言》教材每年印刷一次，6 次共印刷 58000 册。

1987 年，中央广播电视大学开设图书馆学专业，又将该课程列入教学计划。为适应电大教学的需要，该教材经增补后改名《情报语言学基础》，由武汉大学出版社作为“中央广播电视大学图书馆学专业用书”出版，1987 ~ 1988 年印刷 2 次共 38000 册。因电大教学的需要，我还为《情报语言学基础》编写了《情报语言学基础问题选讲》和《情报语言学基础学习指导书》两种配套教材，也由武汉大学出版社出版。由于客观需要，《情报语言学基础》于 1997 年 9 月又作为高等学校文科教材出版了增订二版。

经学校批准，我于 1979 开始招收情报检索语言方向的研究生。由于考试成绩未达到要求,第一、二两次的考生均未录取。1981 年录取 2 名硕士研究生(其中 1 名学习不到 1 年后被送出国留学),1983 年录取 3 名,1984 年录取 5 名(其中 1 名送出国留学),1985 年录取 9 名(其中 1 名送出国留学)。这样,除派送出国留学的以外,我在武汉大学期间实际共培养情报检索语言方向硕士研究生 16 名。

情报检索语言方向研究生的教学工作对我的情报语言学研究起了很大的推进作用。靠一本本科教材是不可能培养研究生的,研究生教育应该有更高的层次。这样就要求我更深入地开拓这个学术领域。另外,当我跨进这个学术领域之后,发现这是一片广阔的天地,那里地面上到处散布着矿苗,大有开发的前途,只要辛勤勘探和采掘,肯定会获得很多成果的。对情报语言学领域加强研究,使我能较顺利地完成研究生教学任务。研究生教学任务的压力,则使我专心致志地在这个新的学术领域里向深广两个方向开拓。

当时,我教研究生课程的方式之一是讲专题,专题力求新颖和具有深度,运用情报语言学的多种研究方法来讲授,除传授比本科水平更丰富的知识外,还使研究生在研究方法上有所领悟,培养他们的学术兴趣和进行独立研究的能力。那些专题的讲稿和讲授提纲,有许多后来改写成论文发表。

我与《中国图书馆图书分类法》的关系,从 1971 年参加《中图法》编辑组开始到今年编委会换届时退出,前后长达 29 年。1971 和 1973 年曾两次参加该分类法的起草和综合定稿。1980 年,《中图法》编委会委托武汉大学图书馆学系编制《中国图书馆图书分类法(第二版)索引》(它是《中图法》及其详本《资料法》的联合索引),从 1981 年 2 月末至 1982 年 9 月初,我全过程主持了该索引的编制工作。这是《中图法》于 1985 年获国家科学技术进步奖时,我成为五位获奖个人之一,武汉大学成为四个获奖单位之一的原因。主持《中图法》索引的编制工作,是我在情报语言学方面的一项重要科研工作。

“情报检索语言”课程以及情报语言学的特色,是对各种类型的情报检索语言以及自然语言在情报检索中的应用问题做统一研究。我发现,分类法也好,主题法也好,其他文献内容的检索方法也好,它们都是情报检索系统的组成部分,都是在寻求更佳的检索效果中创制出来的,都是表达一系列概括文献情报内容的概念极其相互关系的概念标识系统,其职能是作为情报检索系统的语言保证,其核心问题是检索效率。所以,它们的基本原理是一致的,只是它们在表达各种概念及其相互关系时和在解决对它们提出的那些共同要求时所采取的方法不同,才形成了不同的类型和语种。在情报检索语言的概念下,对它们进行综合研究,可以找出它们最本质的东西,以及它们在结构和功能上的相同或相异之处,概括出它们影响检索效率的共同规律,以及有效地改进和创新的途径。

我把各种类型的分类法、主题法以及其他从内容出发的检索方法都看做是情报检索中的语言工具,概括出它们的四项基本功能,即:①对文献的情报内容(及某些外表特征)加以标引;②对内容相同及相关的情报加以集中或揭示其相关性;③对大量情报加以系统化或组织化;④便于将标引用语和检索用语进行相符性比较。

我把情报检索语言看做情报检索中的语言工具进行研究,另辟蹊径,从而回避了分类法“思想性、科学性、实用性”“三性原则”的争论,这一争论前后持续达 20 多年,但始终不能得出一个能够真正指导分类法向正确方向发展的明确结论。

我把情报检索语言仅仅看做是情报检索中的语言工具,在写完于 1983 年 8 月 30 日的《论情报检索语言的研究、创制与普及》一文中总结了自己对情报检索语言研究的观点,提出“我们的情报检索语言研究必须开辟新路”,即:

首先,要改变研究方向,把研究的重点转移到如何提高情报检索语言的检索效率方面来。

其次,要扩大研究范围。研究范围的偏窄,对解决我国的情报检索问题极为不利。目前,要特别重视研究情报检索语言中的组配原理,研究组配型的分类法和主题法。

关于扩大研究范围,似乎也应把对自然语言检索法的研究包括进去。电子计算机检索技术的发展为自然语言检索法开拓了光明的前景。自然语言检索法最终是否能取代以及何时能取代人工语言即情报检索语言,目前下结论还为时过早。但是,人工语言和自然语言相结合,既是严密的人工语言,又尽量利用自然语言作为辅助,无疑有助于检索效率的提高,因而是情报检索语言发展的正确方向。

第三,要改进研究方法。在该文中所列举的研究方法有结构功能分析法、历史演进研究法、比较研究法,理想语言设计法、现用语言改进法、原理或方法的移植法、计算机方法、数学方法和统计方法等。

第四,要吸取国外的研究成果,但不要以此代替对中国情报检索语言特殊问题的研究。

我的学术研究轨迹,一直没有偏离这个方向。于1980年3月在武汉大学写成的《情报检索语言》一书,是循着上述方向所做的第一次探索,并构成了情报语言学的初步框架。情报语言学学科领域的开拓,其对情报检索语言研究的意义,犹如从生物学的观点来研究植物和动物的意义。早在生物学形成之前,植物学和动物学本是早已存在的两门独立的学科,后来发现它们的研究对象有统一的规律,而到19世纪末才产生统一这两门学科的生物学。

我在情报语言学领域的研究中之所以有所进展,在很大程度上是因为找到了合适的研究方法。我所使用的主要研究方法是结构功能分析法。其他如上面列举的历史演进研究法、比较研究法,理想语言设计法、现用语言改进法、原理或方法的移植法等多种研究方法,可以说都是从结构功能分析法衍生出来的。脱离了结构功能分析法,就等于抽去了那些方法的精髓。我正是利用了上述那些研究方法,找出了各种类型情报检索语言的许多共同规律,使其融会贯通,在情报语言学学科建设中做出了一定的贡献。当然,这同样是武汉大学现传播与信息学院的历史贡献。

我在武汉大学任教共约11年,这是我学术生涯的第一个黄金时期。武汉大学的学术环境,使我有机会在情报语言学领域有所开拓,有所收获。今年是武汉大学传播与信息学院从1920年武昌文华图专创建以来的第80周年,仅写此文,追忆武汉大学图书馆学系成为中国情报语言学教学和研究的发祥地的一段历史,表示对武汉大学的怀念,也表示对我在武汉大学那段时间的教学与科研中给过我支持和帮助的同事们的感谢。

参考文献

[1] 张琪玉. 张琪玉情报语言学文集. 北京图书馆出版社,1999

[2] 张琪玉. 情报检索语言. 武汉大学出版社,1983

[3] 张琪玉. 情报语言学基础. 武汉大学出版社,1987

[4] 张琪玉. 论情报检索语言的研究、创制与普及. 图书情报知识,1983(4)

写完于2000年7月27日,上海

载于马费成主编《世代相传的智慧与服务精神——文华图专八十周年纪念文集》,北京图书馆出版社2001年6月出版

钟情事业就是走向成功之路

1 我可以称得上成功者吗?

俞君立同志主编《成功之路》一书,准备收载30多位成功者关于如何获得成功的因素、方法、途径与经验的自述,约我也写一篇,我接受了。但要动笔时,才觉得这类文章不容易写。

我可以称得上一位成功者吗?

我1946年8月步入社会开始工作,至今已有近49年。我已过了65周岁,这一生的道路已基本走完。虽然我曾获得国家科学技术进步奖一等奖,获得国务院颁发的特殊津贴,简传被载入《中国大百科全书》的图书馆学情报学档案学卷,但我这一生就可以算成功了吗?如果说,成功意味着所追求的目标的完全实现,那么,我的目标还没有完全实现——我希望此生还能写出并出版一些比过去已出版的更好的情报语言学著作,而现在还没有写成。所以,只能说在一个小小的专业领域内,我是基本成功的。

我常常告诫自己:"时间已不多了,要十分珍惜。一个人不能做完一切想做的事,所以只能去做最必要的、最有意义的而且能够做到的事情。"但是,实际上,我还在浪费余生仅有的时间,天天做着那些对我在情报语言学领域的追求目标并不是最必要的事情。也许,我此生不可能成为一个完全的成功者了。

当然,我这40多年的努力,也做成功了一些事情。现在故且算是一个成功者吧,来回顾一下我是怎样走向成功的。

2 我热爱图书馆事业,钟情情报语言学

我热爱图书馆事业。我在选择图书馆专业作为自己的人生道路之前,曾用业余时间做过一年图书馆工作,读过《苏联图书馆事业概观》和《工会图书馆的群众工作》两本苏联的书,使我对图书馆工作的重要意义有了初步体会和认识。我在1951年参加高考时,在报名单上填了北京大学图书馆学系和哲学系两个志愿,并附了一句"如果我成绩及格,希望分配在图书馆学系"。结果真的被录取在图书馆学系。进北大后,我的学习热情很高。北大民主广场上有一个校团委和学生会合办的《沙滩年青人》墙报,在1952年国庆特刊上发表了我的一篇题为《当文化的花朵开遍祖国的时候——我热爱祖国图书馆事业》的文章,文中表达我此生要献给祖国图书馆事业的心愿。的确,图书馆事业是一种很美好的事业,知识就是力量,图书馆工作者的劳动就是帮助人们获得知识。所以我选择图书馆专业,终身不悔。也许,这正是我能全身心地投入这一事业而能做成功一些事情的基本原因。

我更钟情于情报语言学研究。因为,充分利用世界知识财富是社会发展的重要条件之一。然而,一方面,当今科学技术高速发展,作为知识存贮载体和传递工具的文献数以亿计,纷繁无序;另一方面,人们利用文献总是具有高度针对性的,而要从这文献海洋中全、准、快、便、省地找出所需要的最有参考价值的文献,却是一个难题。建立高效率的情报检索系统是解决这个难题的唯一有效的方法,是使文献资源得到充分开发、利用的基本措施。

情报检索系统是对巨大的不断增长的文献流进行控制的主要手段。而情报检索语言是影响情报检索效率的主要因素,要建成一个高效率的检索系统,必须有高质量的情报检索语言作保证。所以,研究以提高情报检索语言的检索效率为根本目的的情报语言学具有重大的意义。

在1979年之前,我虽然比较喜欢情报检索语言,但也涉猎图书馆学情报学的许多其他方面,精力不集中。从1979年开始写作《情报检索语言》一书起,我差不多完全放弃了其他研究,除了完成约稿和工作任务而写一些其他方面的文章外,把注意力完全集中在情报语言学研究方面。这样,我得以在情报语言学研究方面用有限的时间向深度和广度开拓。由于专注于这一方面,时常想着我钟情的研究对象,成年累月,于是知识功底越积越厚,看问题越来越敏捷和深透,灵感越来越多,研究方法越来越灵活,取得的成果越来越多,对情报语言学也就越来越钟情。这是一种"加速度"或"滚雪球"的效应。

3 一个机遇使我走上学术道路

在成功之路上没有机遇是不可思议的。如果说,我在武汉大学任教期间是我学术生涯的黄金时代,那么,我在新疆工作时的同事徐晏早同志把我推荐给她的同学黄宗忠同志——当时他任武汉大学图书馆学系主任,却是一次影响我学术和生活道路的最重要机遇,对此我终身铭记。正是武汉大学的良好学术环境,使我成为一名学者。当然,我的一生中还碰到过许许多多机遇。我的体会,机遇的本质就是有机会参与创造性工作。我的成功之路,就是有许多事情迫着我去做,而我能聚精会神地去研究所面临的任务,竭尽全力,出色地完成了任务,于是,就多了一分成功的积累。而且,还将会更多地得到一些创造性工作的机会。这就是所谓"马太效应"吧。总之,机遇似乎是偶然的,又似乎是必然的。希望得到机遇的人总会得到比别人更多的机遇,关键是要珍惜机遇。

4 我只是第一个发现了一条"蹊径",其实那条"蹊径"迟早会被人发现的

1979年下半年,我为开课写《情报检索语言》一书,那时我因肾结石住院,结果被查出还患有乙型肝炎。因乙型肝炎让我在家养病持续达半年,这正是我静心写作的机会(这也可以说是一种机遇),我用了半年多一点时间,把书写成了。

这本书可以说是我的成名作,有4种版本,印了10次,共印97900册,被250位作者的专著和论文引用了约400次。作为高等学校文科教材,学习过该书的本科生、函授生、电大生、自学考试学生以及研究生班的学生等估计不少于25000人。

我写成这本书被评论为是"独辟蹊径""创一家之说"。这里的秘密其实很简单,就是我确认情报检索语言是为在情报检索中求得较好的检索效果而创制的人工语言,它作为情报检索系统的一个组成要素,在情报检索中起语言保证作用。我们研究它不是为了别的,唯一目的就是为了对它进行改进和正确使用,以提高情报检索效率。所以,我们应当对各种情报检索语言进行综合研究,探索它们影响情报检索效率的共同规律,阐明它们在情报检索中起语言保证作用的基本原理和各种方法。

当我从写《情报检索语言》一书开始,朝着这个方向跨了出去之后,我发现前面是一片广阔的新天地,那里地面上到处散布着"矿苗",大有开发的前途,只要辛勤"勘探"和"采掘",肯定会有成果的。于是我一直朝着这个方向继续探索下去,直至今日,可以说有了不

少收获。并且,我的发现也使不少同志得到启示,他们也看到了这一片广阔的学术研究新天地,于是形成了一支研究队伍,可以说形成了一个学派。

这也可以说是一个机遇。正当许多同志在"思想性""科学性""实用性"等这些含糊而使人争论不休的概念中走不出来的时候,我却有幸第一个发现了其实不难被发现(即其道理不难理解)的这条"蹊径"。我相信,这一"蹊径"迟早会被人发现的。我之所以能抓获这一机遇,可能是由于我在60年代时就接触到并重视"情报检索""检索效率"等概念,以及对讨论各种情报检索语言性能的文章感兴趣。

5 我只是按情报检索语言的本质属性来研究和阐述情报检索语言而已

可以认为,我把分类法、主题法等称为情报检索语言,把它们仅仅看做是情报检索中的语言工具,而与当时被作为研究指导思想的"三性"理论有着方向性的根本区别。其实,我只是按情报检索语言的本质属性来研究和阐述情报检索语言而已。

当我把分类法、主题法等看做是情报检索中的语言工具时,因为抓住了其本质属性,对它们的基本功能,它们是通过什么样的结构来实现其各项功能的,它们的哪些因素对情报检索效率起着这样那样的影响,就会看得清楚,说得明白,从而使人知道怎样去改进和怎样去正确使用它们,以提高情报检索效率。这就比"三性原则"等抽象理论容易理解多了,使对它们的研究能够向深度和广度推进了。这也正是人们把我对分类法和主题法等的研究称为"独辟蹊径"的原因,我的成功就是从这里开始的。

6 我的弱点与我的幸运

我的弱点是不通英语和不能亲自动手编程,这对我很不利。一项接一项永远做不完的工作使我抽不出时间来弥补这两方面的不足。

但不通英语这个弱点使我的研究具有较多的"中国特色",我完全是以自已的研究成果来建立情报语言学理论体系的,而与西方在这一领域的研究有所不同。我的成果不致被认为是从西方搬来的,我也不致被西方所推崇的某些观点所约束。范并思同志说得很确切:"与图书馆现代化相比,检索语言研究有更多的创新意义。图书馆现代化研究是学习西方建立起来的领域,而检索语言研究却基本属于中国人自己创立的领域。在张琪玉以前,国外还没有人能在'情报检索语言'的书名下将检索语言理论的内容讲述得如此系统而精密。"这是对我的劳动最好的褒奖,我很幸运。

7 敏感、灵感与创造力

由于我钟情情报语言学,全神贯注,长期不懈,所以,对情报语言学的各种原理和方法能够融会贯通,对于专业文献中的新内容和现实中的新事物,能比较敏感地领会其内容和了解其实质与问题。

可能是有了这个基础,我在情报检索语言方面的灵感也比较多,有时是突然出现的,有时则是在交谈、写作等过程中出现的。

敏感和灵感,使我具有较丰富的创造力。我的文章,可以说有较大的新颖性。

8 我不是按照研究方法去研究,而是在研究中创造研究方法

我对情报检索语言的研究之所以能获得成效,一方面是由于指导思想(即基本观点)

的转变，另一方面是由于采用了适合于情报检索语言这个研究对象的研究方法。

人类创造的任何事物都是为了满足某种需要或达到某种目的，为此，它们必须具备某些功能。任何事物的功能都是由它的结构产生的。没有无结构的功能，也没有无功能的结构。事物的功能大小和多少决定于事物的结构状况。情报检索语言也是这样。我正是使用了结构功能分析法以及基于结构功能分析法的其他多种研究方法，使用并不深奥但比较严密的语言，把情报检索语言的原理和方法、结构和功能的关系弄清楚和讲清楚了，从而使人耳目一新。

我上面所说的“其他多种研究方法”是指比较研究法、历史演进研究法、调查整理法、归纳法和演绎法、原理或方法的移植法、理想语言设计法、现用语言改进法、数学方法和统计方法、实验方法、计算机方法等。所有这些方法，都是以结构功能分析法为基础的，是从结构功能分析法衍生出来的。如果脱离了对情报检索语言的结构和功能的分析，这些方法也就没有了基础。

这里应当说明，我并不是先认识了这些方法，按照这些方法去研究，而是在研究中创造了这些研究方法。也就是说，正确的观点和研究实践，是各种有效的研究方法产生的源泉。

9　我只是按照自己的观点、自己的认识写文章

我写作很少受流行观点所制约，而是根据我自己的认识去写的，哪怕是与权威的观点相抵触。

我一般不写综述或评述他人观点的文章。我平时收到新刊新书时，常浏览或细读感兴趣的部分。但当写文章时，我很少收集有关主题的文章来做参考。我是用自己脑中的储备来写作的。这也正是我的文章后面列举参考文献不多的原因。

10　我用词非常严谨，但又常常“随心所欲”

我在写作中用词造句非常谨慎，选定了一个词或一种表达方式，除非特殊情况，就一贯使用，决不改变。如图书情报界一般用“查全率、查准率、漏检率、误检率”四个词，我则一贯用“检全率、检准率、漏检率、误检率”四个词。很多文章使用“分类与主题”“分类主题一体化”，我则坚持用“分类法与主题法”（或“分类标引与主题标引”）、“分类法主题法一体化”。

但是，当我所要表达的概念没有现成的或合适的名词术语时，又常常“随心所欲”。例如，为了说明“整体与部分关系”和“全面与某一方面关系”在情报语言学领域也是一种上位概念与下位概念之间的关系，我自造了“隶属关系”一词，以避免与“属种关系”一词混淆。有人批评我使用这个词不符合逻辑学的说法，但他能否认得了这两种关系在情报语言学领域作为上位概念与下位概念关系的事实吗？

可以说，我国情报语言学领域现在已流行的许多名词术语和许多概念的表达方式，是我首先使用的，但后来被许多同行接受了，成了大家的共同语言和共同的表达方式。

11　我写文章的程序

我的文章很少是一气呵成的，多半要经历如下过程才写出来：

（1）当灵感来临时，我把它记在卡片上或散页标准纸上。

(2)以后如果再想到那个问题,再记在另外的卡片上,或添加在标准纸上。

(3)关于那个问题的想法多了,如果觉得可以作为一个研究题目,就根据已积累的想法,经过仔细的思考,将零散素材整理成一篇文章的提纲。仔细斟酌题名和各级小标题名称(这实际上规定了文章的内容和逻辑次序),并把每个小标题都分别写在一张标准纸上,这样,每个小标题都相当于一篇小文章,把有关某个小标题所想到的内容都记在那张纸上。

(4)哪个小标题比较容易写就可以先写,次序无关紧要。有些问题比较难,要通过仔细研究解决的,放在后面写。

(5)到所有的小标题都写成了正文,再经过几次通篇审读修改,认为再没有问题了,文章就算完成,送出去发表。

12 我自己比较满意的著作

下面举出一些我自己比较满意的著作,这些著作能代表我的学术思想和研究风格:

(1)《情报检索语言》,武汉大学出版社 1983 年 6 月出版;

(2)《情报语言学基础》,武汉大学出版社 1987 年 11 月出版;

(3)《列宁与图书馆(文献目录)》,1973 年 5 月和 10 月两次油印;

(4)《论情报检索语言的研究、创制与普及》,载于《图书情报知识》1983 年第 4 期;

(5)《情报检索语言》,载于《中国大百科全书·图书馆学情报学档案学》第 331 ~ 332 页;

(6)《情报检索语言大纲》,载于《图书馆学刊》1981 年第 3 期和第 4 期;

(7)《情报检索中的语言保证问题》,载于《情报理论与实践》1995 年第 1 期;

(8)《提高情报检索效率是情报检索语言研究的根本目的——答黄立军同志》,载于《图书情报知识》1985 年第 3 期;

(9)《情报检索语言原理的一致和方法的差异》,载于《图书馆建设》1994 年第 6 期;

(10)《情报检索语言方法综述》,载于《图书情报知识》1984 年第 2 期;

(11)《情报检索语言语法体系初探》,载于《图书馆理论与实践》1986 年第 3 期;

(12)《文献主题的构成因素及层次》,载于《图书情报知识》1985 年第 1 期;

(13)《体系分类法的准则和惯例》,载于《晋图学刊》1992 年第 4 期和 1993 年第 1 期;

(14)《体系分类法中"集中与分散"的矛盾》,载于《图书馆杂志》1982 年第 1 期;

(15)《关于〈中图法〉增加组配成分的可能性和方法的探索》,载于《北图通讯》1985 年第 3 期;

(16)《体系分类法中的交替法》,载于《图书情报知识》1982 年第 2 期;

(17)《分类标记原理和方法概述》,载于《图书馆》1993 年第 1 期;

(18)《图书改编(藏书重行分类)方案探讨》,载于《图书馆建设》1992 年第 1 期;

(19)《情报检索语言中语词标识的功能与局限——关于主题法性能的几点分析》,载于《湖北高校图书馆》1985 年第 1 期;

(20)《汉语检索词词素轮排索引编制法探索》,载于《图书与情报》1992 年第 4 期;

(21)《主题标引过程对主题目录结构和功能的影响》,载于《情报理论与实践》1994 年第 5 期;

(22)《论后控制词表》,载于《图书情报工作》1994 年第 1 期;

(23)《人—机结合的题内关键词索引可回避汉语分词难题》,载于《图书馆杂志》1993年第4期;

(24)《论索引项》,载于《图书馆杂志》1994年第5期;

(25)《工具书功能索引——关于编制“工具书之工具书”的设想》,载于《图书馆杂志》1992年第2期。

13　世外桃源的环境能使学者成功吗

在世外桃源式的环境中写作,可以集中心思,提高效率。但我未能有这种机会。我总是在做不完的各种工作、应付不完的各种事情中过日子。也有这样的情况,好像把必须办的事情都办完了,记事牌上没有急等着办的事情了,可以静下心来写作了,但用不了一两天,等办的事又会堆起来。为了要集中精力把文章写成,有时不得不什么也不管,先把文章写完再清理其他待办的工作。当一篇文章写完后,我就集中力量处理待办的事情。如此循环往复。如果在学期中三天两头有讲课任务时,我几乎什么也写不出来。所以,我的大部分文章,都是写了很久(甚至几年),只有“写完于”的确切日期,却记不得是从何时开始写的。

不过我想,写作要不脱离现实需要,在世外桃源式的环境中生活也是不行的。我正是生活在与图书情报界的密切联系中,与外界的频繁信息交流中,才能知道现实的需要,专业领域的动态,知道同行们在做些什么,我应该和可以做些什么。我的文章的选题可以说多半是被动的(为了教学工作和参与学术活动而写),至于一些专著,则更是如此。世外桃源的环境可能无助于学者的成功。

14　教学相长

我从事教学工作,对我的研究工作有很大促进作用。一方面,作为教师,要求有更多的知识储备。我写了《情报检索语言》一书,印出来了,在课堂上就不能照本宣科了;我的《情报检索语言》一书是为本科生写的,教研究生就应当有更深更新的内容。这就促使我向知识的高峰攀登,不然就不能称为一名名副其实的大学教师,名副其实的研究生导师。另一方面,当教师要与学生思想交流,学生会问我各种各样的问题,会把各种各样的见闻告诉我,也会直言不讳地发表他们的见解,这都对我很有益处。例如,有位学生对我说,国外现在都研究自然语言检索,情报检索语言已不再研究,情报检索语言正在被淘汰,研究情报检索语言落后了。这在学生中似乎是一种小小的思潮。虽然我指出这种观点是不正确的,但他的观点却引起了我对自然语言检索的深入思考和研究。又如,关于模糊语言学在情报检索语言中的应用问题,也是我的学生首先提出来的。

15　我为什么要花精力和钱去建立个人藏书

我在建立自己的藏书和科研条件方面不惜代价,从藏书中获得的信息是使我成功的一个重要因素。那些信息使我清楚知道我自己在科学的攀登上走到了何处和应该再向什么方向走。

一个图书馆工作者不去充分利用图书馆,而要从不算多的收入中拨出不小的一部分并花很多精力来建立个人的藏书和检索系统,这好像是不可思议的。这实在是因为我深深地体会到，我们的图书馆工作还不能给学术研究满意的服务，而要望其改善又是何等困难，所以不得不“自力更生”。

不过，我不仅从个人藏书中获得信息，而且它也是我进行检索方法试验的一个基地。

16 我个人的标准化

我在科研和工作中从来不使用笔记本和稿纸（稿纸只作为投稿用），而是使用我自己设计的标准规格的卡片（其实只是70～80克的纸）和散页纸，前者是12×8公分，装于卡片盒中；后者正好是前者的4倍，即16×24公分，装于17×25公分的纸袋中或装订成册。这样，可以分门别类，管理比较方便。没有用的卡片和纸，则随时撕掉。

过去对需要保存的和送出的稿件，我都写得很清楚、工整。近两年来则已全部用电脑写作，能节省许多时间。应当指出，我院领导对我很照顾，在两年多之前就给我买了一套桌面系统（微机主机＋显示器＋打印机）供我在家里使用。我现在一天也不能离开电脑了。

17 乔润华的支持是我获得成功的重要因素

科学需要一个人付出毕生精力，这是最起码的条件。可以说，我经年累月、不分寒暑地过着没有业余休闲时间的生活，“衣带渐宽终不悔，为伊消得人憔悴”。

几十年来，我的爱人乔润华为我做出了很大的牺牲，负担了全部家务和教育子女的责任，有时还要帮我做些其他的事情，使我能最大限度地集中精力于做学问上。所以可以说，我的成功是我们两人共同创造的。

写完于1995年6月29日，上海
载于俞君立等主编《中国当代图书馆界名人成功之路》
武汉大学出版社1996年7月出版

我研究情报语言学的若干心得和收获
——自述学术思想

我研究情报语言学，假如仅仅从写作《情报检索语言》一书算起，也已有30年的时间。有一些来之不易的心得和收获，介绍出来与同行们交流、分享。

我有一个基本观点，认为各种情报检索语言的基本原理是一致的，它们只是在表达各种概念及其相互关系时和在解决对它们提出的那些共同要求时所采用的方法不同，才形成了不同的类型和语种。因此，对分类检索语言、主题检索语言和其他情报检索语言以及自然语言在情报检索中的应用问题进行统一研究，可探索它们影响检索效率的共同规律和有效的改进途径。提高检索效率是情报语言学研究的根本目的和核心问题。

我正是从这一基本观点出发，写成了《情报检索语言》一书及之后的许多情报语言学文章和专著。写作《情报检索语言》一书是我对各种情报检索语言进行统一研究，以探索它们影响检索效率的共同规律和有效的改进途径的第一次实践。

我的学术研究，以情报语言学（包括索引学）为范围。我对于情报语言学，可以说是“情有独钟”。自1980年之后写的几百篇著作，几乎全部是属于情报语言学的。

我认为，人生很短暂，一个人不能做完一切想做的事，所以只能去做最必要的、最有意义的并且能够做到的事情。做学问，要有个专业范围，在专业范围内力求深而广。

我把情报语言学定义为“是研究情报检索中语言保证问题的一门学科，其主要研究对象是情报检索语言，同时也研究自然语言在情报检索中的应用问题”。我这样表述，是要在概念上弄清情报检索语言与自然语言的区别，情报检索语言（简称检索语言）是人工语言，自然语言不能称为“自然检索语言”。

我体会，研究的成效，在很大程度上取决于研究方法。

情报检索语言的检索效率是其功能决定的，而其功能则是由其结构决定的。所以，研究情报检索语言的性能，主要就是要分析解剖其结构。结构功能分析法是研究情报检索语言最为有效的方法。后来，我总结出研究情报检索语言的一整套专用方法，如历史演进研究法、比较研究法、调查整理法、归纳法和演绎法、原理或方法的移植法、理想语言设计法、现用语言改进法、数学方法和统计方法、实验方法等，我发现这些方法都含有结构功能分析的内容，都是从结构功能分析法衍生出来的。

关于比较研究法，我写过一篇文章，题名是《情报检索语言原理的一致和方法的差异》（《图书馆建设》1994年第6期），讲比较研究法可以使我们观察出情报检索语言各种结构与功能的“异中之同，同中之异”，使我们能“既见树木，也见森林”。看过这篇文章，对了解各种情报检索语言的性能可大有帮助。

我正是利用结构功能分析法及其各种衍生方法，丰富了、发展了情报语言学的内容。

情报检索语言的检索效率由其各种检索功能决定，而情报检索语言的各种检索功能则由其结构产生。产生检索功能的是情报检索语言的微观结构。若干微观结构的有机结合才能构成一种情报检索语言。各种类型的情报检索语言都是一种结构模式，即其宏观结构。微观结构的数量、种类及结合模式，形成情报检索语言检索效率的整体水平。

正是这一原理，使我树立起情报检索语言可创新、可改进的信念。我常常异想天开，去寻找理想的情报检索语言结构模式，去发现新的功能，去探索创新之路。例如，《学科—事物概念组配型检索语言——关于情报检索语言的遐想与求索》（《图书馆杂志》1997 年第 2 期）和《探索 21 世纪的情报检索语言》（《北京大学学报：信息管理系建系五十周年专刊》1997 年）以及《对未来分类法的憧憬》（《图书馆理论与实践》2003 年第 1 期）三篇文章。

《学科—事物概念组配型检索语言——关于情报检索语言的遐想与求索》和《探索 21 世纪的情报检索语言》是经过十多年的研究才寻找到的模式。该模式的本质属性可归纳为：学科聚类系统与事物聚类系统的结合；先组式语言与后组式语言的结合、体系分类法与组配分类法的结合；人工语言与自然语言的结合；号码标识与语词标识的结合、系统序列与字顺序列的结合；不变概念代码与可变概念体系的结合。其主要实现方法可概括为“分面分析 + 概念代码 + 概念对应转换 + 数据库技术”。这种语言的性能可概括为：分类法与主题法彻底一体化的，充分发挥情报检索语言对知识进行系统组织和对自然语言进行规范控制的功能的，用户可十分方便地进行标引和检索的，概念可不断增补及概念的代表词可进行更换的，用户区别不出是自然语言还是人工语言而其实是由严密的人工语言控制的，修订不受已标引文献所牵制，故分类体系可逐步完善的，并可以挂接英文索引、分子式索引等以及可用于机助标引的。

在《对未来分类法的憧憬》一文中，我认为理想分类法的结构模式应是：①学科分类与事物分类并行又能相互结合的，既可形成学科分类体系又可形成事物分类体系，两种体系可变换的分类法，即学科—事物概念组配型的分类法。②多聚类中心的、线性结构与网状结构相结合的，学科和事物概念全向聚类的分类法，单纯线性结构和单纯网状结构都有局限性。③只依据文献内容的学科属性或文献研究对象之间的相互联系的客观事实进行分类，对其思想观点不加区分和褒贬的分类法（某种意识形态、宗教信仰、政治主张等的优先、重点揭示可作为照顾各国各民族的特殊需要来处理），即分类体系的建立更注重于揭示各种知识的内在联系，重点不在于构建表示某种信仰的宏观框架。④国际化与民族化妥善结合的分类法。依据“求同存异”的原则，以国际通用为基本，照顾各国各民族的特殊需要，阮岗纳赞的“优惠类”原理用超链接方法实现。⑤体系列举方式与分面组配方式相结合的分类法。⑥在一个整体框架下由众多专业分类法集成的分类法；每个学科领域或事物范畴允许有不止一个分类体系，但不同体系之间大部分类目有对应转换的可能性。⑦分类体系和类目可不断革新的分类法。摆脱了已标引文献和藏书排架牵制的分类法（排架仍可用已分类了大量藏书的原有分类法）。⑧能与世界上现有主要分类法通过类目对应转换达到基本兼容的分类法。⑨伸缩性很好的分类法。⑩类名与术语学成果尽可能取得一致的分类法，即其类名可作为主题词使用的分类法，实际上就是分类法主题法一体化的。⑪有详细的、完善的自然语言入口的分类法，并可用于人机结合赋号标引。⑫多语种的分类法。⑬计算机化并可在网络上应用的分类法。⑭有充分文献保证的分类法，但不是仅限于专著的文献保证。我设想，未来分类法的编制可能是先构筑部分（专业分类法），再形成整体。我认为，未来分类法的构成原理和方法大多已存在于现有情报检索语言中，只是找出它们完善结合（实现）的方案还需要做出很大的努力。

由此可见，情报检索语言的发展方向远不止一个网络检索问题，我们必须多方面去探索情报检索语言的发展方向。

我认为，情报检索语言的进步主要是结构模式的进步。永远只有更佳而不会有最佳的情报检索语言结构模式。因此，寻找更佳结构模式永远是情报检索语言创新的主流。

我认为，目前寻找更佳结构模式的主要方向是：学科检索与事物检索的更密切结合；人工语言与自然语言的融合；线性显示与网状显示的结合；族性检索与特性检索的灵活调节；简单易用与功能丰富能兼备；低成本与高效益能兼备；自动化和网络化；既能不断改进，又能回避重新标引；适应性、兼容性、民族化和国际化；与术语学的密切结合。这十多项中的哪一项，即使是小小的改进，也符合情报检索语言发展的方向。

我在研究中归纳出情报检索语言的四项基本功能，即：①对文献的情报内容（及某些外表特征）加以标引；②对内容相同及相关的情报加以集中或揭示其相关性；③对大量情报加以系统化或组织化；④便于将标引用语和检索用语进行相符性比较。后来，在《情报检索语言方法综述》（《图书情报知识》1984 年第 2 期）一文中系统说明情报检索语言的各种微观结构是如何实现这四项基本功能的。

我对检索效率总结为"全、准、快、便、省"（检全率、检准率、检索速度、检索方便性、检索成本与效益），最主要的是全和准。

决定检索效率的有四个方面的因素：①情报检索语言的质量；②标引质量；③检索质量；④其他方面的因素。其中，情报检索语言的质量与检索效率关系最密切。

至于一些具体的体会，因限于篇幅，只举出相关的文章和出处。在下列文章中，我对情报语言学的某些问题曾做过全面、深入、系统的研究，我认为是比较重要的文章：

《论情报检索语言的研究、创制与普及》（《图书情报知识》1983 年第 4 期）；

《情报检索中的语言保证问题》（《情报理论与实践》1995 年第 1 期）；

《检索效率及其影响因素》（《情报理论与实践》1995 年第 2 期）；

《情报检索语言语法体系初探》（《图书馆理论与实践》1986 年第 3 期）；

《情报检索语言中聚类的原理和方法》（《北京图书馆馆刊》1997 年第 1 期）；

《组配及其演变》（《情报理论与实践》1996 年第 1 期）；

《文献主题的构成因素及层次》（《1985 年第 1 期》）；

《试论隐含主题》（《图书馆理论与实践》1993 年第 2 期）；

《情报检索语言的国家特点、时代特点和自然语言特点》（《图书馆理论与实践》1989 年第 4 期）；

《情报检索语言的易用性问题》（《云南图书馆》1990 年第 4 期）；

《文献标引是需要智慧的近乎艺术创造的处理过程》（《图书馆杂志》2004 年第 3 期）；

《情报检索全过程中概念与标识的对应转换》（《图书与情报》2002 年第 2 期）；

《情报检索语言的发展趋势（与吴建中的对话）》（《图书馆杂志》1996 年第 4 期）；

《事物分类与学科分类》（《图书馆理论与实践》2003 年第 1 期）；

《体系分类法的准则和惯例》（《晋图学刊》1992 年第 4 期）；

《体系分类法中"集中与分散"的矛盾》（《图书馆杂志》1982 年第 1 期）；

《体系分类法中的交替法》（《图书情报知识》1982 年第 2 期）；

《分类标记原理与方法概述》（《图书馆》1993 年第 1 期）；

《情报检索语言中语词标识的功能与局限——关于主题法性能的几点分析》（《湖北高

校图书馆》1985 年第 1 期）；

《主题标引的原理和方法》(《图书馆学刊》1996 年第 1 期和第 2 期）；

《汉语检索词词素轮排索引编制法探索》(《图书与情报》1992 年第 4 期）。

这些文章都有一定的新颖性,大部分可构成情报语言学的基础理论。

我体会,术语学对情报语言学极其重要。术语是指称概念的规范化符号,情报检索语言的语词则是指称文献主题概的规范化符号（标识）,术语与情报检索语言的语词两者存在着本质的一致性。从这一角度看,术语学与情报语言学的研究对象可以说是同一事物,情报语言学所研究的是如何编制用于情报检索领域的“术语词典”——分类表、词表、代码表。

情报检索语言的编制可以说是术语整理（规范化、统一化、标准化）工作成果的诸多应用领域之一。术语整理工作的原则要求术语具有:单义性、标准化术语的字面意义同它所表达的概念的一致性、系统性（术语应尽可能反映概念之间实际存在的、在系统化过程中确定下来的关系）、稳定性和普遍性、简洁性、语言的正确性、借用外来语的不可取性等,这些要求与情报检索语言的选词、规范化处理和显示概念关系等的要求都是一致的。所以,术语整理工作成果（术语标准、推荐术语集、术语词典等,特别是有术语定义和分类体系的术语文献）是情报检索语言选词的主要来源和进行规范化处理及建立概念间关系的重要依据。情报检索语言编制中的失误,有很多是忽视对术语整理工作成果的利用所造成的。

所以,术语学与情报语言学有着极为密切的关系,情报语言学研究者对术语学的研究,必定会获益匪浅。

下面介绍我研究自然语言检索的心得和收获:

近十多年,随着自然语言检索的流行,图书情报界议论自然语言检索的文章很多,主流的论点是:自然语言检索是发展方向,信息检索要走自然语言道路;人工语言（情报检索语言）不适应网络环境,自然语言不亚于人工语言;目前自然语言虽有缺点,但人工智能可使其达到完善,满足一切检索要求。

但是,如果仔细去看,可发现:发表这些乐观论点者几乎都不是自然语言检索的专门研究者,而专门研究自然语言检索的学者中多数虽然也认同以上某些观点,他们所发表的文章却比较平和、审慎,不下如此断言。

自然语言在文献（或曰信息、情报、知识）检索中的应用大体可归纳为下列几个方面:

(1)关键词索引及以关键词为检索标识的文献数据库（数据库中的关键词检索标识来自人工自由标引,或略加人工辅助的计算机抽词,或借助于词典的自动抽词）；

(2)全文数据库；

(3)搜索引擎及由搜索引擎自动建立的网络资源数据库；

(4)自动甄别（知识本体语言）；

(5)自动标引（自动抽取主题概念词标引）；

(6)自动分类。

以上六个主要方面,只有关键词索引及数据库、全文检索、搜索引擎已经实用。其实,这三个方面的实质都是关键词检索。所以可以说,自然语言检索目前仅在关键词检索的层次上已经实现（但还不是非常成熟,不是无可指摘）。至于自动甄别、自动标引和自动分类,严格地说都还没有走出实验室进入广泛应用。自然语言检索的研究已有半个多世纪的历史,进展如此缓慢,可见难度极大。

自然语言在情报检索中的应用,面临着以下两个难题:一是如何从自然语言文本中抽出(或者说确认)最能准确、充分地表达文献有价值内容的词,以及这些词与检索课题有效匹配的问题。这个问题的复杂性在于文献作者的用词无明显的规律性,以及作为人类社会现象的自然语言不可能用纯自然科学的方法去研究解决。这个问题同机器翻译的性质类似。如果去追求百分之百的自动化,至少在短期内是无希望解决的(当然,自然语言自动处理现有的一些中间成果还是有实用价值的)。如果采用人机结合的方法,则可以较为容易一些。二是克服自然语言由于不规范和缺乏语义关联性而对检索不利的问题。克服这个难题也是不能完全用自动化方法的。除此以外,对中文来说还有一个汉语分词的问题。汉语分词的研究已取得很大进展。但这个问题的解决,只是达到了拼写文字国家的起点水平,拼写文字中未解决的上述两个问题仍有待我们去解决。

有不止一位作者说,自然语言检索是情报检索用语言发展的最高阶段。他们说:从自然语言,到人工语言,再回到自然语言,或者说,从不控制,到控制,再到不控制,这是“否定之否定”,是情报检索用语言的“发展规律”。

我认为,这种理解是似是而非的。没有任何控制的检索用语言是不可思议的。至今还没有找到在计算机环境下不加控制地利用自然语言的十分有效的方法。如果有,一定会被检索网站立即用高价收买而付诸应用。但至今在网络上没有发现那样的方法,说明那样的方法至少现在还不存在,将来也未必会出现。

自然语言到底会走向何方?我认为,自然语言的未来与情报检索语言的未来在某种意义上可以说是同一个问题。从一方面看,自然语言不可能全面取代情报检索语言,淘汰情报检索语言,情报检索语言还将继续发展。但从另一方面看,在计算机检索的条件下,自然语言有许多重要的优点,故它也必然会更进一步得到发展。总之,网络检索不能唯一地使用自然语言。自然语言的前途仍然要走向控制、规范,当然,控制的方法会与过去人工语言所采用的方法有所不同。

其实,自然语言检索系统与情报检索语言检索系统并不是决然对立的。既然两者各有优点而不可能互相取代,为什么不可以使两者结合或融合呢?自然语言或情报检索语言的未来将是自然语言的情报检索语言化或情报检索语言的自然语言化。

情报检索语言的自然语言化、自然语言的情报检索语言化,这是两者发展的大趋势,走两者结合之路是大方向。在两者完全融合的新型情报检索语言普及以前的趋势可能是下列三种情况并存:情报检索语言与自然语言在一个检索系统中并用,情报检索语言增加自然语言成分,自然语言适当引进情报检索语言的原理与方法和增加情报检索语言成分。

既然人工语言和自然语言都起着不可取代的作用,因而对两者的研究不可偏废。目前,亟待从情报语言学的角度来深入研究自然语言检索中存在的问题(这是自然语言检索研究中的薄弱环节),把情报语言学的原理和方法引进自然语言检索的研究,并要重视利用情报检索语言已往所积累的成果(例如分类表和词表对概念和术语的整理成果)。也要积极研究情报检索语言在网络环境下应用中所遇到的新问题,寻找改进方法,特别是吸取自然语言的优点来弥补情报检索语言的不足之处。这两方面的研究,应朝着并且必然会朝着从两者的初步结合到完全融合,

总之,我对仅仅借助于计算机技术的纯粹自然语言检索(或者说不利用情报语言学原

理控制的自然语言检索）在短期内（例如十年、二十年）能完满实现并不抱乐观的态度。我越来越觉得亟须从情报语言学角度深入研究自然语言检索方法，把情报语言学的原理和方法引进自然语言检索的研究。正是这样，我近年的研究重点转移到了自然语言在情报检索中的应用方面。

自然语言在情报检索中的应用（包括网络资源检索工具）的研究方面，我曾写过不少文章，如：

*《关于自然语言检索问题》（《图书馆论坛》2004 年第 6 期）；

*《自然语言检索中各种因素对检索效率的影响》（《情报理论与实践》1997 年第 5 期）；

*《人—机结合的题内关键词索引可回避汉语分词难题》（《图书馆杂志》1993 年第 4 期）；

《题名关键词与正文关键词检索性能的差别》（《中国索引》2004 年第 4 期）；

《自动抽词与自动分词》（《图书馆杂志》2002 年第 3 期）；

《文献题名自动抽词—分类标引系统》（《图书馆杂志》1998 年第 4 期）；

*《自然语言与人工语言的对应转换——情报检索语言走向自动化之路》（《中国图书馆学报》1996 年第 1 期）；

*《积极为自然语言与情报检索语言的结合创造条件——建议大量编制自然语言词表》（《图书馆杂志》1999 年第 9 期）；

*《走向自然语言与情报检索语言结合之路》（《图书馆理论与实践》2001 年第 2 期）；

《人工语言与自然语言、先控制与后控制的界限在计算机系统中可淡化或取消》（《图书馆杂志》1997 年第 5 期）；

*《分类语言、主题语言、自然语言一体化检索系统》（《现代图书情报技术》2002 年第 1 期）；

*《论后控制词表》（《图书情报工作》1994 年第 1 期）；

《充分利用入口词原理》（《图书馆论丛》1992 年试刊号）；

《论自由标引》（《图书馆学刊》1995 年第 5 期）；

*《概念分面组配型自动分类系统》（《图书馆学刊》2002 年第 6 期）；

《全文数据库、全文检索与全文标引》（《图书馆理论与实践》2002 年第 6 期）；

《全文检索系统较好的模式》（《图书馆理论与实践》2002 年第 5 期）；

《全文检索系统的检索性能》（《江西图书馆学刊》2004 年第 3 期）；

《字面相似聚类法辅助构造词族表、分面类表和自动标引》（《图书馆论坛》2002 年第 5 期）；

《文献题名初步研究》（《江西图书馆学刊》2006 年第 3 期）；

*《关于我国网络信息检索工具开发与改进的思考》（《2000 年理论学术年刊》）；

*《网络信息检索工具增强关键词检索功能的措施》（《图书馆杂志》2001 年第 1 期）；

*《网络信息检索工具的分类体系》（《江苏图书馆学报》2002 年第 4 期）；

*《因特网大众分类法若干问题的探讨》（《图书馆论坛》2005 年第 6 期）；

《因特网大众分类法的本质属性》（《图书馆杂志》2002 年第 11 期）；

《因特网大众分类法是独立创造而不是对传统分类法的改进和发展》（《江西图书馆学

刊》2005 年第 1 期)；

《因特网大众分类法的标准化问题》(《中国索引》2004 年第 1 期)；

《分类浏览型网络信息检索工具的主要缺陷》(《中国索引》2005 年第 1 期)；

《专业型检索工具与导航库在发掘网络信息资源中的重要作用》(《图书馆理论与实践》2002 年第 6 期)；

*《网络信息检索用语言的发展趋势》(《图书馆杂志》2001 年第 3 期)。

在以上文章中,带“ * ”号的文章,我认为是比较重要的。

至于我在研究索引学方面的心得和收获,因限于篇幅,不再做介绍了。

以上心得中的不正确、不完善之处,请不吝指正。

写完于 2009 年 2 月 18 日,上海

载于《图书情报工作》2009 年第 20 期

张琪玉与情报语言学学科建设

人物简介

张琪玉,68 岁(1930 年 6 月 7 日生),上海南汇人。北京大学图书馆学系 1954 年 7 月毕业。职称教授。现在空军政治学院信息管理系任职。曾任武汉大学图书情报学院教授、图书馆学情报学研究所所长、空军政治学院图书档案系主任等。在学术活动方面,现任中国图书馆学会理事、中国索引学会副理事长暨学术研究委员会主任、上海市图书馆学会副理事长、世界知识组织学会会员。

主要研究领域是情报语言学,是该学科领域的开拓者。曾因在编制《中国图书馆图书分类法》中做出较大贡献而获 1985 年国家科学技术进步奖一等奖,因在编制《中国分类主题词表》中做出的贡献而获 1996 年国家优秀科技信息成果奖二等奖,1991 年 7 月获国务院颁发的政府特殊津贴。简传曾载入《中国大百科全书》(图书馆学情报学档案学卷)、《世界名人录》(中国卷)等。

学术轨迹、理论成果和学术观点(自述)

我的主要研究领域是情报语言学。这是图书馆学和情报学的共同分支学科。其主要研究对象是情报检索语言,同时也研究自然语言在情报检索中的应用问题。

我的学术观点和治学道路,写完于 1983 年 8 月 30 日的《论情报检索语言的研究、创制与普及》一文最能做说明。我在该文中说:“情报检索语言的职能,是在各种情报检索系统中起‘语言保证’作用,使标引人员对文献情报内容的表达(标引用语)和检索人员对相同内容的情报需要的表达(检索用语)取得一致,以减少情报在存贮—检索过程中的损失,达到较佳的检索效果。保证较高的检索效率,这是对情报检索语言的基本要求;而提高检索效率,则是情报检索语言理论研究工作的根本目的。可是,从过去很长一段时期内的情况看,我们对情报检索语言理论研究工作的这个根本目的并不是很清晰的……我们的注意力大部分都用在体系分类法的思想性方面了,忽视了它更基本的是文献检索的语言工具这一职能。”因此提出“我们的情报检索语言理论研究工作必须开辟新路”:

首先,要改变研究方向,把研究的重点转移到如何提高情报检索语言的检索效率方面来。

其次,要扩大研究范围。研究范围的偏窄,对解决我国的情报检索问题极为不利。目前,要特别重视研究情报检索语言中的组配原理,研究组配型的分类法和主题法。

关于扩大研究范围,似乎也应把对自然语言检索法的研究包括进去。电子计算机检索技术的发展,为自然语言检索法开拓了光明的前景。自然语言检索法最终是否能取代以及何时能取代人工语言即情报检索语言,目前下结论还为时过早。但是,人工语言和自然语言相结合,既是严密的人工语言,又尽量利用自然语言作为辅助,无疑有助于检索效率的提高,因而是情报检索语言发展的正确方向。

第三,要改进研究方法。在该文中所列举的研究方法有结构功能分析法、历史演进研究法、比较研究法,理想语言设计法、现用语言改进法、原理或方法的移植法、计算机方法、数学方法和统计方法等。

第四,要吸取国外的研究成果,但不要以此代替对中国情报检索语言特殊问题的研究。

我的学术研究规迹,一直没有偏离这个方向。于 1980 年 3 月写成的《情报检索语言》一书,是循着上述学术思想的第一次探索,并构成了情报语言学的初步框架。该书对情报检索语言(这种人工语言的历史在我国几乎可追溯到公元前 7 ~5 年的《七略》分类体系)的论述给人有粲然一新的感觉,被誉为“独辟蹊径”“创一家之说”。通过在高等学校的教学和该书在社会上的传播,我的学术观点逐渐得到了专业学术界的普遍认同。其实所谓“独辟蹊径”,不过是我第一个跳出当时毫无结果的“三性”(思想性、科学性、实用性及其相互关系)争论的怪圈,第一个按情报检索语言的本质属性来研究和阐述情报检索语言而已,这条“蹊径”是迟早会被人发现的。但当我朝着这个方向跨了出去之后,我看到了,前面是一片广阔的天地,那里地面上到处散布着矿苗,大有开发的前途,只要辛勤勘探和采掘,肯定会有更多成果的。所以,我二十年来一直在这片土地上勘探和采掘,获得了较多的成果。

我所做的工作,犹如在植物学和动物学的基础上建立生物学。植物学和动物学虽是生物学的分支学科,但他们并不是从生物学中分化出来的。它们在生物学形成之前,本是两门独立的学科,后来发现它们的研究对象有统一的规律,而到 19 世纪末才产生统一这两门学科的生物学。我也发现,分类法也好,主题法也好,其他文献内容的检索方法也好,它们都是情报检索系统的组成部分,都是在寻求更佳的检索效果中创制出来的,都是表达一系列概括文献情报内容的概念及其相互关系的概念标识系统,其职能是作为情报检索系统的语言保证,其核心问题是检索效率。所以,它们的基本原理是一致的,只是它们在表达各种概念及其相互关系时,和在解决对它们提出的那些共同要求时所采取的方法不同,才形成了不同的类型和语种。在情报检索语言的概念下,对它们进行综合研究,可以找出它们之间最本质的东西,以及结构和功能上的相同或相异之处,概括出它们影响检索效率的共同规律,以及有效的改进和创新的途径。我正是在这种认识指导下,对情报语言学的各个分面都进行了研究和探索,所取得的成果充实了情报语言学的学科理论体系。

情报语言学理论从更高更宽的角度和更深的层次来考察情报检索语言,从而对各种情报检索语言和自然语言检索法的研究更为透彻,提供了对它们进行改进和创新的明确道路。

我在《情报语言学基础》第一版最后一章中,根据自己的考察,综述了计算机技术的发展对情报语言学的重大影响,即:50 年代开始的情报检索计算机化,促进了情报检索语言的创新和改造,使词表、分类表向机编化和机读化方向发展,使文献标引和索引编制走向自动化,使自然语言检索得以实现,使多种语言的结合使用成为可能,使检索方法有了很大的进步,并正在使情报检索语言的应用范围扩大(例如开始应用于情报研究和文献计量)。特别是自然语言在情报检索中的应用,使情报检索系统的语言不再局限于情报检索语言。同时,情报检索计算机化对情报检索语言研究提出了许多新课题,并提供了许多新方法和新条件。总之,情报检索计算机化对情报语言学的发展产生了极为深刻的影响。甚至可以说,情报检索计算机化是加速情报语言学形成过程的一个重要因素。可以预见,情报检索计算机化今后将会更快、更广阔、更深入地得到发展,情报语言学也将会有更快的进步。因此,我认为,在这世纪之交,在计算机检索正在逐步发展到互联网络阶段的新形势下,情报语言学研究的基本课题应是如何使情报检索语言适应新的检索环境。

对于自然语言在情报检索中的应用即自然语言检索法,我一直认为,自然语言检索系统与情报检索语言检索系统并不是决然对立的,它们各有长处和短处,可以并行发展,可以互相结合,互相补充。对于自然语言检索效率全面或总体高于情报检索语言,自然语言将替代情报检索语言或最终将替代情报检索语言,情报检索语言或情报检索语言研究已经过时的论点,我都不以为然。因为那些论点如果是正确的话,全世界的情报检索早已全面自然语言化了。随着时间一年一年过去了十多年,说明那些论点虽然振奋人心但是言过其实。但我并没有忽视自然语言检索法,我认为自然语言目前还处于其发展的初级阶段,它并非十全十美,尚有许多地方有待改进,在计算机检索越来越发展的条件下,自然语言具有不可阻挡的发展前途。特别是在互联网络的检索环境中,它将成为一种必然的优先选择。另一方面,对于高要求的情报检索来说,控制是绝对必要的。而"对检索过程进行控制",正是情报语言学的精髓。我们应当把情报语言学的理论成果运用到自然语言方面去。所以我认为,当前亟待从情报语言学角度深入研究自然语言,情报检索语言研究者应当积极参与自然语言检索法的研究。正是基于这种认识,我近年来的研究重点转向了自然语言。

至于自然语言或情报检索语言的未来,我认为将是自然语言的情报检索语言化或情报检索语言的自然语言化。未来的检索语言将既是情报检索语言,但不是现今的情报检索语言模式;它既是自然语言,但也不是现今的自然语言检索模式;它既具有自然语言的优点而优于现今的情报检索语言,又具有情报检索语言的优点而优于现今的自然语言。

我之所以能在情报语言学研究中取得较多成果,在很大程度上是因为找到了合适的研究方法。我所使用的主要研究方法是结构功能分析法。在本文开始时所列举的多种研究方法,可以说都是从结构功能分析法衍生出来的。脱离了结构功能分析法,就等于抽去了那些方法的精髓。我正是利用了那些研究方法,找出了各种各样情报检索语言的许多共同规律,使其融会贯通,构成情报语言学理论体系。

十多年来,我一直遐想着运用理想语言设计法,创制一种完全新颖的情报检索语言结构模式,这种情报检索语言模式包含了现今人们对情报检索语言的绝大部分要求。这种理想的情报检索语言应是:学科聚类系统与事物聚类系统的结合(事物聚类也应当有系统性,字顺序列可作为进入事物聚类系统的手段),先组式语言与后组式语言的结合,体系分类法与组配分类法的结合,人工语言与自然语言的结合,号码标识与语词标识的结合,系统序列与字顺序列的结合,不变概念代码与可变概念体系的结合。

这种情报检索语言应是:分类法与主题法彻底一体化的,充分发挥情报检索语言对知识进行系统组织和对自然语言进行规范控制的功能的,用户可十分方便地进行标引和检索的,概念可不断增补及概念的代表词可进行更换的,用户区别不出是自然语言还是人工语言而其实是由严密的人工语言控制的,修订不受已标引文献所牵制,故分类体系可逐步完善的,并可以挂接英文索引、分子式索引等以及可用于机助标引的。

应当说,构成这种理想情报检索语言性能的原理和方法都已存在,难题仅在于找到它们的结合方案。我一直未找到达到上述要求的方案。但在去年年初终于找到了,那主要就是"方面分析 + 概念代码 + 概念对应转换 + 数据库技术"。我把这种模式命名为"学科—事物概念组配型检索语言",其具体原理和方法见本文所附的主要论著(15)和《北京大学学报:信息管理系建系五十周年专刊》(1997 年)所载《探索 21 世纪的情报检索语言》一文,在此不再详细叙述。

索引是情报语言学研究对象的应用场合，所以我对索引学也有一定研究。所写文章较满意的，有本文所附主要论著(9)和《工具书功能索引——关于编制“工具书之工具书”的设想》(载《图书馆杂志》1991 年第 2 期)，《关于索引学研究和索引工作开展的设想和建议》(载《江苏图书馆学报》1993 年第 1 期)，《推广文献索引计算机编制法是促进我国索引事业发展的一项重要措施》(载《图书与情报》1996 年第 4 期)等文。

我所构建的学科命名为“情报语言学”，被认为是“中国人自己创建的学科”。在《中国大百科全书》图书馆学情报学档案学卷的概观性文章《图书馆学》(周文骏、金恩晖著)中指出：“70 年代末，中国学者从情报检索角度对分类法和主题法以及代码检索语言、自然检索语言等进行综合比较研究，探索它们影响情报检索效率的规律和提高检索效率的途径，并以此建立情报语言学这一新的分支学科。”

范并思在《论图书馆学学科前沿的转移》一文中写道：“与图书馆现代化相比，检索语言研究有更多的创新意义。图书馆现代化研究是学习西方建立起来的领域，而检索语言研究却基本属于中国人自己创立的领域。在张琪玉以前，国外还没有人能在‘情报检索语言’的书名下将检索语言理论的内容讲述得如此系统而精密。检索语言领域吸引了一批非常勤奋且治学严谨的理论家，除张琪玉外，中年人有刘湘生、丘峰、侯汉清，青年人有曾蕾、戴维民等，他们使检索语言研究成为八十年代图书馆学内最活跃、最具有创造性的理论前沿之一。”(见《图书馆》1993 年 4 期 4 页。)

下面摘录几段评论，说明创立情报语言学的学术影响：

吴建中：“80 年代初，张教授针对当时人们把注意力集中在体系分类法的思想性方面，使图书分类研究陷入所谓‘三性(思想性、科学性、实用性)’怪圈问题时指出，‘要改变研究方向，把研究的重点转移到如何提高情报检索语言的检索效率方面来’，并独辟新路，开创‘情报语言学’，提出从更高的层次对分类法、主题法等各种检索方法进行统一研究。张教授这一开拓性的研究，对我国情报检索语言领域的理论与实践起到了积极的导向和推动作用。”(见《21 世纪图书馆展望——访谈录》，上海科学技术文献出版社，1996 年 7 月，第 91 页。)

倪波：“张琪玉教授是我国图书情报界知名学者，他在情报检索语言研究领域内有着不可磨灭的贡献。”(同上书 98 页)。

曾蕾：“近年来，我国在这方面出现了一次巨大的飞跃，其特点反映在以下方面……第二，对检索语言的系统研究成果突出。继刘国钧先生的《现代西方主要图书分类法评述》一书之后，以张琪玉教授编著的《情报检索语言》教材为代表，由他本人及众多研究者所取得的成果，使我国在检索语言的研究水平方面迅速接近世界水平。”(《关于近年来国内外情报检索语言研究方向与方法的比较研究》，载《图书情报知识》1988 年 3 期 17 页。)

1980 ~ 1997 年期间，《情报检索语言》及其增补修订本《情报语言学基础》以 5 种版本累计印刷 11 次，共 99900 册，被 288 位作者的专著和论文共引用了约 450 次。作为教材，在图书馆学、情报学的本科、函授和电大等教学中被广泛采用，某些档案学专业也开设情报检索语言课程，估计学习过这门课程的不少于 25000 人。我的其他情报语言学专著和论文也被引 400 多次。我编著、主编、参编的专著有 20 多种，发表论文译文约 160 篇，论文被各种文集等转载约 60 篇次，得到了比较广泛的传播，对我国情报语言学研究及情报检索语言创制和文献标引检索实践产生了较大的影响。

我在情报语言学领域艰苦治学20年，作为一名中国学者，能够对世界关于“知识组织”的知识领域添加一份贡献，感到高兴。

主要论著

(1)《情报检索语言》(专著，武汉大学出版社1983年6月出版；增补修订本改名《情报语言学基础》，武汉大学出版社1987年11月出版，后者增订二版于1997年9月出版)；

(2)论情报检索语言的研究、创制与普及(载《图书情报知识》1983年第4期)；

(3)情报检索语言方法综述(载《图书情报知识》1984年第2期)；

(4)文献主题的构成因素及层次(载《图书情报知识》1985年第1期)；

(5)情报检索语言中语词标识的功能与局限——关于主题法性能的几点分析(载《湖北高校图书馆》1985年第1期)；

(6)关于《中图法》增加组配成分的可能性和方法的探索(载《北图通讯》1985年第3期)；

(7)情报检索语言语法体系初探(载《图书馆理论与实践》1986年第3期)；

(8)论后控制词表(载《图书情报工作》1994年第1期)；

(9)论索引项(载《图书馆杂志》1994年第5期)；

(10)情报检索语言原理的一致和方法的差异(载《图书馆建设》1994年第6期)；

(11)自然语言与人工语言对应转换——情报检索语言走向自动化之路(载《中国图书馆学报》1996年第1期)；

(12)情报检索语言的发展趋势(与吴建中的对话)(载《图书馆杂志》1996年第4期)；

(13)情报检索语言中聚类的原理和方法(载《北京图书馆馆刊》1997年第1期)；

(14)自然语言检索中各种因素对检索效率的影响(载《情报理论与实践》1997年第5期)；

(15)学科—事物概念组配型检索语言——关于情报检索语言的遐想与求索(载《图书馆杂志》1997年第2期)。

写完于1998年5月18日，上海

载于《张琪玉情报语言学集》

张琪玉的情报语言学思想
（为吴仲强编写《中国图书馆学思想史》提供的素材）

1　生平简历

张琪玉是中国当代图书馆学家。1930 年 6 月 7 日生于江苏南汇县（今属上海市）周浦镇。1954 年 7 月毕业于北京大学图书馆学系。1954 年 8 月至 1955 年 11 月期间在文化部社会文化事业管理局图书馆处工作，干部，在那里曾参加《图书馆工作》刊物的编辑，做过苏联图书馆学专家的助手。1955 年 12 月至 1962 年 4 月期间在新疆维吾尔自治区图书馆工作，曾任方法研究股股长、代馆长、副馆长、乌鲁木齐市图书馆馆际合作工作组和乌鲁木齐地区图书馆馆际协作委员会负责人。1962 年 6 月至 1976 年 9 月期间在吉林市图书馆工作，馆员，主要从事科技文献情报服务工作。1976 年 9 月末至 1987 年 7 月期间在武汉大学图书情报学院（原图书馆学系）工作，1978 年为讲师，1980 年为副教授，1985 年为教授，曾任图书情报现代技术教研室主任、图书馆学情报学研究所所长、《图书情报知识》主编、院学术委员会委员等，主讲“情报检索语言”课程并任该方向硕士研究生导师（共培养研究生 16 名）。1987 年 7 月以后在空军政治学院图书档案系（现名信息管理系）工作，任系主任（1987. 5 ~ 1993. 4）①、教授、《文献工作研究》主编（1993 年第 3 期起为名誉主编）、情报语言学方向硕士研究生导师（共培养研究生 6 名）、院学位委员会委员暨图书馆学专业分委员会主席等。此外，曾任中国图书馆学会第一届学术委员会委员、第二届编辑出版工作委员会委员暨《图书馆学通讯》（中国图书馆学报）编委、第三届学术研究委员会副主任、第四届理事暨学术研究委员会委员；上海市图书馆学会第二届理事、第三届副理事长暨《图书馆杂志》副主编，第四届副理事长暨学术研究委员会主任和《图书馆杂志》副主编；全国文献工作标准化技术委员会第一、二届委员、第三分委第二届主任委员、第五分委第一、三、四届委员；中国索引学会第一届副理事长；《中国图书馆图书分类法》第三届编委会副主编和第四届编委会委员；《中国大百科全书》图书馆学编委会委员；湖北省档案专业高级职称评审委员会委员和上海市图书资料专业高级职称评审委员会委员等。他也是国际知识组织学会会员。

曾因参加《中国图书馆图书分类法》的编制起草和综合定稿，并主持编制索引工作，在其中做出了较大贡献，获 1985 年国家科学技术进步奖一等奖（五位个人获奖者之一）。从 1991 年 7 月起，因在发展高等教育事业中做出的贡献而获国务院颁发的政府特殊津贴。

其传记曾被收入《中国大百科全书》图书馆学情报学档案学卷、《图书馆学百科全书》《中国图书馆学情报学档案学人物大辞典》以及英国剑桥国际传记中心的《国际知识界名人录》第十版，自传载于《晋图学刊》1993 年第 2 期。

2　主要著作

张琪玉从 1952 年 9 月起，发表了许多图书馆学情报学专业方面，特别是情报语言学方面的著作。其中包括编著、主编、参编、选编、翻译等专著20多种,论文100余篇,译文30篇等。

专著有:

《情报检索语言》,编著,写完于1980年3月17日。武汉大学图书馆学系1980年6月油印,1982年4月刊印;武汉大学出版社1983年6月出版(高等学校文科教材),共印6次,第1章转载2次。

《情报语言学基础》,编著,写完于1987年3月27日(在《情报检索语言》一书基础上增补修订而成)。武汉大学出版社1987年11月出版(中央广播电视大学图书馆学专业用书),共印2次。

《张琪玉论文选》,选编,完成于1984年11月3日,重编于1987年4月。成都东方图书馆学研究所1988年出版(书名页题《张琪玉选集》)。

《情报语言学基础问题选讲》,编著,写完于1987年5月28日,(在《〈情报检索语言〉学习辅导》一书基础上增删修改而成)。武汉大学出版社1987年10月出版(中央广播电视大学图书馆学专业用书),共印2次。

《〈情报检索语言〉学习辅导》,编著,写完于1985年8月16日。湖北省高等学校图书馆工作委员会、武汉大学图书情报学院1985年8月出版。

《情报语言学基础学习指导书》,编著,写完于1987年4月30日。武汉大学出版社1987年10月出版(中央广播电视大学图书馆学专业用书)。

《中国图书馆图书分类法(第二版)索引》。主持编制于1981年2月末~1982年9月初(武汉大学图书馆学系编辑)。书目文献出版社1984年12月出版。

《中国分类主题词表教程》,主编,完成于1994年5月31日。华艺出版社1994年7月出版。

《中国图书馆图书分类法》,参加编制于1971年3~10月,1972年9月~1973年1月,参加修订于1986年夏。北京图书馆、书目文献出版社、科学技术文献出版社出版。

《中国分类主题词表》,参加编制(副主编)于1986~1993年。华艺出版社1994年6月出版。

《通用汉语著者号码表》,参加编制(副主编)于1991年5~10月。海洋出版社1992年6月出版。

《档案检索教学大纲》,编著,写完于1989年9月7日。空军政治学院图书档案系1989年9月刊印。

《档案检索》,主编,完成于1992年3月7日。书目文献出版社1993年9月出版。

《文献分类岗位培训教程》,参加编写(副主编)于1992年11月16日~1993年1月4日。华艺出版社1993年10月出版。

《情报语言学基础学习辅导》,编完于1988年3月17日(叶千军编写部分内容)四川电大编辑部1988年5月出版。

《科技文献检索》,校订、修改、补充、绘图、修印版于1976年1月10日~9月20日(武汉大学图书馆学系《科技文献检索》编写组陈光祚等原编)。吉林市科学技术局、吉林市图书馆1976年3月刊印(印成于10月),武汉大学图书馆学系1980年7月刊印。

《科技情报资料工作(试用教材)》,主编,写于1976年12月~1977年5月和1978年5

月。武汉大学图书馆学系1978年5月刊印（署名:《科技情报资料工作》编写组），有翻印本多种。

《图书馆分类工作手册》，参加编写于1991年5月6日～11月3日（约28000字）。中国科学技术出版社1992年3月出版。

《情报检索语言论文选》，选编，完成于1989年1月中旬。书目文献出版社1990年10月出版。

《情报检索语言课程参考资料》，选编，完成于1980年4月。武汉大学图书馆学系图书情报现代技术教研室1980年9月胶印。

《"情报语言学基础"课程第七章学习参考资料——〈汉语主题词表〉节印本》选编，完成于1988年1月。空军政治学院图书档案系1988年1月胶印（署名:空军政治学院图书档案系）。

中央广播电视大学图书馆学专业"情报语言学基础"课程教学录像片（36学时），写稿并播讲于1987年10月～1988年1月。

《列宁与图书馆（文献目录）》，编成于1963年7月20日，修改、补充于1964年1～3月、1973年4月和10月。1973年5月油印，78页；吉林市图书馆1973年10月油印，82页。

《图书馆现代化简介与展望》，主编，完成于1981年2～3月（刘彭、宋桂文合编写）。吉林省图书馆学会1981年7月出版，即《图书馆业务自学大全》第13种。

《区图书馆工作计划》，译于1953年7月～1954年9月（恩·姆·梅捷庚原著）。中央人民政府文化部社会文化事业管理局1954年11月刊印。

《苏联图书馆图书分类法》（ББК）部分类表。译于1971年8月～1973年1月。武汉大学图书馆学系研究室作为专辑载于《国外图书情报文摘》（三），1983年9月印。

主要论文有：

《论情报检索语言的研究、创制与普及》，写完于1983年8月30日。载于《图书情报知识》1983年4期，转载2次。

《情报检索语言大纲》，写完于1980年7月15日，修改于1981年5月20日～6月9日。载于《图书馆学刊》1981年3期和4期。

《关于情报语言学》，写于1984年8月。载于《〈情报检索语言〉学习辅导》，转载于《张琪玉论文选》。

《情报检索语言·分类检索语言·主题检索语言》，写完于1987年1月4日。载于《中国大百科全书·图书馆学　情报学　档案学》，中国大百科全书出版社1993年1月出版，《图书馆学百科全书》，中国大百科全书出版社1993年8月出版。

《提高情报检索效率是情报检索语言研究的根本目的——答黄立军同志》，写于1985年6月17～28日。载于《图书情报知识》1985年3期。

《情报检索语言原理的一致和方法的差异》，写完于1994年6月17日。载于《图书馆建设》1994年6期。

《情报检索语言方法综述》，写完于1984年5月2日。载于《图书情报知识》1984年2期，转载2次。

《情报检索语言语法体系初探》，写完于1986年1月22日。载于《图书馆理论与实践》1986年3期，转载2次。

《情报检索语言的国家特点、时代特点和自然语言特点》,写完于1989年1月19日。载于《图书馆理论与实践》1989年4期。

《情报检索语言的易用性问题》,写完于1990年9月14日。载于《云南图书馆》1990年4期,《上海市图书馆学会文集》,1990年12月刊印。

《情报检索语言表达概念的迟钝性及其克服方法》,写于1990年11月22日~1991年8月17日。载于《上海高校图书情报学刊》1991年4期。

《情报检索语言中轮排的原理和方法》,写完于1992年8月15日。载于《图书馆建设》1993年1期。

《文献主题的构成因素及层次》,写完于1984年12月9日。载于《图书情报知识》1985年1期,转载1次。

《试论隐含主题》,写完于1992年9月18日。载于《图书馆理论与实践》1993年2期。

《走向21世纪的中国情报检索语言和情报语言学》,写于1993年4月29日~5月5日,修订于1994年6月下旬(韩建新、戴维民译成英文)。国际图书馆学情报学理论与实践发展学术研讨会,1993年5月复印(英文本)。

《我国情报检索语言四十年文献简述》,写完于1989年1月11日("情报检索语言文献总量和分布"一节由丘峰完成)。载于《情报检索语言论文选》。

《情报检索语言在档案工作领域应用的进展》,写于1991年10月25日~11月1日。载于《文献工作研究》1991年6期。

《"情报语言学基础"课程中一些容易被混同和误解的概念》,写于1988年2月7~17日。载于《图书馆理论与实践》1988年2期。

《文献情报存贮检索系统结构方案探索——以图书馆学情报学文献情报存贮检索系统的设计为例》,写完于1979年9月16日。载于《湖北省图书馆学会一九七九年年会论文选》。

《纯标识检索系统还有实用价值—— 一个计算机应用课题的重新提出》,写完于1984年4月8日。载于《山东图书馆季刊》1984年3期,转载1次。

《湖北省高等教育自学考试图书馆学专业情报检索语言考试大纲》(重写),写完于1987年3月9日。载于《湖北省高等教育自学考试考试大纲》上册。

《体系分类法的准则和惯例》,写完于1992年3月26日。载于《晋图学刊》1992年4期和1993年1期。

《体系分类法中"集中与分散"的矛盾》,写于1981年8月20~21日。载于《图书馆杂志》1982年1期,转载3次。

《认识分类表的内部规律性是辨类的基本方法》,写完于1982年2月14日。载于《图书馆学刊》1982年2期,转载2次。

《分类目录产生漏检和误检的原因》,写于1980年3月31日~4月4日。载于《图书情报知识》1980年1期,转载3次。

《体系分类法中的模糊现象及其消除方法》,写完于1985年4月17日(曾蕾合写)。载于《图书情报知识》1985年2期。

《关于〈中图法〉增加组配成分的可能性和方法的探索》,写于1985年3月22日~4月21日。载于《北图通讯》1985年3期,《中国图书馆图书分类法修订研讨会议文集》。转载

1 次，部分转载 2 次。

《体系分类法中的交替法》，写完于 1982 年 4 月 5 日。载于《图书情报知识》1982 年 2 期，转载 3 次。

《分类标记原理与方法概述》，写完于 1992 年 6 月 7 日。载于《图书馆》1993 年 1 期。

《关于分类法和词表标准化的几点建议》，写完于 1980 年 12 月 11 日。载于《张琪玉论文选》。

《关于文献分类标准化的设想和建议》，写于 1989 年 7 月 23 日 ~8 月 8 日。载于《图书情报论坛》1990 年 1 期，《图书分类论坛》1990 年 1 辑。

《文献分类标引规则（国家标准送审稿）》，草拟于 1992 年 9 月 4—8 日。载于《文献分类岗位培训教程》，华艺出版社 1993 年 10 月出版。

《给李兴辉同志的信》，写于 1984 年 11 月 25 日。载于《图书情报知识》1985 年 3 期 12 ~ 13 页。

《关于〈双表列类法评析和新法探索〉的通信》，写于 1992 年 12 月 22 日。载于《图书馆理论与实践》1993 年 3 期（本文原为给编辑部的回信，题名是编辑部拟的）。

《〈通用汉语著者号码表〉编制工作的进展》，写于 1991 年 6 月 7 ~ 9 日。载于《江苏图书馆学报》1991 年 6 期。

《文献检索和国际十进分类法（提纲）》，写完于 1964 年 6 月 28 日。吉林市科学技术委员会情报研究室 1964 年 7 月刊印（横本，19 页，未署著者和刊印者）。

《图书改编（藏书重行分类）方案探讨》，写于 1991 年 8 月 7 ~ 12 日。载于《图书馆建设》1992 年 1 期，转载 1 次。

《图书馆学情报学文献分类表》，编于 1975 年 12 月 29 日 ~ 1976 年 6 月 11 日。载于《湖北省图书馆学会一九七九年年会论文选》。

《情报检索语言中语词标识的功能与局限——关于主题法性能的几点分析》，写于 1983 年 6 月 ~ 1984 年 12 月 13 日。载于《湖北高校图书馆》1985 年 1 期，转载 1 次。

《汉语检索词词素轮排索引编制法探索》，写完于 1992 年 7 月 14 日。载于《图书与情报》1992 年 4 期。

《充分利用入口词原理》，写完于 1992 年 8 月 25 日。载于《图书馆论丛》1992 年试刊号。

《字顺检索系统不宜纯按汉语拼音排列》，写于 1982 年 3 月 16 日。载于《图书情报知识》1982 年 1 期（署名：竹林）。

《主题标引过程对主题目录结构和功能的影响》，写完于 1994 年 3 月 20 日。载于《情报理论与实践》1994 年 5 期。

《用〈汉语主题词表〉可编制什么样的检索工具》，写完于 1981 年 1 月 4 日。载于《图书馆学刊》1981 年 1 期，转载 2 次。

《关于主题词型手工检索系统标引工作的几点建议》，写完于 1985 年 8 月 25 日。载于《北图通讯》1985 年 4 期，转载 1 次。

《论后控制词表》，写完于 1993 年 7 月 19 日，1993 年 12 月 7 日修改。载于《图书情报工作》1994 年 1 期。

《汉语关键词法探讨》，写完于 1992 年 10 月 16 日。载于《图书馆论坛》1993 年 1 期。

《人—机结合的题内关键词索引可回避汉语分词难题》,写于 1993 年 3 月 16 ~ 18 日。载于《图书馆杂志》1993 年 4 期。

《关于索引学研究和索引工作开展的设想与建议》,写完于 1992 年 10 月 5 日。载于《江苏图书馆学报》1993 年 1 期,转载 1 次。

《论索引项》,写完于 1994 年 6 月 11 日。载于《图书馆杂志》1994 年 5 期。

《工具书功能索引——关于编制"工具书之工具书"的设想》,写于 1991 年 10 月 17 ~ 18 日。载于《图书馆杂志》1992 年 2 期,转载 2 次。

《一个精心设计的索引体系》,写完于 1993 年 7 月 17 日。载于《上海高校图书情报学刊》1993 年 4 期,转载 1 次。

《目录的特征——谈谈充分发挥书目检索工具的作用》,写完于 1964 年 7 月 2 日。载于《图书馆》1964 年 4 期,转载 1 次。

《张琪玉自传》,写于 1992 年 9 月 9 日,增补于 1993 年 4 月 10 日。载于《晋图学刊》1993 年 2 期。

《张琪玉著作编年目录》,编于 1984 年 9 月 28 ~ 29 日,补充于 1987 年 3 月。载于《张琪玉论文选》。

《情报检索语言资料目录》,编于 1979 年 2 月。1979 年 2 月油印(署名:武汉大学图书馆学系图书情报现代技术教研室)。

3 学术思想

张琪玉的主要研究领域是情报语言学。他在自传中曾概略表述自己的学术思想。

他认为,情报语言学研究的根本目的是提高情报检索效率。这是由于:充分利用世界知识财富是社会发展的条件之一;作为知识财富存贮载体和传递工具的文献数以亿计,建立高效率的检索系统是从这文献海洋中全、准、快、便、省地找出所需文献的唯一方法;情报检索语言是影响情报检索效率的主要因素,要建成一个高效率的检索系统,必须有高质量的情报检索语言作保证;情报检索语言的结构状况和编制质量以及对它的使用是否正确,都会影响检索效率,故如何提高检索效率是情报语言学研究的核心问题。

他认为,各种类型的情报检索语言都是在寻求更佳的检索效果中创制出来的,它们必然具有相同的基本功能和相一致的基本原理,而又各自采用着不同的或类似的方法,有各自的优缺点。如果能把不同情报检索语言的各种方法更巧妙地结合起来,把它们的各种优点综合起来,并且创造出更多、更好的新方法,那么,就有可能创制出比现有的情报检索语言更高级的新颖的语言,以及改造现用的语言,提高其性能和质量。为此,应对分类检索语言、主题检索语言和其他情报检索语言以及自然语言在情报检索中的应用问题进行统一研究,对它们的原理和方法进行深入的分析和比较,进行高度的概括,使之融会贯通,以探索它们影响情报检索效率的共同规律和有效的改进途径。

他认为,我国的情报语言学研究必须开辟新路,要改变研究方向,扩大研究范围,改进研究方法,并积极吸取国外的研究成果,但不要以引进来代替对中国情报检索语言特殊问题的研究。对于体系分类法这种在我国使用最广泛的情报检索语言,应当多从新的角度、多用新的方法去研究[②]。

现将他的学术思想加以展开叙述。

3.1　独辟蹊径　创一家之说

张琪玉认为，他于 1983 年 8 月 30 日写完的《论情报检索语言的研究、创制与普及》一文最能说明他的学术观点和治学道路。他在该文中指出："情报检索语言的职能，是在各种情报检索系统中起'语言保证'作用，使标引人员对文献情报内容的表达（标引用语）和检索人员对相同内容的情报需要的表达（检索用语）取得一致，以减少情报在存贮、检索过程中的损失，达到较佳的检索效果。保证较高的检索效率，这是对情报检索语言的基本要求；而提高检索效率，则是情报检索语言理论研究工作的根本目的。可是，从过去很长一段时期内的情况看，我们对情报检索语言理论研究工作的这个目的并不是很清晰的。"他根据曾蕾对我国 1949～1981 这 32 年间发表的情报检索语言文献的调查数据进行分析后指出，"我们的注意力大部分都用在体系分类法的思想性方面了，忽视了它更基本的是文献检索的语言工具这一职能"，因此他提出，"情报检索语言理论研究工作须开辟新路"，"首先，要改变研究方向，把研究的重点转移到如何提高情报检索语言的检索效率方面来"；"其次，要扩大研究范围……目前，要特别重视研究情报检索语言中的组配原理，研究组配型的分类法和主题法"；"第三，要改进研究方法"，他在该文中所列举的研究方法有结构功能分析法、历史演进研究法、比较研究法，理想语言设计法、现用语言改进法、原理或方法的移植法、数学方法和统计方法等；"第四，要吸取国外的研究成果，但不要以此代替对中国情报检索语言特殊问题的研究"[③]。

其实，早在 1979 年，他在武汉大学就按此观点开始写作《情报检索语言》一书。1980 年 3 月 17 日该书写成，4～5 月，他依据书稿为科技情报学和目录学方向的研究生开设专题讲座；6 月，该书油印本印出；下半年，正式为图书馆学专业和科技情报专业的本科生开课；1981 年，与该书内容完全一致的《情报检索语言大纲》（近 4 万字）在《图书馆学刊》第 3 期和第 4 期上发表；1982 年 4 月，该书在校内刊印；1983 年 6 月，该书作为"高等学校文科教材"由武汉大学出版社公开出版；1987 年 11 月，该书的增补修订本作为"中央广播电视大学图书馆学专业用书"，改名为《情报语言学基础》，由武汉大学出版社出版。

张琪玉《情报检索语言》一书的出版和随后此课程的普遍开设，标志着情报语言学这门图书馆学和情报学的共同分支学科的形成。

李万健在《近年国内图书馆学情报学著作出版情况概述》一文中评论说："武汉大学出版社一九八三年出版的张琪玉编著的《情报检索语言》，创该课题理论体系的一家之说，得到广泛承认，受到专业学术界好评。"[④]他又在《图书馆学情报学著作四十年出版情况概析》一文中评论说："在基础理论方面……张琪玉的《情报检索语言》等，对各自的研究领域都有独到的见解，对课题理论体系建设有新的建树，受到欢迎和好评。"[⑤]

周文骏、金恩晖在《中国大百科全书》图书馆学情报学档案学卷的概观性文章《图书馆学》中指出："70 年代末，中国学者从情报检索角度对分类法和主题法以及代码检索语言、自然检索语言等进行综合比较研究，探索它们影响情报检索效率的规律和提高检索效率的途径，并以此建立情报语言学这一新的分支学科。"[⑥]《中国大百科全书》还把《情报检索语言》一书列为 8 种"中国主要情报学专著"的第 2 种[⑦]。

对此评论最透彻的是范并思，他在《论图书馆学学科前沿的转移》一文中说："八十年代以前，我国的图书分类研究最关心的是与类目设置、类目顺序相关的知识分类问题。1949 年以后，知识分类问题又与意识形态问题混淆，严重干扰对分类技术的研究。七十年代末开始的分类法‘三性’问题讨论，使分类研究仍无法摆脱意识形态的困扰。八十年代初，一些分类研究者干脆放弃图书分类的名称，在‘情报检索语言’名下专门研究包括分类法在内的各种检索语言的技术问题，从而使理论家可能摆脱知识分类问题，在‘以检索效率为中心’的新领域中研究分类法的技术问题。”

“也许有人不同意检索语言研究与图书分类研究有学科渊源，但这并不重要。检索语言领域内大量涌现的新思想新方法不断渗入图书分类理论中，促使图书分类理论与实践的科学化。北京大学图书馆学系在修订其教材《图书分类》时，干脆称图书分类是检索语言的一个分支。检索语言研究的发展进程表明，在较为抽象的层次上获得的理论成果能更为有效地指导实际工作。在检索语言研究领域内研究图书分类问题是图书馆学从对具体问题的研究进入对抽象问题研究的转变的标志。这种转变，亦是八十年代理论变革的一个重要方面。”

“与图书馆现代化相比，检索语言研究有更多的创新意义。图书馆现代化研究是学习西方建立起来的领域，而检索语言研究却基本属于中国人自己创立的领域。在张琪玉以前，国外还没有人能在‘情报检索语言’的书名下将检索语言理论的内容讲述得如此系统而精密。检索语言领域吸引了一批非常勤奋且治学严谨的理论家，除张琪玉外，中年人有刘湘生、丘峰、侯汉清，青年人有曾蕾、戴维民等，他们使检索语言研究成为八十年代图书馆学内最活跃、最具有创造性的理论前沿之一。”[⑧]

3.2　情报检索语言是根据情报检索的需要而创制的人工语言

张琪玉所研究的对象事物——分类法和主题法等检索方法，本来是早已有之甚至是古已有之的，他之所以选用“情报检索语言”这个术语作为它们的统称，而不用检索方法或像某些学校那样采用“分类法与主题法”“分类与主题”“分类标引与主题标引”等作为课程名称，是因为他认为：由于各种类型的情报检索语言（即分类法、主题法及其他提供内容检索途径的各种检索方法）都是情报检索系统的组成部分，都是在寻求更佳的检索效果中创制出来的，所以，它们的基本原理是一致的；只是它们在表达各种概念及其相互关系时和在解决对它们提出的那些共同要求时所采用的方法不同，才形成了不同的类型和语种。因此，只有对它们进行统一研究，才能找出它们影响检索效率的共同规律及在方法上互相吸取，达到改进和创新的目的[⑨]。

他所做的工作，与生物学的创建类似。植物学和动物学虽是生物学的分支学科，但并不是从生物学中分化出来的。在科学史上，植物学和动物学的建立早于生物学，生物学则是在植物学和动物学的基础上，对植物和动物进行统一研究而建立的。生物学的建立，对植物学和动物学向深度和广度迅速发展具有重要的指导意义。而在“情报检索语言”这个概念下对分类法、主题法等各种检索方法进行统一研究，从中找出它们最本质的东西，找出他们在结构和功能上相同之处和相异之处，概括出它们影响检索效率的共同规律，建立情报语言学，这对于情报检索语言的研究（也包括自然语言在情报检索中应用的研究）必然具有重大的指导意义。

他正是在这方面做了大量的理论建设工作。他对情报检索语言的各个方面做了大量的研究，后来在为《中国大百科全书》的图书馆学情报学档案学卷写“情报检索语言”条目时做了高度的概括如下：

“情报检索语言是根据情报检索的需要而创制的人工语言，专门用于各种手工的和计算机化的文献情报存贮检索系统,表达文献主题概念和检索课题概念。情报检索语言实质上是表达一系列概括文献情报内容的概念及其相互关系的概念标识系统。它可以是从自然语言中精选出来并加以规范化的一套词汇,可以是代表某种分类体系的一套分类号码,也可以是代表某一类事物的某一方面特征的一套代码,用以对文献内容和情报需要进行主题标引、逻辑分类或特征描述。”

“情报检索语言作为文献情报存贮检索系统的一个要素,在其中起着语言保证作用。其基本功能是:①对文献的情报内容(及某些外部特征)加以标引;②对内容相同及相关的情报加以集中或揭示其相关性;③对大量情报加以系统化或组织化;④便于将标引用语和检索用语进行相符性比较。”

“情报检索语言由词汇和语法组成。词汇是指登录在分类表、词表、代码表中的全部标识,一个标识(分类号、检索词、代码)就是它的一个语词,而分类表、词表、代码表则是它的词典。语法是指如何创造和运用那些标识来正确表达文献内容和情报需要,以有效地实现情报检索的一整套规则,分为词法(主要用于分类表、词表、代码表编制过程)和句法(主要用于文献标引和情报检索过程)两部分。”

“情报检索语言主要以书面形式使用,其标识必须符合唯一性、规律性、定型性、通用性、准确性和政治思想上的正确性等质量要求,必须排除自然语言中的多词一义、一词多义和词义含糊现象,并要有适当的专指度。”

“采用等级结构、参照系统、轮排聚类法、范畴聚类法和图示法等各种显示概念之间关系的方法,来实现对内容相同及相关的情报加以集中或揭示其相关性这项功能,是情报检索语言优于自然语言的最主要之点。概念逻辑和知识分类(事物和学科的系统分类)是显示概念关系的基本依据。”

“情报检索语言按其结构原理,可分为分类检索语言(分类法)、主题检索语言(主题法)和代码检索语言;按其标识的组合使用方法,可分为先组式语言(文献标识在编表时就固定组合好,也称列举式语言)和后组式语言(文献标识在检索时才组合起来,也称组配式语言)。后组式语言也可充当先组式语言使用(文献标识在标引时组合成固定的标识串,称先组散组式)。此外,还可按其包括的学科或专业范围、适用范围等划分类型。”[10]

3.3　情报检索语言影响情报检索效率的规律

张琪玉认为,检索效率是概括表示情报检索系统质量的概念。建立情报检索系统的目的是要获得较好的检索效果。对情报检索系统的研究和改进,其根本目的是为了提高其检索效率,获得更好的检索效果。所以,检索效率的高低是情报检索系统质量的标志,是对情报检索系统及其各个构成部分(情报检索语言、系统软件等)的基本评价标准,也是对情报检索作业的评价标准。

检索效率说明对情报检索系统各项性能的满意程度。它主要指检全率和检准率。广义的检索效率包括检全率、检准率、检索速度、检索方便性、检索成本效益比(全、准、快、便、省)。

可以说,张琪玉的绝大多数情报语言学著作都在探索和阐述情报检索语言影响情报检索效率的规律。他的结论是:“情报检索语言选取概念(选词和列类)是否符合文献主题的实际情况和情报检索的实际需要,标识的种类、结构、专指度、规范化程度和使用方式,在显示概念关系方面的质量,分类表、词表、代码表的结构体系,以及检索设备是否与其匹配,标引是否正确,检索策略的周全性以及所设计的检索软件的完善程度等,对情报检索效率都有影响。”[11]

他认为,建立情报检索系统的目的,是为了获得较好的检索效果。但任何提供内容检索途径的检索系统都做不到使存在于文献中的全部情报不受损耗。在情报检索的全过程中,上述的诸因素都在或多或少地起作用,就检索结果而言,实际只是检索系统所收录的文献中实有的全部情报在情报检索全过程中层层损耗,被不断“打折扣”之后的剩余部分。同时,在情报检索全过程中,还会产生一些造成误检的人为错误,而所谓提高检索效率,其实只是降低情报在检索过程中的损耗和减少误检而已。

他认为,在影响检索效率的诸因素中,情报检索语言是影响最大的因素。因为情报检索语言的类型和编制质量不仅直接限制了关于某项情报的全部文献在多大程度上能被检出,以及所检出的文献在多大程度上符合检索要求,而且,还间接地影响着标引的质量和检索的质量,也影响着先进检索设备的功能是否能充分发挥。

张琪玉指出,就情报检索语言而言,其对检全率的影响因素主要有:①一种情报检索语言是否能比较全面地显示概念之间的等级关系和相关关系;②一种情报检索语言是否能在它的词汇中排除同义现象;③一种情报检索语言的选词和列类是否能符合文献主题的实际情况(文献保证原则)和情报检索的实际需要(用户保证原则)。

其对检准率的影响因素主要有:①一种情报检索语言的标识(单个标识和若干标识的组合)是否能达到较高的专指度。标识的专指度是指标识与文献主题概念的相符程度。②一种情报检索语言是否能在它的词汇中排除多义现象和同形异义现象。③一种情报检索语言是否能正确地、恰如其分地显示概念之间的关系。④一种情报检索语言的选词和列类是否能符合文献主题的实际情况和情报检索的实际需要。

其对检索速度的影响因素主要是:①分类检索语言比较适合于从学科、专业出发的检索,检索速度快;主题检索语言比较适合于从事物出发的检索,检索速度快。②适合于计算机检索系统,能进行组配检索的情报检索语言,检索速度快。③标识专指度高的情报检索语言在检索狭小主题的文献时速度较快。

其对检索方便性(也包括标引方便性)的影响因素很多,包括是否能达到下列各种要求:保证整个语言包含概念的丰富和完备性,选用绝大多数使用者可接受的语词或符号做标识,尽量多收入口词,保证语法规则的严密性,严格进行标识的规范化处理,保证概念标识含义的明确性,重视运用分类表、词表中的方法性注释手段,充分显示概念之间的关系,采用分面控制措施,提供多种查词查号手段,分类标记一定程度的助记性和排列次序容易理解,选用合理的字顺排列法,使用多种检字法,精心设计的分类表、词表排印格式,尽量减少分类表、词表编制和印刷中的差错,具备编制得很好的使用指南,适当引进自然语言,提供多途径检索的可能性,提供自由组配检索的可能性,等等。必须说明,以上所列要求,对检索效率的其他四个方面也有或多或少的影响。

其对检索成本效益比的影响因素主要是:①一种情报检索语言的标识专指度高,结构完备程度高,编制精确程度高,检索性能好,其编制成本也高;②一种情报检索语言的使用频率高,成本就低,反之亦然;③一种情报检索语言的易用程度,与其编表成本成正比,与其标引和检索成本成反比;④就成本效益的观点,一般是考虑:在编表和标引阶段多投资以提高检索性能(实际是在检索阶段少付出代价)比较合算,还是降低检索性能要求以减少投资（实际是在检索阶段多付出代价）比较合算；⑤有某些类型的情报检索语言，检索性能好，但编表、标引和检索的成本相对来说却并不高。

关于检全率、检准率、漏检率、误检率的计算公式，他认为，公式有助于明确概念，虽然可以应用于评价试验，但实际很难进行精确的计算。这是因为，某一文献是否符合某种检索要求，不同的标引者可能会有不同的看法，不同的检索者更是会做出不同的判断，很难有个统一的明确的衡量标准。

关于检全率与检准率之间存在着互相制约的现象——互逆相关性，即提高检全率会使检准率下降，提高检准率会使检全率下降。他认为，这主要与标引过程和检索过程有关，但与情报检索语言也有十分密切的关系。如提高标识的专指度可提高检准率，但会影响检全率；若降低标识的专指度则可提高检全率，但会影响检准率。不过，这种互逆相关性有一定的作用范围，而并不是情报检索语言为提高检全率和检准率所采取的一切方法和手段都会出现这种现象。例如在其词汇中排除同义现象只会提高检全率，不会影响检准率；排除多义现象和同形异义现象只会提高检准率，不会影响检全率⑫。

3.4 自然语言系统与情报检索语言系统并不是决然对立的

由于当代科学技术的飞速发展，文献数量庞大，采用情报检索语言进行手工标引，工作量大，技术性强，速度慢，成本高，使采用情报检索语言建立检索系统的单位感到力不从心。同时，随着计算机科学技术的发展和检索刊物向机读数据库形式的发展，使自然语言在情报检索中应用的条件越来越好，特别是在国外，由于使用拼音文字的有利条件，自然语言检索的研究也取得了很大的进展，有些自然语言检索法（如自动抽词的各种关键词法）不但已达到实用的阶段，而且采用自然语言检索法的数据库越来越多。在情报检索中使用自然语言，不仅可取消费时、费力的标引工作，或至少可以降低标引工作的难度和成本，同时也可以避免由于文献分析标引的误差和情报检索语言的粗化所造成的标识表达文献主题的失真以及反映新概念滞后等问题。因此，国外有些人认为，“对于标引与检索来说，结构严谨的受控词表已经过时了，科学论著的自然语言完全适用于标引和检索”⑬；国内也有些学者认为情报检索语言已是落后的东西，没有必要再去研究了。张琪玉则认为，否定继续研究情报检索语言的必要性的观点是极不正确的，但他认为自然语言检索法的研究也十分重要。

张琪玉对于自然语言检索法的观点有一个发展过程。他早在1980年3月完成的《情报检索语言》一书中就专辟“关键词描述语言”一章，对关键词法做了全面、详细的阐述，指出“关键词法就它能表达文献主题概念并提供检索途径的作用来说，可以认为是一种情报检索语言类型；而从必须符合表达概念的唯一性和能显示概念之间的关系的严格要求来说，则不能称为情报检索语言（它是在情报检索中直接使用自然语言的一种方法）”。他在该章中既说明了关键词法的缺点，也说明了它的突出优点，并指出汉语自动抽词是个难点，而采取题内关键词索引形式和人工辅助抽词的方法则是很容易实行的。

他在1983年8月写成的《论情报检索语言的研究、创制与普及》一文中指出：“关于扩大研究范围，似乎也应把对自然语言检索法的研究包括进去。电子计算机检索技术的发展，为自然语言检索法开拓了光明的前景。自然语言检索法最终是否能取代以及何时能取代人工语言即情报检索语言，目前下结论还为时过早。但是，人工语言和自然语言相结合，既是严密的人工语言，又尽量利用自然语言作为辅助，无疑有助于检索效率的提高，因而是情报检索语言的正确方向。”[14]

他在1984年8月所写的《关于情报语言学》一文中明确指出；“情报语言学的主要研究对象是情报检索语言，同时也研究自然语言在情报检索中的应用问题。”[15]

他在1987年1月为《中国大百科全书》写的“情报检索语言”条目中指出：“自然语言系统与情报检索语言系统并不是决然对立的，它们或采用情报检索语言作为辅助手段，或与情报检索语言结合使用，或利用情报检索语言的某些原理和方法，以保证较高的检索效率。当前，情报检索语言仍是情报检索中的主要语言工具。”[16]

他在1987年3月完成的《情报语言学基础》一书的“情报检索计算机化与情报语言学的发展”一章中，写了“自然语言检索的实现”和“多种语言的结合使用”两节，概括说明自然语言在情报检索中应用的方式。

近些年，他写了多篇关于自然语言在情报检索中应用问题的论文，如：《汉语关键词法探讨》（1992）、《人—机结合的题内关键词索引可回避汉语分词难题》（1993）、《论后控制词表》（1993）以及《汉语检索词词素轮排索引编制法探索》（1992）等。其中，《论后控制词表》[17]是一篇重要的论文，该文阐述了后控制词表的控制机理、控制程度、编制特点、各种编制方法及其在控制上的差别，提出一种“分类词表 + 字顺/轮排表”的结构模式，并说明利用后控制词表检索文献的各种方法。他在该文中指出“在文献检索过程中，如果要求达到较高的检索效率，控制是永远需要的”，“配备后控制词表是提高自然语言检索效率的有效措施”，“后控制词表比较有效，可以说对于一切自然语言检索法都是必要的（自动分类除外）”。近些年他指导研究生的科研实践和学位论文，也以自然语言在情报检索中的应用的选题占多数。

他认为，我国自然语言检索法的研究者几乎仅从汉语语言学的角度去研究，而不同时从情报语言学的角度去研究，这是一个缺陷。情报语言学的原理和方法对自然语言检索法的研究是会有很大帮助的。

3.5 情报检索计算机化是情报语言学形成和发展的重要因素

情报检索计算机化是图书情报工作现代化的主要标志。张琪玉1978年在武汉大学图书馆学系制订新的教学方案时建议开设“情报检索语言”课程，就是为了配合情报检索计算机化的需要。但在《情报检索语言》一书中没有直接地、集中地论述情报检索计算机化与情报检索语言的关系。

他在1983年写的《论情报检索语言的研究、创制与普及》一文中，写了下面这样一段话：“电子计算机提供了很大的可能性，使一些在过去看来是非常复杂的结构和似乎难以采用的方法变得‘简单’了，变得很容易做到了。这一点，在情报检索语言研究上是值得我们注意的。”[18]这段话只是就情报检索语言的研究方法说的，就当时来说，还多少带有一些揣测的性质。

几年之后，他通过对大量实践的观察和思考，于1987年编写《情报语言学基础》一书时，写了“情报检索计算机化与情报语言学的发展”一章，专门叙述情报检索计算机化对情报语言学发展的深刻影响。他的叙述是很全面、系统的，共列举了七个方面，即情报检索计算机化——

（1）推动了情报检索语言的创新和改造。如：叙词表的产生和普及；传统标题法向叙词法过渡；分面叙词表的诞生；分类法的分面组配化；代码检索语言的发展；引文索引法的发明；

（2）使词表、分类表向机编化和机读化发展。如：词表、分类表的计算机编制；词表、分类表的计算机管理；词表、分类表的机读化；

（3）促进了文献标引和索引编制过程的自动化。如：关键词（档）联机检索；机助标引；联机标引；自动上位登录；自动赋词（检索词或分类号）标引；编制一般目录、索引、文摘；编制各种轮排索引；编制表式索引，编制引文索引；

（4）使自然语言在情报检索中的应用成为可能。如：关键词法；文本检索；以自然语言作为自由词进行补充标引，与情报检索语言并用；自然语言以入口词形式作为接口，辅助情报检索语言；以情报检索语言词表作为控制手段，与自然语言的关键词系统结合使用；以后控制词表作为控制手段，与自然语言的关键词系统结合使用；自动分类。

（5）使多种语言的结合使用成为可能。如：两种情报检索语言并用；人工语言与自然语言并用；两种或多种语言自动转换；

（6）促使许多新检索方法的产生。如：布尔逻辑检索法；加权检索法；扩检、缩检、改检；二次检索法；各种标志联合检索；截词检索；成批检索；SDI 服务；保留检索课题表达式；检索对话；检索策略研究。

（7）促使情报语言学研究课题和研究方法的变化。向情报语言学研究提出了许多新的课题，如情报检索语言对计算机检索系统适应性问题的研究，情报检索语言的兼容化和标准化问题的研究，情报检索成本—效益问题的研究，标引自动化以及是否可取消标引工序问题的研究等。也为情报语言学研究提供了许多新方法和新条件。如计算机数据处理技术的应用，大大方便了语言原始材料的收集和处理；文献数据库的存在为情报检索语言质量的分析、评价和比较研究提供了极为方便的条件；情报检索计算机化为数学方法在情报语言学研究方面的应用提供了广泛的可能性，促进了情报语言学与数学、计算机科学等的结合，向更加理论化迈进。

由此，他认为，情报检索计算机化不仅对情报语言学的发展产生了极为深刻的影响，甚至可以说，情报检索计算机化是加速情报语言学形成过程的一个重要因素。他认为，可以预见，情报检索计算机化今后将会更快、更广阔、更深入地继续得到发展，随之，情报语言学也将会有更快的进步。

3.6　情报语言学的研究方法

张琪玉之所以能在学术上取得许多崭新的成果，一方面果然是由于学术思想的正确性，使他能够"独辟蹊径"，另一方面则是由于他使用了一系列适用于情报语言学的有效的研究方法。他在《情报语言学基础》一书中归纳并阐述了适用于情报语言学的下列研究方法：

（1）结构功能分析法。情报检索语言功能的完善，都是通过其结构的增加和改进来达到的。所以，从宏观和微观两个层次分析解剖其结构与功能的关系，弄清某种结构产生什么功能，某种功能是由哪些种结构产生的，产生同一种功能的不同结构孰优孰劣，以及某种结构的适用范围和条件等，是极重要的一种研究方法。结构功能分析法也适用于对自然语言的研究。

（2）历史演进研究法。情报检索语言一直在不断进化中，所以要了解它们所采用的各种原理和方法孰优孰劣，可以从历史演进过程中看那些原理和方法是如何被扬弃的。

(3)比较研究法。将两种或多种情报检索语言进行比较,或将产生同一种功能的不同结构、方法进行比较,或将情报检索语言与自然语言进行比较,看出它们的异中之同或同中之异,看出它们各自的长处和短处,这种方法使用很广泛。

(4)调查整理法。在情报语言学领域,有不少已经使用的原理和方法,尚未见之于文献,或虽有文献记载但十分零散和不全面、不系统,可采用这种研究方法了解和掌握。

(5)归纳法和演绎法。归纳法例如根据叙词的轮排能产生多向成族和多途径检索的效果,组配分类号的轮排能产生多向成族和多途径检索的效果,关键词的轮排能产生多向成族和多途径检索的效果,从而推出"标识的轮排都能产生多向成族和多途径检索的效果"的结论。演绎法例如根据标识的轮排都能产生多向成族和多途径检索的效果,标题词的倒置加正装标题见倒置标题的参照相当于标识的轮排,而推出"标题词的倒置加正装标题见倒置标题的参照也能产生多向成族和多途径检索的效果"的结论。

(6)原理或方法的移植法。例如,用自由词做补充标引原来是叙词法所用的方法,这种方法可提高检准率,并且使用比较自由,是一种好方法,那么,是否可以将这种方法(或其原理)移植到其他类型的情报检索语言中去呢?

(7)理想语言设计法。即设想一种功能较完善的理想情报检索语言,然后努力寻找达到这些理想标准的具体方法,进行编制—试用—优化,最后成为一个可以实际应用的结构形式。

(8)现用语言改进法。即对一种现用的情报检索语言(如《中图法》或《汉语主题词表》)进行分析,查明其存在的问题,寻求进一步完善化和合理化的方法。

(9)数学方法和统计方法。例如,用关系矩阵编制机内主题词表,用统计论文篇名字数的方法确定汉语题内关键词索引款目的合理长度,等等。

(10)实验方法。例如,可用实验的方法来寻找特定机检系统标引用词的理想平均数。

(11)借助电子计算机的研究方法。

他认为,在实际研究中,这些研究方法应灵活运用,并将它们结合起来使用。

在上述研究方法中,他认为最基本的是结构功能分析法和比较研究法。他的《情报检索语言方法综述》和《情报检索语言原理的一致和方法的差异》两篇文章就是阐述这两种研究方法的。

张琪玉治学严谨,著作力求内容充实,有新意,用词准确,言简意赅,深入浅出,有可读性。他善于在千头万绪中抓住事物的本质,把问题系统地说清楚。他的稿件字体工整,不使刊物编辑和排版师傅产生误解。为了更好地做学问,他花很多精力来收集专业文献,进行整理和做索引,把情报语言学理论和方法用到处理自己的藏书和手稿上,这也可以说是他的一种独特的研究方法。

3.7　在其他领域的研究

张琪玉除了研究情报语言学之外,在索引学和列宁的图书馆事业思想等方面也有深入的研究。

一个索引或若干索引的有机结合,有的是作为情报检索系统的组成部分,有的则其本身就是一个独立的情报检索系统。总之,索引是情报检索语言和其他检索方法的应用场合,研究情报语言学必然要研究索引。所以,他相当熟悉索引的原理和方法。他的《关于索引学研究和索引工作开展的设想和建议》《论索引项》《工具书功能索引——关于编制"工具书之工具书”的设想》《一个精心设计的索引体系》《目录的特征——谈谈充分发挥书目检索工具的作用》等论文以及《中国图书情报工作实用大全》中关于索引的条目等，对索引学和索引工作都含有新意。

为了研究列宁的图书馆事业思想，张琪玉在50～60年代，曾用大量时间（约2000小时）逐字逐句通读《列宁全集》1～39卷及其他有关文献，广泛收集资料，进行编目和摘录。这些资料来自乌鲁木齐、北京、吉林三地的一些图书馆以及他自己的藏书，相当丰富。他于1963年7月20日完成《列宁与图书馆（文献目录）》，后来又三次进行修改、补充。他很珍视这部花了大量心血编成的目录，因为未能得到出版，于1973年5月和10月两次自己刻印。

这部目录实际上是一部编制得非常精细的专题文献内容索引（原计划还要加一个主题索引的）。关于这部目录的编制，他写道：“我曾于1956～1964年间积累过这一主题的文献资料，编有一册《列宁与图书馆（文献目录）》，共收录中文和俄文的文献资料451篇（同一文献不同文种、不同译文、不同版本合并作一篇计算），其中列宁的著作237篇，列宁签署的法令和决议16件（实为18件），同时代人的著作107篇（包括一般性传记资料7篇和纪念性的绘画、照片28幅），后人的著作91篇。该目录是经过仔细编辑、整理的，统一了篇名译文，列宁的著作均加注写作日期以及《列宁著作编年索引》中的登记号，比较系统、全面，曾于1973年5月和10月刻印过两次（第一次刻印本为78页，第二次刻印本为82页），分赠全国一些主要图书馆，可以参考。”[19]

该目录有一篇自序，叙述了书和图书馆与列宁一生的关系，列宁的图书馆事业思想、学习和研究列宁图书馆事业思想的意义以及该目录的详细编制情况。他在《图书馆学通讯》1984年第2期上发表的《列宁与图书馆》一文，就是在此基础上写成的。

3.8　学术影响

在1980年以来的十几年中，张琪玉的《情报检索语言》及其增补修订本《情报语言学基础》以4种版本累计印刷10次，共97900册，被250位作者的专著和论文共引用了约400次。作为教材，在图书馆学、情报学的本科、函授和电大等教学中被广泛采用，某些档案学专业也开设情报检索语言课程，估计学习过这门课的不少于25000人。他的其他情报语言学专著和论文也被引370多次。由此，他的学术思想得到了广泛的传播，大大促进了我国情报语言学研究的发展。

乔好勤在《图书馆学情报学教材建设系列化的有效探索》一文中评论说：“《情报检索语言》教科书的出版为我国情报检索语言学研究开辟了新的道路，产生了较大的影响。”[20]

曾蕾在《关于近年来国内外情报检索语言研究方向与方法的比较研究》一文中评论说：“近年来，我国在这方面出现了一次巨大的飞跃，其特点反映在以下方面……第二，对检索语言的研究成果突出。继刘国钧先生的《现代西方主要图书分类法评述》一书之后，以张琪玉教授编著的《情报检索语言》教材为代表，由他本人及众多研究者所取得的成果，使我国在检索语言的研究水平方面迅速接近世界水平。”[21]

景红卫在《论图书馆学研究权威——关于图书馆学研究发展的思考》一文中说：“新中国成立以后，图书馆学研究有了巨大的发展。在一定程度上，我国图书馆学研究领域内的各个方面，都涌现了一些著名的专家……张琪玉则独辟蹊径，自然是该领域的学术权威。这些图书馆学研究权威，在各自领域内颇有建树，为新中国图书馆学研究和图书馆事业的发展做出了巨大贡献。这是历史的事实,必须承认。”[22]

综上所述,张琪玉的学术思想对我国情报语言学的发展已产生了很大的推进和导向作用,并且其影响将是深远的。

注释

①1987 年 5 月任命系主任,7 月正式到院工作。在此之前,曾任该系兼职教授和名誉主任。

②见《晋图学刊》1993 年 2 期 18 页。

③见《图书情报知识》1983 年 4 期 10 ~ 13 页。

④见《图书情报研究》1986 年 2 期 77 页。

⑤见《图书馆学通讯》1989 年 2 期 29 页。

⑥见该书正文前 10 页。

⑦见该书 341 页。

⑧见《图书馆》1993 年 4 期 4 页。

⑨参看《情报检索语言》21 页,《晋图学刊》1993 年 2 期 18 页和《图书馆建设》1994 年 6 期 11 ~ 13 页。

⑩见《中国大百科全书 · 图书馆学情报学档案学》331 ~ 332 页。

⑪见《中国大百科全书 · 图书馆学情报学档案学》332 页。

⑫参看《情报检索语言》第 1 章第 2 节或《情报语言学基础》第 2 章第 2 节和《检索效率及其影响因素》等。

⑬见《情报学报》1983 年 2 期 169 页。

⑭见《图书情报知识》1983 年 4 期 12 页。

⑮见《〈情报检索语言〉学习辅导》26 页。

⑯见《中国大百科全书 · 图书馆学情报学档案学》332 页。

⑰载《图书情报工作》1994 年 1 期。

⑱见《图书情报知识》1983 年 4 期 13 页。

⑲见《图书馆学通讯》1984 年 2 期 20 页。

⑳见《图书情报知识》1989 年 3 期 44 页。

㉑见《图书情报知识》1988 年 3 期 18 页

㉒见《中国图书馆学报》1991 年 1 期 70 页。

写完于 1995 年 1 月 15 日,上海

张琪玉学术传记资料
（根据《军队图书馆人物志》的要求编纂）

张琪玉　图书馆学家，教授。1930年6月7日生，上海南汇（原属江苏省）人。1954年7月毕业于北京大学图书馆学系。曾任职于文化部社会文化事业管理局图书馆管理处、新疆维吾尔自治区图书馆、吉林市图书馆。1976年9月调至武汉大学图书馆学系（后改为图书情报学院）工作，历任讲师、副教授、教授、图书情报现代技术教研室主任、图书馆学情报学研究所所长、《图书情报知识》主编等。1987年4月调至空军政治学院图书档案系工作（8月到职，该系现为南京政治学院上海分院信息管理系），任系主任、教授（1999年6月晋升为技术3级），2001年3月退休。社会职务曾担任中国图书馆学会理事、上海市图书馆学会副理事长、中国索引学会副理事长、全国文献工作标准化技术委员会委员以及上海市政协第七届、第八届委员等。此外，是国际知识组织学会会员。

张琪玉于上世纪70年代末，为适应图书情报现代化教育的需要，开拓情报语言学研究领域。情报语言学是图书馆学和情报学的共同分支学科，其主要研究对象是情报检索语言，同时也研究自然语言在情报检索中的应用问题。

张琪玉的学术观点和治学道路，写于1983年8月的《论情报检索语言的研究、创制与普及》一文最能说明。他在该文中说："情报检索语言的职能，是在各种情报检索系统中起'语言保证'作用，使标引人员对文献情报内容的表达（标引用语）和检索人员对相同内容的情报需要的表达（检索用语）取得一致，以减少情报在存贮—检索过程中的损失，达到较佳的检索效果。保证较高的检索效率，这是对情报检索语言的基本要求；而提高检索效率，则是情报检索语言理论研究工作的根本目的。可是，从过去很长一段时期内的情况看，我们对情报检索语言理论研究工作的这个根本目的并不是很清晰的……我们的注意力大部分都用在体系分类法的思想性方面了，忽视了它更基本的是文献检索的语言工具这一职能。"因此提出"我们的情报检索语言理论研究工作必须开辟新路"：

首先，要改变研究方向，把研究的重点转移到如何提高情报检索语言的检索效率方面来。

其次，要扩大研究范围。研究范围的偏窄，对解决我国的情报检索问题极为不利。目前，要特别重视研究情报检索语言中的组配原理，研究组配型的分类法和主题法。

关于扩大研究范围，似乎也应把对自然语言检索法的研究包括进去。电子计算机检索技术的发展，为自然语言检索法开拓了光明的前景。自然语言检索法最终是否能取代以及何时能取代人工语言即情报检索语言，目前下结论还为时过早。但是，人工语言和自然语言相结合，既是严密的人工语言，又尽量利用自然语言作为辅助，无疑有助于检索效率的提高，因而是情报检索语言发展的正确方向。

第三，要改进研究方法。在该文中所列举的研究方法有结构功能分析法、历史演进研究法、比较研究法，理想语言设计法、现用语言改进法、原理或方法的移植法、计算机方法、数学方法和统计方法等。

第四，要吸取国外的研究成果，但不要以此代替对中国情报检索语言特殊问题的研究。

张琪玉的学术研究轨迹一直循着这个方向。于1980年3月写成的《情报检索语言》一书，是上述学术思想的第一次探索和表述，并构成了情报语言学的初步框架。该书对情报检索语言（这种人工语言的历史在我国几乎可追溯到公元前7～5年的《七略》分类体系）的论述给人有粲然一新的感觉，被誉为"独辟蹊径""创一家之说"。通过在高等学校的教学和该书在社会上的传播，他的学术观点逐渐得到了专业学术界的普遍认同。他是第一个跳出当时毫无结果的分类法"三性"（思想性、科学性、实用性及其相互关系）争论的怪圈，第一个按情报检索语言的本质属性来研究和阐述情报检索语言的学者。他二十五年来一直在这片土地上勘探和采掘，获得了丰硕的学术成果。

张琪玉所做的工作，犹如在植物学和动物学的基础上建立生物学。植物学和动物学虽是生物学的分支学科，但它们并不是从生物学中分化出来的。它们在生物学形成之前，本是两门独立的学科，后来发现它们的研究对象有统一的规律，而到19世纪末才产生统一这两门学科的生物学。张琪玉也发现，分类法也好，主题法也好，其他文献内容途径的检索方法也好，它们都是情报检索系统的组成部分，都是在寻求更佳的检索效果中创制出来的，都是表达一系列概括文献情报内容的概念及其相互关系的概念标识系统，其职能是作为情报检索系统的语言保证，其核心问题是检索效率。所以，它们的基本原理是一致的，只是它们在表达各种概念及其相互关系时，和在解决对它们提出的那些共同要求时所采取的方法不同，才形成了不同的类型和语种。在情报检索语言的概念下，对它们进行综合研究，可以找出它们之间最本质的东西，以及结构和功能上的相同或相异之处，概括出它们影响检索效率的共同规律，以及有效的改进和创新的途径。张琪玉正是在这种认识指导下，对情报语言学的各个方面都进行了研究和探索，所取得的成果充实了情报语言学的学科理论体系。

情报语言学理论从更高更宽的角度和更深的层次来考察情报检索语言，从而对各种情报检索语言和自然语言检索法的研究更为透彻，提供了对它们进行改进和创新的明确道路。

张琪玉在《情报语言学基础》第一版最后一章中，根据自己的考察，综述了计算机技术的发展对情报语言学的重大影响，即：50年代开始的情报检索计算机化，促进了情报检索语言的创新和改造，使词表、分类表向机编化和机读化方向发展，使文献标引和索引编制走向自动化，使自然语言检索得以实现，使多种语言的结合使用成为可能，使检索方法有了很大的进步，并正在使情报检索语言的应用范围扩大（例如开始应用于情报研究和文献计量）。特别是自然语言在情报检索中的应用，使情报检索系统所用的语言不再局限于情报检索语言。同时，情报检索计算机化对情报检索语言研究提出了许多新课题，并提供了许多新方法和新条件。总之，情报检索计算机化对情报语言学的发展产生了极为深刻的影响。甚至可以说，情报检索计算机化是加速情报语言学形成过程的一个重要因素。可以预见，情报检索计算机化今后将会更快、更广阔、更深入地得到发展，情报语言学也将会有更快的进步。因此，他认为，在这世纪之交，在计算机检索正在逐步发展到互联网络阶段的新形势下，情报语言学研究的基本课题应是如何使情报检索语言适应新的检索环境。

对于自然语言在情报检索中的应用即自然语言检索法，他一直认为，自然语言检索系统与情报检索语言检索系统并不是决然对立的，它们各有长处和短处，可以并行发展，可以互相结合，互相补充。对于自然语言检索效率全面或总体高于情报检索语言，自然语言将替代情报检索语言或最终将替代情报检索语言，情报检索语言或情报检索语言研究已经过时的论点，他都并不以为然。因为那些论点如果是正确的话，全世界的情报检索早已全面自然语言化了。随着时间已经过去了许多年,说明那些论点虽然振奋人心但是言过其实。但他并没有忽视自然语言检索法,他认为自然语言目前还处于其发展的初级阶段,它并非十全十美,尚有许多地方有待改进,在计算机检索越来越发展的条件下,自然语言具有不可阻挡的发展前途。特别是在互联网络的检索环境中,它将成为一种必然的优先选择。另一方面,对于高要求的情报检索来说,控制是绝对必要的。而“对检索过程进行控制”,正是情报语言学的精髓。他认为,应当把情报语言学的理论成果运用到自然语言检索研究方面去。当前亟待从情报语言学角度深入研究自然语言,情报检索语言研究者应当积极参与自然语言检索法的研究。正是基于这种认识,他近年来的研究重点转向了自然语言。

至于自然语言或情报检索语言的未来,他认为将是自然语言的情报检索语言化或情报检索语言的自然语言化。未来的检索语言将既是情报检索语言,但不是现今的情报检索语言模式;它既是自然语言,但也不是现今的自然语言检索模式;它既具有自然语言的优点而优于现今的情报检索语言,又具有情报检索语言的优点而优于现今的自然语言。

张琪玉之所以能在情报语言学研究中取得较多成果,在很大程度上是因为找到了合适的研究方法。他所使用的主要研究方法是结构功能分析法,其他多种研究方法可以说都是从结构功能分析法衍生出来的。脱离了结构功能分析法,就等于抽去了那些方法的精髓。他正是利用了那些研究方法,找出了各种各样情报检索语言的许多共同规律,使其融会贯通,构成情报语言学理论体系。

多年来,他一直遐想着运用理想语言设计法,创制一种完全新颖的情报检索语言结构模式,这种情报检索语言模式包含了现今人们对情报检索语言的绝大部分要求。这种理想的情报检索语言应是:学科聚类系统与事物聚类系统的结合(事物聚类也应当有系统性,字顺序列可作为进入事物聚类系统的手段),先组式语言与后组式语言的结合,体系分类法与组配分类法的结合,人工语言与自然语言的结合,号码标识与语词标识的结合,系统序列与字顺序列的结合,不变概念代码与可变概念体系的结合。

这种情报检索语言应是:分类法与主题法彻底一体化的,充分发挥情报检索语言对知识进行系统组织和对自然语言进行规范控制的功能的,用户可十分方便地进行标引和检索的,概念可不断增补及概念的代表词可进行更换的,用户区别不出是自然语言还是人工语言而其实是由严密的人工语言控制的,修订不受已标引文献所牵制,故分类体系可逐步完善的,并可以挂接英文索引、分子式索引等以及可用于机助标引的。他认为,构成这种理想情报检索语言性能的原理和方法都已存在,难题仅在于找到它们的更佳结合方案。他进行了长期的寻找。

他把那种理想情报检索语言新模式称为“学科—事物概念组配型检索语言”,其构成原理是“分面分析 + 概念代码 + 概念对应转换 + 数据库技术”。他于 1997 年写的《学科—事物概念组配型检索语言——关于情报检索语言的遐想与求索》和《探索 21 世纪的情报检索语言》两篇文章叙述了多年寻找获得的初步结果。

张琪玉所开拓的情报语言学,被认为是“中国人自己创建的学科”。《中国大百科全书》图书馆学情报学档案学卷图书馆学部分主编周文骏在该卷的概观性文章《图书馆学》中指出:“70 年代末,中国学者从情报检索角度对分类法和主题法以及代码检索语言、自然检索语言等进行综合比较研究,探索它们影响情报检索效率的规律和提高检索效率的途径,并以此建立情报语言学这一新的分支学科。”

范并思在《论图书馆学学科前沿的转移》一文中写道:“与图书馆现代化相比,检索语言研究有更多的创新意义。图书馆现代化研究是学习西方建立起来的领域,而检索语言研究却基本属于中国人自己创立的领域。在张琪玉以前,国外还没有人能在'情报检索语言'的书名下将检索语言理论的内容讲述得如此系统而精密。检索语言领域吸引了一批非常勤奋且治学严谨的理论家,除张琪玉外,中年人有刘湘生、丘峰、侯汉清,青年人有曾蕾、戴维民等,他们使检索语言研究成为八十年代图书馆学内最活跃、最具有创造性的理论前沿之一。"

索引是情报语言学研究对象的应用场合,所以张琪玉对索引学也有深入研究,写过大量关于索引学的文章。

张琪玉因在编制《中国图书馆图书分类法》的工作中做出较大贡献,于 1985 年获国家科学技术进步奖一等奖,在编制《中国分类主题词表》工作中做出的贡献,于 1996 年获国家优秀科技信息成果奖二等奖,1991 年 7 月获国务院政府特殊津贴。

张琪玉著作甚丰,有个人专著 17 部,主编参编的专著 17 部,发表论文、译文约 350 篇,未正式发表的论文及其他著作约 200 篇。有一种《张琪玉文库》(自刊光盘)收录其 600 多种著作的目录和 400 种著作的全文。

张琪玉的代表作是《情报检索语言》(增补修订本改名《情报语言学基础》)和《张琪玉情报语言学文集》。《情报检索语言》一书(有 5 种版本共印刷 15 次)被认为是情报语言学学科建设的奠基之作,该书的出版被评选为"20 世纪中国图书馆 100 件大事"之一,并被选入上海社会科学院编纂发布的《20 世纪中国学术名著精华目录》;《张琪玉情报语言学文集》被评为中国图书馆学会第二届图书馆学情报学学术成果奖著作一等奖。

张琪玉的简传被载入《中国大百科全书(图书馆学情报学档案学)》《世界名人录(中国卷)》《中国图书馆学情报学档案学人物大辞典》和英国《国际知识界名人录》第 10 版等 20 多处。

参考文献

[1] 张琪玉. 论情报检索语言的研究、创制与普及. 图书情报知识,1983(4)

[2] 张琪玉. 在武汉大学开创情报语言学教学和研究的回忆//马费成主编. 世代相传的智慧与服务精神——文华图专八十周年纪念文集. 北京图书馆出版社,2001

[3] 张琪玉. 走向自然语言与情报检索语言结合之路. 图书馆理论与实践,2001(2)

[4] 张琪玉. 钟情事业就是走向成功之路//俞君立等主编. 中国当代图书馆界名人成功之路. 武汉大学出版社,1996

[5] 周文骏,金恩晖. 图书馆学//中国大百科全书·图书馆学　情报学　档案学. 中国大百科全书出版社,1993

[6] 范并思. 论图书馆学学科前沿的转移. 图书馆,1993(4)

[7] 张琪玉. 情报检索语言. 武汉大学出版社,1983

[8] 张琪玉. 情报语言学基础. 武汉大学出版社,1987

[9] 张琪玉. 张琪玉情报语言学文集. 北京图书馆出版社,1999

[10] 张琪玉. 学科—事物概念组配型检索语言——关于情报检索语言的遐想与求索. 图书馆杂志,1997(2)

[11] 刘晖. "20 世纪中国图书馆 100 件大事"评选揭晓. 图书馆,2003(1)

[12] 20 世纪中国学术名著精华目录. http://www. ssol. net. cn

写完于 2004 年 10 月 25 日,上海

载于全军院校协作中心图书情报专业组长联席会编

《情系图书馆——军队院校图书馆人物风采录》

张琪玉自传

1930年6月7日，我出生于上海市南汇县（原属江苏省）周浦镇，父亲张菊如，母亲龚莲芳。1946年初中毕业后，我在浦东地方建设公司交通事业部（设在周浦）工作了五年，主要是管理汽车零配件。那里有一个中建图书馆，其藏书在解放后搬到了浦建公司来，我曾和公司里其他几位年轻职员一起以业余时间向镇上居民开放约一年。在这期间，我还读过《苏联图书馆事业概观》和《工会图书馆的群众工作》两本苏联的书，使我认识了图书馆工作的重要意义。这些就是我于1951年报考北京大学图书馆学系的原因。我在报名单上填了北大图书馆学系和哲学系两个志愿，并附了一句"如果我成绩及格，希望分配在图书馆学系"。结果真的考取了北大图书馆学系，从此就决定了我的人生道路。

我很热爱这个专业，学习热情很高。北大民主广场上有一个校团委和学生会合办的《沙滩年青人》墙报，在1952年国庆特刊上发表了我的一篇题为《当文化的花朵开遍祖国的时候——我热爱祖国的图书馆事业》的文章，文中叙述了我的理想。在北大期间，王重民和刘国钧两位教授对我走上学者道路有很大影响。刘国钧教授当时讲多门课，其中"图书分类"课程引起我浓厚的兴趣，后来我在吉林为情报工作者讲"文献检索与国际十进分类法"，参加《中图法》编制和在武大开设"情报检索语言"课程，都起源于此。

我于1954年7月在北大毕业，被分配到中央人民政府文化部社会文化事业管理局图书馆处工作，在那里曾参加过《图书馆工作》刊物的编辑，做过苏联图书馆学专家雷达娅的助手。1955年11月大批中央机关干部支援新疆建设，我也是其中之一。在新疆维吾尔自治区图书馆期间，曾任方法研究股股长、代馆长、副馆长、乌鲁木齐市图书馆馆际合作工作组和乌鲁木齐地区图书馆馆际协作委员会负责人。1961年5月，我与在文化部社会文化事业管理局时的同事乔润华于北京结婚。她30多年来为我能专心工作和潜心做学问给予了积极支持和做出了很多牺牲。1962年4月，文化部将我们一起调往吉林。从1962年6月到1976年9月，我一直在吉林市图书馆工作。该馆与吉林市科委情报处合办"吉林市科技文献服务室"（设在吉林市图书馆内），我就是由于在该室工作而开始与情报界结缘的。吉林市科委情报处处长孙相友是一位非常热心于科技情报工作的同志，我们成了好友。

1976年9月末，我被调往武汉大学图书馆学系工作，该系后改为图书情报学院。我在武大期间，1978年定为讲师，1980年晋升为副教授，1985年晋升为教授，曾任图书情报现代技术教研室主任、图书馆学情报学研究所所长、《图书情报知识》主编、院学术委员会委员等，主讲"情报检索语言"课程并任该方向硕士研究生导师（共培养研究生16名）。在武大的近11年时间是我学术上的黄金时代。

1986年12月我被聘任空军政治学院图书档案系名誉主任和兼职教授，1987年4月正式调该系工作，但实际上是在7月下旬才离开武大的。在空军政治学院图书档案系任系主任、教授、《文献工作研究》主编、情报语言学方向硕士研究生导师（共招生5名，已毕业2名）、院学位委员会委员暨图书馆学专业分委员会主席等。

此外，我曾任中国图书馆学会第一届学术委员会委员、第二届编辑出版工作委员会委员暨《图书馆学通讯》编委、第三届学术研究委员会副主任、第四届理事暨学术研究委员会委员；上海市图书馆学会第二届理事、第三届副会长暨《图书馆杂志》副主编；全国文献工作标准化技术委员会第一、二届委员暨第三分委第二届主任委员、第五分委第一、三、四届委员；中国索引学会第一届副理事长；《中国图书馆图书分类法》第三届编委会副主编；《中国大百科全书》图书馆学编委会委员；湖北省档案专业高级职称评审委员会委员和上海市图书资料专业高级专业技术职务任职资格评审委员会委员等。我也是国际知识组织学会会员。

我主要从事情报语言学研究。我的学术观点可概略表述如下：情报语言学研究的根本目的是提高情报检索效率。这是由于：充分利用世界知识财富是社会发展的条件之一；作为知识财富存贮载体和传递工具的文献数以亿计，建立高效率的检索系统是从这文献海洋中全、准、快、便、省地找出所需文献的唯一方法；情报检索语言是影响情报检索效率的主要因素，要建成一个高效率的检索系统，必须有高质量的情报检索语言做保证；情报检索语言的结构状况和编制质量以及对它的使用是否正确，都会影响检索效率，故如何提高检索效率是情报语言学研究的核心问题。

我认为，各种类型的情报检索语言都是在寻求更佳的检索效果中创制出来的，它们必然具有相同的基本功能和相一致的基本原理，而又各自采用着不同的或类似的方法，有各自的优缺点。如果能把不同情报检索语言的各种方法更巧妙地结合起来，把它们的各种优点综合起来，并且创造出更多、更好的新方法，那么，就有可能创制出比现有的情报检索语言更高级的新颖的语言，以及改造现用的语言，提高其性能和质量。为此，应对分类检索语言、主题检索语言和其他情报检索语言以及自然语言在情报检索中的应用问题进行统一研究，对它们的原理和方法进行深入的分析和比较，进行高度的概括，使之融会贯通，以探索它们影响情报检索效率的共同规律和有效的改进途径。

我认为，我国的情报语言学研究必须开辟新路，要改变研究方向，扩大研究范围，改进研究方法，并积极吸取国外的研究成果，但不要以引进来代替对中国情报检索语言特殊问题的研究。对于体系分类法这种在我国使用最广泛的情报检索语言，应当多从新的角度、多用新的方法去研究。

多年来，我循着上述方向进行求索，在情报语言学理论上有一定建树，我的学术观点对我国情报语言学研究产生了较广泛的影响，我在情报语言学方面的著作曾被引用600次以上。

我的著作有《情报检索语言》（武汉大学出版社1983年6月出版，其增订本改名《情报语言学基础》，武汉大学出版社1987年11月出版。此书曾被210多位作者的近350篇（部）著作引用，被认为是我国情报语言学方面的代表作，获中国图书馆学会建国40周年图书馆学情报学优秀著作奖）、《情报语言学基础问题选讲》（武汉大学出版社1987年10月出版）、《中国图书馆图书分类法（第二版）索引》（主持编制，书目文献出版社1984年12月出版）、《图书馆现代化简介与展望》（主编，吉林省图书馆学会1981年7月出版）、《区图书馆工作计划》（译，文化部社会文化事业管理局1954年11月刊印）、《档案检索教学大纲》（空军政治学院图书档案系1989年9月刊印）、《档案检索》（主编，正出版中）及其他编著和参编的书共十多种；论文有《论情报检索语言的研究、创制与普及》（1983）、《关于情报语言学》（1985）、《情报检索语言大纲》（1981）、《情报检索语言方法综述》（1984）、《情报检索语言语法体系初探》（1986）、《情报检索语言的国家特点、时代特点和自然语言特点》

(1989)、《情报检索语言的易用性问题》(1990)、《情报检索语言表达概念的迟钝性及其克服方法》(1991)、《文献主题的构成因素及层次》(1985)、《情报检索语言中轮排的原理和方法》(1993)、《体系分类法的准则和惯例》(1992)、《体系分类法中"集中与分散"的矛盾》(1982)、《关于〈中图法〉增加组配成分的可能性和方法的探索》(1985)、《认识分类表的内部规律性是辨类的基本方法》(1982)、《体系分类法中的交替法》(1982)、《分类标记原理与方法概述》(1993)、《分类目录产生漏检和误检的原因》(1980)、《情报检索语言中语词标识的功能与局限——关于主题法性能的几点分析》(1985)、《汉语关键词法探讨》(1993)、《汉语检索词词素轮排索引编制法探索》(1992)、《充分利用入口词原理》(1992)、《关于主题词型手工检索系统标引工作的几点建议》(1985)、《用〈汉语主题词表〉可编制什么样的检索工具》(1981)、《关于文献分类标准化的设想和建议》(1990)、《图书改编(藏书重行分类)方案探讨》(1992)、《工具书功能索引——关于编制"工具书之工具书"的一个设想》(1992)、《关于索引学研究和索引工作开展的设想与建议》(1993)、《情报检索语言在档案工作领域应用的进展》(1991)、《列宁与图书馆》(1984)等约 90 篇,另有译文 30 篇。截至 1986 年发表的主要论文大多收载于《张琪玉论文选》(吉林省图书馆学会等合编,成都东方图书馆学研究所 1988 年出版)中,该书还附有到 1986 年 1 月为止所写的 101 篇(部)著作的编年目录。

我曾因参加《中国图书馆图书分类法》的编制起草和综合定稿,并主持编制索引工作,在其中做出了较大贡献,获 1985 年国家科学技术进步奖一等奖(五位个人获奖者之一)。从 1991 年 7 月起,因在发展高等教育事业中做出的贡献而获政府特殊津贴。

我的传记曾被收入《中国大百科全书》图书馆学情报学档案学卷以及英国剑桥国际传记中心的《国际知识分子名人录》第十版,并是该传记中心咨询委员会名誉委员。

写于 1992 年 9 月 9 日,增补于 1993 年 4 月 10 日,上海

载于《晋图学刊》1993 年第 2 期

《张琪玉论文选》序

这本选集里收载的十九篇文章(其中有四篇是译作),可以分为列宁与图书馆、情报检索语言和检索系统、图书馆现代化、图书馆工作与情报工作的关系四个部分。情报检索语言方面的文章占三分之二以上的篇幅,是我科研中的主要成果。

从长期的学习和工作实践中,我得到这样一些认识,即充分利用世界知识财富是社会发展的重要条件之一;存贮知识财富的科学技术文献已上亿,建立高效率的检索系统是从这文献海洋中又全、又准、又快地找出所需文献的唯一方法;要建成一个高效率的检索系统,必须有高质量的情报检索语言做保证;情报检索语言研究的核心问题是如何提高它的检索效率;情报检索语言的功能多少和强弱决定于它的结构情况和编制质量。

由此我深深感到,为了提高检索效率,我们的情报检索语言理论研究工作必须开辟新路:首先是要改变研究方向,把研究的重点转移到如何提高情报检索语言的检索效率方面来;其次是要扩大研究范围,不要局限于研究综合性体系分类法,而特别要加强对于情报检索语言中的组配原理,对于组配型的分类法和主题法的研究;第三是要改进研究方法,特别是要采用从宏观和微观两个层次解剖分析情报检索语言结构与功能的关系等方法;第四是要吸取国外的研究成果,但不要以此代替对中国情报检索语言特殊问题的研究。对于体系分类法,当然还要继续深入研究,但应当多从新的角度,多用新的方法去研究,才能有新的突破,有更快的进展。

我认为,各种类型的情报检索语言都是在寻求更佳的检索效果中被创制出来的,它们必然具有相同的基本功能和相一致的基本原理,而又各自采用着不同的或类似的方法,有各自的优缺点;如果能把不同情报检索语言的各种方法巧妙地结合起来,把它们的各种优点综合起来,并且创造出更多、更好的新方法,那么,我们就有可能创制出比现有情报检索语言更高级的新颖的语言,以及改进现用的语言,提高其性能和质量。为此,我们首先要对现有的各类型情报检索语言进行统一的研究,对它们的原理和方法进行深入的分析和比较,进行高度的概括,使之融会贯通,求得透彻的了解,这是创新的前提。

正是本着这种认识,我最近六年来,结合教学任务,用了较多时间,在情报检索语言领域朝着这个方向去进行探索,跨出了第一步。《情报检索语言》一书和《论情报检索语言的研究、创制与普及》《情报检索语言方法综述》《体系分类法中“集中与分散”的矛盾》等文章,就是在探索的道路上获得的成果。这些成果是初步的,还不多,也不够精良和高超。但当我朝着这个方向跨出了第一步的时候,我看到了,前面是一个广阔的天地,那里地面上散布着许多“矿苗”,大有开发的前途,只要辛勤“勘探”和“采掘”,肯定会有更多成果出现的。所以,我今后还要朝这个方向继续探索下去,争取获得更多、更好的成果来奉献给中华大地上社会主义现代化建设事业。

写于 1984 年 11 月 1～3 日,修改于 1987 年 4 月 4 日,武汉

载于《张琪玉论文选》,成都东方图书馆学研究所 1988 年出版

答《山东图书馆学刊》韩淑举问

张琪玉：淑举同志：您好！谢谢您对我的访问。现按照访谈提纲，作复如下：

韩淑举问：张老：您好！谢谢您能接受我们的访问。采访前我查阅了不少您的材料，但是关于您的中学阶段却少有提及。您是从哪里上的中学？是什么时候考上北京大学的？当时为什么会选择图书馆学专业？

张琪玉答：我没有读过高中。初中一、二年级是在青年中学和成义中学读的（两校都在上海市区，当时是沦陷时期），初中三年级是在大团中学和海东中学读的（两校都在江苏南汇大团镇，现属上海市南汇区，当时抗战刚胜利）。这四所中学都是私立的，设施和教师水平都一般，我的成绩也平平。初中毕业后，家境无力再供我上学，我考进浦东地方建设公司交通事业部工作。那是一个公路交通企业，总部设在南汇周浦镇。我在该公司工作了五年（1946～1951），主要是管理汽车零配件。我曾于1950年报考中央税务学校，被录取，但放弃了，因我对税务兴趣不大。1951年又以同等学力参加统考，报考北京大学图书馆学系，也被录取了。

我选择北大图书馆学专业有多个原因：一是我喜欢图书，二是浦东地方建设公司有一个相关单位——中国建设服务社浦东工作站，设有一个图书馆，向周浦居民开放。解放后，该单位撤销，图书馆的藏书交给公司。公司里的几个青年职员和我用业余时间继续开放这个图书馆约一年，为周浦居民服务，所以，我对图书馆工作有些了解和喜欢。更主要的原因是我读了苏联华西里青科著、舒翼翚译的《苏联图书馆事业概观》（1949年12月新华书店出版）。这本书影响了我一生。这本书使我了解认识了图书馆工作的重要意义。这就是我为什么选择了图书馆学专业。我在报名单上填了北大图书馆学系和哲学系两个志愿，并附了一句"如果我成绩及格，希望分配在图书馆学系"。结果真的考取了北大图书馆学系，从此就与图书馆事业结下了不解之缘，决定了我的人生道路。北大毕业后，我先后在中央文化部社会文化事业管理局图书馆管理处、新疆维吾尔自治区图书馆、吉林市图书馆、武汉大学图书情报学院、空军政治学院图书档案系（现南京政治学院上海分院军事信息管理系）工作到2001年（71岁）退休，退休后仍在研究情报语言学（图书馆学的分支学科），一直没有脱离图书馆事业这个领域。

韩问：当时北大图书馆学系开设了什么课程？有哪些老师？他们对您以后的教学和研究有些什么影响？

张答：开设的专业课有：图书馆学概论（刘国钧先生主讲），图书馆藏书（陈鸿舜先生主讲），图书分类（刘国钧先生主讲），图书编目（刘国钧先生主讲），读者工作（范希芬先生主讲），目录学（王重民先生主讲），中国书史（刘国钧先生主讲），中国古籍（王利器先生主讲）等。

除上面提到的以外，还有王凤翥、陈绍业、张荣起、关懿娴、邓衍林、孙云畴、张树华等先生。

北大对我来说是一片新天地，我在那里的3年得到了学术的熏陶。图书馆学系的老师们教我怎样做一个诚实的知识分子，教我怎样做学问，传授给我必要的专业知识，把我引向了走向图书馆事业的大道，引进了图书馆学的殿堂，为我能成为一名图书馆学专家创造了条件。后来我在教学和科研上之所以能做出一些成绩，首先应归功于他们给我奠定了坚实的基础。

韩问：您曾在新疆自治区图书馆和吉林市图书馆工作过二十多年，这么多年的公共图书馆工作实践对您以后的教学、治学有什么影响？

张答：二十多年的图书馆实践（包括在文化部社会文化事业管理局图书馆管理处），我担任的职务和所接触的工作十分广泛，有许多经验，这对我后来教学和治学有不少帮助。特别是在吉林市图书馆工作的十多年，我搞"吉林市文献服务室"（吉林市图书馆与吉林市科委合办的设在吉林市图书馆的文献情报服务机构），所积累的情报工作和文献检索的知识和经验，对后来在武汉大学教学和科研特别是开设"情报检索语言"课程有莫大的帮助。

韩问：您是何时去武汉大学任教的？在武汉大学工作了多少年？

张答：我 1946 年开始工作，2001 年退休，一生工作共约 51 年，包括：浦东地方建设公司 5 年，文化部将近 1 年半，新疆自治区图书馆将近 6 年半，吉林市图书馆将近 13 年，在武汉大学 11 年，南京政治学院 14 年。我是 1976 年 8 月到武汉大学任教的，在武大工作到 1987 年暑假。

韩问：我们都知道您主要是研究情报语言学的，是该学科领域的开拓者，出版了《情报检索语言》《情报语言学基础》《情报语言学词典》《情报语言学实用教程》等一系列的情报语言学著作，请问您为什么选择这个研究方向，在这个领域做了哪些开拓性研究？

张答：我开拓情报语言学学科研究领域的原因是：①在北大学习时，我就对图书分类特别感兴趣。毕业后，我一直保持着对这门知识的兴趣，特别是在参加《中图法》编制的过程中，我曾对《苏联图书资料分类法》（ББК）及其他分类法做过比较深入的研究。图书分类法是情报检索语言的主要类型。②60 年代初时，我就开始注意情报学特别是情报检索，后来，情报检索成为我的第一兴趣，情报检索知识的核心就是情报检索语言。③情报语言学的开拓，渊源于新时期的教育改革。全国科学大会发出了图书情报工作现代化的号召后，武汉大学图书馆学系为了使培养目标适应图书情报工作现代化的需要，着手制订新的教学计划。在讨论课程设置方案时，我建议开设一门"情报检索语言"新课程。这个建议被采纳，列入图书馆学专业和科技情报专业两个专业的本科教学计划，并决定由我来担任这门新课程的教学，预定在 1980 年下半年开课。于是，我便着手筹备这门课程。这大约是 1978 年 11 月的事。1979 年下半年，我因患肾结石住院，结果被查出还患有乙型肝炎。因乙型肝炎让我在家养病持续达半年，这正是我静心写作的极好机会。我用了半年多一点时间，于 1980 年 3 月 17 日完成了《情报检索语言》教材的写作（初稿 1980 年 6 月油印 200 册），1980 年下半年就如期开课了。情报语言学就是在此基础上发展起来的。④当我跨进这个学术领域之后，我发现，这是一片广阔的天地，那里地面上到处散布着矿苗，大有开发的前途，只要辛勤勘探和采掘，肯定会获很多成果的。同时，我认为，人生很短暂，一个人不能做完一切想做的事，所以只能去做最必要的、最有意义的并且能够做到的事情。做学问，要有个专业范围，在专业范围内力求深而广。于是，我坚定地选择了情报语言学这个学术领域，对它可以说"情有独钟"。

我在这个领域所做的工作，犹如在植物学和动物学的基础上建立生物学，是对各种生物做统一研究。“情报检索语言”课程以及情报语言学的特色，是对各种类型的情报检索语言以及自然语言在情报检索中的应用问题做统一研究。我发现，分类法也好，主题法也好，其他文献内容的检索方法也好，它们都是情报检索系统的组成部分，都是在寻求更佳的检索效果中创制出来的，都是表达一系列概括文献情报内容的概念及其相互关系的概念标识系统，其职能是作为情报检索系统的语言保证，其核心问题是检索效率。所以，它们的基本原理是一致的，只是它们在表达各种概念及其相互关系时，和在解决对它们提出的那些共同要求时所采取的方法不同，才形成了不同的类型和语种。在情报检索语言的概念下，对它们进行综合研究，可以找出它们最本质的东西，以及它们在结构和功能上的相同或相异之处，概括出它们影响检索效率的共同规律，以及有效地改进和创新的途径。

我把各种类型的分类法、主题法以及其他从内容出发的检索方法都看做是情报检索中的语言工具，概括出它们的四项基本功能，即：①对文献的情报内容（及某些外表特征）加以标引；②对内容相同及相关的情报加以集中或揭示其相关性；③对大量情报加以系统化或组织化；④便于将标引用语和检索用语进行相符性比较。

我把情报检索语言看做情报检索中的语言工具进行研究，另辟蹊径，从而回避了分类法“思想性、科学性、实用性”“三性原则”的争论，这一争论前后持续达 20 多年，但始终不能得出一个能够真正指导分类法向正确方向发展的明确结论。

我把情报检索语言仅仅看做是情报检索中的语言工具，在写完于 1983 年 8 月 30 日的《论情报检索语言的研究、创制与普及》一文中总结了自己对情报检索语言研究的观点，提出“我们的情报检索语言研究必须开辟新路”，即：首先，要改变研究方向，把研究的重点转移到如何提高情报检索语言的检索效率方面来。其次，要扩大研究范围。研究范围的偏窄，对解决我国的情报检索问题极为不利。目前，要特别重视研究情报检索语言中的组配原理及组配型的分类法和主题法。关于扩大研究范围，也应把对自然语言检索法的研究包括进去。人工语言和自然语言相结合，既是严密的人工语言，又尽量利用自然语言作为辅助，无疑有助于检索效率的提高，因而是情报检索语言发展的正确方向。第三，要改进研究方法，采取结构功能分析法及其各种衍生方法。第四，要吸取国外的研究成果，但不要以此代替对中国情报检索语言特殊问题的研究。

韩问：您在《中国图书馆图书分类法》编辑组时间长达二十几年，主持《中图法（第二版）索引》的编制工作，并因此荣获国家科学技术进步奖。请您谈谈在这方面的工作。

张答：《中国图书馆图书分类法》是一项集体创作，编辑组已有四十年的历史，参加过工作的人员已难以回忆，估计有近百人，绝大部分为各单位兼职人员，各届数量不等。我是 1971 年开始起就参与的，到 2000 年换届时退出，其中绝大部分届的活动我都参加了。我在编辑组曾参加过《中国法》的设计起草和综合定稿（我是综合组成员之一）、修订、宣传推广、编写培训教材、培训、推进标准化等工作。1980 年，《中图法》编委会委托武汉大学图书馆学系编制《中国图书馆图书分类法（第二版）索引》（它是《中图法》及其详本《资料法》的联合索引），从 1981 年 2 月末至 1982 年 9 月初，我全过程主持了该索引的编制工作。主持中图法索引的编制工作是我在情报语言学方面的一项重要科研工作。

《中图法》1985 年获国家科学技术进步奖一等奖，有五位个人获奖者，我是其中之一。

韩问：您曾在武汉大学图书馆学系、南京政治学院上海分院信息管理系任教多年，早在 1979 年就开始招收情报检索语言方面的研究生，为图书馆学界培养了许多优秀的学生，能介绍一下这方面的情况吗?

张答:经学校批准,我于1979开始招收情报检索语言方向的研究生。由于考试成绩未达到要求,第一、二两次的考生均未录取。1981年录取2名硕士研究生(其中1名学习不到1年后被送出国留学),1983年录取3名,1984年录取5名(其中1名送出国留学),1985年录取9名(其中1名送出国留学)。这样,除派送出国留学的以外,我在武汉大学期间实际共培养情报检索语言方向硕士研究生16名。另外,在空军政治学院图书档案系(即现南京政治学院军事信息管理系),1988年录取2名,1992年录取4名,共6名。情报检索语言方向研究生的教学工作对我的情报语言学研究起了很大的推进作用。靠一本本科教材是不可能培养研究生的,研究生教育应该有更高的层次。这样就要求我更深入地开拓这个学术领域。对情报语言学领域的加强研究,使我能较顺利地完成研究生教学任务。研究生教学任务的压力,则使我专心致志地在这个新的学术领域里向深广两个方向开拓。

当时,我教研究生课程的方式之一是讲专题,专题力求新颖和具有深度,运用情报语言学的多种研究方法来讲授,除传授比本科水平更丰富的知识外,使研究生在研究方法上有所领悟,培养他们的学术兴趣和进行独立研究的能力。那些专题的讲稿和讲授提纲,有许多后来改写成论文发表。

我指导的研究生都比较"争气",成才率相当高。其中,曾蕾在国际图书情报学术界有一定知名度;有3位现在是图书情报系(信息管理系)主任,还有一位曾当过系主任;大部分现在是教授;有多名博导;还有2名在重要单位担任相当重要的职务。

韩问:您在繁重的教学、科研之余,还兼任了很多社会工作,您是怎么看待社会兼职的?

张答:①我真正意义上的"社会兼职"很少,非本单位的工作绝大多数是参加学术活动。我认为参加学术活动和学术组织的工作不能算是社会工作;②我认为我领的是国家给的工资,我应当为国家工作,不管是本单位的还是非本单位的工作,都是国家的工作,都应统筹兼顾,分轻重缓急去做。

韩问:我感觉情报检索语言研究比较困难,但您老持之以恒几十年研究不辍,在学术上做出了卓越的贡献,肯定有不少科学的研究方法,这方面您有哪些经验供后学晚辈参考?您对新一代的图书馆学人有什么样的希望?

张答:做任何学问都一定要有有效的研究方法,否则事倍功半,难能成功。而且,研究各种学问的方法不能千篇一律,每种学问都有合适的研究方法。我正是找到了合适的研究方法,或者说找到了正确的研究方向、研究路线,研究才能继续进行,几十年不辍,保持信心,取得成效。

我们研究情报检索语言,目的在于提高检索效率。检索效率主要是由情报检索语言的功能产生的。产生情报检索语言功能的宏观结构和微观结构的状况,是影响检索效率的最主要的因素。所以,结构功能分析法是研究情报检索语言最合适的方法。在研究过程中,我还总结出许多方法,如历史演进研究法、比较研究法,归纳法和演绎法,理想语言设计法、现用语言改进法、原理或方法的移植法、计算机方法、数学方法和统计方法等,我发现,这些方法都是建立在结构功能分析法的基础上的,都是结构功能分析法的衍生方法。这些方法对研究情报检索语言都相当有效。我认为,要在某一领域有所发现,有所发明,有所创造,有所前进,首先要对这个领域有浓厚的兴趣,情有独钟,其次是要有合适的研究方法。而且,合适的研究方法是要在研究过程中发现的。

韩问：办刊人对刊物很感兴趣，我知道您曾先后担任过《图书情报知识》《文献工作研究》的主编，对专业期刊的编辑工作相当熟悉。您认为应该怎样办好图书馆学专业期刊？对我们这些编辑人员有什么好的建议？

张答：我还担任过一段《中国索引》的主编以及一些刊物的编委等。但是，可以说我都没有担任好。我觉得，办好一份刊物很不易，要办出特色，办出水平，创出"牌子"，非要有十年、二十年的努力不可。办刊开始时的理想主义多半是要落空的，投稿者很少会按刊物的组稿计划和要求写稿，稿件也就很少有选择的可能。必须主动积极地采取多种措施开辟优秀稿件的来源，但约稿又要相当慎重、相当认真。要以题材新、观点新、内容新、方法新的具有创新性的文章作为首选要求，但又要看其是否联系实际、是否符合国情、是否有实际应用可能性作为选稿标准；特别要避免发表把别的学科的概念或理论简单地、生搬硬套地、生吞活剥地搬到图书情报专业领域来的稿件，以免浪费篇幅和助长不良学风。编辑部应有良好的编辑作风，这是至关重要的。编辑部处理稿件的态度，例如，"来稿3个月得不到通知，作者可自行处理""因编辑部人力、经费有限，谅不退稿，请作者自留底稿"等，这些规定，既不公平，对作者也不友好。尽管编辑部有权决定是否采用，但退还不采用的稿件却是编辑部应尽的义务。至于缺乏退稿经费之类，实属遁词。涉及编辑作风的，还有诸如在对稿件做重大修改时征求作者的意见，排版印刷中的认真态度，来稿登记制度，在录用稿件时人人平等，唯凭质量取舍等。特别要一提的是，对于学术争论和批评的稿件，在编辑时一定要核对被批评者或被引者的原文，看是否与引证有出入，不能"来稿照登，文责自负"，否则，出了错误，对作者、读者和编辑部都不好。另外，编辑部工作也要革新，如利用网络等。编辑工作更要细致。编辑人员对专业期刊的出版动态要相当熟悉。总之，办好一本刊物，我体会非常不易。

写完于2010年8月1日，上海
载于《山东图书馆学刊》2010年第5期

在祝寿会上的答谢词

非常感谢会议代表和本院同志们对我生日的祝贺！

非常感谢院系领导为我安排了这个丰富的、有意义的、使我难忘的活动，并且给予支助，使我能亲眼看到我的文集的出版。还有，深圳巨灵信息公司的王总经理专程来上海表示祝贺，真是使我太感激了，我衷心感谢！

人生易老，人的一生极其短暂，今天我进入七十岁的里程，一方面说明这是一个新的开始，另一方面说明我这一生的路已基本走完。

如果说，最美好的人生莫过于在一种有价值的事业中度过了一生，那么，回顾我这一生，能够在我所钟情的、一种很有意义的事业——图书情报事业中度过，能够陶醉于情报语言学的研究，虽然，活得比较辛苦，而不是“潇洒走一回”，但还是很满足，感到很幸福。

我在情报语言学研究中起了一些开拓的作用，导向的作用，推动的作用，和同志们一起，在同志们的共同努力下，使中国在这一领域与世界的差距较快地缩短，能为振兴中华做出一分微薄的贡献，感到高兴。

情报语言学是一个很有意义的知识领域，我们所研究的，是如何充分利用人类知识财富的问题，在21世纪的知识经济时代，这个知识领域将会有更大的意义。科学上的攀登是无止境的，任何人总要老的，总会有走不动的一天，会落在队伍的后面。年龄是不饶人的，虽然我还要继续攀登，但我大概就要攀登不动了，也很快就会落伍的。但我相信，我们中国的这支研究队伍将永远前进，将会攀登得更快，将会对世界知识组织的知识领域添加更多的贡献。

同志们，再次谢谢大家，也谢谢我的老伴对我40多年的支持。

写完于1999年6月7日，上海

第九部分　著作编年目录

张琪玉著作编年目录
（1952～2014）

［说明］：著作编号后带有“○”符号的是较有价值的著作，约占全部著作的20%；带有“●”符号的是核心著作，约占全部著作的10%。

许多文章曾被转载，有的转载多次，本目录只著录最易找到的一处。如需了解更多版本，请查《张琪玉情报语言学著作目录》2013年12月自刊本。

1952

● **当文化的花朵开遍祖国的时候——我热爱祖国图书馆事业**

写于1952年9月，北京。载于北京大学《沙滩年青人》1952年国庆特刊。

1953

好高骛远就学不好功课

写于1953年4月，北京。载于《中国青年报》1953年5月5日。

1954

北京图书馆中文图书读者目录的改组（毕业论文）

写于1954年7月，北京（成素梅合写）。

○ **区图书馆工作计划**

译于1953年7月～1954年9月，北京（恩·姆·梅捷庚著）。中央人民政府文化部社会文化事业管理局1954年11月刊印。

苏联图书馆目录的作用和性质

译于1954年9～10月，修改于1955年夏，北京（兹·恩·安巴祖勉著，与李枫合译）。载于北京图书馆编辑《图书馆目录》上册，中华书局1957年5月出版。

1955

我们对于公共图书馆某些工作的意见

写于1955年1月，北京（与李枫合写）。载于《图书馆工作》1955年第1期。

《图书馆工作》编者按（关于杰斯林科《论苏联图书分类法草案》一文）

写于1955年1月，北京。载于《图书馆工作》1955年第1期。

可以采用开架借阅方式吗？——读者来信综述

整理于1955年4月，北京。载于《图书馆工作》1955年第3期。

苏联图书馆学书籍中译本简目

编于1955年4月，北京。载于《图书馆工作》1955年第3期（未署名）。

开放书架的借书制度

译于1955年6月，北京（特·弗·克留格尔著）。载于《图书馆工作》1955年第4期。

开架借阅与读书指导的矛盾

写于1955年8～9月，北京。载于《图书馆工作》1955年第5期。

博物馆藏品的组成、补充、登记和调拨基本条例（俄罗斯苏维埃联邦社会主义共和国文化部修订颁布）

译于1955年10月，北京（与韩承铎合译）。载于《博物馆译丛》1957年第1期。

1956

县图书馆馆舍（标准设计）

设计完于1956年3月22日，乌鲁木齐。新疆维吾尔自治区图书馆1956年3月油印（署名：新疆维吾尔自治区图书馆）。

图书室是农村俱乐部的重要组成部分

写于1956年4月，乌鲁木齐。载于新疆维吾尔自治区文化局《农村文化工作通讯》第4期，1956年5月（署名：自治区图书馆）；维吾尔文译文载于新疆维吾尔自治区文化局《农村文化工作通讯》维吾尔文版第4期，1956年5月（署名：自治区图书馆）。

新疆维吾尔自治区第一届公共图书馆干部训练班(简讯)

写于1956年7月中旬,乌鲁木齐。载于新疆维吾尔自治区文化厅《农村文化工作通讯》第6期,1956年10月(无标题,未署名)。

1957

配合向科学进军从何着手

写于1957年7月6~10日,乌鲁木齐。载于《乌鲁木齐市图书馆通讯》1957年第1期。

《乌鲁木齐市图书馆通讯》发刊词

写于1957年7月10日,乌鲁木齐。载于《乌鲁木齐市图书馆通讯》1957年第1期(未署名)。

乌鲁木齐市图书馆馆际合作工作组在做些什么(工作组工作简要报导)

写于1957年7月17日,乌鲁木齐。载于《乌鲁木齐市图书馆通讯》1957年第1期(未署名)。

分类目录总计划

译于1957年7月17~19日,乌鲁木齐(扎·尼·安巴祖勉著)。载于《乌鲁木齐市图书馆通讯》1957年第1期。

图书馆学图书目录

编于1957年8月2~3日,乌鲁木齐。载于《乌鲁木齐市图书馆通讯》1957年第2~3期(署名:新疆维吾尔自治区图书馆方法研究股)。

什么是"集中编目"?我们能做这项工作吗?

写完于1957年8月16日,乌鲁木齐。载于《乌鲁木齐市图书馆通讯》1957年第2~3期。

怎样使用目录(读者手册)

译于1957年8月30日~9月5日,乌鲁木齐。

怎样组织图书馆委员会的工作

译于1957年9月22~30日,按语写于1958年2月27日,乌鲁木齐(格·谢梅诺娃著)。新疆维吾尔自治区图书馆1958年2月油印。

技术书籍宣传经验简介

译于1957年10月2~6日,乌鲁木齐(斯·斯米尔诺娃著)。载于《图书馆工作》1958年第2期。

庆祝伟大的十月社会主义革命四十周年图书展览资料

译于1957年10月7~16日,乌鲁木齐(尔·格列赫、叶·特罗伊茨卡雅编)。乌鲁木齐市图书馆馆际合作工作组1957年10月油印。

图书馆干部培养工作需要进一步加强

写于1957年11月11~15日,乌鲁木齐。载于《乌鲁木齐市图书馆通讯》1957年第4~5期。

图书馆员的政治学习是做好图书馆工作的决定条件

译于1957年11月3日~12月5日,乌鲁木齐(弗·耶林、耶·特罗伊茨卡雅著)。载于《乌鲁木齐市图书馆通讯》1957年第6期。

1958

努力为发展农业而服务,为农民群众的需要而服务

写于1958年1月23日~2月13日,乌鲁木齐。新疆维吾尔自治区图书馆1958年2月油印(未署名);维吾尔文译文载于新疆维吾尔自治区图书馆《新疆图书馆通讯》维吾尔文版1958年第1期(未署名)。

全俄文化教育机关工作社会检阅

译于1958年3月1~3日,乌鲁木齐。

图书馆网计划经验

译于1958年3月7~23日,乌鲁木齐(格·柯里雅坚科著)。

1959

社社建立图书馆网掀起全民读书运动

写完于1959年2月3日,乌鲁木齐。载于新疆维吾尔自治区文化厅《群众俱乐部》1959年第3期。

使图书为政治、生产和科学研究服务,市各图书馆展开协作

写于1959年5月中旬,乌鲁木齐。载于《乌鲁木齐日报》1959年5月24日第3版。

好事一定要办好

写完于1959年6月12日,乌鲁木齐。载于乌鲁木齐地区图书馆馆际协作委员会《图书馆协作快报》1959年第1期(未署名)。

新疆维吾尔自治区图书馆集体借书办法

草拟于1959年11月,乌鲁木齐。新疆维吾尔自治区图书馆1959年11月油印。

新疆维吾尔自治区图书馆1960年工作计划(草案)

草拟于1959年12月18日,乌鲁木齐。新疆维吾尔自治区图书馆1959年12月油印。

1960

苏联共产党中央委员会关于全国图书馆事业状况及改进措施的决议

译于1960年1月22日~2月6日,乌鲁木齐。新疆维吾尔自治区图书馆1960年2月油印。

自治区图书馆办图书站、阅览站、借书站的体会

写完于1960年4月13日,乌鲁木齐。新疆维吾尔自治区文化厅1960年刊印。

1961

新疆维吾尔自治区图书馆会议制度(草案)

草拟于1961年3月7日,乌鲁木齐。新疆维吾尔自治区图书馆1961年3月油印。

新疆维吾尔自治区图书馆组织条例(草案)

草拟于1961年3月8~10日,乌鲁木齐。新疆维吾尔自治区图书馆1961年3月油印。

新疆维吾尔自治区图书馆学习制度(草案)

草拟于1961年3月10日,乌鲁木齐。新疆维吾尔自治区图书馆1961年3月油印。

新疆维吾尔自治区图书馆阅览规则(草案)

草拟于1961年3月14日,乌鲁木齐。新疆维吾尔自治区图书馆1961年3月油印。

新疆维吾尔自治区图书馆图书站建立办法(草案)

草拟于1961年3月14日,乌鲁木齐。新疆维吾尔自治区图书馆1961年3月油印。

新疆维吾尔自治区图书馆1961年工作计划(草案)

草拟于1961年3月16日,乌鲁木齐。新疆维吾尔自治区图书馆1961年3月油印。

新疆维吾尔自治区图书馆图书站服务办法

草拟于1961年3月21日,乌鲁木齐。

《图书馆学文献总录》编辑计划

草拟完于1961年10月2日,修改、补充于1964年6月,乌鲁木齐-吉林。

新疆维吾尔自治区图书馆关于工作人员借书的规定

草拟于1961年11月14日,乌鲁木齐。新疆维吾尔自治区图书馆1961年12月油印。

新疆文献工作问题

草拟于1961年11月25日,乌鲁木齐。新疆维吾尔自治区图书馆1961年12月油印。

为科学研究和生产技术发展服务的问题

草拟于1961年11月27日,乌鲁木齐。新疆维吾尔自治区图书馆1961年12月油印。

新疆维吾尔自治区图书馆藏书补充登记(注销)编目工作顺序

草拟于1961年11月22~28日,乌鲁木齐。新疆维吾尔自治区图书馆1961年12月油印。

新疆维吾尔自治区图书馆目录制度

草拟于1961年11月24~28日,乌鲁木齐。新疆维吾尔自治区图书馆1961年12月油印。

新疆维吾尔自治区图书馆关于杂志报纸工作的规定

草拟于1961年12月4日,乌鲁木齐。新疆维吾尔自治区图书馆1961年12月油印。

新疆维吾尔自治区图书馆关于工作统计的规定

草拟于1961年12月8日,乌鲁木齐。新疆维吾尔自治区图书馆1961年12月油印。

新疆维吾尔自治区图书馆关于藏书使用手续的规定

草拟于1961年12月9日,乌鲁木齐。新疆维吾尔自治区图书馆1961年12月油印。

新疆维吾尔自治区图书馆的一些表格

设计于1960~1961年,乌鲁木齐。新疆维吾尔自治区图书馆1960~1961年印。

1962

新疆维吾尔自治区图书馆1962年工作计划

草拟于1962年1月3~4日,乌鲁木齐。新疆维吾尔自治区图书馆1962年1月油印。

使用建国十年来优秀文学作品提要卡片的程序

草拟于1962年1月11日,乌鲁木齐。

新疆维吾尔自治区图书馆关于划分汉文普通图书和杂志的办法

草拟于1962年1月19日,乌鲁木齐。新疆维吾尔自治区图书馆1962年2月油印。

新疆维吾尔自治区图书馆为科学技术工作者服务的暂行办法

草拟于1962年2月21日，乌鲁木齐。新疆维吾尔自治区图书馆1962年2月油印。

新疆维吾尔自治区图书馆关于档案工作的规定

草拟于1962年2月23日，乌鲁木齐。新疆维吾尔自治区图书馆1962年3月油印。

新疆维吾尔自治区图书馆馆际互借办法

草拟于1962年2月24日，乌鲁木齐。

新疆维吾尔自治区图书馆单位借书办法

草拟于1962年2月26日，乌鲁木齐。

新疆维吾尔自治区图书馆关于藏书符号的规定

草拟于1962年1～4月，乌鲁木齐。

关于书目资料收藏的组织和管理的规定（草稿）

草拟于1962年10月4～5日，吉林。

统一书号与图书馆工作

写于1962年1月30日～12月17日，乌鲁木齐、吉林。

1963

书目工作自动化

译于1963年1月2～7日，吉林（叶·瓦西里也娃—切博塔辽娃著）。

吉林市地区各图书馆藏外文科技期刊联合目录编辑计划草案

草拟于1963年1月12日，吉林。

吉林市地区各图书馆藏中文科技期刊联合目录编辑计划草案

草拟于1963年1月14日，吉林。

穿孔卡片

译于1963年1月8～27日，吉林（T. 格罗杰茨卡娅—鲁奇娜著）。

吉林市图书馆《书刊文摘》编辑规则（草稿）

草拟于1963年4月25日，吉林。

○ **列宁与图书馆**（文献目录）

编成于1963年7月20日，修改、补充于1964年1～3月、1973年4月和10月，乌鲁木齐、北京、吉林。1973年5月油印，78页；吉林市图书馆1973年10月油印，82页。

1964

● **《列宁与图书馆（文献目录）》序言**

写完于1964年5月1日，修改于1973年4月，乌鲁木齐、吉林、北京、长春。1973年5月和10月油印。

给图书馆专业书籍编辑部、图书馆杂志编辑部的信

写于1964年5月7日，吉林。

○ **文献检索和国际十进分类法**（提纲）

写完于1964年6月28日，吉林。吉林市科学技术委员会情报研究室1964年7月刊印（横本，19页，未署著者和刊印者）。

● **目录的特征——谈谈充分发挥书目检索工具的作用**

写完于1964年7月2日，吉林。载于《图书馆》1964年第4期。

○ **美国出版的《科学引文索引》**

译于1964年8月19～20日，吉林（Н. В. Крылова著）。载于《综合科技动态第二分册情报工作》1964年第5期。

书刊文献清理和检索系统组织（提纲）

写完于1964年10月27日，吉林。

情报服务与文献检索（提纲）

写完于1964年10月28日，吉林。

关于联合目录工作的几点意见（为全国图书联合目录编辑组征求意见而写）

写于1964年11月，吉林。

省、边区、共和国（自治共和国）图书馆地方文献目录示范类目表

译于1964年11月13～22日，吉林。载于武汉大学图书馆学系研究室《国外图书情报文摘》（三），1983年9月。

列宁格勒国民经济委员会情报人员进修班

译于1964年12月16～21日，吉林（В. И. Гольдинов著）。

1965

国外书目在自然科学藏书补充工作中的利用

译于1964年12月27日～1965年1月7日，吉林（A. A. 斯莫尔耶夫斯基等著）。载于中国科学院图书馆《图书馆工作参考资料》1965年第6期。

试谈在情报服务工作中做好调查研究的几点方法

写完于 1965 年 2 月 16 日，吉林。载于《科技情报工作》1965 年第 6 期。

地区性科技情报所的咨询服务工作

译于 1965 年 3 月 18～28 日，吉林（И. К. 朱尤斯，А. Ю. 坎茨列里斯著）。载于《综合科技动态　情报工作》1965 年第 5 期。

保加利亚的科技情报机构

译于 1965 年 4 月 21～30 日，吉林（Л. В. 马列夫著）。载于《综合科技动态　情报工作》1965 年第 6 期。

苏联科学研究所情报室的工作

译于 1965 年 5 月 18～23 日，吉林（Я. А. 什聂依杰尔曼著）。载于《综合科技动态　情报工作》1965 年第 8 期。

○ 科学情报工作与图书馆工作的关系

译于 1965 年 8 月 14～23 日，吉林（А. И. 米哈依洛夫著）。载于《综合科技动态　情报工作》1965 年第 11 期。

吉林市科学技术文献室文献编号法

写于 1965 年 9 月 12 日，吉林。

苏联北高加索经济区企业情报人员进修班

译于 1965 年 10 月 7～8 日，吉林（В. А. 斯莫梁尼诺夫著）。载于《综合科技动态　情报工作》1966 年第 1 期（未署名）。

科学研究所情报室参与研究课题计划的拟定

译于 1965 年 8 月 30 日～10 月 14 日，吉林（О. Е. 布雷—施马利扬著）。载于《综合科技动态　情报工作》1965 年第 12 期。

苏联波罗的海沿岸各共和国的专利情报工作

译于 1965 年 10 月 25 日～11 月 1 日，吉林（И. 朱尤斯、А. 米库达著）。载于《综合科技动态　情报工作》1966 年第 1 期。

莫斯科机床联合工厂技术情报与发明创造科的工作

译于 1965 年 11 月 1～11 日，吉林（Ю. Е. 罗津费里德著）。载于《综合科技动态　情报工作》1966 年第 2 期。

研究所情报室参加科学研究和试验设计工作

译于 1965 年 11 月 12～15 日，吉林（Ю. Х. 洛克申，Н. А. 阿尔费耶娃著）。载于《综合科技动态　情报工作》1966 年第 2 期。

1966

科学技术图书馆在情报工作中的作用

译于 1965 年 12 月 25 日～1966 年 1 月 5 日，吉林（Е. Н. 莫罗佐娃著）。载于《综合科技动态　情报工作》1966 年第 4 期。

○ 图书馆与情报机构的相互关系

译于 1966 年 1 月 9～24 日，吉林（Г. П. 福诺托夫著）。载于《综合科技动态情报工作》1966 年第 4 期。

○ 新型文献索引

译于 1966 年 2 月 11 日～3 月 5 日，吉林（Р. С. 吉良列夫斯基、А. И. 切尔耐著）。载于《综合科技动态　情报工作》1966 年第 5 期。

工业企业技术情报室的组织机构

译于 1966 年 4 月 8～11 日，吉林（О. Е. 布雷—什马利扬著）。载于《综合科技动态　情报工作》1966 年第 6 期。

苏联利哈乔夫工厂的科技情报工作

译于 1966 年 5 月 7～15 日，吉林（А. Т. 巴霍尔科夫著）。载于《综合科技动态情报工作》1966 年第 7 期（未署名）。

1970

科学技术文献服务室服务办法

草拟于 1970 年 11 月 11 日，吉林。

关于改革吉林市图书馆藏书编号方法的建议——给驻馆工人毛泽东思想宣传队、馆革命领导小组及全馆同志

写于 1970 年 11 月 23 日～12 月 7 日，吉林。

技术标准编目、排架方案

写完于 1970 年 12 月 12 日，吉林。

1971

一般复分表（草稿）

草拟于 1971 年 8 月，修改于 1971 年 9 月，北京。图书分类法编辑组 1971 年 8 月油印；图书分类法编辑组 1971 年 9 月油印（题名改为《通用复分表（草稿）》）。

关于分类标记问题

草拟于 1971 年 8 月，北京。图书分类法编辑

组1971年8月油印。

苏联图书馆图书分类法:基本大类和部分二级类目

译于1971年8～9月,北京。载于武汉大学图书馆学系研究室《国外图书情报文摘》(三),1983年9月。

苏联图书馆图书分类法:地区复分表

译于1971年9～10月,北京、吉林。载于武汉大学图书馆学系研究室《国外图书情报文摘》(三),1983年9月。

1972

● **关于全国图书统一编号的建议**(附:给郎杰、胡耀辉同志的信)

写完于1972年4月19日,北京－吉林。

新制成的"期刊目录页缩微卡"(工作报导)

写于1972年8月10日,吉林。

图书分类法草案修改工作的具体要求

草拟于1972年9月19～21日,北京。图书分类法编辑组1972年9月油印。

苏联图书馆图书分类法:Ж/О 技术、技术科学(说明:4. 技术各类间划分界限的主要问题)

译完于1972年9月24日,北京。载于武汉大学图书馆学系研究室《国外图书情报文摘》(三),1983年9月。

图书分类法座谈会纪要

草拟于1972年10月4～6日,北京(刘歧云、李兴辉修改)。载于图书分类法编辑组《简报》第4期,1972年10月。

苏联图书馆图书分类法:Ж/О 技术、技术科学(基本类目)

译于1972年10月7～11日,北京。载于武汉大学图书馆学系研究室《国外图书情报文摘》(三),1983年9月。

苏联图书馆图书分类法:M9 摄影电影技术(详表)

译于1972年10月15～16日,北京。载于武汉大学图书馆学系研究室《国外图书情报文摘》(三),1983年9月。

世界地区表

草拟完于1972年10月18日,北京。

苏联图书馆图书分类法:Ч73 图书馆事业、图书馆学(详表)

译完于1972年10月28日,北京。载于武汉大学图书馆学系研究室《国外图书情报文摘》(三),1983年9月。

苏联图书馆图书分类法:Ч75 目录学(详表)

译于1972年10月29日,北京。载于武汉大学图书馆学系研究室《国外图书情报文摘》(三),1983年9月。

苏联图书馆图书分类法:Ч23 科学情报工作(详表)

译完于1972年10月29日,北京。载于武汉大学图书馆学系研究室《国外图书情报文摘》(三),1983年9月。

苏联图书馆图书分类法:Ж/О 技术、技术科学(专用复分表)

译完于1972年11月16日,北京。载于武汉大学图书馆学系研究室《国外图书情报文摘》(三),1983年9月。

1973

苏联图书馆图书分类法:Я 综合性图书(详表)

译于1973年1月8～10日,北京。载于武汉大学图书馆学系研究室《国外图书情报文摘》(三),1983年9月。

中国图书馆图书分类法

参加编制于1971年3～10月,1972年9月～1973年1月,参加修订于1986年夏,北京。北京图书馆1973年3月出版,书目文献出版社1990年2月出版,科学技术文献出版社1989年11月出版。

吉林市图书馆科学技术文献服务室关于与各单位建立书刊资料借阅和交流关系的试行办法

草拟于1973年4月9日,吉林。吉林市图书馆1973年4月油印。

图书馆的期刊工作(提纲)

写于1973年4月,吉林。吉林市图书馆1973年4月油印。

1974

《中国图书馆图书分类法》学习班讲稿

写于1973年11月～1974年1月,吉林。

藏书的编号和编目(吉林市图书馆科学技术文献

室实验、试用的办法，并非完整的材料）

写于1974年1月22日～2月18日，吉林。

县图书馆工作讲话

参加编写于1974年6～10月，盘石、长春、北京（北京大学图书馆学系第一届工农兵学员赴吉林省毕业实践小分队编写，参加编写第五讲）。北京大学图书馆学系1974年12月刊印。

1975

《毛主席语录索引》编制方案

拟于1975年3月16日，吉林。

吉林市图书馆新舍设计方案

草拟于1975年3月，吉林。

1976

图书馆学情报学文献分类表

编于1975年12月29日～1976年6月11日，吉林。载于《湖北省图书馆学会一九七九年年会论文选》。

科技文献检索

校订、修改、补充、绘图、修印版于1976年1月10日～9月20日，吉林、口前（武汉大学图书馆学系《科技文献检索》编写组编）。吉林市科学技术局、吉林市图书馆1976年3月刊印。

文献检索中应注意的几个问题

写于1976年12月4～5日，武汉。

1977

办好农村图书室为普及大寨县服务

修改、补充于1976年12月～1977年1月，武汉（武汉大学图书馆学系74级工农兵学员编写）。武汉大学图书馆学系1977年1月刊印。

农村科技情报工作

改写于1977年3月，武汉（武汉大学图书馆学系74级工农兵学员编写）。武汉大学图书馆学系1977年3月刊印。

《图书馆员手册》编写提纲

草拟于1977年5月下旬，武汉。

《文献复制》编写提纲

草拟于1977年5月下旬，武汉。

图书馆员手册（征求意见稿）

指导编写并修改于1977年6～8月，上海（武汉大学图书馆学系75级《图书馆员手册》编写组编写）。《图书馆员手册》编写组1977年8月油印。

科技情报分析研究讲义（征求意见稿）

参加草拟提纲、指导编写、修改并写个别节段于1977年6～8月，武汉、上海（武汉大学图书馆学系75级《科技情报分析讲义》上海编写小组编写）。1977年9月油印。

关于《图书馆员手册》的几点说明

补充并改写完于1977年8月25日，上海（罗建国起草）。

科技图书资料的分类

编写完于1977年9月22日，武汉。1977年9月油印（署名：武汉大学图书馆学系科技情报资料工作教学小组）。

“科技图书资料的分类”练习题（1）

拟于1977年9月下旬，武汉。1977年9月油印。

国外图书馆学研究的某些情况

写于1977年9月25日～10月17日，武汉。

“科技图书资料的分类”练习题（2）

拟于1977年10月下旬，武汉。1977年10月油印。

国外图书资料分类法的某些情况（提纲）

草拟于1977年12月下旬，武汉。

1978

高等学校图书馆的藏书建设问题（提纲）

写于1978年1月上旬，武汉。

图书馆现代化与经济技术发展

写于1978年2月7～12日，修改于1978年3月12日，武汉。

列宁与科学技术情报和宣传工作问题

译于1978年2月13～19日，武汉（А. Я. 弗利德曼著）。载于武汉大学图书馆学系《国外图书馆学情报学参考资料》（三），1978年6月。

瑞典科学图书馆的自动化

译于1978年3月1～3日，武汉。载于武汉大学图书馆学系《国外图书馆学情报学参考资料》（三），1978年6月。

法国图书馆的自动化

译于 1978 年 3 月 4 ~ 22 日，武汉。载于武汉大学图书馆学系《国外图书馆学情报学参考资料》(三)，1978 年 6 月。

苏联和东欧各国图书馆工作的自动化

译完于 1978 年 4 月 13 日，武汉。载于武汉大学图书馆学系《国外图书馆学情报学参考资料》(三)，1978 年 6 月。

图书情报工作计算机化资料目录

编于 1978 年 4 月下旬，武汉。武汉大学图书馆学系 1978 年 5 月油印(署名：武汉大学图书馆学系图书情报现代技术研究室)。

科技情报资料工作(试用教材)

主编于 1976 年 12 月 ~ 1977 年 5 月和 1978 年 5 月，武汉。武汉大学图书馆学系 1978 年 5 月刊印(署名：《科技情报资料工作》编写组)。

积极开展图书馆学研究，为实现新时期的总任务做出贡献

写于 1978 年 6 月 5 ~ 10 日，修改于 1978 年 6 月 17 日，武汉(经他人修改，署名：湖北省图书馆学会筹备会)。载于黄石市图书馆《图书馆工作》1979 年第 1 期。

对《图书馆学 1978 ~ 1985 年规划的初步设想(草稿)》的修改意见

写于 1978 年 6 月 25 日，武汉。

图书馆与科学技术现代化

写于 1978 年 6 ~ 7 月，武汉(卢子博合写)。载于《四川图书馆学报》1979 年第 2 期。

文献复制(试用本)

改写和补充于 1978 年 7 ~ 9 月，武汉(武汉大学图书馆学系"文献复制"教学小组编写)。武汉大学图书馆学系 1978 年 9 月油印。

55 种图书馆学和情报学著作的内容分析

译于 1978 年 11 月 30 日，武汉。

1979

○ **情报检索语言资料目录**

编于 1979 年 2 月，武汉。1979 年 2 月油印(署名：武汉大学图书馆学系图书情报现代技术教研室)。

图书馆学教育的回顾与展望

写于 1979 年 4 月，武汉(与黄宗忠合写)，载于《图书馆学通讯》1980 年第 3 期。

情报检索语言研究生试题及答案

命题于 1979 年 4 月上旬，写答案于 1979 年 5 月上旬，武汉。

图书馆学研究的新领域

写于 1979 年 7 月 2 日，武汉(据吴则田的译稿改写)。

在中国图书馆学会成立大会和第一次科学讨论会闭幕会上的发言

写于 1979 年 7 月 15 ~ 16 日，太原。

文献情报存贮检索系统结构方案探索——以图书馆学情报学文献情报存贮检索系统的设计为例

写完于 1979 年 9 月 16 日，武汉。载于《湖北省图书馆学会一九七九年年会论文选》。

试论我国图书馆现代化的目标、道路及方法

写完于 1979 年 10 月 12 日，武汉(与付敬生、刘荣、杨元生共同讨论而后写成)。载于《武汉大学哲学社会科学论丛(图书馆学专辑)》，1979 年 12 月刊印。

1980

● **情报检索语言**

写完于 1980 年 3 月 17 日，第一次修订完于 1982 年 4 月 25 日，第二次修订于 1982 年 12 月 2 ~ 24 日，武汉。武汉大学图书馆学系 1980 年 6 月油印，武汉大学图书馆学系 1982 年 4 月刊印；武汉大学出版社 1983 年 6 月出版(高等学校文科教材)，1984 年 5 月第 2 次印刷，1986 年 4 月第 4 次印刷，1987 年 3 月第 5 次印刷，1988 年 6 月第 6 次印刷，1985 年 6 月第 3 次印刷。

情报检索语言研究生试题

命题于 1980 年 3 月下旬，武汉。

全国文献工作标准化技术委员会成立

写于 1980 年 3 月 30 日，武汉。

○ **分类目录产生漏检和误检的原因**

写于 1980 年 3 月 31 日 ~ 4 月 4 日，武汉。载于《图书情报知识》1980 年第 1 期。

情报检索语言课程参考资料

选编于 1980 年 4 月，武汉。武汉大学图书馆学系图书情报现代技术教研室 1980 年 9 月胶印。

关于《中华人民共和国行政区划代码(国家标准草案征求意见稿)》的修改意见

写于1980年4月23~24日,武汉。

● **情报检索语言大纲**

写完于1980年7月15日,修改于1981年5月20日~6月9日,武汉。载于《图书馆学刊》1981年第3期和第4期。

标准资料的管理

写完于1980年7月20日,武汉(邹华亨合写)。载于《图书情报知识》1980年第2期。

○ **《中国图书馆图书分类法索引》编制规范(草案)**

写完于1980年7月27日,武汉。《中国图书馆图书分类法》编辑委员会1980年油印。

专业情报机构文献资料分类的特点

写完于1980年8月16日,武汉(周六炎合写)。载于《湖北省图书馆学会一九八○年年会论文选》。

悼念刘国钧先生

修改、补充于1980年10月8~9日,武汉(朱天俊写初稿)。载于《图书情报知识》1980年第2期。

日本学校图书馆法规简介

摘编于1980年10月13~14日,武汉(据卢素心译稿)。载于《图书情报知识》1980年第2期(署名:卢素心译,本刊编辑部摘编)。

关于在我系建立图书情报现代化教学试验中心的设想

草拟于1980年10月23日,武汉。

○ **关于分类法和词表标准化的几点建议**

写完于1980年12月11日,武汉。载于《张琪玉论文选》,成都东方图书馆学研究所1988出版。

关于《中华人民共和国国家标准:连续性出版物题名缩写规则(草案征求意见稿)》的几点意见

写于1980年12月20日,武汉。

1981

用《汉语主题词表》可编制什么样的检索工具

写完于1981年1月4日,武汉。载于《图书馆学刊》1981年第1期。

"情报检索语言"课程1980年下半年考试试题

命题于1981年1月上旬,武汉。油印。

图书馆现代化简介与展望

编写于1981年2~3月,武汉(刘彭、宋桂文合编写)。吉林省图书馆学会1981年7月出版,即《图书馆业务自学大全》第13种。

图书馆现代化(提纲)

拟于1981年4月,武汉。武汉大学图书馆学系1981年4月油印。

在图书馆学教育问题座谈会上的发言

1981年5月14日,武汉。载于《图书情报知识》1981年第2期。

《图书馆学刊》编者按(受学刊编辑部委托而写)

写于1981年6月15日,武汉。载于《图书馆学刊》1981年第3期。

情报检索语言研究生试题及答案

命题和写答案于1981年7月下旬,武汉。

文献工作标准化(提纲)

拟完于1981年8月8日,修改于1981年10月3日,武汉。

关于《中华人民共和国各民族的名称及其代码》和《中国民族名称罗马字母拼写法和缩写》两个国家标准草案征求意见稿的修改意见

写于1981年8月10日,武汉。

● **体系分类法中"集中与分散"的矛盾**

写于1981年8月20~21日,武汉。载于《图书馆杂志》1982年第1期。

对张厚生《论专题目录》一文的审阅意见

写完于1981年8月28日,武汉。

关于文献工作标准体系图和标准化项目表的修改增补方案

写于1981年8月29日,武汉。载于《广东图书馆学刊》1982年第1期。

关于《数字拼写》一书供罗海清同志参考的几个问题

写于1981年9月19日,武汉。

对《〈汉语主题词表〉手工检索标引工作手册(初稿)》的意见

写于1981年10月3~4日,武汉。

武汉大学图书馆学系情报检索语言研究生培养方案(1982~1984年)

写于1981年12月28日,修订于1982年6月1~2日,武汉。武汉大学图书馆学系1982年

3 月油印。

1982

对《图书资料分类工作规范(草案)(讨论稿)》的几点主要意见

写于 1982 年 2 月 5 日,武汉。

○ **认识分类表的内部规律性是辨类的基本方法**

写完于 1982 年 2 月 14 日,武汉。载于《图书馆学刊》1982 年第 2 期。

图书馆学研究生试题

命题于 1982 年 3 月 2 日,武汉。

○ **字顺检索系统不宜纯按汉语拼音排列**

写于 1982 年 3 月 16 日,武汉。载于《图书情报知识》1982 年第 1 期(署名:竹林)。

文献分类标引规范(国家标准草案)(第三稿,征求意见用)

草拟于 1982 年 3 月 24 ~ 26 日,福州。全国文献工作标准化技术委员会第五分委员会 1982 年 4 月油印。

全国文献工作标准化技术委员会第五分委员会扩大会议在福州举行

写于 1982 年 4 月 1 日,武汉。载于《图书情报知识》1982 年第 1 期(署名:文竹)。

○ **体系分类法中的交替法**

写完于 1982 年 4 月 5 日,武汉、福州。载于《图书情报知识》1982 年第 2 期。

"情报检索语言"课程函授教学指导书

编写完于 1982 年 8 月 15 日,第二版编写于 1983 年 11 月上旬,武汉(小部分练习题由叶千军、邓顺国、汪东波提供)。武汉大学图书馆学系 1982 年 8 月第 1 版(未署名),1983 年 11 月第 2 版(未署名)。

中国图书馆图书分类法(第二版)索引

主持编制于 1981 年 2 月末 ~ 1982 年 9 月初,武汉(武汉大学图书馆学系编辑)。书目文献出版社 1984 年 12 月出版。

《中国图书馆图书分类法》和《中国图书资料分类法》联合索引编制完成

写于 1982 年 10 月 21 日,武汉。载于《图书情报知识》1982 年第 4 期(署名:淡竹)。

情报检索语言讲稿(录音带及幻灯片稿)

编写于 1982 年 8 ~ 10 月,武汉。手稿 8 册。录音带及幻灯片曾复制 16 套分发各地函授站。

情报检索语言与图书情报档案工作——推荐张琪玉编著《情报检索语言》一书(此文受武汉大学出版社委托而写)

写于 1982 年 11 月 21 日,武汉。

情报检索语言研究生试题

命题于 1982 年 12 月 8 日,武汉。

"情报检索语言"课程 1982 年下半年考试试题

命题于 1982 年 11 月 25 日 ~ 12 月 9 日,武汉。

"情报检索语言"课程练习题答案

写于 1982 年 12 月中旬,武汉。武汉大学图书馆学系 1982 年 12 月油印。

1983

"情报检索语言"课程 1982 年下半年本科生考试试题

命题于 1983 年 1 月 1 ~ 7 日,武汉。

● **《中国图书馆图书分类法(第二版)索引》编制说明**

写于 1983 年 1 月 30 日 ~ 2 月 4 日,武汉。载于《中国图书馆图书分类法(第二版)索引》书目文献出版社 1984 年 12 月出版。

分类语言研究提纲

写于 1983 年 2 月 11 ~ 13 日,武汉。

○ **情报语言学导论研究提纲**

写完于 1983 年 3 月 10 日,武汉。

关于建立湖北省地方文献检索系统和专门收藏的建议

写于 1983 年 4 月 19 ~ 20 日,武汉。

情报检索语言及中国图书馆史研究生复试试题

命题于 1983 年 4 月 21 ~ 25 日,武汉。

文献情报的主题检索法——关于叙词型主题目录、索引的编制和使用(提纲)

写于 1983 年 5 月 22 ~ 25 日,武汉。

关于毛善作《谈文献标记符号的标准化问题——建议采用 36 位制标记法》一文

写于 1983 年 6 月 8 ~ 9 日,武汉。

索引法研究提纲

写于 1983 年 8 月 2 ~ 5 日,武汉。

描述语言研究提纲

写于 1983 年 8 月 7 日,武汉。

汉语构词法研究提纲

写于 1983 年 8 月 14 日，武汉。

● **论情报检索语言的研究、创制与普及**

写完于 1983 年 8 月 30 日，武汉。载于《图书情报知识》1983 年第 4 期。

● **情报语言学文献分类表**

编于 1983 年 9 月 7～9 日，修订完于 1986 年 3 月 31 日，再次修订和补充于 1996 年 6～8 月，类目索引编于 1996 年 2 月和 8 月，武汉、上海。载于《张琪玉情报语言学文集》，1999 年 5 月北京图书馆出版社出版。

新建专业教研室应把教学放在首位

写完于 1983 年 10 月 15 日，武汉。载于《庆祝武汉大学建校七十周年教学经验交流会文集》，武汉大学教务处 1983 年 12 月刊印。

对《科技文献检索》书稿的意见

写完于 1983 年 11 月 24 日，武汉。

"情报检索语言"课程 1983 年下半年本科生考试试题

命题于 1983 年 12 月上旬，武汉。武汉大学图书馆学系 1983 年 12 月油印。

关于"情报检索语言"课程函授教学工作安排的通知

写于 1983 年 12 月 10 日，武汉。

"情报检索语言"课程练习题答案

写于 1983 年 12 月中旬，武汉。武汉大学图书馆学系 1983 年 12 月油印。

情报检索语言研究生试题

命题于 1983 年 11 月 27 日～12 月 16 日，答案写于 1984 年 2 月上旬，武汉（周继良参加了"分类与编目"的命题，黄宗忠、谢灼华、彭斐章参加了"图书馆学综合知识"的命题）。

图书馆学情报学丛书选题计划（供讨论参考）

草拟于 1983 年 12 月下旬，武汉。

1984

○ **列宁与图书馆**

写于 1984 年 1 月 29 日～2 月 6 日，武汉。载于《图书馆学通讯》1984 年第 2 期。

纯标识检索系统还有实用价值——一个计算机应用课题的重新提出

写完于 1984 年 4 月 8 日，武汉。载于《山东图书馆季刊》1984 年第 3 期。

汉文关键词索引系统程序设计要点

写完于 1984 年 4 月 15 日，武汉。

情报检索语言研究生复试试题

命题于 1984 年 4 月 17 日，武汉。

● **情报检索语言方法综述**

写完于 1984 年 5 月 2 日，武汉。载于《图书情报知识》1984 年第 1 期。

图书馆学情报学学科体系图

执笔草拟完于 1984 年 5 月 14 日，武汉（彭斐章、谢灼华合拟）。此图曾送交《中国大百科全书》图书馆学情报学档案学卷的图书馆学编委会。

"情报检索语言"课程 1984 年函授生考试试题

命题于 1984 年 6 月 6 日，武汉。武汉大学图书情报学院 1984 年 6 月刊印。

《图书档案保护实用手册》编写提纲

拟于 1984 年 6 月 21～22 日，武汉。

怎样获取文献情报（提纲）

拟完于 1984 年 6 月 26 日，武汉。

● **关于情报语言学**

写于 1984 年 8 月，武汉。载于《〈情报检索语言〉学习辅导》，湖北省高等学校图书馆工作委员会、武汉大学图书情报学院 1985 年 8 月刊印。

《图书保护学》编写提纲

拟于 1984 年 9 月 16 日，武汉。

情报检索语言研究资料汇编　第一卷　文献目录　第一册登记目录部分

编完于 1984 年 9 月中旬，前言写于 1984 年 12 月 6 日，武汉。

张琪玉著作编年目录

编于 1984 年 9 月 28～29 日，补充于 1987 年 3 月，武汉。载于《张琪玉论文选》，成都东方图书馆学研究所 1988 年出版。

张琪玉简历

写于 1984 年 10 月 31 日，修改于 1987 年 4 月 4 日，武汉。载于《张琪玉论文选》，成都东方图书馆学研究所 1988 年出版。

张琪玉论文选

选编完于 1984 年 11 月 3 日，重编于 1987 年 4 月，武汉。成都东方图书馆学研究所 1988 年出版(书名页题《张琪玉选集》)。

《张琪玉论文选》序

写于1984年11月1~3日,修改于1987年4月4日,武汉(题名《张琪玉图书馆学著作选集》序)。载于《张琪玉论文选集》,成都东方图书馆学研究所1988年出版。

情报检索语言研究生试题及答案

命题于1984年11月14~15日,答案写于1984年11月15日和21日,武汉。

请图书馆、情报、档案、出版各界都来关心文献工作术语的标准化工作

写于1984年11月22日,武汉。载于《图书情报知识》1984年第1期(署名:全国文献工作标准化技术委员会第三分委员会、《图书情报知识》编辑部)。

给李兴辉同志的信

写于1984年11月25日,武汉。载于《图书情报知识》1985年第3期。

● **文献主题的构成因素及层次**

写完于1984年12月9日,武汉。载于《图书情报知识》1985年第1期。

● **情报检索语言中语词标识的功能与局限——关于主题法性能的几点分析**

写于1983年6月~1984年12月13日,武汉、昆明。载于《湖北高校图书馆》第1期。

1985

情报与文献工作词汇:文献和资料的收集、识别与分析(国家标准草案)

草拟于1985年1月24~27日,第一次修改完于1986年12月5日,第二次修改完于1987年8月21日,武汉、上海(石渤参加草拟)。第一稿载于《图书情报知识》1985年第1期,第二次修改稿1987年8月复印。

关于制订高校"七五"图书馆学学科科研规划的咨询报告

参加草拟并汇总整理于1985年2月10~15日,武汉(彭斐章、黄宗忠、谢灼华、陈光祚等多人合拟)。载于国家教育委员会高教一司编《哲学社会科学研究现状和发展——高校"七五"科研规划咨询报告》,北京大学出版社1985年7月出版。

武汉大学一九八五年图书馆学专业助教培训班入学考试试题及答案(图书馆学综合知识)

命题和写答案于1985年3月3~4日,武汉。

体系分类法中的模糊现象及其消除方法

写完于1985年4月17日,武汉(曾蕾合写)。载于《图书情报知识》1985年第2期。

○ **关于《中图法》增加组配成分的可能性和方法的探索**

写于1985年3月22日~4月21日,武汉。载于《北图通讯》1985年第3期。

● **提高情报检索效率是情报检索语言研究的根本目的——答黄立军同志**

写于1985年6月17~28日,武汉。载于《图书情报知识》1985年第3期。

《情报检索语言》学习辅导

写完于1985年8月16日,武汉。湖北省高等学校图书馆工作委员会、武汉大学图书情报学院1985年8月出版。

关于主题词型手工检索系统标引工作的几点建议

写完于1985年8月25日,武汉。载于《北图通讯》1985年第4期。

武汉大学图书情报学院图书情报研究所情报检索语言研究方向攻读硕士学位研究生培养方案(修订)和研究方向简介

写于1985年11月24~25日,再次修订于1987年2月21日,武汉。

研究生班和助教进修班情报检索语言课程试题及答案(笔试部分)

命题和写答案于1985年12月下旬,武汉。武汉大学图书情报学院1985年12月油印。

1986

"情报检索语言"自学考试大纲(湖北省高等教育自学考试图书馆学专业1986年下半年考)

编写于1986年1月中旬,武汉。载于《自学指南》1986年第5期(署名:武汉大学图书情报学院图书馆学系)。

● **情报检索语言语法体系初探**

写完于1986年1月22日,武汉。载于《图书馆理论与实践》1986年第3期。

关于空军政治学院图书档案系筹建工作的建议

写完于 1986 年 4 月 13 日，武汉。空军政治学院 1986 年 5 月复印。

情报检索语言自学考试试题（五套）

命题和写答案完于 1986 年 9 月 6 日，北京－武汉。手稿。其中一套 1986 年刊印。

《国外大学图书馆概述》序

写完于 1986 年 10 月 5 日，武汉。载于朱祖培等编《国外大学图书馆概述》，上海科学技术文献出版社 1987 年 4 月出版。

《中国图书馆图书分类法》《汉语主题词表》对照索引编制方案（草案）

草拟完于 1986 年 10 月 26 日，修改于 1987 年 2 月 17～18 日，武汉（邓顺国参加所附样表的编制）。初稿 1986 年 10 月油印（署名：北京图书馆图书馆学研究部、武汉大学图书情报研究所）。

关于函授专修科 84 级“情报检索语言”课程教学工作的几点说明和要求

写于 1986 年 12 月 9～10 日，武汉。

1987

○ **情报检索语言·分类检索语言·主题检索语言**

写完于 1987 年 1 月 4 日，武汉。载于《中国大百科全书　图书馆学　情报学　档案学》，中国大百科全书出版社 1993 年 1 月出版。

湖北省高等教育自学考试图书馆学专业情报检索语言考试大纲（重写）

写完于 1987 年 3 月 9 日，武汉。载于《湖北省高等教育自学考试考试大纲》上册。

● **情报语言学基础**

写完于 1987 年 3 月 27 日，武汉（在《情报检索语言》一书基础上增补修订而成）。武汉大学出版社 1987 年 11 月出版，1988 年 9 月第 2 次印刷；1997 年 9 月增订二版；1998 年 10 月增订二版第 2 次印刷；2000 年 7 月增订二版第 3 次印刷；2001 年 10 月增订二版第 4 次印刷；2003 年 9 月增订二版第 5 次印刷。

情报检索语言试题（函授专修科用）

命题于 1987 年 4 月 17 日，武汉。

WD-ZBJ 中文文献自动标引和检索系统（未完稿）

写于 1987 年 4 月 18 日，武汉。

○ **情报语言学基础学习指导书**

写完于 1987 年 4 月 30 日，武汉。武汉大学出版社 1987 年 10 月出版。

办好图书档案系，培养合格的专业人才——1987 年 5 月 9 日在审修《中国人民解放军院校图书馆工作条例》会议上的发言

发言于 1987 年 5 月 9 日，整理于 5 月 11 日，上海－武汉。

○ **情报语言学基础问题选讲**

写完于 1987 年 5 月 28 日，武汉（在《〈情报检索语言〉学习辅导》一书基础上增删修改而成）。武汉大学出版社 1987 年 10 月出版，1988 年 9 月第 2 次印刷。

全国文献工作标准化技术委员会第三分委员会工作总结

写于 1987 年 10 月，上海。载于全国情报文献工作标准化技术委员会秘书处编《全国情报文献工作标准化技术委员会第三届委员会工作会议文件》，1987 年 11 月油印。

空军政治学院图书档案系图书情报专业本科教学方案

草拟于 1987 年 11 月 4 日和 17 日，深圳－上海；修改于 1988 年 3 月上旬，二次修改完于 1988 年 3 月 30 日，三次修改完于 1988 年 5 月 19 日，上海。空军政治学院图书档案系 1988 年 5 月油印。

情报语言学研究生试题

命题于 1987 年 12 月下旬，上海。空军政治学院 1988 年 1 月油印。

1988

中央广播电视大学图书馆学专业“情报语言学基础”课程教学录像片（36 学时）

写稿并播讲于 1987 年 10 月～1988 年 1 月，上海。

“情报语言学基础”课程第七章学习参考资料——《汉语主题词表》节印本

选编于 1988 年 1 月，上海。空军政治学院图书档案系 1988 年 1 月刊印（署名：空军政治学院图书档案系）。

“情报语言学基础”课程中一些容易被混同和误解的概念

写于 1988 年 2 月 7 ~ 17 日，上海。载于《图书馆理论与实践》1988 年第 2 期。

空军政治学院图书档案系档案专业本科教学方案

草拟于 1988 年 3 月上旬，修改完于 1988 年 5 月下旬，上海。空军政治学院图书档案系 1988 年 5 月油印。

情报语言学基础课程期末复习提要

写于 1988 年 3 月 10 ~ 11 日，上海。载于《电大文科园地》1988 年第 5 期（署名：中央电大图书馆学专业）。

《情报语言学基础》第七章练习题答案

写于 1988 年 3 月中旬，上海。1988 年 3 月油印。

情报语言学基础学习辅导

编完于 1988 年 3 月 17 日，上海（叶千军编填空练习题和选择练习题，参加编思考题简答）。四川电大编辑部 1988 年 5 月出版。

中央广播电视大学图书馆学专业“情报语言学基础”课程考试试题（2 套）

命题和写答案于 1988 年 3 月 30 日 ~ 4 月 2 日，上海。

中央广播电视大学图书馆学专业“情报语言学基础”课程期末复习辅导教学录像片（3 学时）

写稿并播讲于 1988 年 4 月 3 ~ 10 日，上海。

《图书情报工作实用手册》条目

写完于 1988 年 6 月中旬和 8 月上旬，上海。载于武汉大学图书情报学院主编《中国图书情报工作实用全》，科学技术文献出版社 1990 年 7 月出版。

情报语言学导论教学大纲

编写于 1988 年 10 月 22 日 ~ 11 月 16 日，上海。载于空军政治学院编《攻读硕士学位研究生培养方案、教学大纲》，1988 年 12 月刊印。

分类检索语言与主题检索语言研究教学大纲

编写于 1988 年 10 月 23 日 ~ 11 月 16 日，上海。载于空军政治学院编《攻读硕士学位研究生培养方案、教学大纲》1988 年 12 月刊印。

报送我系教学用书编写规划

草拟于 1988 年 12 月 1 日，上海。

1989

我国情报检索语言四十年文献简述

写完于 1989 年 1 月 11 日，上海（“情报检索语言文献总量和分布”一节由丘峰完成）。载于《情报检索语言论文选》，书目文献出版社 1990 年 10 月出版。

情报检索语言论文选

选编完于 1989 年 1 月中旬，上海。书目文献出版社 1990 年 10 月出版。

● **情报检索语言的国家特点、时代特点和自然语言特点**

写完于 1989 年 1 月 19 日，上海。载于《图书馆理论与实践》1989 年第 4 期。

档案检索理论与方法（教材编写提纲）

写完于 1989 年 2 月 27 日，上海。

空军政治学院图书档案系关于编写教学大纲的规定

草拟于 1989 年 3 月 21 日，上海。

军事理论与军事技术基础（供参考的教材编写提纲）

草拟完于 1989 年 4 月 1 日，上海。

关于《情报检索语言》教材的补充说明

写于 1989 年 4 月 19 ~ 20 日，上海。空军政治学院 1989 年 4 月油印。

馆藏建设与档案收集（供参考的教材框架）

写完于 1989 年 4 月 24 日，上海。

文献分类教学大纲（供参考的框架）

写完于 1989 年 5 月 22 日，上海。

军队院校专业目录：图书情报档案学类

草拟完于 1989 年 7 月 11 日，上海。载于解放军总参军训部编《军队院校社会科学专业目录及规范（初审稿）》，1989 年 11 月印。

○ **关于文献分类标准化的设想和建议**

写于 1989 年 7 月 23 日 ~ 8 月 8 日，上海。载于《图书情报论坛》1990 年第 1 期。

○ **档案检索教学大纲**

写完于 1989 年 9 月 7 日，上海。空军政治学院图书档案系 1989 年 9 月刊印。

关于图书档案系发展研究生教育的几点意见

写于 1989 年 9 月 10 日，上海。空军政治学院 1989 年 9 月油印。

《中文社会科学工具书实用图表》序

写于 1989 年 10 月 28 日，上海。载于《图书馆理论与实践》1990 年第 4 期。

情报检索系统的建立与使用(讲课提纲)

写于1989年10月25日~11月1日,上海。

中文文献编目教学大纲(建议的框架)

写于1989年11月12日,上海。

藏书建设教学大纲(建议的框架)

写于1989年12月7~9日,上海。

1990

《中图法》(三版)培训班教学大纲

编写完于1990年1月30日,上海。

● **情报检索语言的易用性问题**

写完于1990年9月14日,上海。载于《云南图书馆》1990年第4期。

空军政治学院图书馆学专业情报语言学研究方向硕士研究生培养方案

写于1990年11月22日,1993年11月14日修订,上海。

《分类目录字顺主题索引研究》序

写于1990年12月15~17日,上海。

1991

《上海图书馆事业志》条目:空军政治学院图书档案系

写完于1991年1月18日,上海。载于朱庆祚主编《上海图书馆事业志》1996年上海社会科学院出版社出版。

《通用汉语著者号码表》编制工作的进展

写于1991年6月7~9日,上海。载于《江苏图书馆学报》1991年第6期。

○ **中文同类书排列规则——通用汉语著者号码表**(国家标准草案送审二稿)

草拟完于1991年7月27日,上海。载于《通用汉语著者号码表》,海洋出版社1992年6月出版。

图书改编(藏书重行分类)方案探讨

写于1991年8月7~12日,上海。载于《图书馆建设》1992年第1期。

○ **情报检索语言表达概念的迟钝性及其克服方法**

写于1990年11月22日~1991年8月17日,上海。载于《上海高校图书情报学刊》1991年第4期。

档案检索

写完于1991年9月16日(第1~2、4、7~16、19~20章),修改完于1992年3月7日(第3、5、6、17、18章由张正强、高文生写稿),上海。书目文献出版社1993年9月出版。

《中国图书馆学情报学档案学人物大辞典》条目:张琪玉

写于1991年10月2日,补充于1991年10月20日,修改于1993年6月16日,上海。

通用汉语著者号码表

参加编制于1991年5~10月,北京、上海(集体编制,刘湘生主编)。海洋出版社1992年6月出版。

● **工具书功能索引——关于编制"工具书之工具书"的设想**

写于1991年10月17~18日,上海。载于《图书馆杂志》1992年第1期。

○ **情报检索语言在档案工作领域应用的进展**

写于1991年10月25日~11月1日,上海。载于《文献工作研究》1991年第6期。

《图书馆分类工作手册》条目

写于1991年5月6日~11月3日,上海。载于侯汉清等编《图书馆分类工作手册》,中国科学技术出版社1992年3月出版。

《国际知识界名人录》条目:张琪玉

写于1991年11月27日,上海。载于International Biographical Centre《International Who's Who of Intellectuals》(Tenth Edition, 1993/94),1993。

空军政治学院情报语言学研究方向攻读硕士学位研究生一九九二年入学考试试题(三种)

命题完于1991年12月20日,上海。

1992

授予博士、硕士学位和培养研究生的学科、专业简介:图书馆学专业(草稿)

草拟于1992年3月14~16日,上海。

● **体系分类法的准则和惯例**

写完于1992年3月26日,上海。载于《晋图学刊》1992年第4期和1993年第1期。

关于发展数据库产业以开发信息资源为上海经济建设服务的建议(政协提案)

写完于1992年4月18日,上海。

军队图书馆

写于1992年5月3～9日,上海。

《图书情报用户教育》序

写于1992年5月27～28日,上海。载于林平忠编著《图书情报用户教育》,上海科学技术文献出版社1993年1月出版。

● **分类标记原理与方法概述**

写完于1992年6月7日,上海。载于《图书馆》1993年第1期。

○ **汉语检索词词素轮排索引编制法探索**

写完于1992年7月14日,上海。载于《图书与情报》1992年第4期。

○ **情报检索语言中轮排的原理和方法**

写完于1992年8月15日,上海。载于《图书馆建设》1993年第1期。

○ **充分利用入口词原理**

写完于1992年8月25日,上海。载于《图书馆论丛》1992年试刊号。

《主题标引实习手册》编制计划(草案)

草拟于1992年8月29日～9月1日,上海。

○ **中华人民共和国国家标准——文献分类标引规则**(送审稿)

草拟于1992年9月4～8日,上海。载于《文献分类岗位培训教程》,华艺出版社1993年10月出版。

张琪玉自传

写于1992年9月9日,增补于1993年4月10日,上海。载于《晋图学刊》1993年第2期。

○ **试论隐含主题**

写完于1992年9月18日,上海。载于《图书馆理论与实践》1993年第2期。

● **关于索引学研究和索引工作开展的设想与建议**

写完于1991年12月,修改完于1992年10月,上海。载于《江苏图书馆学报》1993年第1期。

○ **汉语关键词法探讨**

写完于1992年10月16日,上海。载于《图书馆论坛》1993年第1期。

关于《双表列类法评析和新法探索》的通信

写于1992年12月22日,上海。载于《图书馆理论与实践》1993年第3期。

1993

全国文献分类人员岗位培训教材(第一章第一节和第六章)

写于1992年11月16日～1993年1月4日,上海。华艺出版社1993年10月出版(题名《文献分类岗位培训教程》)。

《中国图书馆图书分类法(R类)与医学主题词表(MeSH)、中医药学主题词表对应表》简介和读后感

写于1993年2月1～2日,上海。载于《当代图书馆》1993年第1期。

《中国图书馆图书分类法二三版改版实用手册》简介

写于1993年2月5日,上海。载于《图书情报论坛》1993年第2期。

改革开放和现代化建设正呼唤图书馆学情报学专业教育的调整和变革(笔谈)

写完于1993年3月7日,上海。载于《上海高校图书情报学刊》1993年第2期。

一部查找中国发明和实用新型专利方便有效的工具书——书本型《中国专利数据库》

写于1993年3月12日,上海。

中国索引学会简介

写完于1993年3月16日,上海(曾蕾译成英文)。载于《Knowledge Organization》1993年第20卷第3期;《The Indexer》1993年第18卷第4期;《Learned Publishing》1993年10月号。

● **人—机结合的题内关键词索引可回避汉语分词难题**

写于1993年3月16～18日,上海。载于《图书馆杂志》1993年第4期。

○ **21世纪的中国情报检索语言和情报语言学**

写于1993年4月29日～5月5日,修订于1994年6月下旬和1995年11月9日,上海(韩建新、戴维民译成英文;修订稿题名改为《中国情报检索语言和情报语言学的发展》)。国际图书馆学情报学理论与实践发展学术研讨会1993年5月复印(英文本)。载于辛希孟主编《中国图书情报工作文库》,中央编译出版社1996年出版(按修订稿,题名改为《中国情报检索语言和情报语言学的发展》)。

《图书馆学百科全书》条目：中国索引学会

写于1993年5月，上海。载于《图书馆学百科全书》，中国大百科全书出版社1993年8月出版。

○ **一个精心设计的索引体系**

写完于1993年7月17日，上海。载于《上海高校图书情报学刊》1993年第4期。

● **论后控制词表**

写完于1993年7月19日，1993年12月7日修改，上海。载于《图书情报工作》1994年第1期。

张琪玉著作目录

初步编成于1993年7月27日，上海。

注：最完整的目录见YT《张琪玉情报语言学著作目录》2013年自刊本。

《中国分类主题词表》说明

写完于1993年8月6日，上海（与刘湘生合写）。载于《中国分类主题词表》第一卷㈠，华艺出版社1994年6月出版。

张琪玉情报语言学著作引文索引

编成于1993年8月29日，上海。

注：较完整的索引见《张琪玉文库》（光盘）中"Z1_著作总目与评论"之"Z1_06张琪玉情报语言学著作引文索引"。

《教育主题词表·中国图书馆图书分类法教育专业分类表》序

写于1993年8月31日～9月2日，上海。载于《教育主题词表·中国图书馆图书分类法教育专业分类表》，教育科学出版社1993年12月出版。

《图书馆学情报学档案学文献数据库》建库工作要点

写于1993年11月15～19日，上海。

关于《服装叙词表（征求意见稿）》的几点意见

写于1993年12月17～18日，上海。

《图书馆学情报学档案学文献数据库》检索功能一览表

写于1993年12月29日，上海。

中国分类主题词表

参加编制于1986～1993年，武汉、青岛、上海、北京（刘湘生主编，张琪玉、侯汉清、朱孟杰、汪东波副主编）。华艺出版社1994年6月出版。

1994

○ **主题标引过程对主题目录结构和功能的影响**

写完于1994年3月20日，上海。载于《情报理论与实践》1994年第5期。

情报文献工作标准化是图书情报档案工作现代化的迫切需要

写于1994年3月23～25日，上海。载于《上海高校图书情报学刊》1994年第2期。

对《中国图书馆图书分类法公安科学文献分类表》的几点意见

写于1994年5月18日，上海。

中国分类主题词表教程

主编完于1994年5月31日，上海。侯汉清写第1～2章，刘湘生写第3～4章，陈树年写第6章，张琪玉写第5，7～8章及统稿并写前言，刘湘生审阅。华艺出版社1994年7月出版。

全国索引成果展评会概况

写于1994年6月5日，上海（署名：中国索引学会供稿）。载于《情报资料工作》1994年第4期（题名改为《首届"全国索引成果展评会"在沪举行》，内容有增删）。

《汉语题内关键词索引与后控制词表系统鉴定材料》前言

写于1994年6月8日。载于空军政治学院汉语题内关键词索引与后控制词表系统研制组编《汉语题内关键词索引与后控制词表系统鉴定材料》，1994年6月复印本。

● **论索引项**

写完于1994年6月11日，上海。载于《图书馆杂志》1994年第5期。英文译文载于英国《索引家》（《The Indexer》）2009年第3期，《中国索引》编辑部译。

● **情报检索语言原理的一致和方法的差异**

写完于1994年6月17日，上海。载于《图书馆建设》1994年第1期。

《情报检索语言综论》序

写于1994年7月6日，上海。载于戴维民著《情报检索语言综论》，军事谊文出版社1994年9月出版。

《中国图书馆图书分类法、中国图书资料分类法（第三版）规范化的研究》序

写于1994年7月12日,上海。载于高辉、钟旭著《〈中国图书馆图书分类法〉〈中国图书资料分类法〉(第3版)规范化研究》,新疆大学出版社1994年8月出版。

主题目录中地名主题词用法的探讨

写完于1994年8月24日,上海。载于《图书馆论坛》1995年第1期。

● **情报检索中的语言保证问题**(《检索语言讲座》第1讲)

写完于1994年9月1日,上海。载于《情报理论与实践》1995年第1期。

《联机环境中的情报检索语言》序

写于1994年10月7日,上海。载于曾蕾《联机环境中的情报检索语言》(1996,书目文献出版社)。

● **检索效率及其影响因素**(《检索语言讲座》第2讲)

写于1994年11月10~12日,上海。载于《情报理论与实践》1995年第2期。

一种精心设计的文摘刊物——《中国导弹与航天文摘》

写完于1994年11月23日,上海。载于《情报科学技术》1995年第2期。

主题目录与《中国分类主题词表》

写于1994年12月6~7日,上海。载于《上海高校图书情报学刊》1995年第3期。

《文献分类标引规则》使用说明

写于1994年12月8~9日,上海。

1995

张琪玉的情报语言学思想(为吴仲强编写《中国图书馆学思想史》提供的素材)

写完于1995年1月15日,上海。

情报检索语言的词汇、语法及词典(《检索语言讲座》第3讲)

写完于1995年1月22日,上海。载于《情报理论与实践》1995年第3期。

关于普及数据通信知识和扩大公用数据通信服务的几点建议(政协提案)

写于1995年2月10~12日,上海。

○ **分类法与分类表**(《检索语言讲座》第4讲)

写于1995年3月6~9日,上海。载于《情报理论与实践》1995年第1期。

图书馆藏书增加主题检索途径的模式

写于1995年3月13~16日,上海。载于《图书馆杂志》1995年第1期。

当代中国的分类法和主题词表

写初稿于1995年3月1日~4月9日,上海。(刘湘生、汪东波合写,汪东波译成英文)。载于《62nd IFLA GENERAL CONFERENCE. Booklet 4》,1996年5月。

○ **主题法与词表**(《检索语言讲座》第5讲)

写于1995年5月20~24日,上海。载于《情报理论与实践》1995年第5期。

● **论自由标引**

写完于1995年6月1日,上海。载于《图书馆学刊》1995年第5期。

● **分类法主题法一体化自动标引系统的基本原理和方法**

写于1995年6月2~3日,上海。载于《图书馆论坛》1995年第6期。

● **钟情事业就是走向成功之路**

写完于1995年6月29日,上海。载于俞君立等主编《中国当代图书馆界名人成功之路》,武汉大学出版社1996年7月出版。

张琪玉情报语言学著作选集(初选目录)

编于1995年7月2~3日,上海。

○ **分类号—主题词对应表**(《检索语言讲座》第6讲)

写于1995年7月5~7日,上海。载于《情报理论与实践》1995年第1期。

● **主题标引的原理和方法**

写于1995年7月12~17日,上海。载于《图书馆学刊》1996年第1期和第2期。

● **自然语言与人工语言的对应转换——情报检索语言走向自动化之路**

写完于1995年8月11日,上海。载于《中国图书馆学报》1996年第1期。

● **组配及其演变**(《检索语言讲座》第7讲)

写完于1995年8月25日,上海。载于《情报理论与实践》1996年第1期。

《中国大百科专家人物传集》条目:张琪玉

写于1995年9月17日,上海。

● **文献标引**(《检索语言讲座》第8讲)

写于 1995 年 9 月 27～30 日，上海。载于《情报理论与实践》1996 年第 2 期。

情报语言学文献数据库检索软件设计要求

写完于 1995 年 12 月 12 日，上海。

○ **自然语言在情报检索中的应用**（《检索语言讲座》第 9 讲）

写完于 1995 年 12 月 25 日，上海。载于《情报理论与实践》1996 年第 3 期。

谈一点拙见（关于“信息”与“情报”两个名词以及图书馆学、情报学、文献学等相关学科群）

写完于 1995 年 12 月 28 日，上海。载于《图书情报工作》1996 年第 2 期。

1996

● **情报检索语言的发展趋势**（与吴建中的对话）

写完于 1996 年 3 月下旬，修改完于 1996 年 4 月 8 日，上海。载于《图书馆杂志》1996 年第 4 期。

○ **情报检索与用户教育**（《检索语言讲座》第 10 讲）

写完于 1996 年 4 月 20 日，上海。载于《情报理论与实践》1996 年第 4 期。

○ **情报检索语言的标准化与兼容化**（《检索语言讲座》第 11 讲）

写完于 1996 年 4 月 30 日，上海。载《情报理论与实践》1996 年第 5 期。

情报检索语言领域的学术讨论与发展趋势（《检索语言讲座》第 12 讲）

写完于 1996 年 5 月 3 日，上海。载于《情报理论与实践》1996 年第 1 期。

文献索引计算机编制法（提纲）

写完于 1966 年 5 月 7 日，上海。载于《张琪玉索引学文集》。

● **情报检索语言中聚类的原理和方法**

写完于 1996 年 5 月 13 日，上海。载于《北京图书馆馆刊》1997 年第 1 期。

祝贺与希望——为空军政治学院图书档案系建系十年而写

写于 1996 年 7 月 25～26 日，上海。载于《文献工作研究》1996 年第 4 期。

《英汉—汉英文献信息词典评介》

写于 1996 年 7 月 27 日，上海。载于《图书情报工作》1996 年第 6 期。

○ **情报检索语言走向自动化之路与《中图法》发展新目标**

写于 1996 年 8 月 6～9 日，青岛、上海。载于《北京图书馆馆刊》1996 年第 4 期。

● **推广文献索引计算机编制法是促进我国索引事业发展的一项重要措施**

写完于 1996 年 8 月 14 日，上海。载于《图书与情报》1996 年第 1 期。

电话用户数据自动处理与查询系统的原理和方法

写完于 1996 年 9 月 9 日，上海。载于《张琪玉情报语言学著作选集》，1996 年 12 月自刊（电子图书）。

○ **情报语言学文献库**（情报语言学文献目录）

编成于 1996 年 9 月 20 日，武汉－上海。1996 年 9 月武汉大学出版社出版（电子图书，实际于 1998 年 8 月出版，杨道良程序设计）。

《情报语言学文献库》说明

改写、补充完于 1996 年 10 月 5 日，上海（杨道良写初稿）。

张琪玉情报语言学著作目录

编于 1996 年 10 月 12～14 日，1998 年 3 月增补。

注：最详细的目录见《张琪玉情报语言学著作目录》2013 年自刊本。

张琪玉情报语言学著作选集

编成于 1996 年 10 月 14 日，上海。1996 年 12 月自刊（电子图书）。

用 WPS 文字处理软件编制简单电子索引的方法

写完于 1996 年 12 月 13 日，武汉－上海。载于《图书馆杂志》1997 年第 3 期。

● **自然语言检索中各种因素对检索效率的影响**

写完于 1996 年 12 月 31 日，武汉－上海。载于《情报理论与实践》1997 年第 5 期。

1997

○ **字面成族原理与应用**

写完于 1997 年 1 月 3 日，武汉－上海。载于《高校图书情报学刊》1997 年第 3 期。

● **《情报语言学基础》增补稿**

写完于 1997 年 1 月 23 日，上海。见《情报语言学基础(增订二版)》,1997 年 9 月武汉大学出版社出版。

● **学科—事物概念组配型检索语言——关于情报检索语言的遐想与求索**

写完于 1997 年 1 月 27 日,上海。载于《图书馆杂志》1997 年第 2 期。

对《军用主题词表》的建议

写完于 1997 年 1 月 31 日,上海。

关于上海图书馆藏书建设的建议(政协提案三件)

写完于 1997 年 2 月 10 日,上海。

○ **叙词表的分面化改造**

写完于 1997 年 3 月 13 日,上海。载于《图书馆论坛》1997 年第 6 期。

● **探索 21 世纪的情报检索语言**

写完于 1997 年 5 月 26 日,上海。载于《北京大学学报:信息管理系建系五十周年专刊》(1997 年)。

自然语言检索研究进展

写完于 1997 年 6 月 18 日,上海。载于武汉大学图书情报学院图书馆学情报学研究所编《知识信息管理研究进展》,武汉大学出版社 1998 年 7 月出版。

○ **人工语言与自然语言、先控制与后控制的界限在计算机系统中可淡化或取消**

写完于 1997 年 8 月 21 日,上海。载于《图书馆杂志》1997 年第 5 期。

情报语言学概念标识系统

初稿编成于 1997 年 8 月 22 日,上海。

● **世纪之交中国情报语言学发展之路**

写完于 1997 年 9 月 13 日,上海。载于《1997 年理论学术年刊》(《图书馆杂志》1997 年增刊)。

自动抽词标引数据库(草稿)

写完于 1997 年 10 月上旬,上海。载于张琪玉选辑《文献数据库技术进展与产业发展》,空军政治学院信息管理系 1997 年 10 月油印。

文献数据库技术进展与产业发展

选辑于 1997 年 10 月,上海。空军政治学院信息管理系 1997 年 10 月油印。

汉语题内关键词索引的一种编制方法

写完于 1997 年 11 月 3 日,上海。载于《图书馆理论与实践》1998 年第 1 期。

1998

中国法律法规全库

标引和编分类表完于 1998 年 3 月,上海。法制音像出版社 1998 出版(光盘及使用手册)。

全国新闻数据库与报纸索引技术研讨会征文选题

写完于 1998 年 3 月下旬,上海。1998 年 5 月中国索引学会印。

○ **缺乏抽词词典是自动抽词标引难以普及的主要原因**

写于 1998 年 5 月 14 日,上海。载于《图书与情报》1998 年第 2 期。

● **张琪玉与情报语言学学科建设**

写完于 1998 年 5 月 18 日,上海。载于《张琪玉情报语言学文集》。

○ **文献题名自动抽词—分类标引系统**

写完于 1998 年 5 月 21 日,上海。载于《图书馆杂志》1998 年第 1 期。

汉语题内关键词索引的另一种编制方法

写完于 1998 年 7 月 3 日,上海。载于《图书馆理论与实践》1998 年第 4 期。

○ **报纸文献是一种极为丰富而未被充分开发的信息源——关于发展报纸文献索引和数据库的思考**

写完于 1998 年 8 月 9 日,上海。载于《图书馆杂志》1999 年第 2 期。

○ **概念或标识自动转换技术的应用**

写完于 1988 年 8 月 28 日,上海。载于《图书馆杂志》1998 年第 6 期。

报纸文献的著录和编码探讨

写完于 1998 年 9 月 2 日,上海。载于葛永庆主编《报纸索引和新闻数据库》。

报纸文献数据库的字段设置

写完于 1998 年 9 月 14 日,上海。载于葛永庆主编《报纸索引和新闻数据库》。

一个优秀的叙词机助标引系统

写完于 1998 年 10 月 6 日,上海。载于《图书馆杂志》1999 年第 1 期。

报纸所载文学作品的主题标引

写完于 1998 年 10 月 7 日,上海。载于葛永庆主编《报纸索引和新闻数据库》。

○ **情报语言学领域亟待研究且潜藏较富的课题**

写完于 1998 年 10 月 30 日，上海。载于《1998 理论学术年刊》。

《DDC》索引的中文翻译

写完于 1998 年 11 月 12 日，上海。

1999

● **张琪玉情报语言学文集**

选编完于 1999 年 1 月 4 日，上海。1999 年 5 月，北京图书馆出版社出版。

关于巨灵报刊数据库的建议

写完于 1999 年 2 月 20 日，上海；修改于 1999 年 7 月，深圳。

● **积极为自然语言与情报检索语言的结合创造条件——建议大量编制自然语言词表**

写完于 1999 年 3 月 10 日，上海。载于《图书馆杂志》1999 年第 9 期和第 10 期。

○ **我国情报语言 20 年来的进步与向 21 世纪前进的目标**

写完于 1999 年 4 月 13 日，上海。载于《图书馆》1999 年第 4 期。

刘国钧先生对我国情报检索语言发展的贡献

写完于 1999 年 5 月 19 日，上海。载于北京大学信息管理系等合编《一代宗师：纪念刘国钧先生百年诞辰学术论文集》。

● **在祝寿会上的答谢词**

写完于 1999 年 6 月 7 日，上海。

● **告别手工索引时代——一名中国索引学会会员的思考**

写完于 1999 年 8 月 20 日，上海。载于《情报资料工作》2000 年第 1 期。

汉语题内关键词索引的第三种编制方法

写完于 1999 年 8 月 21 日，上海。载于《图书馆杂志》1999 年第 11 期。

○ **中国情报语言 20 世纪回顾**

写完于 1999 年 8 月 25 日，上海。载于《图书与情报》1999 年第 1 期。

《情报检索语言及其应用》教材编写计划

写于 1999 年 8 月 29 日，上海。

《情报检索语言及其应用》教材编写提纲

写完于 1999 年 10 月 31 日，上海。

● **情报语言学词典**

编完于 1999 年 11 月 22 日，补充完于 2000 年 2 月 16 日，上海。北京图书馆出版社 2000 年 7 月出版。

2000

古籍索引的一个范例—介绍《古今图书集成》电子版的索引数据库

写完于 2000 年 1 月 27 日，上海。载于《图书馆杂志》2000 年第 5 期。

因特网信息资源检索工具结构的改进或新模式的设计——从情报语言学角度的研究（研究项目申请表）

写完于 2000 年 3 月 11～12 日，上海。

《图书馆杂志》全文数据库索引

标引和编分类表完于 2000 年 4 月 18 日，上海。载于《图书馆杂志百期典藏全文光盘》。

《情报检索语言及其应用》第一、四、五、八章（初稿）

写完于 2000 年 5 月 6 日，增补于 2002 年 11 月，上海。载于张琪玉主编《情报检索语言实用教程》，武汉大学出版社 2004 年 7 月出版。

● **网络信息检索工具的分类体系**

写完于 2000 年 5 月 29 日，上海。载于张琪玉著《网络信息检索工具发展的方向与提高竞争力的途径》，深圳巨灵信息技术研究所 2001 年 4 月刊印。

网络信息检索工具的竞争力要素

写完于 2000 年 5 月 30 日，上海。载于张琪玉著《网络信息检索工具发展的方向与提高竞争力的途径》，深圳巨灵信息技术研究所 2001 年 4 月刊印。

● **网络信息检索工具增强关键词检索功能的措施**

写完于 2000 年 6 月 14 日，上海。载于张琪玉著《网络信息检索工具发展的方向与提高竞争力的途径》，深圳巨灵信息技术研究所 2001 年 4 月刊印。

网络信息检索工具与网络信息检索服务

写完于 2000 年 6 月 15 日，上海。载于张琪玉著《网络信息检索工具发展的方向与提高竞争力的途径》，深圳巨灵信息技术研究所 2001 年 4 月刊印。

网络信息检索工具开发的方针和策略

写完于2000年6月16日,上海。载于张琪玉著《网络信息检索工力的途径》,深圳巨灵信息技术研究所2001年4月刊印。

网络信息检索工具索引

编完于2000年6月30日,上海。

网络信息检索工具的类型

写完于2000年7月20日,上海。载于张琪玉著《网络信息检索工具发展的方向与提高竞争力的途径》,深圳巨灵信息技术研究所2001年4月刊印。

网络信息资源的类型与评价(文献选摘)

选摘完于2000年7月21日,上海。载于张琪玉著《网络信息检索工具发展的方向与提高竞争力的途径》,深圳巨灵信息技术研究所2001年4月刊印。

网络信息检索工具的发展趋势

写完于2000年7月22日,上海。载于张琪玉著《网络信息检索工具发展的方向与提高竞争力的途径》,深圳巨灵信息技术研究所2001年4月刊印。

网络信息检索工具的评价

写完于2000年7月23日,上海。载于张琪玉著《网络信息检索工具发展的方向与提高竞争力的途径》,深圳巨灵信息技术研究所2001年4月刊印。

网络信息检索工具的结构与功能(提纲)

写完于2000年7月24日,上海。载于张琪玉著《网络信息检索工具发展的方向与提高竞争力的途径》,深圳巨灵信息技术研究所2001年4月刊印。

○ **关键词检索、概念检索、分类浏览检索一体化**

写完于2000年7月25日,上海。载于张琪玉著《网络信息检索工具发展的方向与提高竞争力的途径》,深圳巨灵信息技术研究所2001年4月刊印。

网络信息检索工具的界面设计

写完于2000年7月26日,上海。载于张琪玉著《网络信息检索工具发展的方向与提高竞争力的途径》,深圳巨灵信息技术研究所2001年4月刊印。

● **在武汉大学开创情报语言学教学和研究的回忆**

写完于2000年7月27日,上海。载于马费成主编《世代相传的智慧与服务精神——文华图专八十周年纪念文集》,北京图书馆出版社2001年6月出版。

网络信息检索工具中的广告信息

写完于2000年7月27日,上海。载于张琪玉著《网络信息检索工具发展的方向与提高竞争力的途径》,深圳巨灵信息技术研究所2001年4月刊印。

网络信息检索工具中的特色服务项目

写完于2000年8月5日,上海。载于张琪玉著《网络信息检索工具发展的方向与提高竞争力的途径》,深圳巨灵信息技术研究所2001年4月刊印。

网络信息检索工具文献目录

编完于2000年8月14日,上海。

● **关于我国网络信息检索工具开发与改进的思考**

写完于2000年8月20日,上海。载于《2000年理论学术年刊》。

网络信息检索工具类目词典

编完于2000年8月23日,上海。

网络信息检索工具英汉术语汇编

编完于2000年9月2日,上海。

网络信息检索工具中使用的检索指令和符号

编完于2000年10月8日,上海。

网络信息检索工具文献摘录

摘完于2000年10月10日,上海。

○ **网络信息检索工具发展的方向与提高竞争力的途径**

写于2000年5~10月,上海。深圳巨灵信息技术研究所2001年4月刊印。

要把刊物办得更好

写完于2000年10月31日,上海。

关于巨灵报刊检索系统一体化语言设计的初步设想

写完于2000年12月31日,上海。

2001

● **走向自然语言与情报检索语言结合之路**

写完于2001年1月18日,上海。载于《图书馆理论与实践》2001年第2期。

关于"十五"期间图书情报学、文献学、信息管理

学科研规划的建议

写完于2001年1月24日，上海。

○ **基于自由标引的索引体系和分类体系**

写完于2001年2月16日，上海。载于《图书馆学刊》2001年第6期。

○ **索引的结构**

写完于2001年2月18日，上海。载于《图书馆学刊》2002年第1期。

● **网络信息检索用语言的发展趋势**

写完于2001年2月20日，上海。载于《图书馆杂志》2001年第3期。

中国经济报刊信息检索系统分类表

主编于2001年3～4月（唐斌兵、赵恒祥等合编），深圳。

关于巨灵报刊检索系统一体化语言设计的说明

写完于2001年4月28日，深圳。

● **现代的索引就是数据库**

写完于2001年5月8日，上海。载于《图书馆杂志》2001年第12期。

《中国大百科全书》光盘版索引体系分析

写完于2001年6月3日，上海。载于《图书馆杂志》2001年第10期。

○ **浏览性检索**（情报语言漫笔）

写于2001年6月15日，上海。载于《图书馆理论与实践》2002年第1期。

○ **检索入口**（情报语言漫笔）

写于2001年6月16日，上海。载于《图书馆理论与实践》2002年第1期。

○ **标引深度**（情报语言漫笔）

写完于2001年6月26日，上海。载于《图书馆理论与实践》2002年第1期。

○ **自动标引是否能避免标引不一致**（情报语言漫笔）

写完于2001年6月28日，上海。载于《图书馆理论与实践》2002年第2期。

标识的字顺排列法（情报语言漫笔）

写完于2001年7月4日，上海。载于《图书馆理论与实践》2002年第5期。

○ **异曲同工的三种组配检索**（情报语言漫笔）

写完于2001年7月5日，上海。载于《图书馆理论与实践》2002年第2期。

○ **检索结果的甄别**（情报语言漫笔）

写完于2001年7月6日，上海。载于《图书馆理论与实践》2002年第3期。

《中国索引综录》的功用（情报语言漫笔）

写于2001年7月7日，上海。载于《图书馆理论与实践》2002年第4期。

○ **索引的创新**（情报语言漫笔）

写于2001年7月8日，上海。载于《图书馆理论与实践》2002年第4期。

《全球中文网址速查手册》简介（情报语言漫笔）

写于2001年7月10日，修改于2002年7月2日，上海。载于《图书馆理论与实践》2003年第2期。

○ **可使检索系统更易用的五项技术**（情报语言漫笔）

写完于2001年7月26日，上海。载于《图书馆理论与实践》2002年第2期。

○ **标引新事物能力与检索新事物效果之间的差异**（情报语言漫笔）

写于2001年7月26日，上海。载于《图书馆理论与实践》2002年第3期。

○ **文献标引和检索中的主题**（情报语言漫笔）

写于2001年7月27日，上海。载于《图书馆理论与实践》2002年第5期。

○ **体系分类法的后组式使用**（情报语言漫笔）

写完于2001年7月28日，上海。载于《图书馆理论与实践》2002年第5期。

○ **群书章节索引**（情报语言漫笔）

写于2001年7月28日，上海。载于《图书馆理论与实践》2002年第4期。

○ **全文检索系统较好的模式**（情报语言漫笔）

写于2001年7月29日，上海。载于《图书馆理论与实践》2002年第5期。

张琪玉文库

编完于2001年7月31日，上海。自刊光盘分赠全国各大图书馆和图书情报界学者。

○ **分类语言、主题语言与自然语言一体化检索系统与《中国财经报刊数据库》的实践**

写完于2001年9月4日，上海。载于《现代图书情报技术》2002年第1期。

○ **因特网上的大众分类法**（情报语言漫笔）

写完于2001年9月6日，上海。载于《图书馆理论与实践》2002年第3期。

○ 自动抽词与自动分词

写完于 2001 年 11 月 16 日,上海。载于《图书馆杂志》2002 年第 3 期。

学术年表式索引数据库的设想(情报语言漫笔)

写完于 2001 年 11 月 17 日,上海。载于《图书馆理论与实践》2002 年第 4 期。

● 术语学对情报语言学的重要性(情报语言漫笔)

写完于 2001 年 12 月 8 日,上海。载于《图书馆理论与实践》2003 年第 1 期。

○ 需要专业引文索引(情报语言漫笔)

写完于 2001 年 12 月 22 日,上海。载于《图书馆理论与实践》2003 年第 1 期。

2002

○ 自然语言接口的对应词表(情报语言漫笔)

写完于 2002 年 1 月 22 日,上海。载于《图书馆理论与实践》2003 年第 2 期。

关于提高网络信息关键词检索效率的思考(情报语言漫笔)

写完于 2002 年 1 月 25 日,上海。载于《图书馆理论与实践》2002 年第 6 期。

专业型检索工具与导航库在发掘网络信息资源中的重要作用(情报语言漫笔)

写完于 2002 年 1 月 27 日,上海。载于《图书馆理论与实践》2002 年第 6 期。

○ 全文数据库、全文检索与全文标引(情报语言漫笔)

写完于 2002 年 2 月 2 日,上海。载于《图书馆理论与实践》2002 年第 6 期。

○ "分类表词表编制规则→文献标引规则→文献检索规则"是一种演变过程(情报语言漫笔)

写完于 2002 年 2 月 24 日,上海。载于《图书馆理论与实践》2003 年第 2 期。

○ 孤立关键词与上下文中的关键词(情报语言漫笔)

写完于 2002 年 2 月 24 日,上海。载于《图书馆理论与实践》2003 年第 2 期。

○ 体系分类法的类目内容范围划分规则(情报语言漫笔)

写完于 2002 年 2 月 24 日,上海。载于《图书馆理论与实践》2003 年第 2 期。

○ 在因特网上任何信息资源都能检得吗(情报语言漫笔)

写完于 2002 年 3 月 1 日,上海。载于《图书馆理论与实践》2002 年第 6 期。

○ 搜索引擎关键词检索的误检从何而来(情报语言漫笔)

写完于 2002 年 3 月 4 日,上海。载于《图书馆理论与实践》2002 年第 6 期。

○ 字面相似聚类法辅助构造词族表、分面类表和自动标引

写完于 2002 年 3 月 11 日,上海。载于《图书馆论坛》2002 年第 1 期。

● 情报检索全过程中概念与标识的对应转换

写完于 2002 年 3 月 19 日,上海。载于《图书与情报》2002 年第 2 期。

索引和数据库的选题与设计

写完于 2002 年 3 月 22 日,上海。载于《图书馆学刊》2002 年第 5 期。

目录索引书刊与数据库的更新和改造(情报语言漫笔)

写完于 2002 年 3 月 31 日,上海。载于《图书馆理论与实践》2003 年第 4 期。

○ 汉语自然语言检索研究的三个角度(情报语言漫笔)

写完于 2002 年 4 月 13 日,上海。载于《图书馆理论与实践》2003 年第 3 期。

○ 半控制半自由标引(情报语言漫笔)

写完于 2002 年 5 月 7 日。上海。载于《图书馆理论与实践》2003 年第 3 期。

网络信息检索结果按相关程度排序输出(情报语言漫笔)

写完于 2002 年 5 月 12 日,上海。载于《图书馆理论与实践》2002 年第 6 期。

集成工具书:工具书条目索引数据库(情报语言漫笔)

写完于 2002 年 5 月 25 日,上海。载于《图书馆理论与实践》2003 年第 3 期。

○ 标准"其他"的设想(情报语言漫笔)

写完于 2002 年 5 月 26 日,上海。载于《图书馆理论与实践》2003 年第 4 期。

情报语言以及图书情报之杂思偶想录(1)

写完于 2002 年 5 月 26 日,上海。载于《江西图书馆学刊》2002 年第 4 期。

索引与数字化书刊和数字图书馆(情报语言漫笔)

写完于2002年5月26日,上海。载于《图书馆理论与实践》2003年第3期。

○ **全文数据库检索的三种深度**(情报语言漫笔)

写完于2002年5月27日,上海。载于《图书馆理论与实践》2003年第4期。

○ **改造题名的汉语题内关键词索引数据库**(情报语言漫笔)

写完于2002年5月27日,上海。载于《图书馆理论与实践》2003年第3期。

● **对未来分类法的憧憬**(情报语言漫笔)

写完于2002年5月28日,上海。载于《图书馆理论与实践》2003年第1期。

情报语言研究中常用的计算机处理方法——使用dBASE和WPS的笔记

写完于2002年5月29日,上海。

○ **事物分类与学科分类**(情报语言漫笔)

写完于2002年5月30日,上海。载于《图书馆理论与实践》2003年第1期。

○ **网络信息检索工具的热门类目**

写完于2002年6月2日,上海。载于《图书馆杂志》2002年第8期。

自动推荐与自动扩检(情报语言漫笔)

写完于2002年6月25日,上海。载于《图书馆理论与实践》2003年第4期。

虚拟分类体系(情报语言漫笔)

写完于2002年6月28日,上海。载于《图书馆理论与实践》2003年第1期。

○ **文献去重**(情报语言漫笔)

写完于2002年7月3日,上海。载于《图书馆理论与实践》2003年第5期。

● **概念分面组配型自动分类系统**

写完于2002年7月4日,上海。载于《图书馆学刊》2002年第6期。

关于书次号的标准化(情报语言漫笔)

写完于2002年7月7日,上海。载于《图书馆理论与实践》2003年第5期。

○ **一部影响深远的图书分类著作——刘国钧教授《图书怎样分类》出版50周年**

写完于2002年7月9日,上海。载于《图书与情报》2003年第1期。

教师著作库——高校资料室的一项建设(情报语言漫笔)

写完于2002年7月15日,上海。载于《图书馆理论与实践》2003年第5期。

两种同义词词典的结构和功能(情报语言漫笔)

写完于2002年7月26日,上海。载于《图书馆理论与实践》2003年第5期。

张琪玉年表

初稿编成于2002年8月2日,以后逐渐增补修改,上海。

我的藏书的排架号(情报语言漫笔)

写完于2002年8月6日,上海。载于《图书馆理论与实践》2003年第5期。

○ **因特网大众分类法的本质属性**

写完于2002年8月14日,上海。载于《图书馆杂志》2002年第11期。

情报语言以及图书情报之杂思偶想录(2)

写完于2002年9月30日,上海。载于《江西图书馆学刊》2003年第4期。

○ **《中国索引》发刊词**

写于2002年10月23日,上海。载于《中国索引》2003年第1期。

专著索引

写完于2002年10月29日,上海。载于《江西图书馆学刊》2003年第2期。

中国索引学会第五届年会暨学术讨论会征文选题

拟于2002年11月1日,上海。

一种重要的网络资源——《中国财经报刊数据库》

写完于2002年12月9日,修改于2002年12月21日,上海。载于《图书馆杂志》2003年第3期。

深圳南山图书馆网站上的《中国图书情报书目数据库》

写于2002年12月15日,上海。载于《中国索引》2003年第1期(未署名)。

笔记索引和日记索引(情报语言漫笔)

写完于2002年12月16日,上海。载于《图书馆理论与实践》2003年第6期。

《中国索引》栏目

拟完于2002年12月18日,上海。载于《中国索引》2003年第1期(在《稿约》中)。

2003

《情报检索语言实用教程》前言

写完于2003年1月6日,上海。载于张琪玉主编《情报检索语言实用教程》,2004年7月武汉大学出版社出版。

文献检索与利用课程研究资料索引(1998~2002)

编完于2003年1月20日,上海。载于《中国索引》2003年第2期(署名:竹林)。

张琪玉著作保存本捐赠上海图书馆移交清单

编完于2003年2月2日,上海。

张琪玉手稿捐赠上海图书馆移交清单

编完于2003年2月10日,上海。

关于捐赠手稿和著作保存本的说明

写于2003年2月13日,上海。

张琪玉捐赠手稿和著作保存本给上海图书馆的证明

写于2003年4月14日,上海。

期刊论文数据库检索结果或小型专题期刊论文索引的一种排序方法(情报语言漫笔)

写完于2003年5月11日,上海。载于《图书馆理论与实践》2003年第6期。

期刊年度索引亟待改进(情报语言漫笔)

写完于2003年5月26日,上海。载于《图书馆理论与实践》2003年第6期。

○ **振兴索引学术研究,根本在于拓宽研究领域**

写完于2003年5月30日,上海。载于《中国索引》2003年第2期。

○ **索引:面向21世纪**

写完于2003年6月3日,上海。载于《中国索引》2003年第2期。

○ **万事万物皆可索引**(情报语言漫笔)

写完于2003年7月20日,上海。载于《图书馆理论与实践》2003年第6期。

题录数据库仍是基本的检索工具(情报语言漫笔)

写完于2003年7月21日,上海。载于《图书馆理论与实践》2003年第6期。

○ **数据库的可派生性和可合并性**(情报语言漫笔)

写完于2003年7月21日,上海。载于《图书馆理论与实践》。2003年第6期。

○ **知识诚可贵索引价亦高——简论索引的功用**

写完于2003年9月7日,上海。载于《中国索引》2003年第3期。

关于专著索引上网(索引与数据库漫笔)

写完于2003年12月4日,上海。载于《中国索引》2003年第4期。

亟需建立一个免费资源分类目录式网站(索引与数据库漫笔)

写完于2003年12月4日,上海。载于《中国索引》2003年第4期。

生活服务数据库(让索引与数据库走近生活小议)

写完于2003年12月5日,上海。载于《中国索引》2004年第2期(署名:余晖)。

○ **因特网大众分类法的标准化问题**(索引与数据库漫笔)

写完于2003年12月5日,上海。载于《中国索引》2004年第1期。

● **文献标引是需要智慧的近乎艺术创造的处理过程**

写完于2003年12月7日,上海。载于《图书馆杂志》2004年第3期。

《年鉴索引编纂问题及其解决方案》一文的启示

写完于2003年12月11日,上海。载于《中国索引》2003年第4期(署名:《中国索引》编辑部)。

○ **因特网大众分类法是独立创造而不是对传统分类法的改进和发展**

写完于2003年12月19日,上海。载于《江西图书馆学刊》2005年第1期。

○ **全文检索系统的检索性能**

写完于2003年12月31日,上海。载于《江西图书馆学刊》2004年第3期。

2004

○ **索引法也是一种研究方法**(索引与数据库漫笔)

写完于2004年1月5日,上海。载于《中国索引》2004年第2期。

索引服务是中国索引学会走向社会的主要道路

写完于2004年1月26日,上海。载于《中国索引》2004年第1期(署名:《中国索引》编辑部)。

● **文献的可标引内容**

写完于2004年2月19日,上海。载于《中国索引》2004年第1期。

推广实用性较大的文献索引与数据库

写完于2004年4月10日,上海。载于《中国索引》2004年第2期(署名:《中国索引》编辑部)。

词素轮排索引法在构词词典编排中的应用(索引与数据库漫笔)

写完于2004年4月20日,上海。载于《中国索引》2004年第3期。

用数据库编一本个人专用词典(让索引与数据库走近生活小议)

写完于2004年4月27日,上海。载于《中国索引》2004年第2期(署名:竹林)。

用索引法管理家庭剪报(让索引与数据库走近生活小议)

写完于2004年4月28日,上海。载于《中国索引》2004年第2期(署名:余晖)。

○ **基于含糊抽词的汉语题内关键词索引与数据库分析**

写完于2004年5月4日,上海。载于《中国索引》2004年第2期。

○ **图书索引软件的功能要求与编制难题**(索引与数据库漫笔)

写完于2004年5月13日,上海。载于《中国索引》2004年第3期。

○ **题名关键词与正文关键词检索性能的差别**(索引与数据库漫笔)

写完于2004年5月21日,上海。载于《中国索引》2004年第4期。

○ **索引工作的性质与索引工作者劳动的性质**

写完于2004年5月26日,上海。载于《中国索引》2004年第3期(署名:《中国索引》编辑部)。

20世纪20~30年代我国的索引运动:回顾与启示

写完于2004年5月30日,上海。载于《中国索引》2004年第3期(署名:余晖)。

网络信息检索工具分类体系数据库

编成于2004年6月2日,上海。

图书索引编制法

写完于2004年6月7日,上海。载于《中国索引》2004年第3期(署名:竹林)。

为期刊目次页加一个页边关键词索引

写于2004年6月14日,上海。载于《中国索引》2004年第3期(署名:余晖)。

○ **分类浏览型网络信息检索工具的主要缺陷**(索引与数据库漫笔)

写于2004年6月15日,上海。载于《中国索引》2005年第1期。

专题索引编制法

写完于2004年6月16日,上海。载于《中国索引》2005年第2期。

○ **检索标识的专指度**

写完于2004年6月17日,上海。载于《江西图书馆学刊》2006年第2期。

文献标引中人与计算机的分工协作(索引与数据库漫笔)

写完于2004年6月19日,上海。载于《中国索引》2004年第4期。

○ **索引的生命力**(索引与数据库漫笔)

写于2004年6月20日,上海。载于《中国索引》2005年第1期。

《中国索引学会服务在线》网站初步设想

写完于2004年6月21日,上海。

● **寻找更佳结合模式是情报检索语言创新的主流**

写完于2004年6月24日,补充于2004年12月2日,上海。载于《图书馆杂志》2005年第2期。

药品与疾病关联索引(让索引与数据库走近生活小议)

写于2004年6月29日,上海。载于《中国索引》2006年第1期。

给《图书馆理论与实践》编辑部的贺信

写于2004年9月6日,上海。

● **关于自然语言检索问题**

写完于2004年9月8日,上海。载于《图书馆论坛》2004年第6期。

关于改进图书馆学情报学期刊年度索引的倡议

草拟于2004年9月9日,上海。载于《中国索引》2004年第3期(署名:中国索引学会、《中国索引》编辑部)。

对《军事信息资源分类法》征求意见稿的意见（片断）

写完于 2004 年 9 月 17 日，上海。

利用 WPS 和 dBASE 编制期刊年度索引的步骤

写完于 2004 年 9 月 24 日，上海。

编制期刊年度主题索引和著者索引用的应用程序

写完于 2004 年 10 月 23 日，上海。载于《中国索引》2004 年第 4 期。

张琪玉学术传记资料（根据《军队图书馆人物志》的要求编纂）

写完于 2004 年 10 月 25 日，上海。载于全军院校协作中心图书情报专业组长联席会编《情系图书馆——军队院校图书馆人物风采录》。

○ 索引要走向社会

写完于 2004 年 11 月 4 日，上海。载于《中国索引》2004 年第 4 期（署名：《中国索引》编辑部）。

关于编制新闻检索标识系统技术标准的几点意见

写完于 2004 年 11 月 19 日，上海。

○ 文献题名初步研究

写完于 2004 年 11 月 24 日，上海。载于《江西图书馆学刊》2006 年第 3 期。

○ 书目、题录、专著索引、文本检索系统的联系与区别（索引与数据库漫笔）

写完于 2004 年 11 月 25 日，上海。载于《中国索引》2005 年第 2 期。

○ 容错措施与标准化（索引与数据库漫笔）

写完于 2004 年 11 月 26 日，上海。载于《中国索引》2005 年第 3 期。

索引与期刊（索引与数据库漫笔）

写于 2004 年 11 月 26 日，上海。载于《中国索引》2005 年第 3 期。

期刊年度索引版面的压缩方法（索引与数据库漫笔）

写完于 2004 年 12 月 16 日，上海。载于《中国索引》2005 年第 1 期。

2005

关于《中文新闻信息分类（征求意见稿）》的意见

写完于 2005 年 1 月 5 日，上海。

索引与辞书（索引与数据库漫笔）

写完于 2005 年 1 月 22 日，上海。载于《中国索引》2005 年第 3 期。

索引与图书（索引与数据库漫笔）

写完于 2005 年 2 月 12 日，上海。载于《中国索引》2005 年第 2 期。

○ 索引版面中的心理学和美学现象（索引与数据库漫笔）

写完于 2005 年 2 月 13 日，上海。载于《中国索引》2005 年第 2 期。

四种索引标准综述

写完于 2005 年 2 月 16 日，上海。载于《中国索引》2005 年第 1 期（署名：《中国索引》编辑部）。

○ 关于新闻标题改写原则与方法的探讨

写完于 2005 年 3 月 7 日，上海。载于《中国索引》2005 年第 2 期。

人名录配置索引的必要性（索引与数据库漫笔）

写完于 2005 年 7 月 18 日，上海。载于《中国索引》2005 年第 4 期。

○ 自由标引中标引副标题概念词的问题（索引与数据库漫笔）

写完于 2005 年 8 月 3 日，上海。载于《中国索引》2006 年第 1 期。

关于出版《中国图书馆分类法》第五版的建议

写完于 2005 年 8 月 6 日，上海。

● 中国索引事业：当前格局与问题

写完于 2005 年 8 月 12 日，上海。《中国索引》2005 年第 4 期。

● 情报语言学

写完于 2005 年 8 月 25 日，上海。载于《中国情报学百科全书》。

● 因特网大众分类法若干问题的探讨

写完于 2005 年 9 月 1 日，上海。载于《图书馆论坛》2005 年第 6 期。

虚拟文集与虚拟文集内容索引（索引与数据库漫笔）

写完于 2005 年 10 月 15 日，上海。载于《中国索引》2006 年第 1 期。

代巨灵公司草拟的《中国财经分面主题词表》项目验收标准

草拟于 2005 年 10 月 24 日，上海。

● **论索引的两大基本类型**

写完于2005年12月11日，上海。载于《中国索引》2006年第3期。

● **情报检索语言**

写完于2005年12月22日，上海。载于《中国情报学百科全书》。

因特网大众分类法

写完于2005年12月23日，上海。载于《中国情报学百科全书》。

自然语言检索·自然语言词表·后控制词表

写完于2005年12月24日，上海。载于《中国情报学百科全书》。

分类检索语言·主题检索语言·分类法主题法一体化检索语言

写完于2005年12月24日，上海。载于《中国情报学百科全书》。

标题法·单元词法·叙词法·关键词法

写完于2005年12月26日，上海。载于《中国情报学百科全书》。

2006

○ **图书内容索引编制法——写作与编辑参考手册**

写完于2006年3月23日，增补完于4月18日，再次增补于6月上旬，上海。2006年8月化学工业出版社出版。

○ **索引员署名的意义**（索引与数据库漫笔）

写于2006年3月28日，上海。载于《中国索引》2006年第2期。

带附加信息的图书内容索引（索引与数据库漫笔）

写于2006年3月29日，上海。载于《中国索引》2006年第2期。

标引词倒置法研究

写完于2006年4约11日，上海。载于《中国索引》2006年第4期。

○ **计算机排序还不能完全自动化**（索引与数据库漫笔）

写完于2006年4月13日，上海。载于《中国索引》2006年第3期。

楼市索引的结构设计分析（索引与数据库漫笔）

写完于2006年4月24日，上海。载于《中国索引》2006年第3期。

期刊索引配置方案的选择

写完于2006年7月5日，上海。载于《中国索引》2007年第1期。

张琪玉著作精选目录

选编完于2006年9月上旬，上海。

学习图书内容索引标引经验的一种方法——索引还原法（索引与数据库漫笔）

写于2006年10月15日，上海。载于《中国索引》2006年第4期。

关于索引标准编制工作的建议和意见

写完于2006年10月22日，上海。

对《中国金融叙词表（验收资料）》的改进意见

写完于2006年11月10日，上海。

索引编制规则：总则（供参考的修订框架）

写完于2006年12月10日，上海。

○ **新闻索引的特殊性**

写完于2006年12月22日，上海。载于《中国索引》2007年第4期。

利用WORD和WPS编制汉语题内关键词索引

写完于2006年12月28日，上海。载于《中国索引》2007年第3期。

2007

谁来编图书内容索引（索引与数据库漫笔）

写完于2007年1月13日，上海。载于《中国索引》2007年第1期。

图书内容索引事业：我国可能采取什么模式

写完于2007年2月5日，上海。载于《中国索引》2007年第2期。

全文检索与索引

写完于2007年6月15日，上海。载于《图书馆杂志》2007年第11期。

关于图书内容累积索引数据库的设想

写完于2007年7月26日，上海。载于《中国索引》2007年第4期。

学术性索引的一个范例——《泰山研究资料索引》

写完于2007年7月30日，上海。载于《中国索引》2008年第2期。

关于学术性专著深度标引的设想（索引与数据库漫笔）

写完于2007年8月4日，上海。《中国索引》

2009年第2期。

一种少年读物的内容索引（索引与数据库漫笔）

写完于2007年8月17日，上海。载于《中国索引》2008年第1期。

● **我与图书档案系**

写完于2007年9月1日，上海。载于《南政在我心中——建院30周年校友回忆录》。

关于图书内容索引的稿酬（索引与数据库漫笔）

写于2007年10月16日，上海。载于《中国索引》2008年第1期。

2008

索引工作者需要懂一点情报语言学（索引与数据库漫笔）

写完于2008年1月17日，上海。载于《中国索引》2008年第3期。

我国情报检索语言在进步中——两部新分类法的特点

写完于2008年3月26日，上海。载于《图书馆杂志》2008年第7期。

关于我国实施索引员资格认证和专业培训的思考

写完于2008年6月27日，上海。载于《中国索引》2009年第1期。

文献篇目数据库犹如做表格索引游戏（索引与数据库漫笔）

写完于2008年7月12日，上海。载于《中国索引》2008年第4期。

2009

● **张琪玉索引学文集**

编完于2009年1月17日，索引编完于4月15日，上海。国家图书馆出版社2009年6月出版。

影响我一生的一本书

写于2009年2月8日，上海。载于《图书馆杂志》2009年第6期。

● **我研究情报语言学的若干心得和收获——自述学术思想**

写完于2009年2月18日，上海。载于《图书情报工作》2009年第20期（并有抽印本）。

专题索引仍有价值（索引于数据库漫笔）

写完于2009年2月19日，上海。载于《中国索引》2009年第3期。

《情报检索语言与信息组织探微》序

写完于2009年5月7日，上海。载于《图书情报知识》2009年第4期。

《情报检索语言与智能信息处理丛书》序

写完于2009年7月19日，上海。载于侯汉清主编东南大学出版社出版《情报检索语言与智能信息处理丛书》[8种，每种正文前]。

编制教材索引为大学生服务（索引与数据库漫笔）

写完于2009年9月8日，上海。载于《中国索引》2009年第4期。

索引与地图的结合（索引与数据库漫笔）

写完于2009年11月3日，上海。载于《中国索引》2010年第1期。

2010

产品说明书内容索引（索引与数据库漫笔）

写完于2010年6月15日，上海。载于《中国索引》2010年第3期。

● **答《山东图书馆学刊》韩淑举问**

写完于2010年8月1日，上海。载于《山东图书馆学刊》2010年第5期。

吸引志愿者的力量发展索引事业（索引与数据库漫笔）

写完于2010年12月8日，上海。载于《中国索引》2011年第1期。

2013

索引事业繁荣的标志

提纲草拟于2011年，写完于2013年7月12日。载于《中国索引》2013年第4期。

张琪玉情报语言学著作目录

编完于2013年12月，上海。2013年12月自刊。

2014

张琪玉著作保存本捐赠上海图书馆移交清单（第二批）

写于2014年2月27日，上海。